NIETZSCHE · AUSGEWÄHLTE WERKE

Menschliches – Allzumenschliches
Also sprach Zarathustra
Jenseits von Gut und Böse

Herausgegeben von Dr. Alexander Ulfig

FRIEDRICH
NIETZSCHE

AUSGEWÄHLTE WERKE

Menschliches – Allzumenschliches
Also sprach Zarathustra
Jenseits von Gut und Böse

HERAUSGEGEBEN VON
DR. ALEXANDER ULFIG

PARKLAND VERLAG

1999 Lizenzausgabe für Parkland Verlag, Köln

Herausgegeben von Dr. Alexander Ulfig
Satz und Layout: Bernhard Heun, Riedstadt
Umschlagentwurf: Klaus Dempel
Druck und Bindung: Mladinska knjiga, Slowenien
ISBN 3-88059-962-9
Printed in Slovenia

Vorwort des Herausgebers

Friedrich Nietzsche gehört zu den herausragendsten und gleichzeitig umstrittensten Denkern des 19. Jahrhunderts. Seine Philosophie übte bereits zu seinen Lebzeiten einen großen Einfluß aus, ihre eigentliche Wirkung begann jedoch erst im 20. Jahrhundert. Sie erstreckt sich nicht nur auf die Philosophie, sondern auch auf andere relevante Bereiche des Geisteslebens. Nietzsches Philosophie stellt bis heute eine Herausforderung für alle an grundlegenden Fragen der modernen Kultur Interessierten dar.

Er wurde als Sohn eines Pfarrers am 15.10.1844 in Röcken (bei Lützen) geboren. Schon als Zehnjähriger schrieb er Gedichte und verfaßte kleine Kompositionen. Er besuchte die Eliteschule Pforta (1858-1864), studierte Theologie und Altphilologie zunächst in Bonn (1864-1865), ab 1865 in Leipzig. 1869 erhielt er eine Professur für Klassische Philologie an der Universität Basel. Dort knüpfte er Kontakte mit führenden geistigen Persönlichkeiten der damaligen Zeit, u.a. mit R. Wagner und J. Burckhardt. Die Beziehung zu Wagner, die mit Freundschaft begann und in offener Gegnerschaft endete, prägte entscheidend Nietzsches geistige Entwicklung. Aufgrund eines schweren Kopf- und Augenleidens wurde er 1879 zur Aufgabe seiner Lehrtätigkeit gezwungen. Seitdem lebte er als freier Philosoph an verschiedenen Orten in

Italien. 1889 erlitt er in Turin einen psychischen Zusammenbruch, von dem er sich bis zu seinem Tod am 25.8.1900 in Weimar nicht mehr erholte.

Nietzsche kann als ein Lebensphilosoph bezeichnet werden. Das Leben bzw. individuelle Erleben ist die Grundlage für das Denken, Erkennen und Handeln. Die zentrale Rolle im Gesamtzusammenhang des Lebens spielt der Wille, der einen Vorrang vor anderen menschlichen Vermögen, insbesondere dem Intellekt und Gefühl, hat. In der Hervorhebung der besonderen Rolle des Willens folgt Nietzsche dem Philosophen Arthur Schopenhauer, deutet jedoch seine Lehre um, indem er vom »Willen zur Macht« spricht. Dieser Wille ist die die gesamte Wirklichkeit und das gesamte Leben bestimmende Kraft, der entscheidende Antrieb und das herrschende »Prinzip« der gesamten Bewegung, Entwicklung und Veränderung. Der Wille zur Macht kann als Wille zum Leben und zur Lebenssteigerung aufgefaßt werden. Er soll sich aus seinen Fesseln befreien und einen ihm angemessenen Ausdruck finden. Die bisherigen obersten Werte des Menschen, die mit dem Gottesgedanken verbunden sind, haben nach Nietzsche ihre Überzeugungskraft und ihren Stellenwert verloren, die christliche Religion und Moral können dem Leben keine leitende Orientierung mehr geben. Nietzsche sucht daher nach Bereichen und Orientierungen, in denen der Wille zur Macht seinen ihm angemessenen Ausdruck finden kann, dem Leben ein neuer Sinn gegeben werden kann. In seiner ersten Schaffensperiode ist es der Bereich der Kunst, in der zweiten der der positiven Wissenschaften; in der dritten Periode ist es die Konzeption des sich selbst bestimmenden »Übermenschen«, die als Leitorientierung des Lebens dient. Die Wirklichkeit und das Denken befinden sich im stetigen Wandel. Es gibt Nietzsche zufolge keinen absoluten, übergreifenden, göttlichen Standpunkt, von dem aus man die Wirklichkeit betrachten könnte; es gibt nur perspektivische Interpretationen, Deutungen, Einschätzungen, die ihren Grund im Leben des Einzelnen, des Individuums haben. Gott ist eine Illusion derjenigen Menschen, die keine eigene Deutungsperspektive des Lebens und des Weltgeschehens haben und deshalb eine übergreifende Macht als letzte Sinn- und Wertgrundlage benötigen. Da Gott nicht mehr als diese Grundlage aufgefaßt werden kann (so ist Nietzsches Satz »Gott ist tot« zu verstehen), die mit dem Gottesgedanken verbundenen Werte ihre Gültigkeit verloren haben, muß eine »Umwertung aller Werte« vollzogen werden, die alten Werte durch neue ersetzt, der Welt ein neuer Sinn gegeben werden. Dies soll vom Übermenschen geleistet werden, einem Menschen, der an dem Mangel an Gott nicht verzweifelt und – getragen vom Willen zur Macht – seine eigenen Werte setzt und so der Welt einen neuen Sinn verleihen kann. In diesem Lichte kann Nietzsches Philosophie auch als eine Kulturphilosophie betrachtet werden, die in einer radikalen Kritik an der bestehenden Kultur und der Propagierung von neuen Kulturwerten besteht. Sein großes Anliegen ist es letztlich, die abendländische Kultur grundlegend umzudeuten und zu erneuern.

Die hier gesammelten Werke dokumentieren Nietzsches Grundgedanken und -konzeptionen. In »Menschliches, Allzumenschliches« (1878) vollzieht Nietzsche den Bruch mit Wagner. Die Kunst dient nicht mehr als die zentrale Lebensorientierung, als der höchste und reinste Ausdruck des Willens. Vielmehr übernimmt die positive Naturwissenschaft die Aufgabe, die Phänomene und Prozesse der Welt zu beschreiben und so die Welt rationalen Erklärungen zugänglich zu machen. Die Wissenschaft soll uns helfen, die Welt nüchtern, ohne Schein und Illusion, zu betrachten. Nietzsche behandelt die Phänomene als entstandene, geschichtlich gewordene. Diese »genealogische«, d.h. entstehungsgeschichtliche Betrachtungsweise zeigt, daß es keine zeitlosen, ewigen Wahrheiten gibt. Er analysiert in neuen Hauptstücken folgende Themenbereiche: Grundfragen der Philosophie, Moral, Religion, Kunst, höhere und niedere Kulturformen, soziales Leben, Geschlechter und Staat. Das Werk »Also sprach Zarathustra« (1883-1885), das von vielen als das Hauptwerk Nietzsches angesehen wird, bildet den Teil seiner Philosophie, in dem er sich nicht nur kritisch mit Grundfragen und -problemen der abendländischen Kulturgeschichte auseinandersetzt, sondern positiv, »jasagend« zu den Grundbegriffen seiner Philosophie Stellung nimmt. Dies betrifft vor allem die Grundbegriffe »Wille zur Macht«, »Übermensch«, »Umwertung aller Werte«, »ewige Wiederkehr des Gleichen«. Er entwirft hier das Ideal des Übermenschen und charakterisiert ihn als denjenigen Menschen, der die ihm gesetzten Grenzen überwindet und sich zum Herren seiner selbst macht. Im Gegensatz zu dem Herdenmenschen läßt sich der Übermensch nicht von Jenseitshoffnungen christlich-religiöser Art leiten. Er setzt und verwirklicht seine eigenen Werte. Die treibende Kraft, die ihn dabei leiten soll, ist der Wille zur Macht, das Ziel seines Bemühens die Umwertung aller Werte. In »Jenseits von Gut und Böse« (1886) wird die Umwertung aller bisherigen höchsten Werte zum zentralen Thema. Das Werk bildet den »neinsagenden« Teil seiner Philosophie. Er analysiert in entlarvender und destruierender Weise die wichtigsten Bereiche der Kultur. Sein Augenmerk richtet sich zunächst auf die am stärksten verbreiteten philosophischen Vorurteile, insbesondere die Suche nach absoluter Wahrheit, den Glauben an die Gegensätze der Werte, die Überschätzung des bewußten Denkens und die damit verbundene Unterschätzung der unbewußten Triebe und Motive desselben, den Glauben an eine unteilbare, ewige

Seele und an einen freien Willen. Entlarvt und destruiert werden weiterhin Grundüberzeugungen in den Bereichen Religion, Moral und Wissenschaft. Es werden ebenfalls die Rolle der Geschlechter und die Eigenart der europäischen Völker und Kulturen untersucht. Nietzsche erweist sich hierbei als entschiedener Gegner des »Nationalitäts-Wahnsinns« und als Verfechter einer kulturellen Einheit Europas.

Nietzsche erlangte zu seinen Lebzeiten große Aufmerksamkeit und wurde für viele zum »Propheten« des ausgehenden 19. Jahrhunderts, seine eigentliche Wirkung setzt jedoch erst im 20. Jahrhundert ein. Sie betrifft unterschiedliche Bereiche des Kulturlebens: Philosophie (vor allem Lebensphilosophie, Existenzphilosophie), Literatur (z.B. R. M. Rilke, S. George, S. Zweig, T. Mann), Psychologie (L. Klages, S. Freud, C.G. Jung). Politisch wurde Nietzsches Philosophie durch den Nationalsozialismus mißdeutet und mißbraucht, ihre Grundbegriffe wie »Übermensch«, »Herrenmensch«, »Sklavenmoral« wurden zur Untermauerung der nationalistischen Ideologie aufgegriffen. Nietzsches Wirkung erstreckt sich bis in die Gegenwart: sie bezieht sich sowohl auf die neuesten fachphilosophischen Strömungen (z.B. die sog. Postmoderne, den heutigen Pragmatismus und den Interpretationismus) als auch auf zentrale, aktuelle Probleme des Individuums, der Kultur und Gesellschaft. Gegen die Massenkultur, die bereits zu seiner Zeit allmählich zu Herrschaft gelangte, setzte er das Ideal eines erhabenen, sich selbst bestimmenden Individuums. Das Individuum soll dabei unterschiedliche Aufgaben übernehmen: es soll die eigene Identität bestimmen, unbewußte und hintergründige Prozesse durchschauen, Vorurteile und dogmatische Überzeugungen hinterfragen, Mut haben, mit neuen Orientierungen und Lebensformen zu »experimentieren«. Diese Forderungen, die von Nietzsche an das Individuum gestellt werden, machen ihn zu einem Aufklärer. Darüber hinaus bieten seine Analyse der Eigenart der Geschlechter und der Geschlechterverhältnisse und der interkulturelle Vergleich der europäischen Völker wichtige Ansatzpunkte für aktuelle Diskussionen. Nietzsche war der Verkünder von neuen Orientierungen, die, gegründet auf neuen Werten, zu einer neuen Weltordnung und Kultur führen sollten. Seine Philosophie ist in einer Umbruchssituation entstanden und sie kann als eine Antwort auf diese Situation aufgefaßt werden. Auch heute leben wir in einer Zeit des politischen, gesellschaftlichen und kulturellen Umbruchs, in einer Übergangsgesellschaft, in der Altes durch Neues ersetzt werden muß. Nietzsches Philosophie kann uns Wege zeigen, mit einer solchen Umbruchssituation umzugehen. Seine Philosophie wird für uns auch noch im nächsten Jahrhundert eine Herausforderung bleiben.

Alexander Ulfig,
Frankfurt am Main, März 1999

Menschliches, Allzumenschliches

Ein Buch für freie Geister

Erster Band

Vorrede

1.

Es ist mir oft genug und immer mit großem Befremden ausgedrückt worden, daß es etwas Gemeinsames und Auszeichnendes an allen meinen Schriften gäbe, von der »Geburt der Tragödie« an bis zum letzthin veröffentlichten »Vorspiel einer Philosophie der Zukunft«: sie enthielten allesamt, hat man mir gesagt, Schlingen und Netze für unvorsichtige Vögel und beinahe eine beständige unvermerkte Aufforderung zur Umkehrung gewohnter Wertschätzungen und geschätzter Gewohnheiten. Wie? *Alles* nur – menschlich-allzumenschlich? Mit diesem Seufzer komme man aus meinen Schriften heraus, nicht ohne eine Art Scheu und Mißtrauen selbst gegen die Moral, ja nicht übel versucht und ermutigt, einmal den Fürsprecher der schlimmsten Dinge zu machen: wie als ob sie vielleicht nur die bestverleumdeten seien? Man hat meine Schriften eine Schule des Verdachts genannt, noch mehr der Verachtung, glücklicherweise auch des Mutes, ja der Verwegenheit. In der Tat, ich selbst glaube nicht, daß jemals Jemand mit einem gleich tiefen Verdachte in die Welt gesehn hat, und nicht nur als gelegentlicher Anwalt des Teufels, sondern ebensosehr, theologisch zu reden, als Feind und Vorforderer Gottes; und wer etwas von den Folgen errät, die in jedem tiefen Verdachte liegen, etwas von den Frösten und Ängsten der Vereinsamung, zu denen jede unbedingte *Verschiedenheit des Blicks* den mit ihr Behafteten verurteilt, wird auch verstehn, wie oft ich zur Erholung von mir, gleichsam zum zeitweiligen Selbstvergessen, irgendwo unterzutreten suchte – in irgendeiner Verehrung oder Feindschaft oder

Wissenschaftlichkeit oder Leichtfertigkeit oder Dummheit; auch warum ich, wo ich nicht fand, was ich *brauchte*, es mir künstlich erzwingen, zurechtfälschen, zurechtdichten mußte (– und was haben Dichter je Anderes getan? Und wozu wäre alle Kunst in der Welt da?). Was ich aber immer wieder am nötigsten brauchte, zu meiner Kur und Selbst-Wiederherstellung, das war der Glaube, *nicht* dergestalt einzeln zu sein, einzeln zu *sehen* – ein zauberhafter Argwohn von Verwandtschaft und Gleichheit in Auge und Begierde, ein Ausruhen im Vertrauen der Freundschaft, eine Blindheit zu Zweien ohne Verdacht und Fragezeichen, ein Genuß an Vordergründen, Oberflächen, Nahem, Nächstem, an Allem, was Farbe, Haut und Scheinbarkeit hat. Vielleicht, daß man mir in diesem Betrachte mancherlei »Kunst«, mancherlei feinere Falschmünzerei vorrücken könnte: zum Beispiel, daß ich wissentlich-willentlich die Augen vor Schopenhauers blindem Willen zur Moral zugemacht hätte, zu einer Zeit, wo ich über Moral schon hellsichtig genug war; insgleichen daß ich mich über Richard Wagners unheilbare Romantik betrogen hätte, wie als ob sie ein Anfang und nicht ein Ende sei; insgleichen über die Griechen, insgleichen über die Deutschen und ihre Zukunft – und es gäbe vielleicht noch eine ganze lange Liste solcher Insgleichen? – Gesetzt aber, dies Alles wäre wahr und mit gutem Grunde mir vorgerückt, was wißt *ihr* davon, was *könntet* ihr davon wissen, wie viel List der Selbst-Erhaltung, wie viel Vernunft und höhere Obhut in solchem Selbst-Betruge enthalten ist – und wie viel Falschheit mir noch *not tut*, damit ich mir immer wieder den Luxus *meiner* Wahrhaftigkeit gestatten darf? ... Genug, ich lebe noch; und das Leben ist nun einmal nicht von der Moral ausgedacht: es *will* Täuschung, es *lebt* von der Täuschung ... aber nicht wahr? Da beginne ich bereits wieder und tue, was ich immer getan habe, ich alter Immoralist und Vogelsteller –

und rede unmoralisch, außermoralisch, »jenseits von Gut und Böse«?

2.

– So habe ich denn einstmals, als ich es nötig hatte, mir auch die »freien Geister« *erfunden,* denen dieses schwermütig-mutige Buch mit dem Titel »Menschliches, Allzumenschliches« gewidmet ist: dergleichen »freie Geister« gibt es nicht, gab es nicht – aber ich hatte sie damals, wie gesagt, zur Gesellschaft nötig, um guter Dinge zu bleiben inmitten schlimmer Dinge (Krankheit, Vereinsamung, Fremde, *acedia,* Untätigkeit): als tapfere Gesellen und Gespenster, mit denen man schwätzt und lacht, wenn man Lust hat zu schwätzen und zu lachen, und die man zum Teufel schickt, wenn sie langweilig werden, – als ein Schadenersatz für mangelnde Freunde. Daß es dergleichen freie Geister einmal geben *könnte,* daß unser Europa unter seinen Söhnen von morgen und übermorgen solche muntere und verwegene Gesellen haben *wird,* leibhaft und handgreiflich und nicht nur, wie in meinem Falle, als Schemen und Einsiedler-Schattenspiel: daran möchte *ich* am wenigsten zweifeln. Ich sehe sie bereits *kommen,* langsam, langsam; und vielleicht tue ich etwas, um ihr Kommen zu beschleunigen, wenn ich zum voraus beschreibe, unter welchen Schicksalen ich sie entstehn, auf welchen Wegen ich sie kommen *sehe?* – –

3.

Man darf vermuten, daß ein Geist, in dem der Typus »freier Geist« einmal bis zur Vollkommenheit reif und süß werden soll, sein entscheidendes Ereignis in einer *großen Loslösung* gehabt hat, und daß er vorher um so mehr ein gebundener Geist war und für immer an seine Ecke und Säule gefesselt schien. Was bindet am festesten? welche Stricke sind beinahe unzerreißbar? Bei Menschen einer hohen und ausgesuchten Art werden es die Pflichten sein: jene Ehrfurcht, wie sie der Jugend eignet, jene Scheu und Zartheit vor allem Altverehrten und Würdigen, jene Dankbarkeit für den Boden, aus dem sie wuchsen, für die Hand, die sie führte, für das Heiligtum, wo sie anbeten lernten, – ihre höchsten Augenblicke selbst werden sie am festesten binden, am dauerndsten verpflichten. Die große Loslösung kommt für solchermaßen Gebundene plötzlich, wie ein Erdstoß: die junge Seele wird mit Einem Male erschüttert, losgerissen, herausgerissen – sie selbst versteht nicht, was sich begibt. Ein Antrieb und Andrang waltet und wird über sie Herr wie ein Befehl; ein Wille und Wunsch erwacht, fortzugehn, irgendwohin, um jeden Preis; eine heftige gefährliche Neugierde nach einer unentdeckten Welt flammt und flackert in allen ihren Sinnen. »Lieber sterben als *hier* leben« – so klingt die gebieterische Stimme und Verführung: und dies »hier«, dies »zu Hause« ist Alles, was sie bis dahin geliebt hatte! Ein plötzlicher Schrecken und Argwohn gegen Das, was sie liebte, ein Blitz von Verachtung gegen Das, was ihr »Pflicht« hieß, ein aufrührerisches willkürliches vulkanisch stoßendes Verlangen nach Wanderschaft, Fremde, Entfremdung, Erkältung, Ernüchterung, Vereisung, ein Haß auf die Liebe, vielleicht ein tempelschänderischer Griff und Blick *rückwärts,* dorthin, wo sie bis dahin anbetete und liebte, vielleicht eine Glut der Scham über das, was sie eben tat, und ein

Frohlocken zugleich, *daß* sie es tat, ein trunkenes inneres frohlockendes Schaudern, in dem sich ein Sieg verrät – ein Sieg? über was? über wen? ein rätselhafter fragenreicher fragwürdiger Sieg, aber der erste Sieg immerhin: – dergleichen Schlimmes und Schmerzliches gehört zur Geschichte der großen Loslösung. Sie ist eine Krankheit zugleich, die den Menschen zerstören kann, dieser erste Ausbruch von Kraft und Willen zur Selbstbestimmung, Selbst-Wertsetzung, dieser Wille zum *freien* Willen: und wie viel Krankheit drückt sich an den wilden Versuchen und Seltsamkeiten aus, mit denen der Befreite, Losgelöste sich nunmehr seine Herrschaft über die Dinge zu beweisen sucht! Er schweift grausam umher, mit einer unbefriedigten Lüsternheit; was er erbeutet, muß die gefährliche Spannung seines Stolzes abbüßen; er zerreißt, was ihn reizt. Mit einem bösen Lachen dreht er um, was er verhüllt, durch irgendeine Scham geschont findet: er versucht, wie diese Dinge aussehn, *wenn man* sie umkehrt. Es ist Willkür und Lust an der Willkür darin, wenn er vielleicht nun seine Gunst dem zuwendet, was bisher in schlechtem Rufe stand, – wenn er neugierig und versucherisch um das Verbotenste schleicht. Im Hintergrunde seines Treibens und Schweifens – denn er ist unruhig und ziellos unterwegs wie in einer Wüste – steht das Fragezeichen einer immer gefährlicheren Neugierde. »Kann man nicht *alle* Werte umdrehn? und ist Gut vielleicht Böse? und Gott nur eine Erfindung und Feinheit des Teufels? Ist Alles vielleicht im letzten Grunde falsch? Und wenn wir Betrogene sind, sind wir nicht ebendadurch auch Betrüger? *müssen* wir nicht auch Betrüger sein?« – solche Gedanken führen und verführen ihn, immer weiter fort, immer weiter ab. Die Einsamkeit umringt und umringelt ihn, immer drohender, würgender, herzzuschnürender, jene furchtbare Göttin und *mater saeva cupidinum* – aber wer weiß es heute, was *Einsamkeit* ist? ...

4.

Von dieser krankhaften Vereinsamung, von der Wüste solcher Versuchs-Jahre ist der Weg noch weit bis zu jener ungeheuren überströmenden Sicherheit und Gesundheit, welche der Krankheit selbst nicht entraten mag, als eines Mittels und Angelhakens der Erkenntnis, bis zu jener *reifen* Freiheit des Geistes, welche ebensosehr Selbstbeherrschung und Zucht des Herzens ist und die Wege zu vielen und entgegengesetzten Denkweisen erlaubt –, bis zu jener inneren Umfänglichkeit und Verwöhnung des Überreichtums, welche die Gefahr ausschließt, daß der Geist sich etwa selbst in die eignen Wege verlöre und verliebte und in irgendeinem Winkel berauscht sitzen bliebe, bis zu jenem Überschuß an plastischen ausheilenden nachbildenden und wiederherstellenden Kräften, welcher eben das Zeichen der *großen* Gesundheit ist, jener Überschuß, der dem freien Geiste das gefährliche Vorrecht gibt, *auf den Versuch* hin leben und sich dem Abenteuer anbieten zu dürfen: das Meisterschafts-Vorrecht des freien Geistes! Dazwischen mögen lange Jahre der Genesung liegen, Jahre voll vielfarbiger schmerzlich-zauberhafter Wandlungen, beherrscht und am Zügel geführt durch einen zähen *Willen zur Gesundheit*, der sich oft schon als Gesundheit zu kleiden und zu verkleiden wagt. Es gibt einen mittleren Zustand darin, dessen ein Mensch solchen Schicksals später nicht ohne Rührung eingedenk ist: ein blasses feines Licht und Sonnenglück ist ihm zu eigen, ein Gefühl von Vogel-Freiheit, Vogel-Umblick, Vogel-Übermut, etwas Drittes, in dem sich Neugierde und zarte Verachtung gebunden haben. Ein »freier Geist« – dies kühle Wort tut in jenem Zustande wohl, es wärmt beinahe. Man lebt, nicht mehr in den Fesseln von Liebe und Haß, ohne Ja, ohne Nein, freiwillig nahe, freiwillig ferne, am liebsten entschlüpfend, ausweichend, fortflatternd, wieder weg, wieder emporfliegend; man ist verwöhnt, wie Jeder, der einmal ein ungeheures Vielerlei *unter* sich gesehn hat, – und man ward zum Gegenstück Derer, welche sich um Dinge bekümmern, die sie nichts angehn. In der Tat, den freien Geist gehen nunmehr lauter Dinge an – und wie viele Dinge! –, welche ihn nicht mehr *bekümmern* …

5.

Ein Schritt weiter in der Genesung: und der freie Geist nähert sich wieder dem Leben, langsam freilich, fast widerspänstig, fast mißtrauisch. Es wird wieder wärmer um ihn, gelber gleichsam; Gefühl und Mitgefühl bekommen Tiefe, Tauwinde aller Art gehen über ihn weg. Fast ist ihm zumute, als ob ihm jetzt erst die Augen für das *Nahe* aufgingen. Er ist verwundert und sitzt *stille: wo war er* doch? Diese nahen und nächsten Dinge: wie scheinen sie ihm verwandelt! welchen Flaum und Zauber haben sie inzwischen bekommen! Er blickt dankbar zurück, – dankbar seiner Wanderschaft, seiner Härte und Selbstentfremdung, seinen Fernblicken und Vogelflügen in kalte Höhen. Wie gut, daß er nicht wie ein zärtlicher dumpfer Eckensteher immer »zu Hause«, immer »bei sich« geblieben ist! Er war *außer* sich: es ist kein Zweifel. Jetzt erst sieht er sich selbst –, und welche Überraschungen findet er dabei! Welche unerprobten Schauder! Welches Glück noch in der Müdigkeit, der alten Krankheit, den Rückfällen des Genesenden! Wie es ihm gefällt, leidend stillzusitzen, Geduld zu spinnen, in der Sonne zu liegen! Wer versteht sich gleich ihm auf das Glück im Winter, auf die Sonnenflecke an der Mauer! Es sind die dankbarsten Tiere von der Welt, auch die bescheidensten, diese dem Leben wieder halb zugewendeten Genesenden und Eidechsen: – es gibt solche unter ihnen, die keinen Tag von sich lassen, ohne ihm ein kleines Loblied an den nachschleppenden Saum zu hängen. Und ernstlich geredet: es ist eine gründliche *Kur* gegen allen Pessimismus (den Krebsschaden alter Idealisten und Lügenbolde, wie bekannt –), auf die Art dieser freien Geister krank zu werden, eine gute Weile krank zu bleiben und dann, noch länger, noch länger, gesund, ich meine »gesünder« zu werden. Es ist Weisheit darin, Lebens-Weisheit, sich die Gesundheit selbst lange Zeit nur in kleinen Dosen zu verordnen. –

6.

Um jene Zeit mag es endlich geschehn, unter den plötzlichen Lichtern einer noch ungestümen, noch wechselnden Gesundheit, daß dem freien, immer freieren Geiste sich das Rätsel jener großen Loslösung zu entschleiern beginnt, welches bis dahin dunkel, fragwürdig, fast unberührbar in seinem Gedächtnisse gewartet hatte. Wenn er sich lange kaum zu fragen wagte »warum so abseits? so allein? Allem entsagend, was ich verehrte? der Verehrung selbst entsagend? warum diese Härte, dieser Argwohn, dieser Haß auf die eigenen Tugenden?« – jetzt wagt und fragt er es laut und hört auch schon etwas wie Antwort darauf. »Du solltest Herr über dich werden, Herr auch über die eigenen Tugenden. Früher waren sie deine Herrn; aber sie dürfen nur deine Werkzeuge neben andren Werkzeugen sein. Du solltest Gewalt über dein Für und Wider bekommen und es verstehen lernen, sie aus- und wieder einzuhängen, je nach deinem höheren Zwecke. Du solltest das Perspektivische in jeder Wertschätzung begreifen lernen – die Verschiebung, Verzerrung und scheinbare Teleologie der Horizonte und was Alles zum Perspektivischen gehört; auch das Stück Dummheit in bezug auf entgegengesetzte Werte und die ganze intellektuelle Einbuße, mit der sich jedes Für, jedes Wider bezahlt macht. Du solltest die *notwendige* Ungerechtigkeit in jedem Für und Wider begreifen lernen, die Ungerechtigkeit als unablösbar vom Leben, das Leben selbst als *bedingt* durch das Perspektivische und seine Ungerechtigkeit. Du solltest vor Allem mit Augen sehn, wo die Ungerechtigkeit immer am größten ist: dort nämlich, wo das Leben am kleinsten, engsten, dürftigsten, anfänglichsten entwickelt ist und dennoch nicht umhin kann, *sich* als Zweck und Maß der Dinge zu nehmen und seiner Erhaltung zuliebe das Höhere, Größere, Reichere heimlich und kleinlich und unablässig anzubröckeln und in Frage zu stellen, – du solltest das Problem der *Rangordnung* mit Augen sehn, und wie Macht und Recht und Umfänglichkeit der Perspektive miteinander in die Höhe wachsen. »Du solltest« – genug, der freie Geist weiß nunmehr, welchem »du sollst« er gehorcht hat, und auch, was er jetzt kann, was er jetzt erst – *darf* …

7.

Dergestalt gibt der freie Geist in bezug auf jenes Rätsel von Loslösung sich Antwort und endet damit, indem er seinen Fall verallgemeinert, sich über sein Erlebnis *also* zu entscheiden. »Wie es mir erging, sagt er sich, muß es Jedem ergehn, in dem eine *Aufgabe* leibhaft werden und »zur Welt kommen« will. Die heimliche Gewalt und Notwendigkeit dieser Aufgabe wird unter und in seinen einzelnen Schicksalen walten gleich einer unbewußten Schwangerschaft, – lange, bevor er diese Aufgabe selbst ins Auge gefaßt hat und ihren Namen weiß. Unsre Bestimmung verfügt über uns, auch wenn wir sie noch nicht kennen; es ist die Zukunft, die unserm Heute die Regel gibt. Gesetzt, daß es das *Problem der Rangordnung* ist, von dem wir sagen dürfen, daß es *unser* Problem ist, wir freien Geister: jetzt, in dem Mittage unsres Lebens, verstehn wir es erst, was für Vorbereitungen, Umwege, Proben, Versuchungen, Verkleidungen das Problem nötig hatte, ehe es vor uns aufsteigen durfte, und wie wir erst die vielfachsten und widersprechendsten Not- und Glücksstände an Seele und Leib erfahren mußten, als Abenteurer und Weltumsegler jener inneren Welt, die »Mensch« heißt, als Ausmesser jedes »Höher« und »Übereinander«, das gleichfalls »Mensch« heißt – überallhin dringend, fast ohne Furcht, nichts verschmähend, nichts verlierend, alles auskostend, alles vom Zufälligen reinigend und gleichsam aussiebend – bis wir endlich sagen durften, wir freien Geister: »Hier – ein *neues* Problem! Hier eine lange Leiter, auf deren Sprossen wir selbst gesessen und gestiegen sind, – die wir selbst irgendwann *gewesen* sind! Hier ein Höher, ein Tiefer, ein Unter-uns, eine ungeheure lange Ordnung, eine Rangordnung, die wir *sehen:* hier – *unser* Problem! « – –

8.

– Es wird keinem Psychologen und Zeichendeuter einen Augenblick verborgen bleiben, an welche Stelle der eben geschilderten Entwicklung, das vorliegende Buch gehört (oder *gestellt* ist –). Aber wo gibt es heute Psychologen? In Frankreich, gewiß; vielleicht in Rußland; sicherlich nicht in Deutschland. Es fehlt nicht an Gründen, weshalb sich dies die heutigen Deutschen sogar noch zur Ehre anrechnen könnten: schlimm genug für Einen, der in diesem Stücke undeutsch geartet und geraten ist! Dies *deutsche* Buch, welches in einem weiten Umkreis von Ländern und Völkern seine Leser zu finden gewußt hat – es ist ungefähr zehn Jahr unterwegs – und sich auf irgendwelche Musik und Flötenkunst verstehn muß, durch die auch spröde Ausländer-Ohren zum Horchen verführt werden, – gerade in Deutschland ist dies Buch am nachlässigsten gelesen, am schlechtesten *gehört* worden, woran liegt das? – »Es verlangt zu viel«, hat man mir geantwortet, »es wendet sich an Menschen ohne die Drangsal grober Pflichten, es will feine und verwöhnte Sinne, es hat Überfluß nötig, Überfluß an Zeit, an Helligkeit des Himmels und Herzens, an *otium* im verwegensten Sinne: – lauter gute Dinge, die wir Deutschen von heute nicht haben und also auch nicht geben können.« – Nach einer so artigen Antwort rät mir meine Philosophie, zu schweigen und nicht mehr weiter zu fragen; zumal man in gewissen Fällen, wie das Sprichwort andeutet, nur dadurch Philosoph *bleibt,* daß man – schweigt.

Nizza, im Frühling 1886

ERSTES HAUPTSTÜCK:

Von den ersten und letzten Dingen

1.

Chemie der Begriffe und Empfindungen. – Die philosophischen Probleme nehmen jetzt wieder fast in allen Stücken dieselbe Form der Frage an wie vor zweitausend Jahren: wie kann Etwas aus seinem Gegensatz entstehen, zum Beispiel Vernünftiges aus Vernunftlosem, Empfindendes aus Totem, Logik aus Unlogik, interesseloses Anschauen aus begehrlichem Wollen, Leben für Andere aus Egoismus, Wahrheit aus Irrtümern? Die metaphysische Philosophie half sich bisher über diese Schwierigkeiten hinweg, insofern sie die Entstehung des Einen aus dem Andern leugnete und für die höher gewerteten Dinge einen Wunder-Ursprung annahm, unmittelbar aus dem Kern und Wesen des »Dinges an sich« heraus. Die historische Philosophie dagegen, welche gar nicht mehr getrennt von der Naturwissenschaft zu denken ist, die allerjüngste aller philosophischen Methoden, ermittelte in einzelnen Fällen (und vermutlich wird dies in allen ihr Ergebnis sein), daß es keine Gegensätze sind, außer in der gewohnten Übertreibung der populären oder metaphysischen Auffassung, und daß ein Irrtum der Vernunft dieser Gegenüberstellung zugrunde liegt: Nach ihrer Erklärung gibt es, streng gefaßt, weder ein unegoistisches Handeln, noch ein völlig interesseloses Anschauen, es sind beides nur Sublimierungen, bei denen das Grundelement fast verflüchtigt erscheint und nur noch für die feinste Beobachtung sich als vorhanden erweist. – Alles, was wir brauchen und was erst bei der gegenwärtigen Höhe der einzelnen Wissenschaften uns gegeben werden kann, ist eine *Chemie* der moralischen, religiösen ästhetischen Vorstellungen und Empfindungen, ebenso aller jener Regungen, welche wir im Groß- und Kleinverkehr der Kultur und Gesellschaft, ja in der Einsamkeit an uns erleben: wie, wenn diese Chemie mit dem Ergebnis abschlösse, daß auch auf diesem Gebiete die herrlichsten Farben aus niedrigen, ja verachteten Stoffen gewonnen sind? Werden Viele Lust haben, solchen Untersuchungen zu folgen? Die Menschheit liebt es, die Fragen über Herkunft und Anfänge sich aus dem Sinne zu schlagen: muß man nicht fast entmenscht sein, um den entgegengesetzten Hang in sich zu spüren? –

2.

Erbfehler der Philosophen. – Alle Philosophen haben den gemeinsamen Fehler an sich, daß sie vom gegenwärtigen Menschen ausgehen und durch eine Analyse desselben ans Ziel zu kommen meinen. Unwillkürlich schwebt ihnen »der Mensch« als eine *aeterna veritas,* als ein Gleichbleibendes in allem Strudel, als ein sichres Maß der Dinge vor. Alles, was der Philosoph über den Menschen aussagt, ist aber im Grunde nicht mehr als ein Zeugnis über den Menschen eines *sehr beschränkten* Zeitraums. Mangel an historischem Sinn ist der Erbfehler aller Philosophen; manche sogar nehmen unversehens die allerjüngste Gestaltung des Menschen, wie eine solche unter dem Eindruck bestimmter Religionen, ja bestimmter politischer Ereignisse entstanden ist, als die feste Form, von der man ausgehen müsse. Sie wollen nicht lernen, daß der Mensch geworden ist, daß auch das Erkenntnisvermögen geworden ist; während Einige von ihnen sogar die ganze Welt aus diesem Erkenntnisvermögen sich herausspinnen lassen. – Nun ist alles *Wesentliche* der menschlichen Entwicklung in Urzeiten vor sich gegangen, lange vor jenen viertausend Jahren, die wir ungefähr kennen; in diesen mag sich der Mensch nicht viel mehr verändert haben. Da sieht aber der Philosoph »Instinkte« am gegenwärtigen Menschen und nimmt an, daß diese zu den unveränderlichen Tatsachen des Menschen gehören und insofern einen Schlüssel zum Verständnis der Welt überhaupt abgeben können: die ganze Teleologie ist darauf gebaut, daß man vom Menschen der letzten vier Jahrtausende als von einem *ewigen* redet, zu welchem hin alle Dinge in der Welt von ihrem Anbeginne eine natürliche Richtung haben. Alles aber ist geworden; es gibt *keine ewigen Tatsachen:* sowie es keine absoluten Wahrheiten gibt. – Demnach ist das *historische Philosophieren* von jetzt ab nötig und mit ihm die Tugend der Bescheidung.

3.

Schätzung der unscheinbaren Wahrheiten. – Es ist das Merkmal einer höhern Kultur, die kleinen unscheinbaren Wahrheiten, welche mit strenger Methode gefunden wurden, höher zu schätzen als die beglückenden und blendenden Irrtümer, welche metaphysischen und künstlerischen Zeitaltern und Menschen entstammen. Zunächst hat man gegen erstere den Hohn auf den Lippen, als könne hier gar nichts Gleichberechtigtes gegeneinander stehen: so bescheiden, schlicht, nüchtern, ja scheinbar entmutigend stehen diese, so schön, prunkend, berauschend, ja vielleicht beseligend stehen jene da.

Aber das Mühsam-Errungene, Gewisse, Dauernde und deshalb für jede weitere Erkenntnis noch Folgenreiche ist doch das Höhere, zu ihm sich zu halten ist männlich und zeigt Tapferkeit, Schlichtheit, Enthaltsamkeit an. Allmählich wird nicht der Einzelne, sondern die gesamte Menschheit zu dieser Männlichkeit emporgehoben werden, wenn sie sich endfich an die höhere Schätzung der haltbaren, dauerhaften Erkenntnisse gewöhnt und allen Glauben an Inspiration und wundergleiche Mitteilung von Wahrheiten verloren hat. – Die Verehrer der *Formen* freilich, mit ihrem Maßstabe des Schönen und Erhabenen, werden zunächst gute Gründe zu spotten haben, sobald die Schätzung der unscheinbaren Wahrheiten und der wissenschaftliche Geist anfängt zur Herrschaft zu kommen: aber nur weil entweder ihr Auge sich noch nicht dem Reiz der *schlichtesten* Form erschlossen hat oder weil die in jenem Geiste erzogenen Menschen noch lange nicht völlig und innerlich von ihm durchdrungen sind, so daß sie immer noch gedankenlos alte Formen nachmachen (und dies schlecht genug, wie es Jemand tut, dem nicht mehr viel an einer Sache liegt). Ehemals war der Geist nicht durch strenges Denken in Anspruch genommen, da lag sein Ernst im Ausspinnen von Symbolen und Formen. Das hat sich verändert; jener Ernst des Symbolischen ist zum Kennzeichen der niederen Kultur geworden. Wie unsere Künste selber immer intellektueller, unsre Sinne geistiger werden, und wie man zum Beispiel jetzt ganz anders darüber urteilt, was sinnlich wohltönend ist, als vor hundert Jahren: so werden auch die Formen unseres Lebens immer geistiger, für das Auge älterer Zeiten vielleicht *häßlicher,* aber nur weil es nicht zu sehen vermag, wie das Reich der inneren, geistigen Schönheit sich fortwährend vertieft und erweitert und inwiefern uns Allen der geistreiche Blick jetzt mehr gelten darf als der schönste Gliederbau und das erhabenste Bauwerk.

4.

Astrologie und Verwandtes. – Es ist wahrscheinlich, daß die Objekte des religiösen, moralischen und ästhetischen Empfindens ebenfalls nur zur Oberfläche der Dinge gehören, während der Mensch gerne glaubt, daß er hier wenigstens an das Herz der Welt rühre; er täuscht sich, weil jene Dinge ihn so tief beseligen und so tief unglücklich machen, und zeigt also hier denselben Stolz wie bei der Astrologie. Denn diese meint, der Sternenhimmel drehe sich um das Los des Menschen; der moralische Mensch aber setzt voraus, Das, was ihm wesentlich am Herzen liege, müsse auch Wesen und Herz der Dinge sein.

5.

Mißverständnis des Traumes. – Im Traum glaubte der Mensch in den Zeitaltern roher uranfänglicher Kultur eine *zweite reale* Welt kennenzulernen; hier ist der Ursprung aller Metaphysik. Ohne den Traum hätte man keinen Anlaß zu einer Scheidung der Welt gefunden. Auch die Zerlegung in Seele und Leib hängt mit der ältesten Auffassung des Traumes zusammen, ebenso die Annahme eines Seelenscheinleibes, also die Herkunft alles Geisterglaubens und wahrscheinlich auch des Götterglaubens. »Der Tote lebt fort; *denn* er erscheint dem Lebenden im Traume«: so schloß man ehedem durch viele Jahrtausende hindurch.

6.

Der Geist der Wissenschaft im Teil, nicht im Ganzen mächtig. – Die abgetrennten *kleinsten* Gebiete der Wissenschaft werden rein sachlich behandelt: die allgemeinen großen Wissenschaften dagegen legen, als Ganzes betrachtet, die Frage – eine recht unsachliche Frage freilich – auf die Lippen: wozu? zu welchem Nutzen? Wegen dieser Rücksicht auf den Nutzen werden sie, als Ganzes, weniger unpersönlich als in ihren Teilen behandelt. Bei der Philosophie nun gar, als bei der Spitze der gesamten Wissenspyramide, wird unwillkürlich die Frage nach dem Nutzen der Erkenntnis überhaupt aufgeworfen, und jede Philosophie hat unbewußt die Absicht, ihr den *höchsten* Nutzen zuzuschreiben. Deshalb gibt es in allen Philosophien so viel hochfliegende Metaphysik und eine solche Scheu vor den unbedeutend erscheinenden Lösungen der Physik; denn die Bedeutsamkeit der Erkenntnis für das Leben *soll* so groß als möglich erscheinen. Hier ist der Antagonismus zwischen den wissenschaftlichen Einzelgebieten und der Philosophie. Letztere will, was die Kunst will, dem Leben und Handeln möglichste Tiefe und Bedeutung geben; in ersteren sucht man Erkenntnis und Nichts weiter – was dabei auch herauskomme. Es hat bis jetzt noch keinen Philosophen gegeben, unter dessen Händen die Philosophie nicht zu einer Apologie der Erkenntnis geworden wäre; in diesem Punkte wenigstens ist ein Jeder Optimist, daß dieser die höchste Nützlichkeit zugesprochen werden müsse. Sie alle werden von der Logik tyrannisiert: und diese ist ihrem Wesen nach Optimismus.

7.

Der Störenfried in der Wissenschaft. – Die Philosophie schied sich von der Wissenschaft, als sie die Frage stellte: welches ist diejenige Erkenntnis der Welt und des Lebens, bei welcher der Mensch am glücklichsten lebt? Dies geschah in den sokratischen Schulen: durch den Gesichtspunkt des Glücks unterband man die Blutadern der wissenschaftlichen Forschung – und tut es heute noch.

8.

Pneumatische Erklärung der Natur – Die Metaphysik erklärt die Schrift der Natur gleichsam *pneumatisch,* wie die Kirche und ihre Gelehrten es ehemals mit der Bibel taten. Es gehört sehr viel Verstand dazu, um auf die Natur dieselbe Art der strengen Erklärungskunst anzuwenden, wie jetzt die Philologen sie für alle Bücher geschaffen haben: mit der Absicht, schlicht zu verstehen, was die Schrift sagen will, aber nicht einen *doppelten* Sinn zu wittern, ja vorauszusetzen. Wie aber selbst in betreff der Bücher die schlechte Erklärungskunst keineswegs völlig überwunden ist und man in der besten gebildeten Gesellschaft noch fortwährend auf Überreste allegorischer und mystischer Ausdeutung stößt: so steht es auch in betreff der Natur – ja noch viel schlimmer.

9.

Metaphysische Welt. – Es ist wahr, es *könnte* eine metaphysische Welt geben; die absolute Möglichkeit davon ist kaum zu bekämpfen. Wir sehen alle Dinge durch den Menschenkopf an und können diesen Kopf nicht abschneiden; während doch die Frage übrigbleibt, was von der Welt noch da wäre, wenn man ihn doch abgeschnitten hätte. Dies ist ein rein wissenschaftliches Problem und nicht sehr geeignet, den Menschen Sorge zu machen; aber Alles, was ihnen bisher metaphysische Annahmen *wertvoll, schreckensvoll, lustvoll* gemacht, was sie erzeugt hat, ist Leidenschaft, Irrtum und Selbstbetrug; die allerschlechtesten Methoden der Erkenntnis, nicht die allerbesten, haben daran glauben lehren. Wenn man diese Methoden, als das Fundament aller vorhandenen Religionen und Metaphysiken, aufgedeckt hat, hat man sie widerlegt. Dann bleibt immer noch jene Möglichkeit übrig; aber mit ihr kann man gar nichts anfangen, geschweige denn, daß man Glück, Heil und Leben von den Spinnenfäden einer solchen Möglichkeit abhängen lassen dürfte. – Denn man könnte von der metaphysischen Welt gar nichts aussagen als ein Anderssein, ein uns unzugängliches, unbegreifliches Anderssein; es wäre ein Ding mit negativen Eigenschaften. – Wäre die Existenz einer solchen Welt noch so gut bewiesen, so stünde doch fest, daß die gleichgültigste aller Erkenntnisse eben *ihre* Erkenntnis wäre: noch gleichgültiger, als dem Schiffer in Sturmesgefahr die Erkenntnis von der chemischen Analysis des Wassers sein muß.

10.

Harmlosigkeit der Metaphysik in der Zukunft. – Sobald die Religion, Kunst und Moral in ihrer Entstehung so beschrieben sind, daß man sie vollständig sich erklären kann, *ohne* zur Annahme *metaphysischer Eingriffe* am Beginn und im Verlaufe der Bahn seine Zuflucht zu nehmen, hört das stärkste Interesse an dem rein theoretischen Problem vom »Ding an sich« und der »Erscheinung« auf. Denn wie es hier auch stehe: mit Religion, Kunst und Moral rühren wir nicht an das »Wesen der Welt an sich«; wir sind im Bereiche der Vorstellung, keine »Ahnung« kann uns weitertragen. Mit voller Ruhe wird man die Frage, wie unser Weltbild so stark sich von dem erschlossenen Wesen der Welt unterscheiden könne, der Physiologie und der Entwicklungsgeschichte der Organismen und Begriffe überlassen.

11.

Die Sprache als vermeintliche Wissenschaft. – Die Bedeutung der Sprache für die Entwicklung der Kultur liegt darin, daß in ihr der Mensch eine eigne Welt neben die andere stellte, einen Ort, welchen er für so fest hielt, um von ihm aus die übrige Welt aus den Angeln zu heben und sich zum Herren derselben zu machen. Insofern der Mensch an die Begriffe und Namen der Dinge als an *aeternae veritates* durch lange Zeitstrecken hindurch geglaubt hat, hat er sich jenen Stolz angeeignet, mit dem er sich über das Tier erhob: er meinte wirklich in der Sprache die Erkenntnis der Welt zu haben. Der Sprachbildner war nicht so bescheiden zu glauben, daß er den Dingen eben nur Bezeichnungen gebe, er drückte vielmehr, wie er wähnte, das höchste Wissen über die Dinge mit den Worten aus; in der Tat ist die Sprache die erste Stufe der Bemühung um die Wissenschaft. Der *Glaube an die gefundene Wahrheit* ist es auch hier, aus dem die mächtigsten Kraftquellen geflossen sind. Sehr nachträglich – jetzt erst – dämmert es den Menschen auf, daß sie einen ungeheuren Irrtum in ihrem Glauben an die Sprache propagiert haben. Glücklicherweise ist es zu spät, als daß es die Entwicklung der Vernunft, die auf jenem Glauben beruht, wieder rückgängig machen könnte. – Auch die *Logik* beruht auf Voraussetzungen, denen Nichts in der wirklichen Welt entspricht, z.B. auf der Voraussetzung der Gleichheit von Dingen, der Identität desselben Dings in verschiedenen Punkten der Zeit: aber jene Wissenschaft entstand durch den entgegengesetzten Glauben (daß es dergleichen in der wirklichen Welt allerdings gebe). Ebenso steht es mit der Mathematik, welche gewiß nicht entstanden wäre, wenn man von Anfang an gewußt hätte, daß es in der Natur keine exakt gerade Linie, keinen wirklichen Kreis, kein absolutes Größenmaß gebe.

12.

Traum und Kultur. – Die Gehirnfunktion, welche durch den Schlaf am meisten beeinträchtigt wird, ist das Gedächtnis: nicht daß es ganz pausierte – aber es ist auf einen Zustand der Unvollkommenheit zurückgebracht, wie es in Urzeiten der Menschheit bei Jedermann am Tage und im Wachen gewesen sein mag. Willkürlich und verworren, wie es ist, verwechselt es fortwährend die Dinge aufgrund der flüchtigsten Ähnlichkeiten: aber mit derselben Willkür und Verworrenheit dichteten die Völker ihre Mythologien, und noch jetzt pflegen

Reisende zu beobachten, wie sehr der Wilde zur Vergeßlichkeit neigt, wie sein Geist nach kurzer Anspannung des Gedächtnisses hin und her zu taumeln beginnt und er, aus bloßer Erschlaffung, Lügen und Unsinn hervorbringt. Aber wir Alle gleichen im Traume diesem Wilden; das schlechte Wiedererkennen und irrtümliche Gleichsetzen ist der Grund des schlechten Schließens, dessen wir uns im Traume schuldig machen: so daß wir, bei deutlicher Vergegenwärtigung eines Traumes, vor uns erschrecken, weil wir so viel Narrheit in uns bergen. – Die vollkommne Deutlichkeit aller Traum-Vorstellungen, welche den unbedingten Glauben an ihre Realität zur Voraussetzung hat, erinnert uns wieder an Zustände früherer Menschheit, in der die Halluzination außerordentlich häufig war und mitunter ganze Gemeinden, ganze Völker gleichzeitig ergriff. Also: im Schlaf und Traum machen wir das Pensum früheren Menschentums noch einmal durch.

13.

Logik des Traumes. – Im Schlafe ist fortwährend unser Nervensystem durch mannigfache innere Anlässe in Erregung, fast alle Organe sezernieren und sind in Tätigkeit, das Blut macht seinen ungestümen Kreislauf, die Lage des Schlafenden drückt einzelne Glieder, seine Decken beeinflussen die Empfindung verschiedenartig, der Magen verdaut und beunruhigt mit seinen Bewegungen andere Organe, die Gedärme winden sich, die Stellung des Kopfes bringt ungewöhnliche Muskellagen mit sich, die Füße, unbeschuht, nicht mit den Sohlen den Boden drückend, verursachen das Gefühl des Ungewöhnlichen ebenso wie die andersartige Bekleidung des ganzen Körpers, – alles dies, nach seinem täglichen Wechsel und Grade, erregt durch seine Außergewöhnlichkeit das gesamte System bis in die Gehirnfunktion hinein: und so gibt es hundert Anlässe für den Geist, um sich zu verwundern und nach *Gründen* dieser Erregung zu suchen: der Traum aber ist das *Suchen und Vorstellen der Ursachen* für jene erregten Empfindungen, das heißt der vermeintlichen Ursachen. Wer zum Beispiel seine Füße mit zwei Riemen umgürtet, träumt wohl, daß zwei Schlangen seine Füße umringeln: dies ist zuerst eine Hypothese, sodann ein Glaube, mit einer begleitenden bildlichen Vorstellung und Ausdichtung: »diese Schlangen müssen die *causa* jener Empfindung sein, welche ich, der Schlafende, habe«, – so urteilt der Geist des Schlafenden. Die so erschlossene nächste Vergangenheit wird durch die erregte Phantasie ihm zur Gegenwart. So weiß Jeder aus Erfahrung, wie schnell der Träumende einen starken an ihn dringenden Ton, zum Beispiel Glockenläuten, Kanonenschüsse in seinen Traum verflicht, das heißt aus ihm *hinterdrein* erklärt, so daß er zuerst die veranlassenden Umstände, dann jenen Ton zu erleben *meint*. – Wie kommt es aber, daß der Geist des Träumenden immer so fehlgreift, während derselbe Geist im Wachen so nüchtern behutsam und in bezug auf Hypothesen so skeptisch zu sein pflegt? so daß ihm die erste beste Hypothese zur Erklärung eines Gefühls genügt, um sofort an ihre Wahrheit zu glauben? (Denn wir glauben im Traume an den Traum, als sei er Realität, das heißt wir halten unsre Hypothese für völlig erwiesen.) – Ich meine: wie jetzt noch der Mensch im Traume schließt, schloß die Menschheit *auch im Wachen* viele Jahrtausende hindurch: die erste *causa*, die dem Geiste einfiel, um irgend Etwas, das der Erklärung bedurfte, zu erklären, genügte ihm und galt als Wahrheit. (So verfahren nach den Erzählungen der Reisenden die Wilden heute noch.) Im Traum übt sich dieses uralte

Stück Menschentum in uns fort, denn es ist die Grundlage, auf der die höhere Vernunft sich entwickelte und in jedem Menschen sich noch entwickelt: der Traum bringt uns in ferne Zustände der menschlichen Kultur wieder zurück und gibt ein Mittel an die Hand, sie besser zu verstehen. Das Traumdenken wird uns jetzt so leicht, weil wir in ungeheuren Entwicklungsstrecken der Menschheit gerade auf diese Form des phantastischen und wohlfeilen Erklärens aus dem ersten beliebigen Einfalle heraus so gut eingedrillt worden sind. Insofern ist der Traum eine Erholung für das Gehirn, welches am Tage den strengern Anforderungen an das Denken zu genügen hat, wie sie von der höheren Kultur gestellt werden. – Einen verwandten Vorgang können wir geradezu als Pforte und Vorhalle des Traumes noch bei wachem Verstande in Augenschein nehmen. Schließen wir die Augen, so produziert das Gehirn eine Menge von Lichteindrücken und Farben, wahrscheinlich als eine Art Nachspiel und Echo aller jener Lichtwirkungen, welche am Tage auf dasselbe eindringen. Nun verarbeitet aber der Verstand (mit der Phantasie im Bunde) diese an sich formlosen Farbenspiele sofort zu bestimmten Figuren, Gestalten, Landschaften, belebten Gruppen. Der eigentliche Vorgang dabei ist wiederum eine Art Schluß von der Wirkung auf die Ursache; indem der Geist fragt: woher diese Lichteindrücke und Farben, supponiert er als Ursachen jene Figuren, Gestalten: sie gelten ihm als die Veranlassungen jener Farben und Lichter, weil er, am Tage, bei offenen Augen, gewohnt ist, zu jeder Farbe jedem Lichteindruck eine veranlassende Ursache zu finden. Hier also schiebt ihm die Phantasie fortwährend Bilder vor, indem sie an die Gesichtseindrücke des Tages sich in ihrer Produktion anlehnt, und gerade so macht es die Traumphantasie: – das heißt die vermeintliche Ursache wird aus der Wirkung erschlossen und *nach* der Wirkung vorgestellt: alles dies mit außerordentlicher Schnelligkeit, so daß hier wie beim Taschenspieler eine Verwirrung des Urteils entstehen und ein Nacheinander sich wie etwas Gleichzeitiges, selbst wie ein umgedrehtes Nacheinander ausnehmen kann. – Wir können aus diesen Vorgängen entnehmen, *wie spät* das schärfere logische Denken, das Strengnehmen von Ursache und Wirkung entwickelt worden ist, wenn unsere Vernunft- und Verstandesfunktionen *jetzt* noch unwillkürlich nach jenen primitiven Formen des Schließens zurückgreifen und wir ziemlich die Hälfte unseres Lebens in diesem Zustande leben. – Auch der Dichter, der Künstler *schiebt* seinen Stimmungen und Zuständen Ursachen *unter*, welche durchaus nicht die wahren sind; er erinnert insofern an älteres Menschentum und kann uns zum Verständnisse desselben verhelfen.

14.

Miterklingen. – Alle *stärkeren* Empfindungen bringen ein Miterklingen verwandter Empfindungen und Stimmungen mit sich: sie wühlen gleichsam das Gedächtnis auf; es erinnert sich bei ihnen Etwas in uns und wird sich ähnlicher Zustände und deren Herkunft bewußt. So bilden sich angewöhnte rasche Verbindungen von Gefühlen und Gedanken, welche zuletzt, wenn sie blitzschnell hintereinander erfolgen, nicht einmal mehr als Komplexe, sondern als *Einheiten* empfunden werden. In diesem Sinne redet man vom moralischen Gefühle, vom religiösen Gefühle, wie als ob dies lauter Einheiten seien: in Wahrheit sind sie Ströme mit hundert Quellen und Zuflüssen. Auch hier, wie so oft, verbürgt die Einheit des Wortes Nichts für die Einheit der Sache.

15.

Kein Innen und Außen in der Welt. – Wie Demokrit die Begriffe Oben und Unten auf den unendlichen Raum übertrug, wo sie keinen Sinn haben, so die Philosophen überhaupt den Begriff »Innen und Außen« auf Wesen und Erscheinung der Welt; sie meinen, mit tiefen Gefühlen komme man tief ins Innre, nahe man sich dem Herzen der Natur. Aber diese Gefühle sind nur insofern tief, als mit ihnen, kaum bemerkbar, gewisse komplizierte Gedankengruppen regelmäßig erregt werden, welche wir tief nennen; ein Gefühl ist tief, weil wir den begleitenden Gedanken für tief halten. Aber der »tiefe« Gedanke kann dennoch der Wahrheit sehr ferne sein, wie zum Beispiel jeder metaphysische; rechnet man vom tiefen Gefühle die beigemischten Gedankenelemente ab, so bleibt das *starke* Gefühl übrig und dieses verbürgt Nichts für die Erkenntnis als sich selbst, ebenso wie der starke Glaube nur seine Stärke, nicht die Wahrheit des Geglaubten beweist.

16.

Erscheinung und Ding an sich. – Die Philosophen pflegen sich vor das Leben und die Erfahrung – vor Das, was sie die Welt der Erscheinung nennen – wie vor ein Gemälde hinzustellen, das Ein für alle Mal entrollt ist und unveränderlich fest denselben Vorgang zeigt: diesen Vorgang, meinen sie, müsse man richtig ausdeuten, um damit einen Schluß auf das Wesen zu machen, welches das Gemälde hervorgebracht habe: also auf das Ding an sich, das immer als der zureichende Grund der Welt der Erscheinung angesehen zu werden pflegt. Dagegen haben strengere Logiker, nachdem sie den

Begriff des Metaphysischen scharf als den des Unbedingten, folglich auch Unbedingenden festgestellt hatten, jeden Zusammenhang zwischen dem Unbedingten (der metaphysischen Welt) und der uns bekannten Welt in Abrede gestellt: so daß in der Erscheinung eben durchaus *nicht* das Ding an sich erscheine, und von jener auf dieses jeder Schluß abzulehnen sei. Von beiden Seiten ist aber die Möglichkeit übersehen, daß jenes Gemälde – Das, was jetzt uns Menschen Leben und Erfahrung heißt – allmählich *geworden* ist, ja noch völlig im *Werden* ist und deshalb nicht als feste Größe betrachtet werden soll, von welcher aus man einen Schluß über den Urheber (den zureichenden Grund) machen oder auch nur ablehnen dürfte. Dadurch, daß wir seit Jahrtausenden mit moralischen, ästhetischen, religiösen Ansprüchen, mit blinder Neigung, Leidenschaft oder Furcht in die Welt geblickt und uns in den Unarten des unlogischen Denkens recht ausgeschwelgt haben, ist diese Welt allmählich so wundersam bunt, schrecklich, bedeutungstief, seelenvoll *geworden,* sie hat Farbe bekommen, – aber wir sind die Koloristen gewesen: der menschliche Intellekt hat die Erscheinung erscheinen lassen und seine irrtümlichen Grundauffassungen in die Dinge hineingetragen. Spät, sehr spät – besinnt er sich: und jetzt scheinen ihm die Welt der Erfahrung und das Ding an sich so außerordentlich verschieden und getrennt, daß er den Schluß von jener auf dieses ablehnt – oder auf eine schauerlich geheimnisvolle Weise zum *Aufgeben* unseres Intellektes, unseres persönlichen Willens auffordert: um *dadurch* zum Wesenhaften zu kommen, daß man *wesenhaft werde.* Wiederum haben Andere alle charakteristischen Züge unserer Welt der Erscheinung – das heißt der aus intellektuellen Irrtümern herausgesponnenen und uns angeerbten Vorstellung von der Welt – zusammengelesen und, *statt den Intellekt als Schuldigen anzuklagen*, das Wesen der Dinge als

Ursache dieses tatsächlichen, sehr unheimlichen Weltcharakters angeschuldigt und die Erlösung vom Sein gepredigt. – Mit all diesen Auffassungen wird der stetige und mühsame Prozeß der Wissenschaft, welcher zuletzt einmal in einer *Entstehungsgeschichte des Denkens* seinen höchsten Triumph feiert, in entscheidender Weise fertig werden, dessen Resultat vielleicht auf diesen Satz hinauslaufen dürfte: Das, was wir jetzt die Welt nennen, ist das Resultat einer Menge von Irrtümern und Phantasien, welche in der gesamten Entwicklung der organischen Wesen allmählich entstanden, ineinander verwachsen sind und uns jetzt als aufgesammelter Schatz der ganzen Vergangenheit vererbt werden, – als Schatz: denn der Wert unseres Menschentums ruht darauf. Von dieser Welt der Vorstellung vermag uns die strenge Wissenschaft tatsächlich nur in geringem Maße zu lösen – wie es auch gar nicht zu wünschen ist –, insofern sie die Gewalt uralter Gewohnheiten der Empfindung nicht wesentlich zu brechen vermag: aber sie kann die Geschichte der Entstehung jener Welt als Vorstellung ganz allmählich und schrittweise aufhellen – und uns wenigstens für Augenblicke über den ganzen Vorgang hinausheben. Vielleicht erkennen wir dann, daß das Ding an sich eines homerischen Gelächters wert ist: daß es so viel, ja Alles *schien* und eigentlich leer, nämlich bedeutungsleer ist.

17.

Metaphysische Erklärungen. – Der junge Mensch schätzt metaphysische Erklärungen, weil sie ihm in Dingen, welche er unangenehm oder verächtlich fand, etwas höchst Bedeutungsvolles aufweisen; und ist er mit sich unzufrieden, so erleichtert sich dies Gefühl, wenn er das innerste Welträtsel oder Weltelend in Dem wiedererkennt, was er so sehr an sich mißbilligt. Sich unverantwortlicher fühlen und die Dinge zugleich interessanter finden – das gilt ihm als die doppelte Wohltat, welche er der Metaphysik verdankt. Später freilich bekommt er Mißtrauen gegen die ganze metaphysische Erklärungsart; dann sieht er vielleicht ein, daß jene Wirkungen auf einem anderen Wege ebenso gut und wissenschaftlicher zu erreichen sind: daß physische und historische Erklärungen mindestens ebensosehr jenes Gefühl der Unverantwortlichkeit herbeiführen, und daß jenes Interesse am Leben und seinen Problemen vielleicht noch mehr dabei entflammt wird.

18.

Grundfragen der Metaphysik. – Wenn einmal die Entstehungsgeschichte des Denkens geschrieben ist, so wird auch der folgende Satz eines ausgezeichneten Logikers von einem neuen Lichte erhellt dastehen: »Das ursprüngliche allgemeine Gesetz des erkennenden Subjekts besteht in der inneren Notwendigkeit, jeden Gegenstand an sich, in seinem eigenen Wesen als einen mit sich selbst identischen, also selbstexistierenden und im Grunde stets gleichbleibenden und unwandelbaren, kurz als eine Substanz zu erkennen.« Auch dieses Gesetz, welches hier »ursprünglich« genannt wird, ist geworden: es wird einmal gezeigt werden, wie allmählich, in den niederen Organismen, dieser Hang entsteht: wie die blöden Maulwurfsaugen dieser Organisationen zuerst Nichts als immer das gleiche sehen: wie dann, wenn die verschiedenen Erregungen von Lust und Unlust bemerkbarer werden, allmählich verschiedene Substanzen unterschieden werden, aber jede mit Einem Attribut, das heißt einer einzigen Beziehung zu einem solchen Organismus. – Die erste Stufe des

Logischen ist das Urteil: dessen Wesen besteht nach der Feststellung der besten Logiker, im Glauben. Allem Glauben zugrunde liegt die *Empfindung des Angenehmen oder Schmerzhaften* in bezug auf das empfindende Subjekt. Eine neue dritte Empfindung als Resultat zweier vorangegangenen einzelnen Empfindungen ist das Urteil in seiner niedrigsten Form. – Uns organische Wesen interessiert ursprünglich Nichts an jedem Dinge, als sein Verhältnis zu *uns* in bezug auf Lust und Schmerz. Zwischen den Momenten, wo wir uns dieser Beziehung bewußt werden, den Zuständen des Empfindens, liegen solche der Ruhe, des Nichtempfindens: da ist die Welt und jedes Ding für uns interesselos, wir bemerken keine Veränderung an ihm (wie jetzt noch ein heftig Interessierter nicht merkt, daß Jemand an ihm vorbeigeht). Für die Pflanze sind gewöhnlich alle Dinge ruhig, ewig, jedes Ding sich selbst gleich. Aus der Periode der niederen Organismen her ist dem Menschen der Glaube vererbt, daß es *gleiche Dinge* gibt (erst die durch höchste Wissenschaft ausgebildete Erfahrung widerspricht diesem Satze). Der Urglaube alles Organischen von Anfang an ist vielleicht sogar, daß die ganze übrige Welt Eins und unbewegt ist. – Am fernsten liegt für jene Urstufe des Logischen der Gedanke an *Kausalität* ja jetzt noch meinen wir im Grunde, alle Empfindungen und Handlungen seien Akte des freien Willens; wenn das fühlende Individuum sich selbst betrachtet, so hält es jede Empfindung, jede Veränderung für etwas *Isoliertes,* das heißt Unbedingtes, Zusammenhangloses: es taucht aus uns auf, ohne Verbindung mit Früherem oder Späterem. Wir haben Hunger, aber meinen ursprünglich nicht, daß der Organismus erhalten werden will, sondern jenes Gefühl scheint sich *ohne Grund und Zweck* geltend zu machen, es isoliert sich und hält sich für *willkürlich.* Also: der Glaube an die Freiheit des Willens ist ein ursprünglicher Irrtum alles Organischen, so alt, als die Regungen des Logischen in ihm existieren; der Glaube an unbedingte Substanzen und an gleiche Dinge ist ebenfalls ein ursprünglicher, ebenso alter Irrtum alles Organischen. Insofern aber alle Metaphysik sich vornehmlich mit Substanz und Freiheit des Willens abgegeben hat, so darf man sie als die Wissenschaft bezeichnen, welche von den Grundirrtümern des Menschen handelt – doch so, als wären es Grundwahrheiten.

19.

Die Zahl. – Die Erfindung der Gesetze der Zahlen ist aufgrund des ursprünglich schon herrschenden Irrtums gemacht, daß es mehrere gleiche Dinge gebe (aber tatsächlich gibt es nichts Gleiches), mindestens daß es Dinge gebe (aber es gibt kein »Ding«). Die Annahme der Vielheit setzt immer schon voraus, daß es *Etwas* gebe, das vielfach vorkommt: aber gerade hier schon waltet der Irrtum, schon da fingieren wir Wesen, Einheiten, die es nicht gibt. – Unsere Empfindungen von Raum und Zeit sind falsch, denn sie führen, konsequent geprüft, auf logische Widersprüche. Bei allen wissenschaftlichen Feststellungen rechnen wir unvermeidlich immer mit einigen falschen Größen: aber weil diese Größen wenigsten *konstant* sind, wie zum Beispiel unsere Zeit- und Raumempfindung, so bekommen die Resultate der Wissenschaft doch eine vollkommene Strenge und Sicherheit in ihrem Zusammenhange miteinander; man kann auf ihnen fortbauen – bis an jenes letzte Ende, wo die irrtümliche Grundannahme, jene konstanten Fehler, in Widerspruch mit den Resultaten treten, zum Beispiel in der Atomenlehre. Da fühlen wir uns immer noch zur Annahme eines »Dinges« oder stofflichen »Substrats«, das bewegt wird, gezwungen, während die ganze wissenschaftliche Prozedur eben die Aufgabe verfolgt hat, alles Dingartige (Stoffliche) in Bewegungen aufzulösen: wir scheiden auch hier noch mit unserer Empfindung Bewegendes und Bewegtes und kommen aus diesem Zirkel nicht heraus, weil der Glaube an Dinge mit unserem Wesen von alters her verknotet ist. – Wenn Kant sagt »der Verstand schöpft seine Gesetze nicht aus der Natur, sondern schreibt sie dieser vor«, so ist dies in Hinsicht auf den *Begriff der Natur* völlig wahr, welchen wir genötigt sind mit ihr zu verbinden (Natur = Welt als Vorstellung, das heißt als Irrtum), welcher aber die Aufsummierung einer Menge Irrtümer des Verstandes ist. – Auf eine Welt, welche nicht unsere Vorstellung ist, sind die Gesetze der Zahl völlig unanwendbar: diese gelten allein in der Menschen-Welt.

20.

Einige Sprossen zurück. – Die eine, gewiß sehr hohe Stufe der Bildung ist erreicht, wenn der Mensch über abergläubische und religiöse Begriffe und Ängste hinauskommt und zum Beispiel nicht mehr an die lieben Englein oder die Erbsünde glaubt, auch vom Heil der Seele zu reden verlernt hat: ist er auf dieser Stufe der Befreiung, so hat er auch noch mit höchster Anspannung seiner Besonnenheit die Metaphysik zu überwinden. *Dann* aber ist eine *rückläufige Bewegung* nötig: er muß die historische Berechtigung, ebenso die psychologische in solchen Vorstellungen begreifen, er muß erkennen, wie die größte Förderung der Menschheit von dorther gekommen sei und wie man sich, ohne eine solche rückläufige Bewegung, der besten Ergebnisse der bisherigen Menschheit berauben würde. – In betreff der philosophischen Metaphysik sehe ich jetzt immer Mehrere, welche an das negative Ziel (daß jede positive Metaphysik Irrtum ist) gelangt sind, aber noch Wenige, welche nun wieder einige Sprossen rückwärts steigen; man soll nämlich über die letzte Sprosse der Leiter wohl hinausschauen, aber nicht auf ihr stehen wollen. Die Aufgeklärtesten bringen es nur so weit, sich von der Metaphysik zu befreien und mit Überlegenheit auf sie zurückzusehen: während es doch auch hier, wie im Hippodrom, not tut, um das Ende der Bahn herumzubiegen.

21.

Mutmaßlicher Sieg der Skepsis. – Man lasse einmal den skeptischen Ausgangspunkt gelten: gesetzt, es gäbe keine andere, metaphysische Welt und alle aus der Metaphysik genommenen Erklärungen der uns einzig bekannten Welt wären unbrauchbar für uns, mit welchem Blick würden wir dann auf Menschen und Dinge sehen? Dies kann man sich ausdenken, es ist nützlich, selbst wenn die Frage, ob etwas Metaphysisches wissenschaftlich durch Kant und Schopenhauer bewiesen sei, einmal abgelehnt würde. Denn es ist nach historischer Wahrscheinlichkeit sehr gut möglich, daß die Menschen einmal in dieser Beziehung im ganzen und allgemeinen *skeptisch* werden; da lautet also die Frage: wie wird sich dann die menschliche Gesellschaft, unter dem Einfluß einer solchen Gesinnung, gestalten? Vielleicht ist der *wissenschaftliche Beweis* irgendeiner metaphysischen Welt schon so schwierig, daß die Menschheit ein Mißtrauen gegen ihn nicht mehr los wird. Und wenn man gegen die Metaphysik Mißtrauen hat, so gibt es im ganzen und großen dieselben Folgen, wie wenn sie direkt widerlegt wäre und man nicht mehr an sie glauben *dürfte.* Die historische Frage in betreff einer unmetaphysischen Gesinnung der Menschheit bleibt in beiden Fällen dieselbe.

22.

Unglaube an das »monumentum aere perennius«. – Ein wesentlicher Nachteil, welchen das Aufhören metaphysischer Ansichten mit sich bringt, liegt darin, daß das Individuum zu streng seine kurze Lebenszeit ins Auge faßt und keine stärkeren Antriebe empfängt, an dauerhaften, für Jahrhunderte angelegten Institutionen zu bauen; es will die Frucht selbst vom Baume pflücken, den es pflanzt, und deshalb mag es jene Bäume nicht mehr pflanzen, welche eine jahrhundertlange gleichmäßige Pflege erfordern und welche lange Reihenfolgen von Geschlechtern zu überschatten bestimmt sind. Denn metaphysische Ansichten geben den Glauben, daß in ihnen das letzte endgültige Fundament gegeben sei, auf welchem sich nunmehr alle Zukunft der Menschheit niederzulassen und anzubauen genötigt sei; der Einzelne fördert sein Heil, wenn er zum Beispiel eine Kirche, ein Kloster stiftet, es wird ihm, so meint er, im ewigen Fortleben der Seele angerechnet und vergolten, es ist Arbeit am ewigen Heil der Seele. – Kann die Wissenschaft auch solchen Glauben an ihre Resultate erwecken? In der Tat braucht sie den Zweifel und das Mißtrauen als treuesten Bundesgenossen; trotzdem kann mit der Zeit die Summe der unantastbaren, das heißt alle Stürme der Skepsis, alle Zersetzungen überdauernden Wahrheiten so groß werden (zum Beispiel in der Diätetik der Gesundheit), daß man sich daraufhin entschließt, »ewige« Werke zu gründen. Einstweilen wirkt der *Kontrast* unseres aufgeregten Ephemeren-Daseins gegen die langatmige Ruhe metaphysischer Zeitalter noch zu stark, weil die beiden Zeiten noch zu nahegestellt sind; der einzelne Mensch selber durchläuft jetzt zu viele innere und äußere Entwicklungen, als daß er auch nur auf seine eigene Lebenszeit sich dauerhaft und Ein für alle Mal einzurichten wagt. Ein ganz moderner Mensch, der sich zum Beispiel ein Haus bauen will, hat dabei ein Gefühl, als ob er bei lebendigem Leibe sich in ein Mausoleum vermauern wolle.

23.

Zeitalter der Vergleichung. – Je weniger die Menschen durch das Herkommen gebunden sind, um so größer wird die innere Bewegung der Motive, um so größer wiederum, dementsprechend, die äußere Unruhe, das Durcheinanderfluten der Menschen, die Polyphonie der Bestrebungen. Für wen gibt es jetzt noch einen strengen Zwang, an einen Ort sich und seine Nachkommen anzubinden? Für wen gibt es überhaupt noch etwas streng Bindendes? Wie alle Stilarten der Künste nebeneinander nachgebildet werden, so auch alle Stufen und Arten der Moralität, der Sitten, der Kulturen. – Ein solches Zeitalter bekommt seine Bedeutung dadurch, daß in ihm die verschiedenen Weltbetrachtungen, Sitten, Kulturen verglichen und nebeneinander durchlebt werden können; was früher, bei der immer lokalisierten Herrschaft jeder Kultur, nicht möglich war, entsprechend der Gebundenheit aller künstlerischen Stilarten an Ort und Zeit. Jetzt wird eine Vermehrung des ästhetischen Gefühls endgültig unter so vielen der Vergleichung sich darbietenden Formen entscheiden: sie wird die meisten – nämlich alle, welche durch dasselbe abgewiesen werden – absterben lassen. Ebenso findet jetzt ein

Auswählen in den Formen und Gewohnheiten der höheren Sittlichkeit statt, deren Ziel kein anderes als der Untergang der niedrigeren Sittlichkeiten sein kann. Es ist das Zeitalter der Vergleichung! Das ist sein Stolz – aber billigerweise auch sein Leiden. Fürchten wir uns vor diesem Leiden nicht! Vielmehr wollen wir die Aufgabe, welche das Zeitalter uns stellt, so groß verstehen, als wir nur vermögen: so wird uns die Nachwelt darob segnen – eine Nachwelt, die ebenso sich über die abgeschloßnen originalen Volks-Kulturen hinaus weiß, als über die Kultur der Vergleichung, aber auf beide Arten der Kultur als auf verehrungswürdige Altertümer mit Dankbarkeit zurückblickt.

24.

Möglichkeit des Fortschritts. – Wenn ein Gelehrter der alten Kultur es verschwört, nicht mehr mit Menschen umzugehen, welche an den Fortschritt glauben, so hat er recht. Denn die alte Kultur hat ihre Größe und Güte hinter sich und die historische Bildung zwingt Einen, zuzugestehen, daß sie nie wieder frisch werden kann; es ist ein unausstehlicher Stumpfsinn oder ebenso unleidliche Schwärmerei nötig, um dies zu leugnen. Aber die Menschen können mit *Bewußtsein* beschließen, sich zu einer neuen Kultur fortzuentwickeln, während sie sich früher unbewußt und zufällig entwickelten: sie können jetzt bessere Bedingungen für die Entstehung der Menschen, ihre Ernährung, Erziehung, Unterrichtung schaffen, die Erde als Ganzes ökonomisch verwalten, die Kräfte der Menschen überhaupt gegeneinander abwägen und einsetzen. Diese neue bewußte Kultur tötet die alte, welche als Ganzes angeschaut ein unbewußtes Tier- und Pflanzenleben geführt hat; sie tötet auch das Mißtrauen gegen den Fortschritt – er ist *möglich.* Ich will sagen: es ist voreilig und fast unsinnig, zu glauben, daß der Fortschritt *notwendig* erfolgen müsse; aber wie könnte man leugnen, daß er möglich sei? Dagegen ist ein Fortschritt im Sinne und auf dem Wege der alten Kultur nicht einmal denkbar. Wenn romantische Phantastik immerhin auch das Wort »Fortschritt« von ihren Zielen (z. B. abgeschlossenen originalen Volks-Kulturen) gebraucht: jedenfalls entlehnt sie das Bild davon aus der Vergangenheit; ihr Denken und Vorstellen ist auf diesem Gebiete ohne jede Originalität.

25.

Privat- und Welt-Moral. – Seitdem der Glaube aufgehört hat, daß ein Gott die Schicksale der Welt im großen leite und trotz aller anscheinenden Krümmungen im Pfade der Menschheit sie doch herrlich hinausführe, müssen die Menschen selber sich ökumenische, die ganze Erde umspannende Ziele stellen. Die ältere Moral, namentlich die Kants, verlangt vom Einzelnen Handlungen, welche man von allen Menschen wünscht: das war eine schöne naive Sache; als ob ein Jeder ohne weiteres wüßte, bei welcher Handlungsweise das Ganze der Menschheit wohlfahre, also welche Handlungen überhaupt wünschenswert seien; es ist eine Theorie wie die vom Freihandel, voraussetzend, daß die allgemeine Harmonie sich nach eingebornen Gesetzen des Besserwerdens von selbst ergeben *müsse.* Vielleicht läßt es ein zukünftiger Überblick über die Bedürfnisse der Menschheit durchaus nicht wünschenswert erscheinen, daß alle Menschen gleich handeln, vielmehr dürften im Interesse ökumenischer Ziele für ganze Strecken der Menschheit spezielle, vielleicht unter Umständen sogar böse Aufgaben zu stellen sein. – Jedenfalls muß, wenn die Menschheit sich nicht durch eine solche bewußte Gesamtregierung zugrunde richten soll, vorher eine alle bisherigen Grade übersteigende *Kenntnis der Bedingungen der Kultur,* als wissenschaftlicher Maßstab für ökumenische Ziele, gefunden sein. Hierin liegt die ungeheure Aufgabe der großen Geister des nächsten Jahrhunderts.

26.

Die Reaktion als Fortschritt. – Mitunter erscheinen schroffe gewaltsame und fortreißende, aber trotzdem zurückgebliebene Geister, welche eine vergangene Phase der Menschheit noch einmal heraufbeschwören: sie dienen zum Beweis, daß die neuen Richtungen, welchen sie entgegenwirken, noch nicht kräftig genug sind, daß Etwas an ihnen fehlt: sonst würden sie jenen Beschwörern besseren Widerpart halten. So zeugt zum Beispiel Luthers Reformation dafür, daß in seinem Jahrhundert alle Regungen der Freiheit des Geistes noch unsicher, zart, jugendlich waren, – die Wissenschaft konnte noch nicht ihr Haupt erheben. Ja die gesamte Renaissance erscheint wie ein erster Frühling, der fast wieder weggeschneit wird. Aber auch in unserem Jahrhundert bewies Schopenhauers Metaphysik, daß auch jetzt der wissenschaftliche Geist noch nicht kräftig genug ist: so konnte die ganze mittelalterlich christliche Weltbetrachtung und Mensch-Empfindung noch einmal in Schopenhauers Lehre trotz der längst errungenen Vernichtung aller christlichen Dogmen eine Auferstehung feiern. Viel Wissenschaft klingt in seine Lehre hinein, aber sie beherrscht dieselbe nicht, sondern das alte wohlbekannte »metaphysische Bedürfnis«. Es ist gewiß einer der größten und ganz unschätzbaren Vorteile, welche wir aus Schopenhauer gewinnen, daß er unsre Empfindung zeitweilig in ältere, mächtige Betrachtungsarten der Welt und Menschen zurückzwingt, zu welchen sonst uns so leicht kein Pfad führen würde. Der Gewinn für die Historie und die Gerechtigkeit ist sehr groß: ich glaube, daß es jetzt Niemandem so leicht gelingen möchte, ohne Schopenhauers Beihilfe dem Christentum und seinen asiatischen Verwandten Gerechtigkeit widerfahren zu lassen: was namentlich vom Boden des noch vorhandenen Christentums aus unmöglich ist. Erst nach diesem großen *Erfolge der Gerechtigkeit,* erst nachdem wir die historische Betrachtungsart, welche die Zeit der Aufklärung mit sich brachte, in einem so wesentlichen Punkte korrigiert haben, dürfen wir die Fahne der Aufklärung – die Fahne mit den drei Namen: Petrarca, Erasmus, Voltaire – von neuem weitertragen. Wir haben aus der Reaktion einen Fortschritt gemacht.

27.

Ersatz der Religion. – Man glaubt einer Philosophie etwas Gutes nachzusagen, wenn man sie als Ersatz der Religion für das Volk hinstellt. In der Tat bedarf es in der geistigen Ökonomie gelegentlich *überleitender* Gedankenkreise; so ist der Übergang aus Religion in wissenschaftliche Betrachtung ein gewaltsamer gefährlicher Sprung, Etwas, das zu widerraten ist. Insofern hat man mit jener Anempfehlung recht. Aber endlich sollte man doch auch lernen, daß die Bedürfnisse, welche die Religion befriedigt hat und nun die Philosophie befriedigen soll, nicht unwandelbar sind; diese selbst kann man *schwächen* und *ausrotten.* Man denke zum Beispiel an die christliche Seelennot, das Seufzen über die innere Verderbtheit, die Sorge um das Heil – alles Vorstellungen, welche nur aus Irrtümern der Vernunft herrühren und gar keine Befriedigung, sondern Vernichtung verdienen. Eine Philosophie kann entweder so nützen, daß sie jene Bedürfnisse *auch befriedigt* oder daß sie dieselben *beseitigt;* denn es sind angelernte, zeitlich begrenzte Bedürfnisse, welche auf Voraussetzungen beruhen, die denen der Wissenschaft widersprechen. Hier ist, um einen Übergang zu machen, die *Kunst* viel eher zu benutzen, um das mit Empfindungen überladne Gemüt zu erleichtern; denn durch sie werden jene Vorstellungen viel weniger unterhalten als durch eine metaphysische Philosophie. Von der Kunst aus kann man dann leichter in eine wirklich befreiende philosophische Wissenschaft übergehen.

28.

Verrufene Worte. – Weg mit den bis zum Überdruß verbrauchten Wörtern Optimismus und Pessimismus! Denn der Anlaß, sie zu gebrauchen, fehlt von Tag zu Tag mehr; nur die Schwätzer haben sie jetzt noch so unumgänglich nötig. Denn weshalb in aller Welt sollte Jemand Optimist sein wollen, wenn er nicht einen Gott zu verteidigen hat, welcher die beste der Welten geschaffen haben *muß*, falls er selber das Gute und Vollkommene ist – welcher Denkende hat aber die Hypothese eines Gottes noch nötig? – Es fehlt aber auch jeder Anlaß zu einem pessimistischen Glaubensbekenntnis, wenn man nicht ein Interesse daran hat, den Advokaten Gottes, den Theologen oder den theologisierenden Philosophen, ärgerlich zu werden und die Gegenbehauptung kräftig aufzustellen: daß das Böse regiere, daß die Unlust größer sei als die Lust, daß die Welt ein Machwerk, die Erscheinung eines bösen Willens zum Leben sei. Wer aber kümmert sich jetzt noch um die Theologen – außer den Theologen? – Abgesehen von aller Theologie und ihrer Bekämpfung liegt es auf der Hand, daß die Welt nicht gut und nicht böse, geschweige denn die beste oder die schlechteste ist, und daß diese Begriffe »gut« und »böse« nur in bezug auf Menschen Sinn haben, ja vielleicht selbst hier, in der Weise, wie sie gewöhnlich gebraucht werden, nicht berechtigt sind: der schimpfenden und verherrlichenden Weltbetrachtung müssen wir uns in jedem Falle entschlagen.

29.

Vom Dufte der Blüten berauscht. – Das Schiff der Menschheit, meint man, hat einen immer stärkeren Tiefgang, je mehr es belastet wird; man glaubt, je tiefer der Mensch denkt, je zarter er fühlt, je höher er sich schätzt, je weiter seine Entfernung von den anderen Tieren wird – je mehr er als das Genie unter den Tieren erscheint –, um so näher werde er dem wirklichen Wesen der Welt und deren Erkenntnis kommen: dies tut er auch wirklich durch die Wissenschaft, aber er *meint* dies noch mehr durch seine Religionen und Künste zu tun. Diese sind zwar eine Blüte der Welt, aber durchaus nicht *der Wurzel der Welt näher,* als der Stengel ist: man kann aus ihnen das Wesen der Dinge gerade gar nicht besser verstehen, obschon dies fast Jedermann glaubt. Der *Irrtum* hat den Menschen so tief, zart, erfinderisch gemacht, eine solche Blüte, wie Religionen und Künste, herauszutreiben. Das reine Erkennen wäre dazu außerstande gewesen. Wer uns das Wesen der Welt enthüllte, würde uns Allen die unangenehmste Enttäuschung machen. Nicht die Welt als Ding an sich, sondern die Welt als Vorstellung (als Irrtum) ist so bedeutungsreich, tief, wundervoll, Glück und Unglück im Schoße tragend. Dies Resultat führt zu einer Philosophie der *logischen Weltverneinung:* welche übrigens sich mit einer praktischen Weltbejahung ebensogut wie mit deren Gegenteile vereinigen läßt.

30.

Schlechte Gewohnheiten im Schließen. – Die gewöhnlichsten Irrschlüsse der Menschen sind diese: eine Sache existiert, also hat sie ein Recht. Hier wird aus der Lebensfähigkeit auf die Zweckmäßigkeit, aus der Zweckmäßigkeit auf die Rechtmäßigkeit geschlossen. Sodann: eine Meinung beglückt, also ist sie die wahre, ihre Wirkung ist gut, also ist sie selber gut und wahr. Hier legt man der Wirkung das Prädikat beglückend, gut im Sinne des Nützlichen, bei und versieht nun die Ursache mit demselben Prädikat gut, aber hier im Sinne des Logisch-Gültigen. Die Umkehrung der Sätze lautet: eine Sache kann sich nicht durchsetzen, erhalten, also ist sie unrecht; eine Meinung quält, regt auf, also ist sie falsch. Der Freigeist, der das Fehlerhafte dieser Art zu schließen nur allzu häufig kennenlernt und an ihren Folgen zu leiden hat, unterliegt oft der Verführung, die entgegengesetzten Schlüsse zu machen, welche im allgemeinen natürlich ebensosehr Irrschlüsse sind: eine Sache kann sich nicht durchsetzen also ist sie gut; eine Meinung macht Not, beunruhigt, also ist sie wahr.

31.

Das Unlogische notwendig. – Zu den Dingen, welche einen Denker in Verzweiflung bringen können, gehört die Erkenntnis, daß das Unlogische für den Menschen nötig ist, und daß aus dem Unlogischen vieles Gute entsteht. Es steckt so fest in den Leidenschaften, in der Sprache, in der Kunst, in der Religion und überhaupt in Allem, was dem Leben Wert verleiht, daß man es nicht herausziehen kann, ohne damit diese schönen Dinge heillos zu beschädigen. Es sind nur die allzu naiven Menschen, welche glauben können, daß die Natur des Menschen in eine rein logische verwandelt werden könne; wenn es aber Grade der Annäherung an dieses Ziel geben sollte, was würde da nicht Alles auf diesem Wege verlorengehen müssen! Auch der vernünftigste Mensch bedarf von Zeit zu Zeit wieder der Natur, das heißt seiner *unlogischen Grundstellung zu allen Dingen.*

32.

Ungerechtsein notwendig. – Alle Urteile über den Wert des Lebens sind unlogisch entwickelt und deshalb ungerecht. Die Unreinheit des Urteils liegt erstens in der Art, wie das Material vorliegt, nämlich sehr unvollständig, zweitens in der Art, wie daraus die Summe gebildet wird, und drittens darin, daß jedes einzelne Stück des Materials wieder das Resultat unreinen Erkennens ist und zwar dies mit voller Notwendigkeit. Keine Erfahrung zum Beispiel über einen Menschen, stünde er uns auch noch so nah, kann vollständig sein, so daß wir ein logisches Recht zu einer Gesamtabschätzung desselben hätten; alle Schätzungen sind voreilig und müssen es sein. Endlich ist das Maß, womit wir messen, unser Wesen, keine unabänderliche Größe, wir haben Stimmungen und Schwankungen, und doch müßten wir uns selbst als ein festes Maß kennen, um das Verhältnis irgendeiner Sache zu uns gerecht abzuschätzen. Vielleicht wird aus alledem folgen, daß man gar nicht urteilen sollte; wenn man aber nur *leben* könnte, ohne abzuschätzen, ohne Abneigung und Zuneigung zu haben! – denn alles Abgeneigtsein hängt mit einer Schätzung zusammen, ebenso alles Geneigtsein. Ein Trieb zu Etwas oder von Etwas weg, ohne ein Gefühl davon, daß man das Förderliche wolle, dem Schädlichen ausweiche, ein Trieb ohne eine Art von erkennender Abschätzung über den Wert des Zieles existiert beim Menschen nicht. Wir sind von vornherein unlogische und daher ungerechte Wesen *und können dies erkennen:* dies ist eine der größten und unauflösbarsten Disharmonien des Daseins.

33.

Der Irrtum über das Leben zum Leben notwendig. – Jeder Glaube an Wert und Würdigkeit des Lebens beruht auf unreinem Denken; er ist allein dadurch möglich, daß das Mitgefühl für das allgemeine Leben und Leiden der Menschheit sehr schwach im Individuum entwickelt ist. Auch die selteneren Menschen, welche überhaupt über sich hinausdenken, fassen nicht dieses allgemeine Leben, sondern abgegrenzte Teile desselben ins Auge. Versteht man es, sein Augenmerk vornehmlich auf Ausnahmen, ich meine auf die hohen Begabungen und die reichen Seelen zu richten, nimmt man deren Entstehung zum Ziel der ganzen Weltentwicklung und erfreut sich an deren Wirken, so mag man an den Wert des Lebens glauben, weil man nämlich die anderen Menschen dabei *übersieht:* also unrein denkt. Und ebenso, wenn man zwar alle Menschen ins Auge faßt, aber in ihnen nur *eine* Gattung von Trieben, die weniger egoistischen, gelten läßt und sie in betreff der anderen Triebe entschuldigt: dann kann man wiederum von der Menschheit im ganzen etwas hoffen und insofern an den Wert des Lebens glauben: also auch in diesem Falle durch Unreinheit des Denkens. Mag man sich aber so oder so verhalten, man ist mit diesem Verhalten eine *Ausnahme* unter den Menschen. Nun ertragen aber gerade die allermeisten Menschen das Leben, ohne erheblich zu murren, und *glauben* somit an den Wert des Daseins, aber gerade dadurch, daß sich Jeder allein will und behauptet, und nicht aus sich heraustritt wie jene Ausnahmen: alles Außerpersönliche ist ihnen gar nicht oder höchstens als ein schwacher Schatten bemerkbar. Also darauf allein beruht der Wert des Lebens für den gewöhnlichen alltäglichen Menschen, daß er sich wichtiger nimmt als die Welt. Der große Mangel an Phantasie, an dem er leidet, macht, daß er sich nicht in andere Wesen hineinfühlen kann und daher so wenig als möglich an ihrem Los und Leiden teilnimmt. Wer dagegen wirklich daran teilnehmen *könnte,* müßte am Werte des Lebens verzweifeln; gelänge es ihm, das Gesamtbewußtsein der Menschheit in sich zu fassen und zu empfinden, er würde mit einem Fluche gegen das Dasein zusammenbrechen, – denn die Menschheit hat im ganzen *keine* Ziele, folglich kann der Mensch, in Betrachtung des ganzen Verlaufs, nicht darin seinen Trost und Halt finden, sondern seine Verzweiflung. Sieht er bei Allem, was er tut, auf die letzte Ziellosigkeit der Menschen, so bekommt sein eigenes Wirken in seinen Augen den Charakter der Vergeudung. Sich aber als Menschheit (und nicht nur als Individuum) ebenso *vergeudet* zu fühlen, wie wir die einzelne Blüte von der Natur vergeudet sehen, ist ein Gefühl über alle Gefühle. – Wer ist aber desselben fähig? Gewiß nur ein Dichter: und Dichter wissen sich immer zu trösten.

34.

Zur Beruhigung. – Aber wird so unsere Philosophie nicht zur Tragödie? Wird die Wahrheit nicht dem Leben, dem Besseren feindlich? Eine Frage scheint uns die Zunge zu beschweren und doch nicht laut werden zu wollen: ob man bewußt in der Unwahrheit bleiben *könne*? oder, wenn man dies *müsse*, ob da nicht der Tod vorzuziehen sei? Denn ein Sollen gibt es nicht mehr; die Moral, insofern sie ein Sollen war, ist ja durch unsere Betrachtungsart ebenso vernichtet wie die Religion. Die Erkenntnis kann als Motive nur Lust und Unlust, Nutzen und Schaden bestehen lassen: wie aber werden diese Motive sich mit dem Sinne für Wahrheit auseinandersetzen? Auch sie berühren sich ja mit Irrtümern (insofern, wie gesagt, Neigung und Abneigung und ihre sehr ungerechten Messungen unsere Lust und Unlust wesentlich bestimmen). Das ganze menschliche Leben ist tief in die Unwahrheit eingesenkt: der Einzelne kann es nicht aus diesem Brunnen herausziehn, ohne dabei seiner Vergangenheit aus tiefstem Grunde gram zu werden, ohne seine gegenwärtigen Motive, wie die der Ehre, ungereimt zu finden und den Leidenschaften, welche zur Zukunft und zu einem Glück in derselben hindrängen, Hohn und Verachtung entgegenzustellen. Ist es wahr, bliebe einzig noch eine Denkweise übrig, welche als persönliches Ergebnis die Verzweiflung, als theoretisches eine Philosophie der Zerstörung nach sich zöge? – Ich glaube, die Entscheidung über die Nachwirkung der Erkenntnis wird durch das *Temperament* eines Menschen gegeben: ich könnte mir ebensogut wie jene geschilderte und bei einzelnen Naturen mögliche Nachwirkung eine andere denken, vermöge deren ein viel einfacheres, von Affekten reineres Leben entstünde, als das jetzige ist: so daß zuerst zwar die alten Motive des heftigeren Begehrens noch Kraft hätten, aus alter vererbter Gewöhnung her, allmählich aber unter dem Einflusse der reinigenden Erkenntnis schwächer würden. Man lebte zuletzt unter den Menschen und mit sich wie in der *Natur*, ohne Lob, Vorwürfe, Ereiferung, an Vielem sich wie an einem *Schauspiel* weidend, vor dem man sich bisher nur zu fürchten hatte. Man wäre die Emphasis los und würde die Anstachelung des Gedankens, daß man nicht nur Natur oder mehr als Natur sei, nicht weiter empfinden. Freilich gehörte hierzu, wie gesagt, ein gutes Temperament, eine gefestete, milde und im Grunde frohsinnige Seele, eine Stimmung, welche nicht von Tücken und plötzlichen Ausbrüchen auf der Hut zu sein brauchte und in ihren Äußerungen Nichts von dem knurrenden Tone und der Verbissenheit an sich trüge – jenen bekannten lästigen Eigenschaften alter Hunde und Menschen, die lange an der Kette gelegen haben. Vielmehr muß ein Mensch, von dem in solchem Maße die gewöhnlichen Fesseln des Lebens abgefallen sind, daß er nur deshalb weiterlebt, um immer besser zu erkennen, auf Vieles, ja fast auf Alles, was bei den anderen Menschen Wert hat, ohne Neid und Verdruß verzichten können, ihm muß als der wünschenswerteste Zustand jenes freie, furchtlose Schweben über Menschen, Sitten, Gesetzen und den herkömmlichen Schätzungen der Dinge *genügen.* Die Freude an diesem Zustande teilt er gerne mit und er *hat* vielleicht nichts Anderes mitzuteilen – worin freilich eine Entbehrung, eine Entsagung mehr liegt. Will man aber trotzdem mehr von ihm, so wird er mit wohlwollendem Kopfschütteln auf seinen Bruder hinweisen, den freien Menschen der Tat, und vielleicht ein wenig Spott nicht verhehlen: denn mit dessen »Freiheit« hat es eine eigene Bewandtnis.

ZWEITES HAUPTSTÜCK:

Zur Geschichte der moralischen Empfindungen

35.

Vorteile der psychologischen Beobachtung. – Daß das Nachdenken über Menschliches, Allzumenschliches – oder wie der gelehrtere Ausdruck lautet: die psychologische Beobachtung – zu den Mitteln gehöre, vermöge deren man sich die Last des Lebens erleichtern könne, daß die Übung in dieser Kunst Geistesgegenwart in schwierigen Lagen und Unterhaltung inmitten einer langweiligen Umgebung verleihe, ja daß man den dornenvollsten und unerfreulichsten Strichen des eigenen Lebens Sentenzen abpflücken und sich dabei ein wenig wohler fühlen könne: das glaubte man, wußte man – in früheren Jahrhunderten. Warum vergaß es dieses Jahrhundert, wo wenigstens in Deutschland, ja in Europa, die Armut an psychologischer Beobachtung durch viele Zeichen sich zu erkennen gibt? Nicht gerade in Roman, Novelle und philosophischer Betrachtung – diese sind das Werk von Ausnahmemenschen; schon mehr in der Beurteilung öffentlicher Ereignisse und Persönlichkeiten: vor Allem aber fehlt die Kunst der psychologischen Zergliederung und Zusammenrechnung in der Gesellschaft aller Stände, in der man wohl viel über Menschen, aber gar nicht *über den Menschen* spricht. Warum doch läßt man sich den reichsten und harmlosesten Stoff der Unterhaltung entgehen? Warum liest man nicht einmal die großen Meister der psychologischen Sentenz mehr? – denn, ohne jede Übertreibung gesprochen: der Gebildete in Europa, der La Rochefoucauld und seine Geistes- und Kunstverwandten gelesen hat, ist selten zu finden; und noch viel seltener Der, welcher sie kennt und sie nicht schmäht. Wahrscheinlich wird aber auch dieser ungewöhnliche Leser viel weniger Freude an ihnen haben, als die Form jener Künstler ihm geben sollte; denn selbst der feinste Kopf ist nicht vermögend, die Kunst der Sentenzen-Schleiferei gebührend zu würdigen, wenn er nicht selber zu ihr erzogen ist, in ihr gewetteifert hat. Man nimmt, ohne solche praktische Belehrung, dieses Schaffen und Formen für leichter als es ist, man fühlt das Gelungene und Reizvolle nicht scharf genug heraus. Deshalb haben die jetzigen Leser von Sentenzen ein verhältnismäßig unbedeutendes Vergnügen an ihnen, ja kaum einen Mund voll Annehmlichkeit, so daß es ihnen ebenso geht wie den gewöhnlichen Betrachtern von Kameen: als welche loben, weil sie nicht lieben können und schnell bereit sind zu bewundern, schneller aber noch, fortzulaufen.

36.

Einwand. – Oder sollte es gegen jenen Satz, daß die psychologische Beobachtung zu den Reiz-, Heil- und Erleichterungs-Mitteln des Daseins gehöre, eine Gegenrechnung geben? Sollte man sich genug von den unangenehmen Folgen dieser Kunst überzeugt haben, um jetzt mit Absichtlichkeit den Blick der sich Bildenden von ihr abzulenken? In der Tat, ein gewisser blinder Glaube an die Güte der menschlichen Natur, ein eingepflanzter Widerwille vor der Zerlegung menschlicher Handlungen, eine Art Schamhaftigkeit in Hinsicht auf die Nacktheit der Seele mögen wirklich für das gesamte Glück eines Menschen wünschenswertere Dinge sein als jene in einzelnen Fällen hilfreiche Eigenschaft der psychologischen Scharfsichtigkeit; und vielleicht hat der Glaube an das Gute, an tugendhafte Menschen und Handlungen, an eine Fülle des unpersönlichen Wohlwollens in der Welt die Menschen besser gemacht, insofern er dieselben weniger mißtrauisch machte. Wenn man die Helden Plutarchs mit Begeisterung nachahmt und einen Abscheu davor empfindet, den Motiven ihres Handelns anzweifelnd nachzuspüren, so hat zwar nicht die Wahrheit, aber die Wohlfahrt der menschlichen Gesellschaft ihren Nutzen dabei: der psychologische Irrtum und überhaupt die Dumpfheit auf diesem Gebiete hilft der Menschlichkeit vorwärts, während die Erkenntnis der Wahrheit vielleicht durch die anregende Kraft einer Hypothese mehr gewinnt, wie sie La Rochefoucauld der ersten Ausgabe seiner *»Sentences et maximes morales«* vorangestellt hat: *»Ce que le monde nomme vertu n'est d'ordinaire qu'un fantôme formé par nos passions, à qui on donne un nom honnête pour faire impunément ce qu'on veut.«* La Rochefoucauld und jene anderen französischen Meister der Seelenprüfung (denen sich neuerdings auch ein Deutscher, der Verfasser der »Psychologischen Beobachtungen« zugesellt hat) gleichen scharf zielenden Schützen, welche immer und immer wieder ins Schwarze treffen – aber ins Schwarze der menschlichen Natur. Ihr Geschick erregt Staunen, dann endlich verwünscht vielleicht ein Zuschauer, der nicht vom Geiste der Wissenschaft, sondern der Menschenfreundlichkeit geleitet wird, eine Kunst, welche den Sinn der Verkleinerung und Verdächtigung in die Seelen der Menschen zu pflanzen scheint.

37.

Trotzdem. – Wie es sich nun mit Rechnung und Gegenrechnung verhalte: in dem gegenwärtigen Zustande einer bestimmten einzelnen Wissenschaft ist die Auferweckung der moralischen Beobachtung nötig geworden, und der grausame Anblick des psychologischen Seziertisches und seiner Messer und Zangen kann der Menschheit nicht erspart bleiben. Denn hier gebietet jene Wissenschaft, welche nach Ursprung und Geschichte der sogenannten moralischen Empfindungen fragt und welche im Fortschreiten die verwickelten soziologischen Probleme aufzustellen und zu lösen hat – die ältere Philosophie kennt die letzteren gar nicht und ist der Untersuchung von Ursprung und Geschichte der moralischen Empfindungen unter dürftigen Ausflüchten immer aus dem Wege gegangen. Mit welchen Folgen: das läßt sich jetzt sehr deutlich überschauen, nachdem an vielen Beispielen nachgewiesen ist, wie die Irrtümer der größten Philosophen gewöhnlich ihren Ausgangspunkt in einer falschen Erklärung bestimmter menschlicher Handlungen und Empfindungen haben, wie aufgrund einer irrtümlichen Analysis, zum Beispiel der sogenannten unegoistischen Handlungen, eine falsche Ethik sich aufbaut, dieser zu Gefallen dann wiederum Religion und mythologisches Unwesen zu Hilfe genommen werden, und endlich die Schatten dieser trüben Geister auch in die Physik und die gesamte Weltbetrachtung hineinfallen. Steht es aber fest, daß die Oberflächlichkeit der psychologischen Beobachtung dem menschlichen Urteilen und Schließen die gefährlichsten Fallstricke gelegt hat und fortwährend von neuem legt, so bedarf es jetzt jener Ausdauer der Arbeit, welche nicht müde wird, Steine auf Steine, Steinchen auf Steinchen zu häufen, so bedarf es der enthaltsamen Tapferkeit, um sich einer solchen bescheidenen Arbeit nicht zu schämen und jeder Mißachtung derselben Trotz zu bieten. Es ist wahr: zahllose einzelne Bemerkungen über Menschliches und Allzumenschliches sind in Kreisen der Gesellschaft zuerst entdeckt und ausgesprochen worden, welche gewohnt waren, nicht der wissenschaftlichen Erkenntnis, sondern einer geistreichen Gefallsucht jede Art von Opfer darzubringen; und fast unlösbar hat sich der Duft jener alten Heimat der moralistischen Sentenz – ein sehr verführerischer Duft – der ganzen Gattung angehängt: so daß seinetwegen der wissenschaftliche Mensch unwillkürlich einiges Mißtrauen gegen diese Gattung und ihre Ernsthaftigkeit merken läßt. Aber es genügt, auf die Folgen zu verweisen: denn schon jetzt beginnt sich zu zeigen, welche Ergebnisse ernsthaftester Art auf dem Boden der psychologischen Beobachtung aufwachsen. Welches ist doch der Hauptsatz, zu dem einer der kühnsten und kältesten Denker, der Verfasser des Buches »Über den Ursprung der moralischen Empfindungen« vermöge seiner ein- und durchschneidenden Analysen des menschlichen Handelns gelangt? »Der moralische Mensch«, sagt er, »steht der intelligiblen (metaphysischen) Welt nicht näher als der physische Mensch.« Dieser Satz, hart und schneidig geworden unter dem Hammerschlag der historischen Erkenntnis, kann vielleicht einmal, in irgendwelcher Zukunft, als die Axt dienen, welche dem »metaphysischen Bedürfnis« der Menschen an die Wurzel gelegt wird, – ob mehr zum Segen als zum Fluche der allgemeinen Wohlfahrt, wer wüßte das zu sagen? – aber jedenfalls als ein Satz der erheblichsten Folgen, fruchtbar und furchtbar zugleich, und mit jenem Doppelgesichte in die Welt sehend, welches alle großen Erkenntnisse haben.

38.

Inwiefern nützlich. – Also: ob die psychologische Beobachtung mehr Nutzen oder mehr Nachteil über die Menschen bringe, das bleibe immerhin unentschieden; aber fest steht, daß sie notwendig ist, weil die Wissenschaft ihrer nicht entraten kann. Die Wissenschaft aber kennt keine Rücksichten auf letzte Zwecke, ebensowenig als, die Natur sie kennt: sondern wie diese gelegentlich Dinge von der höchsten Zweckmäßigkeit zustande bringt, ohne sie gewollt zu haben, so wird auch die ächte Wissenschaft, *als die Nachahmung der Natur in Begriffen,* den Nutzen und die Wohlfahrt der Menschen gelegentlich, ja vielfach fördern und das Zweckmäßige erreichen – aber ebenfalls, *ohne es gewollt zu haben.* Wem es aber bei dem Anhauche einer solchen Betrachtungsart gar zu winterlich zumute wird, der hat vielleicht nur zu wenig Feuer in sich: er möge sich indes umsehen und er wird Krankheiten wahrnehmen, in denen Eisumschläge nottun, und Menschen, welche so aus Glut und Geist »zusammengeknetet« sind, daß sie kaum irgendwo die Luft kalt und schneidend genug für sich finden. Überdies: wie allzuernste Einzelne und Völker ein Bedürfnis nach Leichtfertigkeiten haben, wie andere, allzu Bewegliche und Erregbare zeitweilig schwere niederdrückende Lasten zu ihrer Gesundheit nötig haben: sollten wir, die *geistigeren* Menschen eines Zeitalters, das ersichtlich immer mehr in Brand gerät, nicht nach allen löschenden und kühlenden Mitteln, die es gibt, greifen müssen, damit wir wenigstens so stetig, harmlos und mäßig bleiben, als wir es noch sind, und so vielleicht einmal dazu brauchbar werden, diesem Zeitalter als Spiegel und Selbstbesinnung über sich zu dienen? –

39.

Die Fabel von der intelligiblen Freiheit. – Die Geschichte der Empfindungen, vermöge deren wir Jemanden verantwortlich machen, also der sogenannten moralischen Empfindungen, verläuft in folgenden Hauptphasen. Zuerst nennt man einzelne Handlungen gut oder böse ohne alle Rücksicht auf deren Motive, sondern allein der nützlichen oder schädlichen Folgen wegen. Bald aber vergißt man die Herkunft dieser Bezeichnungen und wähnt, daß den Handlungen an sich, ohne Rücksicht auf deren Folgen, die Eigenschaft »gut« oder »böse« innewohne: mit demselben Irrtume, nach welchem die Sprache den Stein selber als hart, den Baum selber als grün bezeichnet – also dadurch, daß man, was Wirkung ist, als Ursache faßt. Sodann legt man das Gut- oder Böse-sein in die Motive hinein und betrachtet die Taten an sich als moralisch zweideutig. Man geht weiter und gibt das Prädikat gut oder böse nicht mehr dem einzelnen Motive, sondern dem ganzen Wesen eines Menschen, aus dem das Motiv, wie die Pflanze aus dem Erdreich, herauswächst. So macht man der Reihe nach den Menschen für seine Wirkungen, dann für seine Handlungen, dann für seine Motive und endlich für sein Wesen verantwortlich. Nun entdeckt man schließlich, daß auch dieses Wesen nicht verantwortlich sein kann, insofern es ganz und gar notwendige Folge ist und aus den Elementen und Einflüssen vergangener und gegenwärtiger Dinge konkresziert: also daß der Mensch für Nichts verantwortlich zu machen ist, weder für sein Wesen, noch seine Motive, noch seine Handlungen, noch seine Wirkungen. Damit ist man zur Erkenntnis gelangt, daß die Geschichte der moralischen Empfindungen die Geschichte eines Irrtums, des Irrtums von der Verantwortlichkeit ist: als welcher auf dem Irrtum von der Freiheit des Willens ruht. – Schopenhauer schloß dagegen so: weil gewisse Handlungen *Unmut* (»Schuldbewußtsein«) nach sich ziehen, so muß es eine Verantwortlichkeit geben; denn zu diesem Unmut wäre *kein Grund* vorhanden, wenn nicht nur alles Handeln des Menschen mit Notwendigkeit verliefe – wie es tatsächlich, und auch nach der Einsicht dieses Philosophen verläuft –, sondern der Mensch selber mit derselben Notwendigkeit sein ganzes Wesen erlangte – was Schopenhauer leugnet. Aus der Tatsache jenes Unmutes glaubt Schopenhauer eine Freiheit beweisen zu können, welche der Mensch irgendwie gehabt haben müsse, zwar nicht in bezug auf die Handlungen, aber in bezug auf das Wesen: Freiheit also so oder so zu *sein,* nicht so oder so zu *handeln.* Aus dem *esse,* der Sphäre der Freiheit und Verantwortlichkeit, folgt nach seiner Meinung das *operari,* die Sphäre der strengen Kausalität, Notwendigkeit und Unverantwortlichkeit. Jener Unmut beziehe sich zwar scheinbar auf das *operari* – insofern sei er irrtümlich –, in Wahrheit aber auf das *esse,* welches die Tat eines freien Willens, die Grundursache der Existenz eines Individuums sei: der Mensch werde Das, was er werden *wolle,* sein Wollen sei früher als seine Existenz. – Hier wird der Fehlschluß gemacht, daß aus der Tatsache des Unmutes die Berechtigung, die vernünftige *Zuverlässigkeit* dieses Unmutes geschlossen wird; und von jenem Fehlschluß aus kommt Schopenhauer zu seiner phantastischen Konsequenz der sogenannten intelligenten Freiheit. Aber der Unmut nach der Tat braucht gar nicht vernünftig zu sein: ja er ist es gewiß nicht, denn er ruht auf der irrtümlichen Voraussetzung, daß die Tat eben *nicht* notwendig hätte erfolgen müssen. Also: weil sich der Mensch für *frei* hält, nicht aber weil er frei ist, empfindet er Reue und Gewissensbisse. – Überdies ist dieser Unmut Etwas, das man sich abgewöhnen kann, bei vielen Menschen ist er in bezug auf Handlungen gar nicht vorhanden, bei welchen viele andere Menschen ihn empfinden. Er ist eine sehr wandelbare, an die Entwicklung der Sitte und Kultur geknüpfte Sache und vielleicht nur in einer verhältnismäßig kurzen Zeit der Weltgeschichte vorhanden. – Niemand ist für seine Taten verantwortlich, Niemand für sein Wesen; richten ist soviel als ungerecht sein. Dies gilt auch, wenn das Individuum über sich selbst richtet. Der Satz ist so hell wie Sonnenlicht, und doch geht hier Jedermann lieber in den Schatten und die Unwahrheit zurück: aus Furcht vor den Folgen.

40.

Das Über-Tier. – Die Bestie in uns will belogen werden; Moral ist Notlüge, damit wir von ihr nicht zerrissen werden. Ohne die Irrtümer, welche in den Annahmen der Moral hegen, wäre der Mensch Tier geblieben. So aber hat er sich als etwas Höheres genommen und sich strengere Gesetze auferlegt. Er hat deshalb einen Haß gegen die der Tierheit näher gebliebenen Stufen: woraus die ehemalige Mißachtung des Sklaven, als eines Nicht-Menschen, als einer Sache zu erklären ist.

41.

Der unveränderliche Charakter. – Daß der Charakter unveränderlich sei, ist nicht im strengen Sinne wahr; vielmehr heißt dieser beliebte Satz nur soviel, daß während der kurzen Lebensdauer eines Menschen die einwirkenden Motive nicht tief genug ritzen können, um die aufgeprägten Schriftzüge vieler Jahrtausende zu zerstören. Dächte man sich aber einen Menschen von achtzigtausend Jahren, so hätte man an ihm sogar einen absolut veränderlichen Charakter: so daß eine Fülle verschiedener Individuen sich nach und nach aus ihm entwickelte. Die Kürze des menschlichen Lebens verleitet zu manchen irrtümlichen Behauptungen über die Eigenschaften des Menschen.

42.

Die Ordnung der Güter und die Moral. – Die einmal angenommene Rangordnung der Güter, je nachdem ein niedriger, höherer, höchster Egoismus das Eine oder das Andere will, entscheidet jetzt über das Moralisch-sein oder Unmoralischsein. Ein niedriges Gut (zum Beispiel Sinnengenuß) einem höher geschätzten (zum Beispiel Gesundheit) vorziehn gilt als unmoralisch, ebenso Wohlleben der Freiheit vorziehn. Die Rangordnung der Güter ist aber keine zu allen Zeiten feste und gleiche; wenn Jemand Rache der Gerechtigkeit vorzieht, so ist er nach dem Maßstabe einer früheren Kultur moralisch, nach dem der jetzigen unmoralisch. »Unmoralisch« bezeichnet also, daß Einer die höheren, feineren, geistigeren Motive, welche die jeweilen neue Kultur hinzugebracht hat, noch nicht oder noch nicht stark genug empfindet: es bezeichnet einen Zurückgebliebenen, aber immer nur dem Gradunterschied nach. – Die Rangordnung der Güter selber wird nicht nach moralischen Gesichtspunkten auf- und umgestellt; wohl aber wird nach ihrer jedesmaligen Festsetzung darüber entschieden, ob eine Handlung moralisch oder unmoralisch sei.

43.

Grausame Menschen als zurückgeblieben. – Die Menschen, welche jetzt grausam sind, müssen uns als Stufen *früherer Kulturen* gelten, welche übriggeblieben sind: das Gebirge der Menschheit zeigt hier einmal die tieferen Formationen, welche sonst versteckt hegen, offen. Es sind zurückgebliebene Menschen, deren Gehirn, durch alle möglichen Zufälle im Verlaufe der Vererbung, nicht so zart und vielseitig fortgebildet worden ist. Sie zeigen uns, was wir Alle *waren,* und machen uns erschrecken: aber sie selber sind so wenig verantwortlich, wie ein Stück Granit dafür, daß es Granit ist. In unserem Gehirne müssen sich auch Rinnen und Windungen finden, welche jener Gesinnung entsprechen, wie sich in der Form einzelner menschlicher Organe Erinnerungen an Fischzustände finden sollen. Aber diese Rinnen und Windungen sind nicht mehr das Bett, in welchem sich jetzt der Strom unserer Empfindungen wälzt.

44.

Dankbarkeit und Rache. – Der Grund, weshalb der Mächtige dankbar ist, ist dieser. Sein Wohltäter hat sich durch seine Wohltat an der Sphäre des Mächtigen gleichsam vergriffen und sich in sie eingedrängt: nun vergreift er sich zur Vergeltung wieder an der Sphäre des Wohltäters durch den Akt der Dankbarkeit. Es ist eine mildere Form der Rache. Ohne die Genugtuung der Dankbarkeit zu haben, würde der Mächtige sich unmächtig gezeigt haben und fürderhin dafür gelten. Deshalb stellt jede Gesellschaft der Guten, das heißt ursprünglich der Mächtigen, die Dankbarkeit unter die ersten

Pflichten. – Swift hat den Satz hingeworfen, daß Menschen in demselben Verhältnis dankbar sind, wie sie Rache hegen.

45.

Doppelte Vorgeschichte von Gut und Böse. – Der Begriff gut und böse hat eine doppelte Vorgeschichte: nämlich *einmal* in der Seele der herrschenden Stämme und Kasten. Wer die Macht zu vergelten hat, Gutes mit Gutem, Böses mit Bösem, und auch wirklich Vergeltung übt, also dankbar und rachsüchtig ist, der wird gut genannt; wer unmächtig ist und nicht vergelten kann, gilt als schlecht. Man gehört als Guter zu den »Guten«, einer Gemeinde, welche Gemeingefühl hat, weil alle Einzelnen durch den Sinn der Vergeltung miteinander verflochten sind. Man gehört als Schlechter zu den »Schlechten«, zu einem Haufen unterworfener, ohnmächtiger Menschen, welche kein Gemeingefühl haben. Die Guten sind eine Kaste, die Schlechten eine Masse wie Staub. Gut und schlecht ist eine Zeitlang soviel wie vornehm und niedrig, Herr und Sklave. Dagegen sieht man den Feind nicht als böse an: er kann vergelten. Der Troer und der Grieche sind bei Homer beide gut. Nicht Der, welcher uns Schädliches zufügt, sondern Der, welcher verächtlich ist, gilt als schlecht. In der Gemeinde der Guten vererbt sich das Gute; es ist unmöglich, daß ein Schlechter aus so gutem Erdreiche hervorwachse. Tut trotzdem Einer der Guten etwas, das der Guten unwürdig ist, so verfällt man auf Ausflüchte; man schiebt zum Beispiel einem Gott die Schuld zu, indem man sagt: er habe den Guten mit Verblendung und Wahnsinn geschlagen. – *Sodann* in der Seele der Unterdrückten, Machtlosen. Hier gilt jeder *andere* Mensch als feindlich, rücksichtslos, ausbeutend, grausam, listig, sei er vornehm oder niedrig. Böse ist das Charakterwort für Mensch, ja für jedes lebende Wesen, welches man voraussetzt, zum Beispiel für einen Gott; menschlich, göttlich gilt soviel als teuflisch, böse. Die Zeichen der Güte, Hilfsbereitschaft, Mitleid werden angstvoll als Tücke, Vorspiel eines schrecklichen Ausganges, Betäubung und Überlistung aufgenommen, kurz als verfeinerte Bosheit. Bei einer solchen Gesinnung des Einzelnen kann kaum ein Gemeinwesen entstehen, höchstens die roheste Form desselben: so daß überall, wo diese Auffassung von Gut und Böse herrscht, der Untergang der Einzelnen, ihrer Stämme und Rassen nahe ist. – Unsre jetzige Sittlichkeit ist auf dem Boden der *herrschenden* Stämme und Kasten aufgewachsen.

46.

Mitleiden stärker als Leiden. – Es gibt Fälle, wo das Mitleiden stärker ist als das eigentliche Leiden. Wir empfinden es zum Beispiel schmerzlicher, wenn einer unserer Freunde sich etwas Schmähliches zuschulden kommen läßt, als wenn wir es tun. Einmal nämlich glauben wir mehr an die Reinheit seines Charakters als er; sodann ist unsere Liebe zu ihm, wahrscheinlich eben dieses Glaubens wegen, stärker als seine Liebe zu sich selbst. Wenn auch wirklich sein Egoismus mehr dabei leidet als unser Egoismus, insofern er die üblen Folgen seines Vergehens stärker zu tragen hat, so wird das Unegoistische in uns – dies Wort ist nie streng zu verstehen, sondern nur eine Erleichterung des Ausdrucks – doch stärker durch seine Schuld betroffen als das Unegoistische in ihm.

47.

Hypochondrie. – Es gibt Menschen, welche aus Mitgefühl und Sorge für eine andere Person hypochondrisch werden; die dabei entstehende Art des Mitleidens ist nichts Anderes als eine Krankheit. So gibt es auch eine christliche Hypochondrie, welche jene einsamen, religiös bewegten Leute befällt, die sich das Leiden und Sterben Christi fortwährend vor Augen stellen.

48.

Ökonomie der Güte. Die Güte und Liebe als die heilsamsten Kräuter und Kräfte im Verkehre der Menschen sind so kostbare Funde, daß man wohl wünschen möchte, es werde in der Verwendung dieser balsamischen Mittel so ökonomisch wie möglich verfahren: doch ist dies unmöglich. Die Ökonomie der Güte ist der Traum der verwegensten Utopisten.

49.

Wohlwollen. – Unter die kleinen, aber zahllos häufigen und deshalb sehr wirkungsvollen Dinge, auf welche die Wissenschaft mehr acht zu geben hat als auf die großen seltenen Dinge, ist auch das Wohlwollen zu rechnen; ich meine jene Äußerungen freundlicher Gesinnung im Verkehr, jenes Lächeln des Auges, jene Händedrücke, jenes Behagen, von welchem für gewöhnlich fast alles menschliche Tun umsponnen ist. Jeder Lehrer, jeder Beamte bringt diese Zutat zu dem, was für ihn Pflicht ist, hinzu; es ist die fortwährende Betätigung der Menschlichkeit, gleichsam die Wellen ihres Lichtes, in denen Alles wächst; namentlich im engsten Kreise, innerhalb der Familie, grünt und blüht das Leben nur durch jenes Wohlwollen. Die Gutmütigkeit, die Freundlichkeit, die Höflichkeit des Herzens sind immerquellende Ausflüsse des unegoistischen Triebes und haben viel mächtiger an der Kultur gebaut, als jene viel berühmteren Äußerungen desselben, die man Mitleiden, Barmherzigkeit und Aufopferung nennt. Aber man pflegt sie geringzuschätzen, und in der Tat: es ist nicht gerade viel Unegoistisches daran. Die *Summe* dieser geringen Dosen ist trotzdem gewaltig, ihre gesamte Kraft gehört zu den stärksten Kräften. – Ebenso findet man viel mehr Glück in der Welt, als trübe Augen sehen: wenn man nämlich richtig rechnet und nur alle jene Momente des Behagens, an welchen jeder Tag in jedem, auch dem bedrängtesten Menschenleben reich ist, nicht vergißt.

50.

Mitleiden erregen wollen. – La Rochefoucauld trifft in der bemerkenswertesten Stelle seines Selbst-Portraits (zuerst gedruckt 1658) gewiß das Rechte, wenn er alle Die, welche Vernunft haben, vor dem Mitleiden warnt, wenn er rät, dasselbe den Leuten aus dem Volke zu überlassen, die der Leidenschaften bedürfen (weil sie nicht durch Vernunft bestimmt werden), um so weit gebracht zu werden, dem Leidenden zu helfen und bei einem Unglück kräftig einzugreifen; während das Mitleiden, nach seinem (und Platos) Urteil, die Seele entkräfte. Freilich sollte man Mitleid *bezeugen,* aber sich hüten, es zu *haben:* denn die Unglücklichen seien nun einmal so *dumm*, daß bei ihnen das Bezeugen von Mitleid das größte Gut von der Welt ausmache. – Vielleicht kann man noch stärker vor diesem Mitleid-haben warnen, wenn man jenes Bedürfnis der Unglücklichen nicht gerade als Dummheit und intellektuellen Mangel, als eine Art Geistesstörung faßt, welche das Unglück mit sich bringt (und so scheint es ja La Rochefoucauld zu fassen), sondern als etwas ganz Anderes und Bedenklicheres versteht. Vielmehr beobachte man Kinder, welche weinen und schreien, *damit* sie bemitleidet werden, und deshalb den Augenblick abwarten, wo ihr Zustand in die Augen fallen kann; man lebe im Verkehr mit Kranken und geistig Gedrückten und frage sich, ob nicht das beredte Klagen und Wimmern, das Zur-Schau-Tragen des Unglücks im Grunde das Ziel verfolgt, den Anwesenden *weh zu tun:* das Mitleiden, welches jene dann äußern, ist insofern eine Tröstung für die Schwachen und Leidenden, als sie daran erkennen, doch wenigstens noch Eine *Macht zu haben,* trotz aller ihrer Schwäche: die *Macht, wehe zu tun.* Der Unglückliche gewinnt eine Art von Lust in diesem Gefühl der Überlegenheit, welches das Bezeugen des Mitleids ihm zum Bewußtsein bringt; seine Einbildung erhebt sich, er ist immer noch wichtig genug, um der Welt Schmerzen zu machen. Somit ist der Durst nach Bemitleidet-werden ein Durst nach Selbstgenuß, und zwar auf Unkosten der Mitmenschen; es zeigt den Menschen in der ganzen Rücksichtslosigkeit seines eigensten lieben Selbst: nicht aber gerade in seiner »Dummheit«, wie La Rochefoucauld meint. – Im Zwiegespräche der Gesellschaft werden drei Viertel aller Fragen gestellt, aller Antworten gegeben, um dem Unterredner ein klein wenig weh zu tun; deshalb dürsten viele Menschen so nach Gesellschaft; sie gibt ihnen das Gefühl ihrer Kraft. In solchen unzähligen aber sehr kleinen Dosen, in welchen die Bosheit sich geltend macht, ist sie ein mächtiges Reizmittel des Lebens: ebenso wie das Wohlwollen, in gleicher Form durch die Menschenwelt hin verbreitet, das allezeit bereite Heilmittel ist. – Aber wird es viele Ehrliche geben, welche zugestehen, daß es Vergnügen macht, weh zu tun? daß man sich nicht selten damit unterhält – und gut unterhält –, anderen Menschen wenigstens in Gedanken Kränkungen zuzufügen und die Schrotkörner der kleinen Bosheit nach ihnen zu schießen? Die Meisten sind zu unehrlich und ein paar Menschen sind zu gut, um von diesem *pudendum* Etwas zu wissen; diese mögen somit immerhin leugnen, daß Prosper Mérimée recht habe, wenn er sagt: *»Sachez aussi qu'il n'y a rien de plus commun que de faire le mal pour le plaisir de le faire.«*

51.

Wie der Schein zum Sein wird. – Der Schauspieler kann zuletzt auch beim tiefsten Schmerz nicht aufhören, an den Eindruck seiner Person und den gesamten szenischen Effekt zu denken, zum Beispiel selbst beim Begräbnis seines Kindes; er wird über seinen eigenen Schmerz und dessen Äußerungen weinen, als sein eigener Zuschauer. Der Heuchler, welcher immer ein und dieselbe Rolle spielt, hört zuletzt auf, Heuchler zu sein – zum Beispiel Priester, welche als junge Männer gewöhnlich bewußt oder unbewußt Heuchler sind, werden zuletzt natürlich und sind dann wirklich, ohne alle Affektation, eben Priester; oder wenn es der Vater nicht so weit bringt, dann vielleicht der Sohn, der des Vaters Vorsprung benutzt, seine Gewöhnung erbt. Wenn Einer sehr lange und hartnäckig Etwas *scheinen* will, so wird es ihm zuletzt schwer, etwas *Anderes zu sein.* Der Beruf fast jedes Menschen, sogar der des Künstlers beginnt mit Heuchelei, mit einem Nachmachen von außen her, mit einem Kopieren des Wirkungsvollen. Der, welcher immer die Maske freundlicher Mienen trägt, muß zuletzt eine Gewalt über wohlwollende Stimmungen bekommen, ohne welche der Ausdruck der Freundlichkeit nicht zu erzwingen ist, – und zuletzt wieder bekommen diese über ihn Gewalt, er *ist* wohlwollend.

52.

Der Punkt der Ehrlichkeit beim Betruge. – Bei allen großen Betrügern ist ein Vorgang bemerkenswert, dem sie ihre Macht verdanken. Im eigentlichen Akte des Betrugs, unter all den Vorbereitungen, dem Schauerlichen in Stimme, Ausdruck, Gebärden, inmitten der wirkungsvollen Szenerie, überkommt sie der *Glaube an sich selbst:* dieser ist es, der dann so wundergleich und bezwingend zu den Umgebenden spricht. Die Religionsstifter unterscheiden sich dadurch von jenen großen Betrügern, daß sie aus diesem Zustande der Selbsttäuschung nicht herauskommen: oder sie haben ganz selten einmal jene helleren Momente, wo der Zweifel sie überwältigt; gewöhnlich trösten sie sich aber, diese helleren Momente dem bösen Widersacher zuschiebend. Selbstbetrug muß da sein, damit Diese und Jene großartig *wirken.* Denn die Menschen glauben an die Wahrheit alles dessen, was ersichtlich stark geglaubt wird.

53.

Angebliche Stufen der Wahrheit. – Einer der gewöhnlichen Fehlschlüsse ist der: weil Jemand wahr und aufrichtig gegen uns ist, so sagt er die Wahrheit. So glaubt das Kind an die Urteile der Eltern, der Christ an die Behauptungen des Stifters der Kirche. Ebenso will man nicht zugeben, daß alles jenes, was die Menschen mit Opfern an Glück und Leben in früheren Jahrhunderten verteidigt haben, Nichts als Irrtümer waren: vielleicht sagt man, es seien Stufen der Wahrheit gewesen. Aber im Grunde meint man, wenn Jemand ehrlich an Etwas glaubt und für seinen Glauben gekämpft hat und gestorben ist, wäre es doch gar zu *unbillig,* wenn eigentlich nur ein Irrtum ihn beseelt habe. So ein Vorgang scheint der ewigen Gerechtigkeit zu widersprechen; deshalb dekretiert das Herz empfindender Menschen immer wieder gegen ihren Kopf den Satz: zwischen moralischen Handlungen und intellektuellen Einsichten muß durchaus ein notwendiges Band sein. Es ist leider anders; denn es gibt keine ewige Gerechtigkeit.

54.

Die Lüge. – Weshalb sagen zuallermeist die Menschen im alltäglichen Leben die Wahrheit? – Gewiß nicht, weil ein Gott das Lügen verboten hat. Sondern erstens: weil es bequemer ist; denn die Lüge erfordert Erfindung, Verstellung und Gedächtnis. (Weshalb Swift sagt: wer eine Lüge berichtet, merkt selten die schwere Last, die er übernimmt; er muß nämlich um Eine Lüge zu behaupten, zwanzig andere erfinden.) Sodann: weil es in schlichten Verhältnissen vorteilhaft ist, direkt zu sagen: ich will dies, ich habe dies getan, und dergleichen; also weil der Weg des Zwangs und der Autorität sicherer ist als der der List. – Ist aber einmal ein Kind in verwickelten häuslichen Verhältnissen aufgezogen worden, so handhabt es ebenso natürlich die Lüge und sagt unwillkürlich immer Das, was seinem Interesse entspricht; ein Sinn für Wahrheit, ein Widerwille gegen die Lüge an sich ist ihm ganz fremd und unzugänglich, und so lügt es in aller Unschuld.

55.

Des Glaubens wegen die Moral verdächtigen. – Keine Macht läßt sich behaupten, wenn lauter Heuchler sie vertreten; die katholische Kirche mag noch so viele »weltliche« Elemente besitzen, ihre Kraft beruht auf jenen auch jetzt noch zahlreichen priesterlichen Naturen, welche sich das Leben schwer und bedeutungschwer machen, und deren Blick und abgehärteter Leib von Nachtwachen, Hungern, glühendem Gebete, vielleicht selbst von Geißelhieben redet; diese erschüttern die Menschen und machen ihnen Angst: wie, wenn es *nötig* wäre, so zu leben? – Dies ist die schauderhafte Frage, welche ihr Anblick auf die Zunge legt. Indem sie diesen Zweifel verbreiten, gründen sie immer von neuem wieder einen Pfeiler ihrer Macht; selbst die Freigesinnten wagen es nicht, dem derartig Selbstlosen mit hartem Wahrheitssinn zu widerstehen und zu sagen: »Betrogener du, betrüge nicht!« – Nur die Differenz der Einsichten trennt sie von ihm, durchaus keine Differenz der Güte oder Schlechtigkeit; aber was man nicht mag, pflegt man gewöhnlich auch ungerecht zu behandeln. So spricht man von der Schlauheit und der verruchten Kunst der Jesuiten, aber übersieht, welche Selbstüberwindung jeder einzelne Jesuit sich auferlegt und wie die erleichterte Lebenspraxis, welche die jesuitischen Lehrbücher predigen, durchaus nicht ihnen, sondern dem Laienstande zugute kommen soll. Ja man darf fragen, ob wir Aufgeklärten bei ganz gleicher Taktik und Organisation ebenso gute Werkzeuge, ebenso bewundernswürdig durch Selbstbesiegung, Unermüdlichkeit, Hingebung sein würden.

56.

Sieg der Erkenntnis über das radikale Böse. – Es trägt Dem, der weise werden will, einen reichlichen Gewinn ein, eine Zeitlang einmal die Vorstellung vom gründlich bösen und verderbten Menschen gehabt zu haben: sie ist falsch, wie die entgegengesetzte; aber ganze Zeitstrecken hindurch besaß sie die Herrschaft, und ihre Wurzeln haben sich bis in uns und unsere Welt hinein verästet. *Um uns* zu begreifen, müssen wir sie begreifen; um aber dann höher zu steigen, müssen wir über sie hinwegsteigen. Wir erkennen dann, daß es keine Sünden im metaphysischen Sinne gibt; aber, im gleichen Sinne, auch keine Tugenden; daß dieses ganze Bereich sittlicher Vorstellungen fortwährend im Schwanken ist, daß es höhere und tiefere Begriffe von Gut und Böse, Sittlich und Unsittlich gibt. Wer nicht viel mehr von den Dingen begehrt, als Erkenntnis derselben, kommt leicht mit seiner Seele zur Ruhe und wird höchstens aus Unwissenheit, aber schwerlich aus Begehrlichkeit fehlgreifen (oder sündigen, wie die Welt es heißt). Er wird die Begierden nicht mehr verketzern und ausrotten wollen; aber sein einziges, ihn völlig beherrschendes Ziel, zu aller Zeit so gut wie möglich zu *erkennen,* wird ihn kühl machen und alle Wildheit in seiner Anlage besänftigen. Überdies ist er eine Menge quälender Vorstellungen losgeworden, er empfindet Nichts mehr bei dem Worte Höllenstrafen, Sündhaftigkeit, Unfähigkeit zum Guten: er erkennt darin nur die verschwebenden Schattenbilder falscher Welt- und Lebensbetrachtungen.

57.

Moral als Selbstzerteilung des Menschen. – Ein guter Autor, der wirklich das Herz für seine Sache hat, wünscht, daß Jemand komme und ihn selber dadurch vernichte, daß er dieselbe Sache deutlicher darstelle und die in ihr enthaltenen Fragen ohne Rest beantworte. Das liebende Mädchen wünscht, daß sie die hingebende Treue ihrer Liebe an der Untreue des Geliebten bewähren könne. Der Soldat wünscht, daß er für sein siegreiches Vaterland auf dem Schlachtfeld falle: denn in dem Siege seines Vaterlandes siegt sein höchstes Wünschen mit. Die Mutter gibt dem Kinde, was sie sich selber entzieht, Schlaf, die beste Speise, unter Umständen ihre Gesundheit, ihr Vermögen. – Sind dies Alles aber unegoistische Zustände? Sind diese Taten der Moralität *Wunder,* weil sie nach dem Ausdrucke Schopenhauers »unmöglich und doch wirklich« sind? Ist es nicht deutlich, daß in all diesen Fällen der Mensch *Etwas von sich,* einen Gedanken, ein Verlangen, ein Erzeugnis mehr hebt als *etwas Anderes von sich,* daß er also sein Wesen *zerteilt* und dem einen Teil den anderen zum Opfer bringt? Ist es etwas *wesentlich* Verschiedenes, wenn ein Trotzkopf sagt: »ich will lieber über den Haufen geschossen werden, als diesem Menschen da einen Schritt aus dem Wege gehn.«? – Die *Neigung zu Etwas* (Wunsch, Trieb, Verlangen) ist in allen genannten Fällen vorhanden; ihr nachzugeben, mit allen Folgen, ist jedenfalls nicht »unegoistisch«. – In der Moral behandelt sich der Mensch nicht als *individuum*, sondern als *dividuum*.

58.

Was man versprechen kann. – Man kann Handlungen versprechen, aber keine Empfindungen; denn diese sind unwillkürlich. Wer Jemandem verspricht, ihn immer zu lieben oder immer zu hassen oder ihm immer treu zu sein, verspricht Etwas, das nicht in seiner Macht steht; wohl aber kann er solche Handlungen versprechen, welche zwar gewöhnlich die Folgen der Liebe, des Hasses, der Treue sind, aber auch aus anderen Motiven entspringen können: denn zu einer Handlung führen mehrere Wege und Motive. Das Versprechen, Jemanden immer zu lieben, heißt also: solange ich dich liebe, werde ich dir die Handlungen der Liebe erweisen; liebe ich dich nicht mehr, so wirst du doch dieselben Handlungen, wenn auch aus anderen Motiven, immerfort von mir empfangen: so daß der Schein in den Köpfen der Mitmenschen bestehenbleibt, daß die Liebe unverändert und immer noch dieselbe sei. – Man verspricht also die Andauer des Anscheines der Liebe, wenn man ohne Selbstverblendung Jemandem immerwährende Liebe gelobt.

59.

Intellekt und Moral. – Man muß ein gutes Gedächtnis haben, um gegebene Versprechen halten zu können. Man muß eine starke Kraft der Einbildung haben, um Mitleid haben zu können. So eng ist die Moral an die Güte des Intellekts gebunden.

60.

Sich rächen wollen und sich rächen. – Einen Rachegedanken haben und ausführen heißt einen heftigen Fieberanfall bekommen, der aber vorübergeht: einen Rachegedanken aber haben, ohne Kraft und Mut ihn auszuführen, heißt ein chronisches Leiden, eine Vergiftung an Leib und Seele mit sich herumtragen. Die Moral, welche nur auf die Absichten sieht, taxiert beide Fälle gleich; für gewöhnlich taxiert man den ersten Fall als den schlimmeren (wegen der bösen Folgen, welche die Tat der Rache vielleicht nach sich zieht). Beide Schätzungen sind kurzsichtig.

61.

Warten-können. – Das Warten-können ist so schwer, daß die größten Dichter es nicht verschmäht haben, das Nicht-warten können zum Motiv ihrer Dichtungen zu machen. So Shakespeare im Othello, Sophokles im Ajax: dessen Selbstmord ihm, wenn er nur einen Tag noch seine Empfindung hätte abkühlen lassen, nicht mehr nötig geschienen hätte, wie der Orakel-Spruch andeutet; wahrscheinlich würde er den schrecklichen Einflüsterungen der verletzten Eitelkeit ein Schnippchen geschlagen und zu sich gesprochen haben: wer hat denn nicht schon, in meinem Falle, ein Schaf für einen

Helden angesehn? ist es denn so etwas Ungeheures? Im Gegenteil, es ist nur etwas allgemein Menschliches – Ajax durfte sich dergestalt Trost zusprechen. Die Leidenschaft will nicht warten; das Tragische im Leben großer Männer liegt häufig nicht in ihrem Konflikte mit der Zeit und der Niedrigkeit ihrer Mitmenschen, sondern in ihrer Unfähigkeit, ein Jahr, zwei Jahre ihr Werk zu verschieben; sie können nicht warten. – Bei allen Duellen haben die zuratenden Freunde das Eine festzustellen, ob die beteiligten Personen noch warten können: ist dies nicht der Fall, so ist ein Duell vernünftig, insofern Jeder von Beiden sich sagt: »entweder lebe ich weiter, dann muß Jener augenblicklich sterben, oder umgekehrt.« Warten hieße in solchem Falle an jener furchtbaren Marter der verletzten Ehre angesichts ihres Verletzers noch länger leiden: und dies kann eben mehr Leiden sein, als das Leben überhaupt wert ist.

62.

Schwelgerei der Rache. – Grobe Menschen, welche sich beleidigt fühlen, pflegen den Grad der Beleidigung so hoch als möglich zu nehmen und erzählen die Ursache mit stark übertreibenden Worten, um nur in dem einmal erweckten Haß- und Rachgefühl sich recht ausschwelgen zu können.

63.

Wert der Verkleinerung. – Nicht wenige, vielleicht die allermeisten Menschen haben, um ihre Selbstachtung und eine gewisse Tüchtigkeit im Handeln bei sich aufrechtzuerhalten, durchaus nötig, alle ihnen bekannten Menschen in ihrer Vorstellung herabzusetzen und zu verkleinern. Da aber die geringen Naturen in der Überzahl sind und es sehr viel daran liegt, ob sie jene Tüchtigkeit haben oder verlieren, so –

64.

Der Aufbrausende. – Vor Einem, der gegen uns aufbraust, soll man sich in acht nehmen wie vor Einem, der uns einmal nach dem Leben getrachtet hat: denn *daß* wir noch leben, das liegt an der Abwesenheit der Macht zu töten; genügten Blicke, so wäre es längst um uns geschehn. Es ist ein Stück roher Kultur, durch Sichtbarwerdenlassen der physischen Wildheit, durch Furchterregen Jemanden zum Schweigen zu bringen. – Ebenso ist jener kalte Blick, welchen Vornehme gegen ihre Bedienten haben, ein Überrest jener kastenmäßigen Abgrenzungen zwischen Mensch und Mensch, ein Stück rohen Altertums; die Frauen, die Bewahrerinnen des Alten, haben auch dies *survival* treuer bewahrt.

65.

Wohin die Ehrlichkeit führen kann. – Jemand hatte die üble Angewohnheit, sich über die Motive, aus denen er handelte und die so gut und so schlecht waren wie die Motive aller Menschen, gelegentlich ganz ehrlich auszusprechen. Er erregte erst Anstoß, dann Verdacht, wurde allmählich geradezu verfehmt und in die Acht der Gesellschaft erklärt, bis endlich die Justiz sich eines so verworfenen Wesens erinnerte, bei Gelegenheiten, wo Sie sonst kein Auge hatte, oder dasselbe zudrückte. Der Mangel an Schweigsamkeit über das allgemeine Geheimnis und der unverantwortliche Hang zu sehen, was Keiner sehen will – sich selber –, brachten ihn zu Gefängnis und frühzeitigem Tod.

66.

Sträflich, nie gestraft. – Unser Verbrechen gegen Verbrecher besteht darin, daß wir sie wie Schufte behandeln.

67.

Sancta simplicitas der Tugend. – Jede Tugend hat Vorrechte: zum Beispiel dies, zu dem Scheiterhaufen eines Verurteilten ihr eigenes Bündchen Holz zu liefern.

68.

Moralität und Erfolg. – Nicht nur die Zuschauer einer Tat bemessen häufig das Moralische oder Unmoralische an derselben nach dem Erfolge: nein, der Täter selbst tut dies. Denn die Motive und Absichten sind selten deutlich und einfach genug, und mitunter scheint selbst das Gedächtnis durch den Erfolg der Tat getrübt, so daß man seiner Tat selber falsche Motive unterschiebt oder die unwesentlichen

Motive als wesentliche behandelt. Der Erfolg gibt oft einer Tat den vollen ehrlichen Glanz des guten Gewissens, ein Mißerfolg legt den Schatten von Gewissensbissen über die achtungswürdigste Handlung. Daraus ergibt sich die bekannte Praxis des Politikers, welcher denkt: »gebt mir nur den Erfolg: mit ihm habe ich auch alle ehrlichen Seelen auf meine Seite gebracht – und mich vor mir selber ehrlich gemacht.« – Auf ähnliche Weise soll der Erfolg die bessere Begründung ersetzen. Noch jetzt meinen viele Gebildete, der Sieg des Christentums über die griechische Philosophie sei ein Beweis für die größere Wahrheit des ersteren – obwohl in diesem Falle nur das Gröbere und Gewaltsamere über das Geistigere und Zarte gesiegt hat. Wie es mit der größeren Wahrheit steht ist daraus zu ersehen, daß die erwachenden Wissenschaften Punkt um Punkt an Epikurs Philosophie angeknüpft, das Christentum aber Punkt um Punkt zurückgewiesen haben.

69.

Liebe und Gerechtigkeit. – Warum überschätzt man die Liebe zuungunsten der Gerechtigkeit und sagt die schönsten Dinge von ihr, als ob sie ein viel höheres Wesen als jene sei? Ist sie denn nicht ersichtlich dümmer als jene? – Gewiß, aber gerade deshalb um so viel *angenehmer* für Alle. Sie ist dumm und besitzt ein reiches Füllhorn; aus ihm teilt sie ihre Gaben aus, an Jedermann, auch wenn er sie nicht verdient, ja ihr nicht einmal dafür dankt. Sie ist unparteiisch wie der Regen, welcher, nach der Bibel und der Erfahrung, nicht nur den Ungerechten, sondern unter Umständen auch den Gerechten bis auf die Haut naß macht.

70.

Hinrichtung. – Wie kommt es, daß jede Hinrichtung uns mehr beleidigt als ein Mord? Es ist die Kälte der Richter, die peinliche Vorbereitung, die Einsicht, daß hier ein Mensch als Mittel benutzt wird, um andre abzuschrecken. Denn die Schuld wird nicht bestraft, selbst wenn es eine gäbe: diese liegt in Erziehern, Eltern, Umgebungen, in uns, nicht im Mörder – ich meine die veranlassenden Umstände.

71.

Die Hoffnung. – Pandora brachte das Faß mit den Übeln und öffnete es. Es war das Geschenk der Götter an die Menschen, von außen ein schönes verführerisches Geschenk und »Glücksfaß« zubenannt. Da flogen all die Übel, lebendige beschwingte Wesen heraus: von da an schweifen sie nun herum und tun den Menschen Schaden bei Tag und Nacht. Ein einziges Übel war noch nicht aus dem Faß herausgeschlüpft: da schlug Pandora nach Zeus' Willen den Deckel zu, und so blieb es darin. Für immer hat der Mensch nun das Glücksfaß im Hause und meint Wunder was für einen Schatz er in ihm habe; es steht ihm zu Diensten, er greift darnach, wenn es ihn gelüstet; denn er weiß nicht, daß jenes Faß, welches Pandora brachte, das Faß der Übel war, und hält das zurückgebliebene Übel für das größte Glücksgut – es ist die Hoffnung. – Zeus wollte nämlich, daß der Mensch, auch noch so sehr durch die anderen Übel gequält, doch das Leben nicht wegwerfe, sondern fortfahre, sich immer von neuem quälen zu lassen. Dazu gibt er dem Menschen die Hoffnung: sie ist in Wahrheit das übelste der Übel, weil sie die Qual der Menschen verlängert.

72.

Grad der moralischen Erhitzbarkeit unbekannt. – Daran daß man gewisse erschütternde Anblicke und Eindrücke gehabt oder nicht gehabt hat, zum Beispiel eines unrecht gerichteten, getöteten oder gemarterten Vaters, einer untreuen Frau, eines grausamen feindlichen Überfalls, hängt es ab, ob unsere Leidenschaften zur Glühhitze kommen und das ganze Leben lenken oder nicht. Keiner weiß, wozu ihn die Umstände, das Mitleid, die Entrüstung treiben können, er kennt den Grad seiner Erhitzbarkeit nicht. Erbärmliche kleine Verhältnisse machen erbärmlich; es ist gewöhnlich nicht die Quantität der Erlebnisse, sondern ihre Qualität, von welcher der niedere und höhere Mensch abhängt, im Guten und Bösen.

73.

Der Märtyrer wider Willen. – In einer Partei gab es einen Menschen, der zu ängstlich und feige war, um je seinen Kameraden zu widersprechen: man brauchte ihn zu jedem Dienst, man erlangte von ihm Alles, weil er sich vor der schlechten Meinung bei seinen Gesellen mehr als vor dem Tode fürchtete; es war eine erbärmliche schwache Seele. Sie erkannten dies und machten aufgrund der erwähnten Eigenschaften aus ihm einen Heros und zuletzt gar einen Märtyrer. Obwohl der feige Mensch innerlich immer mehr Nein sagte, sprach er mit den Lippen immer Ja, selbst noch auf dem Schafott, als er für die Ansichten seiner Partei starb: neben ihm nämlich stand einer seiner alten Genossen, der ihn durch Wort und Blick so tyrannisierte, daß er wirklich auf die anständigste Weise den Tod erlitt und seitdem als *Märtyrer* und großer Charakter gefeiert wird.

74.

Alltags-Maßstab. – Man wird selten irren, wenn man extreme Handlungen auf Eitelkeit, mittelmäßige auf Gewöhnung und kleinliche auf Furcht zurückführt.

75.

Mißverständnis über die Tugend. – Wer die Untugend in Verbindung mit der Lust kennengelernt hat – wie Der, welcher eine genußsüchtige Jugend hinter sich hat – bildet sich ein, daß die Tugend mit der Unlust verbunden sein müsse. Wer dagegen von seinen Leidenschaften und Lastern sehr geplagt worden ist, ersehnt in der Tugend die Ruhe und das Glück der Seele. Daher ist es möglich, daß zwei Tugendhafte einander gar nicht verstehen.

76.

Der Asket. – Der Asket macht aus der Tugend eine Not.

77.

Die Ehre von der Person auf die Sache übertragen. – Man ehrt allgemein die Handlungen der Liebe und Aufopferung zugunsten des Nächsten, wo sie sich auch immer zeigen. Dadurch vermehrt man die *Schätzung der Dinge,* welche in jener Art geliebt werden oder für welche man sich aufopfert: obwohl sie vielleicht an sich nicht viel wert sind. Ein tapferes Heer überzeugt von der Sache, für welche es kämpft.

78.

Ehrgeiz ein Surrogat des moralischen Gefühls. – Das moralische Gefühl darf in solchen Naturen nicht fehlen, welche keinen Ehrgeiz haben. Die Ehrgeizigen behelfen sich auch ohne dasselbe, mit fast gleichem Erfolge. – Deshalb werden Söhne aus bescheidenen, dem Ehrgeiz abgewandten Familien, wenn sie einmal das moralische Gefühl verlieren, gewöhnlich in schneller Steigerung zu vollkommenen Lumpen.

79.

Eitelkeit bereichert. – Wie arm wäre der menschliche Geist ohne die Eitelkeit! So aber gleicht er einem wohlgefüllten und immer neu sich füllenden Warenmagazin, welches Käufer jeder Art anlockt: Alles fast können sie finden, Alles haben, vorausgesetzt daß sie die gültige Münzsorte (Bewunderung) mit sich bringen.

80.

Greis und Tod. – Abgesehen von den Forderungen, welche die Religion stellt, darf man wohl fragen: warum sollte es für einen alt gewordenen Mann, welcher die Abnahme seiner Kräfte spürt, rühmlicher sein, seine langsame Erschöpfung und Auflösung abzuwarten, als ihr mit vollem Bewußtsein ein Ziel zu setzen? Die Selbsttötung ist in diesem Falle eine ganz natürliche naheliegende Handlung, welche als ein Sieg der Vernunft billigerweise Ehrfurcht erwecken sollte: und auch erweckt hat, in jenen Zeiten, als die Häupter der griechischen Philosophie und die wackersten römischen Patrioten durch Selbsttötung zu sterben pflegten. Die Sucht dagegen, sich mit ängstlicher Beratung von Ärzten und peinlichster Lebensart von Tag zu Tage fortzufristen, ohne Kraft, dem eigentlichen Lebensziel noch näherzukommen, ist viel weniger achtbar. – Die Religionen sind reich an Ausflüchten vor der Forderung der Selbsttötung: dadurch schmeicheln sie sich bei Denen ein, welche in das Leben verliebt sind.

81.

Irrtümer des Leidenden und des Täters. – Wenn der Reiche dem Armen ein Besitztum nimmt (zum Beispiel ein Fürst dem Plebejer die Geliebte), so entsteht in dem Armen ein Irrtum; er meint, jener müsse ganz verrucht sein, um ihm das Wenige, was er habe, zu nehmen. Aber jener empfindet den Wert eines *einzelnen* Besitztums gar nicht so tief, weil er gewöhnt ist, viele zu haben: so kann er sich nicht in die Seele des Armen versetzen und tut lange nicht so sehr Unrecht, als dieser glaubt. Beide haben voneinander eine falsche Vorstellung. Das Unrecht des Mächtigen, welches am meisten in der Geschichte empört, ist lange nicht so groß, wie es scheint. Schon die angeerbte Empfindung, ein höheres Wesen mit höheren Ansprüchen zu sein, macht ziemlich kalt und läßt das Gewissen ruhig: wir Alle sogar empfinden, wenn der Unterschied zwischen uns und einem andern Wesen sehr groß ist, gar nichts mehr von Unrecht und töten eine Mücke zum Beispiel ohne jeden Gewissensbiß. So ist es kein Zeichen von Schlechtigkeit bei Xerxes (den selbst alle Griechen als hervorragend edel schildern), wenn er dem Vater seinen Sohn nimmt und ihn zerstückeln läßt, weil dieser ein ängstliches, ominöses Mißtrauen gegen den ganzen Heerzug geäußert hatte: der Einzelne wird in diesem Falle wie ein unangenehmes Insekt beseitigt: er steht zu niedrig, um länger quälende Empfindungen bei einem Weltherrscher erregen zu dürfen. Ja, jeder Grausame ist nicht in dem Maße grausam, als es der Mißhandelte glaubt; die Vorstellung des Schmerzes ist nicht dasselbe wie das Erleiden desselben. Ebenso steht es mit dem ungerechten Richter, mit dem Journalisten, welcher mit kleinen Unredlichkeiten die öffentliche Meinung irreführt. Ursache und Wirkung sind in allen diesen Fällen von ganz verschiedenen Empfindungs- und Gedankengruppen umgeben; während man unwillkürlich voraussetzt, daß Täter und Leidender gleich denken und empfinden, und gemäß dieser Voraussetzung die Schuld des Einen nach dem Schmerz des Andern mißt.

82.

Haut der Seele. – Wie die Knochen, Fleischstücke, Eingeweide und Blutgefäße mit einer Haut umschlossen sind, die den

Anblick des Menschen erträglich macht, so werden die Regungen und Leidenschaften der Seele durch die Eitelkeit umhüllt: sie ist die Haut der Seele.

83.

Schlaf der Tugend. – Wenn die Tugend geschlafen hat, wird sie frischer aufstehen.

84.

Feinheit der Scham. – Die Menschen schämen sich nicht, etwas Schmutziges zu denken, aber wohl, wenn sie sich vorstellen, daß man ihnen diese schmutzigen Gedanken zutraue.

85.

Bosheit ist selten. – Die meisten Menschen sind viel zu sehr mit sich beschäftigt, um boshaft zu sein.

86.

Das Zünglein an der Waage. – Man lobt oder tadelt, je nachdem das Eine oder das Andre mehr Gelegenheit gibt, unsre Urteilskraft leuchten zu lassen.

87.

Lucas 18,14 verbessert. – Wer sich selbst erniedrigt, will erhöhet werden.

88.

Verhinderung des Selbstmordes. – Es gibt ein Recht, wonach wir einem Menschen das Leben nehmen, aber keines, wonach wir ihm das Sterben nehmen: dies ist nur Grausamkeit.

89.

Eitelkeit. – Uns liegt an der guten Meinung der Menschen, einmal weil Sie uns nützlich ist, sodann weil wir ihnen Freude machen wollen (Kinder den Eltern, Schüler den Lehrern und wohlwollende Menschen überhaupt allen übrigen Menschen). Nur wo Jemandem die gute Meinung der Menschen wichtig ist, abgesehn vom Vorteil oder von seinem Wunsche, Freude zu machen, reden wir von Eitelkeit. In diesem Falle will sich der Mensch selber eine Freude machen, aber auf Unkosten seiner Mitmenschen, indem er diese entweder zu einer falschen Meinung über sich verführt oder es gar auf einen Grad der »guten Meinung« absieht, wo diese allen Anderen peinlich werden muß (durch Erregung von Neid). Der Einzelne will gewöhnlich durch die Meinung Anderer die Meinung, die er von sich hat, beglaubigen und vor sich selber bekräftigen; aber die mächtige Gewöhnung an Autorität – eine Gewöhnung, die so alt als der Mensch ist – bringt Viele auch dazu, ihren eigenen Glauben an sich auf Autorität zu stützen, also erst aus der Hand Anderer anzunehmen: sie trauen der Urteilskraft Anderer mehr als der eigenen. – Das Interesse an sich selbst, der Wunsch, sich zu vergnügen, erreicht bei den Eitlen eine solche Höhe, daß er die Anderen zu einer falschen, allzu hohen Taxation seiner selbst verführt und dann doch sich an die Autorität der Anderen hält: also den Irrtum herbeiführt und doch ihm Glauben schenkt. – Man muß sich also eingestehen, daß die eitlen Menschen nicht sowohl Anderen gefallen wollen als sich selbst, und daß sie so weit gehen, ihren Vorteil dabei zu vernachlässigen: denn es liegt ihnen oft daran, ihre Mitmenschen ungünstig, feindlich, neidisch, also schädlich gegen sich zu stimmen, nur um die Freude an sich selber, den Selbstgenuß zu haben.

90.

Grenze der Menschenliebe. – Jeder, welcher sich dafür erklärt hat, daß der Andere ein Dummkopf, ein schlechter Geselle sei, ärgert sich, wenn jener schließlich zeigt, daß er es nicht ist.

91.

Moralité larmoyante. – Wie viel Vergnügen macht die Moralität! Man denke nur, was für ein Meer angenehmer Tränen schon bei Erzählungen edler, großmütiger Handlungen geflossen ist! – Dieser Reiz des Lebens würde schwinden, wenn der Glaube an die völlige Unverantwortlichkeit überhandnähme.

92.

Ursprung der Gerechtigkeit. – Die Gerechtigkeit (Billigkeit) nimmt ihren Ursprung unter ungefähr *gleich Mächtigen,* wie dies Thukydides (in dem furchtbaren Gespräche der athenischen und menschlischen Gesandten) richtig begriffen hat: wo es keine deutlich erkennbare Übergewalt gibt und ein Kampf zum erfolglosen gegenseitigen Schädigen würde, da entsteht der Gedanke, sich zu verständigen und über die beiderseitigen Ansprüche zu verhandeln: der Charakter des Tausches ist der anfängliche Charakter der Gerechtigkeit. Jeder stellt den Anderen zufrieden, indem Jeder bekommt, was er mehr schätzt als der Andre. Man gibt Jedem, was er haben will, als das nunmehr Seinige, und empfängt dagegen das Gewünschte. Gerechtigkeit ist also Vergeltung und Austausch unter der Voraussetzung einer ungefähr gleichen Machtstellung: so gehört ursprünglich die Rache in den Bereich der Gerechtigkeit, sie ist ein Austausch. Ebenso die Dankbarkeit. – Gerechtigkeit geht natürlich auf den Gesichtspunkt einer einsichtigen Selbsterhaltung zurück, also auf den Egoismus jener Überlegung: »wozu sollte ich mich nutzlos schädigen und mein Ziel vielleicht doch nicht erreichen?« – Soviel vom *Ursprung* der Gerechtigkeit. Dadurch, daß die Menschen, ihrer intellektuellen Gewohnheit gemäß, den ursprünglichen Zweck sogenannter gerechter, billiger Handlungen *vergessen* haben und namentlich, weil durch Jahrtausende hindurch die Kinder angelernt worden sind, solche Handlungen zu bewundern und nachzuahmen, ist allmählich der Anschein entstanden, als sei eine gerechte Handlung eine unegoistische: auf diesem Anschein aber beruht die hohe Schätzung derselben, welche überdies, wie alle Schätzungen, fortwährend noch im Wachsen ist: denn etwas Hochgeschätztes wird mit Aufopferung erstrebt, nachgeahmt, vervielfältigt, und wächst dadurch, daß der Wert der aufgewandten Mühe und Beeiferung von jedem Einzelnen noch zum Werte des geschätzten Dinges hinzugeschlagen wird. – Wie wenig moralisch sähe die Welt ohne die Vergeßlichkeit aus! Ein Dichter könnte sagen, daß Gott die Vergeßlichkeit als Türhüterin an die Tempelschwelle der Menschenwürde hingelagert habe.

93.

Vom Rechte des Schwächeren. – Wenn sich Jemand unter Bedingungen einem Mächtigeren unterwirft, zum Beispiel eine belagerte Stadt, so ist die Gegenbedingung die, daß man sich vernichten, die Stadt verbrennen und so dem Mächtigen eine große Einbuße machen kann. Deshalb entsteht hier eine Art *Gleichstellung,* aufgrund welcher Rechte festgesetzt werden können. Der Feind hat seinen Vorteil an der Erhaltung. – Insofern gibt es auch Rechte zwischen Sklaven und Herren, das heißt genau so weit, als der Besitz des Sklaven seinem Herrn nützlich und wichtig ist. Das *Recht* geht ursprünglich so weit, als Einer dem Anderen wertvoll, wesentlich, unverlierbar, unbesiegbar und dergleichen erscheint. In dieser Hinsicht hat auch der Schwächere noch Rechte, aber geringere. Daher das berühmte *unusquisque tantum juris habet, quantum potentia valet* (oder genauer: *quantum potentia valere creditur).*

94.

Die drei Phasen der bisherigen Moralität. – Es ist das erste Zeichen, daß das Tier Mensch geworden ist, wenn sein Handeln nicht mehr auf das augenblickliche Wohlbefinden, sondern auf dauerndes sich bezieht, der Mensch also *nützlich, zweckmäßig* wird: da bricht zuerst die freie Herrschaft der Vernunft heraus. Eine noch höhere Stufe ist erreicht, wenn er nach dem Prinzip der *Ehre* handelt; vermöge desselben ordnet er sich ein, unterwirft sich gemeinsamen Empfindungen, und das erhebt ihn hoch über die Phase, in der nur die persönlich verstandene Nützlichkeit ihn leitete: er achtet und will geachtet werden, das heißt: er begreift den Nutzen als abhängig von dem, was er über Andere, was Andere über ihn meinen. Endlich handelt er, auf der höchsten Stufe der *bisherigen* Moralität, nach *seinem* Maßstabe über die Dinge und Menschen, er selber bestimmt für sich und Andere, was ehrenvoll, was nützlich ist; er ist zum Gesetzgeber der Meinungen geworden, gemäß dem immer höher entwickelten Begriff des Nützlichen und Ehrenhaften. Die Erkenntnis befähigt ihn, das Nützlichste, das heißt den allgemeinen dauernden Nutzen, dem persönlichen, die ehrende Anerkennung von allgemeiner dauernder Geltung der momentanen voranzustellen; er lebt und handelt als Kollektiv-Individuum.

95.

Moral des reifen Individuums. – Man hat bisher als das eigentliche Kennzeichen der moralischen Handlung das Unpersönliche angesehn; und es ist nachgewiesen, daß zu Anfang die Rücksicht auf den allgemeinen Nutzen es war, derentwegen man alle unpersönlichen Handlungen lobte und auszeichnete. Sollte nicht eine bedeutende Umwandlung dieser Ansichten bevorstehen, jetzt, wo immer besser eingesehen wird, daß gerade in der möglichst *persönlichen* Rücksicht auch der Nutzen für das Allgemeine am größten ist: so daß gerade das streng *persönliche Handeln* dem jetzigen Begriff der Moralität (als einer allgemeinen Nützlichkeit) entspricht? Aus sich eine ganze *Person* machen und in Allem, was man tut, deren *höchstes Wohl* ins Auge fassen – das bringt weiter als jene mitleidigen Regungen und Handlungen zugunsten Anderer. Wir Alle leiden freilich noch immer an der allzugeringen Beachtung des Persönlichen an uns, es ist schlecht ausgebildet – gestehen wir es uns ein: man hat vielmehr unseren Sinn gewaltsam von ihm abgezogen und dem Staat, der Wissenschaft, dem Hilfebedürftigen zum Opfer angeboten, wie als ob es das Schlechte wäre, das geopfert werden müßte. Auch jetzt wollen wir für unsere Mitmenschen arbeiten, aber nur so weit, als wir unseren eigenen höchsten Vorteil in dieser Arbeit finden, nicht mehr, nicht weniger. Es kommt nur darauf an, was man als *seinen Vorteil* versteht; gerade das unreife, unentwickelte, rohe Individuum wird ihn auch am rohesten verstehen.

96.

Sitte und sittlich. – Moralisch, sittlich, ethisch sein heißt Gehorsam gegen ein altbegründetes Gesetz oder Herkommen haben. Ob man mit Mühe oder gern sich ihm unterwirft, ist dabei gleichgültig, genug, daß man es tut. *»Gut«* nennt man Den, welcher wie von Natur, nach langer Vererbung, also leicht und gern das Sittliche tut, je nachdem dies ist (zum

Beispiel Rache übt, wenn Rache-üben wie bei den älteren Griechen zur guten Sitte gehört). Er wird gut genannt, weil er »wozu« gut ist; da aber Wohlwollen, Mitleiden und dergleichen in dem Wechsel der Sitten immer als »gut wozu«, als nützlich empfunden wurde, so nennt man jetzt vornehmlich den Wohlwollenden, Hilfreichen »gut«. Böse ist »nicht sittlich« (unsittlich) sein, Unsitte üben, dem Herkommen widerstreben, wie vernünftig oder dumm dasselbe auch sei; das Schädigen des Nächsten ist aber in allen den Sittengesetzen der verschiednen Zeiten vornehmlich als schädlich empfunden worden, so daß wir jetzt namentlich bei dem Wort »böse« an die freiwillige Schädigung des Nächsten denken. Nicht das »Egoistische« und das »Unegoistische« ist der Grundgegensatz, welcher die Menschen zur Unterscheidung von Sittlich und Unsittlich, Gut und Böse gebracht hat, sondern: Gebundensein an ein Herkommen, Gesetz, und Lösung davon. Wie das Herkommen *entstanden* ist, das ist dabei gleichgültig, jedenfalls ohne Rücksicht auf Gut und Böse oder irgendeinen immanenten kategorischen Imperativ, sondern vor Allem zum Zweck der Erhaltung einer *Gemeinde,* eines Volkes: jeder abergläubische Brauch, welcher aufgrund eines falsch gedeuteten Zufalls entstanden ist, erzwingt ein Herkommen, dem zu folgen sittlich ist; sich von ihm lösen ist nämlich gefährlich, für die *Gemeinschaft* noch mehr schädlich als für den Einzelnen (weil die Gottheit den Frevel und jede Verletzung ihrer Vorrechte an der Gemeinde und nur insofern auch am Individuum straft). Nun wird jedes Herkommen fortwährend ehrwürdiger, je weiter der Ursprung abliegt je mehr dieser vergessen ist; die ihm gezollte Verehrung häuft sich von Generation zu Generation auf, das Herkommen wird zuletzt heilig und erweckt Ehrfurcht; und so ist jedenfalls die *Moral der Pietät* eine viel ältere Moral als die, welche unegoistische Handlungen verlangt.

97.

Die Lust in der Sitte. – Eine wichtige Gattung der Lust und damit der Quelle der Moralität entsteht aus der Gewohnheit. Man tut das Gewohnte leichter, besser, also lieber, man empfindet dabei eine Lust, und weiß aus der Erfahrung, daß das Gewohnte sich bewährt hat, also nützlich ist; eine Sitte, mit der sich leben läßt, ist als heilsam, förderlich bewiesen, im Gegensatz zu allen neuen, noch nicht bewährten Versuchen. Die Sitte ist demnach die Vereinigung des Angenehmen und des Nützlichen, überdies macht sie kein Nachdenken nötig. Sobald der Mensch Zwang ausüben kann, übt er ihn aus, um seine *Sitten* durchzusetzen und einzuführen, denn für ihn sind sie die bewährte Lebensweisheit. Ebenso zwingt eine Gemeinschaft von Individuen jedes einzelne zur selben Sitte. Hier ist der Fehlschluß: weil man sich mit einer Sitte wohlfühlt oder wenigstens weil man vermittels derselben seine Existenz durchsetzt, so ist diese Sitte notwendig, denn sie gilt als die *einzige* Möglichkeit, unter der man sich wohlfühlen kann; das Wohlgefühl des Lebens scheint allein aus ihr hervorzuwachsen. Diese Auffassung des Gewohnten als einer Bedingung des Daseins wird bis auf die kleinsten Einzelheiten der Sitte durchgeführt: da die Einsicht in die wirkliche Kausalität bei den niedrig stehenden Völkern und Kulturen sehr gering ist, sieht man mit abergläubischer Furcht darauf, daß Alles seinen gleichen Gang gehe; selbst wo die Sitte schwer, hart, lästig ist, wird sie ihrer scheinbar höchsten Nützlichkeit wegen bewahrt. Man weiß nicht, daß derselbe Grad von Wohlbefinden auch bei anderen Sitten bestehen kann und daß selbst höhere Grade sich erreichen lassen. Wohl aber nimmt man wahr, daß alle Sitten, auch die härtesten, mit der Zeit angenehmer und müder werden, und daß auch die strengste Lebensweise zur Gewohnheit und damit zur Lust werden kann.

98.

Lust und sozialer Instinkt. – Aus seinen Beziehungen zu anderen Menschen gewinnt der Mensch eine neue Gattung von Lust zu jenen Lustempfindungen hinzu, welche er aus sich selber nimmt; wodurch er das Reich der Lustempfindung überhaupt bedeutend umfänglicher macht. Vielleicht hat er mancherlei, das hierher gehört, schon von den Tieren her überkommen, welche ersichtlich Lust empfinden, wenn sie miteinander spielen, namentlich die Mütter mit den jungen. Sodann gedenke man der geschlechtlichen Beziehungen, welche jedem Männchen ungefähr jedes Weibchen interessant in Ansehung der Lust erscheinen lassen und umgekehrt. Die Lustempfindung aufgrund menschlicher Beziehungen macht im allgemeinen den Menschen besser; die gemeinsame Freude, die Lust mitsammen genossen erhöht dieselbe, sie gibt dem Einzelnen Sicherheit, macht ihn gutmütiger, löst das Mißtrauen, den Neid: denn man fühlt sich selber wohl und sieht den Andern in gleicher Weise sich wohl fühlen. Die *gleichartigen Äußerungen der Lust* erwecken die Phantasie der Mitempfindung, das Gefühl etwas Gleiches zu sein: dasselbe tun auch die gemeinsamen Leiden, dieselben Unwetter, Gefahren, Feinde. Darauf baut sich dann wohl das älteste Bündnis auf: dessen Sinn die gemeinsame Beseitigung und Abwehr einer drohenden Unlust zum Nutzen jedes Einzelnen ist. Und so wächst der soziale Instinkt aus der Lust heraus.

99.

Das Unschuldige an den sogenannten bösen Handlungen. – Alle »bösen« Handlungen sind motiviert durch den Trieb der Erhaltung oder, noch genauer, durch die Absicht auf Lust und Vermeiden der Unlust des Individuums; als solchermaßen motiviert aber nicht böse. »Schmerz bereiten an sich« *existiert nicht,* außer im Gehirn des Philosophen, ebensowenig »Lust bereiten an sich« (Mitleid im Schopenhauerischen Sinne). In dem Zustand *vor* dem Staate töten wir das Wesen, sei es Affe, oder Mensch, welches uns eine Frucht des Baumes vorwegnehmen will, wenn wir gerade Hunger haben und auf den Baum zulaufen: wie wir es noch jetzt bei Wanderungen in unwirtlichen Gegenden mit dem Tiere tun würden. – Die bösen Handlungen, welche uns jetzt am meisten empören, beruhen auf dem Irrtume, daß der Andere, welcher sie uns zufügt, freien Willen habe, also daß es in seinem *Belieben* gelegen habe, uns dies Schlimme nicht anzutun. Dieser Glaube an das Belieben erregt den Haß, die Rachlust, die Tücke, die ganze Verschlechterung der Phantasie, während wir einem Tiere viel weniger zürnen, weil wir dies als unverantwortlich betrachten. Leid tun nicht aus Erhaltungstrieb, sondern zur *Vergeltung* – ist Folge eines falschen Urteils und deshalb ebenfalls unschuldig. Der Einzelne kann im Zustande, welcher vor dem Staat liegt, zur *Abschreckung* andere Wesen hart und grausam behandeln: um seine Existenz durch solche abschreckende Proben seiner Macht sicherzustellen. So handelt der Gewalttätige, Mächtige, der ursprüngliche Staatengründer, welcher sich die Schwächeren unterwirft. Er hat dazu das Recht, wie es jetzt noch der Staat sich nimmt; oder vielmehr: es gibt kein Recht, welches dies hindern kann. Es kann erst dann der Boden für alle Moralität zurechtgemacht werden, wenn ein größeres Individuum oder ein Kollektiv-Individuum, zum Beispiel die Gesellschaft, der Staat, die Einzelnen unterwirft, also aus ihrer Vereinzelung herauszieht und in einen Verband einordnet. Der Moralität geht der *Zwang* voraus, ja sie selber ist noch eine Zeitlang Zwang, dem man sich, zur Vermeidung der Unlust, fügt. Später wird sie Sitte, noch später freier Gehorsam, endlich beinahe Instinkt: dann ist sie wie alles lang Gewöhnte und Natürliche mit Lust verknüpft – und heißt nun *Tugend.*

100.

Scham. – Die Scham existiert überall, wo es ein »Mysterium« gibt; dies aber ist ein religiöser Begriff, welcher in der älteren Zeit der menschlichen Kultur einen großen Umfang hatte. Überall gab es umgrenzte Gebiete, zu welchen das göttliche Recht den Zutritt versagte, außer unter bestimmten Bedingungen: zuallererst ganz räumlich, insofern gewisse Stätten vom Fuße der Uneingeweihten nicht zu betreten waren und in deren Nähe Diese Schauder und Angst empfanden. Dies Gefühl wurde vielfach auf andere Verhältnisse übertragen, zum Beispiel auf die geschlechtlichen Verhältnisse, welche als ein Vorrecht und Adyton des reiferen Alters den Blicken der Jugend, zu deren Vorteil, entzogen werden sollten: Verhältnisse, zu deren Schutz und Heilighaltung viele Götter tätig und im ehelichen Gemache als Wächter aufgestellt gedacht wurden. (Im Türkischen heißt deshalb dies Gemach, Harem, »Heiligtum«, wird also mit demselben Worte bezeichnet, welches für die Vorhöfe der Moscheen üblich ist.) So ist das Königtum als ein Zentrum, von wo Macht und Glanz ausstrahlt, dem Unterworfenen ein Mysterium voller Heimlichkeit und Scham: wovon viele Nachwirkungen noch jetzt, unter Völkern, die sonst keineswegs zu den verschämten gehören, zu fühlen sind. Ebenso ist die ganze Welt innerer Zustände, die sogenannte »Seele« auch jetzt noch für alle Nicht-Philosophen ein Mysterium, nachdem diese endlose Zeiten hindurch als göttlichen Ursprungs, als göttlichen Verkehrs würdig geglaubt wurde: sie ist demnach ein Adyton und erweckt Scham.

101.

Richtet nicht. – Man muß sich hüten, bei der Betrachtung früherer Perioden nicht in ein ungerechtes Schimpfen zu geraten. Die Ungerechtigkeit in der Sklaverei, die Grausamkeit in der Unterwerfung von Personen und Völkern ist nicht mit unserem Maße zu messen. Denn damals war der Instinkt der Gerechtigkeit noch nicht so weit gebildet. Wer darf dem Genfer Calvin die Verbrennung des Arztes Servet vorwerfen! Es war eine konsequente, aus seinen Überzeugungen fließende Handlung, und ebenso hatte die Inquisition ein gutes Recht; nur waren die herrschenden Ansichten falsch und ergaben eine Konsequenz, welche uns hart erscheint, weil uns jene Ansichten fremd geworden sind. Was ist übrigens Verbrennen eines Einzelnen im Vergleich mit ewigen Höllenstrafen für fast Alle! Und doch beherrschte diese Vorstellung damals alle Welt, ohne mit ihrer viel größeren Schrecklichkeit der Vorstellung von einem Gotte wesentlich Schaden zu tun. Auch bei uns werden politische Sektierer hart und grausam behandelt, aber weil man an die Notwendigkeit des Staates zu glauben gelernt hat, so empfindet man hier die Grausamkeit nicht so sehr wie dort, wo wir die Anschauungen verwerfen. Die Grausamkeit gegen Tiere bei Kindern und Italienern geht auf Unverständnis zurück; das Tier ist namentlich durch die Interessen der kirchlichen Lehre zu weit hinter den Menschen zurückgesetzt worden. – Auch mildert sich vieles Schreckliche und Unmenschliche in der Geschichte, an welches man kaum glauben möchte, durch die Betrachtung, daß der Befehlende und der Ausführende andere Personen sind: ersterer hat den Anblick nicht und daher nicht den starken Phantasie-Eindruck, letzterer gehorcht einem Vorgesetzten und fühlt sich unverantwortlich. Die meisten Fürsten und Militärchefs erscheinen, aus Mangel an Phantasie, leicht grausam und hart, ohne es zu sein. – Der *Egoismus* ist *nicht böse,* weil die Vorstellung vom »Nächsten« – das Wort ist christlichen Ursprungs und entspricht der Wahrheit nicht – in uns sehr schwach ist, und wir uns gegen ihn beinahe wie gegen eine Pflanze und Stein frei und unverantwortlich fühlen. Daß der Andere leidet, ist zu *lernen:* und völlig kann es nie gelernt werden.

102.

»Der Mensch handelt immer gut«. – Wir klagen die Natur nicht als unmoralisch an, wenn sie uns ein Donnerwetter schickt und uns naß macht: warum nennen wir den schädigenden Menschen unmoralisch? Weil wir hier einen willkürlich waltenden freien Willen, dort Notwendigkeit annehmen. Aber diese Unterscheidung ist ein Irrtum. Sodann: selbst das absichtliche Schädigen nennen wir nicht unter allen Umständen unmoralisch; man tötet zum Beispiel eine Mücke unbedenklich mit Absicht, bloß weil uns ihr Singen mißfällt, man straft den Verbrecher absichtlich und tut ihm Leid an, um uns und die Gesellschaft zu schützen. Im ersten Falle ist es

das Individuum, welches, um sich zu erhalten oder selbst um sich keine Unlust zu machen, absichtlich Leid tut; im zweiten der Staat. Alle Moral läßt absichtliches Schadentun gelten bei *Notwehr:* das heißt wenn es sich um die *Selbsterhaltung* handelt! Aber diese beiden Gesichtspunkte *genügen,* um alle bösen Handlungen, gegen Menschen von Menschen ausgeübt, zu erklären: man will für sich Lust oder will Unlust abwehren; in irgendeinem Sinne handelt es sich immer um Selbsterhaltung. Sokrates und Plato haben recht: was auch der Mensch tue, er tut immer das Gute, das heißt: Das, was ihm gut (nützlich) scheint, je nach dem Grade seines Intellektes, dem jedesmaligen Maße seiner Vernünftigkeit.

103.

Das Harmlose an der Bosheit. – Die Bosheit hat *nicht* das Leid des Anderen an sich zum Ziele, sondern unseren eigenen Genuß, zum Beispiel als Rachegefühl oder als stärkere Nervenaufregung. Schon jede Neckerei zeigt, wie es Vergnügen macht, am Anderen unsere Macht auszulassen und zum lustvollen Gefühle des Übergewichts zu bringen. Ist nun das *Unmoralische* daran, *Lust aufgrund der Unlust Andrer* zu haben? Ist Schadenfreude teuflisch, wie Schopenhauer sagt? Nun machen wir uns in der Natur Lust durch Zerbrechen von Zweigen, Ablösen von Steinen, Kampf mit wilden Tieren, und zwar um unserer Kraft dabei bewußt zu werden. Das *Wissen* darum, daß ein Andrer durch uns leidet, soll also hier dieselbe Sache, in bezug auf welche wir uns sonst unverantwortlich fühlen, unmoralisch machen? Aber wüßte man dies nicht, so hätte man die Lust an seiner eigenen Überlegenheit auch nicht dabei, diese kann eben sich nur im Leide des Andern zu *erkennen geben,* zum Beispiel bei der Neckerei. Alle Lust an sich selber ist weder gut noch böse; woher sollte die Bestimmung kommen, daß man, um Lust an sich selber zu haben, keine Unlust Anderer erregen dürfe? Allein vom Gesichtspunkte des Nutzens her, das heißt aus Rücksicht auf die *Folgen,* auf eventuelle Unlust, wenn der Geschädigte oder der stellvertretende Staat Ahndung und Rache erwarten läßt: nur Dies kann ursprünglich den Grund abgegeben haben, solche Handlungen sich zu versagen. – Das *Mitleid* hat ebensowenig die Lust des Andern zum Ziele, als, wie gesagt, die Bosheit den Schmerz des Andern an sich. Denn es birgt mindestens zwei (vielleicht viel mehr) Elemente einer persönlichen Lust in sich und ist dergestalt Selbstgenuß: einmal als Lust der Emotion, welcher Art das Mitleid in der Tragödie ist, und dann, wenn es zur Tat treibt, als Lust der Befriedigung in der Ausübung der Macht. Steht uns überdies eine leidende Person sehr nahe, so nehmen wir durch Ausübung mitleidvoller Handlungen uns selbst ein Leid ab. – Abgesehen von einigen Philosophen, so haben die Menschen das Mitleid in der Rangfolge moralischer Empfindungen immer ziemlich tief gestellt: mit Recht.

104.

Notwehr. – Wenn man überhaupt die Notwehr als moralisch gelten läßt, so muß man fast alle Äußerungen des sogenannten unmoralischen Egoismus auch gelten lassen: man tut Leid an, raubt oder tötet, um sich zu erhalten oder um sich zu schützen, dem persönlichen Unheil vorzubeugen; man lügt, wo List und Verstellung das richtige Mittel der Selbsterhaltung ist. *Absichtlich schädigen,* wenn es sich um unsere

Existenz oder Sicherheit (Erhaltung unseres Wohlbefindens) handelt, wird als moralisch konzediert; der Staat schädigt selber unter diesem Gesichtspunkt, wenn er Strafen verhängt. Im unabsichtlichen Schädigen kann natürlich das Unmoralische nicht liegen, da regiert der Zufall. Gibt es denn eine Art des absichtlichen Schädigens, wo es sich *nicht* um unsere Existenz, um die Erhaltung unseres Wohlbefindens handelt? Gibt es ein Schädigen aus reiner *Bosheit,* zum Beispiel bei der Grausamkeit? Wenn man nicht weiß, wie weh eine Handlung tut, so ist sie keine Handlung der Bosheit; so ist das Kind gegen das Tier nicht boshaft, nicht böse: es untersucht und zerstört dasselbe wie sein Spielzeug. *Weiß* man aber je völlig, wie weh eine Handlung einem Andern tut? Soweit unser Nervensystem reicht, hüten wir uns vor Schmerz: reichte es weiter, nämlich bis in die Mitmenschen hinein, so würden wir Niemandem ein Leides tun (außer in solchen Fällen, wo wir es uns selbst tun, also wo wir uns der Heilung halber schneiden, der Gesundheit halber uns mühen und anstrengen). Wir *schließen* aus Analogie, daß etwas Jemandem weh tut, und durch die Erinnerung und die Stärke der Phantasie kann es uns dabei selber übel werden. Aber welcher Unterschied bleibt immer zwischen dem Zahnschmerz und dem Schmerze (Mitleiden), welchen der Anblick des Zahnschmerzes hervorruft! Also: bei dem Schädigen aus sogenannter Bosheit ist der *Grad* des erzeugten Schmerzes uns jedenfalls unbekannt; insofern aber eine *Lust* bei der Handlung ist (Gefühl der eignen Macht, der eignen starken Erregung), geschieht die Handlung, um das Wohlbefinden des Individuums zu erhalten, und fällt somit unter einen ähnlichen Gesichtspunkt wie die Notwehr, die Notlüge. Ohne Lust kein Leben; der Kampf um die Lust ist der Kampf um das Leben. Ob der Einzelne diesen Kampf so kämpft, daß die Menschen ihn *gut,* oder so, daß sie ihn *böse* nennen, darüber entscheidet das Maß und die Beschaffenheit seines *Intellekts.*

105.

Die belohnende Gerechtigkeit. – Wer vollständig die Lehre von der völligen Unverantwortlichkeit begriffen hat, der kann die sogenannte strafende und belohnende Gerechtigkeit gar nicht mehr unter den Begriff der Gerechtigkeit unterbringen: falls diese darin besteht, daß man Jedem das Seine gibt. Denn Der, welcher gestraft wird, verdient die Strafe nicht: er wird nur als Mittel benutzt, um fürderhin von gewissen Handlungen abzuschrecken; ebenso verdient Der, welchen man belohnt, diesen Lohn nicht: er konnte ja nicht anders handeln, als er gehandelt hat. Also hat der Lohn nur den Sinn einer Aufmunterung für ihn und Andere, um also zu späteren Handlungen ein Motiv abzugeben; das Lob wird dem Laufenden in der Rennbahn zugerufen, nicht Dem, welcher am Ziele ist. Weder Strafe noch Lohn sind Etwas, das Einem als das *Seine* zukommt; sie werden ihm aus Nützlichkeitsgründen gegeben, ohne daß er sie mit Gerechtigkeit zu beanspruchen hätte. Man muß ebenso sagen »der Weise belohnt nicht, weil gut gehandelt worden ist«, als man gesagt hat »der Weise straft nicht, weil schlecht gehandelt worden ist, sondern damit nicht schlecht gehandelt werde«. Wenn Strafe und Lohn fortfielen, so fielen die kräftigsten Motive, welche von gewissen Handlungen weg, zu gewissen Handlungen hin treiben, fort; der Nutzen der Menschen erheischt ihre Fortdauer; und insofern Strafe und Lohn, Tadel und Lob am empfindlichsten auf die Eitelkeit wirken, so erheischt derselbe Nutzen auch die Fortdauer der Eitelkeit.

106.

Am Wasserfall. – Beim Anblick eines Wasserfalls meinen wir in den zahllosen Biegungen, Schlängelungen, Brechungen der Wellen Freiheit des Willens und Belieben zu sehen; aber Alles ist notwendig, jede Bewegung mathematisch auszurechnen. So ist es auch bei den menschlichen Handlungen; man müßte jede einzelne Handlung vorher ausrechnen können, wenn man allwissend wäre, ebenso jeden Fortschritt der Erkenntnis, jeden Irrtum, jede Bosheit. Der Handelnde selbst steckt freilich in der Illusion der Willkür; wenn in einem Augenblick das Rad der Welt stillstände und ein allwissender rechnender Verstand da wäre, um diese Pause zu benützen, so könnte er bis in die fernsten Zeiten die Zukunft jedes Wesens weitererzählen und jede Spur bezeichnen, auf der jenes Rad noch rollen wird. Die Täuschung des Handelnden über sich, die Annahme des freien Willens, gehört mit hinein in diesen auszurechnenden Mechanismus.

107.

Unverantwortlichkeit und Unschuld. – Die völlige Unverantwortlichkeit des Menschen für seine Handlungen und sein Wesen ist der *bitterste* Tropfen, welchen der Erkennende schlucken muß, wenn er gewohnt war, in der Verantwortlichkeit und der Pflicht den Adelsbrief seines Menschtums zu sehen. Alle seine Schätzungen, Auszeichnungen, Abneigungen sind dadurch entwertet und falsch geworden: sein tiefstes Gefühl, das er dem Dulder, dem Helden entgegenbrachte, hat einem Irrtume gegolten; er darf nicht mehr loben, nicht tadeln, denn es ist ungereimt, die Natur und die

Notwendigkeit zu loben und zu tadeln. So wie er das gute Kunstwerk hebt, aber nicht lobt, weil es Nichts für sich selber kann, wie er vor der Pflanze steht, so muß er vor den Handlungen der Menschen, vor seinen eignen stehen. Er kann Kraft, Schönheit, Fülle an ihnen bewundern, aber darf keine Verdienste darin finden: der chemische Prozeß und der Streit der Elemente, die Qual des Kranken, der nach Genesung lechzt, sind ebensowenig Verdienste als jene Seelenkämpfe und Notzustände, bei denen man durch verschiedene Motive hin- und hergerissen wird, bis man sich endlich für das mächtigste entscheidet – wie man sagt (in Wahrheit aber, bis das mächtigste Motiv über uns entscheidet). Alle diese Motive aber, so hohe Namen wir ihnen geben, sind aus denselben Wurzeln gewachsen, in denen wir die bösen Gifte wohnend glauben; zwischen guten und bösen Handlungen gibt es keinen Unterschied der Gattung, sondern höchstens des Grades. Gute Handlungen sind sublimierte böse; böse Handlungen sind vergröberte, verdummte gute. Das einzige Verlangen des Individuums nach Selbstgenuß (samt der Furcht, desselben verlustig zu gehen) befriedigt sich unter allen Umständen, der Mensch mag handeln, wie er kann, das heißt wie er muß: sei es in Taten der Eitelkeit, Rache, Lust, Nützlichkeit, Bosheit, List, sei es in Taten der Aufopferung, des Mitleids, der Erkenntnis. Die Grade der Urteilsfähigkeit entscheiden, wohin Jemand sich durch dies Verlangen hinziehen läßt; fortwährend ist jeder Gesellschaft, jedem Einzelnen eine Rangordnung der Güter gegenwärtig, wonach er seine Handlungen bestimmt und die der Anderen beurteilt. Aber dieser Maßstab wandelt sich fortwährend, viele Handlungen werden böse genannt und sind nur dumm, weil der Grad der Intelligenz, welche sich für sie entschied, sehr niedrig war. Ja in einem bestimmten Sinne sind auch jetzt noch *alle* Handlungen dumm, denn der höchste Grad von menschlicher Intelligenz, der jetzt erreicht werden kann, wird sicherlich noch überboten werden: und dann wird, bei einem Rückblick, all *unser* Handeln und Urteilen so beschränkt und übereilt erscheinen, wie uns jetzt das Handeln und Urteilen zurückgebliebener wilder Völkerschaften beschränkt und übereilt vorkommt. – Dies Alles einzusehen kann tiefe Schmerzen machen, aber darnach gibt es einen Trost: solche Schmerzen sind Geburtswehen. Der Schmetterling will seine Hülle durchbrechen, er zerrt an ihr, er zerreißt sie: da blendet und verwirrt ihn das unbekannte Licht, das Reich der Freiheit. In solchen Menschen, welche jener Traurigkeit *fähig* sind – wie wenige werden es sein! –, wird der erste Versuch gemacht, ob die Menschheit aus einer *moralischen* sich in eine *weise Menschheit umwandeln könne.* Die Sonne eines neuen Evangeliums wirft ihren ersten Strahl auf die höchsten Gipfel in der Seele jener Einzelnen: da ballen sich die Nebel dichter als je, und nebeneinander lagert der hellste Schein und die trübste Dämmerung. Alles ist Notwendigkeit – so sagt die neue Erkenntnis; und diese Erkenntnis selber ist Notwendigkeit. Alles ist Unschuld: und die Erkenntnis ist der Weg zur Einsicht in diese Unschuld. Sind Lust, Egoismus, Eitelkeit *notwendig* zur Erzeugung der moralischen Phänomene und ihrer höchsten Blüte, des Sinnes für Wahrheit und Gerechtigkeit der Erkenntnis, war der Irrtum und die Verirrung der Phantasie das einzige Mittel, durch welches die Menschheit sich allmählich zu diesem Grade von Selbsterleuchtung und Selbsterlösung zu erheben vermochte – wer dürfte jene Mittel geringschätzen? Wer dürfte traurig sein, wenn er das Ziel, zu dem jene Wege führen, gewahr wird? Alles auf dem Gebiete der Moral ist geworden, wandelbar, schwankend, Alles ist im Flusse, es ist wahr: – aber *Alles ist auch im Strome:* nach Einem Ziele hin. Mag in uns die vererbte Gewohnheit des irrtümlichen Schätzens, Liebens, Hassens immerhin fortwalten, aber unter dem Einfluß der wachsenden Erkenntnis wird sie schwächer werden: eine neue Gewohnheit, die des Begreifens, Nicht-Liebens, Nicht-Hassens, Überschauens, pflanzt sich allmählich in uns auf demselben Boden an und wird in Tausenden von Jahren vielleicht mächtig genug sein, um der Menschheit die Kraft zu geben, den weisen unschuldigen (unschuld-bewußten) Menschen ebenso regelmäßig hervorzubringen, wie sie jetzt den unweisen, unbilligen, schuldbewußten Menschen – *das heißt die notwendige Vorstufe, nicht den Gegensatz von jenem* – hervorbringt.

DRITTES HAUPTSTÜCK:

Das religiöse Leben

108.

Der doppelte Kampf gegen das Übel. – Wenn uns ein Übel trifft, so kann man entweder so über dasselbe hinwegkommen, daß man seine Ursache hebt, oder so, daß man die Wirkung, welche es auf unsere Empfindung macht, verändert: also durch ein Umdeuten des Übels in ein Gut, dessen Nutzen vielleicht erst später ersichtlich sein wird. Religion und Kunst (auch die metaphysische Philosophie) bemühen sich, auf die Änderung der Empfindung zu wirken, teils durch Änderung unsres Urteils über die Erlebnisse (zum Beispiel mit Hilfe des Satzes: »wen Gott lieb hat, den züchtigt er«), teils durch Erweckung einer Lust am Schmerz, an der Emotion überhaupt (woher die Kunst des Tragischen ihren Ausgangspunkt nimmt). Je mehr Einer dazu neigt, umzudeuten und zurechtzulegen, um so weniger wird er die Ursachen des Übels ins Auge fassen und beseitigen; die augenblickliche Milderung und Narkotisierung, wie sie zum Beispiel bei Zahnschmerz gebräuchlich ist, genügt ihm auch in ernsteren Leiden. Je mehr die Herrschaft der Religionen und aller Kunst der Narkose abnimmt, um so strenger fassen die Menschen die wirkliche Beseitigung der Übel ins Auge: was freilich schlimm für die Tragödiendichter ausfällt – denn zur Tragödie findet sich immer weniger Stoff, weil das Reich des unerbittlichen, unbezwinglichen Schicksals immer enger wird –, noch schlimmer aber für die Priester: denn diese lebten bisher von der Narkotisierung menschlicher Übel.

109.

Gram ist Erkenntnis. – Wie gern möchte man die falschen Behauptungen der Priester, es gebe einen Gott, der das Gute von uns verlange, Wächter und Zeuge jeder Handlung, jedes Augenblickes, jedes Gedankens sei, der uns liebe, in allem Unglück unser Bestes wolle, – wie gern möchte man diese mit Wahrheiten vertauschen, welche ebenso heilsam, beruhigend und wohltuend wären wie jene Irrtümer! Doch solche Wahrheiten gibt es nicht; die Philosophie kann ihnen höchstens wiederum metaphysische Scheinbarkeiten (im Grunde ebenfalls Unwahrheiten) entgegensetzen. Nun ist aber die Tragödie die, daß man jene Dogmen der Religion und Metaphysik nicht *glauben* kann, wenn man die strenge Methode der Wahrheit im Herzen und Kopfe hat, anderseits durch die Entwicklung der Menschheit so zart reizbar leidend geworden ist, um Heil- und Trostmittel der höchsten Art nötig zu haben; woraus also die Gefahr entsteht, daß der Mensch sich an der erkannten Wahrheit verblute. Dies gedrückt Byron in unsterblichen Versen aus:

Sorrow is knowledge: they who know the most
Must mourn the deepest o'er the fatal truth,
The Tree of Knowledge ist not that of Life.

Gegen solche Sorgen hilft kein Mittel besser, als den feierlichen Leichtsinn Horazens, wenigstens für die schlimmsten Stunden und Sonnenfinsternisse der Seele, heraufzubeschwören und mit ihm zu sich selber zu sagen:

quid aeternis minorem
consiliis animum fatigas?
cur non sub alta vel platano vel hac
pinu jacentes –

Sicherlich aber ist Leichtsinn oder Schwermut jeden Grades besser als eine romantische Rückkehr und Fahnenflucht, eine Annäherung an das Christentum in irgendeiner Form: denn mit ihm kann man sich, nach dem gegenwärtigen Stande der Erkenntnis, schlechterdings nicht mehr einlassen, ohne sein *intellektuelles Gewissen* heillos zu beschmutzen und vor sich und Anderen preiszugeben. Jene Schmerzen mögen peinlich genug sein: aber man kann ohne Schmerzen nicht zu einem Führer und Erzieher der Menschheit werden; und wehe Dem, welcher dies versuchen möchte und jenes reine Gewissen nicht mehr hätte!

110.

Die Wahrheit in der Religion. – In der Periode der Aufklärung war man der Bedeutung der Religionen nicht gerecht geworden, daran ist nicht zu zweifeln: aber ebenso steht fest, daß man, in dem darauffolgenden Widerspiel der Aufklärung, wiederum um ein gutes Stück über die Gerechtigkeit hinausging, indem man die Religionen mit Liebe, selbst mit Verliebtheit behandelte und ihnen zum Beispiel ein tieferes ja das allertiefste Verständnis der Welt zuerkannte; welches die Wissenschaft nur des dogmatischen Gewandes zu entkleiden habe, um dann in unmythischer Form die »Wahrheit« zu besitzen. Religionen sollen also – dies war die Behauptung aller Gegner der Aufklärung – *sensu allegorico,* mit Rücksicht auf das Verstehen der Menge, jene uralte Weisheit aussprechen, welche die Weisheit an sich sei, insofern alle wahre Wissenschaft der neueren Zeit immer zu ihr hin, statt von ihr weggeführt habe: so daß zwischen den ältesten Weisen der Menschheit und allen späteren Harmonie, ja Gleichheit der Einsichten walte und ein Fortschritt der Erkenntnisse – falls man von einem solchen reden wolle – sich nicht auf das Wesen, sondern die Mitteilung desselben beziehe. Diese ganze Auffassung von Religion und Wissenschaft ist durch und durch irrtümlich; und Niemand würde jetzt noch zu ihr sich zu bekennen wagen, wenn nicht Schopenhauers Beredsamkeit sie in Schutz genommen hätte: diese laut tönende und doch erst nach einem Menschenalter ihre Hörer erreichende Beredsamkeit. So gewiß man aus Schopenhauers religiös-moralischer Menschen- und Weltdeutung sehr viel für das Verständnis des Christentums und anderer Religionen gewinnen kann, so gewiß ist es auch, daß er über den *Wert der Religion für die Erkenntnis* sich geirrt hat. Er selbst war darin ein nur zu folgsamer Schüler der wissenschaftlichen Lehrer seiner Zeit, welche allesamt der Romantik huldigten und dem Geiste der Aufklärung abgeschworen hatten; in unsere jetzige Zeit hineingeboren, hätte er unmöglich vom *sensus allegoricous* der Religion reden können; er würde vielmehr der Wahrheit die Ehre gegeben haben, wie er es pflegte, mit dem Worte: *noch nie hat eine Religion, weder mittelbar noch unmittelbar, weder als Dogma noch als Gleichnis, eine Wahrheit enthalten.* Denn aus der Angst und dem Bedürfnis ist eine jede geboren, auf Irrgängen der Vernunft hat sie sich ins Dasein geschlichen; sie hat vielleicht einmal, im Zustande der Gefährdung durch die Wissenschaft, irgendeine philosophische Lehre in ihr System hineingelogen, damit man sie später darin vorfinde: aber dies ist ein Theologenkunststück, aus der Zeit, in welcher eine Religion schon an sich selber zweifelt. Diese Kunststücke der Theologie (welche freilich im Christentum, als der Religion eines gelehrten, mit Philosophie durchtränkten Zeitalters, sehr früh schon geübt wurden) haben auf jenen Aberglauben vom *sensus allegoricus* hingeleitet, noch mehr aber die Gewohnheit der Philosophen (namentlich der Halbwesen der dichterischen Philosophen und der philosophierenden Künstler), alle die Empfindungen, welche sie in *sich* vorfanden, als Grundwesen des Menschen überhaupt zu behandeln und somit auch ihren eigenen religiösen Empfindungen einen bedeutenden Einfluß auf den Gedankenbau ihrer Systeme zu gestatten. Weil die Philosophen vielfach unter dem Herkommen religiöser Gewohnheiten oder mindestens unter der altvererbten Macht jenes »metaphysischen Bedürfnisses« philosophierten, so gelangten sie zu Lehrmeinungen, welche in der Tat den jüdischen oder christlichen oder indischen Religionsmeinungen sehr ähnlich sahen – ähnlich nämlich, wie Kinder den Müttern zu sehen pflegen: nur daß in diesem Falle die Väter sich nicht über jene Mutterschaft klar waren, wie dies wohl vorkommt, – sondern in der Unschuld ihrer Verwunderung von einer Familien-Ähnlichkeit aller Religion und Wissenschaft fabelten. In der Tat besteht zwischen den Religionen und der wirklichen Wissenschaft nicht Verwandtschaft, noch Freundschaft, noch selbst Feindschaft: sie leben auf verschiedenen Sternen. Jede Philosophie, welche einen religiösen Kometenschweif in die Dunkelheit ihrer letzten Aussichten hinaus erglänzen läßt, macht Alles an sich verdächtig, was sie als Wissenschaft vorträgt: es ist dies Alles vermutlich ebenfalls Religion, wenngleich unter dem Aufputz der Wissenschaft. – Übrigens: wenn alle Völker über gewisse religiöse Dinge, zum Beispiel die Existenz eines Gottes, übereinstimmten (was beiläufig gesagt in betreff dieses Punktes nicht der Fall ist), so würde dies doch eben nur ein *Gegenargument* gegen jene behaupteten Dinge, zum Beispiel die Existenz eines Gottes, sein: der *consensus gentium* und überhaupt *hominum* kann billigerweise nur einer Narrheit gelten. Dagegen gibt es einen *consensus omnium sapientium* gar nicht, in bezug auf kein einziges Ding, mit jener Ausnahme, von welcher der Goethesche Vers spricht:

Alle die Weisesten aller der Zeiten
Lächeln und winken und stimmen mit ein:
Töricht, auf Bess'rung der Toren zu harren!
Kinder der Klugheit, o habet die Narren
Eben zum Narren auch, wie sich's gehört!

Ohne Vers und Reim gesprochen und auf unseren Fall angewendet: der *consensus sapientium* besteht darin, daß der *consensus gentium* einer Narrheit gilt.

111.

Ursprung des religiösen Kultus. – Versetzen wir uns in die Zeiten zurück, in welchen das religiöse Leben am kräftigsten aufblühte, so finden wir eine Grundüberzeugung vor, welche wir jetzt nicht mehr teilen und derentwegen wir ein für allemal die Tore zum religiösen Leben uns verschlossen sehen: sie betrifft die Natur und den Verkehr mit ihr. Man weiß in jenen Zeiten noch nichts von Naturgesetzen; weder für die Erde noch für den Himmel gibt es ein Müssen; eine Jahreszeit, der Sonnenschein, der Regen kann kommen oder auch ausbleiben. Es fehlt überhaupt jeder Begriff der *natürlichen* Kausalität. Wenn man rudert, ist es nicht das Rudern, was das Schiff bewegt, sondern Rudern ist nur eine magische Zeremonie, durch welche man einen Dämon zwingt, das Schiff zu bewegen. Alle Erkrankungen, der Tod selbst ist Resultat magischer Einwirkungen. Es geht bei Krankwerden und Sterben nie natürlich zu; die ganze Vorstellung vom »natürlichen Hergang« fehlt, – sie dämmert erst bei den älteren Griechen, das heißt in einer sehr späten Phase der Menschheit, in der Konzeption der über den Göttern thronenden *Moira.* Wenn Einer mit dem Bogen schießt, so ist immer noch eine irrationelle Hand und Kraft dabei; versiegen plötzlich die Quellen, so denkt man zuerst an unterirdische Dämonen und deren Tücken; der Pfeil eines Gottes muß es sein, unter dessen unsichtbarer Wirkung ein Mensch auf einmal niedersinkt. In Indien pflegt (nach Lubbock) ein Tischler seinem Hammer, seinem Beil und den übrigen Werkzeugen Opfer darzubringen; ein Brahmane behandelt den Stift, mit dem er schreibt, ein Soldat die Waffen, die er im Felde braucht, ein Maurer seine Kelle, ein Arbeiter seinen Pflug in gleicher Weise. Die ganze Natur ist in der Vorstellung religiöser Menschen eine Summe von Handlungen bewußter und wollender Wesen, ein ungeheurer Komplex von *Willkürlichkeiten.* Es ist in bezug auf Alles, was außer uns ist, kein Schluß gestattet, daß irgend Etwas so und so sein *werde,* so und so kommen *müsse;* das ungefähr Sichere, Berechenbare sind wir: Der Mensch ist die *Regel,* die Natur die *Regellosigkeit* – dieser Satz enthält die Grundüberzeugung, welche rohe, religiös produktive Urkulturen beherrscht. Wir jetzigen Menschen empfinden gerade völlig umgekehrt: je reicher jetzt der Mensch sich innerlich fühlt, je polyphoner sein Subjekt ist, um so gewaltiger wirkt auf ihn das Gleichmaß der Natur; wir Alle erkennen mit Goethe in der Natur das große Mittel der Beschwichtigung für die moderne Seele, wir hören den Pendelschlag der größten Uhr mit einer Sehnsucht nach Ruhe, nach Heimisch- und Stillewerden an, als ob wir dieses

Gleichmaß in uns hineintrinken und dadurch zum Genuß unser selbst erst kommen könnten. Ehemals war es umgekehrt: denken wir an rohe, frühe Zustände von Völkern zurück oder sehen wir die jetzigen Wilden in der Nähe, so finden wir sie auf das stärkste durch das *Gesetz,* das *Herkommen* bestimmt: das Individuum ist fast automatisch an dasselbe gebunden und bewegt sich mit der Gleichförmigkeit eines Pendels. Ihm muß die Natur – die unbegriffene, schreckliche, geheimnisvolle Natur – als das *Reich der Freiheit,* der Willkür, der höheren Macht erscheinen, ja gleichsam als eine übermenschliche Stufe des Daseins, als Gott. Nun aber fühlt Jeder Einzelne solcher Zeiten und Zustände, wie von jenen Wilkürlichkeiten der Natur seine Existenz, sein Glück, das der Familie, des Staates, das Gelingen aller Unternehmungen abhängen: einige Naturvorgänge müssen zur rechten Zeit eintreten, andere zur rechten Zeit ausbleiben. Wie kann man einen Einfluß auf diese furchtbaren Unbekannten ausüben, wie kann man das Reich der Freiheit binden? so fragt er sich, so forscht er ängstlich: gibt es denn keine Mittel, jene Mächte ebenso durch ein Herkommen und Gesetz regelmäßig zu machen, wie du selber regelmäßig bist? – Das Nachdenken der magie- und wundergläubigen Menschen geht dahin; *der Natur ein Gesetz aufzulegen* –: und kurz gesagt, der religiöse Kultus ist das Ergebnis dieses Nachdenkens. Das Problem, welches jene Menschen sich vorlegen, ist auf das engste verwandt mit diesem: wie kann der *schwächere* Stamm dem *stärkeren* doch Gesetze diktieren, ihn bestimmen, seine Handlungen (im Verhalten zum schwächeren) leiten? Man wird zuerst sich der harmlosesten Art eines Zwanges erinnern, jenes Zwanges, den man ausübt, wenn man Jemandes *Neigung* erworben hat. Durch Flehen und Gebete, durch Unterwerfung, durch die Verpflichtung zu regelmäßigen Abgaben und Geschenken, durch schmeichelhafte Verherrlichungen ist es also auch möglich, auf die Mächte der Natur einen Zwang auszuüben, insofern man sie sich geneigt macht: Liebe bindet und wird gebunden. Dann kann man *Verträge* schließen, wobei man sich zu bestimmtem Verhalten gegenseitig verpflichtet, Pfänder stellt und Schwüre wechselt. Aber viel wichtiger ist eine Gattung gewaltsameren Zwanges, durch Magie und Zauberei. Wie der Mensch mit Hilfe des Zauberers einem stärkeren Feind doch zu schaden weiß und ihn vor sich in Angst erhält, wie der Liebeszauber in die Ferne wirkt, so glaubt der schwächere Mensch auch die mächtigeren Geister der Natur bestimmen zu können. Das Hauptmittel aller Zauberei ist, daß man Etwas in Gewalt bekommt, das Jemandem zu eigen ist, Haare, Nägel, etwas Speise von seinem Tisch, ja selbst sein Bild, seinen Namen. Mit solchem Apparate kann man dann zaubern; denn die Grundvoraussetzung lautet: zu allem Geistigen gehört etwas Körperliches; mit dessen Hilfe vermag man den Geist zu binden, zu schädigen, zu vernichten; das Körperliche gibt die Handhabe ab, mit der man das Geistige fassen kann. So wie nun der Mensch den Menschen bestimmt, so bestimmt er auch irgendeinen Naturgeist; denn dieser hat auch sein Körperliches, an dem er zu fassen ist. Der Baum und, verglichen mit ihm, der Keim, aus dem er entstand, – dieses rätselhafte Nebeneinander scheint zu beweisen, daß in beiden Formen sich ein und derselbe Geist eingekörpert habe, bald klein, bald groß. Ein Stein, der plötzlich rollt, ist der Leib, in welchem ein Geist wirkt; liegt auf einsamer Heide ein ungeheurer Block, so erscheint es unmöglich, an Menschenkraft zu denken, die ihn hierher gebracht habe, so muß also der Stein sich selbst hinbewegt haben, das heißt: er muß einen Geist beherbergen. Alles, was einen Leib hat, ist der Zauberei zugänglich, also auch die Naturgeister. Ist ein Gott geradezu an sein Bild gebunden, so kann man auch ganz direkten Zwang (durch Verweigerung der Opfernahrung, Geißeln, In-Fesseln-Legen und ähnliches) gegen ihn ausüben. Die geringen Leute in China umwinden, um die fehlende Gunst ihres Gottes zu ertrotzen, das Bild desselben, der sie im Stich gelassen hat, mit Stricken, reißen es nieder, schleifen es über die Straßen durch Lehm- und Düngerhaufen; »du Hund von einem Geiste«, sagen sie, »wir ließen dich in einem prächtigen Tempel wohnen, wir vergoldeten dich hübsch, wir fütterten dich gut, wir brachten dir Opfer und doch bist du so undankbar.« Ähnliche Gewaltmaßregeln gegen Heiligen- und Muttergottesbilder, wenn sie etwa bei Pestdenzen oder Regenmangel ihre Schuldigkeit nicht tun wollten, sind noch während dieses Jahrhunderts in katholischen Ländern vorgekommen. – Durch alle diese zauberischen Beziehungen zur Natur sind unzählige Zeremonien ins Leben gerufen; und endlich, wenn der Wirrwarr derselben zu groß geworden ist, bemüht man sich, sie zu ordnen, zu systematisieren, so daß man den günstigen Verlauf des gesamten Ganges der Natur, namentlich des großen Jahres-Kreislaufs, sich durch einen entsprechenden Verlauf eines Prozeduren-Systems zu verbürgen meint. Der Sinn des religiösen Kultus ist, die Natur zu menschlichem Vorteil zu bestimmen und zu bannen, also ihr eine *Gesetzlichkeit einzuprägen, die sie von vornherein nicht hat;* während in der jetzigen Zeit man die Gesetzlichkeit der Natur *erkennen* will, um sich in sie zu schicken. Kurz, der religiöse Kultus ruht auf den Vorstellungen der Zauberei zwischen Mensch und Mensch; und der Zauberer ist älter als der Priester. Aber *ebenso* ruht er auf anderen und edleren Vorstellungen; er setzt das sympathische Verhältnis von Mensch zu Mensch, das Dasein von Wohlwollen, Dankbarkeit, Erhörung Bittender, von Verträgen zwischen Feinden, von Verleihung der Unterpfänder, von Anspruch auf Schutz des Eigentums voraus. Der Mensch steht auch in sehr niederen Kulturstufen nicht der Natur als ohnmächtiger Sklave gegenüber, er ist *nicht* notwendig der willenlose Knecht derselben: auf der *griechischen* Stufe der Religion, besonders im Verhalten zu den olympischen Göttern, ist sogar an ein Zusammenleben von zwei Kasten, einer vornehmeren, mächtigeren und einer weniger vornehmen zu denken; aber beide gehören ihrer Herkunft nach irgendwie zusammen und sind Einer Art, sie brauchen sich voreinander nicht zu schämen. Das ist das Vornehme in der griechischen Religiosität.

112.

Beim Anblick gewisser antiker Opfergerätschaften. – Wie manche Empfindungen uns verlorengehen, ist zum Beispiel an der Vereinigung des *Possenhaften,* selbst des Obszönen mit dem *religiösen* Gefühl zu sehen; die Empfindung für die Möglichkeit dieser Mischung schwindet, wir begreifen es nur noch historisch, daß sie existierte, bei den Demeter- und Dionysosfesten, bei den christlichen Osterspielen und Mysterien: aber auch wir kennen noch das Erhabene im Bunde mit dem Burlesken und dergleichen, das Rührende mit dem Lächerlichen verschmolzen: was vielleicht eine spätere Zeit auch nicht mehr verstehen wird.

113.

Christentum als Altertum. – Wenn wir eines Sonntagmorgens die alten Glocken brummen hören, da fragen wir uns:

ist es nur möglich! dies gilt einem vor zwei Jahrtausenden gekreuzigten Juden, welcher sagte, er sei Gottes Sohn. Der Beweis für eine solche Behauptung fehlt. – Sicherlich ist innerhalb unserer Zeiten die christliche Religion ein aus ferner Vorzeit hereinragendes Altertum, und daß man jene Behauptung glaubt – während man sonst so streng in der Prüfung von Ansprüchen ist –, ist vielleicht das älteste Stück dieses Erbes. Ein Gott, der mit einem sterblichen Weibe Kinder erzeugt; ein Weiser, der auffordert, nicht mehr zu arbeiten, nicht mehr Gericht zu halten, aber auf die Zeichen des bevorstehenden Weltuntergangs zu achten; eine Gerechtigkeit, die den Unschuldigen als stellvertretendes Opfer annimmt; Jemand, der seine Jünger sein Blut trinken heißt; Gebete um Wundereingriffe; Sünden an einem Gotte verübt, durch einen Gott gebüßt; Furcht vor einem Jenseits, zu welchem der Tod die Pforte ist; die Gestalt des Kreuzes als Symbol inmitten einer Zeit, welche die Bestimmung und die Schmach des Kreuzes nicht mehr kennt – wie schauerlich weht uns dies Alles, wie aus dem Grabe uralter Vergangenheiten an! Sollte man glauben, daß so Etwas noch geglaubt wird?

114.

Das Ungriechische im Christentum. – Die Griechen sahen über sich die homerischen Götter nicht als Herren und sich unter ihnen nicht als Knechte, wie die Juden. Sie sahen gleichsam nur das Spiegelbild der gelungensten Exemplare ihrer eignen Kaste, also ein Ideal, keinen Gegensatz des eignen Wesens. Man fühlt sich miteinander verwandt, es besteht ein gegenseitiges Interesse, eine Art Symmachie. Der Mensch denkt *vornehm* von sich, wenn er sich solche Götter gibt, und stellt sich in ein Verhältnis, wie das des niedrigeren Adels zum höheren ist; während die italischen Völker eine rechte Bauern-Religion haben, mit fortwährender Ängstlichkeit gegen böse und launische Machtinhaber und Quälgeister. Wo die olympischen Götter zurücktraten, da war auch das griechische Leben düsterer und ängstlicher. – Das Christentum dagegen zerdrückte und zerbrach den Menschen vollständig und versenkte ihn wie in tiefen Schlamm: in das Gefühl völliger Verworfenheit ließ es dann mit Einem Male den Glanz eines göttlichen Erbarmens hineinleuchten, so daß der Überraschte, durch Gnade Betäubte einen Schrei des Entzückens ausstieß und für einen Augenblick den ganzen Himmel in sich zu tragen glaubte. Auf diesen krankhaften Exzeß des Gefühls, auf die dazu nötige tiefe Kopf- und Herz-Korruption wirken alle psychologischen Erfindungen des Christentums hin: es will vernichten, zerbrechen, betäuben, berauschen, es will nur Eins nicht: das *Maß,* und deshalb ist es im tiefsten Verstande barbarisch, asiatisch, unvornehm, ungriechisch.

115.

Mit Vorteil religiös sein. – Es gibt nüchterne und gewerbstüchtige Leute, denen die Religion wie ein Saum höheren Menschtums angestickt ist: diese tun sehr wohl, religiös zu bleiben, es verschönert sie. – Alle Menschen, welche sich nicht auf irgendein Waffenhandwerk verstehen – Mund und Feder als Waffen eingerechnet –, werden servil: für solche ist die christliche Religion sehr nützlich, denn die Servilität nimmt dann den Anschein christlicher Tugenden an und wird erstaunlich verschönert. – Leute, welchen ihr tägliches

Leben zu leer und eintönig vorkommt, werden leicht religiös: dies ist begreiflich und verzeihlich; nur haben sie kein recht, Religiosität von Denen zu fordern, denen das tägliche Leben nicht leer und eintönig verfließt.

116.

Der Alltags-Christ. – Wenn das Christentum mit seinen Sätzen vom rächenden Gotte, der allgemeinen Sündhaftigkeit, der Gnadenwahl und der Gefahr einer ewigen Verdammnis recht hätte, so wäre es ein Zeichen von Schwachsinn und Charakterlosigkeit, *nicht* Priester, Apostel oder Einsiedler zu werden und mit Furcht und Zittern einzig am eignen Heile zu arbeiten; es wäre unsinnig, den ewigen Vorteil gegen die zeitliche Bequemlichkeit so aus dem Auge zu lassen. Vorausgesetzt, daß überhaupt *geglaubt* wird, so ist der Alltags-Christ eine erbärmliche Figur, ein Mensch, der wirklich nicht bis drei zählen kann, und der übrigens, gerade wegen seiner geistigen Unzurechnungsfähigkeit, es nicht verdiente, so hart bestraft zu werden, wie das Christentum ihm verheißt.

117.

Von der Klugheit des Christentums. – Es ist ein Kunstgriff des Christentums, die völlige Unwürdigkeit, Sündhaftigkeit und Verächtlichkeit des Menschen überhaupt so laut zu lehren, daß die Verachtung der Mitmenschen dabei nicht mehr möglich ist. »Er mag sündigen, wie er wolle, er unterscheidet sich doch nicht wesentlich von mir: ich bin es, der in jedem

Grade unwürdig und verächtlich ist,« – so sagt sich der Christ. Aber auch dieses Gefühl hat seinen spitzigsten Stachel verloren, weil der Christ nicht an seine individuelle Verächtlichkeit glaubt: er ist böse als Mensch überhaupt und beruhigt sich ein wenig bei dem Satze: wir Alle sind Einer Art.

118.

Personenwechsel. – Sobald eine Religion *herrscht,* hat sie alle Die zu ihren Gegnern, welche ihre ersten Jünger gewesen wären.

119.

Schicksal des Christentums. – Das Christentum entstand, um das Herz zu erleichtern; aber jetzt muß es das Herz erst beschweren, um es nachher erleichtern zu können. Folglich wird es zugrunde gehen.

120.

Der Beweis der Lust. – Die angenehme Meinung wird als wahr angenommen: dies ist der Beweis der Lust (oder, wie die Kirche sagt, der Beweis der Kraft), auf welchen alle Religionen so stolz sind, während sie sich dessen doch schämen sollten. Wenn der Glaube nicht selig machte, so würde er nicht geglaubt werden: wie wenig wird er also wert sein!

121.

Gefährliches Spiel. – Wer jetzt der religiösen Empfindung wieder in sich Raum gibt, der muß sie dann auch wachsen lassen, er kann nicht anders. Da verändert sich allmählich sein Wesen, es bevorzugt das dem religiösen Element Anhängende, Benachbarte, der ganze Umkreis des Urteilens und Empfindens wird umwölkt, mit religiösen Schatten überflogen. Die Empfindung kann nicht stillstehen; man nehme sich also in acht.

122.

Die blinden Schüler. – Solange Einer sehr gut die Stärke und Schwäche seiner Lehre, seiner Kunstart, seiner Religion kennt, ist deren Kraft noch gering. Der Schüler und Apostel, welcher für die Schwächen der Lehre, der Religion und so weiter, kein Auge hat, geblendet durch das Ansehen des Meisters und durch seine Pietät gegen ihn, hat deshalb gewöhnlich mehr Macht als der Meister. Ohne die blinden Schüler ist noch nie der Einfluß eines Mannes und seines Werkes groß geworden. Einer Erkenntnis zum Siege verhelfen heißt oft nur: sie so mit der Dummheit verschwistern, daß das Schwergewicht der letzteren auch den Sieg für die erstere erzwingt.

123.

Abbruch der Kirchen. – Es ist nicht genug an Religion in der Welt, um die Religionen auch nur zu vernichten.

124.

Sündlosigkeit des Menschen. – Hat man begriffen, wie »die Sünde in die Welt gekommen« ist, nämlich durch Irrtümer der Vernunft, vermöge deren die Menschen untereinander, ja der einzelne Mensch sich selbst für viel schwärzer und böser nimmt, als es tatsächlich der Fall ist, so wird die ganze Empfindung sehr erleichtert, und Menschen und Welt erscheinen mitunter in einer Glorie von Harmlosigkeit, daß es Einem von Grund aus wohl dabei wird. Der Mensch ist inmitten der Natur immer das Kind an sich. Dies Kind träumt wohl einmal einen schweren beängstigenden Traum; wenn es aber die Augen aufschlägt, so sieht es sich immer wieder im Paradiese.

125.

Irreligiosität der Künstler. – Homer ist unter seinen Göttern so zu Hause und hat als Dichter ein solches Behagen an ihnen, daß er jedenfalls tief unreligiös gewesen sein muß; mit Dem, was der Volksglaube ihm entgegenbrachte – einen dürftigen, rohen, zum Teil schauerlichen Aberglauben –, verkehrte er so frei, wie der Bildhauer mit seinem Ton, also mit derselben Unbefangenheit, welche Äschylus und Aristophanes besaßen und durch welche sich in neuerer Zeit die großen Künstler der Renaissance, sowie Shakespeare und Goethe auszeichneten.

126.

Kunst und Kraft der falschen Interpretation. – Alle die Visionen, Schrecken, Ermattungen, Entzückungen des Heiligen sind bekannte Krankheits-Zustände, welche von ihm, aufgrund eingewurzelter religiöser und psychologischer Irrtümer, nur ganz anders, nämlich nicht als Krankheiten, *gedeutet* werden. – So ist vielleicht auch das Dämonion des Sokrates ein Ohrleiden, das er sich gemäß seiner herrschenden moralischen Denkungsart nur anders, als es jetzt geschehen würde, *auslegt.* Nicht anders steht es mit dem Wahnsinn und Wahnreden der Propheten und Orakelpriester; es ist immer der Grad von Wissen, Phantasie, Bestrebung, Moralität in Kopf und Herz der *Interpreten,* welcher daraus so viel *gemacht* hat. Zu den größten Wirkungen *der* Menschen, welche man Genies und Heilige nennt, gehört es, daß sie sich Interpreten erzwingen, welche sie zum Heile der Menschheit *mißverstehen.*

127.

Verehrung des Wahnsinns. – Weil man bemerkte, daß eine Erregung häufig den Kopf heller machte und glückliche Einfälle hervorrief, so meinte man, durch die höchsten Erregungen werde man der glücklichsten Einfälle und Eingebungen teilhaftig: und so verehrte man den Wahnsinnigen als den Weisen und Orakelgebenden. Hier liegt ein falscher Schluß zugrunde.

128.

Verheißungen der Wissenschaft. – Die moderne Wissenschaft hat als Ziel: so wenig Schmerz wie möglich, so lange Leben als möglich – also eine Art von ewiger Seligkeit, freilich eine sehr bescheidene im Vergleich mit den Verheißungen der Religionen.

129.

Verbotene Freigebigkeit. – Es ist nicht genug Liebe und Güte in der Welt, um noch davon an eingebildete Wesen wegschenken zu dürfen.

130.

Fortleben des religiösen Kultus im Gemüt. – Die katholische Kirche, und vor ihr aller antike Kultus, beherrschte den ganzen Bereich der Mittel, durch welche der Mensch in ungewöhnliche Stimmungen versetzt wird und der kalten Berechnung des Vorteils oder dem reinen Vernunft-Denken entrissen wird. Eine durch tiefe Töne erzitternde Kirche, dumpfe, regelmäßige, zurückhaltende Anrufe einer priesterlichen

Schar, welche ihre Spannung unwillkürlich auf die Gemeinde überträgt und sie fast angstvoll lauschen läßt, wie als wenn eben ein Wunder sich vorbereitete, der Anhauch der Architektur, welche als Wohnung einer Gottheit sich ins Unbestimmte ausreckt und in allen dunklen Räumen das Sich-Regen derselben fürchten läßt – wer wollte solche Vorgänge den Menschen zurückbringen, wenn die Voraussetzungen dazu nicht mehr geglaubt werden? Aber die Resultate von dem Allen sind trotzdem nicht verloren: die innere Welt der erhabenen, gerührten, ahnungsvollen, tiefzerknirschten, hoffnungsseligen Stimmungen ist den Menschen vornehmlich durch den Kultus eingeboren worden; was jetzt davon in der Seele existiert, wurde damals, als er keimte, wuchs und blühte, großgezüchtet.

131.

Religiöse Nachwehen. – Glaubt man sich noch so sehr der Religion entwöhnt zu haben, so ist es doch nicht in dem Grade geschehen, daß man nicht Freude hätte, religiösen Empfindungen und Stimmungen ohne begrifflichen Inhalt zu begegnen, zum Beispiel in der Musik; und wenn eine Philosophie uns die Berechtigung von metaphysischen Hoffnungen, von dem dorther zu erlangenden tiefen Frieden der Seele aufzeigt und zum Beispiel von »dem ganzen sicheren Evangelium im Blick der Madonna bei Raffael« spricht, so kommen wir solchen Aussprüchen und Darlegungen mit besonders herzlicher Stimmung entgegen: der Philosoph hat es hier leichter, zu beweisen, er entspricht mit Dem, was er geben will, einem Herzen, welches gern nehmen will. Daran bemerkt man, wie die weniger bedachtsamen Freigeister eigentlich nur an den Dogmen Anstoß nehmen, aber recht wohl den Zauber der religiösen Empfindung kennen; es tut ihnen wehe, letztere fahren zu lassen, um der ersteren willen. – Die wissenschaftliche Philosophie muß sehr auf der Hut sein, nicht aufgrund jenes Bedürfnisses – eines gewordenen und folglich auch vergänglichen Bedürfnisses – Irrtümer einzuschmuggeln: selbst Logiker sprechen von »Ahnungen« der Wahrheit in Moral und Kunst (zum Beispiel von der Ahnung, »daß das Wesen der Dinge Eins ist«): was ihnen doch verboten sein sollte. Zwischen den sorgsam erschlossenen Wahrheiten und solchen »geahnten« Dingen bleibt unüberbrückbar die Kluft, daß jene dem Intellekt, diese dem Bedürfnis werden. Der Hunger beweist nicht, daß es zu einer Sättigung eine Speise *gibt,* aber er wünscht die Speise. »Ahnen« bedeutet nicht das Dasein einer Sache in irgendeinem Grade erkennen, sondern dasselbe für möglich halten, insofern man sie wünscht oder fürchtet; die »Ahnung« trägt keinen Schritt weit ins Land der Gewißheit. – Man glaubt unwillkürlich, die religiös gefärbten Abschnitte einer Philosophie seien besser bewiesen als die anderen; aber es ist im Grunde umgekehrt, man hat nur den inneren Wunsch, daß es so sein *möge,* also daß das Beseligende auch das Wahre sei. Dieser Wunsch verleitet uns, schlechte Gründe als gute einzukaufen.

132.

Von dem christlichen Erlösungsbedürfnis. – Bei sorgsamer Überlegung muß es möglich sein, dem Vorgang in der Seele eines Christen, welchen man Erlösungsbedürfnis nennt, eine Erklärung abzugewinnen, die frei von Mythologie ist: also eine rein psychologische. Bis jetzt sind freilich die psychologischen Erklärungen religiöser Zustände und Vorgänge in einigem Verrufe gewesen, insoweit eine sich frei nennende Theologie auf diesem Gebiete ihr unersprießliches Wesen trieb: denn bei ihr war es von vornherein, so wie es der Geist ihres Stifters, Schleiermachers, vermuten läßt, auf die Erhaltung der christlichen Religion und das Fortbestehen der christlichen Theologie abgesehn; als welche in den psychologischen Analysen der religiösen »Tatsachen« einen neuen Ankergrund und vor Allem eine neue Beschäftigung gewinnen sollte. Unbeirrt von solchen Vorgängen wagen wir folgende Auslegung des bezeichneten Phänomens. Der Mensch ist sich gewisser Handlungen bewußt, welche in der gebräuchlichen Rangordnung der Handlungen tief stehen, ja er entdeckt in sich einen Hang zu dergleichen Handlungen, der ihm fast so unveränderlich wie sein ganzes Wesen erscheint. Wie gern versuchte er sich in jener anderen Gattung von Handlungen, welche in der allgemeinen Schätzung als die obersten und höchsten anerkannt sind, wie gern fühlte er sich voll des guten Bewußtseins, welches einer selbstlosen Denkweise folgen soll! Leider aber bleibt es eben bei diesem Wunsche: die Unzufriedenheit darüber, demselben nicht genügen zu können, kommt zu allen übrigen Arten von Unzufriedenheit hinzu, welche sein Lebenslos überhaupt oder die Folgen jener böse genannten Handlungen in ihm erregt haben; so daß eine tiefe Verstimmung entsteht, mit dem Ausblick nach einem Arzte, der diese und alle ihre Ursachen zu heben vermöchte. – Dieser Zustand würde nicht so bitter empfunden werden, wenn der Mensch sich nur mit anderen Menschen unbefangen vergliche: dann nämlich hätte er keinen Grund, mit sich in einem besondern Maße unzufrieden zu sein, er trüge eben nur an der allgemeinen Last der menschlichen Unbefriedigung und Unvollkommenheit. Aber er vergleicht sich mit einem Wesen, welches allein jener Handlungen fähig ist, die unegoistisch genannt werden, und im fortwährenden Bewußtsein einer selbstlosen Denkweise lebt, mit Gott; dadurch, daß er in diesen hellen Spiegel schaut, erscheint ihm sein Wesen so trübe, so ungewöhnlich verzerrt. Sodann ängstigt ihn der Gedanke an dasselbe Wesen, insofern dieses als strafende Gerechtigkeit vor seiner Phantasie schwebt: in allen möglichen kleinen und großen Erlebnissen glaubt er seinen Zorn, seine Drohungen zu erkennen, ja die Geißelschläge seines Richter- und Henkertums schon vorzuempfinden. Wer hilft ihm in dieser Gefahr, welche durch den Hinblick auf eine unermeßliche Zeitdauer der Strafe an Gräßlichkeit alle anderen Schrecknisse der Vorstellung überbietet?

133.

Bevor wir diesen Zustand in seinen weiteren Folgen uns vorlegen, wollen wir uns doch eingestehen, daß der Mensch in diesen Zustand nicht durch seine »Schuld« und »Sünde«, sondern durch eine Reihe von Irrtümern der Vernunft geraten ist, daß es der Fehler des Spiegels war, wenn ihm sein Wesen in jenem Grade dunkel und hassenswert vorkam, und daß jener Spiegel *sein* Werk, das sehr unvollkommene Werk der menschlichen Phantasie und Urteilskraft war. Erstens ist ein Wesen, welches einzig rein unegoistischer Handlungen fähig wäre, noch fabelhafter als der Vogel Phönix; es ist deutlich nicht einmal vorzustellen, schon deshalb, weil der ganze Begriff »unegoistische Handlung« bei strenger Untersuchung in die Luft verstiebt. *Nie* hat ein Mensch Etwas getan, das allein für Andere und ohne jeden persönlichen Beweggrund getan wäre: ja wie sollte er Etwas tun *können,* das ohne Bezug zu ihm wäre, also ohne innere Nötigung (welche ihren Grund doch in einem persönlichen Bedürfnis haben müßte)? Wie vermöchte das ego ohne ego zu handeln? – Ein Gott, der dagegen *ganz* Liebe ist, wie gelegentlich angenommen wird, wäre keiner einzigen unegoistischen Handlung fähig: wobei man sich an einen Gedanken Lichtenbergs, der freilich einer etwas niedrigeren Sphäre entnommen ist, erinnern sollte: »Wir können unmöglich für Andere *fühlen,* wie man zu sagen pflegt; wir fühlen nur für uns. Der Satz klingt hart, er ist es aber nicht, wenn er nur recht verstanden wird. Man liebt weder Vater, noch Mutter, noch Frau, noch Kind, sondern die angenehmen Empfindungen, die sie uns machen«, oder wie La Rochefoucauld sagt: *»si on croit aimer sa maîtresse pour l'amour d'elle, on est bien trompé.«* Weshalb Handlungen der Liebe höher *geschätzt* werden als andere, nämlich nicht ihres Wesens, sondern ihrer *Nützlichkeit* halber, darüber vergleiche man die schon vorher erwähnten Untersuchungen »über den Ursprung der moralischen Empfindugen«. Sollte aber ein Mensch wünschen, ganz wie Jener Gott Liebe zu sein, Alles für Andre, Nichts für sich zu tun und zu wollen, so ist letzteres schon deshalb unmöglich, weil er *sehr Viel* für sich tun muß, um überhaupt Anderen Etwas zuliebe tun zu können. Sodann setzt es voraus, daß der Andere Egoist genug ist, um jene Opfer, jenes Leben für ihn, immer und immer wieder anzunehmen: so daß die Menschen der Liebe und Aufopferung ein Interesse an dem Fortbestehen der hebelosen und aufopferungsunfähigen Egoisten haben, und die höchste Moralität, um bestehn zu können, förmlich die Existenz der Unmoralität *erzwingen* müßte (wodurch sie sich freilich selber aufheben würde). – Weiter: die Vorstellung eines Gottes beunruhigt und demütigt so lange, als sie geglaubt wird, aber wie Sie *entstanden* ist, darüber kann bei dem jetzigen Stande der völkervergleichenden Wissenschaft kein Zweifel mehr sein; und mit der Einsicht in diese Entstehung fällt jener Glaube dahin. Es geht dem Christen, welcher sein Wesen mit dem Gottes vergleicht, so wie dem Don Quixote, der seine eigene Tapferkeit unterschätzt, weil er die Wundertaten der Helden aus den Ritterromanen im Kopfe hat: der Maßstab, mit dem in beiden Fällen gemessen wird, gehört ins Reich der Fabel. – Fällt aber die Vorstellung Gottes weg, so auch das Gefühl der »Sünde« als eines Vergehens gegen göttliche Vorschriften, als eines Fleckens an einem gottgeweihten Geschöpfe. Dann bleibt wahrscheinlich noch jener Unmut übrig, welcher mit der Furcht vor Strafen der weltlichen Gerechtigkeit oder vor der Mißachtung der Menschen sehr verwachsen und verrwandt ist, der Unmut der Gewissensbisse: der schärfste Stachel im Gefühl der Sünde ist immerhin abgebrochen, wenn man einsieht, daß man sich durch seine Handlungen wohl gegen menschliches Herkommen, menschliche Satzungen und Ordnungen vergangen habe, aber damit doch nicht das »ewige Heil der Seele« und ihre Beziehung zur Gottheit gefährdet habe. Gelingt es dem Menschen zuletzt noch, die philosophische überzeugung von der unbedingten Notwendigkeit aller Handlungen und ihrer völligen Unverantwortlichkeit zu gewinnen und in Fleisch und Blut aufzunehmen, so verschwindet auch jener Rest von Gewissensbissen.

134.

Ist nun der Christ, wie gesagt, durch einige Irrtümer in das Gefühl der Selbstverachtung geraten, also durch eine falsche unwissenschaftliche Auslegung seiner Handlungen und

Empfindungen, so muß er mit höchstem Erstaunen bemerken, wie jener Zustand der Verachtung, der Gewissensbisse, der Unlust überhaupt, nicht anhält, wie gelegentlich Stunden kommen, wo ihm dies Alles von der Seele weggeweht ist und er sich wieder frei und mutig fühlt. In Wahrheit hat die Lust an sich selber, das Wohlbehagen an der eigenen Kraft, im Bunde mit der notwendigen Abschwächung jeder tiefen Erregung den Sieg davongetragen: der Mensch hebt sich wieder, er fühlt es, – aber gerade diese Liebe, diese neue Selbstschätzung kommt ihm unglaublich vor, er kann in ihr allein das gänzlich unverdiente Herabströmen eines Gnadenglanzes von oben sehen. Wenn er früher in allen Begebnissen Warnungen, Drohungen, Strafen und jede Art von Anzeichen des göttlichen Zornes zu erblicken glaubte, so *deutet* er jetzt in seine Erfahrungen die göttliche Güte hinein: dies Ereignis kommt ihm liebevoll, jenes wie ein hilfreicher Fingerzeig, ein drittes und namentlich sehe ganze freudige Stimmung als Beweis vor, daß Gott gnädig sei. Wie er früher im Zustande des Unmutes namentlich seine Handlungen falsch ausdeutete, so jetzt namentlich seine Erlebnisse; die getröstete Stimmung faßt er als Wirkung einer außer ihm waltenden Macht auf, die Liebe, mit der er sich im Grunde selbst hebt, erscheint als göttliche Liebe; Das, was er Gnade und Vorspiel der Erlösung nennt, ist in Wahrheit Selbstbegnadigung, Selbsterlösung.

135.

Also: eine bestimmte falsche Psychologie, eine gewisse Art von Phantastik in der Ausdeutung der Motive und Erlebnisse ist die notwendige Voraussetzung davon, daß Einer zum

Christen wehe und das Bedürfnis der Erlösung empfinde. Mit der Einsicht in diese Verirrung der Vernunft und Phantasie hört man auf, Christ zu sein.

136.

Von der christlichen Askese und Heiligkeit. – So sehr einzelne Denker sich bemüht haben, in den seltenen Erscheinungen der Moralität, welche man Askese und Heiligkeit zu nennen pflegt, ein Wunderding hinzustellen, dem die Leuchte einer vernünftigen Erklärung ins Gesicht zu halten beinahe schon Frevel und Entweihung sei: so stark ist hinwiederum die Verführung zu diesem Frevel. Ein mächtiger Antrieb der *Natur* hat zu allen Zeiten dazu geführt, gegen jene Erscheinungen überhaupt zu protestieren; die Wissenschaft, insofern sie, wie gesagt, eine Nachahmung der Natur ist, erlaubt sich wenigstens gegen die behauptete Unerklärbarkeit, ja Unnahbarkeit derselben Einsprache zu erheben. Freilich gelang es ihr bis jetzt nicht: jene Erscheinungen sind immer noch unerklärt, zum großen Vergnügen der erwähnten Verehrer des moralisch-Wunderbaren. Denn, allgemein gesprochen: das Unerklärte soll durchaus unerklärlich, das Unerklärliche durchaus unnatürlich, übernatürlich, wunderhaft sein – so lautet die Forderung in den Seelen aller Religiösen und Metaphysiker (auch der Künstler, falls sie Zugleich Denker sind); während der wissenschaftliche Mensch in dieser Forderung das »böse Prinzip« sieht. – Die allgemeine erste Wahrscheinlichkeit, auf welche man bei Betrachtung von Heiligkeit und Askese zuerst gerät, ist diese, daß ihre Natur eine *komplizierte* ist: denn fast überall, innerhalb der physischen Welt sowohl wie in der moralischen, hat man mit

Glück das angeblich Wunderbare auf das Komplizierte, mehrfach Bedingte zurückgeführt. Wagen wir es also, einzelne Antriebe aus der Seele der Heiligen und Asketen zunächst zu isolieren und zum Schluß sie uns ineinander verwachsen zu denken.

137.

Es gibt einen *Trotz gegen sich selbst*, zu dessen sublimiertesten Äußerungen manche Formen der Askese gehören. Gewisse Menschen haben nämlich ein so hohes Bedürfnis, ihre Gewalt und Herrschsucht auszuüben, daß sie, in Ermangelung anderer Objekte oder weil es ihnen sonst immer mißlungen ist, endlich darauf verfallen, gewisse Teile ihres eigenen Wesens, gleichsam Ausschnitte oder Stufen ihrer selbst zu tyrannisieren. So bekennt sich mancher Denker zu Ansichten, welche ersichtlich nicht dazu dienen, seinen Ruf zu vermehren oder zu verbessern; Mancher beschwört förmlich die Mißachtung Anderer auf sich herab, während er es leicht hätte, einfach durch Stillschweigen, ein geachteter Mann zu bleiben; Andere widerrufen frühere Meinungen und scheuen es nicht, fürderhin inkonsequent genannt zu werden: im Gegenteil, sie bemühen sich darum und benehmen sich wie übermütige Reiter, welche das Pferd, erst wenn es wild geworden, mit Schweiß bedeckt, scheu gemacht ist, am liebsten mögen. So steigt der Mensch in gefährlichen Wegen auf die höchsten Gebirge, um über seine Ängstlichkeit und seine schlotternden Knie hohnzulachen; so bekennt sich der Philosoph zu Ansichten der Askese, Demut, Heiligkeit, in deren Glanze sein eigenes Bild auf das ärgste verhäßlicht wird. Dieses Zerbrechen seiner selbst, dieser Spott über die eigene Natur, dieses *spernere se sperni,* aus dem die Religionen so viel gemacht haben, ist eigentlich ein sehr hoher Grad der Eitelkeit. Die ganze Moral der Bergpredigt gehört hierher: der Mensch hat eine wahre Wollust, sich durch übertriebene Ansprüche zu vergewaltigen und dieses tyrannisch fordernde Etwas in seiner Seele nachher zu vergöttern. – In jeder asketischen Moral betet der Mensch einen Teil von sich als Gott an und hat dazu nötig, den übrigen Teil zu diabolisieren.

138.

Der Mensch ist nicht zu allen Stunden gleich moralisch, dies ist bekannt: beurteilt man seine Moralität nach der Fähigkeit zu großer aufopfernder Entschließung und Selbstverleugnung (welche, dauernd und zur Gewohnheit geworden, Heiligkeit ist), so ist er im *Affekt* am moralischsten; die höhere Erregung reicht ihm ganz neue Motive dar, welcher er, nüchtern und kalt wie sonst, vielleicht nicht einmal fähig zu sein glaubte. Wie kommt dies? Wahrscheinlich aus der Nachbarschaft alles Großen und Hocherregenden: ist der Mensch einmal in eine außerordentliche Spannung gebracht, so kann er ebensowohl zu einer furchtbaren Rache, als zu einer furchtbaren Brechung seines Rachebedürfnisses sich entschließen. Er will, unter dem Einflusse der gewaltigen Emotion, jedenfalls das Große, Gewaltige, Ungeheure, und wenn er zufällig merkt, daß ihm die Aufopferung seiner selbst ebenso oder noch mehr genugtut als die Opferung des Anderen, so wählt er sie. Eigentlich liegt ihm also nur an der *Entladung seiner Emotion;* da faßt er wohl, um seine Spannung zu erleichtern, die Speere der Feinde zusammen und begräbt sie in seine Brust. Daß in der Selbstverleugnung, und nicht nur in der Rache, etwas Großes liege, mußte der Menschheit erst in langer Gewöhnung anerzogen werden; eine Gottheit, welche sich selbst opfert, war das stärkste, wirkungsvollste Symbol dieser Art von Größe. Als die Besiegung des schwerst zu besiegenden Feindes, die plötzliche Bemeisterung eines Affektes – als Dies *erscheint* diese Verleugnung und insofern gilt sie als der Gipfel des Moralischen. In Wahrheit handelt es sich dabei nur um die Vertauschung der einen Vorstellung mit der andren, während das Gemüt seine *gleiche Höhe,* seinen *gleichen* Flutstand behält. Ernüchterte, vom Affekt ausruhende Menschen verstehen die Moralität jener Augenblicke nicht mehr, aber die Bewunderung Aller, die jene miterlebten, hält sie aufrecht; der Stolz ist ihr Trost, wenn der Affekt und das Verständnis ihrer Tat weicht. Also: im Grunde sind auch jene Handlungen der Selbstverleugnung nicht moralisch, insofern sie nicht streng in *Hinsicht auf Andere* getan sind; vielmehr gibt der Andre dem hochgespannten Gemüt nur eine Gelegenheit sich zu erleichtern, durch jene Verleugnung.

139.

Auch der Asket sucht sich das Leben *leicht* zu machen: und zwar gewöhnlich durch die vollkommene *Unterordnung* unter einen fremden Willen oder unter ein umfängliches Gesetz und Ritual; etwa in der Art, wie der Brahmane durchaus Nichts seiner eigenen Bestimmung überläßt und sich in jeder Minute durch eine heilige Vorschrift bestimmt. Diese Unterordnung ist ein mächtiges Mittel, um über sich Herr zu werden; man ist beschäftigt, also ohne Langeweile, und hat doch keine Anregung des Eigenwillens und der Leidenschaften dabei: nach vollbrachter Tat fehlt das Gefühl der Verantwortung und damit die Qual der Reue. Man hat ein für allemal auf eigenen Willen verzichtet, und dies ist leichter, als nur gelegentlich einmal zu verzichten; so wie es auch leichter ist, einer Begierde ganz zu entsagen als in ihr Maß zu halten. Wenn wir uns der jetzigen Stellung des Mannes zum Staat erinnern, so finden wir auch da, daß der unbedingte Gehorsam bequemer ist als der bedingte. Der Heilige also erleichtert sich durch jenes völlige Aufgeben der Persönlichkeit sein Leben, und man täuscht sich, wenn man in jenem Phänomen das höchste Heldenstück der Moralität bewundert. Es ist in jedem Falle schwerer, seine Persönlichkeit ohne Schwanken und Unklarheit durchzusetzen, als sich von ihr in der erwähnten Weise zu lösen; überdies verlangt es viel mehr Geist und Nachdenken.

140.

Nachdem ich in vielen der schwerer erklärbaren menschlichen Handlungen Äußerungen jener Lust an der *Emotion an sich* gefunden habe, möchte ich auch in betreff der Selbstverachtung, welche zu den Merkmalen der Heiligkeit gehört, und ebenso in den Handlungen der Selbstquälerei (durch Hunger und Geißelschläge, Verrenkungen der Glieder, Erheuchelung des Wahnsinns usw.) ein Mittel erkennen, durch welches jene Naturen gegen die allgemeine Ermüdung ihres Lebenswillens (ihrer Nerven) ankämpfen: sie bedienen sich der schmerzhaftesten Reizmittel und Grausamkeiten, um für Zeiten wenigstens aus jener Dumpfheit und Langeweile aufzutauchen, in welche ihre große geistige Indolenz und jene geschilderte Unterordnung unter einen fremden Willen sie so häufig verfallen läßt.

141.

Das gewöhnlichste Mittel, welches der Asket und Heilige anwendet, um sich das Leben doch noch erträglich und unterhaltend zu machen, besteht in gelegentlichem Kriegführen und in dem Wechsel von Sieg und Niederlage. Dazu braucht er einen Gegner und findet ihn in dem sogenannten »inneren Feinde«. Namentlich nützt er seinen Hang zur Eitelkeit, Ehr- und Herrschsucht, sodann seine sinnlichen Begierden aus, um sein Leben wie eine fortgesetzte Schlacht und sich wie ein Schlachtfeld ansehen zu dürfen, auf dem gute und böse Geister mit wechselndem Erfolge ringen. Bekanntlich wird die sinnliche Phantasie durch die Regelmäßigkeit des geschlechtlichen Verkehrs gemäßigt, ja fast unterdrückt; umgekehrt durch Enthaltsamkeit oder Unordnung im Verkehre entfesselt und wüst. Die Phantasie vieler christlicher Heiligen war in ungewöhnlichem Maße schmutzig; vermöge jener Theorie, daß diese Begierden wirkliche Dämonen seien, die in ihnen wüteten, fühlten sie sich nicht allzusehr verantwortlich dabei: diesem Gefühle verdanken wir die so belehrende Aufrichtigkeit ihrer Selbstzeugnisse. Es war in ihrem Interesse, daß dieser Kampf in irgendeinem Grade immer unterhalten wurde, weil durch ihn, wie gesagt, ihr ödes Leben unterhalten wurde. Damit der Kampf aber wichtig genug erscheine, um, andauernde Teilnahme und Bewunderung bei den Nicht-Heiligen zu erregen, mußte die Sinnlichkeit immer mehr verketzert und gebrandmarkt werden, ja die Gefahr ewiger Verdammnis wurde so eng an diese Dinge geknüpft, daß höchstwahrscheinlich ganze Zeitalter hindurch die Christen mit bösem Gewissen Kinder zeugten, wodurch gewiß der Menschheit ein großer Schaden angetan worden ist. Und doch steht hier die Wahrheit ganz auf dem Kopfe: was für die Wahrheit besonders unschicklich ist. Zwar hatte das Christentum gesagt: jeder Mensch sei *in Sünden empfangen und geboren,* und im unausstehlichen Superlativ-Christentum des Calderon erscheint dieser Gedanke noch einmal zusammengeknotet und verschlungen, als die verdrehteste Paradoxie, die es gibt, in dem bekannten Verse:

die größte Schuld des Menschen
ist, daß er geboren ward.

In allen pessimistischen Religionen wird der Zeugungsakt als schlecht an sich empfunden, aber keineswegs ist diese Empfindung eine allgemein-menschliche, selbst nicht einmal das Urteil aller Pessimisten ist sich hierin gleich. Empedokles zum Beispiel weiß gar nichts vom Beschämenden, Teuflischen, Sündhaften in allen erotischen Dingen; er sieht vielmehr auf der großen Wiese des Unheils nur eine einzige heil- und hoffnungsvolle Erscheinung, die Aphrodite; sie gilt ihm als Bürgschaft, daß der Streit nicht ewig herrschen, sondern einem milderen Dämon einmal das Zepter überreichen werde. Die christlichen Pessimisten der Praxis hatten, wie gesagt, ein Interesse daran, daß eine andere Meinung in der Herrschaft blieb; sie brauchten für die Einsamkeit und die geistige Wüstenei ihres Lebens einen immer lebendigen Feind: und einen allgemein anerkannten Feind, durch dessen Bekämpfung und Überwältigung sie dem Nicht-Heiligen sich immer von neuem wieder als halb unbegreifliche, übernatürliche Wesen darstellten. Wenn dieser Feind endlich, infolge ihrer Lebensweise und ihrer zerstörten Gesundheit, die Flucht für immer ergriff, so verstanden sie es sofort, ihr Inneres mit neuen Dämonen bevölkert zu *sehen.* Das Auf- und Niederschwanken der Waagschalen Hochmut und Demut unterhielt ihre grübelnden Köpfe so gut wie der Wechsel von Begierde und Seelenruhe. Damals diente die Psychologie dazu, alles Menschliche nicht nur zu verdächtigen, sondern zu lästern, zu geißeln, zu kreuzigen: man *wollte* sich möglichst schlecht und böse finden, man *suchte* die Angst um das Heil der Seele, die Verzweiflung an der eigenen Kraft. Alles Natürliche, an welches der Mensch die Vorstellung des Schlechten, Sündhaften anhängt (wie er es zum Beispiel noch jetzt in betreff des *Erotischen* gewöhnt ist), belästigt, verdüstert die Phantasie, gibt einen scheuen Blick, läßt den Menschen mit sich selber hadern und macht ihn unsicher, vertrauenslos gegen sich selbst. Selbst seine Träume bekommen einen Beigeschmack des gequälten Gewissens. Und doch ist dieses Leiden am Natürlichen in der Realität der Dinge völlig unbegründet: es ist nur die Folge von Meinungen *über* die Dinge. Man erkennt leicht, wie die Menschen dadurch schlechter werden, daß sie das Unvermeidlich-Natürliche als schlecht bezeichnen und später immer als so beschaffen empfinden. Es ist der Kunstgriff der Religionen und Metaphysiken, welche den Menschen als böse und sündhaft von Natur wollen, ihm die Natur zu verdächtigen und so ihn selber schlecht *zu machen:* denn so lernt er sich als schlecht *empfinden,* da er das Kleid der Natur nicht ausziehn kann. Allmählich fühlt er sich, bei einem langen Leben im Natürlichen, von einer solchen Last von Sünden bedrückt, daß übernatürliche Mächte nötig werden, um diese Last heben zu können: und damit ist das schon besprochene *Erlösungsbedürfnis* auf den Schauplatz getreten, welches gar keiner wirklichen, sondern nur einer eingebildeten Sündhaftigkeit entspricht. Man gehe die einzelnen moralischen Aufstellungen der Urkunden des Christentums durch und man wird überall finden, daß die Anforderungen überspannt sind, damit der Mensch ihnen nicht genügen *könne:* die Absicht ist nicht, daß er moralischer *werde,* sondern daß er sich *möglichst sündhaft* fühle. Wenn dem Menschen dies Gefühl nicht *angenehm* gewesen wäre – wozu hätte er eine solche Vorstellung erzeugt und sich so lange an sie gehängt? Wie in der antiken Welt eine unermeßliche Kraft von Geist und Erfindungsgabe verwendet worden ist, um die Freude am Leben durch festliche Kulte zu mehren: so ist in der Zeit des Christentums ebenfalls unermeßlich viel Geist einem anderen Streben geopfert worden: der Mensch sollte auf alle Weise sich sündhaft fühlen und dadurch überhaupt *erregt, belebt, beseelt* werden. Erregen, beleben, beseelen, um jeden Preis – ist das nicht das Losungswort einer erschlafften, überreifen, überkultivierten Zeit? Der Kreis aller natürlichen Empfindungen war hundertmal durchlaufen, die Seele war ihrer müde geworden: da erfanden der Heilige und der Asket eine neue Gattung von Lebensreizen. Sie stellten sich vor Aller Augen hin, nicht eigentlich zur Nachahmung für Viele, sondern als schauderhaftes und doch entzückendes Schauspiel, welches an jenen Grenzen zwischen Welt und Überwelt aufgeführt wurde, wo Jedermann damals bald himmlische Lichtblicke, bald unheimliche, aus der Tiefe lodernde Flammenzungen zu erblicken glaubte. Das Auge des Heiligen, hingerichtet auf die in jedem Betracht furchtbare *Bedeutung des kurzen Erdenlebens,* auf die Nähe der letzten Entscheidungen über endlose neue Lebensstrecken, dieses verkohlende Auge in einem halb vernichteten Leibe machte die Menschen der alten Welt bis in alle Tiefen erzittern; hinblicken, schaudernd wegblicken, von neuem den Reiz des Schauspiels spüren, ihm nachgeben, sich an ihm ersättigen, bis die Seele in Glut und Fieberfrost bebt, – das war die letzte *Lust, welche das Altertum erfand,* nachdem es selbst gegen den Anblick von Tierhetzen und Menschenkämpfen stumpf geworden war.

142.

Um das Gesagte zusammenzufassen: jener Seelenzustand, dessen sich der Heilige oder Heiligwerdende erfreut, setzt sich aus Elementen zusammen, welche wir Alle recht wohl kennen, nur daß sie sich unter dem Einflusse anderer als religiöser Vorstellungen anders gefärbt zeigen und dann den Tadel der Mensehen ebenso stark zu erfahren pflegen, wie sie, in jener Verbrämung mit Religion und letzter Bedeutsamkeit des Daseins, auf Bewunderung, ja Anbetung rechnen dürfen, – mindestens in früheren Zeiten rechnen durften. Bald übt der Heilige jenen Trotz gegen sich selbst, der ein naher Verwandter der Herrschsucht um jeden Preis ist und auch dem Einsamsten noch das Gefühl der Macht gibt; bald springt seine angeschwellte Empfindung aus dem Verlangen, seine Leidenschaften dahinschießen zu lassen, über in das Verlangen, sie wie wilde Rosse, zusammenstürzen zu machen, unter dem mächtigen Druck einer stolzen Seele; bald will er ein völliges Aufhören aller störenden, quälenden, reizenden Empfindungen, einen wachen Schlaf, ein dauerndes Ausruhen im Schoße einer dumpfen, tier- und pflanzenhaften Indolenz; bald sucht er den Kampf und entzündet ihn in sich, weil ihm die Langeweile ihr gähnendes Gesicht entgegenhält: er geißelt seine Selbstvergötterung mit Selbstverachtung und Grausamkeit, er freut sich an dem wilden Aufruhr seiner Begierden, an dem scharfen Schmerz der Sünde, ja an der Vorstellung des Verlorenseins; er versteht es, seinen Affekten, zum Beispiel dem der äußersten Herrschsucht, einen Fallstrick zu legen, so daß er in den der äußersten Erniedrigung übergeht und seine aufgehetzte Seele durch diesen Kontrast aus allen Fugen gerissen wird; und zuletzt: wenn es ihn gar nach Visionen, Gesprächen mit Toten oder göttlichen Wesen gelüstet, so ist es im Grunde eine seltene Art von Wollust, welche er begehrt, aber vielleich jene Wollust, in der alle anderen in einen Knoten zusammengeschlungen sind. Novalis, eine der Autoritäten in Fragen der Heiligkeit durch Erfahrung und Instinkt, spricht das ganze Geheimnis einmal mit naiver Freude aus: »Es ist wunderbar genug, daß nicht längst die Assoziation von Wollust, Religion und Grausamkeit die Menschen aufmerksam auf ihre innige Verwandtschaft und gemeinschaftliche Tendenz gemacht hat.«

143.

Nicht Das, Was der Heilige *ist*, sondern Das, was er in den Augen der Nicht-Heiligen *bedeutet,* gibt ihm seinen welthistorischen Wert. Dadurch, daß man sich über ihn *irrte,* daß man seine Seelenzustände *falsch auslegte* und ihn von sich so stark als möglich abtrennte, als etwas durchaus Unvergleichliches und Fremdartig-Übermenschliches – dadurch gewann er die außerordentliche Kraft, mit welcher er die Phantasie ganzer Völker, ganzer Zeiten beherrschen konnte. Er selbst kannte sich nicht; er selbst verstand die Schrift seiner Stimmungen, Neigungen, Handlungen nach einer Kunst der Interpretation, welche ebenso überspannt und künstlich war, wie die pneumatische Interpretation der Bibel. Das Verschrobene und Kranke in seiner Natur, mit ihrer Zusammenkoppelung von geistiger Armut, schlechtem Wissen, verdorbener Gesundheit, überreizten Nerven, blieb seinem Blick ebenso wie dem seiner Beschauer verborgen. Er war kein besonders guter Mensch, noch weniger ein besonders weiser Mensch: aber er *bedeutete etwas,* das über menschliches Maß in Güte und Weisheit hinausreichte. Der Glaube an ihn unterstützte den Glauben an Göttliches und Wunderhaftes, an einen religiösen Sinn alles Daseins, an einen bevorstehenden letzten Tag des Gerichtes. In dem abendlichen Glanze einer Weltuntergangs-Sonne, welche über die christlichen Völker hinleuchtete, wuchs die Schattengestalt des Heiligen ins Ungeheure: ja bis zu einer solchen Höhe, daß selbst in unserer Zeit, die nicht mehr an Gott glaubt, es noch Denker gibt, welche an den Heiligen glauben.

144.

Es versteht sich von selbst, daß dieser Zeichnung des Heiligen, welche nach dem Durchschnitt der ganzen Gattung entworfen ist, manche Zeichnung entgegengestellt werden kann, welche eine angenehmere Empfindung hervorbringen möchte. Einzelne Ausnahmen jener Gattung heben sich heraus, sei es durch große Milde und Menschenfreundlichkeit, sei es durch den Zauber ungewöhnlicher Tatkraft; andere sind im höchsten Grade anziehend, weil bestimmte Wahnvorstellungen über ihr ganzes Wesen Lichtströme ausgießen: wie es zum Beispiel mit dem berühmten Stifter des Christentums der Fall ist, der sich für den eingebornen Sohn Gottes hielt und deshalb sich sündlos fühlte; so daß er durch eine Einbildung – die man nicht zu hart beurteilen möge, weil das ganze Altertum von Göttersöhnen wimmelt – dasselbe Ziel erreichte, das Gefühl völliger Sündlosigkeit, völliger Unverantwortlichkeit, welches jetzt durch die Wissenschaft Jedermann sich erwerben kann! – Ebenfalls habe ich abgesehn von den indischen Heiligen, welche auf einer Zwischenstufe zwischen dem christlichen Heiligen und dem griechischen Philosophen stehen und insofern keinen reinen Typus darstellen: die Erkenntnis, die Wissenschaft – soweit es eine solche gab –, die Erhebung über die an deren Menschen durch die logische Zucht und Schulung des Denkens wurde bei den Buddhisten als ein Kennzeichen der Heiligkeit ebenso gefordert, wie dieselben Eigenschaften in der christlichen Welt, als Kennzeichen der Unheiligkeit abgelehnt und verketzert werden.

VIERTES HAUPTSTÜCK:

Aus der Seele der Künstler und Schriftsteller

145.

Das Vollkommene soll nicht geworden sein. – Wir sind gewöhnt, bei allem Vollkommenen die Frage nach dem Werden zu unterlassen: sondern uns des Gegenwärtigen zu freuen, wie als ob es auf einen Zauberschlag aus dem Boden aufgestiegen sei. Wahrscheinlich stehen wir hier noch unter der Nachwirkung einer uralten mythologischen Empfindung. Es ist uns *beinahe* noch so zumute (zum Beispiel in einem griechischen Tempel wie der von Pästum), als ob eines Morgens ein Gott spielend aus solchen ungeheuren Lasten sein Wohnhaus gebaut habe: andere Male, als ob eine Seele urplötzlich in einen Stein hineingezaubert sei und nun durch ihn reden wolle. Der Künstler weiß, daß sein Werk nur voll wirkt, wenn es den Glauben an eine Improvisation, an eine wundergleiche Plötzlichkeit der Entstehung erregt; und so hilft er wohl dieser Illusion nach und führt jene Elemente der begeisterten Unruhe, der blind greifenden Unordnung, des aufhorchenden Träumens beim Beginn der Schöpfung in die Kunst ein, als Trugmittel, um die Seele des Schauers oder Hörers so zu stimmen, daß sie an das plötzliche Hervorspringen des Vollkommenen glaubt. – Die Wissenschaft der Kunst hat dieser Illusion, wie es sich von selbst versteht, auf das bestimmteste zu widersprechen und die Fehlschlüsse und

Verwöhnungen des Intellekts aufzuzeigen, vermöge deren er dem Künstler in das Netz läuft.

146.

Der Wahrheitssinn des Künstlers. – Der Künstler hat in Hinsicht auf das Erkennen der Wahrheiten eine *schwächere Moralität* als der Denker; er will sich die glänzenden, tiefsinnigen Deutungen des Lebens durchaus nicht nehmen lassen und wehrt sich gegen nüchterne, schlichte Methoden und Resultate. Scheinbar kämpft er für die höhere Würde und Bedeutung des Menschen; in Wahrheit will er die für seine Kunst *wirkungsvollsten* Voraussetzungen nicht aufgeben, also das Phantastische, Mythische, Unsichere, Extreme, den Sinn für das Symbolische, die Überschätzung der Person, den Glauben an etwas Wunderartiges im Genius: er hält also die Fortdauer seiner Art des Schaffens für wichtiger als die wissenschaftliche Hingebung an das Wahre in jeder Gestalt, erscheine diese auch noch so schlicht.

147.

Die Kunst als Totenbeschwörerin. – Die Kunst versieht nebenbei die Aufgabe zu *konservieren,* auch wohl erloschene, verblichene Vorstellungen ein wenig wieder aufzufärben; sie flicht, wenn sie diese Aufgabe löst, ein Band um verschiedene Zeitalter und macht deren Geister wiederkehren. Zwar ist es nur ein Scheinleben wie über Gräbern, welches hierdurch entsteht, oder wie die Wiederkehr geliebter Toten im Traume, aber wenigstens für Augenblicke wird die alte Empfindung noch einmal rege und das Herz klopft nach einem sonst vergessenen Takte. Nun muß man wegen dieses allgemeinen Nutzens der Kunst dem Künstler selber es nachsehen, wenn er nicht in den vordersten Reihen der Aufklärung und der fortschreitenden *Vermännlichung* der Menschheit steht: er ist zeitlebens ein Kind oder ein Jüngling geblieben und auf dem Standpunkt zurückgehalten, auf welchem er von seinem Kunsttriebe überfallen wurde; Empfindungen der ersten Lebensstufen stehen aber zugestandenermaßen denen früherer Zeitläufe näher als denen des gegenwärtigen Jahrhunderts. Unwillkürlich wird es zu seiner Aufgabe, die Menschheit zu verkindlichen: dies ist sein Ruhm und seine Begrenztheit.

148.

Dichter als Erleichterer des Lebens. – Die Dichter, sofern auch sie das Leben der Menschen erleichtern wollen, wenden den Blick entweder von der mühseligen Gegenwart ab oder verhelfen der Gegenwart durch ein Licht, das sie von der Vergangenheit herstrahlen machen, zu neuen Farben. Um dies zu können, müssen sie selbst in manchen Hinsichten rückwärts gewendete Wesen sein: so daß man sie als Brücken zu ganz fernen Zeiten und Vorstellungen, zu absterbenden oder abgestorbenen Religionen und Kulturen gebrauchen kann. Sie sind eigentlich immer und notwendig *Epigonen.* Es ist freilich von ihren Mitteln zur Erleichterung des Lebens einiges Ungünstige zu sagen: sie beschwichtigen und heilen nur vorläufig, nur für den Augenblick; sie halten sogar die Menschen ab, an einer wirklichen Verbesserung ihrer Zustände zu arbeiten, indem sie gerade die Leidenschaft der Unbefriedigten, welche zur Tat drängen, aufheben und palliativisch entladen.

149.

Der langsame Pfeil der Schönheit. – Die edelste Art der Schönheit ist die, welche nicht auf einmal hinreißt, welche nicht stürmische und berauschende Angriffe macht (eine solche erweckt leicht Ekel), sondern jene langsam einsickernde, welche man fast unbemerkt mit sich fortträgt und die Einem im Traum einmal wiederbegegnet, endlich aber, nachdem sie lange mit Bescheidenheit an unserem Herzen gelegen, von uns ganz Besitz nimmt, unser Auge mit Tränen, unser Herz mit Sehnsucht füllt. – Wonach sehnen wir uns beim Anblick der Schönheit? Darnach, schön zu sein: wir wähnen, es müsse viel Glück damit verbunden sein. – Aber das ist ein Irrtum.

150.

Beseelung der Kunst. – Die Kunst erhebt ihr Haupt, wo die Religionen nachlassen. Sie übernimmt eine Menge durch die Religion erzeugter Gefühle und Stimmungen, legt sie an ihr Herz und wird jetzt selber tiefer, seelenvoller, so daß sie Erhebung und Begeisterung mitzuteilen vermag, was sie vordem noch nicht konnte. Der zum Strome angewachsene Reichtum des religiösen Gefühls bricht immer wieder aus und will sich neue Reiche erobern: aber die wachsende Aufklärung hat die Dogmen der Religion erschüttert und ein gründliches Mißtrauen eingeflößt: so wirft sich das Gefühl, durch die Aufklärung aus der religiösen Sphäre hinausgedrängt, in die Kunst; in einzelnen Fällen auch auf das politische Leben, ja selbst direkt auf die Wissenschaft. Überall, wo man an menschlichen Bestrebungen eine höhere düstere Färbung wahrnimmt, darf man vermuten, daß Geistergrauen, Weihrauchduft und Kirchenschatten daran hängengeblieben sind.

151.

Wodurch das Metrum verschönert. – Das Metrum legt Flor über die Realität; es veranlaßt einige Künstlichkeit des Geredes und Unreinheit des Denkens; durch den Schatten, den es auf den Gedanken wirft, verdeckt es bald, bald hebt es hervor. Wie Schatten nötig ist um zu verschönern, so ist das »Dumpfe« nötig, um zu verdeutlichen. – Die Kunst macht den Anblick des Lebens erträglich, dadurch daß sie den Flor des unreinen Denkens über dasselbe legt.

152.

Kunst der häßlichen Seele. – Man zieht der Kunst viel zu enge Schranken, wenn man verlangt, daß nur die geordnete, sittlich im Gleichgewicht schwebende Seele sich in ihr aussprechen dürfe. Wie in den bildenden Künsten so auch gibt es in der Musik und Dichtung eine Kunst der häßlichen Seele, neben der Kunst der schönen Seele; und die mächtigsten Wirkungen der Kunst, das Seelen-Brechen, Steine-Bewegen und Tiere-Vermenschlichen ist vielleicht gerade jener Kunst am meisten gelungen.

153.

Die Kunst macht dem Denker das Herz schwer. – Wie stark das metaphysische Bedürfnis ist, und wie sich noch zuletzt die Natur den Abschied von ihm schwermacht, kann man daraus entnehmen, daß noch im Freigeiste, wenn er sich alles Metaphysischen entschlagen hat, die höchsten Wirkungen der Kunst leicht ein Miterklingen der lange verstummten, ja zerrissenen metaphysischen Saite hervorbringen, sei es zum Beispiel, daß er bei einer Stelle der neunten Symphonie Beethovens sich über der Erde in einem Sternendome schweben fühlt, mit dem Traume der *Unsterblichkeit* im Herzen – alle Sterne scheinen um ihn zu flimmern und die Erde immer tiefer hinabzusinken. – Wird er sich dieses Zustandes bewußt, so fühlt er wohl einen tiefen Stich im Herzen und seufzt nach dem Menschen, welcher ihm die verlorene Geliebte, nenne man sie nun Religion oder Metaphysik, zurückführe. In solchen Augenblicken wird sein intellektualer Charakter auf die Probe gestellt.

154.

Mit dem Leben spielen. – Die Leichtigkeit und Leichtfertigkeit der homerischen Phantasie war nötig, um das übermäßig leidenschaftliche Gemüt und den überscharfen Verstand der Griechen zu beschwichtigen und zeitweilig aufzuheben.

Spricht bei ihnen der Verstand: wie herbe und grausam erscheint dann das Leben! Sie täuschen sich nicht, aber sie umspielen absichtlich das Leben mit Lügen. Simonides riet seinen Landsleuten, das Leben wie ein Spiel zu nehmen; der Ernst war ihnen als Schmerz allzubekannt (das Elend der Menschen ist ja das Thema, über welches die Götter so gern singen hören), und sie wußten, daß einzig durch die Kunst selbst das Elend zum Genusse werden könne. Zur Strafe für diese Einsicht waren sie aber von der Lust zu fabulieren so geplagt, daß es ihnen im Alltagsleben schwer wurde, sich von Lug und Trug freizuhalten, wie alles Poetenvolk eine solche Lust an der Lüge hat und obendrein noch die Unschuld dabei. Die benachbarten Völker fanden das wohl mitunter zum Verzweifeln.

155.

Glaube an Inspiration. – Die Künstler haben ein Interesse daran, daß man an die plötzlichen Eingebungen, die sogenannten Inspirationen glaubt; als ob die Idee des Kunstwerks, der Dichtung, der Grundgedanke einer Philosophie, wie ein Gnadenschein vom Himmel herableuchte. In Wahrheit produziert die Phantasie des guten Künstlers oder Denkers fortwährend Gutes, Mittelmäßiges und Schlechtes, aber seine *Urteilskraft,* höchst geschärft und geübt, verwirft, wählt aus, knüpft zusammen; wie man jetzt aus den Notizbüchern Beethovens ersieht, daß er die herrlichsten Melodien allmählich zusammengetragen und aus vielfachen Ansätzen gewissermaßen ausgelesen hat. Wer weniger streng scheidet und sich der nachbildenden Erinnerung gern überläßt, der wird unter Umständen ein großer Improvisator werden können; aber die künstlerische Improvisation steht tief im Verhältnis zum ernst und mühevoll erlesenen Kunstgedanken. Alle Großen waren große Arbeiter, unermüdlich nicht nur im Erfinden, sondern auch im Verwerfen, Sichten, Umgestalten, Ordnen.

156.

Nochmals die Inspiration. – Wenn sich die Produktionskraft eine Zeitlang angestaut hat und am Ausfließen durch ein Hemmnis gehindert worden ist, dann gibt es endlich einen so plötzlichen Erguß, als ob eine unmittelbare Inspiration, ohne vorhergegangenes inneres Arbeiten, also ein Wunder sich vollziehe. Dies macht die bekannte Täuschung aus, an deren Fortbestehen, wie gesagt, das Interesse aller Künstler ein wenig zu sehr hängt. Das Kapital hat sich eben nur *angehäuft,* es ist nicht auf Ein Mal vom Himmel gefallen. Es gibt übrigens auch anderwärts solche scheinbare Inspiration, zum Beispiel im Bereiche der Güte, der Tugend, des Lasters.

157.

Die Leiden des Genius und ihr Wert. – Der künstlerische Genius will Freude machen, aber wenn er auf einer sehr hohen Stufe steht, so fehlen ihm leicht die Genießenden; er bietet Speisen, aber man will sie nicht. Das gibt ihm ein unter Umständen lächerlich-rührendes Pathos; denn im Grunde hat er kein Recht, die Menschen zum Vergnügen zu zwingen. Seine Pfeife tönt, aber Niemand will tanzen: kann das tragisch sein? Vielleicht doch. – Zuletzt hat er als Kompensation für diese Entbehrung mehr Vergnügen beim Schaffen, als die übrigen Menschen bei allen andern Gattungen der Tätigkeit haben. Man empfindet seine Leiden übertrieben, weil der Ton seiner Klage lauter, sein Mund beredter ist; und *mitunter* sind seine Leiden wirklich sehr groß, aber nur deshalb, weil sein Ehrgeiz, sein Neid so groß ist. Der wissende Genius, wie Kepler und Spinoza, ist für gewöhnlich nicht so begehrlich und macht von seinen wirklich größeren Leiden und Entbehrungen kein solches Aufheben. Er darf mit größerer Sicherheit auf die Nachwelt rechnen und sich der Gegenwart entschlagen; während ein Künstler, der dies tut, immer ein verzweifeltes Spiel spielt, bei dem ihm wehe ums Herz werden muß. In ganz seltenen Fällen – dann, wenn im selben Individuum der Genius des Könnens und des Erkennens und der moralische Genius sich verschmelzen – kommt zu den erwähnten Schmerzen noch die Gattung von Schmerzen hinzu, welche als die absonderlichsten Ausnahmen in der Welt zu nehmen sind: die außer- und überpersönlichen, einem Volke, der Menschheit, der gesamten Kultur, allem leidenden Dasein zugewandten Empfindungen: welche ihren Wert durch die Verbindung mit besonders schwierigen und entlegenen Erkenntnissen erlangen (Mitleid an sich hat wenig Wert). – Aber welchen Maßstab, welche Goldwaage gibt es für deren Ächtheit? Ist es nicht fast geboten, mißtrauisch gegen Alle zu sein, welche von Empfindungen dieser Art bei sich *reden?*

158.

Verhängnis der Größe. – Jeder großen Erscheinung folgt die Entartung nach, namentlich im Bereiche der Kunst. Das Vorbild des Großen reizt die eitleren Naturen zum äußerlichen Nachmachen oder zum Überbieten; dazu haben alle großen Begabungen das Verhängnisvolle an sich, viele schwächere Kräfte und Keime zu erdrücken und um sich herum gleichsam die Natur zu veröden. Der glücklichste Fall in der Entwicklung einer Kunst ist der, daß mehrere Genies sich gegenseitig in Schranken halten; bei diesem Kampfe wird gewöhnlich den schwächeren und zarteren Naturen auch Luft und Licht gegönnt.

159.

Die Kunst dem Künstler gefährlich. – Wenn die Kunst ein Individuum gewaltig ergreift, dann zieht es dasselbe zu Anschauungen solcher Zeiten zurück, wo die Kunst am kräftigsten blühte, sie wirkt dann zurückbildend. Der Künstler kommt immer mehr in eine Verehrung der plötzlichen Erregungen, glaubt an Götter und Dämonen, durchseelt die Natur, haßt die Wissenschaft, wird wechselnd in seinen Stimmungen wie die Menschen des Altertums und begehrt einen Umsturz aller Verhältnisse, welche der Kunst nicht günstig sind, und zwar dies mit der Heftigkeit und Unbilligkeit eines Kindes. An sich ist nun der Künstler schon ein zurückbleibendes Wesen, weil er beim Spiel stehenbleibt, welches zur Jugend und Kindheit gehört: dazu kommt noch, daß er allmählich in andere Zeiten zurückgebildet wird. So entsteht zuletzt ein heftiger Antagonismus zwischen ihm und den gleichalterigen Menschen seiner Periode und ein trübes Ende; so wie, nach den Erzählungen der Alten, Homer und Äschylus in Melancholie zuletzt lebten und starben.

160.

Geschaffene Menschen. – Wenn man sagt, der Dramatiker (und der Künstler überhaupt) *schaffe* wirklich Charaktere, so ist dies eine schöne Täuschung und Übertreibung, in deren Dasein und Verbreitung die Kunst einen ihrer ungewollten, gleichsam überschüssigen Triumphe feiert. In der Tat verstehen wir von einem wirklichen lebendigen Menschen nicht viel und generalisieren sehr oberflächlich, wenn wir ihm diesen und jenen Charakter zuschreiben: dieser unsrer *sehr unvollkommenen* Stellung zum Menschen entspricht nun der Dichter, indem er ebenso *oberflächliche* Entwürfe zu Menschen macht (in diesem Sinne »schafft«), als unsere Erkenntnis der Menschen oberflächlich ist. Es ist viel Blendwerk bei diesen geschaffenen Charakteren der Künstler; es sind durchaus keine leibhaftigen Naturprodukte, sondern ähnlich wie die gemalten Menschen ein wenig allzu dünn, sie vertragen den Anblick aus der Nähe nicht. Gar wenn man sagt, der Charakter des gewöhnlichen lebendigen Menschen widerspreche sich häufig, der vom Dramatiker geschaffene sei das Urbild, welches der Natur vorgeschwebt habe, so ist dies ganz falsch. Ein wirklicher Mensch ist etwas ganz und gar *Notwendiges* (selbst in jenen sogenannten Widersprüchen), aber wir erkennen diese Notwendigkeit nicht immer. Der erdichtete Mensch, das Phantasma, will etwas Notwendiges bedeuten, doch nur vor Solchen, welche auch einen wirklichen Menschen nur in einer rohen, unnatürlichen Simplifikation verstehen: so daß ein paar starke, oft wiederholte Züge mit sehr viel Licht darauf und sehr viel Schatten und Halbdunkel herum, ihren Ansprüchen vollständig genügen. Sie sind also leicht bereit, das Phantasma als wirklichen, notwendigen Menschen zu behandeln, weil sie gewöhnt sind, beim wirklichen Menschen ein Phantasma, einen Schattenriß, eine willkürliche Abbreviatur für das Ganze zu nehmen. – Daß gar der Maler und der Bildhauer die »Idee« des Menschen ausdrücke, ist eitel Phantasterei und Sinnentrug: man wird vom Auge tyrannisiert, wenn man so etwas sagt, da dieses vom menschlichen Leibe selbst nur die Oberfläche, die Haut sieht; der innere Leib gehört aber eben so sehr zur Idee. Die bildende Kunst will Charaktere auf der Haut sichtbar werden lassen; die redende Kunst nimmt das Wort zu demselben Zwecke, sie bildet den Charakter im Laute ab. Die Kunst geht von der natürlichen *Unwissenheit* des Menschen über sein Innres (in Leib und Charakter) aus: sie ist nicht für Physiker und Philosophen da.

161.

Selbstüberschätzung im Glauben an Künstler und Philosophen. – Wir Alle meinen, es sei die Güte eines Kunstwerks, eines Künstlers bewiesen, wenn er uns ergreift, erschüttert. Aber da müßte doch erst *unsre eigne Güte* in Urteil und Empfindung bewiesen sein: was nicht der Fall ist. Wer hat mehr im Reiche der bildenden Kunst ergriffen und entzückt als Bernini, wer mächtiger gewirkt als jener nachdemosthenische Rhetor, welcher den asianischen Stil einführte und durch zwei Jahrhunderte zur Herrschaft brachte? Diese Herrschaft über ganze Jahrhunderte beweist Nichts für die

Güte und dauernde Gültigkeit eines Stils; deshalb soll man nicht zu sicher in seinem guten Glauben an irgendeinen Künstler sein: ein solcher ist ja nicht nur der Glaube an die Wahrhaftigkeit unserer Empfindung, sondern auch an die Unfehlbarkeit unseres Urteils, während Urteil oder Empfindung oder beides selber zu grob oder zu fein geartet, überspannt oder roh sein können. Auch die Segnungen und Beseligungen einer Philosophie, einer Religion beweisen für ihre Wahrheit nichts: ebensowenig als das Glück, welches der Irrsinnige von seiner fixen Idee her genießt, etwas für die Vernünftigkeit dieser Idee beweist.

162.

Kultus des Genius aus Eitelkeit. – Weil wir gut von uns denken, aber doch durchaus nicht von uns erwarten, daß wir je den Entwurf eines Raffaelischen Gemäldes oder eine solche Szene wie die eines Shakespeareschen Dramas machen könnten, reden wir uns ein, das Vermögen dazu sei ganz übermäßig wunderbar, ein ganz seltner Zufall – oder, wenn wir noch religiös empfinden, eine Begnadigung von oben. So fördert unsere Eitelkeit, unsere Selbstliebe den Kultus des Genius: denn nur wenn dieser ganz fern von uns gedacht ist, als ein *miraculum,* verletzt er nicht (selbst Goethe, der Neidlose, nannte Shakespeare seinen Stern der fernsten Höhe; wobei man sich jenes Verses erinnern mag: »die Sterne die begehrt man nicht«). Aber von jenen Einflüsterungen unserer Eitelkeit abgesehen, so erscheint die Tätigkeit des Genies durchaus nicht als etwas Grundverschiedenes von der Tätigkeit des mechanischen Erfinders, des astronomischen oder historischen Gelehrten, des Meisters der Taktik. Alle diese

Tätigkeiten erklären sich, wenn man sich Menschen vergegenwärtigt, deren Denken in Einer Richtung tätig ist, die Alles als Stoff benutzen die immer ihrem inneren Leben und dem Anderer mit Eifer zusehen, die überall Vorbilder und Anreizungen erblicken, die in der Kombination ihrer Mittel nicht müde werden. Das Genie tut auch nichts, als daß es erst Steine setzen, dann bauen lernt, daß es immer nach Stoff sucht und immer an ihm herumformt. Jede Tätigkeit des Menschen ist zum Verwundern kompliziert, nicht nur die des Genies: aber keine ist ein »Wunder«. – Woher nun der Glaube, daß es allein beim Künstler, Redner und Philosophen Genie gäbe? Daß nur sie »Intuition« haben? (Womit man ihnen eine Art von Wunder-Augenglas zuschreibt, mit dem sie direkt ins »Wesen« sehen!) Die Menschen sprechen ersichtlich dort allein von Genius, wo ihnen die Wirkungen des großen Intellekts am angenehmsten sind und sie wiederum nicht Neid empfinden wollen. Jemanden »göttlich« nennen heißt: »hier brauchen wir nicht zu wetteifern«. Sodann: alles Fertige, Vollkommene wird angestaunt, alles Werdende unterschätzt. Nun kann Niemand beim Werk des Künstlers zusehen, wie es *geworden* ist; das ist sein Vorteil, denn überall, wo man das Werden sehen kann, wird man etwas abgekühlt. Die vollendete Kunst der Darstellung weist alles Denken an das Werden ab; es tyrannisiert als gegenwärtige Vollkommenheit. Deshalb gelten die Künstler der Darstellung vornehmlich als genial, nicht aber die wissenschaftlichen Menschen. In Wahrheit ist jene Schätzung und diese Unterschätzung nur eine Kinderei der Vernunft.

163.

Der Ernst des Handwerks. – Redet nur nicht von Begabung, angeborenen Talenten! Es sind große Männer aller Art zu nennen, welche wenig begabt waren. Aber sie *bekamen* Größe, wurden »Genies« (wie man sagt), durch Eigenschaften, von deren Mangel Niemand gern redet, der sich ihrer bewußt ist: sie hatten Alle jenen tüchtigen Handwerker-Ernst, welcher erst lernt, die Teile vollkommen zu bilden, bis er es wagt, ein großes Ganzes zu machen; sie gaben sich Zeit dazu, weil sie mehr Lust am Gutmachen des Kleinen, Nebensächlichen hatten als dem Effekte eines blendenden Ganzen. Das Rezept zum Beispiel, wie Einer ein guter Novellist werden kann, ist leicht zu geben, aber die Ausführung setzt Eigenschaften voraus, über die man hinwegzusehen pflegt, wenn man sagt »ich habe nicht genug Talent«. Man mache nur hundert und mehr Entwürfe zu Novellen, keinen länger als zwei Seiten, doch von solcher Deutlichkeit, daß jedes Wort darin notwendig ist; man schreibe täglich Anekdoten nieder, bis man es lernt, ihre prägnanteste, wirkungsvollste Form zu finden; man sei unermüdlich im Sammeln und Ausmalen menschlicher Typen und Charaktere; man erzähle vor Allem so oft es möglich ist und höre erzählen, mit scharfem Auge und Ohr für die Wirkung auf die anderen Anwesenden; man reise wie ein Landschaftsmaler und Kostümzeichner; man exzerpiere sich aus einzelnen Wissenschaften alles Das, was künstlerische Wirkungen macht, wenn es gut dargestellt wird; man denke endlich über die Motive der menschlichen Handlungen nach, verschmähe keinen Fingerzeig der Belehrung hierüber und sei ein Sammler von dergleichen Dingen bei Tag und Nacht. In dieser mannigfachen Übung lasse man einige zehn Jahre vorübergehen: was dann aber in der Werkstätte geschaffen wird, darf auch hinaus in das Licht der Straße. – Wie machen es dagegen die Meisten? Sie fangen nicht mit dem Teile, sondern mit dem Ganzen an. Sie tun vielleicht einmal einen guten Griff, erregen Aufmerksamkeit und tun von da an immer schlechtere Griffe, aus guten natürlichen Gründen. – Mitunter, wenn Vernunft und Charakter fehlen, um einen solchen künstlerischen Lebensplan zu gestalten, übernimmt das Schicksal und die Not die Stelle derselben und führt den zukünftigen Meister schrittweise durch alle Bedingungen seines Handwerks.

164.

Gefahr und Gewinn im Kultus des Genius. – Der Glaube an große, überlegene, fruchtbare Geister ist nicht notwendig, aber sehr häufig noch mit jenem ganz- oder halbreligiösen Aberglauben verbunden, daß jene Geister übermenschlichen Ursprungs seien und gewisse wunderbare Vermögen besäßen, vermittelst deren sie ihrer Erkenntnisse auf ganz anderem Wege teilhaftig würden als die übrigen Menschen. Man schreibt ihnen wohl einen unmittelbaren Blick in das Wesen der Welt, gleichsam durch ein Loch im Mantel der Erscheinung, zu und glaubt, daß sie ohne die Mühsal und Strenge der Wissenschaft, vermöge dieses wunderbaren Seherblickes, etwas Endgültiges und Entscheidendes über Mensch und Welt mitteilen könnten. Solange das Wunder im Bereiche der Erkenntnis noch Gläubige findet, kann man vielleicht zugeben, daß dabei für die Gläubigen selber ein Nutzen herauskomme, insofern diese durch ihre unbedingte Unterordnung unter die großen Geister, ihrem eigenen Geiste für die Zeit der Entwicklung die beste Disziplin und Schule verschaffen. Dagegen ist mindestens fraglich, ob der

Aberglaube vom Genie, von seinen Vorrechten und Sondervermögen für das Genie selber von Nutzen sei, wenn er in ihm sich einwurzelt. Es ist jedenfalls ein gefährliches Anzeichen, wenn den Menschen jener Schauder vor sich selbst überfällt, sei es nun jener berühmte Cäsaren-Schauder oder der hier in Betracht kommende Genie-Schauder; wenn der Opferduft, welchen man billigerweise allein einem Gotte bringt, dem Genie ins Gehirn dringt, so daß er zu schwanken und sich für etwas Übermenschliches zu halten beginnt. Die langsamen Folgen sind: das Gefühl der Unverantwortlichkeit, der exzeptionellen Rechte, der Glaube, schon durch seinen Umgang zu begnadigen, wahnsinnige Wut bei dem Versuche, ihn mit Anderen zu vergleichen oder gar ihn niedriger zu taxieren, das Verfehlte seines Werkes ins Licht zu setzen. Dadurch, daß er aufhört, Kritik gegen sich selbst zu üben, fällt zuletzt aus seinem Gefieder eine der Schwungfedern nach der anderen aus: jener Aberglaube gräbt die Wurzeln seiner Kraft an und macht ihn vielleicht gar zum Heuchler, nachdem seine Kraft von ihm gewichen ist. Für große Geister selbst ist es also wahrscheinlich nützlicher, wenn sie über ihre Kraft und deren Herkunft zur Einsicht kommen, wenn sie also begreifen, welche rein menschlichen Eigenschaften in ihnen zusammengeflossen sind, welche Glücksumstände hinzutraten: also einmal anhaltende Energie, entschlossene Hinwendung zu einzelnen Zielen, großer persönlicher Mut, sodann das Glück einer Erziehung, welche die besten Lehrer, Vorbilder, Methoden frühzeitig darbot. Freilich, wenn ihr Ziel ist, die größtmögliche *Wirkung* zu machen, so hat die Unklarheit über sich selbst und jene Beigabe eines halben Wahnsinns immer viel getan; denn bewundert und beneidet hat man zu allen Zeiten gerade jene Kraft an ihnen, vermöge deren sie die Menschen willenlos machen und zum Wahne fortreißen, daß übernatürliche Führer vor ihnen hergingen.

Ja, es erhebt und begeistert die Menschen, Jemanden im Besitz übernatürlicher Kräfte zu glauben: insofern hat der Wahnsinn, wie Plato sagt, die größten Segnungen über die Menschen gebracht. – In einzelnen seltenen Fällen mag dieses Stück Wahnsinn wohl auch das Mittel gewesen sein, durch welches eine solche nach allen Seiten hin exzessive Natur fest zusammengehalten wurde: auch im Leben der Individuen haben die Wahnvorstellungen häufig den Wert von Heilmitteln, welche an sich Gifte sind; doch zeigt sich endlich, bei jedem »Genie«, das an seine Göttlichkeit glaubt, das Gift in dem Grade, als das »Genie« alt wird: man möge sich zum Beispiel Napoleons erinnern, dessen Wesen sicherlich gerade durch seinen Glauben an sich und seinen Stern und durch die aus ihm fließende Verachtung der Menschen zu der mächtigen Einheit zusammenwuchs, welche ihn aus allen modernen Menschen heraushebt, bis endlich aber dieser selbe Glaube in einen fast wahnsinnigen Fatalismus überging, ihn seines Schnell- und Scharfblicks beraubte und die Ursache seines Unterganges wurde.

165.

Das Genie und das Nichtige. – Gerade die *originellen,* aus sich schöpfenden Köpfe unter den Künstlern können unter Umständen das ganz Leere und Schale hervorbringen, während die abhängigeren Naturen, die sogenannten Talente, voller Erinnerungen an alles mögliche Gute stecken und auch im Zustand der Schwäche etwas Leidliches produzieren. Sind die Originellen aber von sich selber verlassen, so gibt die Erinnerung ihnen keine Hilfe: sie werden leer.

166.

Das Publikum. – Von der Tragödie begehrt das Volk eigentlich nicht mehr, als recht gerührt zu werden, um sich einmal ausweinen zu können; der Artist dagegen, der die neue Tragödie Sicht, hat seine Freude an den geistreichen technischen Erfindungen und Kunstgriffen, an der Handhabung und Verteilung des Stoffes, an der neuen Wendung alter Motive, alter Gedanken. Seine Stellung ist die ästhetische Stellung zum Kunstwerk, die des Schaffenden; die erstbeschriebene, mit alleiniger Rücksicht auf den Stoff, die des Volkes. Von dem Menschen dazwischen ist nicht zu reden, er ist weder Volk noch Artist und weiß nicht, was er will: so ist auch seine Freude unklar und gering.

167.

Artistische Erziehung des Publikums. – Wenn dasselbe Motiv nicht hundertfältig durch verschiedene Meister behandelt wird, lernt das Publikum nicht über das Interesse am Stoff hinauskommen; aber zuletzt wird es selbst die Nuancen, die zarten neuen Erfindungen in der Behandlung dieses Motivs fassen und genießen, wenn es also das Motiv längst aus zahlreichen Bearbeitungen kennt und dabei keinen Reiz der Neuheit, der Spannung mehr empfindet.

168.

Der Künstler und sein Gefolge müssen Schritt halten. – Der Fortgang von einer Stufe des Stils zur anderen muß so langsam sein, daß nicht nur die Künstler, sondern auch die Zuhörer und Zuschauer ihn mitmachen und genau wissen, was vorgeht. Sonst entsteht auf einmal jene große Kluft zwischen dem Künstler, der auf abgelegener Höhe seine Werke schafft, und dem Publikum, welches nicht mehr zu jener Höhe hinaufkann und endlich mißmutig wieder tiefer hinabsteigt. Denn wenn der Künstler sein Publikum nicht mehr hebt, so sinkt es schnell abwärts, und zwar stürzt es um so tiefer und gefährlicher, je höher es ein Genius getragen hat, dem Adler vergleichbar, aus dessen Fängen die in die Wolken hinaufgetragene Schildkröte zu ihrem Unheil hinabfällt.

169.

Herkunft des Komischen. – Wenn man erwägt, daß der Mensch manche hunderttausend Jahre lang ein im höchsten Grade der Furcht zugängliches Tier war, und daß alles Plötzliche, Unerwartete ihn kampfbereit, vielleicht todesbereit sein hieß, ja daß selbst später, in sozialen Verhältnissen, alle Sicherheit auf dem Erwarteten, auf dem Herkommen in Meinung und Tätigkeit beruhte, so darf man sich nicht wundern, daß bei allem Plötzlichen, Unerwarteten, in Wort und Tat, wenn es ohne Gefahr und Schaden hereinbricht, der Mensch ausgelassen wird, ins Gegenteil der Furcht übergeht: das vor Angst zitternde zusammengekrümmte Wesen schnellt empor, entfaltet sich weit – der Mensch lacht. Diesen Übergang aus momentaner Angst in kurzdauernden Übermut nennt man das Komische. Dagegen geht im Phänomen des Tragischen der Mensch schnell aus großem, dauernden Übermut in große Angst über; da aber unter Sterblichen der große dauernde Übermut viel seltener als der Anlaß zur Angst ist, so gibt es viel mehr des Komischen als des Tragischen in der Welt; man lacht viel öfter, als daß man erschüttert ist.

170.

Künstler-Ehrgeiz. – Die griechischen Künstler, zum Beispiel die Tragiker, dichteten, um zu siegen; ihre ganze Kunst ist nicht ohne Wettkampf zu denken: die Hesiodische gute Eris, der Ehrgeiz, gab ihrem Genius die Flügel. Nun verlangte dieser Ehrgeiz vor Allem, daß ihr Werk die höchste Vortrefflichkeit vor *ihren eigenen Augen erhalte,* so wie sie also die Vortrefflichkeit verstanden, ohne Rücksicht auf einen herrschenden Geschmack und die allgemeine Meinung über das Vortreffliche an einem Kunstwerk; und so blieben Äschylus und Euripides lange Zeit ohne Erfolg, bis sie sich endlich Kunstrichter *erzogen* hatten, welche ihr Werk nach den Maßstäben würdigten, welche sie selber anlegten. Somit erstreben sie den Sieg über Nebenbuhler nach ihrer eigenen Schätzung, vor ihrem eigenen Richterstuhl, sie wollen wirklich vortrefflicher *sein;* dann fordern sie von außen her Zustimmung zu dieser eignen Schätzung, Bestätigung ihres Urteils. Ehre erstreben heißt hier »sich überlegen machen und wünschen, daß es auch öffentlich so erscheine«. Fehlt das Erstere und wird das Zweite trotzdem begehrt, so spricht man von *Eitelkeit.* Fehlt das Letztere und wird es nicht vermißt, so redet man von *Stolz.*

171.

Das Notwendige am Kunstwerk. – Die, welche so viel von dem Notwendigen an einem Kunstwerke reden, übertreiben, wenn sie Künstler sind, *in majorem artis gloriam,* oder wenn sie Laien sind, aus Unkenntnis. Die Formen eines Kunstwerks, welche seine Gedanken zum Reden bringen, also seine Art zu sprechen sind, haben immer etwas Läßliches, wie alle Art Sprache. Der Bildhauer kann viele kleine Züge hinzutun oder weglassen: ebenso der Darsteller, sei es ein Schauspieler oder, in betreff der Musik, ein Virtuos oder Dirigent. Diese vielen kleinen Züge und Ausfeilungen machen ihm heut Vergnügen, morgen nicht, sie sind mehr des Künstlers als der Kunst wegen da, denn auch er bedarf, bei der Strenge und Selbstbezwingung, welche die Darstellung des Hauptgedankens von ihm fordert, gelegentlich des Zuckerbrots und der Spielsachen, um nicht mürrisch zu werden.

172.

Den Meister vergessen machen. – Der Klavierspieler, der das Werk eines Meisters zum Vortrag bringt, wird am besten gespielt haben, wenn er den Meister vergessen ließ und wenn es so erschien, als ob er eine Geschichte seines Lebens erzähle oder jetzt eben Etwas erlebe. Freilich: wenn er nichts Bedeutendes *ist,* wird Jedermann seine Geschwätzigkeit verwünschen, mit der er aus seinem Leben erzählt. Also muß er verstehen, die Phantasie des Hörers für sich einzunehmen. Daraus wiederum erklären sich alle Schwächen und Narrheiten des »Virtuosentums«.

173.

Corriger la fortune. – Es gibt schlimme Zufälligkeiten im Leben großer Künstler, welche zum Beispiel den Maler zwingen, sein bedeutendstes Bild nur als flüchtigen Gedanken zu skizzieren oder zum Beispiel Beethoven zwangen, uns in manchen großen Sonaten (wie in der großen B-Dur) nur den ungenügenden Klavierauszug einer Symphonie zu hinterlassen. Hier soll der späterkommende Künstler das Leben der Großen nachträglich zu korrigieren suchen: was zum Beispiel Der tun würde, welcher, als ein Meister aller Orchesterwirkungen, uns jene, dem Klavier-Scheintode verfallne Symphonie zum Leben erweckte.

174.

Verkleinern. – Manche Dinge, Ereignisse oder Personen vertragen es nicht, im kleinen Maßstabe behandelt zu werden. Man kann die Laokoon-Gruppe nicht zu einer Nippesfigur verkleinern; sie hat Größe notwendig. Aber viel seltener ist es, daß etwas von Natur Kleines die Vergrößerung verträgt; weshalb es Biographen immer noch eher gelingen wird, einen großen Mann klein darzustellen, als einen kleinen groß.

175.

Sinnlichkeit in der Kunst der Gegenwart. – Die Künstler verrechnen sich jetzt häufig, wenn sie auf eine sinnliche Wirkung ihrer Kunstwerke hinarbeiten; denn ihre Zuschauer oder Zuhörer haben nicht mehr ihre vollen Sinne und geraten, ganz wider die Absicht des Künstlers, durch sein Kunstwerk in eine »Heiligkeit« der Empfindung, welche der Langweiligkeit nahe verwandt ist. – Ihre Sinnlichkeit fängt vielleicht dort an, wo die des Künstlers gerade aufhört, sie begegnen sich also höchstens an einem Punkte.

176.

Shakespeare als Moralist. – Shakespeare hat über die Leidenschaften viel nachgedacht und wohl von seinem Temperamente her zu vielen einen sehr nahen Zugang gehabt (Dramatiker sind im allgemeinen ziemlich böse Menschen). Aber er vermochte nicht wie Montaigne, darüber zu reden, sondern legte die Beobachtungen *über* die Passionen den passionierten Figuren in den Mund: was zwar wider die Natur ist, aber seine Dramen so gedankenvoll macht, daß sie alle anderen leer erscheinen lassen und leicht einen allgemeinen Widerwillen gegen sie erwecken. – Die Sentenzen Schillers (welchen fast immer falsche oder unbedeutende Einfälle zugrunde liegen) sind eben Theatersentenzen und wirken als solche sehr stark: während die Sentenzen Shakespeares seinem Vorbilde Montaigne Ehre machen und ganz ernsthafte Gedanken in geschliffener Form enthalten, deshalb aber für die Augen des Theaterpublikums zu fern und zu fein, also unwirksam sind.

177.

Sich gut zu Gehör bringen. – Man muß nicht nur verstehen, gut zu spielen, sondern auch sich gut zu Gehör zu bringen. Die Geige in der Hand des größten Meisters gibt nur ein Gezirp von sich, wenn der Raum zu groß ist; man kann da den Meister mit jedem Stümper verwechseln.

178.

Das Unvollständige als das Wirksame. – Wie Relieffiguren dadurch so stark auf die Phantasie wirken, daß sie gleichsam auf dem Wege sind, aus der Wand herauszutreten und plötzlich, irgendwodurch gehemmt, haltmachen: so ist mitunter die reliefartig unvollständige Darstellung des Gedankens, einer ganzen Philosophie wirksamer als die erschöpfende Ausführung: man überläßt der Arbeit des Beschauers mehr, er wird aufgeregt, das was in so starkem Licht und Dunkel vor ihm sich abhebt, fortzubilden, zu Ende zu denken und jenes Hemmnis selber zu überwinden, welches ihrem völligen Heraustreten bis dahin hinderlich war.

179.

Gegen die Originalen. – Wenn die Kunst sich in den abgetragensten Stoff kleidet, erkennt man sie am besten als Kunst.

180.

Kollektivgeist. – Ein guter Schriftsteller hat nicht nur seinen eignen Geist, sondern auch noch den Geist seiner Freunde.

181.

Zweierlei Verkennung. – Das Unglück scharfsinniger und klarer Schriftsteller ist, daß man sie für flach nimmt und deshalb ihnen keine Mühe zuwendet: und das Glück der unklaren, daß der Leser sich an ihnen abmüht und die Freude über seinen Eifer ihnen zugute schreibt.

182.

Verhältnis zur Wissenschaft. – Alle Die haben kein wirkliches Interesse an einer Wissenschaft, welche erst dann anfangen für sie warm zu werden, wenn sie selbst Entdeckungen in ihr gemacht haben.

183.

Der Schlüssel. – Der Eine Gedanke, auf den ein bedeutender Mensch, zum Gelächter und Spott der Unbedeutenden, großen Wert legt, ist für ihn ein Schlüssel zu verborgenen Schatzkammern, für jene nicht mehr als ein Stück alten Eisens.

184.

Unübersetzbar. – Es ist weder das Beste, noch das Schlechteste an einem Buche, was an ihm unübersetzbar ist.

185.

Paradoxien des Autors. – Die sogenannten Paradoxien des Autors, an welchem ein Leser Anstoß nimmt, stehen häufig gar nicht im Buche des Autors, sondern im Kopfe des Lesers.

186.

Witz. – Die witzigsten Autoren erzeugen das kaum bemerkbare Lächeln.

187.

Die Antithese. – Die Antithese ist die enge Pforte, durch welche sich am liebsten der Irrtum zur Wahrheit schleicht.

188.

Denker als Stilisten. – Die meisten Denker schreiben schlecht, weil sie uns nicht nur ihre Gedanken, sondern auch das Denken der Gedanken mitteilen.

189.

Gedanken im Gedicht. – Der Dichter führt seine Gedanken festlich daher, auf dem Wagen des Rhythmus: gewöhnlich deshalb, weil diese zu Fuß nicht gehen können.

190.

Sünde wider den Geist des Lesers. – Wenn der Autor sein Talent verleugnet, bloß um sich dem Leser gleichzustellen, so begeht er die einzige Todsünde, welche ihm jener nie verzeiht: falls er nämlich etwas davon merkt. Man darf dem Menschen sonst alles Böse nachsagen: aber in der Art, *wie* man es sagt, muß man seine Eitelkeit wieder aufzurichten wissen.

191.

Grenze der Ehrlichkeit. – Auch dem ehrlichsten Schriftsteller entfällt ein Wort zuviel, wenn er eine Periode abrunden will.

192.

Der beste Autor. – Der beste Autor wird der sein, welcher sich schämt, Schriftsteller zu werden.

193.

Drakonisches Gesetz gegen Schriftsteller. – Man sollte einen Schriftsteller als einen Missetäter ansehen, der nur in den seltensten Fällen Freisprechung oder Begnadigung verdient: das wäre ein Mittel gegen das Überhandnehmen der Bücher.

194.

Die Narren der modernen Kultur. – Die Narren der mittelalterlichen Höfe entsprechen unsern *Feuilletonisten;* es ist dieselbe Gattung Menschen, halbvernünftig, witzig, übertrieben, albern, mitunter nur dazu da, das Pathos der Stimmung durch Einfälle, durch Geschwätz zu mildern und den allzu schweren, feierlichen Glockenklang großer Ereignisse durch Geschrei zu übertäuben; ehemals im Dienste der Fürsten und Adligen, jetzt im Dienste von Parteien (wie in Partei-Sinn und Partei-Zucht ein guter Teil der alten Untertänigkeit im Verkehr des Volks mit dem Fürsten jetzt noch fortlebt). Der ganze moderne Literatenstand steht aber den Feuilletonisten sehr nahe, es sind die »Narren der modernen Kultur«, welche man müder beurteilt, wenn man sie als nicht ganz zurechnungsfähig nimmt. Schriftstellerei als Lebensberuf zu betrachten, sollte billigerweise als eine Art Tollheit gelten.

195.

Den Griechen nach. – Der Erkenntnis steht es gegenwärtig sehr im Wege, daß alle Worte durch hundertjährige Übertreibung des Gefühls dunstig und aufgeblasen geworden sind. Die höhere Stufe der Kultur, welche sich unter die Herrschaft (wenn auch nicht unter die Tyrannei) der Erkenntnis stellt, hat eine große Ernüchterung des Gefühls und eine starke Konzentration aller Worte vonnöten; worin uns die Griechen im Zeitalter des Demosthenes vorangegangen sind. Das Überspannte bezeichnet alle modernen Schriften; und selbst wenn sie einfach geschrieben sind, so werden die Worte in denselben noch zu exzentrisch *gefühlt.* Strenge Überlegung, Gedrängtheit, Kälte, Schlichtheit, selbst absichtlich bis an die Grenze hinab, überhaupt An-sich-halten des Gefühls und Schweigsamkeit – das kann allein helfen. – Übrigens ist diese kalte Schreib- und Gefühlsart, als Gegensatz, jetzt sehr reizvoll: und darin liegt freilich eine neue Gefahr. Denn die scharfe Kälte ist so gut ein Reizmittel als ein hoher Wärmegrad.

196.

Gute Erzähler schlechte Erklärer. – Bei guten Erzählern steht oft eine bewunderungswürdige psychologische Sicherheit und Konsequenz, soweit diese in den Handlungen ihrer Personen hervortreten kann, in einem geradezu lächerlichen Gegensatz zu der Ungeübtheit ihres psychologischen Denkens: so daß ihre Kultur in dem einen Augenblicke ebenso ausgezeichnet hoch als im nächsten bedauerlich tief erscheint. Es kommt gar zu häufig vor; daß sie ihre eigenen Helden und deren Handlungen ersichtlich *falsch* erklären, – es ist daran kein Zweifel, so unwahrscheinlich die Sache klingt. Vielleicht hat der größte Klavierspieler nur wenig über die technischen Bedingungen und die spezielle Tugend, Untugend, Nutzbarkeit und Erziehbarkeit jedes Fingers (daktylische Ethik) nachgedacht und macht grobe Fehler, wenn er von solchen Dingen redet.

197.

Die Schriften von Bekannten und ihre Leser. – Wir lesen Schriften von Bekannten (Freunden und Feinden) doppelt, insofern fortwährend unsere Erkenntnis daneben flüstert: »das ist von ihm, ein Merkmal seines inneren Wesens, seiner Erlebnisse, seiner Begabung«, und wiederum eine andere Art Erkenntnis dabei festzustellen sucht, was der Ertrag jenes Werkes an sich ist, welche Schätzung es überhaupt, abgesehn von seinem Verfasser, verdient, welche Bereicherung des Wissens es mit sich bringt. Diese beiden Arten des Lesens und Erwägens stören sich, wie es sich von selbst versteht, gegenseitig. Auch eine Unterhaltung mit einem Freunde wird dann erst gute Früchte der Erkenntnis zeitigen, wenn Beide endlich nur noch an die Sache denken und vergessen, daß sie Freunde sind.

198.

Rhythmische Opfer. – Gute Schriftsteller verändern den Rhythmus mancher Periode bloß deshalb, weil sie den gewöhnlichen Lesern nicht die Fähigkeit zuerkennen, den Takt, welchem die Periode in ihrer ersten Fassung folgte, zu begreifen: deshalb erleichtern sie es ihnen, indem sie bekannteren Rhythmen den Vorzug geben. – Diese Rücksicht auf das rhythmische Unvermögen der jetzigen Leser hat schon manche Seufzer entlockt, denn ihr ist Viel schon zum Opfer gefallen. – Ob es guten Musikern nicht ähnlich ergeht?

199.

Das Unvollständige als künstlerisches Reizmittel. – Das Unvollständige ist oft wirksamer als die Vollständigkeit, so namentlich in der Lobrede: für ihren Zweck braucht man gerade eine anreizende Unvollständigkeit, als ein irrationales Element, welches der Phantasie des Hörers ein Meer vorspiegelt und gleich einem Nebel die gegenüberliegende Küste, also die Begrenztheit des zu lobenden Gegenstandes, verdeckt. Wenn man die bekannten Verdienste eines Menschen erwähnt und dabei ausführlich und breit ist, so läßt dies immer den Argwohn aufkommen, es seien die einzigen Verdienste. Der vollständig Lobende stellt sich über den Gelobten, er scheint ihn zu *übersehen.* Deshalb wirkt das Vollständige abschwächend.

200.

Vorsicht im Schreiben und Lehren. – Wer erst geschrieben hat und die Leidenschaft des Schreibens in sich fühlt, lernt fast aus Allem, was er treibt und erlebt, nur Das noch heraus, was schriftstellerisch mitteilbar ist. Er denkt nicht mehr an sich, sondern an den Schriftsteller und sein Publikum: er will die Einsicht, aber nicht zum eigenen Gebrauche. Wer Lehrer ist, ist meistens unfähig, etwas Eigenes noch für sein eigenes Wohl zu treiben, er denkt immer an das Wohl seiner Schüler, und jede Erkenntnis erfreut ihn nur, soweit er sie lehren kann. Er betrachtet sich zuletzt als einen Durchweg des Wissens und überhaupt als Mittel, so daß er den Ernst für sich verloren hat.

201.

Schlechte Schriftsteller notwendig. – Es wird immer schlechte Schriftsteller geben müssen, denn sie entsprechen dem Geschmack der unentwickelten, unreifen Altersklassen; diese haben so gut ihr Bedürfnis wie die reifen. Wäre das menschliche Leben länger, so würde die Zahl der reif gewordenen Individuen überwiegend oder mindestens gleich groß mit der der unreifen sein; so aber sterben bei weitem die Meisten zu jung, das heißt es gibt immer viel mehr unentwickelte Intellekte mit schlechtem Geschmack. Diese begehren überdies mit der größeren Heftigkeit der Jugend nach Befriedigung ihres Bedürfnisses: und sie *erzwingen sich* schlechte Autoren.

202.

Zu nah und zu fern. – Der Leser und der Autor verstehen sich häufig deshalb nicht, weil der Autor sein Thema zu gut kennt und es beinahe langweilig findet, so daß er die Beispiele erläßt, die er zu Hunderten weiß; der Leser aber ist der Sache fremd und findet sie leicht schlecht begründet, wenn ihm die Beispiele vorenthalten werden.

203.

Eine verschwundene Vorbereitung zur Kunst. – An Allem, was das Gymnasium trieb, war das Wertvollste die Übung im lateinischen Stil: diese war eben eine *Kunstübung,* während alle andern Beschäftigungen nur das Wissen zum Zweck hatten. Den deutschen Aufsatz voranzustellen ist Barbarei: denn wir haben keinen mustergültigen, an öffentlicher Beredsamkeit emporgewachsenen deutschen Stil; will man aber durch den deutschen Aufsatz die Übung im Denken fördern, so ist es gewiß besser, wenn man einstweilen von Stil dabei überhaupt absieht, also zwischen der Übung im Denken und der im Darstellen scheidet. Letztere sollte sich auf mannigfache Fassung eines gegebenen Inhalts beziehen und nicht auf selbständiges Erfinden eines Inhalts. Die bloße Darstellung bei gegebenem Inhalte war die Aufgabe des lateinischen Stils, für welchen die alten Lehrer eine längst verlorengegangene Feinheit des Gehörs besaßen. Wer ehemals gut in einer modernen Sprache schreiben lernte, verdankte es dieser Übung (jetzt muß man sich notgedrungen zu den älteren Franzosen in die Schule schicken). Aber noch mehr: er bekam einen Begriff von der Hoheit und Schwierigkeit der Form überhaupt und wurde für die Kunst auf dem einzig richtigen Wege vorbereitet, durch Praxis.

204.

Dunkles und Überhelles nebeneinander. – Schriftsteller, welche im allgemeinen ihren Gedanken keine Deutlichkeit zu geben verstehen, werden im einzelnen mit Vorliebe die stärksten, übertriebensten Bezeichnungen und Superlative wählen: dadurch entsteht eine Lichtwirkung, wie bei Fackelbeleuchtung auf verworrenen Waldwegen.

205.

Schriftstellerisches Malertum. – Einen bedeutenden Gegenstand wird man am besten darstellen, wenn man die Farben zum Gemälde, aus dem Gegenstande selber wie ein Chemiker nimmt und sie dann wie ein Artist verbraucht: so daß man die Zeichnung aus den Grenzen und Übergängen der Farben erwachsen läßt. So bekommt das Gemälde Etwas von dem hinreißenden Naturelement, welches den Gegenstand selber bedeutend macht.

206.

Bücher, welche tanzen lehren. – Es gibt Schriftsteller, welche dadurch, daß sie Unmögliches als möglich darstellen und vom Sittlichen und Genialen so reden, als ob beides nur eine Laune, ein Belieben sei, ein Gefühl von übermütiger Freiheit hervorbringen, wie wenn der Mensch sich auf die Fußspitzen stellte und vor innerer Lust durchaus tanzen müßte.

207.

Nicht fertig gewordene Gedanken. – Ebenso wie nicht nur das Mannesalter, sondern auch Jugend und Kindheit einen Wert an sich haben und gar nicht nur als Durchgänge und Brücken zu schätzen sind, so haben auch die nicht fertig gewordenen Gedanken ihren Wert. Man muß deshalb einen Dichter nicht mit subtiler Auslegung quälen und sich an der Unsicherheit seines Horizontes vergnügen; wie als ob der Weg zu mehreren Gedanken noch offen sei. Man steht an der Schwelle; man wartet wie bei der Ausgrabung eines Schatzes: es ist, als ob ein Glücksfund von Tiefsinn eben gemacht werden sollte. Der Dichter nimmt Etwas von der Lust des Denkers beim Finden eines Hauptgedankens vorweg und macht uns damit begehrlich, so daß wir nach diesem haschen: der aber gaukelt an unserem Kopf vorüber und zeigt die schönsten Schmetterlingsflügel – und doch entschlüpft er uns.

208.

Das Buch fast zum Menschen geworden. – Jeden Schriftsteller überrascht es von neuem, wie das Buch, sobald es sich von ihm gelöst hat, ein eignes Leben für sich weiterlebt; es ist ihm zumute, als wäre der eine Teil eines Insektes losgetrennt und ginge nun seinen eigenen Weg weiter. Vielleicht vergißt er es fast ganz, vielleicht erhebt er sich über die darin niedergelegten Ansichten, vielleicht selbst versteht er es nicht mehr und hat jene Schwingen verloren, auf denen er damals flog, als er jenes Buch aussann: währenddem sucht es sich seine Leser, entzündet Leben, beglückt, erschreckt, erzeugt neue Werke, wird die Seele von Vorsätzen und Handlungen –

kurz: es lebt wie ein mit Geist und Seele ausgestattetes Wesen und ist doch kein Mensch. – Das glücklichste Los hat der Autor gezogen, welcher, als alter Mann, sagen kann, daß Alles, was von lebenszeugenden, kräftigenden, erhebenden, aufklärenden Gedanken und Gefühlen in ihm war, in seinen Schriften noch fortlebe, und daß er selber nur noch die graue Asche bedeute, während das Feuer überallhin gerettet und weitergetragen sei. – Erwägt man nun gar, daß jede Handlung eines Menschen, nicht nur ein Buch, auf irgendeine Art Anlaß zu anderen Handlungen, Entschlüssen, Gedanken wird, daß Alles, was geschieht, unlösbar fest sich mit Allem, was geschehen wird, verknotet, so erkennt man die wirkliche *Unsterblichkeit,* die es gibt, die der Bewegung: was einmal bewegt hat, ist in dem Gesamtverbande alles Seienden, wie in einem Bernsteine ein Insekt, eingeschlossen und verewigt.

209.

Freude im Alter. – Der Denker und ebenso der Künstler, welcher sein besseres Selbst in Werke geflüchtet hat, empfindet eine fast boshafte Freude, wenn er sieht, wie sein Leib und Geist langsam von der Zeit angebrochen und zerstört werden, als ob er aus einem Winkel einen Dieb an seinem Geldschranke arbeiten sähe, während er weiß, daß dieser leer ist und alle Schätze gerettet sind.

210.

Ruhige Fruchtbarkeit. – Die geborenen Aristokraten des Geistes sind nicht zu eifrig; ihre Schöpfungen erscheinen und fallen an einem ruhigen Herbstabend vom Baume, ohne hastig begehrt, gefördert, durch Neues verdrängt zu werden. Das unablässige Schaffenwollen ist gemein und zeigt Eifersucht, Neid, Ehrgeiz an. Wenn man Etwas ist, so braucht man eigentlich Nichts zu machen – und tut doch sehr viel. Es gibt über dem »produktiven« Menschen noch eine höhere Gattung.

211.

Achilles und Homer. – Es ist immer wie zwischen Achilles und Homer: der Eine hat das Erlebnis, die Empfindung, der Andre *beschreibt* sie. Ein wirklicher Schriftsteller gibt dem Affekt und der Erfahrung Anderer nur Worte, er ist Künstler, um aus dem Wenigen, was er empfunden hat, Viel zu erraten. Künstler sind keineswegs die Menschen der großen Leidenschaft, aber häufig *geben* sie sich als solche, in der unbewußten Empfindung, daß man ihrer gemalten Leidenschaft mehr traut, wenn ihr eignes Leben für ihre Erfahrung auf diesem Gebiete spricht. Man braucht sich ja nur gehenzulassen, sich nicht zu beherrschen, seinem Zorn, seiner Begierde offenen Spielraum zu gönnen: sofort schreit alle Welt: wie leidenschaftlich ist er! Aber mit der tief wühlenden, das Individuum anzehrenden und oft verschlingenden Leidenschaft hat es etwas auf sich: wer sie erlebt, beschreibt sie gewiß nicht in Dramen, Tönen oder Romanen. Künstler sind häufig *zügellose* Individuen, soweit sie eben nicht Künstler sind: aber das ist etwas Anderes.

212.

Alte Zweifel über die Wirkung der Kunst. – Sollten Mitleid und Furcht wirklich, wie Aristoteles will, durch die Tragödie entladen werden, so daß der Zuhörer kälter und ruhiger nach Hause zurückkehre? Sollten Geistergeschichten weniger furchtsam und abergläubisch machen? Es ist bei einigen physischen Vorgängen, zum Beispiel bei dem Liebesgenuß, wahr, daß mit der Befriedigung eines Bedürfnisses eine Linderung und zeitweilige Herabstimmung des Triebes eintritt. Aber die Furcht und das Mitleid sind nicht in diesem Sinne Bedürfnisse bestimmter Organe, welche erleichtert werden wollen. Und auf die Dauer wird selbst jeder Trieb durch Übung in seiner Befriedigung *gestärkt,* trotz jener periodischen Linderungen. Es wäre möglich, daß Mitleid und Furcht in jedem einzelnen Falle durch die Tragödie gemildert und entladen würden: trotzdem könnten sie im ganzen durch die tragische Einwirkung überhaupt größer werden, und Plato behielte doch recht, wenn er meint, daß man durch die Tragödie insgesamt ängstlicher und rührseliger werde. Der tragische Dichter selbst würde dann notwendig eine düstere, furchtvolle Weltbetrachtung und eine weiche, reizbare, tränensüchtige Seele bekommen; auch würde es zu Platos Meinung stimmen, wenn die tragischen Dichter und ebenso die ganzen Stadtgemeinden, welche sich besonders an ihnen ergötzen, zu immer größerer Maß- und Zügellosigkeit ausarten. – Aber welches Recht hat unsre Zeit überhaupt, auf die große Frage Platos nach dem moralischen Einfluß der Kunst eine Antwort zu geben? Hätten wir selbst die Kunst – wo haben wir den Einfluß, *irgendeinen* Einfluß der Kunst?

213.

Freude am Unsinn. – Wie kann der Mensch Freude am Unsinn haben? So weit nämlich auf der Welt gelacht wird, ist dies der Fall; ja man kann sagen, fast überall, wo es Glück gibt, gibt es Freude am Unsinn. Das Umwerfen der Erfahrung ins Gegenteil, des Zweckmäßigen ins Zwecklose, des Notwendigen ins Beliebige, doch so, daß dieser Vorgang keinen Schaden macht und nur einmal aus Übermut vorgestellt wird, ergötzt, denn es befreit uns momentan von dem Zwange des Notwendigen, Zweckmäßigen und Erfahrungsgemäßen, in denen wir für gewöhnlich unsere unerbittlichen Herren sehn; wir spielen und lachen dann, wenn das Erwartete (das gewöhnlich bange macht und spannt) sich ohne zu schädigen entladet. Es ist die Freude der Sklaven am Saturnalienfeste.

214.

Veredelung der Wirklichkeit. – Dadurch, daß die Menschen in dem aphrodisischen Triebe eine Gottheit sahen und ihn mit anbetender Dankbarkeit in sich wirkend fühlten, ist im Verlaufe der Zeit jener Affekt mit höheren Vorstellungsreihen durchzogen und dadurch tatsächlich sehr veredelt worden. So haben sich einige Völker, vermöge dieser Kunst des Idealisierens, aus Krankheiten große Hilfsmächte der Kultur geschaffen: zum Beispiel die Griechen, welche in früheren Jahrhunderten an großen Nerven-Epidemien (in der Art der Epilepsie und des Veitstanzes) litten und daraus den herrlichen Typus der Bacchantin herausgebildet haben. – Die Griechen besaßen nämlich nichts weniger als eine vierschrötige Gesundheit; – ihr Geheimnis war, auch die Krankheit, wenn sie nur *Macht* hatte, als Gott zu verehren.

215.

Musik. – Die Musik ist nicht an und für sich so bedeutungsvoll für unser Innres, so tief erregend, daß sie als *unmittelbare* Sprache des Gefühls gelten dürfte; sondern ihre uralte Verbindung mit der Poesie hat so viel Symbolik in die rhythmische Bewegung, in Stärke und Schwäche des Tones gelegt, daß wir jetzt *wähnen,* sie spräche direkt *zum* Inneren und käme *aus* dem Inneren. Die dramatische Musik ist erst möglich, wenn sich die Tonkunst ein ungeheures Bereich symbolischer Mittel erobert hat, durch Lied, Oper und hundertfältige Versuche der Tonmalerei. Die »absolute Musik« ist entweder Form an sich, im rohen Zustand der Musik, wo das Erklingen in Zeitmaß und verschiedener Stärke überhaupt Freude macht, oder die ohne Poesie schon zum Verständnis redende Symbolik der Formen, nachdem in langer Entwicklung beide Künste verbunden waren und endlich die musikalische Form ganz mit Begriffs- und Gefühlsfäden durchsponnen ist. Menschen, welche in der Entwicklung der Musik zurückgeblieben sind, können dasselbe Tonstück rein formalistisch empfinden, wo die Fortgeschrittenen Alles symbolisch verstehen. An sich ist keine Musik tief und bedeutungsvoll, sie spricht nicht vom »Willen«, vom »Dinge an sich«; das konnte der Intellekt erst in einem Zeitalter wähnen, welches den ganzen Umfang des inneren Lebens für die musikalische Symbolik erobert hatte. Der Intellekt selber hat diese Bedeutsamkeit erst in den Klang *hineingelegt:* wie er in die Verhältnisse von Linien und Maßen bei der Architektur ebenfalls Bedeutsamkeit gelegt hat, welche aber an sich den mechanischen Gesetzen ganz fremd ist.

216.

Gebärde und Sprache. – Älter als die Sprache ist das Nachmachen von Gebärden, welches unwillkürlich vor sich geht und jetzt noch, bei einer allgemeinen Zurückdrängung der Gebärdensprache und gebildeten Beherrschung der Muskeln, so stark ist, daß wir ein bewegtes Gesicht nicht ohne Innervation unseres Gesichtes ansehen können (man kann beobachten, daß fingiertes Gähnen bei Einem, der es sieht, natürliches Gähnen hervorruft). Die nachgeahmte Gebärde leitete Den, der nachahmte, zu der Empfindung zurück, welche sie im Gesicht oder Körper des Nachgeahmten ausdrückte. So lernte man sich verstehn: so lernt noch das Kind die Mutter verstehn. Im allgemeinen mögen schmerzhafte Empfindungen wohl auch durch Gebärden ausgedrückt worden sein, welche Schmerz ihrerseits verursachten (zum Beispiel durch Haarausraufen, Die-Brust-Schlagen, gewaltsame Verzerrung und Anspannung der Gesichtsmuskeln). Umgekehrt: Gebärden der Lust waren selber lustvoll und eigneten sich dadurch leicht zum Mitteilen des Verständnisses (Lachen als Äußerung des Gekitzeltwerdens, welches lustvoll ist, diente wiederum zum Ausdruck anderer lustvoller Empfindungen). – Sobald man sich in Gebärden verstand, konnte wiederum eine *Symbolik* der Gebärde entstehen: ich meine, man konnte über eine Tonzeichensprache sich verständigen, so zwar, daß man zuerst Ton *und* Gebärde (zu der er symbolisch hinzutrat), später nur den Ton hervorbrachte. – Es scheint sich da in früher Zeit Dasselbe oftmals ereignet zu haben, was jetzt vor unseren Augen und Ohren in der Entwicklung der Musik, namentlich der dramatischen Musik, vor sich geht: während zuerst die Musik, ohne erklärenden Tanz und Mimus (Gebärdensprache), leeres Geräusch ist, wird durch lange Gewöhnung an jenes Nebeneinander von Musik und Bewegung das Ohr zur sofortigen Ausdeutung der Tonfiguren eingeschult und kommt endlich auf eine Höhe des schnellen Verständnisses, wo es der sichtbaren Bewegung gar nicht mehr bedarf und den Tondichter ohne dieselbe *versteht.* Man redet dann von absoluter Musik, das heißt von Musik, in der Alles ohne weitere Beihilfe sofort symbolisch verstanden wird.

217.

Die Entsinnlichung der höheren Kunst. – Unsere Ohren sind, vermöge der außerordentlichen Übung des Intellekts durch die Kunstentwicklung der neuen Musik, immer intellektualer geworden. Deshalb ertragen wir jetzt viel größere Tonstärke, viel mehr »Lärm«, weil wir viel besser eingeübt sind, auf die *Vernunft in ihm* hinzuhorchen, als unsere Vorfahren. Tatsächlich sind nun alle unsere Sinne eben dadurch, daß sie immer gleich nach der Vernunft, also nach dem »es bedeutet« und nicht mehr nach dem »es ist« fragen, etwas abgestumpft worden: wie sich eine solche Abstumpfung zum Beispiel in der unbedingten Herrschaft der Temperatur der Töne verrät; denn Jetzt gehören Ohren, welche die feineren Unterscheidungen, zum Beispiel zwischen *cis* und *des,* noch machen, zu den Ausnahmen. In dieser Hinsicht ist unser Ohr vergröbert worden. Sodann ist die häßliche, den Sinnen ursprünglich feindselige Seite der Welt für die Musik erobert worden; ihr

Machtbereich namentlich zum Ausdruck des Erhabenen, Furchtbaren, Geheimnisvollen hat sich damit erstaunlich erweitert: unsere Musik bringt jetzt Dinge zum Reden, welche früher keine Zunge hatten. In ähnlicher Weise haben einige Maler das Auge intellektualer gemacht und sind weit über Das hinausgegangen, was man früher Farben- und Formenfreude nannte. Auch hier ist die ursprünglich als häßlich geltende Seite der Welt vom künstlerischen Verstande erobert worden. – Was ist von alledem die Konsequenz? Je gedankenfähiger Auge und Ohr werden, um so mehr kommen sie an die Grenze, wo sie unsinnlich werden: die Freude wird ins Gehirn verlegt, die Sinnesorgane selbst werden stumpf und schwach, das Symbolische tritt immer mehr an Stelle des Seienden – und so gelangen wir auf diesem Wege so sicher zur Barbarei, wie auf irgendeinem anderen. Einstweilen heißt es noch: die Welt ist häßlicher als je, aber sie *bedeutet* eine schönere Welt, als je gewesen. Aber je mehr der Ambraduft der Bedeutung sich zerstreut und verflüchtigt, um so seltener werden Die, welche ihn noch wahrnehmen: und die Übrigen bleiben endlich bei dem Häßlichen stehen und suchen es direkt zu genießen, was ihnen aber immer mißlingen muß. So gibt es in Deutschland eine doppelte Strömung der musikalischen Entwicklung: hier eine Schar von Zehntausend mit immer höheren, zarteren Ansprüchen und immer mehr nach dem »es bedeutet« hinhörend, und dort die ungeheure Überzahl, welche alljährlich immer unfähiger wird, das Bedeutende auch in der Form der sinnlichen Häßlichkeit zu verstehen, und deshalb nach dem an sich Häßlichen und Ekelhaften, das heißt dem niedrig Sinnlichen, in der Musik mit immer mehr Behagen greifen lernt.

218.

Der Stein ist mehr Stein als früher. – Wir verstehen im allgemeinen Architektur nicht mehr, wenigstens lange nicht in der Weise, wie wir Musik verstehen. Wir sind aus der Symbolik der Linien und Figuren herausgewachsen, wie wir der Klangwirkungen der Rhetorik entwöhnt sind, und haben diese Art von Muttermilch der Bildung nicht mehr vom ersten Augenblick unseres Lebens an eingesogen. An einem griechischen oder christlichen Gebäude bedeutete ursprünglich Alles etwas, und zwar in Hinsicht auf eine höhere Ordnung der Dinge: diese Stimmung einer unausschöpflichen Bedeutsamkeit lag um das Gebäude gleich einem zauberhaften Schleier. Schönheit kam nur nebenbei in das System hinein, ohne die Grundempfindung des Unheimlich-Erhabenen, des durch Götternähe und Magie Geweihten wesentlich zu beeinträchtigen; Schönheit *milderte* höchstens das *Grauen* – aber dieses Grauen war überall die Voraussetzung. – Was ist uns jetzt die Schönheit eines Gebäudes? Dasselbe wie das schöne Gesicht einer geistlosen Frau: etwas Maskenhaftes.

219.

Religiöse Herkunft der neueren Musik. – Die seelenvolle Musik entsteht in dem wiederhergestellten Katholizismus nach dem Tridentiner Konzil, durch Palestrina, welcher dem neu erwachten innigen und tief bewegten Geiste zum Klange verhalf; später, mit Bach, auch im Protestantismus, soweit dieser durch die Pietisten vertieft und von seinem ursprünglichen dogmatischen Grundcharakter losgebunden worden war. Voraussetzung und notwendige Vorstufe für beide Entstehungen ist die Befassung mit Musik, wie sie dem Zeitalter der Renaissance und Vor-Renaissance zu eigen war, namentlich jene gelehrte Beschäftigung mit Musik, jene im Grunde wissenschaftliche Lust an den Kunststücken der Harmonik und Stimmführung. Andererseits mußte auch die Oper vorhergegangen sein: in welcher der Laie seinen Protest gegen eine zu gelehrt gewordene kalte Musik zu erkennen gab und der Polyhymnia wieder eine Seele schenken wollte. – Ohne jene tiefreligiöse Umstimmung, ohne das Ausklingen des innerlichst-erregten Gemüts wäre die Musik gelehrt oder opernhaft geblieben; der Geist der Gegenreformation ist der Geist der modernen Musik (denn jener Pietismus in Bachs Musik ist auch eine Art Gegenreformation). So tief sind wir dem religiösen Leben verschuldet. – Die Musik war die *Gegenrenaissance* im Gebiete der Kunst; zu ihr gehört die spätere Malerei der Carracci, zu ihr vielleicht auch der Barockstil: mehr jedenfalls als die Architektur der Renaissance oder des Altertums. Und noch jetzt dürfte man fragen: wenn unsere neuere Musik die Steine bewegen könnte, würde sie diese zu einer antiken Architektur zusammensetzen? Ich zweifele sehr. Denn Das, was in dieser Musik regiert, der Affekt, die Lust an erhöhten, weitgespannten Stimmungen, das Lebendig-werden-Wollen um jeden Preis, der rasche Wechsel der Empfindung, die starke Reliefwirkung in Licht und Schatten, die Nebeneinanderstellung der Ekstase und des Naiven, – das hat Alles schon einmal in den bildenden Künsten regiert und neue Stilgesetze geschaffen: – es war aber weder im Altertum noch in der Zeit der Renaissance.

220.

Das Jenseits in der Kunst. – Nicht ohne tiefen Schmerz gesteht man sich ein, daß die Künstler aller Zeiten in ihrem höchsten Aufschwunge gerade jene Vorstellungen zu einer himmlischen Verklärung hinaufgetragen haben, welche wir jetzt als falsch erkennen: sie sind die Verherrlicher der religiös-philosophischen Irrtümer der Menschheit, und sie hätten dies nicht sein können ohne den Glauben an die absolute Wahrheit derselben. Nimmt nun der Glaube an eine solche Wahrheit überhaupt ab, verblassen die Regenbogenfarben um die äußersten Enden des menschlichen Erkennens und Wähnens: so kann jene Gattung von Kunst nie wieder aufblühen, welche wie die *divina commedia,* die Bilder Raffaels, die Fresken Michelangelos, die gotischen Münster nicht nur eine kosmische, sondern auch eine metaphysische Bedeutung der Kunstobjekte voraussetzt. Es wird eine rührende Sage daraus werden, daß es eine solche Kunst, einen solchen Künstlerglauben gegeben habe.

221.

Die Revolution in der Poesie. – Der strenge Zwang, welchen sich die französischen Dramatiker auferlegten, in Hinsicht auf Einheit der Handlung, des Ortes und der Zeit, auf Stil, Vers- und Satzbau, Auswahl der Worte und Gedanken, war eine so wichtige Schule, wie die des Kontrapunkts und der Fuge in der Entwicklung der modernen Musik oder wie die Gorgianischen Figuren in der griechischen Beredsamkeit. Sich so zu binden kann absurd erscheinen; trotzdem gibt es kein anderes Mittel, um aus dem Naturalisieren herauszukommen, als sich zuerst auf das Allerstärkste (vielleicht Allerwillkürlichste) zu beschränken. Man lernt so allmählich mit Grazie selbst auf den schmalen Stegen schreiten, welche schwindelnde Abgründe überbrücken, und bringt die höchste Geschmeidigkeit der Bewegung als Ausbeute mit heim: wie die Geschichte der Musik vor den Augen aller Jetztlebenden beweist. Hier sieht man, wie Schritt für Schritt die Fesseln lockerer werden, bis sie endlich ganz abgeworfen scheinen können: dieser *Schein* ist das höchste Ergebnis einer notwendigen Entwicklung in der Kunst. In der modernen Dichtkunst gab es keine so glückliche allmähliche Herauswicklung aus den selbstgelegten Fesseln. Lessing machte die französische Form, das heißt die einzige moderne Kunstform, zum Gespött in Deutschland und verwies auf Shakespeare; und so verlor man die Stetigkeit jener Entfesselung und machte einen Sprung in den Naturalismus – das heißt in die Anfänge der Kunst zurück. Aus ihm versuchte sich Goethe zu retten, indem er sich immer von neuem wieder auf verschiedene Art zu binden wußte; aber auch der Begabteste bringt es nur zu einem fortwährenden Experimentieren, wenn der Faden der Entwicklung einmal abgerissen ist. Schifler verdankt die ungefähre Sicherheit seiner Form dem unwillkürlich verehrten, wenn auch verleugneten Vorbilde der französischen Tragödie und hielt sich ziemlich unabhängig von Lessing (dessen dramatische Versuche er bekanntlich ablehnte). Den Franzosen selber fehlten nach Voltaire auf einmal die großen Talente, welche die Entwicklung der Tragödie aus dem Zwange zu jenem Scheine der Freiheit fortgeführt hätten; sie machten später nach deutschem Vorbilde auch den Sprung in eine Art von Rousseauschem Naturzustand der Kunst und experimentierten. Man lese nur von Zeit zu Zeit Voltaires Mahomet, um sich klar vor die Seele zu stellen, was durch jenen Abbruch der Tradition ein für allemal der europäischen Kultur verlorengegangen ist. Voltaire war der letzte der großen Dramatiker, welcher seine vielgestaltige, auch den größten tragischen Gewitterstürmen gewachsene Seele durch griechisches Maß bändigte, – er vermochte Das, was noch kein Deutscher vermochte, weil die Natur des Franzosen der griechischen viel verwandter ist als die Natur des Deutschen –; wie er auch der letzte große Schriftsteller war, der in der Behandlung der Prosa-Rede griechisches Ohr, griechische Künstler-Gewissenhaftigkeit, griechische Schlichtheit und Anmut hatte; ja wie er einer der letzten Menschen gewesen ist, welche die höchste Freiheit des Geistes und eine schlechterdings unrevolutionäre Gesinnung in sich vereinigen können, ohne inkonsequent und feige zu sein. Seitdem ist der moderne Geist mit seiner Unruhe, seinem Haß gegen Maß und Schranke, auf allen Gebieten zur Herrschaft gekommen, zuerst entzügelt durch das Fieber der Revolution und dann wieder sich Zügel anlegend, wenn ihn Angst und Grauen vor sich selber anwandelte, – aber die Zügel der starren *Logik,* nicht mehr die des künstlerischen Maßes. Zwar genießen wir durch jene Entfesselung eine Zeitlang die Poesien aller Völker, alles an verborgenen Stellen Aufgewachsene, Urwüchsige, Wildblühende, Wunderlich-Schöne und Riesenhaft-Unregelmäßige, vom Volksliede an bis zum »großen Barbaren« Shakespeare hinauf; wir schmecken die Freuden der Lokalfarbe und des Zeitkostüms, die allen künstlerischen Völkern bisher fremd waren; wir benutzen reichlich die »barbarischen Avantagen« unserer Zeit, welche Goethe gegen Schiller geltend macht, um die Formlosigkeit seines Faust in das günstigste Licht zu stellen. Aber auf wie lange noch? Die hereinbrechende Flut von Poesien aller Stile aller Völker *muß* ja allmählich das Erdreich wegschwemmen, auf dem ein stilles verborgenes Wachstum noch möglich gewesen wäre; alle Dichter *müssen* ja experimentierende Nachahmer, wagehalsige Kopisten werden, mag ihre Kraft von Anbeginn noch so groß sein. Das Publikum endlich, welches verlernt hat, in der *Bändigung* der darstellenden Kraft, in der organisierenden Bewältigung aller Kunstmittel die eigentliche künstlerische Tat zu sehen, *muß* immer mehr die Kraft um der Kraft willen, die Farbe um der Farbe willen, den Gedanken um des Gedankens willen, die Inspiration um der Inspiration willen schätzen, es wird demgemäß die Elemente und Bedingungen des Kunstwerks gar nicht, wenn nicht *isoliert,* genießen und zu guter Letzt die natürliche Forderung stellen, daß der Künstler sie ihm auch isoliert darreichen *müsse.* Ja, man hat die »unvernünftigen« Fesseln der französisch-griechischen Kunst abgeworfen, aber unvermerkt sich daran gewöhnt, alle Fesseln, alle Beschränkung unvernünftig zu finden; – und so bewegt sich die Kunst ihrer *Auflösung* entgegen und streift dabei – was freilich höchst belehrend ist – alle Phasen ihrer Anfänge, ihrer Kindheit, ihrer Unvollkommenheit, ihrer einstmaligen Wagnisse und Ausschreitungen: sie interpretiert, im Zu-Grunde-Gehen, ihre Entstehung, ihr Werden. Einer der Großen, auf dessen Instinkt man sich wohl verlassen kann und dessen Theorie nichts weiter als ein dreißig Jahre *Mehr* von Praxis fehlte, – Lord Byron hat einmal ausgesprochen: »Was die Poesie im allgemeinen anlangt, so bin ich, je mehr ich darüber nachdenke, immer fester der Überzeugung, daß wir allesamt auf dem falschen Wege sind, Einer wie der Andere. Wir folgen alle einem innerlich falschen revolutionären System – unsere oder die nächste Generation wird noch zu derselben Überzeugung gelangen.« Es ist dies derselbe Byron, welcher sagt: »Ich betrachte Shakespeare als das schlechteste Vorbild, wenn auch als den außerordentlichsten Dichter.« Und sagt im Grunde Goethes gereifte künstlerische Einsicht aus der zweiten Hälfte seines Lebens nicht genau Dasselbe? – jene

Einsicht, mit welcher er einen solchen Vorsprung über eine Reihe von Generationen gewann, daß man im großen ganzen behaupten kann, Goethe habe noch gar nicht gewirkt und seine Zeit werde erst kommen? Gerade weil seine Natur ihn lange Zeit in der Bahn der poetischen Revolution festhielt, gerade weil er am gründlichsten auskostete, was Alles indirekt durch jenen Abbruch der Tradition an neuen Funden, Aussichten, Hilfsmitteln entdeckt und gleichsam unter den Ruinen der Kunst ausgegraben worden war, so wiegt seine spätere Umwandelung und Bekehrung so Viel: sie bedeutet, daß er das tiefste Verlangen empfand, die Tradition der Kunst wiederzugewinnen und den stehengebliebenen Trümmern und Säulengängen des Tempels mit der Phantasie des Auges wenigstens die alte Vollkommenheit und Ganzheit anzudichten, wenn die Kraft des Arms sich viel zu schwach erweisen sollte, zu bauen, wo so ungeheure Gewalten schon zum Zerstören nötig waren. So lebte er in der Kunst als in der Erinnerung an die wahre Kunst: sein Dichten war zum Hilfsmittel der Erinnerung, des Verständnisses alter längst entrückter Kunstzeiten geworden. Seine Forderungen waren zwar in Hinsicht auf die Kraft des neuen Zeitalters unerfüllbar; der Schmerz darüber wurde aber reichlich durch die Freude aufgewogen, daß sie einmal erfüllt *gewesen* sind und daß auch wir noch an dieser Erfüllung teilnehmen können. Nicht Individuen, sondern mehr oder weniger idealische Masken; keine Wirklichkeit, sondern eine allegorische Allgemeinheit; Zeitcharaktere, Lokalfarben zum fast Unsichtbaren abgedämpft und mythisch gemacht; das gegenwärtige Empfinden und die Probleme der gegenwärtigen Gesellschaft auf die einfachsten Formen zusammengedrängt, ihrer reizenden, spannenden, pathologischen Eigenschaften entkleidet, in jedem andern als dem artistischen Sinn *wirkungslos* gemacht; keine neuen Stoffe und Charaktere, sondern die alten, längst gewohnten in immer fortwährender Neubeseelung und Umbildung: das ist die Kunst, so wie sie Goethe später *verstand,* so wie sie die Griechen, ja auch die Franzosen *übten.*

222.

Was von der Kunst übrigbleibt. – Es ist wahr, bei gewissen metaphysischen Voraussetzungen hat die Kunst viel größeren Wert, zum Beispiel wenn der Glaube gilt, daß der Charakter unveränderlich sei und das Wesen der Welt sich in allen Charakteren und Handlungen fortwährend ausspreche: da wird das Werk des Künstlers zum Bild des *ewig Beharrenden,* während für unsere Auffassung der Künstler seinem Bilde immer nur Gültigkeit für eine Zeit geben kann, weil der Mensch im ganzen geworden und wandelbar und selbst der einzelne Mensch nichts Festes und Beharrendes ist. – Ebenso steht es bei einer anderen metaphysischen Voraussetzung: gesetzt daß unsere sichtbare Welt nur Erscheinung wäre, wie es die Metaphysiker annehmen, so käme die Kunst der wirklichen Welt ziemlich nahe zu stehen: denn zwischen der Erscheinungswelt und der Traumbild-Welt des Künstlers gäbe es dann gar zu viel Ähnliches; und die übrigbleibende Verschiedenheit stellte sogar die Bedeutung der Kunst höher als die Bedeutung der Natur, weil die Kunst das Gleichförmige, die Typen und Vorbilder der Natur darstellte. – Jene Voraussetzungen sind aber falsch: welche Stellung bleibt nach dieser Erkenntnis jetzt noch der Kunst? Vor Allem hat sie durch Jahrtausende hindurch gelehrt, mit Interesse und Lust auf das Leben in jeder Gestalt zu sehen und unsere Empfindungen so weit zu bringen, daß wir endlich rufen:

»wie es auch sei, das Leben, es ist gut!« Diese Lehre der Kunst, Lust am Dasein zu haben und das Menschenleben wie ein Stück Natur, ohne zu heftige Mitbewegung, als Gegenstand gesetzmäßiger Entwicklung anzusehen, – diese Lehre ist in uns hineingewachsen, sie kommt jetzt als allgewaltiges Bedürfnis des Erkennens wieder ans Licht. Man könnte die Kunst aufgeben, würde damit aber nicht die von ihr gelernte Fähigkeit einbüßen: ebenso wie man die Religion aufgegeben hat, nicht aber die durch sie erworbenen Gemüts-Steigerungen und Erhebungen. Wie die bildende Kunst und die Musik der Maßstab des durch die Religion wirklich erworbenen und hinzugewonnenen Gefühls-Reichtums ist, so würde nach einem Verschwinden der Kunst die von ihr gepflanzte Intensität und Vielartigkeit der Lebensfreude immer noch Befriedigung fordern. Der wissenschaftliche Mensch ist die Weiterentwicklung des künstlerischen.

223.

Abendröte der Kunst. – Wie man sich im Alter der Jugend erinnert und Gedächtnisfeste feiert, so steht bald die Menschheit zur Kunst im Verhältnis einer *rührenden Erinnerung* an die Freuden der Jugend. Vielleicht daß niemals früher die Kunst so tief und seelenvoll erfaßt wurde als jetzt, wo die Magie des Todes dieselbe zu umspielen scheint. Man denke an jene griechische Stadt in Unteritalien, welche an Einem Tage des Jahres noch ihre griechischen Feste feierte, unter Wehmut und Tränen darüber, daß immer mehr die ausländische Barbarei über ihre mitgebrachten Sitten triumphiere; niemals hat man wohl das Hellenische so genossen, nirgendswo diesen goldenen Nektar mit solcher Wollust geschlürft als unter diesen absterbenden Hellenen. Den Künstler wird man bald als ein herrliches Überbleibsel ansehen und ihm, wie einem wunderbaren Fremden, an dessen Kraft und Schönheit das Glück früherer Zeiten hing, Ehren erweisen, wie wir sie nicht leicht Unsersgleichen gönnen. Das Beste an uns ist vielleicht aus Empfindungen früherer Zeiten vererbt, zu denen wir jetzt auf unmittelbarem Wege kaum mehr kommen können; die Sonne ist schon hinuntergegangen, aber der Himmel unseres Lebens glüht und leuchtet noch von ihr her, ob wir sie schon nicht mehr sehen.

FÜNFTES HAUPTSTÜCK:

Anzeichen höherer und niederer Kultur

224.

Veredelung durch Entartung. – Aus der Geschichte ist zu lernen, daß der Stamm eines Volkes sich am besten erhält, in dem die meisten Menschen lebendigen Gemeinsinn infolge der Gleichheit ihrer gewohnten und undiskutierbaren Grundsätze, also infolge ihres gemeinsamen Glaubens haben. Hier erstarkt die gute, tüchtige Sitte, hier wird die Unterordnung des Individuums gelernt und dem Charakter Festigkeit schon als Angebinde gegeben und nachher noch anerzogen. Die Gefahr dieser starken, auf gleichartige charaktervolle Individuen gegründeten Gemeinwesen ist die allmählich durch Vererbung gesteigerte Verdummung, welche nun einmal aller Stabilität wie ihr Schatten folgt. Es sind die ungebundeneren, viel unsichereren und moralisch schwächeren Individuen, an denen das *geistige Fortschreiten* in solchen Gemeinwesen hängt: es sind die Menschen, die Neues und überhaupt Vielerlei versuchen. Unzählige dieser Art gehen, ihrer Schwäche wegen, ohne sehr ersichtliche Wirkung zugrunde; aber im allgemeinen, zumal wenn sie Nachkommen haben, lockern sie auf und bringen von Zeit zu Zeit dem stabilen Elemente eines Gemeinwesens eine Wunde bei. Gerade an dieser wunden und schwach gewordenen Stelle wird dem gesamten Wesen etwas Neues gleichsam *inokuliert;* seine

Kraft im ganzen muß aber stark genug sein, um dieses Neue in sein Blut aufzunehmen und sich zu assimilieren. Die abartenden Naturen sind überall da von höchster Bedeutung, wo ein Fortschritt erfolgen soll; jedem Fortschritt im großen muß eine teilweise Schwächung vorhergehen. Die stärksten Naturen *halten* den Typus *fest*, die schwächeren helfen ihn *fortbilden.* – Etwas Ähnliches ergibt sich für den einzelnen Menschen; selten ist eine Entartung, eine Verstümmelung, selbst ein Laster und überhaupt eine körperliche oder sittliche Einbuße ohne einen Vorteil auf einer anderen Seite. Der kränkere Mensch zum Beispiel wird vielleicht, inmitten eines kriegerischen und unruhigen Stammes, mehr Veranlassung haben, für sich zu sein und dadurch ruhiger und weiser zu werden, der Einäugige wird Ein stärkeres Auge haben, der Blinde wird tiefer ins Innere schauen und jedenfalls schärfer hören. Insofern scheint mir der berühmte Kampf ums Dasein nicht der einzige Gesichtspunkt zu sein, aus dem das Fortschreiten oder Stärkerwerden eines Menschen, einer Rasse erklärt werden kann. Vielmehr muß zweierlei zusammenkommen: einmal die Mehrung der stabilen Kraft durch Bindung der Geister im Glauben und Gemeingefühl; sodann die Möglichkeit, zu höheren Zielen zu gelangen, dadurch, daß entartende Naturen und, infolge derselben, teilweise Schwächungen und Verwundungen der stabilen Kraft vorkommen; gerade die schwächere Natur, als die zartere und freiere, macht alles Fortschreiten überhaupt möglich. Ein Volk, das irgendwo anbröckelt und schwach wird, aber im ganzen noch stark und gesund ist, vermag die Infektion des Neuen aufzunehmen und sich zum Vorteil einzuverleiben. Bei dem einzelnen Menschen lautet die Aufgabe der Erziehung so: ihn so fest und sicher hinzustellen, daß er als Ganzes gar nicht mehr aus seiner Bahn abgelenkt werden kann. Dann aber hat der Erzieher ihm Wunden beizubringen oder die Wunden, welche das Schicksal ihm schlägt, zu benutzen, und wenn so der Schmerz und das Bedürfnis entstanden sind, so kann auch in die verwundeten Stellen etwas Neues und Edles inokuliert werden. Seine gesamte Natur wird es in sich hineinnehmen und später, in ihren Früchten, die Veredelung spüren lassen. – Was den Staat betrifft, so sagt Machiavelli, daß »die Form der Regierungen von sehr geringer Bedeutung ist, obgleich halbgebildete Leute anders denken. Das große Ziele der Staatskunst sollte *Dauer* sein, welche alles Andere aufwiegt, indem sie weit wertvoller ist als Freiheit«. Nur bei sicher begründeter und verbürgter größter Dauer ist stetige Entwicklung und veredelnde Inokulation überhaupt möglich. Freilich wird gewöhnlich die gefährliche Genossin aller Dauer, die Autorität, sich dagegen wehren.

225.

Freigeist ein relativer Begriff. – Mann nennt *den* einen Freigeist, welcher anders denkt, als man von ihm aufgrund seiner Herkunft, Umgebung, seines Standes und Amtes oder aufgrund der herrschenden Zeitansichten erwartet. Er ist die Ausnahme, die gebundenen Geister sind die Regel; diese werfen ihm vor, daß seine freien Grundsätze ihren Ursprung entweder in der Sucht aufzufallen haben, oder gar auf freie Handlungen, das heißt auf solche, welche mit der gebundenen Moral unvereinbar sind, schließen lassen. Bisweilen sagt man auch, diese oder jene freien Grundsätze seien aus Verschrobenheit und Überspanntheit des Kopfes herzuleiten; doch spricht so nur die Bosheit, welche selber an Das nicht glaubt, was sie sagt, aber damit schaden will: denn das Zeugnis für die größere Güte und Schärfe seines Intellekts ist dem

Freigeist gewöhnlich ins Gesicht geschrieben, so lesbar, daß es die gebundenen Geister gut genug verstehen. Aber die beiden andern Ableitungen der Freigeisterei sind redlich gemeint; in der Tat entstehen auch viele Freigeister auf die eine oder die andere Art. Deshalb können aber die Sätze, zu denen sie auf jenen Wegen gelangten, doch wahrer und zuverlässiger sein als die der gebundenen Geister. Bei der Erkenntnis der Wahrheit kommt es darauf an, daß man sie *hat,* nicht darauf, aus welchem Antriebe man sie gesucht, auf welchem Wege man sie gefunden hat. Haben die Freigeister recht, so haben die gebundenen Geister unrecht, gleichgültig, ob die ersteren aus Unmoralität zur Wahrheit gekommen sind, die anderen aus Moralität bisher an der Unwahrheit festgehalten haben. – Übrigens gehört es nicht zum Wesen des Freigeistes, daß er richtige Ansichten hat, sondern vielmehr, daß er sich von dem Herkömmlichen gelöst hat, sei es mit Glück oder mit einem Mißerfolge. Für gewöhnlich wird er aber doch die Wahrheit oder mindestens den Geist der Wahrheitsforschung auf seiner Seite haben: er fordert Gründe, die Anderen Glauben.

226.

Herkunft des Glaubens. – Der gebundene Geist nimmt seine Stellung nicht aus Gründen ein, sondern aus Gewöhnung; er ist zum Beispiel Christ, nicht weil er die Einsicht in die verschiednen Religionen und die Wahl zwischen ihnen gehabt hätte, er ist Engländer, nicht weil er sich für England entschieden hat, sondern er fand das Christentum und das Engländertum vor und nahm sie an ohne Gründe, wie Jemand, der in einem Weinlande geboren wurde, ein Weintrinker wird. Später, als er Christ und Engländer war, hat er vielleicht auch einige Gründe zugunsten seiner Gewöhnung ausfindig gemacht; man mag diese Gründe umwerfen, damit wirft man ihn in seiner ganzen Stellung nicht um. Man nötige zum Beispiel einen gebundenen Geist, seine Gründe gegen die Bigamie vorzubringen, dann wird man erfahren, ob sein heiliger Eifer für die Monogamie auf Gründen oder auf Angewöhnung beruht. Angewöhnung geistiger Grundsätze ohne Gründe nennt man *Glauben.*

227.

Aus den Folgen auf Grund und Ungrund zurückgeschlossen. – Alle Staaten und Ordnungen der Gesellschaft: die Stände, die Ehe, die Erziehung, das Recht, alles dies hat seine Kraft und Dauer allein in dem Glauben der gebundenen Geister an sie – also in der Abwesenheit der Gründe, mindestens in der Abwehr des Fragens nach Gründen. Das wollen die gebundenen Geister nicht gern zugeben und sie fühlen wohl, daß es ein *pudendum* ist. Das Christentum, das sehr unschuldig in seinen intellektuellen Einfällen war, merkte von diesem *pudendum* Nichts, forderte Glauben und Nichts als Glauben und wies das Verlangen nach Gründen mit Leidenschaft ab; es zeigte auf den Erfolg des Glaubens hin: ihr werdet den Vorteil des Glaubens schon spüren, deutete es an; ihr sollt durch ihn selig werden. Tatsächlich verfährt der Staat ebenso, und jeder Vater erzieht in gleicher Weise seinen Sohn: halte dies mir für wahr sagt er; du wirst spüren, wie gut dies tut. Dies bedeutet aber, daß aus dem persönlichen *Nutzen,* den eine Meinung einträgt, ihre *Wahrheit* erwiesen werden soll; die Zuträglichkeit einer Lehre soll für die intellektuelle Sicherheit und Begründetheit Gewähr leisten. Es ist dies so, wie wenn der Angeklagte vor Gericht spräche: mein Verteidiger sagt die ganze Wahrheit, denn seht nur zu, was aus seiner Rede folgt: ich werde freigesprochen. – Weil die gebundenen Geister ihre Grundsätze ihres Nutzens wegen haben, so vermuten sie auch beim Freigeist, daß er mit seinen Ansichten ebenfalls seinen Nutzen suche und nur Das für wahr halte, was ihm gerade frommt. Da ihm aber das Entgegengesetzte von dem zu nützen scheint, was seinen Landes- oder Standesgenossen nützt, so nehmen diese an, daß seine Grundsätze *ihnen gefährlich* sind; sie sagen oder fühlen: er darf nicht recht haben, denn er ist uns schädlich.

228.

Der starke, gute Charakter. – Die Gebundenheit der Ansichten, durch Gewöhnung zum Instinkt geworden, führt zu Dem, was man Charakterstärke nennt. Wenn Jemand aus wenigen, aber immer aus den gleichen Motiven handelt, so erlangen seine Handlungen eine große Energie; stehen diese Handlungen im Einklange mit den Grundsätzen der gebundenen Geister, so werden sie anerkannt und erzeugen nebenbei in Dem, der sie tut, die Empfindung des guten Gewissens. Wenige Motive energischen Handelns und gutes Gewissen machen Das aus, was man Charakterstärke nennt. Dem Charakterstarken fehlt die Kenntnis der vielen Möglichkeiten und Richtungen des Handelns; sein Intellekt ist unfrei, gebunden, weil er ihm in einem gegebenen Falle vielleicht nur zwei Möglichkeiten zeigt; zwischen diesen muß er jetzt, gemäß seiner ganzen Natur, mit Notwendigkeit wählen, und er tut dies leicht und schnell, weil er nicht zwischen fünfzig Möglichkeiten zu wählen hat. Die erziehende Umgebung will jeden Menschen unfrei machen, indem sie ihm immer die geringste Zahl von Möglichkeiten vor Augen stellt. Das Individuum wird von seinen Erziehern behandelt, ab ob es zwar etwas Neues sei, aber eine *Wiederholung* werden solle. Erscheint der Mensch zunächst als etwas Unbekanntes, nie Dagewesenes, so soll er zu etwas Bekanntem, Dagewesenem gemacht werden. Einen guten Charakter nennt man an einem Kinde das Sichtbarwerden der Gebundenheit durch das Dagewesene; indem das Kind sich auf die Seite der gebundenen Geister stellt, bekundet es zuerst seinen erwachenden Gemeinsinn; auf der Grundlage dieses Gemeinsinns aber wird es später seinem Staate oder Stande nützlich.

229.

Maß der Dinge bei den gebundenen Geistern. – Von vier Gattungen der Dinge sagen die gebundenen Geister, sie seien im Rechte. Erstens: alle Dinge, welche Dauer haben, sind im Recht; zweitens: alle Dinge, welche uns nicht lästig fallen, sind im Recht; drittens: alle Dinge, welche uns Vorteil bringen, sind im Recht; viertens: alle Dinge, für welche wir Opfer gebracht haben, sind im Recht. Letzteres erklärt zum Beispiel, weshalb ein Krieg, der wider Willen des Volkes begonnen wurde, mit Begeisterung fortgeführt wird, sobald erst Opfer gebracht sind. – Die Freigeister, welche ihre Sache vor dem Forum der gebundenen Geister führen, haben nachzuweisen, daß es immer Freigeister gegeben hat, also daß die Freigeisterei Dauer hat, sodann, daß sie nicht lästig fallen wollen, und endlich, daß sie den gebundenen Geistern im ganzen Vorteil bringen; aber weil sie von diesem Letzten die gebundenen Geister nicht überzeugen können, nützt es ihnen nichts, den ersten und zweiten Punkt bewiesen zu haben.

230.

Esprit fort. – Verglichen mit Dem, welcher das Herkommen auf seiner Seite hat und keine Gründe für sein Handeln braucht, ist der Freigeist immer schwach, namentlich im Handeln; denn er kennt zu viele Motive und Gesichtspunkte und hat deshalb eine unsichere, ungeübte Hand. Welche Mittel gibt es nun, um ihn doch *verhältnismäßig stark* zu machen, so daß er sich wenigstens durchsetzt und nicht wirkungslos zugrunde geht? Wie entsteht der starke Geist *(esprit fort)?* Es ist dies in einem einzelnen Falle die Frage nach der Erzeugung des Genius. Woher kommt die Energie, die unbeugsame Kraft, die Ausdauer, mit welcher der Einzelne, dem Herkommen entgegen, eine *ganz individuelle Erkenntnis* der Welt zu erwerben trachtet?

231.

Die Entstehung des Genies. – Der Witz des Gefangenen, mit welchem er nach Mitteln zu seiner Befreiung sucht, die kaltblütigste und langwierigste Benutzung jedes kleinsten Vorteils kann lehren, welcher Handhabe sich mitunter die Natur bedient, um das Genie – ein Wort, das ich bitte, ohne allen mythologischen und religiösen Beigeschmack zu verstehen – zu Stande zu bringen: sie fängt es in einen Kerker ein und reizt seine Begierde, sich zu befreien, auf das äußerste. – Oder mit einem anderen Bilde: Jemand, der sich auf seinem Wege im Walde völlig *verirrt* hat, aber mit ungemeiner Energie nach irgendeiner Richtung hin ins Freie strebt, entdeckt mitunter einen neuen Weg, welchen Niemand kennt: so entstehen die Genies, denen man Originalität nachrühmt. – Es wurde schon erwähnt, daß eine Verstümmelung, Verkrüppelung, ein erheblicher Mangel eines Organs häufig die Veranlassung dazu gibt, daß ein anderes Organ sich ungewöhnlich gut entwickelt, weil es seine eigene Funktion und noch eine andere zu versehen hat. Hieraus ist der Ursprung mancher glänzenden Begabung zu erraten. – Aus diesen allgemeinen Andeutungen über die Entstehung des Genius mache man die Anwendung auf den speziellen Fall, die Entstehung des vollkommenen Freigeistes.

232.

Vermutung über den Ursprung der Freigeisterei. – Ebenso wie die Gletscher zunehmen, wenn in den Äquatorialgegenden die Sonne mit größerer Glut als früher auf die Meere niederbrennt, so mag auch wohl eine sehr starke, um sich greifende Freigeisterei Zeugnis dafür sein, daß irgendwo die Glut der Empfindung außerordentlich gewachsen ist.

233.

Die Stimme der Geschichte. – Im allgemeinen *scheint* die Geschichte über die Erzeugung des Genius folgende Belehrung zu geben: Mißhandelt und quält die Menschen – so ruft sie den Leidenschaften Neid, Haß und Wetteifer zu – treibt sie zum Äußersten, den Einen wider den Anderen, das Volk gegen das Volk, und zwar durch Jahrhunderte hindurch! Dann flammt vielleicht, gleichsam aus einem beiseite fliegenden Funken der dadurch entzündeten furchtbaren Energie, auf Ein Mal das Licht des Genius empor; der Wille, wie ein Roß durch den Sporn des Reiters wild gemacht, bricht dann aus und springt auf ein anderes Gebiet über. – Wer zum Bewußtsein über die Erzeugung des Genius käme und die Art, wie die Natur gewöhnlich dabei verfährt, auch praktisch durchführen wollte, würde gerade so böse und rücksichtslos wie die Natur sein müssen. – Aber vielleicht haben wir uns verhört.

234.

Wert der Mitte des Wegs. – Vielleicht ist die Erzeugung des Genius nur einem begrenzten Zeitraume der Menschheit vorbehalten. Denn man darf von der Zukunft der Menschheit nicht zugleich alles Das erwarten, was ganz bestimmte Bedingungen irgendwelcher Vergangenheit allein hervorzubringen vermochten; zum Beispiel nicht die erstaunlichen Wirkungen des religiösen Gefühls. Dieses selbst hat seine Zeit gehabt und vieles sehr Gute kann nie wieder wachsen, weil es allein aus ihm wachsen konnte. So wird es nie wieder einen religiös umgrenzten Horizont des Lebens und der Kultur geben. Vielleicht ist selbst der Typus des Heiligen nur bei einer gewissen Befangenheit des Intellektes möglich, mit der es, wie es scheint, für alle Zukunft vorbei ist. Und so ist die Höhe der Intelligenz vielleicht einem einzelnen Zeitalter der Menschheit aufgespart gewesen: sie trat hervor – und tritt hervor, denn wir leben noch in diesem Zeitalter –, als eine außerordentliche, lang angesammelte Energie des Willens sich ausnahmsweise auf *geistige* Ziele durch Vererbung übertrug. Es wird mit jener Höhe vorbei sein, wenn diese Wildheit und Energie nicht mehr großgezüchtet werden. Die Menschheit kommt vielleicht auf der Mitte ihres Weges, in der mittleren Zeit ihrer Existenz, ihrem eigentlichen Ziele näher als am Ende. Es könnten Kräfte, durch welche zum Beispiel die Kunst bedingt ist, geradezu aussterben; die Lust am Lügen, am Ungenauen, am Symbolischen, am Rausche, an der Ekstase könnte in Mißachtung kommen. Ja, ist das Leben erst im vollkommenen Staate geordnet, so ist aus der Gegenwart gar kein Motiv zur Dichtung mehr zu entnehmen, und es würden allein die zurückgebliebenen Menschen sein, welche nach dichterischer Unwirklichkeit verlangten. Diese würden dann jedenfalls mit Sehnsucht rückwärts schauen, nach den Zeiten des unvollkommenen Staates, der halb-barbarischen Gesellschaft, nach *unseren* Zeiten.

235.

Genius und idealer Staat in Widerspruch. – Die Sozialisten begehren für möglichst Viele ein Wohlleben herzustellen. Wenn die dauernde Heimat dieses Wohllebens, der vollkommene Staat, wirklich erreicht wäre, so würde durch dieses Wohlleben der Erdboden, aus dem der große Intellekt und überhaupt das mächtige Individuum wächst, zerstört sein: ich meine die starke Energie. Die Menschheit würde zu matt geworden sein, wenn dieser Staat erreicht ist, um den Genius noch erzeugen zu können. Müßte man somit nicht wünschen, daß das Leben seinen gewaltsamen Charakter behalte und daß immer von neuem wieder wilde Kräfte und Energien hervorgerufen würden? Nun will das warme mitfühlende Herz gerade die *Beseitigung* jenes gewaltsamen und wilden Charakters, und das wärmste Herz, das man sich denken kann, würde eben darnach am leidenschaftlichsten verlangen: während doch gerade seine Leidenschaft aus jenem wilden und gewaltsamen Charakter des Lebens ihr Feuer, ihre Wärme, ihre Existenz genommen hat; das wärmste Herz will also Beseitigung seines Fundamentes, Vernichtung seiner selbst, das heißt doch: es will etwas Unlogisches, es ist nicht intelligent. Die höchste Intelligenz und das wärmste Herz können nicht in einer Person beisammen sein, und der Weise, welcher über das Leben das Urteil spricht, stellt sich auch über die Güte und betrachtet diese nur als Etwas, das bei der Gesamtrechnung des Lebens mit abzuschätzen ist. Der Weise muß jenen ausschweifenden Wünschen der unintelligenten Güte *widerstreben,* weil ihm an dem Fortleben seines Typus und an dem endlichen Entstehen des höchsten Intellekts gelegen ist; mindestens wird er der Begründung des »vollkommenen Staates« nicht förderlich sein, insofern in ihm nur ermattete Individuen Platz haben. Christus dagegen, den wir uns einmal als das wärmste Herz denken wollen, förderte die Verdummung der Menschen, stellte sich auf die Seite der geistig Armen und hielt die Erzeugung des größten Intellektes auf: und dies war konsequent. Sein Gegenbild, der vollkommene Weise – dies darf man wohl vorhersagen – wird ebenso notwendig der Erzeugung eines Christus hinderlich sein. – Der Staat ist eine kluge Veranstaltung zum Schutz der Individuen gegeneinander: übertreibt man seine Veredelung, so wird zuletzt das Individuum durch ihn geschwächt, ja aufgelöst – also der ursprüngliche Zweck des Staates am gründlichsten vereitelt.

236.

Die Zonen der Kultur. – Man kann gleichnisweise sagen, daß die Zeitalter der Kultur den Gürteln der verschiedenen Klimata entsprechen, nur daß diese hintereinander und nicht, wie die geographischen Zonen, nebeneinander liegen. Im Vergleich mit der gemäßigten Zone der Kultur, in welche überzugehen unsere Aufgabe ist, macht die vergangene im ganzen großen den Eindruck eines *tropischen* Klimas. Gewaltsame Gegensätze, schroffer Wechsel von Tag und Nacht, Glut und Farbenpracht, die Verehrung alles Plötzlichen, Geheimnisvollen, Schrecklichen, die Schnelligkeit der hereinbrechenden Unwetter, überall das verschwenderische Überströmen der Füllhörner der Natur: und dagegen, in unserer Kultur, ein heller, doch nicht leuchtender Himmel, reine, ziemlich gleich verbleibende Luft, Schärfe, ja Kälte gelegentlich: so heben sich beide Zonen gegeneinander ab. Wenn wir dort sehen, wie die wütendsten Leidenschaften durch metaphysische Vorstellungen mit unheimlicher Gewalt niedergerungen und zerbrochen werden, so ist es uns zumute, als ob vor unseren Augen in den Tropen wilde Tiger unter den Windungen ungeheurer Schlangen zerdrückt würden; unserem geistigen Klima fehlen solche Vorkommnisse, unsre Phantasie ist gemäßigt selbst im Traume kommt uns Das nicht bei, was frühere Völker im Wachen sahen. Aber sollten wir über diese Veränderung nicht glücklich sein dürfen, selbst zugegeben, daß die Künstler durch das Verschwinden der tropischen Kultur wesentlich beeinträchtigt sind und uns Nicht-Künstler ein wenig zu nüchtern finden? Insofern haben Künstler wohl das Recht, den »Fortschritt« zu leugnen, denn in der Tat: ob die letzten drei Jahrtausende in den Künsten einen fortschreitenden Verlauf zeigen, das läßt sich mindestens bezweifeln; ebenso wird ein metaphysischer Philosoph wie Schopenhauer keinen Anlaß haben, den Fortschritt zu erkennen, wenn er die letzten vier Jahrtausende in bezug auf metaphysische Philosophie und Religion überblickt. – Uns gilt aber die *Existenz* der gemäßigten Zone der Kultur selbst als Fortschritt.

237.

Renaissance und Reformation. – Die italienische Renaissance barg in sich alle die positiven Gewalten, welchen man die moderne Kultur verdankt: also Befreiung des Gedankens, Mißachtung der Autoritäten, Sieg der Bildung über den Dünkel der Abkunft, Begeisterung für die Wissenschaft und die wissenschaftliche Vergangenheit der Menschen, Entfesselung des Individuums, eine Glut der Wahrhaftigkeit und Abneigung gegen Schein und bloßen Effekt (welche Glut in einer ganzen Fülle künstlerischer Charaktere hervorloderte, die Vollkommenheit in ihren Werken und Nichts als Vollkommenheit mit höchster sittlicher Reinheit von sich forderten); ja die Renaissance hat positive Kräfte, welche in unserer *bisherigen* modernen Kultur noch nicht wieder so mächtig geworden sind. Es war das goldene Zeitalter dieses Jahrtausends, trotz allen Flecken und Lastern. Dagegen hebt sich nun die deutsche Reformation ab als ein energischer Protest zurückgebliebener Geister, welche die Weltanschauung des Mittelalters noch keineswegs satt hatten und die Zeichen seiner Auflösung, die außerordentliche Verflachung und Veräußerlichung des religiösen Lebens, statt mit Frohlocken, wie sich gebührt, mit tiefem Unmute empfanden. Sie warfen mit ihrer nordischen Kraft und Halsstarrigkeit die Menschen wieder zurück, erzwangen die Gegenreformation, das heißt ein katholisches Christentum der Notwehr; mit den Gewaltsamkeiten eines Belagerungszustandes, und verzögerten um zwei bis drei Jahrhunderte ebenso das völlige Erwachen und Herrschen der Wissenschaften, als sie das völlige In-Eins-Verwachsen des antiken und des modernen Geistes vielleicht für immer unmöglich machten. Die große Aufgabe der Renaissance konnte nicht zu Ende gebracht werden, der Protest des inzwischen zurückgebliebenen deutschen Wesens (welches im Mittelalter Vernunft genug gehabt hatte, um immer und immer wieder zu seinem Heile über die Alpen zu steigen) verhinderte dies. Es lag in dem Zufall einer außerordentlichen Konstellation der Politik, daß damals Luther erhalten blieb und jener Protest Kraft gewann: denn der Kaiser schützte ihn, um seine Neuerung gegen den Papst als Werkzeug des Druckes zu verwenden, und ebenfalls begünstigte ihn im stillen der Papst, um die protestantischen Reichsfürsten als Gegengewicht gegen den Kaiser zu benutzen. Ohne dies seltsame Zusammenspiel der Absichten wäre Luther verbrannt worden wie Hus – und die Morgenröte der Aufklärung vielleicht etwas früher und mit schönerem Glanze, als wir jetzt ahnen können, aufgegangen.

238.

Gerechtigkeit gegen den werdenden Gott. – Wenn sich die ganze Geschichte der Kultur vor den Blicken auftut, als ein Gewirr von bösen und edlen, wahren und falschen Vorstellungen, und es Einem beim Anblick des Wellenschlags fast seekrank zumute wird, so begreift man, was für ein Trost in der Vorstellung eines *werdenden Gottes* liegt: dieser enthüllt sich immer mehr in den Verwandlungen und Schicksalen der

Menschheit, es ist nicht Alles blinde Mechanik, sinn- und zweckloses Durcheinanderspielen von Kräften. Die Vergottung des Werdens ist ein metaphysischer Ausblick – gleichsam von einem Leuchtturm am Meere der Geschichte herab – an welchem eine allzuviel historisierende Gelehrtengeneration ihren Trost fand; darüber darf man nicht böse werden, so irrtümlich jene Vorstellung auch sein mag. Nur wer wie Schopenhauer die Entwicklung leugnet, fühlt auch Nichts von dem Elend dieses historischen Wellenschlags und darf deshalb, weil er von jenem werdenden Gotte und dem Bedürfnis seiner Annahme Nichts weiß, Nichts fühlt, billigerweise seinen Spott auslassen.

239.

Die Früchte nach der Jahreszeit. – Jede bessere Zukunft, welche man der Menschheit anwünscht, ist notwendigerweise auch in manchem Betracht eine schlechtere Zukunft: denn es ist Schwärmerei zu glauben, daß eine höhere neue Stufe der Menschheit alle die Vorzüge früherer Stufen in sich vereinigen werde und zum Beispiel auch die höchste Gestaltung der Kunst erzeugen müsse. Vielmehr hat jede Jahreszeit ihre Vorzüge und Reize für sich und schließt die der anderen aus. Das, was aus der Religion und in ihrer Nachbarschaft gewachsen ist, kann nicht wieder wachsen, wenn diese zerstört ist; höchstens können verirrte, spät kommende Absenker zur Täuschung darüber verleiten, ebenso wie die zeitweilig ausbrechende Erinnerung an die alte Kunst: ein Zustand, der wohl das Gefühl des Verlustes, der Entbehrung verrät, aber kein Beweis für die Kraft ist, aus der ehe neue Kunst geboren werden könnte.

240.

Zunehmende Severität der Welt. – Je höher die Kultur eines Menschen steigt, um so mehr Gebiete entziehen sich dem Scherze, dem Spotte. Voltaire war für die Erfindung der Ehe und der Kirche von Herzen dem Himmel dankbar: als welcher damit so gut für unsere Aufheiterung gesorgt habe. Aber er und seine Zeit, und vor ihm das sechzehnte Jahrhundert, haben diese Themen zu Ende gespottet; es ist Alles, was jetzt Einer auf diesem Gebiete noch witzelt, verspätet und vor Allem gar zu wohlfeil, als daß es die Käufer begehrlich machen könnte. Jetzt fragt man nach den Ursachen; es ist das Zeitalter des Ernstes. Wem liegt jetzt noch daran, die Differenzen zwischen Wirklichkeit und anspruchsvollem Schein, zwischen dem, was der Mensch ist und was er vorstellen will, in scherzhaftem Lichte zu sehen; das Gefühl dieser Kontraste wirkt alsbald ganz anders, wenn man nach den Gründen sucht. Je gründlicher Jemand das Leben versteht, um so weniger wird er spotten, nur daß er zuletzt vielleicht noch über die »Gründlichkeit seines Verstehens« spottet.

241.

Genius der Kultur. – Wenn Jemand einen Genius der Kultur imaginieren wollte, wie würde dieser beschaffen sein? Er handhabt die Lüge, die Gewalt, den rücksichtslosesten Eigennutz so sicher als seine Werkzeuge, daß er nur ein böses dämonisches Wesen zu nennen wäre; aber seine Ziele, welche hier und da durchleuchten, sind groß und gut. Es ist ein Zentaur, halb Tier, halb Mensch, und hat noch Engelsflügel dazu am Haupte.

242.

Wunder-Erziehung. – Das Interesse an der Erziehung wird erst von dem Augenblicke an große Stärke bekommen, wo man den Glauben an einen Gott und seine Fürsorge aufgibt: ebenso wie die Heilkunst erst erblühen konnte, als der Glaube an Wunderkuren aufhörte. Bis jetzt glaubt aber alle Welt noch an die Wunder-Erziehung: aus der größten Unordnung, Verworrenheit der Ziele, Ungunst der Verhältnisse sah man ja die fruchtbarsten mächtigsten Menschen erwachsen: wie konnte dies noch mit rechten Dingen zugehen? – Jetzt wird man bald auch in diesen Fällen näher zusehen, sorgsamer prüfen: Wunder wird man dabei niemals entdecken. Unter gleichen Verhältnissen gehen fortwährend zahlreiche Menschen zugrunde, das einzelne gerettete Individuum ist dafür gewöhnlich stärker geworden, weil es diese schlimmen Umstände vermöge unverwüstlicher eingeborener Kraft ertrug und diese Kraft noch geübt und vermehrt hat: so erklärt sich das Wunder. Eine Erziehung, welche an kein Wunder mehr glaubt, wird auf dreierlei zu achten haben: erstens, wieviel Energie ist vererbt? zweitens, wodurch kann noch neue Energie entzündet werden? drittens, wie kann das Individuum jenen so überaus vielartigen Ansprüchen der Kultur angepaßt werden, ohne daß diese es beunruhigen und seine Eigenartigkeit zersplittern – kurz, wie kann das Individuum in den Kontrapunkt der privaten und öffentlichen Kultur eingereiht werden, wie kann es zugleich die Melodie führen und als Melodie begleiten?

243.

Die Zukunft des Arztes. – Es gibt jetzt keinen Beruf, der eine so hohe Steigerung zuließe, wie der des Arztes; namentlich nachdem die geistlichen Ärzte, die sogenannten Seelsorger, ihre Beschwörungskünste nicht mehr unter öffentlichem Beifalle treiben dürfen und ein Gebildeter ihnen aus dem Wege geht. Die höchste geistige Ausbildung eines Arztes ist jetzt nicht erreicht, wenn er die besten neuesten Methoden kennt und auf sie eingeübt ist und jene fliegenden Schlüsse von Wirkungen auf Ursachen zu machen versteht, derentwegen die Diagnostiker berühmt sind: er muß außerdem eine Beredsamkeit haben, die sich jedem Individuum anpaßt und ihm das Herz aus dem Leibe zieht, eine Männlichkeit, deren Anblick schon den Kleinmut (den Wurmfraß aller Kranken) verscheucht, eine Diplomaten-Geschmeidigkeit im Vermitteln zwischen Solchen, welche Freude zu ihrer Genesung nötig haben, und Solchen, die aus Gesundheitsgründen Freude machen müssen (und es können), die Feinheit eines Polizeiagenten und Advokaten, die Geheimnisse einer Seele zu verstehen, ohne sie zu verraten, – kurz ein guter Arzt bedarf jetzt der Kunstgriffe und Kunstvorrechte aller anderen Berufsklassen: so ausgerüstet ist er dann imstande, der ganzen Gesellschaft ein Wohltäter zu werden, durch Vermehrung guter Werke, geistiger Freude und Fruchtbarkeit, durch Verhütung von bösen Gedanken, Vorsätzen, Schurkereien (deren ekler Quell so häufig der Unterleib ist), durch Herstellung einer geistig-leiblichen Aristokratie (als Ehestifter und Eheverhinderer), durch wohlwollende Abschneidung aller sogenannten Seelenqualen und Gewissensbisse: so erst wird er aus einem »Medizinmann« ein Heiland und braucht doch keine Wunder zu tun; hat auch nicht nötig, sich kreuzigen zu lassen.

244.

In der Nachbarschaft des Wahnsinns. – Die Summe der Empfindungen, Kenntnisse, Erfahrungen, also die ganze Last der Kultur, ist so groß geworden, daß eine Überreizung der Nerven- und Denkkräfte die allgemeine Gefahr ist, ja daß die kultivierten Klassen der europäischen Länder durchweg neurotisch sind und fast jede ihrer größeren Familien in einem Gliede dem Irrsinn nahegerückt ist. Nun kommt man zwar der Gesundheit jetzt auf alle Weise entgegen; aber in der Hauptsache bleibt eine Verminderung jener Spannung des Gefühls, jener niederdrückenden Kultur-Last vonnöten, welche, wenn sie selbst mit schweren Einbußen erkauft werden sollte, uns doch zu der großen Hoffnung einer neuen *Renaissance* Spielraum gibt. Man hat dem Christentum, den Philosophen, Dichtern, Musikern eine Überfülle tief erregender Empfindungen zu danken: damit diese uns nicht überwuchern, müssen wir den Geist der Wissenschaft beschwören, welcher im ganzen etwas kälter und skeptischer macht und namentlich den Glutstrom des Glaubens an letzte endgültige Wahrheiten abkühlt; er ist vornehmlich durch das Christentum so wild geworden.

245.

Glockenguß der Kultur. – Die Kultur ist entstanden wie eine Glocke, innerhalb eines Mantels von gröberem gemeinem Stoffe: Unwahrheit, Gewaltsamkeit, unbegrenzte Ausdehnung aller einzelnen Ichs, aller einzelnen Völker, waren dieser Mantel. Ist es an der Zeit, ihn jetzt abzunehmen? Ist das Flüssige erstarrt, sind die guten, nützlichen Triebe, die Gewohnheiten des edleren Gemütes so sicher und allgemein geworden, daß es keiner Anlehnung an Metaphysik und die Irrtümer der Religionen mehr bedarf, keiner Härten und Gewaltsamkeiten als mächtigster Bindemittel zwischen Mensch und Mensch, Volk und Volk? – Zur Beantwortung dieser Frage ist kein Wink eines Gottes uns mehr hilfreich: unsere eigne Einsicht muß da entscheiden. Die Erdregierung des Menschen im großen hat der Mensch selber in die Hand zu nehmen, seine »Allwissenheit« muß über dem weiteren Schicksal der Kultur mit scharfem Auge wachen.

246.

Die Zyklopen der Kultur. – Wer jene zerfurchten Kessel sieht, in denen Gletscher gelagert haben, hält es kaum für möglich, daß eine Zeit kommt, wo an derselben Stelle ein Wiesen- und Waldtal mit Bächen darin sich hinzieht. So ist es auch in der Geschichte der Menschheit; die wildesten Kräfte brechen Bahn, zunächst zerstörend, aber trotzdem war ihre Tätigkeit nötig, damit später eine mildere Gesittung hier ihr Haus aufschlage. Die schrecklichen Energien – Das, was man das Böse nennt – sind die zyklopischen Architekten und Wegebauer der Humanität.

247.

Kreislauf des Menschentums. – Vielleicht ist das ganze Menschentum nur eine Entwicklungsphase einer bestimmten Tierart von begrenzter Dauer: so daß der Mensch aus dem

Affen geworden ist und wieder zum Affen werden wird, während Niemand da ist, der an diesem verwunderlichen Komödien-Ausgang irgendein Interesse nehme. So wie mit dem Verfalle der römischen Kultur und seiner wichtigsten Ursache, der Ausbreitung des Christentums, eine allgemeine Verhäßlichung des Menschen innerhalb des römischen Reiches überhandnahm, so könnte auch durch den einstmaligen Verfall der allgemeinen Erdkultur eine viel höher gesteigerte Verhäßlichung und endliche Vertierung des Menschen, bis ins Affenhafte, herbeigeführt werden. – Gerade weil wir diese Perspektive ins Auge fassen können, sind wir vielleicht imstande, einem solchen Ende der Zukunft vorzubeugen.

248.

Trostrede eines desperaten Fortschritts. – Unsere Zeit macht den Eindruck eines Interim-Zustandes; die alten Weltbetrachtungen, die alten Kulturen sind noch teilweise vorhanden, die neuen noch nicht sicher und gewohnheitsmäßig und daher ohne Geschlossenheit und Konsequenz. Es sieht aus, als ob Alles chaotisch würde, das Alte verlorenginge, das Neue nichts tauge und immer schwächlicher werde. Aber so geht es dem Soldaten, welcher marschieren lernt: er ist eine Zeitlang unsicherer und unbeholfener als je, weil die Muskeln bald nach dem alten System, bald nach dem neuen bewegt werden und noch keins entschieden den Sieg behauptet. Wir schwanken, aber es ist nötig, dadurch nicht ängstlich zu werden und das Neu-Errungene etwa preiszugeben. Überdies *können* wir ins Alte nicht zurück, wir *haben* die Schiffe verbrannt; es bleibt nur übrig, tapfer zu sein, mag nun dabei dies oder jenes herauskommen. – *Schreiten* wir nur zu, kommen wir nur von der Stelle! Vielleicht sieht sich unser Gebaren doch einmal wie *Fortschritt* an; wenn aber nicht, so mag Friedrichs des Großen Wort auch zu uns gesagt sein und zwar zum Troste: »*Ah, mon cher Sulzer, vous ne connaissez pas assez cette race maudite, à laquelle nous appartenons.*«

249.

An der Vergangenheit der Kultur leiden. – Wer sich das Problem der Kultur klargemacht hat, leidet dann an einem ähnlichen Gefühle wie Der, welcher einen durch unrechtmäßige Mittel erworbenen Reichtum ererbt hat, oder wie der Fürst, der durch Gewalttat seiner Vorfahren regiert. Er denkt mit Trauer an seinen Ursprung und ist oft beschämt, oft reizbar. Die ganze Summe von Kraft, Lebenswillen, Freude, welche er seinem Besitze zuwendet, balanciert sich oft mit einer tiefen Müdigkeit: er kann seinen Ursprung nicht vergessen. Die Zukunft sieht er wehmütig an: seine Nachkommen, er weiß es voraus, werden an der Vergangenheit leiden wie er.

250.

Manieren. – Die guten Manieren verschwinden in dem Maße, in welchem der Einfluß des Hofes und einer abgeschlossenen Aristokratie nachläßt; man kann diese Abnahme von Jahrzehnt zu Jahrzehnt deutlich beobachten, wenn man ein Auge für die öffentlichen Akte hat: als welche ersichtlich immer pöbelhafter werden. Niemand versteht mehr, auf geistreiche Art zu huldigen und zu schmeicheln; daraus ergibt sich die lächerliche Tatsache, daß man in Fällen, wo man gegenwärtig Huldigungen darbringen *muß* (zum Beispiel einem großen Staatsmanne oder Künstler), die Sprache des tiefsten Gefühls, der treuherzigen, ehrenfesten Biederkeit borgt – aus Verlegenheit und Mangel an Geist und Grazie. So erscheint die öffentliche festliche Begegnung der Menschen immer ungeschickter, aber gefühlvoller und biederer, ohne dies zu sein. – Sollte es aber mit den Manieren immerfort bergab gehen? Es scheint mir vielmehr, daß die Manieren eine tiefe Kurve machen und wir uns ihrem niedrigsten Stande nähern. Wenn erst die Gesellschaft ihrer Absichten und Prinzipien sicherer geworden ist, so daß diese formbildend wirken (während jetzt die angelernten Manieren früherer formenbildender Zustände immer schwächer vererbt und angelernt werden), so wird es Manieren des Umgangs, Gebärden und Ausdrücke des Verkehrs geben, welche so notwendig und schlicht natürlich erscheinen müssen, als es diese Absichten und Prinzipien sind. Die bessere Verteilung der Zeit und Arbeit, die zur Begleiterin jeder schönen Mußezeit umgewandelte gymnastische Übung, das vermehrte und strenger gewordene Nachdenken, welches selbst dem Körper Klugheit und Geschmeidigkeit gibt, bringt dies Alles mit sich. – Hier könnte man nun freilich mit einigem Spotte unserer Gelehrten gedenken, ob denn sie, die doch Vorläufer jener neuen Kultur sein wollen, sich in der Tat durch bessere Manieren auszeichnen? Es ist dies wohl nicht der Fall, obgleich ihr Geist willig genug dazu sein mag: aber ihr Fleisch ist schwach. Die Vergangenheit der Kultur ist noch zu mächtig in ihren Muskeln: sie stehen noch in einer unfreien Stellung und sind zur Hälfte weltliche Geistliche, zur Hälfte abhängige Erzieher vornehmer Leute und Stände, und überdies durch Pedanterie der Wissenschaft, durch veraltete geistlose Methoden verkrüppelt und unlebendig gemacht. Sie sind also, jedenfalls ihrem Körper nach und oft auch zu drei Viertel ihres Geistes, immer noch die Höflinge einer alten, ja greisenhaften Kultur und als solche selber greisenhaft; der neue Geist, der gelegentlich in diesen alten Gehäusen rumort, dient einstweilen nur dazu, sie unsicherer und ängstlicher zu machen. In ihnen gehen sowohl die Gespenster der Vergangenheit als die Gespenster der Zukunft um: was Wunder, wenn sie dabei nicht die beste Miene machen, nicht die gefälligste Haltung haben?

251.

Zukunft der Wissenschaft. – Die Wissenschaft gibt Dem, welcher in ihr arbeitet und sucht, viel Vergnügen, dem, welcher ihre Ergebnisse *lernt,* sehr wenig. Da allmählich aber alle wichtigen Wahrheiten der Wissenschaft alltäglich und gemein werden müssen, so hört auch dieses wenige Vergnügen auf: so wie wir beim Lernen des so bewunderungswürdigen Einmaleins längst aufgehört haben, uns zu freuen. Wenn nun die Wissenschaft immer weniger Freude durch sich macht und immer mehr Freude, durch Verdächtigung der tröstlichen Metaphysik, Religion und Kunst, nimmt: so verarmt jene größte Quelle der Lust, welcher die Menschheit fast ihr gesamtes Menschtum verdankt. Deshalb muß eine höhere Kultur dem Menschen ein Doppelgehirn, gleichsam zwei Hirnkammern geben, einmal um Wissenschaft, sodann um Nicht-Wissenschaft zu empfinden: nebeneinanderliegend, ohne Verwirrung, trennbar, abschließbar; es ist dies eine Forderung der Gesundheit. Im einen Bereiche liegt die Kraftquelle, im anderen der Regulator: mit Illusionen, Einseitigkeiten, Leidenschaften muß geheizt werden, mit Hilfe der erkennenden Wissenschaft muß den bösartigen und gefährlichen Folgen einer Überheizung vorgebeugt werden. – Wird dieser Forderung der höheren Kultur nicht genügt, so ist der weitere Verlauf der menschlichen Entwicklung fast mit Sicherheit vorherzusagen: das Interesse am Wahren hört auf, je weniger es Lust gewährt; die Illusion, der Irrtum, die Phantastik erkämpfen sich Schritt um Schritt, weil sie mit Lust verbunden sind, ihren ehemals behaupteten Boden: der Ruin der Wissenschaften, das Zurücksinken in Barbarei ist die nächste Folge; von neuem muß die Menschheit wieder anfangen, ihr Gewebe zu weben, nachdem sie es, gleich Penelope, des Nachts zerstört hat. Aber wer bürgt uns dafür, daß sie immer wieder die Kraft dazu findet?

252.

Die Lust am Erkennen. – Weshalb ist das Erkennen, das Element des Forschers und Philosophen, mit Lust verknüpft? Erstens und vor Allem, weil man sich dabei seiner Kraft bewußt wird, also aus demselben Grunde, aus dem gymnastische Übungen, auch ohne Zuschauer, lustvoll sind. Zweitens, weil man, im Verlauf der Erkenntnis, über ältere Vorstellungen und deren Vertreter hinauskommt, Sieger wird oder wenigstens es zu sein glaubt. Drittens, weil wir uns durch eine noch so kleine neue Erkenntnis über *Alle* erhaben und uns als die Einzigen fühlen, welche hierin das Richtige wissen. Diese drei Gründe zur Lust sind die wichtigsten, doch gibt es, je nach der Natur des Erkennenden, noch viele Nebengründe. – Ein nicht unbeträchtliches Verzeichnis von solchen gibt, an einer Stelle, wo man es nicht suchen würde, meine paränetische Schrift über Schopenhauer: mit deren Aufstellungen sich jeder erfahrene Diener der Erkenntnis zufriedengeben kann, sei es auch, daß er den ironischen Anflug, der auf jenen Seiten zu liegen scheint, wegwünschen wird. Denn wenn es wahr ist, daß zum Entstehen des Gelehrten »eine Menge sehr menschlicher Triebe und Triebchen zusammengegossen werden muß«, daß der Gelehrte zwar ein sehr edles, aber kein reines Metall ist und »aus einem verwickelten Geflecht sehr verschiedener Antriebe und Reize besteht«: so gilt doch dasselbe ebenfalls von Entstehung und Wesen des Künstlers, Philosophen, moralischen Genies – und wie die in jener Schrift glorifizierten großen Namen lauten. *Alles* Menschliche verdient in Hinsicht auf seine *Entstehung* die ironische Betrachtung: deshalb ist die Ironie in der Welt so *überflüssig.*

253.

Treue als Beweis der Stichhaltigkeit. – Es ist ein vollkommenes Zeichen für die Güte einer Theorie, wenn ihr Urheber *vierzig* Jahre lang kein Mißtrauen gegen sie bekommt; aber ich behaupte, daß es noch keinen Philosophen gegeben hat, welcher auf die Philosophie, die seine Jugend erfand, nicht endlich mit Geringschätzung – mindestens mit Argwohn – herabgesehen hätte. – Vielleicht hat er aber nicht öffentlich von dieser Umstimmung gesprochen, aus Ehrsucht oder – wie es bei edlen Naturen wahrscheinlicher ist – aus zarter Schonung seiner Anhänger.

254.

Zunahme des Interessanten. – Im Verlaufe der höheren Bildung wird dem Menschen Alles interessant, er weiß die belehrende Seite einer Sache rasch zu finden und den Punkt anzugeben, wo eine Lücke seines Denkens mit ihr ausgefüllt oder ein Gedanke durch sie bestätigt werden kann. Dabei verschwindet immer mehr die Langeweile, dabei auch die übermäßige Erregbarkeit des Gemüts. Er geht zuletzt, wie ein Naturforscher unter Pflanzen, so unter Menschen herum und nimmt sich selber als ein Phänomen wahr, welches nur seinen erkennenden Trieb stark anregt.

255.

Aberglaube im Gleichzeitigen. – Etwas Gleichzeitiges hängt zusammen, meint man. Ein Verwandter stirbt in der Ferne, zu gleicher Zeit träumen wir von ihm – also! Aber zahllose Verwandte sterben, und wir träumen nicht von ihnen. Es ist wie bei den Schiffbrüchigen, welche Gelübde tun: man sieht später im Tempel die Votivtafeln Derer, welche zugrunde gingen, nicht. – Ein Mensch stirbt, eine Eule krächzt, eine Uhr steht still, alles in Einer Nachtstunde: sollte da nicht ein Zusammenhang sein? Eine solche Vertraulichkeit mit der Natur, wie diese Ahnung sie annimmt, schmeichelt den Menschen. – Diese Gattung des Aberglaubens findet sich in verfeinerter Form bei Historikern und Kulturmalern wieder, welche vor allem sinnlosen Nebeneinander, an dem doch das Leben der Einzelnen und der Völker so reich ist, eine Art Wasserscheu zu haben pflegen.

256.

Das Können, nicht das Wissen, durch die Wissenschaft geübt. – Der Wert davon, daß man zeitweilig eine strenge Wissenschaft streng betrieben hat, beruht nicht gerade in deren Ergebnissen: denn diese werden, im Verhältnis zum Meere des Wissenswerten, ein verschwindend kleiner Tropfen sein. Aber es ergibt einen Zuwachs an Energie, an Schlußvermögen, an Zähigkeit der Ausdauer; man hat gelernt, einen *Zweck zweckmäßig* zu erreichen. Insofern ist es sehr schätzbar, in Hinsicht auf Alles, was man später treibt, einmal ein wissenschaftlicher Mensch gewesen zu sein.

257.

Jugendreiz der Wissenschaft. – Das Forschen nach Wahrheit hat jetzt noch den Reiz, daß sie sich überall stark gegen den grau und langweilig gewordenen Irrtum abhebt; dieser Reiz verliert sich immer mehr. Jetzt zwar leben wir noch im Jugendzeitalter der Wissenschaft und pflegen der Wahrheit wie einem schönen Mädchen nachzugehen; wie aber, wenn sie eines Tages zum ältlichen, mürrisch blickenden Weibe geworden ist? Fast in allen Wissenschaften ist die Grundeinsicht entweder erst in jüngster Zeit gefunden oder wird noch gesucht; wie anders reizt dies an, als wenn alles Wesentliche gefunden ist und nur noch eine kümmerliche Herbstnachlese dem Forscher übrigbleibt (welche Empfindung man in einigen historischen Disziplinen kennenlernen kann).

258.

Die Statue der Menschheit. – Der Genius der Kultur verfährt wie Cellini, als dieser den Guß seiner Perseus-Statue machte: die flüssige Masse drohte nicht auszureichen, aber sie *sollte* es: so warf er Schüsseln und Teller und was ihm sonst in die Hände kam, hinein. Und ebenso wirft jener Genius Irrtümer, Laster, Hoffnungen, Wahnbilder und andere Dinge von schlechterem wie von edlerem Metalle hinein, denn die Statue der Menschheit muß herauskommen und fertig werden; was liegt daran, daß hier und da geringerer Stoff verwendet wurde?

259.

Eine Kultur der Männer. – Die griechische Kultur der klassischen Zeit ist eine Kultur der Männer. Was die Frauen anlangt, so sagt Perikles in der Grabrede Alles mit den Worten: sie seien am besten, wenn unter Männern so wenig als möglich von ihnen gesprochen werde. – Die erotische Beziehung der Männer zu den Jünglingen war in einem unserem Verständnis unzugänglichen Grade die notwendige, einzige Voraussetzung aller männlichen Erziehung (ungefähr wie lange Zeit alle höhere Erziehung der Frauen bei uns erst durch die Liebschaft und Ehe herbeigeführt wurde); aller Idealismus der Kraft der griechischen Natur warf sich auf jenes Verhältnis, und wahrscheinlich sind junge Leute niemals wieder so aufmerksam, so liebevoll, so durchaus in Hinsicht auf ihr Bestes *(virtus)* behandelt worden wie im sechsten und fünften Jahrhundert – also gemäß dem schönen Spruche Hölderlins »denn liebend gibt der Sterbliche vom Besten«. Je höher dieses Verhältnis genommen wurde, um so tiefer sank der Verkehr mit der Frau: der Gesichtspunkt der Kindererzeugung und der Wollust – Nichts weiter kam hier in Betracht; es gab keinen geistigen Verkehr, nicht einmal eine eigentliche Liebschaft. Erwägt man ferner, daß sie selbst vom Wettkampfe und Schauspiele jeder Art ausgeschlossen waren, so bleiben nur die religiösen Kulte als einzige höhere Unterhaltung der Weiber. – Wenn man nun allerdings in der Tragödie Elektra und Antigone vorführte, so *ertrug* man dies eben in der Kunst, obschon man es im Leben nicht mochte: so wie wir jetzt alles Pathetische im Leben nicht vertragen, aber in der Kunst gern sehen. – Die Weiber hatten weiter keine Aufgabe, als schöne, machtvolle Leiber hervorzubringen, in denen der Charakter des Vaters möglichst ungebrochen weiterlebte, und damit der überhandnehmenden Nervenüberreizung einer so hochentwickelten Kultur entgegenzuwirken. Dies hielt die griechische Kultur verhältnismäßig so lange jung; denn in den griechischen Müttern kehrte immer wieder der griechische Genius zur Natur zurück.

260.

Das Vorurteil zugunsten der Größe. – Die Menschen überschätzen ersichtlich alles Große und Hervorstechende. Dies kommt aus der bewußten oder unbewußten Einsicht her, daß sie es sehr nützlich finden, wenn Einer alle Kraft auf Ein Gebiet wirft und aus sich gleichsam ein monströses Organ macht. Sicherlich ist dem Menschen selber eine *gleichmäßige* Ausbildung seiner Kräfte nützlicher und glückbringender; denn jedes Talent ist ein Vampir, welcher den übrigen Kräften Blut und Kraft aussaugt, und eine übertriebene Produktion kann den begabtesten Menschen fast zur Tollheit bringen. Auch innerhalb der Künste erregen die extremen Naturen viel zu sehr die Aufmerksamkeit; aber es ist auch eine viel geringere Kultur nötig, um von ihnen sich fesseln zu lassen. Die Menschen unterwerfen sich aus Gewohnheit Allem, was Macht haben will.

261.

Die Tyrannen des Geistes. – Nur wohin der Strahl des Mythus fällt, da leuchtet das Leben der Griechen; sonst ist es düster. Nun berauben sich die griechischen Philosophen eben dieses Mythus: ist es nicht, als ob sie aus dem Sonnenschein sich in den Schatten, in die Düsterkeit setzen wollten? Aber keine Pflanze geht dem Lichte aus dem Wege; im Grunde suchen jene Philosophen nur eine *hellere* Sonne, der Mythus war ihnen nicht rein, nicht leuchtend genug. Sie fanden dies Licht in ihrer Erkenntnis, in dem, was Jeder von ihnen seine »Wahrheit« nannte. Damals aber hatte die Erkenntnis noch einen größeren Glanz; sie war noch jung und wußte noch wenig von allen Schwierigkeiten und Gefahren ihrer Pfade; sie konnte damals noch hoffen, mit einem einzigen Sprung an den Mittelpunkt alles Seins zu kommen und von dort aus das Rätsel der Welt zu lösen. Diese Philosophen hatten einen handfesten Glauben an sich und ihre »Wahrheit« und warfen mit ihr alle ihre Nachbarn und Vorgänger nieder; Jeder von ihnen war ein streitbarer gewalttätiger *Tyrann.* Vielleicht war das Glück im Glauben an den Besitz der Wahrheit nie größer in der Welt, aber auch nie die Härte, der Übermut, das Tyrannische und Böse eines solchen Glaubens. Sie waren Tyrannen, also Das, was jeder Grieche sein wollte und was jeder war, wenn er es sein *konnte.* Vielleicht macht nur Solon eine Ausnahme; in seinen Gedichten sagt er es, wie er die persönliche Tyrannis verschmäht habe. Aber er tat es aus Liebe zu seinem Werke, zu seiner Gesetzgebung; und Gesetzgeber sein ist eine sublimiertere Form des Tyrannentums. Auch Parmenides gab Gesetze, wohl auch Pythagoras und Empedokles; Anaximander gründete eine Stadt. Plato war der fleischgewordene Wunsch, der höchste philosophische Gesetzgeber und Staatengründer zu werden; er scheint schrecklich an der Nichterfüllung seines Wesens gelitten zu haben, und seine Seele wurde gegen sein Ende hin voll der schwärzesten Galle. Je mehr das griechische Philosophentum an Macht verlor, um so mehr litt es innerlich durch diese Galligkeit und Schmähsucht; als erst die verschiedenen Sekten ihre Wahrheiten auf den Straßen verfochten, da waren die Seelen aller dieser Freier der Wahrheit durch Eifer- und Geifersucht völlig verschlammt das tyrannische Element wütete jetzt als Gift in ihrem eigenen Körper. Diese vielen kleinen Tyrannen hätten sich roh fressen mögen; es war kein Funke mehr von Liebe und allzuwenig Freude an ihrer eigenen Erkenntnis in ihnen übriggeblieben. – Überhaupt gilt der Satz, daß Tyrannen meistens ermordet werden und daß ihre Nachkommenschaft kurz lebt, auch von den Tyrannen des Geistes. Ihre Geschichte ist kurz, gewaltsam, ihre Nachwirkung bricht plötzlich ab. Fast von allen großen Hellenen kann man sagen, daß sie zu spät gekommen scheinen, so von Äschylus, von Pindar, von Demosthenes, von Thukydides; ein Geschlecht nach ihnen – und dann ist es immer völlig vorbei. Das ist das Stürmische und Unheimliche in der griechischen Geschichte. Jetzt zwar bewundert man das Evangelium der Schildkröte. Geschichtlich denken heißt jetzt fast so viel, als ob zu allen Zeiten nach dem Satze Geschichte gemacht worden wäre: »möglichst wenig in möglichst langer

Zeit!« Ach, die griechische Geschichte läuft so rasch! Es ist nie wieder so verschwenderisch, so maßlos gelebt worden. Ich kann mich nicht überzeugen, daß die Geschichte der Griechen jenen *natürlichen* Verlauf genommen habe, der so an ihr gerühmt wird. Sie waren viel zu mannigfach begabt dazu, um in jener schrittweisen Manier *allmählich* zu sein, wie es die Schildkröte im Wettlauf mit Achilles ist: und das nennt man ja natürliche Entwicklung. Bei den Griechen geht es schnell vorwärts, aber ebensoschnell abwärts; die Bewegung der ganzen Maschine ist so gesteigert, daß ein einziger Stein, in ihre Räder geworfen, sie zerspringen macht. Ein solcher Stein war zum Beispiel Sokrates; in einer Nacht war die bis dahin so wunderbare regelmäßige, aber freilich allzu schleunige Entwicklung der philosophischen Wissenschaft zerstört. Es ist keine müßige Frage, ob nicht Plato, von der sokratischen Verzauberung freigeblieben, einen noch höheren Typus des philosophischen Menschen gefunden hätte, der uns auf immer verloren ist. Man sieht in die Zeiten vor ihm wie in eine Bilner-Werkstätte solcher Typen hinein. Das sechste und fünfte Jahrhundert scheint aber doch noch mehr und Höheres zu verheißen, als es selber hervorgebracht hat; aber es blieb bei dem Verheißen und Ankündigen. Und doch gibt es kaum einen schwereren Verlust als den Verlust eines Typus, einer neuen, bis dahin unentdeckt gebliebenen höchsten *Möglichkeit des philosophischen Lebens.* Selbst von den älteren Typen sind die meisten schlecht überliefert; es scheinen mir alle Philosophen von Thales bis Demokrit außerordentlich schwer erkennbar; wem es aber gelingt, diese Gestalten nachzuschaffen, der wandelt unter Gebilden von mächtigstem und reinstem Typus. Diese Fähigkeit ist freilich selten, sie fehlte selbst den späteren Griechen, welche sich mit der Kunde der älteren Philosophie befaßten; Aristoteles zumal scheint seine Augen nicht im Kopfe zu haben, wenn er vor den Bezeichneten steht. Und so scheint es, als ob diese herrlichen Philosophen umsonst gelebt hätten, oder als ob sie gar nur die streit- und redelustigen Scharen der sokratischen Schulen hätten vorbereiten sollen. Es ist hier wie gesagt eine Lücke, ein Bruch in der Entwicklung; irgendein großes Unglück muß geschehen sein, und die einzige Statue, an welcher man Sinn und Zweck jener großen bildnerischen Vorübung erkannt haben würde, zerbrach oder mißlang: was eigentlich geschehen ist, ist für immer ein Geheimnis der Werkstätte geblieben. – Das, was bei den Griechen sich ereignete – daß jeder große Denker im Glauben daran, Besitzer der absoluten Wahrheit zu sein, zum Tyrannen wurde, so daß auch die Geschichte des Geistes bei den Griechen jenen gewaltsamen übereilten und gefährlichen Charakter bekommen hat, den ihre politische Geschichte zeigt –, diese Art von Ereignissen war damit nicht erschöpft: es hat sich vieles Gleiche bis in die neueste Zeit hinein begeben, obwohl allmählich seltener und jetzt schwerlich mehr mit dem reinen naiven Gewissen der griechischen Philosophen. Denn im ganzen redet jetzt die Gegenlehre und die Skepsis zu mächtig, zu laut. Die Periode der Tyrannen des Geistes ist vorbei. In den Sphären der höheren Kultur wird es freilich immer eine Herrschaft geben müssen – aber diese Herrschaft liegt von jetzt ab in den Händen der *Oligarchen des Geistes.* Sie bilden, trotz aller räumlichen und politischen Trennung, eine zusammengehörige Gesellschaft, deren Mitglieder sich *erkennen* und *anerkennen,* was auch die öffentliche Meinung und die Urteile der auf die Masse wirkenden Tages- und Zeitschriftsteller für Schätzungen der Gunst und Abgunst in Umlauf bringen mögen. Die geistige Überlegenheit, welche früher trennte und verfeindete, pflegt jetzt zu *binden:* wie könnten die Einzelnen sich selbst behaupten und auf eigener Bahn, allen Strömungen entgegen, durch das Leben schwimmen, wenn sie nicht ihresgleichen hier und dort unter gleichen Bedingungen leben sähen und deren Hand ergriffen, im Kampfe ebensosehr gegen den ochlokratischen Charakter des Halbgeistes und der Halbbildung, als gegen die gelegentlichen Versuche, mit Hilfe der Massenwirkung eine Tyrannei aufzurichten? Die Oligarchen sind einander nötig, sie haben aneinander ihre beste Freude, sie verstehen ihre Abzeichen – aber trotzdem ist ein Jeder frei, er kämpft und siegt an *seiner* Stelle und geht lieber unter, als sich zu unterwerfen.

262.

Homer. – Die größte Tatsache in der griechischen Bildung bleibt doch die, daß Homer so frühzeitig panhellenisch wurde. Alle geistige und menschliche Freiheit, die die Griechen erreichten, geht auf diese Tatsache zurück. Aber zugleich ist es das eigentliche Verhängnis der griechischen Bildung gewesen, denn Homer verflachte, indem er zentralisierte, und löste die ernsteren Instinkte der Unabhängigkeit auf. Von Zeit zu Zeit erhob sich aus dem tiefsten Grunde des Hellenischen der Widerspruch gegen Homer; aber er blieb immer siegreich. Alle großen geistigen Mächte üben neben ihrer befreienden Wirkung auch eine unterdrückende aus; aber freilich ist es ein Unterschied, ob Homer oder die Bibel oder die Wissenschaft die Menschen tyrannisieren.

263.

Begabung. – In einer so hoch entwickelten Menschheit, wie die jetzige ist, bekommt von Natur Jeder den Zugang zu vielen Talenten mit; Jeder hat *angeborenes Talent,* aber nur Wenigen ist der Grad von Zähigkeit, Ausdauer, Energie angeboren und anerzogen, so daß er wirklich ein Talent wird, also *wird,* was er *ist,* das heißt: es in Werken und Handlungen entladet.

264.

Der Geistreiche entweder überschätzt oder unterschätzt. – Unwissenschaftliche, aber begabte Menschen schätzen jedes Anzeichen von Geist, sei es nun, daß er auf wahrer oder falscher Fährte ist; sie wollen vor Allem, daß der Mensch, der mit ihnen verkehrt, sie gut mit seinem Geist unterhalte, sie ansporne, entflamme, zu Ernst und Scherz fortreiße und jedenfalls vor der Langeweile als kräftigstes Amulett schütze. Die wissenschaftlichen Naturen wissen dagegen, daß die Begabung, allerhand Einfälle zu haben, auf das strengste durch den Geist der Wissenschaft gezügelt werden müsse; nicht Das, was glänzt, scheint erregt, sondern die oft unscheinbare Wahrheit ist die Frucht, welche er vom Baume der Erkenntnis zu schütteln wünscht. Er darf wie Aristoteles, zwischen »Langweiligen« und »Geistreichen« keinen Unterschied machen, sein Dämon führt ihn durch die Wüste ebenso wie durch tropische Vegetation, damit er überall nur an dem Wirklichen, Haltbaren, Ächten seine Freude habe. – Daraus ergibt sich, bei unbedeutenden Gelehrten, eine Mißachtung und Verdächtigung des Geistreichen überhaupt, und wiederum haben geistreiche Leute häufig eine Abneigung gegen die Wissenschaft: wie zum Beispiel fast alle Künstler.

265.

Die Vernunft in der Schule. – Die Schule hat keine wichtigere Aufgabe, als strenges Denken, vorsichtiges Urteilen, konsequentes Schließen zu lehren: deshalb hat sie von allen Dingen abzusehen, die nicht für diese Operationen tauglich sind, zum Beispiel von der Religion. Sie kann ja darauf rechnen, daß menschliche Unklarheit, Gewöhnung und Bedürfnis später doch wieder den Bogen des allzustraffen Denkens abspannen. Aber solange ihr Einfluß reicht, soll sie Das erzwingen, was das Wesentliche und Auszeichnende am Menschen ist: »Vernunft und Wissenschaft, des Menschen *allerhöchste* Kraft« – wie wenigstens Goethe urteilt. – Der große Naturforscher von Baer findet die Überlegenheit aller Europäer im Vergleich zu Asiaten in der eingeschulten Fähigkeit, daß sie Gründe für Das, was sie glauben, angeben können, wozu diese aber völlig unfähig sind. Europa ist in die Schule des konsequenten und kritischen Denkens gegangen, Asien weiß immer noch nicht zwischen Wahrheit und Dichtung zu unterscheiden und ist sich nicht bewußt, ob seine Überzeugungen aus eigener Beobachtung und regelrechtem Denken oder aus Phantasien stammen. – Die Vernunft in der Schule hat Europa zu Europa gemacht: im Mittelalter war es auf dem Wege, wieder zu einem Stück und Anhängsel Asiens zu werden – also den wissenschaftlichen Sinn, welchen es den Griechen verdankte, einzubüßen.

266.

Unterschätzte Wirkung des gymnasialen Unterrichts. – Man sucht den Wert des Gymnasiums selten in den Dingen, welche wirklich dort gelernt und von ihm unvorherbar heimgebracht werden, sondern in denen, welche man lehrt, welche der Schüler sich aber nur mit Widerwillen aneignet, um sie so schnell er darf von sich abzuschütteln. Das Lesen der Klassiker – das gibt jeder Gebildete zu – ist so, wie es überall getrieben wird, eine monströse Prozedur: vor jungen Menschen, welche in keiner Beziehung dazu reif sind, von Lehrern, welche durch jedes Wort, oft durch ihr Erscheinen schon einen Mehltau über einen guten Autor legen. Aber darin liegt der Wert, der gewöhnlich verkannte – daß die Lehrer die *abstrakte Sprache der höheren Kultur* reden, schwerfällig und schwer zum Verstehen, wie sie ist, aber eine hohe Gymnastik des Kopfes; daß Begriffe, Kunstausdrücke, Methoden, Anspielungen in ihrer Sprache fortwährend vorkommen, welche die jungen Leute im Gespräche ihrer Angehörigen und auf der Gasse fast nie hören. Wenn die Schüler nur *hören,* so wird ihr Intellekt zu einer wissenschaftlichen Betrachtungsweise unwillkürlich präformiert. Es ist nicht möglich, aus dieser Zucht, völlig unberührt von der Abstraktion, als reines Naturkind herauszukommen.

267.

Viele Sprachen lernen. – Viele Sprachen lernen füllt das Gedächtnis mit Worten statt mit Tatsachen und Gedanken, während dies ein Behältnis ist, welches bei jedem Menschen nur eine bestimmt begrenzte Masse von Inhalt aufnehmen kann. Sodann schadet das Lernen vieler Sprachen, insofern es den Glauben, Fertigkeiten zu haben, erweckt und tatsächlich auch ein gewisses verführerisches Ansehen im Verkehr verleiht; es schadet sodann auch indirekt, dadurch, daß es dem Erwerben gründlicher Kenntnisse und der Absicht, auf redliche Weise die Achtung der Menschen zu verdienen, entgegenwirkt. Endlich ist es die Axt, welche dem feineren Sprachgefühl innerhalb der Muttersprache an die Wurzel gelegt wird: dies wird dadurch unheilbar beschädigt und zugrunde gerichtet. Die beiden Völker, welche die größten Stilisten erzeugten, Griechen und Franzosen, lernten keine fremden Sprachen. – Weil aber der Verkehr der Menschen immer kosmopolitischer werden muß und zum Beispiel ein rechter Kaufmann in London jetzt schon sich in acht Sprachen schriftlich und mündlich verständlich zu machen hat, so ist freilich das Viele-Sprachen-Lernen ein notwendiges *Übel;* welches aber, zuletzt zum Äußersten kommend, die Menschheit zwingen wird, ein Heilmittel zu finden: und in irgendeiner fernen Zukunft wird es eine neue Sprache, zuerst als Handelssprache, dann als Sprache des geistigen Verkehrs überhaupt, für Alle geben, so gewiß als es einmal Luft-Schiffahrt gibt. Wozu hätte auch die Sprachwissenschaft ein Jahrhundert lang die Gesetze der Sprachen studiert und das Notwendige, Wertvolle, Gelungene an jeder einzelnen Sprache abgeschätzt!

268.

Zur Kriegsgeschichte des Individuums. – Wir finden in ein einzelnes Menschenleben, welches durch mehrere Kulturen geht, den Kampf zusammengedrängt, welcher sich sonst zwischen zwei Generationen, zwischen Vater und Sohn, abspielt: die Nähe der Verwandtschaft *verschärft* diesen Kampf, weil jede Partei schonungslos das ihr so gut bekannte Innere der anderen Partei mit hineinzieht; und so wird dieser Kampf im einzelnen Individuum am erbittertsten sein; hier schreitet jede neue Phase über die frühere mit grausamer Ungerechtigkeit und Verkennung von deren Mitteln und Zielen hinweg.

269.

Um eine Viertelstunde früher. – Man findet gelegentlich Einen, der mit seinen Ansichten über seiner Zeit steht, aber doch nur um so viel, daß er die Vulgäransichten des nächsten Jahrzehnts vorwegnimmt. Er hat die öffentliche Meinung eher, als sie öffentlich ist, das heißt: er ist einer Ansicht, die es verdient trivial zu werden, eine Viertelstunde eher in die Arme gefallen als Andere. Sein Ruhm pflegt aber viel lauter zu sein als der Ruhm der wirklichen Großen und Überlegenen.

270.

Die Kunst zu lesen. – Jede starke Richtung ist einseitig; sie nähert sich der Richtung der geraden Linie und ist wie diese ausschließend; das heißt sie berührt nicht viele andere Richtungen, wie dies schwache Parteien und Naturen in ihrem wellenhaften Hin- und Hergehen tun: das muß man also auch den *Philologen* nachsehen, daß sie einseitig sind. Herstellung und Reinhaltung der Texte nebst der Erklärung derselben, in einer Zunft jahrhundertlang fortgetrieben, hat endlich jetzt die richtigen Methoden finden lassen; das ganze Mittelalter war tief unfähig zu einer streng philologischen Erklärung, das heißt zum einfachen Verstehenwollen dessen, was der Autor sagt, – es *war* etwas, diese Methoden zu finden, man unterschätze es nicht! Alle Wissenschaft hat dadurch erst Kontinuität und Stetigkeit gewonnen, daß die Kunst des richtigen Lesens, das heißt die Philologie, auf ihre Höhe kam.

271.

Die Kunst zu schließen. – Der größte Fortschritt, den die Menschen gemacht haben, liegt darin, daß sie *richtig schließen* lernen. Das ist gar nicht so etwas Natürliches, wie Schopenhauer annimmt, wenn er sagt: »zu schließen sind Alle, zu urteilen Wenige fähig«, sondern ist spät erlernt und jetzt noch nicht zur Herrschaft gelangt. Das falsche Schließen ist in älteren Zeiten die Regel: und die Mythologie aller Völker, ihre Magie und ihr Aberglaube, ihr religiöser Kultus, ihr Recht sind die unerschöpflichen Beweis-Fundstätten für diesen Satz.

272.

Jahresringe der individuellen Kultur. – Die Stärke und Schwäche der geistigen Produktivität hängt lange nicht so an der angeerbten Begabung, als an dem mitgegebenen Maße von *Spannkraft.* Die meisten jungen Gebildeten von dreißig

Jahren gehen um diese Frühsonnenwende ihres Lebens zurück und sind für neue geistige Wendungen von da an unlustig. Deshalb ist dann gleich wieder zum Heile einer fort und fort wachsenden Kultur ehe neue Generation nötig, die es nun aber ebenfalls nicht weit bringt: denn um die Kultur des Vaters *nachzuholen,* muß der Sohn die angeerbte Energie, welche der Vater auf jener Lebensstufe, als er den Sohn zeugte, selber besaß, fast aufbrauchen; mit dem kleinen Überschuß kommt er weiter (denn weil hier der Weg zum zweiten Male gemacht wird, geht es ein wenig leichter und schneller vorwärts; der Sohn verbraucht, um dasselbe zu lernen, was der Vater wußte, nicht ganz so viel Kraft). Sehr spannkräftige Männer wie zum Beispiel Goethe durchmessen so viel, als kaum vier Generationen hintereinander vermögen; deshalb kommen sie aber zu schnell voraus, so daß die anderen Menschen sie erst in dem nächsten Jahrhundert einholen, vielleicht nicht einmal völlig, weil durch die häufigen Unterbrechungen die Geschlossenheit der Kultur, die Konsequenz der Entwicklung geschwächt worden ist. – Die gewöhnlichen Phasen der geistigen Kultur, welche im Verlauf der Geschichte errungen ist, holen die Menschen immer schneller nach. Sie beginnen gegenwärtig in die Kultur als religiös bewegte Kinder einzutreten und bringen es vielleicht im zehnten Lebensjahre zur höchsten Lebhaftigkeit dieser Empfindungen, gehen dann in abgeschwächtere Formen (Pantheismus) über, während sie sich der Wissenschaft nähern; kommen über Gott, Unsterblichkeit und dergleichen ganz hinaus, aber verfallen den Zaubern einer metaphysischen Philosophie. Auch diese wird ihnen endlich unglaubwürdig; die Kunst scheint dagegen immer mehr zu gewähren, so daß eine Zeitlang die Metaphysik kaum noch in einer Umwandlung zur Kunst oder als künstlerisch verklärende Stimmung übrigbleibt und fortlebt. Aber der wissenschaftliche Sinn wird immer gebieterischer und führt den Mann hin zur Naturwissenschaft und Historie und namentlich zu den strengsten Methoden des Erkennens, während der Kunst eine immer mildere und anspruchslosere Bedeutung zufällt. Dies Alles pflegt sich jetzt innerhalb der ersten dreißig Jahre eines Mannes zu ereignen. Es ist die Rekapitulation eines Pensums, an welchem die Menschheit vielleicht dreißigtausend Jahre sich abgearbeitet hat.

273.

Zurückgegangen, nicht zurückgeblieben. – Wer gegenwärtig seine Entwicklung noch aus religiösen Empfindungen heraus anhebt und vielleicht längere Zeit nachher in Metaphysik und Kunst weiterlebt, der hat sich allerdings ein gutes Stück zurückbegeben und beginnt sein Wettrennen mit anderen modernen Menschen unter ungünstigen Voraussetzungen: er verliert scheinbar Raum und Zeit. Aber dadurch, daß er sich in jenen Bereichen aufhielt, wo Glut und Energie entfesselt werden und fortwährend Macht als vulkanischer Strom aus unversiegter Quelle strömt, kommt er dann, sobald er sich nur zur rechten Zeit von jenen Gebieten getrennt hat, um so schneller vorwärts, sein Fuß ist beflügelt, seine Brust hat ruhiger, länger, ausdauernder atmen gelernt. – Er hat sich nur zurückgezogen, um zu seinem Sprunge genügenden Raum zu haben: so kann selbst etwas Fürchterliches, Drohendes in diesem Rückgange liegen.

274.

Ein Ausschnitt unseres Selbst als künstlerisches Objekt. – Es ist ein Zeichen überlegener Kultur, gewisse Phasen der Entwicklung, welche die geringeren Menschen fast gedankenlos durchleben und von der Tafel ihrer Seele dann wegwischen, mit Bewußtsein festzuhalten und ein getreues Bild davon zu entwerfen: dies ist die höhere Gattung der Malerkunst, welche nur Wenige verstehen. Dazu wird es nötig, jene Phasen künstlich zu isolieren. Die historischen Studien bilden die Befähigung zu diesem Malertum aus, denn sie fordern uns fortwährend auf, bei Anlaß eines Stückes Geschichte – eines Volkes oder Menschenlebens – uns einen ganz bestimmten Horizont von Gedanken, eine bestimmte Stärke von Empfindungen, das Vorwalten dieser, das Zurücktreten jener vorzustellen. Darin, daß man solche Gedanken- und Gefühlssysteme aus gegebenen Anlässen schnell rekonstruieren kann, wie den Eindruck eines Tempels aus einigen zufällig stehengebliebenen Säulen und Mauerresten, besteht der historische Sinn. Das nächste Ergebnis desselben ist, daß wir unsere Mitmenschen als ganz bestimmte solche Systeme und Vertreter verschiedener Kulturen verstehen, das heißt als notwendig, aber als veränderlich. Und wiederum: daß wir in unserer eigenen Entwicklung Stücke heraustrennen und selbständig hinstellen können.

275.

Zyniker und Epikureer. – Der Zyniker erkennt den Zusammenhang zwischen den vermehrten und stärkeren Schmerzen des höher kultivierten Menschen und der Fülle von Bedürfnissen; er begreift also, daß die Menge von Meinungen über das Schöne, Schickliche, Geziemende, Erfreuende ebensosehr reiche Genuß-, aber auch Unlustquellen entspringen lassen mußte. Gemäß dieser Einsicht bildet er sich zurück, indem er viele dieser Meinungen aufgibt und sich gewissen Anforderungen der Kultur entzieht; damit gewinnt er ein Gefühl der Freiheit und der Kräftigung, und allmählich, wenn die Gewohnheit ihm seine Lebensweise erträglich macht, hat er in der Tat seltnere und schwächere Unlustempfindungen als die kultivierten Menschen und nähert sich dem Haustier an; überdies empfindet er Alles im Reiz des Kontrastes und – schimpfen kann er ebenfalls nach Herzenslust: so daß er dadurch wieder hoch über die Empfindungswelt des Tieres hinauskommt. – Der Epikureer hat denselben Gesichtspunkt wie der Zyniker; zwischen ihm und jenem ist gewöhnlich nur ein Unterschied des Temperamentes. Sodann benutzt der Epikureer seine höhere Kultur, um sich von den herrschenden Meinungen unabhängig zu machen; er erhebt sich über dieselben, während der Zyniker nur in der Negation bleibt. Er wandelt gleichsam in windstillen, wohlgeschützten, halbdunklen Gängen, während über ihm, im Winde, die Wipfel der Bäume brausen und ihm verraten, wie heftig bewegt da draußen die Welt ist. Der Zyniker dagegen geht gleichsam nackt draußen im Windeswehen umher und härtet sich bis zur Gefühllosigkeit ab.

276.

Mikrokosmos und Makrokosmos der Kultur. – Die besten Entdeckungen über die Kultur macht der Mensch in sich selbst, wenn er darin zwei heterogene Mächte waltend findet.

Gesetzt, es lebe Einer ebensosehr in der Liebe zur bildenden Kunst oder zur Musik, als er vom Geiste der Wissenschaft fortgerissen wird, und er sehe es als unmöglich an, diesen Widerspruch durch Vernichtung der einen und volle Entfesselung der anderen Macht aufzuheben: so bleibt ihm nur übrig, ein so großes Gebäude der Kultur aus sich zu gestalten, daß jene beiden Mächte, wenn auch an verschiedenen Enden desselben, in ihm wohnen können, während zwischen ihnen versöhnende Mittelmächte, mit überwiegender Kraft, um nötigenfalls den ausbrechenden Streit zu schlichten, ihre Herberge haben. Ein solches Gebäude der Kultur im einzelnen Individuum wird aber die größte Ähnlichkeit mit dem Kulturbau in ganzen Zeitperioden haben und eine fortgesetzte analogische Belehrung über denselben abgeben. Denn überall, wo sich die große Architektur der Kultur entfaltet hat, war ihre Aufgabe, die einander widerstrebenden Mächte zur Eintracht vermöge einer übermächtigen Ansammlung der weniger unverträglichen übrigen Mächte zu zwingen, ohne sie deshalb zu unterdrücken und in Fesseln zu schlagen.

277.

Glück und Kultur. – Der Anblick der Umgebungen unserer Kindheit erschüttert uns: das Gartenhaus, die Kirche mit den Gräbern, den Teich und den Wald – dies sehen wir immer als Leidende wieder. Mitleid mit uns selbst ergreift uns, denn was haben wir seitdem Alles durchgelitten! Und hier steht jegliches noch so still, so ewig da: und wir sind so anders, so bewegt; selbst etliche Menschen finden wir wieder, an welchen die Zeit nicht mehr ihren Zahn gewetzt hat als an einem

Eichbaume: Bauern, Fischer, Waldbewohner – sie sind dieselben. – Erschütterung, Selbstmitleid im Angesichte der niederen Kultur ist das Zeichen der höheren Kultur; woraus sich ergibt, daß durch diese das Glück jedenfalls nicht gemehrt worden ist. Wer eben Glück und Behagen vom Leben ernten will, der mag nur immer der höheren Kultur aus dem Wege gehen.

278.

Gleichnis vom Tanze. – Jetzt ist es als das entscheidende Zeichen großer Kultur zu betrachten, wenn Jemand jene Kraft und Biegsamkeit besitzt, um ebenso rein und streng im Erkennen zu sein als, in anderen Momenten, auch befähigt, der Poesie, Religion und Metaphysik gleichsam hundert Schritt vorzugeben und ihre Gewalt und Schönheit nachzuempfinden. Eine solche Stellung zwischen zwei so verschiedenen Ansprüchen ist sehr schwierig, denn die Wissenschaft drängt zur absoluten Herrschaft ihrer Methode, und wird diesem Drängen nicht nachgegeben, so entsteht die andere Gefahr eines schwächlichen Auf- und Niederschwankens zwischen verschiedenen Antrieben. Indessen: um wenigstens mit einem Gleichnis einen Blick auf die Lösung dieser Schwierigkeit zu eröffnen, möge man sich doch daran erinnern, daß der *Tanz* nicht dasselbe wie ein mattes Hin- und Hertaumeln zwischen verschiedenen Antrieben ist. Die hohe Kultur wird einem kühnen Tanze ähnlich sehen: weshalb, wie gesagt, viel Kraft und Geschmeidigkeit not tut.

279.

Von der Erleichterung des Lebens. – Ein Hauptmittel, um sich das Leben zu erleichtern, ist das Idealisieren aller Vorgänge desselben; man soll sich aber aus der Malerei recht deutlich machen, was idealisieren heißt. Der Maler verlangt, daß der Zuschauer nicht zu genau, zu scharf zusehe, er zwingt ihn in eine gewisse Ferne zurück, damit er von dort aus betrachte; er ist genötigt, eine ganz bestimmte Entfernung des Betrachters vom Bilde vorauszusetzen; ja er muß sogar ein ebenso bestimmtes Maß von Schärfe des Auges bei seinem Betrachter annehmen; in solchen Dingen darf er durchaus nicht schwanken. Jeder also, der sein Leben idealisieren will, muß es nicht zu genau sehen wollen und seinen Blick immer in eine gewisse Entfernung zurückbannen. Dieses Kunststück verstand zum Beispiel Goethe.

280.

Erschwerung als Erleichterung und umgekehrt. – Vieles, was auf gewissen Stufen des Menschen Erschwerung des Lebens ist, dient einer höheren Stufe als Erleichterung, weil solche Menschen stärkere Erschwerungen des Lebens kennengelernt haben. Ebenso kommt das Umgekehrte vor: so hat zum Beispiel die Religion ein doppeltes Gesicht, je nachdem ein Mensch zu ihr hinaufblickt, um von ihr sich seine Last und Not abnehmen zu lassen, oder auf sie hinabsieht, wie auf die Fessel, welche ihm angelegt ist, damit er nicht zu hoch in die Luft steige.

281.

Die höhere Kultur wird notwendig mißverstanden. – Wer sein Instrument nur mit zwei Saiten bespannt hat, wie die Gelehrten, welche außer dem *Wissenstriebe* nur noch einen anerzogenen *religiösen* haben, der versteht solche Menschen nicht, welche auf mehr Saiten spielen können. Es liegt im Wesen der höheren, *vielsaitigeren* Kultur, daß sie von der niederen immer falsch gedeutet wird; wie dies zum Beispiel geschieht, wenn die Kunst als eine verkappte Form des Religiösen gilt. Ja Leute, die nur religiös sind, verstehen selbst die Wissenschaft als Suchen des religiösen Gefühls, so wie Taubstumme nicht wissen, was Musik ist, wenn nicht sichtbare Bewegung.

282.

Klagelied. – Es sind vielleicht die Vorzüge unserer Zeiten, welche ein Zurücktreten und eine gelegentliche Unterschätzung der *vita contemplativa* mit sich bringen. Aber eingestehen muß man es sich, daß unsere Zeit arm ist an großen Moralisten, daß Pascal, Epiktet, Seneca, Plutarch wenig noch gelesen werden, daß Arbeit und Fleiß – sonst im Gefolge der großen Göttin Gesundheit – mitunter wie eine Krankheit zu wüten scheinen. Weil Zeit zum Denken und Ruhe im Denken fehlt, so erwägt man abweichende Ansichten nicht mehr: man begnügt sich, sie zu hassen. Bei der ungeheuren Beschleunigung des Lebens wird Geist und Auge an ein halbes oder falsches Sehen und Urteilen gewöhnt, und Jedermann gleicht den Reisenden, welche Land und Volk von der Eisenbahn aus kennenlernen. Selbständige und vorsichtige Haltung der Erkenntnis schätzt man beinahe als eine Art Verrücktheit ab; der Freigeist ist in Verruf gebracht, namentlich durch Gelehrte, welche an seiner Kunst, die Dinge zu betrachten, ihre Gründlichkeit und ihren Ameisenfleiß vermissen und ihn gern in einen einzelnen Winkel der Wissenschaft bannen möchten, während er die ganz andere und höhere Aufgabe hat, von einem einsam gelegenen Standorte aus den ganzen Heerbann der wissenschaftlichen und gelehrten Menschen zu befehligen und ihnen die Wege und Ziele der Kultur zu zeigen. – Eine solche Klage, wie die eben abgesungene, wird wahrscheinlich ihre Zeit haben und von selber einmal, bei einer gewaltigen Rückkehr des Genius der Meditation, verstummen.

283.

Hauptmangel der tätigen Menschen. – Den Tätigen fehlt gewöhnlich die höhere Tätigkeit: ich meine die *individuelle.* Sie sind als Beamte, Kaufleute, Gelehrte, das heißt als Gattungswesen tätig, aber nicht als ganz bestimmte einzelne und *einzige* Menschen; in dieser Hinsicht sind sie faul. – Es ist das Unglück der Tätigen, daß ihre Tätigkeit fast immer ein wenig unvernünftig ist. Man darf zum Beispiel bei dem geldsammelnden Bankier nach dem Zweck seiner rastlosen Tätigkeit nicht fragen: sie ist unvernünftig. Die Tätigen rollen, wie der Stein rollt, gemäß der Dummheit der Mechanik. – Alle Menschen zerfallen, wie zu allen Zeiten so auch jetzt noch, in Sklaven und Freie; denn wer von seinem Tage nicht zwei Drittel für sich hat, ist ein Sklave, er sei übrigens wer er wolle: Staatsmann, Kaufmann, Beamter, Gelehrter.

284.

Zugunsten der Müßigen. – Zum Zeichen dafür, daß die Schätzung des beschaulichen Lebens abgenommen hat, wetteifern die Gelehrten jetzt mit den tätigen Menschen in einer Art von hastigem Genusse, so daß sie also diese Art zu genießen höher zu schätzen scheinen als die, welche ihnen eigentlich zukommt und welche in der Tat viel mehr Genuß ist. Die Gelehrten schämen sich des *otium*. Es ist aber ein edel Ding um Muße und Müßiggehen. – Wenn Müßiggang wirklich der Anfang aller Laster ist, so befindet er sich also wenigstens in der nächsten Nähe aller Tugenden; der müßige Mensch ist immer noch ein besserer Mensch als der tätige. – Ihr meint doch nicht, daß ich mit Muße und Müßigkeit auf euch ziele, ihr Faultiere? –

285.

Die moderne Unruhe. – Nach dem Westen zu wird die moderne Bewegtheit immer größer; so daß den Amerikanern die Bewohner Europas insgesamt sich als ruheliebende und genießende Wesen darstellen, während diese doch selbst wie Bienen und Wespen durcheinanderfliegen. Diese Bewegtheit wird so groß, daß die höhere Kultur ihre Früchte nicht mehr zeitigen kann: es ist, als ob die Jahreszeiten zu rasch aufeinander folgten. Aus Mangel an Ruhe läuft unsre Zivilisation in eine neue Barbarei aus. Zu keiner Zeit haben die Tätigen, das heißt die Ruhelosen, *mehr* gegolten. Es gehört deshalb zu den notwendigen Korrekturen, welche man am Charakter der Menschheit vornehmen muß, das beschauliche Elemente in großem Maße zu verstärken. Doch hat schon jeder Einzelne, welcher in Herz und Kopf ruhig und stetig ist, das Recht zu glauben, daß er nicht nur ein gutes Temperament, sondern eine allgemein nützliche Tugend besitze und durch die Bewahrung dieser Tugend sogar eine höhere Aufgabe erfülle.

286.

Inwiefern der Tätige faul ist. – Ich glaube, daß Jeder über jedes Ding, über welches Meinungen möglich sind, eine eigene Meinung haben muß, weil er selber ein eigenes, nur einmaliges Ding ist, das zu allen andern Dingen eine neue, nie dagewesene Stellung einnimmt. Aber die Faulheit, welche im Grunde der Seele des Tätigen liegt, verhindert den Menschen, das Wasser aus seinem eigenen Brunnen zu schöpfen. – Mit der Freiheit der Meinungen steht es wie mit der Gesundheit: beide sind individuell, von beiden kann kein allgemein gültiger Begriff aufgestellt werden. Das, was das eine Individuum zu seiner Gesundheit nötig hat, ist für ein anderes schon Grund zur Erkrankung, und manche Mittel und Wege zur Freiheit des Geistes dürfen höher entwickelten Naturen als Wege und Mittel zur Unfreiheit gelten.

287.

Censor vitae. – Der Wechsel von Liebe und Haß bezeichnet für eine lange Zeit den inneren Zustand eines Menschen, welcher frei in seinem Urteil über das Leben werden will; er vergißt nicht und trägt den Dingen Alles nach, Gutes und Böses. Zuletzt, wenn die ganze Tafel seiner Seele mit Erfahrungen vollgeschrieben ist, wird er das Dasein nicht verachten und hassen, aber es auch nicht lieben, sondern über ihm liegen, bald mit dem Auge der Freude, bald mit dem der Trauer, und wie die Natur bald sommerlich, bald herbstlich gesinnt sein.

288.

Nebenerfolg. – Wer ernstlich *frei* werden will, wird dabei ohne allen Zwang die Neigung zu Fehlern und Lastern mit verlieren; auch Ärger und Verdruß werden ihn immer seltener anfallen. Sein Wille nämlich will Nichts angelegentlicher als erkennen und das Mittel dazu, das heißt: den andauernden Zustand, in dem er am tüchtigsten zum Erkennen ist.

289.

Wert der Krankheit. – Der Mensch, der krank zu Bette liegt, kommt mitunter dahinter, daß er für gewöhnlich an seinem Amte, Geschäfte oder an seiner Gesellschaft krank ist und durch sie jede Besonnenheit über sich verloren hat: er gewinnt diese Weisheit aus der Muße, zu welcher ihn seine Krankheit zwingt.

290.

Empfindung auf dem Lande. – Wenn man nicht feste, ruhige Linien am Horizonte seines Lebens hat, Gebirgs- und Waldlinien gleichsam, so wird der innerste Wille des Menschen selber unruhig, zerstreut und begehrlich wie das Wesen des Städters: er hat kein Glück und gibt kein Glück.

291.

Vorsicht der freien Geister. – Freigesinnte, der Erkenntnis allein lebende Menschen werden ihr äußerliches Lebensziel, ihre endgültige Stellung zu Gesellschaft und Staat bald erreicht finden und zum Beispiel mit einem kleinen Amte oder einem Vermögen, das gerade zum Leben ausreicht, gerne sich zufriedengeben; denn sie werden sich einrichten so zu leben, daß eine große Verwandelung der äußeren Güter, ja ein Umsturz der politischen Ordnungen ihr Leben nicht mit umwirft. Auf alle diese Dinge verwenden sie so wenig wie möglich an Energie, damit sie mit der ganzen angesammelten Kraft und gleichsam mit einem langen Atem in das Element des Erkennens hinabtauchen. So können sie hoffen, tief zu tauchen und auch wohl auf den Grund zu sehen. – Von einem Ereignis wird ein solcher Geist gerne nur einen Zipfel nehmen, er liebt die Dinge in der ganzen Breite und Weitschweifigkeit ihrer Falten nicht: denn er will sich nicht in diesen verwickeln. – Auch er kennt die Wochentage der Unfreiheit, der Abhängigkeit, der Dienstbarkeit. Aber von Zeit zu Zeit muß ihm ein Sonntag der Freiheit kommen, sonst wird er das Leben nicht aushalten. – Es ist wahrscheinlich, daß selbst seine Liebe zu den Menschen vorsichtig und etwas kurzatmig sein wird, denn er will sich nur, soweit es zum Zweck der Erkenntnis nötig ist, mit der Welt der Neigungen und der Blindheit einlassen. Er muß darauf vertrauen, daß der Genius der Gerechtigkeit etwas für seinen Jünger und Schützling sagen wird, wenn anschuldigende Stimmen ihn arm an Liebe nennen sollten. – Es gibt in seiner Lebens- und Denkweise einen *verfeinerten Heroismus,* welcher es verschmäht, sich der großen Massen-Verehrung, wie sein gröberer Bruder es tut, anzubieten, und still durch die Welt und aus der Welt zu gehen pflegt. Was für Labyrinthe er auch durchwandert, unter welchen Felsen sich auch sein Strom zeitweilig durchgequält hat – kommt er ans Licht, so geht er hell, leicht und fast geräuschlos seinen Gang und läßt den Sonnenschein bis in seinen Grund hinab spielen.

292.

Vorwärts. – Und damit vorwärts auf der Bahn der Weisheit, guten Schrittes, guten Vertrauens! Wie du auch bist, so diene dir selber als Quell der Erfahrung! Wirf das Mißvergnügen über dein Wesen ab, verzeihe dir dein eignes Ich, denn in jedem Falle hast du an dir ehe Leiter mit hundert Sprossen, auf welchen du zur Erkenntnis steigen kannst. Das Zeitalter, in welches du dich mit Leidwesen geworfen fühlst, preist dich selig dieses Glückes wegen; es ruft dir zu, daß dir jetzt noch an Erfahrungen zuteil werde, was Menschen späterer Zeiten vielleicht entbehren müssen. Mißachte es nicht, noch religiös gewesen zu sein; ergründe es völlig, wie du noch einen ächten Zugang zur Kunst gehabt hast. Kannst du nicht gerade mit Hilfe dieser Erfahrungen ungeheuren Wegstrecken der früheren Menschheit verständnisvoller nachgehen? Sind nicht gerade auf *dem* Boden, welcher dir mitunter so mißfällt, auf dem Boden des unreinen Denkens, viele der herrlichsten Früchte älterer Kultur aufgewachsen? Man muß Religion und Kunst wie Mutter und Amme geliebt haben – sonst kann man nicht weise werden. Aber man muß über sie hinaussehen, ihnen entwachsen können; bleibt man in ihrem Banne, so versteht man sie nicht. Ebenso muß dir die Historie vertraut sein und das vorsichtige Spiel mit den Waagschalen »einerseits – andererseits«. Wandle zurück, in die Fußstapfen tretend, in welchen die Menschheit ihren leidvollen großen Gang durch die Wüste der Vergangenheit machte: so bist du am gewissesten belehrt, wohin alle spätere Menschheit nicht wieder gehen kann oder darf. Und indem du mit aller Kraft vorauserspähen willst, wie der Knoten der Zukunft noch geknüpft wird, bekommt dein eigenes Leben den Wert eines Werkzeuges und Mittels zur Erkenntnis. Du hast es in der Hand zu erreichen, daß all dein Erlebtes: die Versuche, Irrwege, Fehler, Täuschungen, Leidenschaften, deine Liebe und deine Hoffnung, in deinem Ziele ohne Rest aufgehen. Dieses Ziel ist, selber eine notwendige Kette von Kultur-Ringen zu werden und von dieser Notwendigkeit aus auf die Notwendigkeit im Gange der allgemeinen Kultur zu schließen. Wenn dein Blick stark genug geworden ist, den Grund in dem dunklen Brunnen deines Wesens und deiner Erkenntnisse zu sehen, so werden dir vielleicht auch in seinem Spiegel die fernen Sternbilder zukünftiger Kulturen sichtbar werden. Glaubst du, ein solches Leben mit einem solchen Ziel sei zu mühevoll, zu ledig aller Annehmlichkeiten? So hast du noch nicht gelernt, daß kein Honig süßer als der der Erkenntnis ist, und daß die hängenden Wolken der Trübsal dir noch zum Euter dienen müssen, aus dem du die Milch zu deiner Labung melken wirst. Kommt das Alter, so merkst du erst recht, wie du der Stimme der Natur Gehör gegeben, jener Natur, welche die ganze Welt durch Lust beherrscht: dasselbe Leben, welches seine Spitze im Alter hat, hat auch seine Spitze in der Weisheit, in jenem milden Sonnenglanz einer beständigen geistigen Freudigkeit; beiden, dem Alter und der Weisheit, begegnest du auf Einem Bergrücken des Lebens: so wollte es die Natur. Dann ist es Zeit und kein Anlaß zum Zürnen, daß der Nebel des Todes naht. Dem Lichte zu – deine letzte Bewegung; ein Jauchzen der Erkenntnis – dein letzter Laut.

SECHSTES HAUPTSTÜCK:

Der Mensch im Verkehr

293.

Wohlwollende Verstellung. – Es ist häufig im Verkehre mit Menschen eine wohlwollende Verstellung nötig, als ob wir die Motive ihres Handelns nicht durchschauten.

294.

Kopien. – Nicht selten begegnet man Kopien bedeutender Menschen; und den Meisten gefallen, wie bei Gemälden so auch hier, die Kopien besser als die Originale.

295.

Der Redner. – Man kann höchst passend reden und doch so, daß alle Welt über das Gegenteil schreit: nämlich dann, wenn man nicht zu aller Welt redet.

296.

Mangel an Vertraulichkeit. – Mangel an Vertraulichkeit unter Freunden ist ein Fehler, der nicht gerügt werden kann, ohne unheilbar zu werden.

297.

Zur Kunst des Schenkens. – Eine Gabe ausschlagen zu müssen, bloß weil sie nicht auf die rechte Weise angeboten wurde, erbittert gegen den Geber.

298.

Der gefährlichste Parteimann. – In jeder Partei ist Einer, der durch sein gar zu gläubiges Aussprechen der Parteigrundsätze die Übrigen zum Abfall reizt.

299.

Ratgeber der Kranken. – Wer einem Kranken seine Ratschläge gibt, erwirbt sich ein Gefühl von Überlegenheit über ihn, sei es daß sie angenommen oder daß sie verworfen werden. Deshalb hassen reizbare und stolze Kranke die Ratgeber noch mehr als ihre Krankheit.

300.

Doppelte Art der Gleichheit. – Die Sucht nach Gleichheit kann sich so äußern, daß man entweder alle Anderen zu sich hinunterziehen möchte (durch Verkleinern, Sekretieren, Beinstellen) oder sich mit Allen hinauf (durch Anerkennen, Helfen, Freude an fremdem Gelingen).

301.

Gegen Verlegenheit. – Das beste Mittel, sehr verlegenen Leuten zu Hilfe zu kommen und sie zu beruhigen, besteht darin, daß man sie entschieden lobt.

302.

Vorliebe für einzelne Tugenden. – Wir legen nicht eher besonderen Wert auf den Besitz einer Tugend, bis wir deren völlige Abwesenheit an unserem Gegner wahrnehmen.

303.

Warum man widerspricht. – Man widerspricht oft einer Meinung, während uns eigentlich nur der Ton, mit dem sie vorgetragen wurde, unsympathisch ist.

304.

Vertrauen und Vertraulichkeit. – Wer die Vertraulichkeit mit einer anderen Person geflissentlich zu erzwingen sucht, ist gewöhnlich nicht sicher darüber, ob er ihr Vertrauen besitzt. Wer des Vertrauens sicher ist, legt auf Vertraulichkeit wenig Wert.

305.

Gleichgewicht der Freundschaft. – Manchmal kehrt, im Verhältnis von uns zu einem andern Menschen, das rechte Gleichgewicht der Freundschaft zurück, wenn wir in unsere eigene Waagschale einige Gran Unrecht legen.

306.

Die gefährlichsten Ärzte. – Die gefährlichsten Ärzte sind die, welche es dem geborenen Arzte als geborene Schauspieler mit vollkommener Kunst der Täuschung nachmachen.

307.

Wann Paradoxien am Platze sind. – Geistreichen Personen braucht man mitunter, um sie für einen Satz zu gewinnen, denselben nur in der Form einer ungeheuerlichen Paradoxie vorzulegen.

308.

Wie mutige Leute gewonnen werden. – Mutige Leute überredet man dadurch zu einer Handlung, daß man dieselbe gefährlicher darstellt als sie ist.

309.

Artigkeiten. – Unbeliebten Personen rechnen wir die Artigkeiten, welche sie uns erweisen, zum Vergehen an.

310.

Warten lassen. – Ein sicheres Mittel, die Leute aufzubringen und ihnen böse Gedanken in den Kopf zu setzen, ist: sie lange warten zu lassen. Dies macht unmoralisch.

311.

Gegen die Vertraulichen. – Leute, welche uns ihr volles Vertrauen schenken, glauben dadurch ein Recht auf das unsrige zu haben. Dies ist ein Fehlschluß; durch Geschenke erwirbt man keine Rechte.

312.

Ausgleichsmittel. – Es genügt oft, einem Andern, dem man einen Nachteil zugefügt hat, Gelegenheit zu einem Witz über uns zu geben, um ihm persönliche Genugtuung zu schaffen, ja um ihn für uns gut zu stimmen.

313.

Eitelkeit der Zunge. – Ob der Mensch seine schlechten Eigenschaften und Laster verbirgt oder mit Offenheit sie eingesteht, so wünscht doch in beiden Fällen seine Eitelkeit einen Vorteil dabei zu haben: man beachte nur, wie fein er unterscheidet, vor wem er jene Eigenschaften verbirgt, vor wem er ehrlich und offenherzig wird.

314.

Rücksichtsvoll. – Niemanden kränken, Niemanden beeinträchtigen wollen kann ebensowohl das Kennzeichen einer gerechten als einer ängstlichen Sinnesart sein.

315.

Zum Disputieren erforderlich. – Wer seine Gedanken nicht auf Eis zu legen versteht, der soll sich nicht in die Hitze des Streites begeben.

316.

Umgang und Anmaßung. – Man verlernt die Anmaßung, wenn man sich immer unter verdienten Menschen weiß; allein sein pflanzt Übermut. Junge Leute sind anmaßend, denn sie gehen mit Ihresgleichen um, welche alle nichts sind, aber gerne viel bedeuten.

317.

Motiv des Angriffs. – Man greift nicht nur an, um Jemandem weh zu tun, ihn zu besiegen, sondern vielleicht auch nur, um sich seiner Kraft bewußt zu werden.

318.

Schmeichelei. – Personen, welche unsere Vorsicht im Verkehr mit ihnen durch Schmeicheleien betäuben wollen, wenden ein gefährliches Mittel an, gleichsam einen Schlaftrunk, welcher, wenn er nicht einschläfert, nur um so mehr wach erhält.

319.

Guter Briefschreiber. – Der, welcher keine Bücher schreibt, viel denkt und in unzureichender Gesellschaft lebt, wird gewöhnlich ein guter Briefschreiber sein.

320.

Am häßlichsten. – Es ist zu bezweifeln, ob ein Vielgereister irgendwo in der Welt häßlichere Gegenden gefunden hat als im menschlichen Gesichte.

321.

Die Mitleidigen. – Die mitleidigen, im Unglück jederzeit hilfreichen Naturen sind selten zugleich die sich mitfreuenden: beim Glück der Anderen haben sie Nichts zu tun, sind überflüssig, fühlen sich nicht im Besitz ihrer Überlegenheit und zeigen deshalb leicht Mißvergnügen.

322.

Verwandte eines Selbstmörders. – Verwandte eines Selbstmörders rechnen es ihm übel an, daß er nicht aus Rücksicht auf ihren Ruf am Leben geblieben ist.

323.

Undank vorauszusehen. – Der, welcher etwas Großes schenkt, findet keine Dankbarkeit; denn der Beschenkte hat schon durch das Annehmen zuviel Last.

324.

In geistloser Gesellschaft. – Niemand dankt dem geistreichen Menschen die Höflichkeit, wenn er sich einer Gesellschaft gleichstellt, in der es nicht höflich ist, Geist zu zeigen.

325.

Gegenwart von Zeugen. – Man springt einem Menschen, der ins Wasser fällt, noch einmal so gern nach, wenn Leute zugegen sind, die es nicht wagen.

326.

Schweigen. – Die für beide Parteien unangenehmste Art, eine Polemik zu erwidern, ist, sich ärgern und schweigen: denn der Angreifende erklärt sich das Schweigen gewöhnlich als Zeichen der Verachtung.

327.

Das Geheimnis des Freundes. – Es wird Wenige geben, welche, wenn sie um Stoff zur Unterhaltung verlegen sind, nicht die geheimeren Angelegenheiten ihrer Freunde preisgeben.

328.

Humanität. – Die Humanität der Berühmtheiten des Geistes besteht darin, im Verkehre mit Unberühmten auf eine verbindliche Art unrecht zu behalten.

329.

Der Befangene. – Menschen, die sich in der Gesellschaft nicht sicher fühlen, benutzen jede Gelegenheit, um an einem Nahegestellten, dem sie überlegen sind, diese Überlegenheit öffentlich, vor der Gesellschaft, zu zeigen, zum Beispiel durch Neckereien.

330.

Dank. – Eine feine Seele bedrückt es, sich Jemanden zum Dank verpflichtet zu wissen; eine grobe, sich Jemandem.

331.

Merkmal der Entfremdung. – Das stärkste Anzeichen von Entfremdung der Ansichten bei zwei Menschen ist dies, daß beide sich gegenseitig einiges Ironische sagen, aber keiner von beiden das Ironische daran fühlt.

332.

Anmaßung bei Verdiensten. – Anmaßung bei Verdiensten beleidigt noch mehr als Anmaßung von Menschen ohne Verdienst: denn schon der Verdienst beleidigt.

333.

Gefahr in der Stimme. – Mitunter macht uns im Gespräch der Klang der eignen Stimme verlegen und verleitet uns zu Behauptungen, welche gar nicht unsren Meinungen entsprechen.

334.

Im Gespräche. – Ob man im Gespräche dem Anderen vornehmlich recht gibt oder unrecht, ist durchaus die Sache der Angewöhnung: das Eine wie das Andre hat Sinn.

335.

Furcht vor dem Nächsten. – Wir fürchten die feindselige Stimmung des Nächsten, weil wir befürchten, daß er durch diese Stimmung hinter unsere Heimlichkeiten kommt.

336.

Durch Tadel auszeichnen. – Sehr angesehene Personen erteilen selbst ihren Tadel so, daß sie uns damit auszeichnen wollen. Es soll uns aufmerksam machen, wie angelegentlich sie sich mit uns beschäftigen. Wir verstehen sie ganz falsch, wenn wir ihren Tadel sachlich nehmen und uns gegen ihn verteidigen; wir ärgern sie dadurch und entfremden uns ihnen.

337.

Verdruß am Wohlwollen Anderer. – Wir irren uns über den Grad, in welchem wir uns gehaßt, gefürchtet glauben: weil wir selber zwar gut den Grad unserer Abweichung von einer Person, Richtung, Partei kennen, jene Andern aber uns sehr oberflächlich kennen und deshalb auch nur oberflächlich hassen. Wir begegnen oft einem Wohlwollen, welches uns unerklärlich ist; verstehen wir es aber, so beleidigt es uns, weil es zeigt, daß man uns nicht ernst, nicht wichtig genug nimmt.

338.

Sich kreuzende Eitelkeiten. – Zwei sich begegnende Personen, deren Eitelkeit gleich goß ist, behalten hinterdrein voneinander einen schlechten Eindruck, weil jede so mit dem Eindruck beschäftigt war, den sie bei dem Anderen hervorbringen wollte, daß der Andere auf sie keinen Eindruck machte; beide merken endlich, daß ihr Bemühen verfehlt ist, und schieben dem Anderen die Schuld zu.

339.

Unarten als gute Anzeichen. – Der überlegene Geist hat Taktlosigkeiten, Anmaßungen, ja Feindseligkeiten ehrgeiziger Jünglinge gegen ihn sein Vergnügen; es sind die Unarten feuriger Pferde, welche noch keinen Reiter getragen haben und doch in kurzem so stolz sein werden, ihn zu tragen.

340.

Wann es ratsam ist, unrecht zu behalten. – Man tut gut, gemachte Anschuldigungen, selbst wenn sie uns unrecht tun, ohne Widerlegung hinzunehmen, im Fall der Anschuldigende darin ein noch größeres Unrecht unsererseits sehen würde, wenn wir ihm widersprächen und etwa gar ihn widerlegten. Freilich kann einer auf diese Weise immer unrecht haben und immer recht behalten und zuletzt mit dem besten Gewissen von der Welt der unerträglichste Tyrann und Quälgeist werden; und was vom Einzelnen gilt, kann auch bei ganzen Klassen der Gesellschaft vorkommen.

341.

Zu wenig geehrt. – Sehr eingebildete Personen, denen man Zeichen von geringerer Beachtung gegeben hat, als sie erwarteten, versuchen lange sich selbst und Andere darüber irrezuführen und werden spitzfindige Psychologiker, um herauszubekommen, daß der Andere sie doch genügend geehrt hat: erreichen sie ihr Ziel nicht, reißt der Schleier der Täuschung, so geben sie sich einer um so größeren Wut hin.

342.

Urzustände in der Rede nachklingend. – In der Art, wie jetzt die Männer im Verkehre Behauptungen aufstellen, erkennt man oft einen Nachklang der Zeiten, wo dieselben sich besser auf Waffen als auf irgend Etwas verstanden: sie handhaben ihre Behauptungen bald wie zielende Schützen ihr Gewehr, bald glaubt man das Sausen und Klirren der Klingen zu hören; und bei einigen Männern poltert eine Behauptung herab wie ein derber Knüttel. – Frauen dagegen sprechen so wie Wesen, welche jahrtausendelang am Webstuhl saßen oder die Nadel führten oder mit Kindern kindisch waren.

343.

Der Erzähler. – Wer Etwas erzählt, läßt leicht merken, ob er erzählt, weil ihn das Faktum interessiert, oder weil er durch die Erzählung interessieren will. Im letzteren Falle wird er übertreiben, Superlative gebrauchen und Ähnliches tun. Er erzählt dann gewöhnlich schlechter, weil er nicht so sehr an die Sache als an sich denkt.

344.

Der Vorleser. – Wer dramatische Dichtungen vorliest, macht Entdeckungen über seinen Charakter: er findet für gewisse Stimmungen und Szenen seine Stimme natürlicher als für andere, etwa für alles Pathetische oder für das Skurrile, während er vielleicht im gewöhnlichen Leben nur nicht Gelegenheit hatte, Pathos oder Skurrilität zu zeigen.

345.

Eine Lustpiel-Szene, welche im Leben vorkommt. – Jemand denkt sich eine geistreiche Meinung über ein Thema aus, um sie in einer Gesellschaft vorzutragen. Nun würde man im Lustspiel anhören und ansehen, wie er mit allen Segeln an den Punkt zu kommen und die Gesellschaft dort einzuschiffen sucht, wo er seine Bemerkung machen kann: wie er fortwährend die Unterhaltung nach Einem Ziele schiebt, gelegentlich die Richtung verliert, sie wiedergewinnt, endlich den Ausblick erreicht: fast versagt ihm der Atem – und da nimmt ihm Einer aus der Gesellschaft die Bemerkung vom Munde weg. Was wird er tun? Seiner eigenen Meinung opponieren?

346.

Wider Willen unhöflich. – Wenn Jemand wider Willen einen Anderen unhöflich behandelt, zum Beispiel nicht grüßt, weil er ihn nicht erkennt, so wurmt ihn dies, obschon er nicht seiner Gesinnung einen Vorwurf machen kann; ihn kränkt die schlechte Meinung, welche er bei dem Andern erzeugt hat, oder er fürchtet die Folgen einer Verstimmung, oder ihn schmerzt, den Andern verletzt zu haben – also Eitelkeit, Furcht oder Mitleid können rege werden, vielleicht auch alles zusammen.

347.

Verräter-Meisterstück. – Gegen den Mitverschworenen den kränkenden Argwohn zu äußern, ob man nicht von ihm verraten werde, und dies gerade in dem Augenblick, wo man selbst Verrat übt, ist ein Meisterstück der Bosheit, weil es den Andern persönlich okkupiert und ihn zwingt, eine Zeitlang sich sehr unverdächtig und offen zu benehmen: so daß der wirkliche Verräter sich freie Hand gemacht hat.

348.

Beleidigen und beleidigt werden. – Es ist weit angenehmer, zu beleidigen und später um Verzeihung zu bitten, als beleidigt zu werden und Verzeihung zu gewähren. Der, welcher das Erste tut, gibt ein Zeichen von Macht und nachher von Güte des Charakters. Der Andre, wenn er nicht als inhuman gelten will, *muß* schon verzeihen; der Genuß an der Demütigung des Andern ist dieser Nötigung wegen gering.

349.

Im Disput. – Wenn man zugleich einer anderen Meinung widerspricht und dabei seine eigene entwickelt, so verrückt gewöhnlich die fortwährende Rücksicht auf die andere Meinung die natürliche Haltung der eigenen: sie erscheint absichtlicher, schärfer, vielleicht etwas übertrieben.

350.

Kunstgriff. – Wer etwas Schwieriges von einem Anderen erlangen will, muß die Sache überhaupt nicht als Problem fassen, sondern schlicht seinen Plan hinlegen, als sei er die einzige Möglichkeit; er muß es verstehen, wenn im Auge des Gegners der Einwand, der Widerspruch dämmert, schnell abzubrechen und ihm keine Zeit zu geben.

351.

Gewissensbisse nach Gesellschaften. – Warum haben wir nach gewöhnlichen Gesellschaften Gewissensbisse? Weil wir wichtige Dinge leicht genommen haben, weil wir bei der Besprechung von Personen nicht mit voller Treue gesprochen oder weil wir geschwiegen haben, wo wir reden sollten, weil wir gelegentlich nicht aufgesprungen und fortgelaufen sind, – kurz, weil wir uns in der Gesellschaft benahmen, als ob wir zu ihr gehörten.

352.

Man wird falsch beurteilt. – Wer immer danach hinhorcht, wie er beurteilt wird, hat immer Ärger. Denn wir werden schon von Denen, welche uns am nächsten stehen (»am besten kennen«), falsch beurteilt. Selbst gute Freunde lassen ihre Verstimmung mitunter in einem mißgünstigen Worte aus; und würden sie unsre Freunde sein, wenn sie uns genau kennten? – Die Urteile der Gleichgültigen tun sehr weh, weil sie so unbefangen, fast sachlich klingen. Merken wir aber gar, daß Jemand, der uns feind ist, uns in einem geheim gehaltenen Punkte so gut kennt, wie wir uns, wie groß ist dann erst der Verdruß!

353.

Tyrannei des Portraits. – Künstler und Staatsmänner, die schnell aus einzelnen Zügen das ganze Bild eines Menschen oder Ereignisses kombinieren, sind am meisten dadurch ungerecht, daß sie hinterdrein *verlangen,* das Ereignis oder der Mensch müsse wirklich so sein, wie sie es malten; sie verlangen geradezu, daß Einer so begabt, so verschlagen, so ungerecht sei, wie er in ihrer Vorstellung lebt.

354.

Der Verwandte als der beste Freund. – Die Griechen, die so gut wußten, was ein Freund sei – sie allein von allen Völkern haben eine tiefe, vielfache philosophische Erörterung der Freundschaft; so daß ihnen zuerst, und bis jetzt zuletzt, der Freund als ein lösenswertes Problem erschienen ist –, diese selben Griechen haben die Verwandten mit einem Ausdrucke bezeichnet, welcher der Superlativ des Wortes »Freund« ist. Dies bleibt mir unerklärlich.

355.

Verkannte Ehrlichkeit. – Wenn Jemand im Gespräche sich selber zitiert (»ich sagte damals«, »ich pflege zu sagen«), so macht dies den Eindruck der Anmaßung, während es häufig gerade aus der entgegengesetzten Quelle hervorgeht, mindestens aus Ehrlichkeit, welche den Augenblick nicht mit den Einfällen schmücken und herausputzen will, welche einem früheren Augenblicke angehören.

356.

Der Parasit. – Es bezeichnet einen völligen Mangel an vornehmer Gesinnung, wenn Jemand lieber in Abhängigkeit, auf Andrer Kosten leben will, um nur nicht arbeiten zu müssen, gewöhnlich mit einer heimlichen Erbitterung gegen Die, von denen er abhängt. – Eine solche Gesinnung ist viel häufiger bei Frauen als bei Männern, auch viel verzeihlicher (aus historischen Gründen).

357.

Auf dem Altar der Versöhnung. – Es gibt Umstände, wo man eine Sache von einem Menschen nur so erlangt, daß man ihn beleidigt und sich verfeindet: dieses Gefühl, einen Feind zu haben, quält ihn so, daß er gern das erste Anzeichen einer milderen Stimmung zur Versöhnung benutzt und jene Sache auf dem Altar dieser Versöhnung opfert, an der ihm früher so viel gelegen war, daß er sie um keinen Preis geben wollte.

358.

Mitleid fordern als Zeichen der Anmaßung. – Es gibt Menschen, welche, wenn sie in Zorn geraten und die Anderen beleidigen, dabei erstens verlangen, daß man ihnen Nichts übel nehme, und zweitens, daß man mit ihnen Mitleid habe, weil sie so heftigen Paroxysmen unterworfen sind: so weit geht die menschliche Anmaßung.

359.

Köder. – »Jeder Mensch hat seinen Preis« – das ist nicht wahr. Aber es findet sich wohl für Jeden ein Köder, an den er anbeißen muß. So braucht man, um manche Personen für eine Sache zu gewinnen, dieser Sache nur den Glanz des Menschenfreundlichen, Edlen, Mildtätigen, Aufopfernden zu geben – und welcher Sache könnte man ihn nicht geben! –: es ist das Zuckerwerk und die Näscherei *ihrer* Seele; andere haben anderes.

360.

Verhalten beim Lobe. – Wenn gute Freunde die begabte Natur loben, so wird sie sich öfters aus Höflichkeit und Wohlwollen darüber erfreut zeigen, aber in Wahrheit ist es ihr gleichgültig. Ihr eigentliches Wesen ist ganz träge dagegen und um keinen Schritt dadurch aus der Sonne oder dem Schatten, in dem sie liegt, herauszuwälzen; aber die Menschen wollen durch Lob eine Freude machen und man würde sie betrüben, wenn man sich über ihr Lob nicht freute.

361.

Die Erfahrung des Sokrates. – Ist man in einer Sache Meister geworden, so ist man gewöhnlich eben dadurch in den meisten anderen Sachen ein völliger Stümper geblieben; aber man urteilt gerade umgekehrt, wie dies schon Sokrates erfuhr. Dies ist der Übelstand, welcher den Umgang mit Meistern unangenehm macht.

362.

Mittel der Verteidigung. – Im Kampf mit der Dummheit werden die billigsten und sanftesten Menschen zuletzt brutal. Sie sind damit vielleicht auf dem rechten Wege der Verteidigung; denn an die dumme Stirn gehört, als Argument, von Rechts wegen die geballte Faust. Aber weil, wie gesagt, ihr Charakter sanft und billig ist, so leiden sie durch diese Mittel der Notwehr mehr, als sie Leid zufügen.

363.

Neugierde. – Wenn die Neugierde nicht wäre, würde wenig für das Wohl des Nächsten getan werden. Aber die Neugierde schleicht sich unter dem Namen der Pflicht oder des Mitleidens in das Haus des Unglücklichen und Bedürftigen. – Vielleicht ist selbst an der vielberühmten Mutterliebe ein gut Stück Neugierde.

364.

Verrechnung in der Gesellschaft. – Dieser wünscht interessant zu sein durch seine Urteile, Jener durch seine Neigungen und Abneigungen, der Dritte durch seine Bekanntschaften, ein Vierter durch seine Vereinsamung – und sie verrechnen sich Alle. Denn Der, vor dem das Schauspiel aufgeführt wird, meint selber dabei das einzig in Betracht kommende Schauspiel zu sein.

365.

Duell. – Zugunsten aller Ehrenhändel und Duelle ist zu sagen, daß, wenn Einer ein so reizbares Gefühl hat, nicht leben zu wollen, wenn Der und Der das und das über ihn sagt oder denkt, er ein Recht hat, die Sache auf den Tod des Einen oder des Anderen ankommen zu lassen. Darüber, daß er so reizbar ist, ist gar nicht zu rechten, damit sind wir die Erben der Vergangenheit, ihrer Größe sowohl wie ihrer Übertreibungen, ohne welche es nie eine Größe gab. Existiert nun ein Ehrenkanon, welcher Blut anstelle des Todes gelten läßt, so daß nach einem regelmäßigen Duell das Gemüt erleichtert ist, so ist dies eine große Wohltat, weil sonst viele Menschenleben in Gefahr wären. – So eine Institution erzieht übrigens die Menschen in Vorsicht auf ihre Äußerungen und macht den Umgang mit ihnen möglich.

366.

Vornehmheit und Dankbarkeit. – Eine vornehme Seele wird sich gern zur Dankbarkeit verpflichtet fühlen und den Gelegenheiten, bei denen sie sich verpflichtet, nicht ängstlich aus dem Wege gehen; ebenso wird sie nachher gelassen in den Äußerungen der Dankbarkeit sein; während niedere Seelen sich gegen alles Verpflichtetwerden sträuben oder nachher in den Äußerungen ihrer Dankbarkeit übertrieben und allzusehr beflissen sind. Letzteres kommt übrigens auch bei Personen von niederer Herkunft oder gedrückter Stellung vor: eine Gunst, *ihnen* erwiesen, deucht ihnen ein Wunder von Gnade.

367.

Die Stunden der Beredsamkeit. – Der Eine hat, um gut zu sprechen, Jemanden nötig, der ihm entschieden und anerkannt überlegen ist, der Andere kann nur vor Einem, den er überragt, völlige Freiheit der Rede und glückliche Wendungen der Beredsamkeit finden: in beiden Fällen ist es derselbe Grund; jeder von ihnen redet nur gut, wenn er *sans gêne* redet, der Eine, weil er vor dem Höheren den Antrieb der Konkurrenz, des Wettbewerbs nicht fühlt, der Andere ebenfalls deshalb, angesichts des Niederen. – Nun gibt es eine ganz andere Gattung von Menschen, die nur gut reden, wenn sie im Wetteifer, mit der Absicht zu siegen, reden. Welche von beiden Gattungen ist die ehrgeizigere: die, welche aus erregter Ehrsucht gut, oder die, welche aus eben diesem Motive schlecht oder gar nicht spricht?

368.

Das Talent zur Freundschaft. – Unter den Menschen, welche eine besondere Begabung zur Freundschaft haben, treten zwei Typen hervor. Der Eine ist in einem fortwährenden Aufsteigen und findet für jede Phase seiner Entwicklung einen genau zugehörigen Freund. Die Reihe von Freunden, welche er auf diese Weise erwirbt, ist unter sich selten in Zusammenhang, mitunter in Mißhelligkeit und Widerspruch: ganz dem entsprechend, daß die späteren Phasen in seiner Entwicklung die früheren Phasen aufheben oder beeinträchtigen. Ein solcher Mensch mag im Scherz eine *Leiter* heißen. – Den anderen Typus vertritt Der, welcher eine Anziehungskraft auf sehr verschiedne Charaktere und Begabungen ausübt, so daß er einen ganzen Kreis von Freunden gewinnt; diese aber kommen dadurch selber untereinander in freundschaftliche Beziehung, trotz aller Verschiedenheit. Einen solchen Menschen nenne man einen *Kreis:* denn in ihm muß jene Zusammengehörigkeit so verschiedener Anlagen und Naturen irgendwie vorgebildet sein. – Übrigens ist die Gabe, gute Freunde zu haben, in manchem Menschen viel größer als die Gabe, ein guter Freund zu sein.

369.

Taktik im Gespräch. – Nach einem Gespräch mit Jemandem ist man am besten auf den Mitunterredner zu sprechen, wenn man Gelegenheit hatte, seinen Geist, seine Liebenswürdigkeit vor ihm im ganzen Glanze zu zeigen. Dies benutzen kluge Menschen, welche Jemanden sich günstig stimmen wollen, indem sie bei der Unterredung ihm die besten Gelegenheiten zu einem guten Witz und dergleichen zuschieben. Es wäre ein lustiges Gespräch zwischen zwei sehr Klugen zu denken, welche sich gegenseitig günstig stimmen wollen und sich deshalb die *schönen Gelegenheiten* im Gespräch hin und her zuwerfen, während keiner sie annimmt: so daß das Gespräch im ganzen geistlos und unliebenswürdig verliefe, weil Jeder dem Anderen die Gelegenheit zu Geist und Liebenswürdigkeit zuwiese.

370.

Entladung des Unmuts. – Der Mensch, dem etwas mißlingt, führt dies Mißlingen lieber auf den bösen Willen eines Anderen als auf den Zufall zurück. Seine gereizte Empfindung wird dadurch erleichtert, eine Person und nicht eine Sache sich als Grund seines Mißlingens zu denken; denn an Personen kann man sich rächen, die Unbilden des Zufalls muß man hinunterwürgen. Die Umgebung eines Fürsten pflegt deshalb, wenn diesem etwas mißlungen ist, einen einzelnen Menschen als angebliche Ursache ihm zu bezeichnen und im Interesse aller Höflinge aufzuopfern; denn der Mißmut des Fürsten würde sich sonst an ihnen Allen auslassen, da er ja an der Schicksalsgöttin selber keine Rache nehmen kann.

371.

Die Farbe der Umgebung annehmen. – Warum ist Neigung und Abneigung so ansteckend, daß man kaum in der Nähe einer stark empfindenden Person leben kann, ohne wie ein Gefäß mit ihrem Für und Wider angefüllt zu werden? Erstens ist die völlige Enthaltung des Urteils sehr schwer, mitunter für unsere Eitelkeit geradezu unerträglich; sie trägt da gleiche Farbe mit der Gedanken- und Empfindungsarmut oder mit der Ängstlichkeit, der Unmännlichkeit: und so werden wir wenigstens dazu fortgerissen, Partei zu nehmen, vielleicht gegen die Richtung unserer Umgebung, wenn diese Stellung unserem Stolze mehr Vergnügen macht. Gewöhnlich aber – das ist das Zweite – bringen wir uns den Übergang von Gleichgültigkeit zu Neigung oder Abneigung gar nicht zum Bewußtsein, sondern allmählich gewöhnen wir uns an die Empfindungsweise unserer Umgebung, und weil sympathisches Zustimmen und Sichverstehen so angenehm ist, tragen wir bald alle Zeichen und Parteifarben dieser Umgebung.

372.

Ironie. – Die Ironie ist nur als pädagogisches Mittel am Platze, von Seiten eines Lehrers im Verkehr mit Schülern irgendwelcher Art: ihr Zweck ist Demütigung, Beschämung, aber von jener heilsamen Art, welche gute Vorsätze erwachen läßt und Dem, welcher uns so behandelte, Verehrung, Dankbarkeit als einem Arzte entgegenbringen heißt. Der Ironische stellt sich unwissend und zwar so gut, daß die sich mit ihm unterredenden Schüler getäuscht sind und in ihrem guten Glauben an ihr eigenes Besserwissen dreist werden und sich Blößen aller Art geben; sie verlieren die Behutsamkeit und zeigen sich, wie sie sind, – bis in einem Augenblick die Leuchte, die sie dem Lehrer ins Gesicht hielten, ihre Strahlen sehr demütigend auf sie selbst zurückfallen läßt. – Wo ein solches Verhältnis, wie zwischen Lehrer und Schüler, nicht stattfindet, ist sie eine Unart, ein gemeiner Affekt. Alle ironischen Schriftsteller rechnen auf die alberne Gattung von Menschen, welche sich gerne allen Anderen mit dem Autor zusammen überlegen fühlen wollen, als welchen sie für das Mundstück ihrer Anmaßung ansehen. – Die Gewöhnung an Ironie, ebenso wie die an Sarkasmus verdirbt übrigens den Charakter, sie verleiht allmählich die Eigenschaft einer schadenfrohen Überlegenheit: man ist zuletzt einem bissigen Hunde gleich, der noch das Lachen gelernt hat, außer dem Beißen.

373.

Anmaßung. – Vor Nichts soll man sich so hüten als vor dem Aufwachsen jenes Unkrauts, welches Anmaßung heißt und uns jede gute Ernte verdirbt; denn es gibt Anmaßung in der Herzlichkeit, in den Ehrenbezeigungen, in der wohlwollenden Vertraulichkeit, in der Liebkosung, im freundschaftlichen Rate, im Eingestehen von Fehlern, in dem Mitleiden für Andere, und alle diese schönen Dinge erregen Widerwillen, wenn jenes Kraut dazwischen wächst. Der Anmaßende, das heißt Der, welcher mehr bedeuten will, als er ist *oder gilt*, macht immer eine falsche Berechnung. Zwar hat er den augenblicklichen Erfolg für sich, insofern die Menschen, vor denen er anmaßend ist, ihm gewöhnlich das Maß von Ehre geben, welches er fordert, aus Angst oder Bequemlichkeit; aber sie nehmen eine schlimme Rache dafür, insofern sie ebensoviel, als er über das Maß forderte, von dem Werte subtrahieren, den sie ihm bis jetzt beilegten. Es ist Nichts, was die Menschen sich teurer bezahlen lassen, als Demütigung. Der Anmaßende kann sein wirkliches großes Verdienst so in den Augen der anderen verdächtigen und klein machen, daß man mit staubigen Füßen darauf tritt. – Selbst ein *stolzes* Benehmen sollte man sich nur dort erlauben, wo man ganz sicher sein kann, nicht mißverstanden und als anmaßend betrachtet zu werden, zum Beispiel vor Freunden und Gattinnen. Denn es gibt im Verkehre mit Menschen keine größere Torheit, als sich den Ruf der Anmaßung zuzuziehn; es ist noch schlimmer, als wenn man nicht gelernt hat, höflich zu lügen.

374.

Zwiegespräch. – Das Zwiegespräch ist das vollkommene Gespräch, weil Alles, was der Eine sagt, seine bestimmte Farbe, seinen Klang, seine begleitende Gebärde *in strenger Rücksicht auf den Anderen,* mit dem gesprochen wird, erhält, also dementsprechend, was beim Briefverkehre geschieht, daß ein und derselbe zehn Arten des seelischen Ausdrucks zeigt, je nachdem er bald an Diesen, bald an Jenen schreibt. Beim Zwiegespräch gibt es nur eine einzige Strahlenbrechung des Gedankens: diese bringt der Mitunterredner hervor als der Spiegel, in welchem wir unsere Gedanken möglichst schön wiedererblicken wollen. Wie aber ist es bei zweien, bei dreien und mehr Mitunterrednern? Da verliert notwendig das Gespräch an individualisierender Feinheit, die verschiedenen Rücksichten kreuzen sich, heben sich auf; die Wendung, welche dem Einen wohltut, ist nicht nach der Sinnesart des Anderen. Deshalb wird der Mensch im Verkehr mit Mehreren gezwungen, sich auf sich zurückzuziehen, die Tatsachen hinzustellen, wie sie sind, aber jenen spielenden Äther der Humanität den Gegenständen zu nehmen, welcher ein Gespräch zu den angenehmsten Dingen der Welt macht. Man höre nur den Ton, in welchem Männer im Verkehre mit ganzen Gruppen von Männern zu reden pflegen, es ist als ob der Grundbaß aller Rede der sei: »das bin *ich,* das sage *ich,* nun haltet davon, was ihr wollt!« Dies ist der Grund, weshalb geistreiche Frauen bei Dem, welcher sie in der Gesellschaft kennenlernte, meistens einen befremdenden, peinlichen, abschrekkenden Eindruck hinterlassen: es ist das Reden zu Vielen, vor Vielen, welches sie aller geistigen Liebenswürdigkeit beraubt und nur das bewußte Beruhen auf sich selbst, ihre Taktik und die Absicht auf öffentlichen Sieg in grellem Lichte zeigt: während dieselben Frauen im Zwiegespräche wieder zu Weibern werden und ihre geistige Anmut wiederfinden.

375.

Nachruhm. – Auf die Anerkennung einer fernen Zukunft hoffen hat nur Sinn, wenn man die Annahme macht, daß die Menschheit wesentlich unverändert bleibe und daß alles Große nicht für Eine, sondern für alle Zeiten als groß empfunden werden müsse. Dies ist aber ein Irrtum; die Menschheit, in allem Empfinden und Urteilen über Das, was schön und gut ist, verwandelt sich sehr stark: es ist Phantasterei, von sich zu glauben, daß man eine Meile Wegs voraus sei und daß die gesamte Menschheit *unsere* Straße ziehe. Zudem: ein Gelehrter, der verkannt wird, darf jetzt bestimmt darauf rechnen, daß seine Entdeckung von Anderen auch gemacht wird und daß ihm bestenfalls einmal spät von einem Historiker zuerkannt wird, er habe dies und jenes auch schon gewußt, sei aber nicht imstande gewesen, seinem Satze Glauben zu verschaffen. Nicht-anerkannt-Werden wird von der Nachwelt immer als Mangel an Kraft ausgelegt. – Kurz, man soll der hochmütigen Vereinsamung nicht so leicht das Wort reden. Es gibt übrigens Ausnahmefälle; aber gewöhnlich sind es unsere Fehler, Schwächen und Narrheiten, welche die Anerkennung unserer großen Eigenschaften verhindern.

376.

Von den Freunden. – Überlege nur mit dir selber einmal, wie verschieden die Empfindungen, wie geteilt die Meinungen, selbst unter den nächsten Bekannten sind; wie selbst gleiche Meinungen in dem Kopf deiner Freunde eine ganz andere Stellung oder Stärke haben als in deinem; wie hundertfältig der Anlaß kommt zum Mißverstehen, zum feindseligen Auseinanderfliehen. Nach alledem wirst du dir sagen: wie unsicher ist der Boden, auf dem alle unsere Bündnisse und Freundschaften ruhen, wie nahe sind kalte Regengüsse oder böse Wetter, wie vereinsamt ist jeder Mensch! Sieht Einer dies ein und noch dazu, daß alle Meinungen und deren Art und Stärke bei seinen Mitmenschen ebenso notwendig und unverantwortlich sind wie ihre Handlungen, gewinnt er das Auge für diese innere *Notwendigkeit der Meinungen* aus der unlösbaren Verflechtung von Charakter, Beschäftigung, Talent, Umgebung – so wird er vielleicht die Bitterkeit und Schärfe der Empfindung los, mit der jener Weise rief: »Freunde, es gibt keine Freunde!« Er wird sich vielmehr eingestehen: ja es gibt Freunde, aber der Irrtum, die Täuschung über dich führte sie dir zu; und Schweigen müssen sie gelernt haben, um dir Freund zu bleiben; denn fast immer beruhen solche menschliche Beziehungen darauf, daß irgend ein paar Dinge nicht gesagt werden, ja daß an sie nie gerührt wird: kommen diese Steinchen aber ins Rollen, so folgt die Freundschaft hinterdrein und zerbricht. Gibt es Menschen, welche nicht tödlich zu verletzen sind, wenn sie erführen, was ihre vertrautesten Freunde im Grunde von ihnen *wissen?* – Indem wir uns selbst erkennen und unser Wesen selber als eine wandelnde Sphäre der Meinungen und Stimmungen ansehen, und somit ein wenig geringschätzen lernen, bringen wir uns wieder ins Gleichgewicht mit den Übrigen. Es ist wahr, wir haben gute Gründe, *jeden* unserer Bekannten, und seien es die größten, geringzuachten; aber ebenso gute, diese Empfindung gegen uns selber zu kehren. – Und so wollen wir es miteinander aushalten, da wir es ja mit uns aushalten; und vielleicht kommt Jedem auch einmal die freudigere Stunde, wo er ruft: »Freunde, es gibt keine Freunde!« so rief der sterbende Weise; »Feinde, es gibt keinen Feind!« – ruf' ich, der lebende Tor.

SIEBENTES HAUPTSTÜCK:

Weib und Kind

377.

Das vollkommene Weib. – Das vollkommene Weib ist ein höherer Typus des Menschen als der vollkommene Mann: auch etwas viel Selteneres. – Die Naturwissenschaft der Tiere bietet ein Mittel, diesen Satz wahrscheinlich zu machen.

378.

Freundschaft und Ehe. – Der beste Freund wird wahrscheinlich die beste Gattin bekommen, weil die gute Ehe auf dem Talent zur Freundschaft beruht.

379.

Fortleben der Eltern. – Die unaufgelösten Dissonanzen im Verhältnis von Charakter und Gesinnung der Eltern klingen in dem Wesen des Kindes fort und machen seine innere Leidensgeschichte aus.

380.

Von der Mutter her. – Jedermann trägt ein Bild des Weibes von der Mutter her in sich: davon wird er bestimmt, die Weiber überhaupt zu verehren oder sie geringzuschätzen oder gegen sie im allgemeinen gleichgültig zu sein.

381.

Die Natur korrigieren. – Wenn man keinen guten Vater hat, so soll man sich einen anschaffen.

382.

Väter und Söhne. – Väter haben viel zu tun, um es wiedergutzumachen, daß sie Söhne haben.

383.

Irrtum vornehmer Frauen. – Die vornehmen Frauen denken, daß eine Sache gar nicht da ist, wenn es nicht möglich ist, von ihr in der Gesellschaft zu sprechen.

384.

Eine Männer-Krankheit. – Gegen die Männer-Krankheit der Selbstverachtung hilft es am sichersten, von einem klugen Weibe geliebt zu werden.

385.

Eine Art der Eifersucht. – Mütter sind leicht eifersüchtig auf die Freunde ihrer Söhne, wenn diese besondere Erfolge haben. Gewöhnlich liebt eine Mutter *sich* mehr in ihrem Sohne als den Sohn selber.

386.

Vernünftige Unvernunft. – In der Reife des Lebens und des Verstandes überkommt den Menschen das Gefühl, daß sein Vater unrecht hatte, ihn zu zeugen.

387.

Mütterliche Güte. – Manche Mutter braucht glückliche, geehrte Kinder, manche unglückliche: sonst kann sich ihre Güte als Mutter nicht zeigen.

388.

Verschiedene Seufzer. – Einige Männer haben über die Entführung ihrer Frauen geseufzt, die meisten darüber, daß Niemand sie ihnen entführen wollte.

389.

Liebesheiraten. – Die Ehen, welche aus Liebe geschlossen werden (die sogenannten Liebesheiraten), haben den Irrtum zum Vater und die Not (das Bedürfnis) zur Mutter.

390.

Frauenfreundschaft. – Frauen können recht gut mit einem Manne Freundschaft schließen; aber um diese aufrechtzuerhalten – dazu muß wohl eine kleine physische Antipathie mithelfen.

391.

Langeweile. – Viele Menschen, namentlich Frauen, empfinden die Langeweile nicht, weil sie niemals ordentlich arbeiten gelernt haben.

392.

Ein Element der Liebe. – In jeder Art der weiblichen Liebe kommt auch etwas von der mütterlichen Liebe zum Vorschein.

393.

Die Einheit des Orts und das Drama. – Wenn die Ehegatten nicht beisammen lebten, würden die guten Ehen häufiger sein.

394.

Gewöhnliche Folgen der Ehe. – Jeder Umgang, der nicht hebt, zieht nieder und umgekehrt; deshalb sinken gewöhnlich die Männer etwas, wenn sie Frauen nehmen, während die Frauen etwas gehoben werden. Allzu geistige Männer bedürfen ebensosehr der Ehe als sie ihr wie einer widrigen Medizin widerstreben.

395.

Befehlen lehren. – Kinder aus bescheidnen Familien muß man ebensosehr das Befehlen durch Erziehung lehren wie andere Kinder das Gehorchen.

396.

Verliebt werden wollen. – Verlobte, welche die Konvenienz zusammengefügt hat, bemühen sich häufig, verliebt zu *werden*, um über den Vorwurf der kalten, berechnenden Nützlichkeit hinwegzukommen. Ebenso bemühen sich Solche, die ihres Vorteils wegen zum Christentum umlenken, wirklich fromm zu werden; denn so wird das religiöse Mienenspiel ihnen leichter.

397.

Kein Stillstand in der Liebe. – Ein Musiker, der das langsame Tempo liebt, wird dieselben Tonstücke immer langsamer nehmen. So gibt es in keiner Liebe ein Stillstehen.

398.

Schamhaftigkeit. – Mit der Schönheit der Frauen nimmt im allgemeinen ihre Schamhaftigkeit zu.

399.

Ehe von gutem Bestand. – Eine Ehe, in der Jedes durch das Andere ein individuelles Ziel erreichen will, hält gut zusammen, zum Beispiel wenn die Frau durch den Mann berühmt, der Mann durch die Frau beliebt werden will.

400.

Proteus-Natur. – Weiber werden aus Liebe ganz zu dem, als was sie in der Vorstellung der Männer, von denen sie geliebt werden, leben.

401.

Lieben und besitzen. – Frauen lieben meistens einen bedeutenden Mann so, daß sie ihn allein haben wollen. Sie würden ihn gern in Verschluß legen, wenn nicht ihre Eitelkeit widerriete: diese will, daß er auch vor Anderen bedeutend erscheine.

402.

Probe einer guten Ehe. – Die Güte einer Ehe bewährt sich dadurch, daß sie einmal eine »Ausnahme« verträgt.

403.

Mittel, Alle zu Allem zu bringen. – Man kann Jedermann so durch Unruhen, Ängste, Überhäufung von Arbeit und Gedanken abmatten und schwach machen, daß er einer Sache, die den Schein des Komplizierten hat, nicht mehr widersteht, sondern ihr nachgibt, – das wissen die Diplomaten und die Frauen.

404.

Ehrbarkeit und Ehrlichkeit. – Jene Mädchen, welche allein ihrem Jugendreize die Versorgung fürs ganze Leben verdanken wollen und deren Schlauheit die gewitzigten Mütter noch soufflieren, wollen ganz Dasselbe wie die Hetären, nur daß sie klüger und unehrlicher als diese sind.

405.

Masken. – Es gibt Frauen, die, wo man bei ihnen auch nachsucht, kein Inneres haben, sondern reine Masken sind. Der Mann ist zu beklagen, der sich mit solchen fast gespenstischen, notwendig unbefriedigenden Wesen einläßt, aber gerade sie vermögen das Verlangen des Mannes auf das stärkste zu erregen: er sucht nach ihrer Seele – und sucht immerfort.

406.

Die Ehe als langes Gespräch. – Man soll sich beim Eingehen einer Ehe die Frage vorlegen: glaubst du, dich mit dieser Frau bis ins Alter hinein gut zu unterhalten? Alles Andere in der Ehe ist transitorisch, aber die meiste Zeit des Verkehrs gehört dem Gespräche an.

407.

Mädchenträume. – Unerfahrene Mädchen schmeicheln sich mit der Vorstellung, daß es in ihrer Macht stehe, einen Mann glücklich zu machen; später lernen sie, daß es soviel heißt als: einen Mann geringschätzen, wenn man annimmt, daß es nur eines Mädchens bedürfe, um ihn glücklich zu machen. – Die Eitelkeit der Frauen verlangt, daß ein Mann mehr sei als ein glücklicher Gatte.

408.

Aussterben von Faust und Gretchen. – Nach der sehr einsichtigen Bemerkung eines Gelehrten ähneln die gebildeten Männer des gegenwärtigen Deutschlands einer Mischung von Mephistopheles und Wagner, aber durchaus nicht Fausten: welchen die Großväter (in ihrer Jugend wenigstens) in sich rumoren fühlten. Zu ihnen passen also – um jenen Satz fortzusetzen – aus zwei Gründen die *Gretchen* nicht. Und weil sie nicht mehr begehrt werden, so sterben sie, scheint es, aus.

409.

Mädchen als Gymnasiasten. – Um Alles in der Welt nicht noch unsere Gymnasialbildung auf die Mädchen übertragen! Sie, die häufig aus geistreichen, wißbegierigen, feurigen Jungen – Abbilder ihrer Lehrer macht!

410.

Ohne Nebenbuhlerinnen. – Frauen merken es einem Manne leicht an, ob seine Seele schon in Besitz genommen ist; sie wollen ohne Nebenbuhlerinnen geliebt sein und verargen ihm die Ziele seines Ehrgeizes, seine politischen Aufgaben, seine Wissenschaften und Künste, wenn er eine Leidenschaft zu solchen Sachen hat. Es sei denn, daß er durch diese glänze, – dann erhoffen sie, im Falle einer Liebesverbindung mit ihm, zugleich einen Zuwachs *ihres* Glanzes; wenn es so steht, begünstigen sie den Liebhaber.

411.

Der weibliche Intellekt. – Der Intellekt der Weiber zeigt sich als vollkommne Beherrschung, Gegenwärtigkeit des Geistes, Benutzung aller Vorteile. Sie vererben ihn als ihre Grundeigenschaft auf ihre Kinder, und der Vater gibt den dunkleren Hintergrund des Willens dazu. Sein Einfluß bestimmt gleichsam Rhythmus und Harmonie, mit denen das neue Leben abgespielt werden soll; aber die Melodie desselben stammt vom Weibe. – Für Solche gesagt, welche etwas sich zurechtzulegen wissen: die Weiber haben den Verstand, die Männer das Gemüt und die Leidenschaft. Dem widerspricht nicht, daß die Männer tatsächlich es mit ihrem Verstande so viel weiter bringen: sie haben die tieferen, gewaltigeren Antriebe; diese tragen ihren Verstand, der an sich etwas Passives ist, so weit. Die Weiber wundern sich im stillen oft über die große Verehrung, welche die Männer ihrem Gemüte zollen. Wenn die Männer vor Allem nach einem tiefen, gemütvollen Wesen, die Weiber aber nach einem klugen, geistesgegenwärtigen und glänzenden Wesen bei der Wahl ihres Ehegenossen suchen, so sieht man im Grunde deutlich, wie der Mann nach dem idealisierten Manne, das Weib nach dem idealisierten Weibe sucht, also nicht nach Ergänzung, sondern nach Vollendung der eigenen Vorzüge.

412.

Ein Urteil Hesiods bekräftigt. – Ein Zeichen für die Klugheit der Weiber ist es, daß sie es fast überall verstanden haben, sich ernähren zu lassen, wie Drohnen im Bienenkorbe. Man erwäge doch aber, was das ursprünglich bedeuten will und warum die Männer sich nicht von den Frauen ernähren lassen. Gewiß weil die männliche Eitelkeit und Ehrsucht größer als die weibliche Klugheit ist; denn die Frauen haben es verstanden, sich durch Unterordnung doch den überwiegenden Vorteil, ja die Herrschaft zu sichern. Selbst das Pflegen der Kinder könnte ursprünglich von der Klugheit der Weiber als Vorwand benutzt sein, um sich der Arbeit möglichst zu entziehen. Auch jetzt noch verstehen sie, wenn sie wirklich tätig sind, zum Beispiel als Haushälterinnen, davon ein sinneverwirrendes Aufheben zu machen: so daß von den Männern das Verdienst ihrer Tätigkeit zehnfach überschätzt zu werden pflegt.

413.

Die Kurzsichtigen sind verliebt. – Mitunter genügt schon eine stärkere Brille, um den Verliebten zu heilen; und wer die

Kraft der Einbildung hätte, um ein Gesicht, eine Gestalt sich zwanzig Jahre älter vorzustellen, ginge vielleicht sehr ungestört durch das Leben.

414.

Frauen im Haß. – Im Zustande des Hasses sind Frauen gefährlicher als Männer; einmal weil sie durch keine Rücksicht auf Billigkeit in ihrer einmal erregten feindseligen Empfindung gehemmt werden, sondern ungestört ihren Haß bis zu den letzten Konsequenzen anwachsen lassen, sodann weil sie darauf eingeübt sind, wunde Stellen (die jeder Mensch, jede Partei hat) zu finden und dort hineinzustechen: wozu ihnen ihr dolchspitzer Verstand treffliche Dienste leistet (während die Männer beim Anblick von Wunden zurückhaltend, oft großmütig und versöhnlich gestimmt werden).

415.

Liebe. – Die Abgötterei, welche die Frauen mit der Liebe treiben, ist im Grund und ursprünglich eine Erfindung der Klugheit, insofern sie ihre Macht durch alle jene Idealisierungen der Liebe erhöhen und sich in den Augen der Männer als immer begehrenswerter darstellen. Aber durch die jahrhundertelange Gewöhnung an diese übertriebene Schätzung der Liebe ist es geschehen, daß sie in ihr eignes Netz gelaufen sind und jenen Ursprung vergessen haben. Sie selber sind jetzt noch mehr die Getäuschten als die Männer und leiden deshalb auch mehr an der Enttäuschung, welche fast notwendig im Leben jeder Frau eintreten wird – sofern sie überhaupt Phantasie und Verstand genug hat, um getäuscht und enttäuscht werden zu können.

416.

Zur Emanzipation der Frauen. – Können die Frauen überhaupt gerecht sein, wenn sie so gewohnt sind zu lieben, gleich für oder wider zu empfinden? Daher sind sie auch seltener für Sachen, mehr für Personen eingenommen: sind sie es aber für Sachen, so werden sie sofort deren Parteigänger und verderben damit die reine unschuldige Wirkung derselben. So entsteht eine nicht geringe Gefahr, wenn ihnen die Politik und einzelne Teile der Wissenschaft anvertraut werden (zum Beispiel Geschichte). Denn was wäre seltener als eine Frau, welche wirklich wüßte, was Wissenschaft ist? Die besten nähren sogar im Busen gegen sie eine heimliche Geringschätzung, als ob sie irgendwodurch ihr überlegen wären. Vielleicht kann dies Alles anders werden, einstweilen ist es so.

417.

Die Inspiration im Urteile der Frauen. – Jene plötzlichen Entscheidungen über das Für oder Wider, welche Frauen zu geben pflegen, die blitzschnellen Erhellungen persönlicher Beziehungen durch ihre hervorbrechenden Neigungen und Abneigungen, kurz die Beweise der weiblichen Ungerechtigkeit sind von liebenden Männern mit einem Glanz umgeben worden, als ob alle Frauen Inspirationen von Weisheit hätten, auch ohne den delphischen Kessel und die Lorbeerbinde: und ihre Aussprüche werden noch lange nachher wie sibyllinische Orakel interpretiert und zurechtgelegt. Wenn man aber erwägt, daß für jede Person, für jede Sache sich etwas geltend machen läßt, aber ebensogut auch etwas gegen sie, daß alle Dinge nicht nur zwei-, sondern drei- und vierseitig sind, so ist es beinahe schwer, mit solchen plötzlichen Entscheidungen gänzlich fehlzugreifen; ja man könnte sagen: die Natur der Dinge ist so eingerichtet, daß die Frauen immer recht behalten.

418.

Sich lieben lassen. – Weil die eine von zwei liebenden Personen gewöhnlich die liebende, die andere die geliebte Person ist, so ist der Glaube entstanden, es gäbe in jedem Liebeshandel ein gleichbleibendes Maß von Liebe: je mehr eine davon an sich reiße, um so weniger bleibe für die andere Person übrig. Ausnahmsweise kommt es vor, daß die Eitelkeit jede der beiden Personen überredet, *sie* sei die, welche geliebt werden müsse; so daß sich beide lieben lassen wollen: woraus sich namentlich in der Ehe mancherlei halb drollige, halb absurde Szenen ergeben.

419.

Widersprüche in weiblichen Köpfen. – Weil die Weiber so viel mehr persönlich als sachlich sind, vertragen sich in ihrem

Gedankenkreise Richtungen, die logisch mit sich im Widerspruche sind: sie pflegen sich eben für die Vertreter dieser Richtungen der Reihe nach zu begeistern und nehmen deren Systeme in Bausch und Bogen an; doch so, daß überall dort eine tote Stelle entsteht, wo eine neue Persönlichkeit später das Übergewicht bekommt. Es kommt vielleicht vor, daß die ganze Philosophie im Kopf einer alten Frau aus lauter solchen toten Stellen besteht.

420.

Wer leidet mehr? – Nach einem persönlichen Zwiespalt und Zanke zwischen einer Frau und einem Manne leidet der eine Teil am meisten bei der Vorstellung, dem anderen wehe getan zu haben; während jener am meisten bei der Vorstellung leidet, dem anderen nicht genug wehe getan zu haben, weshalb er sich bemüht, durch Tränen, Schluchzen und verstörte Mienen ihm noch hinterdrein das Herz schwer zu machen.

421.

Gelegenheit zu weiblicher Großmut. – Wenn man sich über die Ansprüche der Sitte einmal in Gedanken hinwegsetzt, so könnte man wohl erwägen, ob nicht Natur und Vernunft den Mann auf mehrfache Verheiratung nacheinander anweist, etwa in der Gestalt, daß er zuerst im Alter von zweiundzwanzig Jahren ein älteres Mädchen heiratet, das ihm geistig und sittlich überlegen ist und seine Führerin durch die Gefahren der zwanziger Jahre (Ehrgeiz, Haß, Selbstverachtung, Leidenschaften aller Art) werden kann. Die Liebe Dieser würde später ganz in das Mütterliche übertreten, und sie ertrüge es nicht nur, sondern förderte es auf die heilsamste Weise, wenn der Mann in den dreißiger Jahren mit einem ganz jungen Mädchen eine Verbindung einginge, dessen Erziehung er selber in die Hand nähme. – Die Ehe ist für die zwanziger Jahre ein nötiges, für die dreißiger ein nützliches, aber nicht nötiges Institut: für das spätere Leben wird sie oft schädlich und befördert die geistige Rückbildung des Mannes.

422.

Tragödie der Kindheit. – Es kommt vielleicht nicht selten vor, daß edel- und hochstrebende Menschen ihren härtesten Kampf in der Kindheit zu bestehen haben: etwa dadurch, daß sie ihre Gesinnung gegen einen niedrig denkenden, dem Schein und der Lügnerei ergebenen Vater durchsetzen oder fortwährend, wie Lord Byron, im Kampfe mit einer kindischen und zornwütigen Mutter leben müssen. Hat man so etwas erlebt, so wird man sein Leben lang es nicht verschmerzen, zu wissen, wer Einem eigentlich der größte, der gefährlichste Feind gewesen ist.

423.

Eltern-Torheit. – Die gröbsten Irrtümer in der Beurteilung eines Menschen werden von dessen Eltern gemacht: dies ist eine Tatsache, aber wie soll man sie erklären? Haben die Eltern zu viele Erfahrung von dem Kinde und können sie diese nicht mehr zu einer Einheit zusammenbringen? Man bemerkt, daß Reisende unter fremden Völkern nur in der ersten Zeit ihres Aufenthaltes die allgemeinen unterscheidenden Züge eines Volkes richtig erfassen; je mehr sie das Volk kennenlernen, desto mehr verlernen sie, das Typische und Unterscheidende an ihm zu sehen. Sobald sie nah-sichtig werden, hören ihre Augen auf, fern-sichtig zu sein. Sollten die Eltern deshalb falsch über das Kind urteilen, weil sie ihm nie fern genug gestanden haben? – Eine ganz andere Erklärung wäre folgende: die Menschen pflegen über das Nächste, was sie umgibt, nicht mehr nachzudenken, sondern es nur hinzunehmen. Vielleicht ist die gewohnheitsmäßige Gedankenlosigkeit der Eltern der Grund, weshalb sie, einmal genötigt über ihre Kinder zu urteilen, so schief urteilen.

424.

Aus der Zukunft der Ehe. – Jene edlen, freigesinnten Frauen, welche die Erziehung und Erhebung des weiblichen Geschlechts sich zur Aufgabe stellen, sollen Einen Gesichtspunkt nicht übersehen: die Ehe in ihrer höheren Auffassung gedacht, als Seelenfreundschaft zweier Menschen verschiedenen Geschlechts, also so, wie sie von der Zukunft erhofft wird, zum Zweck der Erzeugung und Erziehung einer neuen Generation geschlossen, – eine solche Ehe, welche das Sinnliche gleichsam nur als ein seltnes gelegentliches Mittel für einen größeren Zweck gebraucht, bedarf wahrscheinlich, wie man besorgen muß, einer natürlichen Beihilfe, des *Konkubinats.* Denn wenn aus Gründen der Gesundheit des Mannes das Eheweib auch zur alleinigen Befriedigung des geschlechtlichen Bedürfnisses dienen soll, so wird bei der Wahl einer Gattin schon ein falscher, den angedeuteten Zielen entgegengesetzter Gesichtspunkt maßgebend sein: die Erzielung der Nachkommenschaft wird zufällig, die glückliche Erziehung höchst unwahrscheinlich. Eine gute Gattin, welche Freundin, Gehilfin, Gebärerin, Mutter, Familienhaupt, Verwalterin sein soll, ja vielleicht abgesondert von dem Manne ihrem eigenen Geschäft und Amt vorzustehen hat – kann nicht zugleich Konkubine sein: es hieße im allgemeinen zu viel von ihr verlangen. Somit könnte in Zukunft das Umgekehrte dessen eintreten, was zu Perikles' Zeiten in Athen sich begab: die Männer, welche damals an ihren Eheweibern nicht viel mehr als Konkubinen hatten, wandten sich nebenbei zu den Aspasien, weil sie nach den Reizen einer kopf- und herzbefreienden Geselligkeit verlangten, wie eine solche nur die Anmut und geistige Biegsamkeit der Frauen zu schaffen vermag. Alle menschlichen Institutionen, wie die Ehe, gestatten nur einen mäßigen Grad von praktischer Idealisierung, widrigenfalls sofort grobe Remeduren nötig werden.

425.

Sturm- und Drangperiode der Frauen. – Man kann in den drei oder vier zivilisierten Ländern Europas aus den Frauen durch einige Jahrhunderte von Erziehung Alles machen, was man will, selbst Männer, freilich nicht in geschlechtlichem Sinne, aber doch in jedem anderen Sinne. Sie werden unter einer solchen Einwirkung einmal alle männlichen Tugenden und Stärken angenommen haben, dabei allerdings auch deren Schwächen und Laster mit in den Kauf nehmen müssen: so viel, wie gesagt, kann man erzwingen. Aber wie werden wir den dadurch herbeigeführten Zwischenzustand aushalten, welcher vielleicht selber ein paar Jahrhunderte dauern kann, während denen die weiblichen Narrheiten und Ungerechtigkeiten, ihr uraltes Angebinde, noch die Übermacht über alles Hinzugewonnene, Angelernte behaupten? Diese Zeit wird es sein, in welcher der Zorn den eigentlich männlichen Affekt ausmacht, der Zorn darüber, daß alle Künste und Wissenschaften durch einen unerhörten Dilettantismus überschwemmt und verschlammt sind, die Philosophie durch sinnverwirrendes Geschwätz zu Tode geredet, die Politik phantastischer und parteiischer als je, die Gesellschaft in voller Auflösung ist, weil die Bewahrerinnen der alten Sitte sich selber lächerlich geworden und in jeder Beziehung außer der Sitte zu stehen bestrebt sind. Hatten nämlich die Frauen ihre größte Macht *in* der Sitte, wonach werden sie greifen müssen, um eine ähnliche Fülle der Macht wiederzugewinnen, nachdem sie die Sitte aufgegeben haben?

426.

Freigeist und Ehe. – Ob die Freigeister mit Frauen leben werden? Im allgemeinen glaube ich, daß sie, gleich den wahrsagenden Vögeln des Altertums, als die Wahrdenkenden, Wahrheit-Redenden der Gegenwart es vorziehen müssen, *allein zu fliegen.*

427.

Glück der Ehe. – Alles Gewohnte zieht ein immer fester werdendes Netz von Spinnweben um uns zusammen; und alsbald merken wir, daß die Fäden zu Stricken geworden sind und daß wir selber als Spinne in der Mitte sitzen, die sich hier gefangen hat und von ihrem eignen Blute zehren muß. Deshalb haßt der Freigeist alle Gewöhnungen und Regeln, alles Dauernde und Definitive, deshalb reißt er, mit Schmerz, das Netz um sich wieder auseinander: wiewohl er infolgedessen an zahlreichen kleinen und großen Wunden leiden wird – denn jene Fäden muß er *von sich,* von seinem Leibe, seiner Seele abreißen. Er muß dort lieben lernen, wo er bisher haßte: und umgekehrt. Ja es darf für ihn nichts Unmögliches sein, auf dasselbe Feld Drachenzähne auszusähen, auf welches er vorher die Füllhörner seiner Güte ausströmen ließ. – Daraus läßt sich abnehmen, ob er für das Glück der Ehe geschaffen ist.

428.

Zu nahe. – Leben wir zu nahe mit einem Menschen zusammen, so geht es uns so, wie wenn wir einen guten Kupferstich immer wieder mit bloßen Fingern anfassen: eines Tages haben wir schlechtes beschmutztes Papier und nichts weiter mehr in den Händen. Auch die Seele eines Menschen wird durch beständiges Angreifen endlich abgegriffen; mindestens *erscheint* sie uns endlich so – wir sehen ihre ursprüngliche Zeichnung und Schönheit nie wieder. – Man verliert immer durch den allzu vertraulichen Umgang mit Frauen und Freunden; und mitunter verliert man die Perle seines Lebens dabei.

429.

Die goldene Wiege. – Der Freigeist wird immer aufatmen, wenn er sich endlich entschlossen hat, jenes mutterhafte Sorgen und Bewachen, mit welchem die Frauen um ihn walten, von sich abzuschütteln. Was schadet ihm denn ein rauherer Luftzug, den man so ängstlich von ihm wehrte, was bedeutet ein wirklicher Nachteil, Verlust, Unfall, eine Erkrankung, Verschuldung, Betörung mehr oder weniger in seinem Leben, verglichen mit der Unfreiheit der goldnen Wiege, des Pfauenschweif-Wedels und der drückenden Empfindung, noch dazu dankbar sein zu müssen, weil er wie ein Säugling gewartet und verwöhnt wird? Deshalb kann sich ihm die Milch, welche die mütterliche Gesinnung der ihn umgebenden Frauen reicht, so leicht in Galle verwandeln.

430.

Freiwilliges Opfertier. – Durch Nichts erleichtern bedeutende Frauen ihren Männern, falls diese berühmt und groß sind, das Leben so sehr, als dadurch, daß sie gleichsam das Gefäß der allgemeinen Ungunst und gelegentlichen Verstimmung der übrigen Menschen werden. Die Zeitgenossen pflegen ihren großen Männern viel Fehlgriffe und Narrheiten,ja Handlungen grober Ungerechtigkeit nachzusehen, wenn sie nur Jemanden finden, den sie als eigentliches Opfertier zur Erleichterung ihres Gemütes mißhandeln und schlachten dürfen. Nicht selten findet eine Frau den Ehrgeiz in sich, sich zu dieser Opferung anzubieten, und dann kann freilich der Mann sehr zufrieden sein, – falls er nämlich Egoist genug ist, um sich einen solchen freiwilligen Blitz-, Sturm- und Regenableiter in seiner Nähe gefallen zu lassen.

431.

Angenehme Widersacher. – Die naturgemäße Neigung der Frauen zu ruhigem, gleichmäßigem, glücklich zusammenstimmendem Dasein und Verkehren, das Ölgleiche und Beschwichtigende ihrer Wirkungen auf dem Meere des Lebens arbeitet unwillkürlich dem heroischeren inneren Drange des Freigeistes entgegen. Ohne daß sie es merken, handeln die Frauen so, als wenn man dem wandernden Mineralogen die Steine vom Wege nimmt, damit sein Fuß nicht daran stoße – während er gerade ausgezogen ist, *um* daran zu stoßen.

432.

Mißklang zweier Konsonanzen. – Die Frauen wollen dienen und haben darin ihr Glück: und der Freigeist will nicht bedient sein und hat darin sein Glück.

433.

Xanthippe. – Sokrates fand eine Frau, wie er sie brauchte – aber auch er hätte sie nicht gesucht, falls er sie gut genug gekannt hätte: so weit wäre auch der Heroismus dieses freien Geistes nicht gegangen. Tatsächlich trieb ihn Xanthippe in seinen eigentümlichen Beruf immer mehr hinein, indem sie ihm Haus und Heim unhäuslich und unheimlich machte: sie lehrte ihn, auf den Gassen und überall dort zu leben, wo man schwätzen und müßig sein konnte, und bildete ihn damit zum größten athenischen Gassen-Dialektiker aus: der sich zuletzt selber mit einer zudringlichen Bremse vergleichen mußte, welche dem schönen Pferde Athen von einem Gotte auf den Nacken gesetzt sei, um es nicht zur Ruhe kommen zu lassen.

434.

Für die Ferne blind. – Ebenso wie die Mütter eigentlich nur Sinn und Auge für die augen- und sinnfälligen Schmerzen ihrer Kinder haben, so vermögen die Gattinnen hochstrebender Männer es nicht über sich zu gewinnen, ihre Ehegenossen leidend, darbend und gar mißachtet zu sehen, – während vielleicht alles dies nicht nur die Wahrzeichen einer richtigen Wahl ihrer Lebenshaltung, sondern schon die Bürgschaften dafür sind, daß ihre großen Ziele irgendwann einmal erreicht werden *müssen.* Die Frauen intrigieren im stillen immer gegen die höhere Seele ihrer Männer; sie wollen dieselbe um ihre Zukunft, zugunsten einer schmerzlosen, behaglichen Gegenwart, betrügen.

435.

Macht und Freiheit. – So hoch Frauen ihre Männer ehren, so ehren sie doch die von der Gesellschaft anerkannten Gewalten und Vorstellungen noch mehr: sie sind seit Jahrtausenden gewohnt, vor allem Herrschenden gebückt, die Hände auf die Brust gefaltet, einherzugehen und mißbilligen alle Auflehnung gegen die öffentliche Macht. Deshalb hängen sie sich, ohne es auch nur zu beabsichtigen, vielmehr wie aus Instinkt, als Hemmschuh in die Räder eines freigeisterischen unabhängigen Strebens und machen unter Umständen ihre Gatten aufs höchste ungeduldig, zumal wenn diese sich noch vorreden, daß Liebe es sei, was die Frauen im Grunde dabei antreibe. Die Mittel der Frauen mißbilligen und großmütig die Motive dieser Mittel ehren – das ist Männer-Art und oft genug Männer-Verzweiflung.

436.

Ceterum censeo. – Es ist zum Lachen, wenn eine Gesellschaft von Habenichtsen die Abschaffung des Erbrechts dekretiert, und nicht minder zum Lachen ist es, wenn Kinderlose an der praktischen Gesetzgebung eines Landes arbeiten: – sie haben ja nicht genug Schwergewicht in ihrem Schiffe, um sicher in den Ozean der Zukunft hineinsegeln zu können. Aber ebenso ungereimt erscheint es, wenn Der, welcher die allgemeinste Erkenntnis und die Abschätzung des gesamten Daseins zu seiner Aufgabe erkoren hat, sich mit persönlichen Rücksichten auf eine Familie, auf Ernährung, Sicherung, Achtung von Weib und Kind, belastet und vor sein Teleskop jenen trüben Schleier aufspannt, durch welchen kaum einige Strahlen der fernen Gestirnwelt hindurchzudringen vermögen. So komme auch ich zu dem Satze, daß in den Angelegenheiten der höchsten philosophischen Art alle Verheirateten verdächtig sind.

437.

Zuletzt. – Es gibt mancherlei Arten von Schierling, und gewöhnlich findet das Schicksal eine Gelegenheit, dem Freigeiste einen Becher dieses Giftgetränkes an die Lippen zu setzen – um ihn zu »strafen«, wie dann alle Welt sagt. Was tun dann die Frauen um ihn? Sie werden schreien und wehklagen und vielleicht die Sonnenuntergangs-Ruhe des Denkers stören: wie sie es im Gefängnis von Athen taten. »O Kriton, heiße doch Jemanden diese Weiber da fortführen!« sagte endlich Sokrates. –

ACHTES HAUPTSTÜCK:

Ein Blick auf den Staat

438.

Um das Wort bitten. – Der demagogische Charakter und die Absicht, auf die Massen zu wirken, ist gegenwärtig allen politischen Parteien gemeinsam: sie alle sind genötigt, der genannten Absicht wegen, ihre Prinzipien zu großen Alfresco-Dummheiten umzuwandeln und sie so an die Wand zu malen. Daran ist nichts mehr zu ändern, ja es ist überflüssig, auch nur einen Finger dagegen aufzuheben; denn auf diesem Gebiete gilt, was Voltaire sagt: *quand la populace se mêle de raisonner, tout est perdu*. Seitdem dies geschehen ist, muß man sich den neuen Bedingungen fügen, wie man sich fügt, wenn ein Erdbeben die alten Grenzen und Umrisse der Bodengestalt verrückt und den Wert des Besitzes verändert hat. Überdies: wenn es sich nun einmal bei aller Politik darum handelt, möglichst Vielen das Leben erträglich zu machen, so mögen immerhin diese Möglichst-Vielen auch bestimmen, was sie unter einem erträglichen Leben verstehen; trauen sie sich den Intellekt zu, auch die richtigen Mittel zu diesem Ziele zu finden, was hülfe es daran zu zweifeln? Sie *wollen* nun einmal ihres Glücks und Unglücks eigene Schmiede sein; und wenn dieses Gefühl der Selbstbestimmung, der Stolz auf die fünf, sechs Begriffe, welche ihr Kopf birgt und zutage bringt, ihnen in der Tat das Leben so angenehm macht, daß sie die fatalen Folgen ihrer Beschränktheit gern ertragen: so ist wenig einzuwenden, vorausgesetzt, daß die Beschränktheit nicht so weit geht, zu verlangen, es solle *Alles* in diesem Sinne zur Politik werden, es solle *Jeder* nach solchem Maßstabe leben und wirken. Zuerst nämlich muß es Einigen mehr als je erlaubt sein, sich der Politik zu enthalten und ein wenig beiseite zu treten: dazu treibt auch sie die Lust an der Selbstbestimmung: und auch ein kleiner Stolz mag damit verbunden sein, zu schweigen, wenn zu Viele oder überhaupt nur Viele reden. Sodann muß man es diesen Wenigen nachsehen, wenn sie das Glück der Vielen, verstehe man nun darunter Völker oder Bevölkerungsschichten, nicht so wichtig nehmen und sich hier und da eine ironische Miene zuschulden kommen lassen; denn ihr Ernst liegt anderswo, ihr Glück ist ein anderer Begriff, ihr Ziel ist nicht von jeder plumpen Hand, welche eben nur fünf Finger hat, zu umspannen. Endlich kommt – was ihnen gewiß am schwersten zugestanden wird, aber ebenfalls zugestanden werden muß – von Zeit zu Zeit ein Augenblick, wo sie aus ihrer schweigsamen Vereinsamung heraustreten und die Kraft ihrer Lungen wieder einmal versuchen: dann rufen sie nämlich einander zu wie Verirrte in einem Walde, um sich einander zu erkennen zu geben und zu ermutigen; wobei freilich Mancherlei laut wird, was den Ohren, für welche es nicht bestimmt ist, übel klingt. – Nun, bald darauf ist es wieder stille im Walde, so stille, daß man das Schwirren, Summen und Flattern der zahllosen Insekten, welche in, über und unter ihm leben, wieder deutlich vernimmt. –

439.

Kultur und Kaste. – Eine höhere Kultur kann allein dort entstehen, wo es zwei unterschiedene Kasten der Gesellschaft gibt: die der Arbeitenden und die der Müßigen, zu wahrer Muße Befähigten; oder mit stärkerem Ausdruck: die Kaste der Zwangs-Arbeit und die Kaste der Frei-Arbeit. Der Gesichtspunkt der Verteilung des Glücks ist nicht wesentlich, wenn es sich um die Erzeugung einer höheren Kultur handelt; jedenfalls aber ist die Kaste der Müßigen die leidensfähigere, leidendere, ihr Behagen am Dasein ist geringer, ihre Aufgabe größer. Findet nun gar ein Austausch der beiden Kasten statt, so, daß die stumpferen, ungeistigeren Familien und Einzelnen aus der oberen Kaste in die niedere herabgesetzt werden und wiederum die freieren Menschen aus dieser den Zutritt zur höheren erlangen: so ist ein Zustand erreicht, über den hinaus man nur noch das offene Mehr unbestimmter Wünsche sieht. – So redet die verklingende Stimme der alten Zeit zu uns; aber wo sind noch Ohren, sie zu hören?

440.

Von Geblüt. – Das, was Männer und Frauen von Geblüt vor Anderen voraus haben und was ihnen unzweifelhaftes Anrecht auf höhere Schätzung gibt, sind zwei durch Vererbung immer mehr gesteigerte Künste: die *Kunst*, befehlen zu können, und die Kunst des stolzen Gehorsams. – Nun entsteht überall, wo das Befehlen zum Tagesgeschäft gehört (wie in der großen Kaufmanns- und Industrie-Welt), etwas Ähnliches wie jene Geschlechter »von Geblüt«, aber ihnen fehlt die vornehme Haltung im Gehorchen, welche bei jenen eine

Erbschaft feudaler Zustände ist und die in unserem Kultur-Klima nicht mehr wachsen will.

441.

Subordination. – Die Subordination, welche im Militär- und Beamtenstaate so hoch geschätzt wird, wird uns bald ebenso unglaublich werden, wie die geschlossene Taktik der Jesuiten es bereits geworden ist; und wenn diese Subordination nicht mehr möglich ist, läßt sich eine Menge der erstaunlichsten Wirkungen nicht mehr erreichen, und die Welt wird ärmer sein. Sie muß schwinden, denn ihr Fundament schwindet: der Glaube an die unbedingte Autorität, an die endgültige Wahrheit; selbst in Militärstaaten ist der physische Zwang nicht ausreichend, sie hervorzubringen, sondern die angeerbte Adoration vor dem Fürstlichen wie vor etwas Übermenschlichem. – *In freieren* Verhältnissen ordnet man sich nur auf Bedingungen unter, infolge gegenseitigen Vertrags, also mit allen Vorbehalten des Eigennutzes.

442.

Volksheere. – Der größte Nachteil der jetzt so verherrlichten Volksheere besteht in der *Vergeudung von Menschen* der höchsten Zivilisation; nur durch die Gunst aller Verhältnisse gibt es deren überhaupt – wie sparsam und ängstlich sollte man mit ihnen umgehen, da es großer Zeiträume bedarf, um die zufälligen Bedingungen zur Erzeugung so zart organisierter Gehirne zu schaffen! Aber wie die Griechen in Griechenblut wüteten, so die Europäer jetzt in Europäerblut; und zwar werden relativ am meisten immer die Höchstgebildeten zum Opfer gebracht, Die, welche eine reichliche und gute Nachkommenschaft verbürgen: Solche nämlich stehen im Kampfe voran, als Befehlende, und setzen sich überdies, ihres höheren Ehrgeizes wegen, den Gefahren am meisten aus. – Der grobe Römer-Patriotismus ist jetzt, wo ganz andere und höhere Aufgaben gestellt sind als *patria* und *honor*, entweder etwas Unehrliches oder ein Zeichen der Zurückgebliebenheit.

443.

Hoffnung als Anmaßung. – Unsere gesellschaftliche Ordnung wird langsam wegschmelzen, wie es alle frühere Ordnungen getan haben, sobald die Sonnen neuer Meinungen mit neuer Glut über die Menschen hinleuchteten. *Wünschen* kann man dies Wegschmelzen nur, indem man hofft: und hoffen darf man vernünftigerweise nur, wenn man sich und seinesgleichen mehr Kraft in Herz und Kopf zutraut als den Vertretern des Bestehenden. Gewöhnlich also wird diese Hoffnung eine *Anmaßung*, eine *Überschätzung* sein.

444.

Krieg. – Zuungunsten des Kriegs kann man sagen: er macht den Sieger dumm, den Besiegten boshaft. Zugunsten des Krieges: er barbarisiert in beiden eben genannten Wirkungen und macht dadurch natürlicher; er ist für die Kultur Schlaf oder Winterszeit, der Mensch kommt kräftiger zum Guten und Bösen aus ihm heraus.

445.

Im Dienste des Fürsten. – Ein Staatsmann wird, um völlig rücksichtslos handeln zu können, am besten tun, nicht für sich, sondern für einen Fürsten sein Werk auszuführen. Vom Glanze dieser allgemeinen Uneigennützigkeit wird das Auge des Beschauers geblendet, so daß er jene Tücken und Härten, welche das Werk des Staatsmannes mit sich bringt, nicht sieht.

446.

Eine Frage der Macht, nicht des Rechts. – Für Menschen, welche bei jeder Sache den höheren Nutzen ins Auge fassen, gibt es bei dem Sozialismus, falls er *wirklich* die Erhebung der Jahrtausende lang Gedrückten, Niedergehaltenen gegen ihre Unterdrücker ist, kein Problem des *Rechts* (mit der lächerlichen, weichlichen Frage: »wie weit *soll* man seinen Forderungen nachgeben?«), sondern nur ein Problem der *Macht* (»wie weit *kann* man seine Forderungen benutzen?«); also wie bei einer Naturmacht, zum Beispiel dem Dampfe, welcher entweder von dem Menschen in seine Dienste, als Maschinengott, gezwungen wird oder, bei Fehlern der Maschine, das heißt Fehlern der menschlichen Berechnung im Bau derselben, sie und den Menschen mit zertrümmert. Um jene Machtfrage zu lösen, muß man wissen, wie stark der Sozialismus ist, in welcher Modifikation er noch als mächtiger Hebel innerhalb des jetzigen politischen Kräftespiels benutzt werden kann; unter Umständen müßte man selbst Alles tun, ihn zu kräftigen. Die Menschheit muß bei jeder großen Kraft – und sei sie die gefährlichste – daran denken, aus ihr ein Werkzeug ihrer Absichten zu machen. – Ein *Recht* gewinnt sich der Sozialismus erst dann, wenn es zwischen den beiden Mächten, den Vertretern des Alten und Neuen, zum Kriege gekommen zu sein scheint, wenn aber dann das kluge Rechnen auf möglichste Erhaltung und Zuträglichkeit auf seiten beider Parteien das Verlangen nach einem *Vertrag* entstehen läßt. Ohne Vertrag kein Recht. Bis jetzt gibt es aber auf dem bezeichneten Gebiete weder Krieg noch Verträge, also auch keine Rechte, kein »Sollen«.

447.

Benutzung der kleinsten Unredlichkeit. – Die Macht der Presse besteht darin, daß jeder Einzelne, der ihr dient, sich nur ganz wenig verpflichtet und verbunden fühlt. Er sagt für gewöhnlich seine Meinung, aber sagt sie einmal auch *nicht*, um seiner Partei oder der Politik seines Landes oder endlich sich selber zu nützen. Solche kleine Vergehen der Unredlichkeit oder vielleicht nur einer unredlichen Verschwiegenheit sind von dem Einzelnen nicht schwer zu tragen, doch sind die Folgen außerordentlich, weil diese kleinen Vergehen von Vielen zu gleicher Zeit begangen werden. Jeder von Diesen sagt sich: »für so geringe Dienste lebe ich besser, kann ich mein Auskommen finden; durch den Mangel solcher kleinen Rücksichten mache ich mich unmöglich.« Weil es beinahe sittlich gleichgültig erscheint, eine Zeile, noch dazu vielleicht ohne Namensunterschrift, mehr zu schreiben oder nicht zu schreiben, so kann Einer, der Geld und Einfluß hat, jede Meinung zur öffentlichen machen. Wer da weiß, daß die meisten Menschen in Kleinigkeiten schwach sind, und seine eigenen Zwecke durch sie erreichen will, ist immer ein gefährlicher Mensch.

448.

Allzu lauter Ton bei Beschwerden. – Dadurch, daß ein Notstand (zum Beispiel die Gebrechen einer Verwaltung, Bestechlichkeit und Gunstwillkür in politischen oder gelehrten Körperschaften) stark übertrieben dargestellt wird, verliert zwar die Darstellung bei den Einsichtigen ihre Wirkung, aber wirkt um so stärker auf die Nichteinsichtigen (welche bei einer sorgsamen, maßvollen Darlegung gleichgültig geblieben wären). Da diese aber bedeutend in der Mehrzahl sind und stärkere Willenskräfte, ungestümere Lust zum Handeln in sich beherbergen, so wird jene Übertreibung zum Anlaß von Untersuchungen, Bestrafungen, Versprechen und Reorganisationen. – Insofern ist es nützlich, Notstände übertreibend darzustellen.

449.

Die anscheinenden Wettermacher der Politik. – Wie das Volk bei Dem, welcher sich auf das Wetter versteht und es um einen Tag voraussagt, im stillen annimmt, daß er das Wetter mache, so legen selbst Gebildete und Gelehrte mit einem

Aufwand von abergläubischem Glauben großen Staatsmännern alle die wichtigen Veränderungen und Konjunkturen, welche während ihrer Regierung eintraten, als deren eigenstes Werk bei, wenn es nur ersichtlich ist, daß Jene etwas davon eher wußten als Andere und ihre Berechnung darnach machten: sie werden also ebenfalls als Wettermacher genommen – und dieser Glaube ist nicht das geringste Werkzeug ihrer Macht.

450.

Neuer und alter Begriff der Regierung. – Zwischen Regierung und Volk so zu scheiden, als ob hier zwei getrennte Machtsphären, eine stärkere, höhere mit einer schwächeren, niederen, verhandelten und sich vereinbarten, ist ein Stück vererbter politischer Empfindung, welches der historischen Feststellung der Machtverhältnisse in den *meisten* Staaten noch jetzt genau entspricht. Wenn zum Beispiel Bismarck die konstitutionelle Form als einen Kompromiß zwischen Regierung und Volk bezeichnet, so redet er gemäß einem Prinzip, welches seine Vernunft in der Geschichte hat (ebendaher freilich auch den Beisatz von Unvernunft, ohne den nichts Menschliches existieren kann). Dagegen soll man nun lernen – gemäß einem Prinzip, welches rein aus dem *Kopfe* entsprungen ist und erst Geschichte *machen* soll –, daß Regierung nichts als ein Organ des Volkes sei, nicht ein vorsorgliches, verehrungswürdiges »Oben« im Verhältnis zu einem an Bescheidenheit gewöhnten »Unten«. Bevor man diese bis jetzt unhistorische und willkürliche, wenn auch logischere Aufstellung des Begriffs Regierung annimmt, möge man doch ja die Folgen erwägen: denn das Verhältnis zwischen

Volk und Regierung ist das stärkste vorbildliche Verhältnis, nach dessen Muster sich unwillkürlich der Verkehr zwischen Lehrer und Schüler, Hausherrn und Dienerschaft, Vater und Familie, Heerführer und Soldat, Meister und Lehrling bildet. Alle diese Verhältnisse gestalten sich jetzt, unter dem Einflusse der herrschenden konstitutionellen Regierungsform, ein wenig um: sie *werden* Kompromisse. Aber wie müssen sie sich verkehren und verschieben, Namen und Wesen wechseln, wenn jener allerneueste Begriff überall sich der Köpfe bemeistert hat! – wozu es aber wohl ein Jahrhundert noch brauchen dürfte. Hierbei ist Nichts *mehr* zu wünschen als Vorsicht und langsame Entwicklung.

451.

Gerechtigkeit als Parteien-Lockruf. – Wohl können edle (wenn auch nicht gerade sehr einsichtsvolle) Vertreter der herrschenden Klasse sich geloben: wir wollen die Menschen als gleich behandeln, ihnen gleiche Rechte zugestehen. Insofern ist eine sozialistische Denkungsweise, welche auf *Gerechtigkeit* ruht, möglich; aber wie gesagt nur innerhalb der herrschenden Klasse, welche in diesem Falle die Gerechtigkeit mit Opfern und Verleugnungen *übt.* Dagegen Gleichheit der Rechte *fordern,* ehe es die Sozialisten der unterworfenen Kaste tun, ist nimmermehr der Ausfluß der Gerechtigkeit, sondern der Begehrlichkeit. – Wenn man der Bestie blutige Fleischstücke aus der Nähe zeigt und wieder wegzieht, bis sie endlich brüllt: meint ihr, daß dies Gebrüll Gerechtigkeit bedeute?

452.

Besitz und Gerechtigkeit. – Wenn die Sozialisten nachweisen, daß die Eigentums-Verteilung in der gegenwärtigen Menschheit die Konsequenz zahlloser Ungerechtigkeiten und Gewaltsamkeiten ist, und *in summa* die Verpflichtung gegen etwas so unrecht Begründetes ablehnen: so sehen sie nur etwas Einzelnes. Die ganze Vergangenheit der alten Kultur ist auf Gewalt, Sklaverei, Betrug, Irrtum aufgebaut; wir können aber uns selbst, die Erben aller dieser Zustände, ja die Konkreszenzen aller jener Vergangenheit, nicht wegdekretieren und dürfen nicht ein einzelnes Stück herausziehn wollen. Die ungerechte Gesinnung steckt in den Seelen der Nicht-Besitzenden auch, sie sind nicht besser als die Besitzenden und haben kein moralisches Vorrecht, denn irgendwann sind ihre Vorfahren Besitzende gewesen. Nicht gewaltsame neue Verteilungen, sondern allmähliche Umschaffungen des Sinnes tun not, die Gerechtigkeit muß in Allen größer werden, der gewalttätige Instinkt schwächer.

453.

Der Steuermann der Leidenschaften. – Der Staatsmann erzeugt öffentliche Leidenschaften, um den Gewinn von der dadurch erweckten Gegenleidenschaft zu haben. Um ein Beispiel zu nehmen: so weiß ein deutscher Staatsmann wohl, daß die katholische Kirche niemals mit Rußland gleiche Pläne haben wird, ja sich viel lieber mit den Türken verbünden würde als mit ihm; ebenso weiß er, daß Deutschland alle Gefahr von einem Bündnisse Frankreichs mit Rußlands droht. Kann er es nun dazu bringen, Frankreich zum Herd und

Hort der katholischen Kirche zu machen, so hat er diese Gefahr für eine lange Zeit beseitigt. Er hat demnach ein Interesse daran, Haß gegen die Katholiken zu zeigen und durch Feindseligkeiten aller Art die Bekenner der Autorität des Papstes in eine leidenschaftliche politische Macht zu verwandeln, welche der deutschen Politik feindlich ist und sich naturgemäß mit Frankreich als dem Wiedersacher Deutschlands verschmelzen muß: sein Ziel ist ebenso notwendig die Katholisierung Frankreichs, als Mirabeau in der Dekatholisierung das Heil seines Vaterlandes sah. – Der eine Staat will also die Verdunkelung von Millionen Köpfen eines anderen Staates, um seinen Vorteil aus dieser Verdunkelung zu ziehen. Es ist dies dieselbe Gesinnung, welche die republikanische Regierungsform des nachbarlichen Staates – *le désordre organisé,* wie Mérimée sagt – aus dem alleinigen Grunde unterstützt, weil sie von dieser annimmt, daß sie das Volk schwächer, zerrissener und kriegsunfähiger mache.

454.

Die Gefährlichen unter den Umsturz-Geistern. – Man teile Die, welche auf einen Umsturz der Gesellschaft bedacht sind, in Solche ein, welche für sich selbst, und in Solche, welche für ihre Kinder und Enkel etwas erreichen wollen. Die Letzteren sind die Gefährlicheren; denn sie haben den Glauben und das gute Gewissen der Uneigennützigkeit. Die Anderen kann man abspeisen: dazu ist die herrschende Gesellschaft immer noch reich und klug genug. Die Gefahr beginnt, sobald die Ziele unpersönlich werden; die Revolutionäre aus unpersönlichem Interesse dürfen alle Verteidiger des Bestehenden als persönlich interessiert ansehen und sich deshalb ihnen überlegen fühlen.

455.

Politischer Wert der Vaterschaft. – Wenn der Mensch keine Söhne hat, so hat er kein volles Recht, über die Bedürfnisse eines einzelnen Staatswesens mitzureden. Man muß selber mit den Anderen sein Liebstes daran gewagt haben: das erst bindet an den Staat fest; man muß das Glück seiner Nachkommen ins Auge fassen, also vor Allem Nachkommen haben, um an allen Institutionen und deren Veränderung rechten natürlichen Anteil zu nehmen. Die Entwicklung der höheren Moral hängt daran, daß Einer Söhne hat; dies stimmt ihn unegoistisch, oder richtiger: es erweitert seinen Egoismus der Zeitdauer nach und läßt ihn Ziele über seine Individuelle Lebenslänge hinaus mit Ernst verfolgen.

456.

Ahnenstolz. – Auf eine ununterbrochene Reihe *guter* Ahnen bis zum Vater herauf darf man mit Recht stolz sein – nicht aber auf die Reihe; denn diese hat Jeder. Die Herkunft von guten Ahnen macht den ächten Geburtsadel aus; eine einzige Unterbrechung in jener Kette, Ein böser Vorfahr also, hebt den Geburtsadel auf. Man soll Jeden, welcher von seinem Adel redet, fragen: hast du keinen gewalttätigen, habsüchtigen, ausschweifenden, boshaften, grausamen Menschen unter deinen Vorfahren? Kann er darauf in gutem Wissen und

Gewissen mit Nein antworten, so bewerbe man sich um seine Freundschaft.

457.

Sklaven und Arbeiter. – Daß wir mehr Wert auf Befriedigung der Eitelkeit als auf alles übrige Wohlbefinden (Sicherheit, Unterkommen, Vergnügen aller Art) legen, zeigt sich in einem lächerlichen Grade daran, daß Jedermann (abgesehen von politischen Gründen) die Aufhebung der Sklaverei wünscht und es aufs ärgste verabscheut, Menschen in diese Lage zu bringen: während Jeder sich sagen muß, daß die Sklaven in allen Beziehungen sicherer und glücklicher leben als der moderne Arbeiter, daß Sklavenarbeit sehr wenig Arbeit im Verhältnis zu der des »Arbeiters« ist. Man protestiert im Namen der »Menschenwürde«: das ist aber, schlichter ausgedrückt, jene liebe Eitelkeit, welche das Nicht-gleichgestellt-sein, das Öffentlich-niedriger-geschätzt-werden als das härteste Los empfindet. – Der Zyniker denkt anders darüber, weil er die Ehre verachtet: – und so war Diogenes eine Zeitlang Sklave und Hauslehrer.

458.

Leitende Geister und ihre Werkzeuge. – Wir sehen große Staatsmänner und überhaupt alle Die, welche sich vieler Menschen zur Durchführung ihrer Pläne bedienen müssen, bald so, bald so verfahren: entweder wählen sie sehr fein und sorgsam die zu ihren Plänen passenden Menschen aus und lassen ihnen dann verhältnismäßige große Freiheit, weil sie wissen, daß die Natur dieser Ausgewählten sie eben dahin treibt, wohin sie selber jene haben wollen; oder sie wählen schlecht, ja nehmen, was ihnen unter die Hand kommt, formen aber aus jedem Tone etwas für ihre Zwecke Taugliches. Diese letzte Art ist die gewaltsame, sie begehrt auch unterwürfigere Werkzeuge; ihre Menschenkenntnis ist gewöhnlich viel geringer, ihre Menschenverachtung größer als bei den erstgenannten Geistern, aber die Maschine, welche sie konstruieren, arbeitet gemeinhin besser als die Maschine aus der Werkstätte jener.

459.

Willkürliches Recht notwendig. – Die Juristen streiten, ob das am vollständigsten durchgedachte Recht oder das am leichtesten zu verstehende in einem Volke zum Siege kommen solle. Das erste, dessen höchstes Muster das römische ist, erscheint dem Laien als unverständlich und deshalb nicht als Ausdruck seiner Rechtsempfindung. Die Volksrechte, zum Beispiel die germanischen, waren grob abergläubisch, unlogisch, zum Teil albern, aber sie entsprachen ganz bestimmten vererbten heimischen Sitten und Empfindungen. – Wo aber Recht nicht mehr, wie bei uns, Herkommen ist, da kann es nur *befohlen*, Zwang sein; wir haben Alle kein herkömmliches Rechtsgefühl mehr, deshalb müssen wir uns *Willkürsrechte* gefallen lassen, die der Ausdruck der Notwendigkeit sind, daß es ein Recht *geben müsse.* Das logischste ist dann jedenfalls das annehmbarste, weil es das *unparteilichste* ist: zugegeben selbst, daß in jedem Falle die kleinste

Maßeinheit im Verhältnis von Vergehen und Strafe willkürlich angesetzt ist.

460.

Der große Mann der Masse. – Das Rezept zu dem, was die Masse einen großen Mann nennt, ist leicht gegeben. Unter allen Umständen verschaffe man ihr etwas, das ihr sehr angenehm ist, oder setze ihr erst in den Kopf, daß dies und jenes sehr angenehm wäre, und gebe es ihr dann. Doch um keinen Preis sofort: sondern man erkämpfe es mit größter Anstrengung oder scheine es zu erkämpfen. Die Masse muß den Eindruck haben, daß eine mächtige, ja unbezwingliche Willenskraft da sei; mindestens muß sie da zu sein scheinen. Den starken Willen bewundert Jedermann, weil Niemand ihn hat und Jedermann sich sagt, daß, wenn er ihn hätte, es für ihn und seinen Egoismus keine Grenze mehr gäbe. Zeigt sich nun, daß ein solcher starker Wille etwas der Masse sehr Angenehmes bewirkt, statt auf die Wünsche seiner Begehrlichkeit zu hören, so bewundert man noch einmal und wünscht sich selber Glück. Im übrigen habe er alle Eigenschaften der Masse: um so weniger schämt sie sich vor ihm, um so mehr ist er populär. Also: er sei gewalttätig, neidisch, ausbeuterisch, intrigant, schmeichlerisch, kriechend, aufgeblasen, je nach Umständen alles.

461.

Fürst und Gott. – Die Menschen verkehren mit ihren Fürsten vielfach in ähnlicher Weise wie mit ihrem Gotte, wie ja vielfach auch der Fürst der Repräsentant des Gottes, mindestens sein Oberpriester war. Diese fast unheimliche Stimmung von Verehrung und Angst und Scham war und ist viel schwächer geworden, aber mitunter lodert sie auf und heftet sich an mächtige Personen überhaupt. Der Kultus des Genius ist ein Nachklang dieser Götter-Fürsten-Verehrung. Überall, wo man sich bestrebt, einzelne Menschen in das Übermenschliche hinaufzuheben, entsteht auch die Neigung, ganze Schichten des Volkes sich roher und niedriger vorzustellen, als sie wirklich sind.

462.

Meine Utopie. – In einer besseren Ordnung der Gesellschaft wird die schwere Arbeit und Not des Lebens Dem zuzumessen sein, welcher am wenigsten durch sie leidet, also dem Stumpfsten, und so schrittweise aufwärts bis zu Dem, welcher für die höchsten, sublimiertesten Gattungen des Leidens am empfindlichsten ist und deshalb selbst noch bei der größten Erleichterung des Lebens leidet.

463.

Ein Wahn in der Lehre vom Umsturz. – Es gibt politische und soziale Phantasten, welche feurig und beredt zu einem

Umsturz aller Ordnungen auffordern, in dem Glauben, daß dann sofort das stolzeste Tempelhaus schönen Menschentums gleichsam von selbst sich erheben werde. In diesem gefährlichen Traume klingt noch der Aberglaube Rousseaus nach, welcher an eine wundergleiche ursprüngliche, aber gleichsam *verschüttete* Güte der menschlichen Natur glaubt und den Institutionen der Kultur, in Gesellschaft, Staat, Erziehung, alle Schuld jener Verschüttung beimißt. Leider weiß man aus historischen Erfahrungen, daß jeder solche Umsturz die wildesten Energien als die längst begrabenen Furchtbarkeiten und Maßlosigkeiten fernster Zeitalter von neuem zur Auferstehung bringt: daß also ein Umsturz wohl eine Kraftquelle in einer matt gewordenen Menschheit sein kann, nimmermehr aber ein Ordner, Baumeister, Künstler, Vollender der menschlichen Natur. – Nicht *Voltaires* maßvolle, dem Ordnen, Reinigen und Umbauen zugeneigte Natur, sondern *Rousseaus* leidenschaftliche Torheiten und Halblügen haben den optimistischen Geist der Revolution wachgerufen, gegen den ich rufe: »*Écrasez l'infâme!*« Durch ihn ist *der Geist der Aufklärung und der fortschreitenden Entwicklung* auf lange verscheucht worden: sehen wir zu – ein Jeder bei sich selber – ob es möglich ist, ihn wieder zurückzurufen!

464.

Maß. – Die volle Entschiedenheit des Denkens und Forschens, also die Freigeisterei zur Eigenschaft des Charakters geworden, macht im Handeln mäßig: denn sie schwächt die Begehrlichkeit, zieht viel von der vorhandenen Energie an sich, zur Förderung geistiger Zwecke, und zeigt das Halbnützliche oder Unnütze und Gefährliche aller plötzlichen Veränderungen.

465.

Auferstehung des Geistes. – Auf dem politischen Krankenbette verjüngt ein Volk gewöhnlich sich selbst und findet seinen Geist wieder, den es im Suchen und Behaupten der Macht allmählich verlor. Die Kultur verdankt das Allerhöchste den politisch geschwächten Zeiten.

466.

Neue Meinungen im alten Hause. – Dem Umsturz der Meinungen folgt der Umsturz der Institutionen nicht sofort nach, vielmehr wohnen die neuen Meinungen lange Zeit im verödeten und unheimlich gewordenen Hause ihrer Vorgängerinnen und konservieren es selbst, aus Wohnungsnot.

467.

Schulwesen. – Das Schulwesen wird in großen Staaten immer höchstens mittelmäßig sein, aus demselben Grunde, aus dem in großen Küchen bestenfalls mittelmäßig gekocht wird.

468.

Unschuldige Korruption. – In allen Instituten, in welche nicht die scharfe Luft der öffentlichen Kritik hineinweht, wächst eine unschuldige Korruption auf, wie ein Pilz (also zum Beispiel in gelehrten Körperschaften und Senaten).

469.

Gelehrte und Politiker. – Gelehrten, welche Politiker werden, wird gewöhnlich die komische Rolle zugeteilt, das gute Gewissen einer Politik sein zu müssen.

470.

Der Wolf hinter dem Schafe versteckt. – Fast jeder Politiker hat unter gewissen Umständen einmal einen ehrlichen Mann so nötig, daß er gleich einem heißhungrigen Wolfe in einen Schafstall bricht: nicht aber, um dann den geraubten Widder zu fressen, sondern um sich hinter seinem wolligen Rücken zu verstecken.

471.

Glückszeiten. – Ein glückliches Zeitalter ist deshalb gar nicht möglich, weil die Menschen es nur wünschen wollen, aber nicht haben wollen, und jeder Einzelne, wenn ihm gute Tage kommen, förmlich um Unruhe und Elend beten lernt. Das Schicksal der Menschen ist auf *glückliche Augenblicke* eingerichtet – edles Leben hat solche –, aber nicht auf glückliche Zeiten. Trotzdem werden diese als »das Jenseits der Berge« in der Phantasie des Menschen bestehenbleiben, als Erbstück der Urväter; denn man hat wohl den Begriff des Glückszeitalters seit uralten Zeiten her jenem Zustand entnommen, in dem der Mensch, nach gewaltiger Anstrengung durch Jagd und Krieg, sich der Ruhe übergibt, die Glieder streckt und die Fittiche des Schlafes um sich rauschen hört. Es ist ein falscher Schluß, wenn der Mensch jener alten Gewöhnung gemäß sich vorstellt, daß er nun auch *nach ganzen Zeiträumen* der Not und Mühsal jenes Zustandes des Glücks in *entsprechender Steigerung und Dauer* teilhaftig werden könne.

472.

Religion und Regierung. – Solange der Staat oder, deutlicher, die Regierung sich als Vormund zugunsten einer unmündigen Menge bestellt weiß und um ihretwillen die Frage erwägt, ob die Religion zu erhalten oder zu beseitigen sei: wird sie höchstwahrscheinlich sich immer für die Erhaltung der Religion entscheiden. Denn die Religion befriedigt das einzelne Gemüt in Zeiten des Verlustes, der Entbehrung, des Schreckens, des Mißtrauens, also da, wo die Regierung sich außerstande fühlt, direkt etwas zur Linderung der seelischen Leiden des Privatmanns zu tun: ja selbst bei allgemeinen unvermeidlichen und zunächst unabwendbaren Übeln (Hungersnöten, Geldkrisen, Kriegen) gewährt die Religion eine beruhigte, abwartende, vertrauende Haltung der Menge. Überall, wo die notwendigen oder zufälligen Mängel der

Staatsregierung oder die gefährlichen Konsequenzen dynastischer Interessen dem Einsichtigen sich bemerklich machen und ihn widerspänstig stimmen, werden die Nicht-Einsichtigen den Finger Gottes zu sehen meinen und sich in Geduld den Anordnungen von *Oben* (in welchem Begriff göttliche und menschliche Regierungsweise gewöhnlich verschmelzen) unterwerfen; so wird der innre bürgerliche Friede und die Kontinuität der Entwicklung gewahrt. Die Macht, welche in der Einheit der Volksempfindung, in gleichen Meinungen und Zielen für Alle liegt, wird durch die Religion beschützt und besiegelt, jene seltnen Fälle abgerechnet, wo eine Priesterschaft mit der Staatsgewalt sich über den Preis nicht einigen kann und in Kampf tritt. Für gewöhnlich wird der Staat sich die Priester zu gewinnen wissen, weil er ihrer allerprivatesten, verborgenen Erziehung der Seelen benötigt ist und Diener zu schätzen weiß, welche scheinbar und äußerlich ein ganz anderes Interesse vertreten. Ohne Beihilfe der Priester kann auch jetzt noch keine Macht »legitim« werden: wie Napoleon begriff. – So gehen absolute vormundschaftliche Regierung und sorgsame Erhaltung der Religion notwendig zusammen. Dabei ist vorauszusetzen, daß die regierenden Personen und Klassen über den Nutzen, welchen ihnen die Religion gewährt, aufgeklärt werden und somit bis zu einem Grade sich ihr überlegen fühlen, insofern sie dieselbe als Mittel gebrauchen: weshalb hier die Freigeisterei ihren Ursprung hat. – Wie aber, wenn jene ganz verschiedene Auffassung des Begriffes der Regierung, wie sie in *demokratischen* Staaten gelehrt wird, durchzudringen anfängt? Wenn man in ihr Nichts als das Werkzeug des Volkswillens sieht, kein Oben im Vergleich zu einem Unten, sondern lediglich eine Funktion des alleinigen Souveräns, des Volkes? Hier kann auch nur dieselbe Stellung, welche das Volk zur Religion einnimmt, von der Regierung eingenommen werden; jede

Verbreitung von Aufklärung wird bis in ihre Vertreter hineinklingen müssen, eine Benutzung und Ausbeutung der religiösen Triebkräfte und Tröstungen zu staatlichen Zwecken wird nicht so leicht möglich sein (es sei denn, daß mächtige Parteiführer zeitweilig einen Einfluß üben, welcher dem des aufgeklärten Despotismus ähnlich sieht). Wenn aber der Staat keinen Nutzen mehr aus der Religion selber ziehen darf oder das Volk viel zu mannigfach über religiöse Dinge denkt, als daß es der Regierung ein gleichartiges einheitliches Vorgehen bei religiösen Maßregeln gestatten dürfte, – so wird notwendig sich der Ausweg zeigen, die Religion als Privatsache zu behandeln und dem Gewissen und der Gewohnheit jedes Einzelnen zu überantworten. Die Folge ist zuallererst diese, daß das religiöse Empfinden verstärkt erscheint, insofern versteckte und unterdrückte Regungen desselben, welchen der Staat unwillkürlich oder absichtlich keine Lebensluft gönnte, jetzt hervorbrechen und bis ins Extrem ausschweifen; später erweist sich, daß die Religion von Sekten überwuchert wird und daß eine Fülle von Drachenzähnen in dem Augenblick gesät worden ist, als man die Religion zur Privatsache machte. Der Anblick des Streites, die feindselige Bloßlegung aller Schwächen religiöser Bekenntnisse läßt endlich keinen Ausweg mehr zu, als daß jeder Bessere und Begabtere die Irreligiosität zu seiner Privatsache macht: als welche Gesinnung nun auch in dem Geiste der regierenden Personen die Überhand bekommt und, fast wider ihren Willen, ihren Maßregeln einen religionsfeindlichen Charakter gibt. Sobald dies eintritt, wandelt sich die Stimmung der noch religiös bewegten Menschen, welche früher den Staat als etwas halb oder ganz Heiliges adorierten, in eine entschieden *staatsfeindliche* um; sie lauern den Maßregeln der Regierung auf, suchen zu hemmen, zu kreuzen, zu beunruhigen, so viel sie können und treiben dadurch die Gegenparteien, die irreligiösen, durch die Hitze ihres Widerspruchs in eine fast fanatische Begeisterung *für* den Staat hinein; wobei im stillen noch mitwirkt, daß in diesen Kreisen die Gemüter seit der Trennung von der Religion eine Leere spüren und sich vorläufig durch die Hingebung an den Staat einen Ersatz, eine Art von Ausfüllung zu schaffen suchen. Nach diesen vielleicht lange dauernden Übergangskämpfen entscheidet es sich endlich, ob die religiösen Parteien noch stark genug sind, um einen alten Zustand heraufzubringen und das Rad zurückzudrehen: in welchem Falle unvermeidlich der aufgeklärte Despotismus (vielleicht weniger aufgeklärt und ängstlicher als früher) den Staat in die Hände bekommt, – oder ob die religionslosen Parteien sich durchsetzen und die Fortpflanzung ihrer Gegnerschaft, einige Generationen hindurch, etwa durch Schule und Erziehung, untergraben und endlich unmöglich machen. Dann aber läßt auch bei ihnen jene Begeisterung für den Staat nach: immer deutlicher tritt hervor, daß mit jener religiösen Adoration, für welche er ein Mysterium, eine überweltliche Stiftung ist, auch das ehrfürchtige und pietätvolle Verhältnis zu ihm erschüttert ist. Fürderhin sehen die Einzelnen immer nur die Seite an ihm, wo er ihnen nützlich oder schädlich werden kann, und drängen sich mit allen Mitteln heran, um Einfluß auf ihn zu bekommen. Aber diese Konkurrenz wird bald zu groß, die Menschen und Parteien wechseln zu schnell, stürzen sich gegenseitig zu wild vom Berge wieder herab, nachdem sie kaum oben angelangt sind. Es fehlt allen Maßregeln, welche von einer Regierung durchgesetzt werden, die Bürgschaft ihrer Dauer; man scheut vor Unternehmungen zurück, welche auf Jahrzehnte, Jahrhunderte hinaus ein stilles Wachstum haben müßten, um reife Früchte zu zeitigen. Niemand fühlt mehr eine andere Verpflichtung gegen ein Gesetz als die, sich augenblicklich der Gewalt, welche ein Gesetz einbrachte, zu beugen: sofort geht man aber daran, es durch eine neue Gewalt, eine neu zu bildende Majorität zu unterminieren. Zuletzt – man kann es mit Sicherheit aussprechen – muß das Mißtrauen gegen alles Regierende, die Einsicht in das Nutzlose und Aufreibende dieser kurzatmigen Kämpfe die Menschen zu einem ganz neuen Entschlusse drängen: zur Abschaffung des Staatsbegriffs, zur Aufhebung des Gegensatzes »privat und öffentlich«. Die Privatgesellschaften ziehen Schritt vor Schritt die Staatsgeschäfte in sich hinein: selbst der zäheste Rest, welcher von der alten Arbeit des Regierens übrigbleibt (jene Tätigkeit zum Beispiel, welche die Privaten gegen die Privaten sicherstellen soll), wird zuallerletzt einmal durch Privatunternehmer besorgt werden. *Die Mißachtung, der Verfall und der Tod des Staates*, die Entfesselung der *Privatperson* (ich hüte mich zu sagen: des Individuums) ist die Konsequenz des demokratischen Staatsbegriffs; hier liegt seine Mission. Hat er seine Aufgabe erfüllt – die wie alles Menschliche viel Vernunft und Unvernunft im Schoße trägt –, sind alle Rückfälle der alten Krankheit überwunden, so wird ein neues Blatt im Fabelbuche der Menschheit entrollt, auf dem man allerlei seltsame Historien und vielleicht auch einiges Gute lesen wird. – Um das Gesagte noch einmal kurz zu sagen: das Interesse der vormundschaftlichen Regierung und das Interesse der Religion gehen miteinander Hand in Hand, so daß, wenn letztere abzusterben beginnt, auch die Grundlage des Staates erschüttert wird. Der Glaube an eine göttliche Ordnung der politischen Dinge, an ein Mysterium in der Existenz des Staates ist religiösen Ursprungs: schwindet die Religion, so wird der Staat unvermeidlich seinen alten Isisschleier verlieren und keine Ehrfurcht mehr erwecken. Die Souveränität des Volkes, in der Nähe gesehen, dient dazu, auch den letzten Zauber und Aberglauben auf dem Gebiete dieser Empfindungen zu verscheuchen; die moderne Demokratie ist die historische Form vom *Verfall des Staates.* – Die Aussicht, welche sich durch diesen sichren Verfall ergibt, ist aber nicht in jedem Betracht eine unglückselige: die Klugheit und der Eigennutz der Menschen sind von allen ihren Eigenschaften am besten ausgebildet; wenn den Anforderungen dieser Kräfte der Staat nicht mehr entspricht, so wird am wenigsten das Chaos eintreten, sondern eine noch zweckmäßigere Erfindung, als der Staat es war; zum Siege über den Staat kommen. Wie manche organisierende Gewalt hat die Menschheit schon absterben sehen: – zum Beispiel die der Geschlechtsgenossenschaft, als welche jahrtausendelang viel mächtiger war als die Gewalt der Familie, ja längst, bevor diese bestand, schon waltete und ordnete. Wir selber sehen den bedeutenden Rechts- und Machtgedanken der Familie, welcher einmal, so weit wie römisches Wesen reichte, die Herrschaft besaß, immer blasser und ohnmächtiger werden. So wird ein späteres Geschlecht auch den Staat in einzelnen Strecken der Erde bedeutungslos werden sehen – eine Vorstellung, an welche viele Menschen der Gegenwart kaum ohne Angst und Abscheu *denken* können. An der Verbreitung und Verwirklichung dieser Vorstellung zu *arbeiten,* ist freilich ein ander Ding: man muß sehr anmaßend von seiner Vernunft denken und die Geschichte kaum halb verstehen, um schon jetzt die Hand an den Pflug zu legen, – während noch Niemand die Samenkörner aufzeigen kann, welche auf das zerrissene Erdreich nachher gestreut werden sollen. Vertrauen wir also »der Klugheit und dem Eigennutz der Menschen«, daß *jetzt noch* der Staat eine gute Weile bestehen bleibt und zerstörerische Versuche übereifriger und voreiliger Halbwisser abgewiesen werden!

473.

Der Sozialismus in Hinsicht auf seine Mittel. – Der Sozialismus ist der phantastische jüngere Bruder des fast abgelebten Despotismus, den er beerben will; seine Bestrebungen sind also im tiefsten Verstande reaktionär. Denn er begehrt eine Fülle der Staatsgewalt, wie sie nur je der Despotismus gehabt hat, ja er überbietet alles Vergangene dadurch, daß er die förmliche Vernichtung des Individuums anstrebt: als welches ihm wie ein unberechtigter Luxus der Natur vorkommt und durch ihn in ein zweckmäßiges *Organ des Gemeinwesens* umgebessert werden soll. Seiner Verwandtschaft wegen erscheint er immer in der Nähe aller exzessiven Machtentfaltungen, wie der alte typische Sozialist Plato am Hofe des sizilischen Tyrannen; er wünscht (und befördert unter Umständen) den cäsarischen Gewaltstaat dieses Jahrhunderts, weil er, wie gesagt, sein Erbe werden möchte. Aber selbst diese Erbschaft würde für seine Zwecke nicht ausreichen, er braucht die alleruntertänigste Niederwerfung aller Bürger vor dem unbedingten Staat, wie niemals etwas Gleiches existiert hat; und da er nicht einmal auf die alte religiöse Pietät gegen den Staat mehr rechnen darf, vielmehr an deren Beseitigung unwillkürlich fortwährend arbeiten muß – nämlich weil er an der Beseitigung aller bestehenden *Staaten* arbeitet –, so kann er sich nur auf kurze Zeiten, durch den äußersten Terrorismus, hier und da einmal auf Existenz Hoffnung machen. Deshalb bereitet er sich im stillen zu Schreckensherrschaften vor und treibt den halbgebildeten Massen das Wort »Gerechtigkeit« wie einen Nagel in den Kopf, um sie ihres Verstandes völlig zu berauben (nachdem dieser Verstand schon durch die Halbbildung sehr gelitten hat) und ihnen für das böse Spiel, das sie spielen sollen, ein gutes Gewissen zu schaffen. – Der Sozialismus kann dazu dienen, die Gefahr aller Anhäufungen von Staatsgewalt recht brutal und eindringlich zu lehren und insofern vor dem Staate selbst Mißtrauen einzuflößen. Wenn seine rauhe Stimme in das Feldgeschrei: *»so viel Staat wie möglich«* einfällt, so wird dieses zunächst dadurch lärmender als je: aber bald dringt auch das entgegengesetzte mit um so größerer Kraft hervor: *»so wenig Staat wie möglich«*.

474.

Die Entwicklung des Geistes vom Staate gefürchtet. – Die griechische Polis war, wie jede organisierende politische Macht, ausschließend und mißtrauisch gegen das Wachstum der Bildung; ihr gewaltiger Grundtrieb zeigte sich fast nur lähmend und hemmend für dieselbe. Sie wollte keine Geschichte, kein Werden in der Bildung gelten lassen; die in dem Staatsgesetz festgestellte Erziehung sollte alle Generationen verpflichten und auf Einer Stufe festhalten. Nicht anders wollte es später auch noch Plato für seinen idealen Staat. *Trotz* der Polis entwickelte sich also die Bildung: indirekt freilich und wider Willen half sie mit, weil die Ehrsucht des Einzelnen in der Polis aufs höchste angereizt wurde, so daß er, einmal auf die Bahn geistiger Ausbildung geraten, auch in ihr bis ins letzte Extrem fortging. Dagegen soll man sich nicht auf die Verherrlichungsrede des Perikles berufen: denn sie ist nur ein großes optimistisches Trugbild über den angeblich notwendigen Zusammenhang von Polis und athenischer Kultur; Thukydides läßt sie, unmittelbar bevor die Nacht über Athen kommt (die Pest und der Abbruch der Tradition), noch einmal wie eine verklärende Abendröte aufleuchten, bei der man den schlimmen Tag vergessen soll, der ihr voranging.

475.

Der europäische Mensch und die Vernichtung der Nationen. – Der Handel und die Industrie, der Bücher- und Briefverkehr, die Gemeinsamkeit aller höheren Kultur, das schnelle Wechseln von Haus und Landschaft, das jetzige Nomadenleben aller Nicht-Landbesitzer – diese Umstände bringen notwendig eine Schwächung und zuletzt eine Vernichtung der Nationen, mindestens der europäischen, mit sich: so daß aus ihnen allen, infolge fortwährender Kreuzungen, eine Mischrasse, die des europäischen Menschen, entstehen muß. Diesem Ziele wirkt jetzt, bewußt oder unbewußt, die Abschließung der Nationen durch Erzeugung *nationaler* Feindseligkeiten entgegen, aber langsam geht der Gang jener Mischung dennoch vorwärts, trotz jenen zeitweiligen Gegenströmungen: dieser künstliche Nationalismus ist übrigens so gefährlich, wie der künstliche Katholizismus es gewesen ist, denn er ist in seinem Wesen ein gewaltsamer Not- und Belagerungszustand, welcher von Wenigen über Viele verhängt ist, und braucht List, Lüge und Gewalt, um sich in Ansehen zu halten. Nicht das Interesse der Vielen (der Völker), wie man wohl sagt, sondern vor Allem das Interesse bestimmter Fürstendynastien, sodann das bestimmter Klassen des Handels und der Gesellschaft, treibt zu diesem Nationalismus; hat man dies einmal erkannt, so soll man sich nur ungescheut als *guten Europäer* ausgeben und durch die Tat an der Verschmelzung der Nationen arbeiten: wobei die Deutschen durch ihre alte bewährte Eigenschaft, *Dolmetscher und Vermittler der Völker* zu sein, mitzuhelfen vermögen. – Beiläufig: das ganze Problem der *Juden* ist nur innerhalb der nationalen Staaten vorhanden, insofern hier überall ihre Tatkräftigkeit und höhere Intelligenz, ihr in langer Leidensschule von Geschlecht zu Geschlecht angehäuftes Geist- und Willens-Kapital in einem neid- und haßerweckenden Maße zum Übergewicht kommen muß, so daß die literarische Unart fast in allen jetzigen Nationen überhandnimmt – und zwar je mehr diese sich wieder national gebärden –, die Juden als Sündenböcke aller möglichen öffentlichen und inneren Übelstände zur Schlachtbank zu führen. Sobald es sich nicht mehr um Konservierung von Nationen, sondern um die Erzeugung einer möglichst kräftigen europäischen Mischrasse handelt, ist der Jude als Ingredienz ebenso brauchbar und erwünscht als irgendein anderer nationaler Rest. Unangenehme, ja gefährliche Eigenschaften hat jede Nation, jeder Mensch: es ist grausam zu verlangen, daß der Jude eine Ausnahme machen solle. Jene Eigenschaften mögen sogar bei ihm in besonderem Maße gefährlich und abschreckend sein; und vielleicht ist der jugendliche Börsen-Jude die widerlichste Erfindung des Menschengeschlechtes überhaupt. Trotzdem möchte ich wissen, wie viel man bei einer Gesamtabrechnung einem Volke nachsehen muß, welches, nicht ohne unser Aller Schuld, die leidvollste Geschichte unter allen Völkern gehabt hat, und dem man den edelsten Menschen (Christus), den reinsten Weisen (Spinoza), das mächtigste Buch und das wirkungsvollste Sittengesetz der Welt verdankt. Überdies: in den dunkelsten Zeiten des Mittelalters, als sich die asiatische Wolkenschicht schwer über Europa gelagert hatte, waren es jüdische Freidenker, Gelehrte und Ärzte, welche das Banner der Aufklärung und der geistigen Unabhängigkeit unter dem härtesten persönlichen Zwange festhielten und Europa gegen Asien verteidigten; ihren Bemühungen ist es nicht am wenigsten zu danken, daß eine natürlichere, vernunftgemäßere und jedenfalls unmythische Erklärung der Welt endlich wieder zum Siege kommen konnte und daß der Ring der Kultur, welcher uns jetzt mit der Aufklärung des griechisch-römischen Altertums zusammenknüpft, unzerbrochen blieb. Wenn das Christentum Alles getan hat, um den Okzident zu orientalisieren, so hat das Judentum wesentlich mit dabei geholfen, ihn immer wieder zu okzidentalisieren: was in einem bestimmten Sinne so viel heißt, als Europas Aufgabe und Geschichte zu einer *Fortsetzung der griechischen* zu machen.

476.

Scheinbare Überlegenheit des Mittelalters. – Das Mittelalter zeigt in der Kirche ein Institut mit einem ganz universalen, die gesamte Menschheit in sich begreifenden Ziele, noch dazu einem solchen, welches den – vermeintlich – höchsten Interessen derselben galt: dagegen gesehen machen die Ziele der Staaten und Nationen, welche die neuere Geschichte zeigt, einen beklemmenden Eindruck; sie erscheinen kleinlich, niedrig, materiell, räumlich beschränkt. Aber dieser verschiedene Eindruck auf die Phantasie soll unser Urteil ja nicht bestimmen; denn jenes universale Institut entsprach erkünstelten, auf Fiktionen beruhenden Bedürfnissen, welche es, wo sie noch nicht vorhanden waren, erst erzeugen mußte (Bedürfnis der Erlösung); die neuen Institute helfen wirklichen Notzuständen ab; und die Zeit kommt, wo Institute entstehen, um den gemeinsamen wahren Bedürfnissen aller Menschen zu dienen und das phantastische Urbild, die katholische Kirche, in Schatten und Vergessenheit zu stellen.

477.

Der Krieg unentbehrlich. – Es ist eitel Schwärmerei und Schönseelentum, von der Menschheit noch viel (oder gar: erst recht viel) zu erwarten, wenn sie verlernt hat, Kriege zu führen. Einstweilen kennen wir keine anderen Mittel, wodurch mattwerdenden Völkern jene rauhe Energie des Feldlagers, jener tiefe unpersönliche Haß, jene Mörder-Kaltblütigkeit mit gutem Gewissen, jene gemeinsame organisierende Glut in der Vernichtung des Feindes jene rohe Gleichgültigkeit gegen große Verluste, gegen das eigene Dasein und das der Befreundeten, jenes dumpfe erdbebenhafte Erschüttern der Seele ebenso stark und sicher mitgeteilt werden könnte, wie dies jeder große Krieg tut: von den hier hervorbrechenden Bächen und Strömen, welche freilich Steine und Unrat aller Art mit sich wälzen und die Wiesen zarter Kulturen zugrunde richten, werden nachher unter günstigen Umständen die Räderwerke in den Werkstätten des Geistes mit neuer Kraft umgedreht. Die Kultur kann die Leidenschaften, Laster und Bosheiten durchaus nicht entbehren. – Als die kaiserlich gewordnen Römer der Kriege etwas müde wurden, versuchten sie aus Tierhetzen, Gladiatorenkämpfen und Christenverfolgungen sich neue Kraft zu gewinnen. Die jetzigen Engländer, welche im ganzen auch dem Kriege abgesagt zu haben scheinen, ergreifen ein andres Mittel, um jene entschwindenden Kräfte neu zu erzeugen: jene gefährlichen Entdeckungsreisen, Durchschiffungen, Erkletterungen, zu wissenschaftlichen Zwecken, wie es heißt, unternommen, in Wahrheit, um überschüssige Kraft aus Abenteuern und Gefahren aller Art mit nach Hause zu bringen. Man wird noch vielerlei solche Surrogate des Krieges ausfindig machen, aber vielleicht gerade durch sie immer mehr einsehen, daß eine solche hochkultivierte und daher notwendig matte Menschheit, wie die jetzige Europas, nicht nur der Kriege, sondern der größten und furchtbarsten Kriege – also zeitweiliger Rückfälle in die Barbarei – bedarf, um nicht an den Mitteln der Kultur ihre Kultur und ihr Dasein selber einzubüßen.

478.

Fleiß im Süden und Norden. – Der Fleiß entsteht auf zwei ganz verschiedne Arten. Die Handwerker im Süden werden fleißig, nicht aus Erwerbstrieb, sondern aus der beständigen Bedürftigkeit der Andern. Weil immer Einer kommt, der ein Pferd beschlagen, einen Wagen ausbessern lassen will, so ist der Schmied fleißig. Käme Niemand, so würde er auf dem Markte herumlungern. Sich zu ernähren, das hat in einem fruchtbaren Lande wenig Not, dazu brauchte er nur ein sehr geringes Maß von Arbeit, jedenfalls keinen Fleiß; schließlich würde er betteln und zufrieden sein. – Der Fleiß englischer Arbeiter hat dagegen den Erwerbssinn hinter sich: er ist sich seiner selbst und seiner Ziele bewußt und will mit dem Besitz die Macht, mit der Macht die größtmögliche Freiheit und individuelle Vornehmheit.

479.

Reichtum als Ursprung eines Geblütsadels. – Der Reichtum erzeugt notwendig eine Aristokratie der Rasse, denn er gestattet, die schönsten Weiber zu wählen, die besten Lehrer zu besolden, er gönnt dem Menschen Reinlichkeit, Zeit zu körperlichen Übungen und vor Allem Abwendung von verdumpfender körperlicher Arbeit. Soweit verschafft er alle Bedingungen, um, in einigen Generationen, die Menschen vornehm und schön sich bewegen, ja selbst handeln zu machen: die größere Freiheit des Gemüts, die Abwesenheit des Erbärmlich-Kleinen, der Erniedrigung von Brotgebern, der Pfennig-Sparsamkeit. – Gerade diese negativen Eigenschaften sind das reichste Angebinde des Glücks für einen jungen Menschen; ein ganz Armer richtet sich gewöhnlich durch Vornehmheit der Gesinnung zugrunde, er kommt nicht vorwärts und erwirbt nichts, seine Rasse ist nicht lebensfähig. – Dabei ist aber zu bedenken, daß der Reichtum fast die gleichen Wirkungen ausübt, wenn Einer dreihundert Taler oder dreißigtausend jährlich verbrauchen darf: es gibt nachher keine wesentliche Progression der begünstigenden Umstände mehr. Aber weniger zu haben, als Knabe zu betteln und sich zu erniedrigen, ist furchtbar: obwohl für Solche, welche ihr Glück im Glanze der Höfe, in der Unterordnung unter Mächtige und Einflußreiche suchen oder welche Kirchenhäupter werden wollen, es der rechte Ausgangspunkt sein mag. (– Es lehrt, gebückt sich in die Höhlengänge der Gunst einzuschleichen.)

480.

Neid und Trägheit in verschiedener Richtung. – Die beiden gegnerischen Parteien, die sozialistische und die nationale – oder wie die Namen in den verschiedenen Ländern Europas lauten mögen –, sind einander würdig: Neid und Faulheit sind die bewegenden Mächte in ihnen beiden. In jenem Heerlager will man so wenig als möglich mit den Händen arbeiten, in diesem so wenig als möglich mit dem Kopf; in letzterem haßt und neidet man die hervorragenden, aus sich wachsenden Einzelnen, welche sich nicht gutwillig in Reih und Glied zum Zwecke einer Massenwirkung stellen lassen; in ersterem die bessere, äußerlich günstiger gestellte Kaste der Gesellschaft, deren eigentliche Aufgabe, die Erzeugung der höchsten Kulturgüter, das Leben innerlich um so viel schwerer und schmerzensreicher macht. Gelingt es freilich, jenen Geist der Massenwirkung zum Geiste der höheren Klassen der Gesellschaft zu machen, so sind die sozialistischen Scharen ganz im Rechte, wenn sie auch äußerlich zwischen sich und jenen zu nivellieren suchen, da sie ja innerlich, in Kopf und Herz, schon miteinander nivelliert sind. – Lebt als höhere Menschen und tut immerfort die Taten der höheren Kultur, – so gesteht euch Alles, was da lebt, euer Recht zu, und die Ordnung der Gesellschaft, deren Spitze ihr seid, ist gegen jeden bösen Blick und Griff gefeit!

481.

Große Politik und ihre Einbußen. – Ebenso wie ein Volk die größten Einbußen, welche Krieg und Kriegsbereitschaft mit sich bringt, nicht durch die Unkosten des Kriegs, die Stauungen in Handel und Wandel erleidet, ebenso nicht durch die Unterhaltung der stehenden Heere – so groß diese Einbußen auch jetzt sein mögen, wo acht Staaten Europas jährlich die Summe von zwei bis drei Milliarden darauf verwenden –, sondern dadurch, daß jahraus jahrein die tüchtigsten, kräftigsten, arbeitsamsten Männer in außerordentlicher Anzahl ihren eigentlichen Beschäftigungen und Berufen entzogen werden, um Soldaten zu sein: ebenso erleidet ein Volk, welches sich anschickt, große Politik zu treiben und unter den mächtigsten Staaten sich eine entscheidende Stimme zu sichern, seine größten Einbußen nicht darin, worin man sie gewöhnlich findet. Es ist wahr, daß es von diesem Zeitpunkte ab fortwährend eine Menge der hervorragendsten Talente auf dem »Altar des Vaterlandes« oder der nationalen Ehrsucht opfert, während früher diesen Talenten, welche jetzt die Politik verschlingt, andere Wirkungskreise offenstanden. Aber abseits von diesen öffentlichen Hekatomben, und im Grunde viel grauenhafter als diese, begibt sich ein Schauspiel, welches fortwährend in hunderttausend Akten gleichzeitig sich abspielt: jeder tüchtige, arbeitsame, geistvolle, strebende Mensch eines solchen nach politischen Ruhmeskränzen lüsternen Volkes wird von dieser Lüsternheit beherrscht und gehört seiner eigenen Sache nicht mehr wie früher völlig an: die täglich neuen Fragen und Sorgen des öffentlichen Wohls verschlingen eine tägliche Abgabe von dem Kopf- und Herz-Kapitale jedes Bürgers: die Summe aller dieser Opfer und Einbußen an individueller Energie und Arbeit ist so ungeheuer, daß das politische Aufblühen eines Volks eine geistige Verarmung und Ermattung, eine geringere Leistungsfähigkeit zu Werken, welche große Konzentration und Einseitigkeit verlangen, fast mit Notwendigkeit nach sich zieht. Zuletzt darf man fragen: *lohnt* sich denn alle diese Blüte und Pracht des Ganzen (welche ja doch nur als Furcht der anderen Staaten vor dem neuen Koloß und als dem Auslande abgerungene Begünstigung der nationalen Handels- und Verkehrs-Wohlfahrt zutage tritt), wenn dieser groben und buntschillernden Blume der Nation alle die edleren, zarteren, geistigeren Pflanzen und Gewächse, an welchen ihr Boden bisher so reich war, zum Opfer gebracht werden müssen?

482.

Und nochmals gesagt. – Öffentliche Meinungen – private Faulheiten.

NEUNTES HAUPTSTÜCK:

Der Mensch mit sich allein

483.

Feinde der Wahrheit. – Überzeugungen sind gefährlichere Feinde der Wahrheit als Lügen.

484.

Verkehrte Welt. – Man kritisiert einen Denker schärfer, wenn er einen uns unangenehmen Satz hinstellt; und doch wäre es vernünftiger, dies zu tun, wenn sein Satz uns angenehm ist.

485.

Charaktervoll. – Charaktervoll erscheint ein Mensch weit häufiger, weil er immer seinem Temperament, als weil er immer seinen Prinzipien folgt.

486.

Das Eine, was not tut. – Eins muß man haben: entweder einen von Natur leichten Sinn oder einen durch Kunst und Wissen *erleichterten Sinn.*

487.

Die Leidenschaft für Sachen. – Wer seine Leidenschaft auf Sachen (Wissenschaften, Staatswohl, Kulturinteressen, Künste) richtet, entzieht seiner Leidenschaft für Personen viel Feuer (selbst wenn sie Vertreter jener Sachen sind, wie Staatsmänner, Philosophen, Künstler Vertreter ihrer Schöpfungen sind).

488.

Die Ruhe in der Tat. – Wie ein Wasserfall im Sturz langsamer und schwebender wird, so pflegt der große Mensch der Tat mit *mehr* Ruhe zu handeln, als seine stürmische Begierde vor der Tat es erwarten ließ.

489.

Nicht zu tief. – Personen, welche eine Sache in aller Tiefe erfassen, bleiben ihr selten auf immer treu. Sie haben eben die Tiefe ans Licht gebracht: da gibt es immer viel Schlimmes zu sehen.

490.

Wahn der Idealisten. – Alle Idealisten bilden sich ein, die Sachen, welchen sie dienen, seien wesentlich besser als die andern Sachen in der Welt, und wollen nicht glauben, daß, wenn ihre Sache überhaupt gedeihen soll, sie genau desselben übelriechenden Düngers bedarf, welchen alle andern menschlichen Unternehmungen nötig haben.

491.

Selbstbeobachtung. – Der Mensch ist gegen sich selbst, gegen Auskundschaftung und Belagerung durch sich selber sehr gut verteidigt, er vermag gewöhnlich nicht mehr von sich als seine Außenwerke wahrzunehmen. Die eigentliche Festung ist ihm unzugänglich, selbst unsichtbar, es sei denn, daß Freunde und Feinde die Verräter machen und ihn selber auf geheimem Wege hineinführen.

492.

Der richtige Beruf. – Männer halten selten einen Beruf aus, von dem sie nicht glauben oder sich einreden, er sei im Grunde wichtiger als alle anderen. Ebenso geht es Frauen mit ihren Liebhabern.

493.

Adel der Gesinnung. – Der Adel der Gesinnung besteht zu einem großen Teil aus Gutmütigkeit und Mangel an Mißtrauen und enthält also gerade Das, worüber sich die gewinnsüchtigen und erfolgreichen Menschen so gerne mit Überlegenheit und Spott ergehen.

494.

Ziel und Wege. – Viele sind hartnäckig in bezug auf den einmal eingeschlagnen Weg, Wenige in bezug auf das Ziel.

495.

Das Empörende an einer individuellen Lebensart. – Alle sehr individuellen Maßregeln des Lebens bringen die Menschen gegen Den, der sie ergreift, auf; sie fühlen sich durch die außergewöhnliche Behandlung, welche jener sich angedeihen läßt, erniedrigt, als gewöhnliche Wesen.

496.

Vorrecht der Größe. – Es ist das Vorrecht der Größe, mit geringen Gaben hoch zu beglücken.

497.

Unwillkürlich vornehm. – Der Mensch beträgt sich unwillkürlich vornehm, wenn er sich gewöhnt hat, von den Menschen Nichts zu wollen und ihnen immer zu geben.

498.

Bedingung des Heroentums. – Wenn Einer zum Helden werden will, so muß die Schlange vorher zum Drachen geworden sein, sonst fehlt ihm sein rechter Feind.

499.

Freund. – Mitfreude, nicht Mitleiden, macht den Freund.

500.

Ebbe und Flut zu benutzen. – Man muß zum Zwecke der Erkenntnis jene innere Strömung zu benutzen wissen, welche uns zu einer Sache hinzieht, und wiederum jene, welche uns, nach einer Zeit, von der Sache fortzieht.

501.

Freude an sich. – »Freude an der Sache« so sagt man: aber in Wahrheit ist es Freude an sich vermittelst einer Sache.

502.

Der Bescheidene. – Wer gegen Personen bescheiden ist, zeigt gegen Sachen (Stadt, Staat, Gesellschaft, Zeit, Menschheit) um so stärker seine Anmaßung. Das ist seine Rache.

503.

Neid und Eifersucht. – Neid und Eifersucht sind die Schamteile der menschlichen Seele. Die Vergleichung kann vielleicht fortgesetzt werden.

504.

Der vornehmste Heuchler. – Gar nicht von sich zu reden, ist eine sehr vornehme Heuchelei.

505.

Verdruß. – Der Verdruß ist eine körperliche Krankheit, welche keineswegs dadurch schon gehoben ist, daß die Veranlassung zum Verdrusse hintendrein beseitigt wird.

506.

Vertreter der Wahrheit. – Nicht wenn es gefährlich ist, die Wahrheit zu sagen, findet sie am seltensten Vertreter, sondern wenn es langweilig ist.

507.

Beschwerlicher noch als Feinde. – Die Personen, von deren sympathischem Verhalten wir nicht unter allen Umständen überzeugt sind, während uns irgendein Grund (z. B. Dankbarkeit) verpflichtet, den Anschein der unbedingten Sympathie unsererseits aufrechtzuerhalten, quälen unsere Phantasie viel mehr als unsere Feinde.

508.

Die freie Natur. – Wir sind so gerne in der freien Natur, weil diese keine Meinung über uns hat.

509.

Jeder in Einer Sache überlegen. – In zivilisierten Verhältnissen fühlt sich Jeder jedem Andern in Einer Sache wenigstens überlegen: darauf beruht das allgemeine Wohlwollen, insofern Jeder einer ist, der unter Umständen helfen kann und deshalb sich ohne Scham helfen lassen darf.

510.

Trostgründe. – Bei einem Todesfall braucht man zumeist Trostgründe, nicht sowohl um die Gewalt des Schmerzes zu lindern, als um zu entschuldigen, daß man sich so leicht getröstet fühlt.

511.

Die Überzeugungstreuen. – Wer viel zu tun hat, behält seine allgemeinen Ansichten und Standpunkte fast unverändert bei. Ebenso Jeder, der im Dienst einer Idee arbeitet: er wird die Idee selber nie mehr prüfen, dazu hat er keine Zeit mehr; ja es geht gegen sein Interesse, sie überhaupt noch für diskutierbar zu halten.

512.

Moralität und Quantität. – Die höhere Moralität des einen Menschen im Vergleich zu der eines anderen liegt oft nur darin, daß die Ziele quantitativ größer sind. Jenen zieht die Beschäftigung mit dem Kleinen, im engen Kreise, nieder.

513.

Das Leben als Ertrag des Lebens. – Der Mensch mag sich noch so weit mit seiner Erkenntnis ausrecken, sich selber noch so objektiv vorkommen: zuletzt trägt er doch nichts davon als seine eigene Biographie.

514.

Die eherne Notwendigkeit. – Die eherne Notwendigkeit ist ein Ding, von dem die Menschen im Verlauf der Geschichte einsehen, daß es weder ehern noch notwendig ist.

515.

Aus der Erfahrung. – Die Unvernunft einer Sache ist kein Grund gegen ihr Dasein, vielmehr eine Bedingung desselben.

516.

Wahrheit. – Niemand stirbt jetzt an tödlichen Wahrheiten: es gibt zu viele Gegengifte.

517.

Grundeinsicht. – Es gibt keine prästabilierte Harmonie zwischen der Förderung der Wahrheit und dem Wohle der Menschheit.

518.

Menschenlos. – Wer tiefer denkt, weiß, daß er immer unrecht hat, er mag handeln und urteilen, wie er will.

519.

Wahrheit als Circe. – Der Irrtum hat aus Tieren Menschen gemacht; sollte die Wahrheit imstande sein, aus dem Menschen wieder ein Tier zu machen?

520.

Gefahr unserer Kultur. – Wir gehören einer Zeit an, deren Kultur in Gefahr ist, an den Mitteln der Kultur zugrunde zu gehen.

521.

Größe heißt: Richtung-geben. – Kein Strom ist durch sich selber groß und reich: sondern daß er so viele Nebenflüsse aufnimmt und fortführt, das macht ihn dazu. So steht es auch mit allen Größen des Geistes. Nur darauf kommt es an, daß Einer die Richtung angibt, welcher dann so viele Zuflüsse folgen müssen; nicht darauf, ob er von Anbeginn arm oder reich begabt ist.

522.

Schwaches Gewissen. – Menschen, welche von ihrer Bedeutung für die Menschheit sprechen, haben in bezug auf gemeine bürgerliche Rechtlichkeit, im Halten von Verträgen, Versprechungen ein schwaches Gewissen.

523.

Geliebt sein wollen. – Die Forderung, geliebt zu werden, ist die größte der Anmaßungen.

524.

Menschenverachtung. – Das unzweideutigste Anzeichen von einer Geringschätzung der Menschen ist dies, daß man Jedermann nur als Mittel zu *seinem* Zwecke oder gar nicht gelten läßt.

525.

Anhänger aus Widerspruch. – Wer die Menschen zur Raserei gegen sich gebracht hat, hat sich immer auch eine Partei zu seinen Gunsten erworben.

526.

Erlebnisse vergessen. – Wer viel denkt, und zwar sachlich denkt, vergißt leicht seine eigenen Erlebnisse, aber nicht so die Gedanken, welche durch jene hervorgerufen wurden.

527.

Festhalten einer Meinung. – Der Eine hält eine Meinung fest, weil er sich etwas darauf einbildet, von selbst auf sie gekommen zu sein, der Andre, weil er sie mit Mühe gelernt hat und stolz darauf ist, sie begriffen zu haben: Beide also aus Eitelkeit.

528.

Das Licht scheuen. – Die gute Tat scheut ebenso ängstlich das Licht als die böse Tat: diese fürchtet, durch das Bekanntwerden komme der Schmerz (als Strafe), jene fürchtet, durch das Bekanntwerden schwinde die Lust (jene reine Lust an sich selbst nämlich, welche sofort aufhört, sobald eine Befriedigung der Eitelkeit hinzutritt).

529.

Die Länge des Tages. – Wenn man viel hineinzustecken hat, so hat ein Tag hundert Taschen.

530.

Tyrannengenie. – Wenn in der Seele eine unbezwingliche Lust dazu rege ist, sich tyrannisch durchzusetzen, und das Feuer beständig unterhält, so wird selbst eine geringe Begabung (bei Politikern, Künstlern) allmählich zu einer fast unwiderstehlichen Naturgewalt.

531.

Das Leben des Feindes. – Wer davon lebt, einen Feind zu bekämpfen, hat ein Interesse daran, daß er am Leben bleibt.

532.

Wichtiger. – Man nimmt die unerklärte dunkle Sache wichtiger als die erklärte helle.

533.

Abschätzung erwiesener Dienste. – Dienstleistungen, die uns Jemand erweist, schätzen wir nach dem Werte, den Jener darauf legt, nicht nach dem, welchen sie für uns haben.

534.

Unglück. - Die Auszeichnung, welche im Unglück liegt (als ob es ein Zeichen von Flachheit, Anspruchslosigkeit, Gewöhnlichkeit sei, sich glücklich zu fühlen), ist so groß, daß wenn Jemand Einem sagt: »aber wie glücklich Sie sind!« – man gewöhnlich protestiert.

535.

Phantasie der Angst. – Die Phantasie der Angst ist jener böse, äffische Kobold, der dem Menschen gerade dann noch auf den Rücken springt, wenn er schon am schwersten zu tragen hat.

536.

Wert abgeschmackter Gegner. – Man bleibt mitunter einer Sache nur deshalb treu, weil ihre Gegner nicht aufhören abgeschmackt zu sein.

537.

Wert eines Berufs. – Ein Beruf macht gedankenlos; darin liegt sein größter Segen. Denn er ist eine Schutzwehr, hinter welche man sich, wenn Bedenken und Sorgen allgemeiner Art Einen anfallen, erlaubtermaßen zurückziehen kann.

538.

Talent. – Das Talent manches Menschen erscheint geringer, als es ist, weil er sich immer zu große Aufgaben gestellt hat.

539.

Jugend. – Die Jugend ist unangenehm; denn in ihr ist es nicht möglich oder nicht vernünftig, produktiv zu sein, in irgendeinem Sinne.

540.

Zu große Ziele. – Wer sich öffentlich große Ziele stellt und hinterdrein im geheimen einsieht, daß er dazu zu schwach ist, hat gewöhnlich auch nicht Kraft genug, jene Ziele öffentlich zu widerrufen, und wird dann unvermeidlich zum Heuchler.

541.

Im Strome. – Starke Wasser reißen viel Gestein und Gestrüpp mit sich fort, starke Geister viel dumme und verworrene Köpfe.

542.

Gefahren der geistigen Befreiung. – Bei der ernstlich gemeinten geistigen Befreiung eines Menschen hoffen im stillen auch seine Leidenschaften und Begierden, sich ihren Vorteil zu ersehen.

543.

Verkörperung des Geistes. – Wenn Einer viel und klug denkt, so bekommt nicht nur sein Gesicht, sondern auch sein Körper ein kluges Aussehen.

544.

Schlecht sehen und schlecht hören. – Wer wenig sieht, sieht immer weniger; wer schlecht hört, hört immer Einiges noch dazu.

545.

Selbstgenuß in der Eitelkeit. – Der Eitle will nicht sowohl hervorragen, als sich hervorragend fühlen, deshalb verschmäht er kein Mittel des Selbstbetrugs und der Selbstüberlistung. Nicht die Meinung der Anderen, sondern seine Meinung von Deren Meinung liegt ihm am Herzen.

546.

Ausnahmsweise eitel. – Der für gewöhnlich Selbstgenügsame ist ausnahmsweise eitel und für Ruhm und Lobsprüche empfänglich, wenn er körperlich krank ist. In dem Maße, in welchem er sich verliert, muß er sich aus fremder Meinung, von außen her, wieder zu gewinnen suchen.

547.

Die »Geistreichen«. – Der hat keinen Geist, welcher den Geist sucht.

548.

Wink für Parteihäupter. – Wenn man die Leute dazu treiben kann, sich öffentlich für etwas zu erklären, so hat man sie meistens auch dazu gebracht, sich innerlich dafür zu erklären; sie wollen fürderhin als konsequent erfunden werden.

549.

Verachtung. – Die Verachtung durch Andere ist dem Menschen empfindlicher als die durch sich selbst.

550.

Schnur der Dankbarkeit. – Es gibt sklavische Seelen, welche die Erkenntlichkeit für erwiesene Wohltaten so weit treiben, daß sie sich mit der Schnur der Dankbarkeit selbst erdrosseln.

551.

Kunstgriff des Propheten. – Um die Handlungsweise gewöhnlicher Menschen im voraus zu erraten, muß man annehmen, daß sie immer den mindesten Aufwand an Geist machen, um sich aus einer unangenehmen Lage zu befreien.

552.

Das einzige Menschenrecht. – Wer vom Herkömmlichen abweicht, ist das Opfer des Außergewöhnlichen; wer im Herkömmlichen bleibt, ist der Sklave desselben. Zugrunde gerichtet wird man auf jeden Fall.

553.

Unter das Tier hinab. – Wenn der Mensch vor Lachen wiehert, übertrifft er alle Tiere durch seine Gemeinheit.

554.

Halbwissen. – Der, welcher eine fremde Sprache wenig spricht, hat mehr Freude daran als Der, welcher sie gut spricht. Das Vergnügen ist bei den Halbwissenden.

555.

Gefährliche Hilfsbereitschaft. – Es gibt Leute, welche das Leben den Menschen erschweren wollen, aus keinem andern Grunde, als um ihnen hinterdrein ihre Rezepte zur Erleichterung des Lebens, zum Beispiel ihr Christentum, anzubieten.

556.

Fleiß und Gewissenhaftigkeit. – Fleiß und Gewissenhaftigkeit sind oftmals dadurch Antagonisten, daß der Fleiß die Früchte sauer vom Baume nehmen will, die Gewissenhaftigkeit sie aber zu lange hängen läßt, bis sie herabfallen und sich zerschlagen.

557.

Verdächtigen. – Menschen, welche man nicht leiden kann, sucht man sich zu verdächtigen.

558.

Die Umstände fehlen. – Viele Menschen warten ihr Leben lang auf die Gelegenheit, auf *ihre Art* gut zu sein.

559.

Mangel an Freunden. – Der Mangel an Freunden läßt auf Neid oder Anmaßung schließen. Mancher verdankt seine Freunde nur dem glücklichen Umstande, daß er keinen Anlaß zum Neide hat.

560.

Gefahr in der Vielheit. – Mit einem Talente mehr steht man oft unsicherer, als mit einem weniger: wie der Tisch besser auf drei als auf vier Füßen seht.

561.

Den Andern zum Vorbild. – Wer ein gutes Beispiel geben will, muß seiner Tugend ein Gran Narrheit zusetzen: dann ahmt man nach und erhebt sich zugleich über den Nachgeahmten, – was die Menschen lieben.

562.

Zielscheibe sein. – Die bösen Reden Anderer über uns gelten oft nicht eigentlich uns, sondern sind die Äußerungen eines Ärgers, einer Verstimmung aus ganz anderen Gründen.

563.

Leicht resigniert. – Man leidet wenig an versagten Wünschen, wenn man seine Phantasie geübt hat, die Vergangenheit zu verhäßlichen.

564.

In Gefahr. – Man ist am meisten in Gefahr, überfahren zu werden, wenn man eben einem Wagen ausgewichen ist.

565.

Je nach der Stimme die Rolle. – Wer gezwungen ist lauter zu reden, als er gewohnt ist (etwa vor einem Halb-Tauben oder vor einem großen Auditorium), übertreibt gewöhnlich die Dinge, welche er mitzuteilen hat. – Mancher wird zum Verschwörer, böswilligen Nachredner, Intriganten, bloß weil seine Stimme sich am besten zu einem Geflüster eignet.

566.

Liebe und Haß. – Liebe und Haß sind nicht blind, aber geblendet vom Feuer, das sie selber mit sich tragen.

567.

Mit Vorteil angefeindet. – Menschen, welche der Welt ihre Verdienste nicht völlig deutlich machen können, suchen sich eine starke Feindschaft zu erwecken. Sie haben dann den Trost, zu denken, daß diese zwischen ihren Verdiensten und deren Anerkennung stehe – und daß mancher Andere dasselbe vermute: was sehr vorteilhaft für ihre Geltung ist.

568.

Beichte. – Man vergißt seine Schuld, wenn man sie einem Andern gebeichtet hat, aber gewöhnlich vergißt der Andere sie nicht.

569.

Selbstgenügsamkeit. – Das Goldene Vlies der Selbstgenügsamkeit schützt gegen Prügel aber nicht gegen Nadelstiche.

570.

Schatten in der Flamme. – Die Flamme ist sich selber nicht so hell als den Andern, denen sie leuchtet: so auch der Weise.

571.

Eigene Meinungen. – Die erste Meinung, welche uns einfällt, wenn wir plötzlich über eine Sache befragt werden, ist gewöhnlich nicht unsere eigene, sondern nur die landläufige, unsrer Kaste, Stellung, Abkunft zugehörige; die eignen Meinungen schwimmen selten obenauf.

572.

Herkunft des Mutes. – Der gewöhnliche Mensch ist mutig und unverwundbar wie ein Held, wenn er die Gefahr nicht sieht, für sie keine Augen hat. Umgekehrt: der Held hat die einzig verwundbare Stelle auf dem Rücken, also dort, wo er keine Augen hat.

573.

Gefahr im Arzte. – Man muß für seinen Arzt geboren sein, sonst geht man an seinem Arzt zugrunde.

574.

Wunderliche Eitelkeit. – Wer dreimal mit Dreistigkeit das Wetter prophezeit hat und Erfolg hatte, der glaubt im Grunde seiner Seele ein wenig an seine Prophetengabe. Wir lassen das Wunderliche, Irrationelle gelten, wenn es unserer Selbstschätzung schmeichelt.

575.

Beruf. – Ein Beruf ist das Rückgrat des Lebens.

576.

Gefahr persönlichen Einflusses. – Wer fühlt, daß er auf einen Andern einen großen innerlichen Einfluß ausübt, muß ihm ganz freie Zügel lassen, ja gelegentliches Widerstreben gern sehen und selbst herbeiführen: sonst wird er unvermeidlich sich einen Feind machen.

577.

Den Erben gelten lassen. – Wer etwas Großes in selbstloser Gesinnung begründet hat, sorgt dafür, sich Erben zu erziehen. Es ist das Zeichen einer tyrannischen und unedlen Natur, in allen möglichen Erben seines Werks seine Gegner zu sehen und gegen sie im Stande der Notwehr zu leben.

578.

Halbwissen. – Das Halbwissen ist siegreicher als das Ganzwissen: es kennt die Dinge einfacher, als sie sind, und macht daher seine Meinung faßlicher und überzeugender.

579.

Nicht geeignet zum Parteimann. – Wer viel denkt, eignet sich nicht zum Parteimann: er denkt sich zu bald durch die Partei hindurch.

580.

Schlechtes Gedächtnis. – Der Vorteil des schlechten Gedächtnisses ist, daß man dieselben guten Dinge mehrere Male zum ersten Mal genießt.

581.

Sich Schmerzen machen. – Rücksichtslosigkeit des Denkens ist oft das Zeichen einer unfriedlichen inneren Gesinnung, welche Betäubung begehrt.

582.

Märtyrer. – Der Jünger eines Märtyrers leidet mehr als der Märtyrer.

583.

Rückständige Eitelkeit. – Die Eitelkeit mancher Menschen, die es nicht nötig hätten, eitel zu sein, ist die übriggebliebene und großgewachsene Gewohnheit aus der Zeit her, wo sie noch kein Recht hatten, an sich zu glauben, und diesen Glauben erst von Anderen in kleiner Münze einbettelten.

584.

Punctum saliens der Leidenschaft. – Wer im Begriff ist, in Zorn oder in einen heftigen Liebesaffekt zu geraten, erreicht einen Punkt, wo die Seele voll ist wie ein Gefäß: aber doch muß ein Wassertropfen noch hinzukommen, der gute Wille zur Leidenschaft (den man gewöhnlich auch den bösen nennt). Es ist nur dies Pünktchen nötig, dann läuft das Gefäß über.

585.

Gedanke des Unmuts. – Es ist mit den Menschen wie mit den Kohlenmeilern im Walde. Erst wenn die jungen Menschen ausgeglüht haben und verkohlt sind gleich jenen, dann werden sie *nützlich.* Solange sie dampfen und rauchen, sind sie vielleicht interessanter, aber unnütz und gar zu häufig unbequem. – Die Menschheit verschwendet schonungslos jeden Einzelnen als Material zum Heizen ihrer großen Maschinen: aber wozu dann die Maschinen, wenn alle Einzelnen (das heißt die Menschheit) nur dazu nützen, sie zu unterhalten? Maschinen, die sich selbst Zweck sind – ist das die *umana commedia?*

586.

Vom Stundenzeiger des Lebens. – Das Leben besteht aus seltenen einzelnen Momenten von höchster Bedeutsamkeit und unzählig vielen Intervallen, in denen uns bestenfalls die

Schattenbilder jener Momente umschweben. Die Liebe, der Frühling, jede schöne Melodie, das Gebirge, der Mond, das Meer – Alles redet nur einmal ganz zum Herzen: wenn es überhaupt je ganz zu Worte kommt. Denn viele Menschen haben jene Momente gar nicht und sind selber Intervalle und Pausen in der Symphonie des wirklichen Lebens.

587.

Angreifen oder eingreifen. – Wir machen häufig den Fehler, eine Richtung oder Partei oder Zeit lebhaft anzufeinden, weil wir zufällig nur ihre veräußerlichte Seite, ihre Verkümmerung oder die ihnen notwendig anhaftenden »Fehler ihrer Tugenden« zu sehen bekommen, – vielleicht weil wir selbst an diesen vornehmlich teilgenommen haben. Dann wenden wir ihnen den Rücken und suchen eine entgegengesetzte Richtung; aber das Bessere wäre, die starken guten Seiten aufzusuchen oder an sich selber auszubilden. Freilich gehört ein kräftigerer Blick und besserer Wille dazu, das Werdende und Unvollkommene zu fördern, als es in seiner Unvollkommenheit zu durchschauen und zu verleugnen.

588.

Bescheidenheit. – Es gibt wahre Bescheidenheit (das heißt die Erkenntnis, daß wir nicht unser eigenes Werk sind); und recht wohl geziemt sie dem großen Geiste, weil gerade er den Gedanken der völligen Unverantwortlichkeit (auch für das Gute, was er schafft) fassen kann. Die Unbescheidenheit des

Großen haßt man nicht, insofern er seine Kraft fühlt, sondern weil er seine Kraft dadurch erst *erfahren* will, daß er die Anderen verletzt, herrisch behandelt und zusieht, wie weit sie es aushalten. Gewöhnlich beweist dies sogar den Mangel an sicherem Gefühl der Kraft und macht somit die Menschen an seiner Größe zweifeln. Insofern ist Unbescheidenheit vom Gesichtspunkte der Klugheit aus sehr zu widerraten.

589.

Des Tages erster Gedanke. – Das beste Mittel, jeden Tag gut zu beginnen, ist: beim Erwachen daran zu denken, ob man nicht wenigstens Einem Menschen an diesem Tag eine Freude machen könnte. Wenn dies als ein Ersatz für die religiöse Gewöhnung des Gebetes gelten dürfte, so hätten die Mitmenschen einen Vorteil bei dieser Änderung.

590.

Anmaßung als letztes Trostmittel. – Wenn man ein Mißgeschick, seinen intellektuellen Mangel, seine Krankheit sich so zurechtlegt, daß man hierin sein vorgezeichnetes Schicksal, seine Prüfung oder die geheimnisvolle Strafe für früher Begangenes sieht, so macht man sich sein eignes Wesen dadurch interessant und erhebt sich in der Vorstellung über seine Mitmenschen. Der stolze Sünder ist eine bekannte Figur in allen kirchlichen Sekten.

591.

Vegetation des Glücks. – Dicht neben dem Wehe der Welt, und oft auf seinem vulkanischen Boden, hat der Mensch seine kleinen Gärten des Glücks angelegt. Ob man das Leben mit dem Blicke Dessen betrachtet, der vom Dasein Erkenntnis allein will, oder Dessen, der sich ergibt und resigniert, oder Dessen, der an der überwundenen Schwierigkeit sich freut, – überall wird er etwas Glück neben dem Unheil aufgesproßt finden – und zwar um so mehr Glück, je vulkanischer der Boden war; nur wäre es lächerlich, zu sagen, daß mit diesem Glück das Leiden selbst gerechtfertigt sei.

592.

Die Straße der Vorfahren. – Es ist vernünftig, wenn Jemand das *Talent,* auf welches sein Vater oder Großvater Mühe verwendet hat, an sich selbst weiter ausbildet und nicht zu etwas ganz Neuem umschlägt; er nimmt sich sonst die Möglichkeit, zur Vollkommenheit in irgendeinem Handwerk zu gelangen. Deshalb sagt das Sprichwort: »Welche Straße sollst du reiten? – die deiner Vorfahren.«

593.

Eitelkeit und Ehrgeiz als Erzieher. – Solange Einer noch nicht zum Werkzeug des allgemeinen menschlichen Nutzens geworden ist, mag ihn der Ehrgeiz peinigen; ist jenes Ziel aber erreicht, arbeitet er mit Notwendigkeit wie eine Maschine zum besten Aller, so mag dann die Eitelkeit kommen; sie wird ihn im kleinen vermenschlichen, geselliger, erträglicher, nachsichtiger machen, dann, wenn der Ehrgeiz die grobe Arbeit (ihn nützlich zu machen) an ihm vollendet hat.

594.

Philosophische Neulinge. – Hat man die Weisheit eines Philosophen eben eingenommen, so geht man durch die Straßen mit dem Gefühle, als sei man umgeschaffen und ein großer Mann geworden; denn man findet lauter Solche, welche diese Weisheit nicht kennen, hat also über Alles eine neue unbekannte Entscheidung vorzutragen: weil man ein Gesetzbuch anerkennt, meint man jetzt auch sich als Richter gebärden zu müssen.

595.

Durch Mißfallen gefallen. – Die Menschen, welche lieber auffallen und dabei mißfallen wollen, begehren dasselbe wie Die, welche nicht auffallen und gefallen wollen, nur in einem viel höheren Grade und indirekt, vermittelst einer Stufe, durch welche sie sich scheinbar von ihrem Ziele entfernen. Sie wollen Einfluß und Macht, und zeigen deshalb ihre Überlegenheit, selbst so, daß sie unangenehm empfunden wird; denn sie wissen, daß Der, welcher endlich zur Macht gelangt ist, fast in Allem, was er tut und sagt, gefällt und daß selbst, wo er mißfällt, er doch noch zu gefallen scheint. – Auch der Freigeist, und ebenso der Gläubige, wollen Macht, um durch sie einmal zu gefallen; wenn ihnen ihrer Lehre wegen ein übles Schicksal, Verfolgung, Kerker, Hinrichtung droht, so freuen sie sich des Gedankens, daß ihre Lehre auf diese Weise der Menschheit eingeritzt und eingebrannt wird; sie nehmen es hin als ein schmerzhaftes aber kräftiges, wenngleich spät wirkendes Mittel, um doch noch zur Macht zu gelangen.

596.

Casus belli und Ähnliches. – Der Fürst, welcher zu dem gefaßten Entschlusse, Krieg mit dem Nachbar zu führen, einen *casus belli* ausfindig macht, gleicht dem Vater, der seinem Kinde eine Mutter unterschiebt, welche fürderhin als solche gelten soll. Und sind nicht fast alle öffentlich bekanntgemachten Motive unserer Handlungen solche untergeschobenen Mütter?

597.

Leidenschaft und Recht. – Niemand spricht leidenschaftlicher von seinem Rechte als Der, welcher im Grunde seiner Seele einen Zweifel an seinem Rechte hat. Indem er die Leidenschaft auf seine Seite zieht, will er den Verstand und dessen Zweifel betäuben: so gewinnt er das gute Gewissen und mit ihm den Erfolg bei den Mitmenschen.

598.

Kunstgriff des Entsagenden. – Wer gegen die Ehe protestiert, nach Art der katholischen Priester, wird diese nach ihrer niedrigsten gemeinsten Auffassung zu verstehen suchen. Ebenso wer die Ehre bei den Zeitgenossen von sich abweist, wird deren Begriff niedrig fassen; so erleichtert er sich die Entbehrung und den Kampf dagegen. Übrigens wird Der, welcher sich im ganzen viel versagt, sich im kleinen leicht Indulgenz geben. Es wäre möglich, daß Der, welcher über den Beifall der Zeitgenossen erhaben ist, doch die Befriedigung kleiner Eitelkeiten sich nicht versagen will.

599.

Lebensalter der Anmaßung. – Zwischen dem sechsundzwanzigsten und dem dreißigsten Jahre liegt bei begabten Menschen die eigentliche Periode der Anmaßung; es ist die Zeit der ersten Reife, mit einem starken Rest von Säuerlichkeit. Man fordert aufgrund dessen, was man in sich fühlt, von Menschen, welche nichts oder wenig davon sehen, Ehre und Demütigung, und rächt sich, weil diese zunächst ausbleiben, durch jenen Blick, jene Gebärde der Anmaßung, jenen Ton der Stimme, die ein feines Ohr und Auge an allen Produktionen jenes Alters, seien es Gedichte, Philosophien oder Bilder und Musik, wiedererkennt. Ältere erfahrene Männer lächeln dazu, und mit Rührung gedenken sie dieses schönen Lebensalters, in dem man böse über das Geschick ist, so viel zu *sein* und so wenig zu *scheinen.* Später *scheint* man wirklich *mehr* – aber man hat vielleicht den guten Glauben verloren, viel zu *sein:* man bleibe denn zeitlebens ein unverbesserlicher Narr der Eitelkeit.

600.

Trügerisch und doch haltbar. – Wie man, um an einem Abgrund vorbeizugehen oder einen tiefen Bach auf einem Balken zu überschreiten, eines Geländers bedarf, nicht um sich daran festzuhalten – denn es würde sofort mit Einem zusammenbrechen – sondern um die Vorstellung der Sicherheit für das Auge zu erwecken: so bedarf man als Jüngling solcher Personen, welche uns unbewußt den Dienst jenes Geländers erweisen. Es ist wahr, sie würden uns nicht helfen, wenn wir uns wirklich in großer Gefahr auf sie stützen wollten, aber sie geben die beruhigende Empfindung des Schutzes in der Nähe (zum Beispiel Väter, Lehrer, Freunde, wie sie, alle drei, gewöhnlich sind).

601.

Lieben lernen. – Man muß lieben lernen, gütig sein lernen, und dies von Jugend auf; wenn Erziehung und Zufall uns keine Gelegenheit zur Übung dieser Empfindungen geben, so wird unsere Seele trocken und selbst zum Verständnis jener zarten Erfindungen liebevoller Menschen ungeeignet. Ebenso muß der Haß gelernt und genährt werden, wenn Einer ein tüchtiger Hasser werden will: sonst wird auch der Keim dazu allmählich absterben.

602.

Die Ruine als Schmuck. – Solche, die viele geistige Wandlungen durchmachen, behalten einige Ansichten und Gewohnheiten früherer Zustände bei, welche dann wie ein Stück unerklärlichen Altertums und grauen Mauerwerks in ihr neues Denken und Handeln hineinragen: oft zur Zierde der ganzen Gegend.

603.

Liebe und Ehre. – Die Liebe begehrt, die Furcht meidet. Daran liegt es, daß man nicht zugleich von derselben Person, wenigsten in demselben Zeitraume, geliebt und geehrt werden kann. Denn der Ehrende erkennt die Macht an, das heißt er fürchtet sie: sein Zustand ist Ehr-furcht. Die Liebe aber erkennt keine Macht an, Nichts was trennt, abhebt, über- und unterordnet. Weil sie nicht ehrt, so sind ehrsüchtige Menschen insgeheim oder öffentlich gegen das Geliebtwerden widerspänstig.

604.

Vorurteil für die kalten Menschen. – Menschen, welche rasch Feuer fangen, werden schnell kalt und sind daher im ganzen unzuverlässig. Deshalb gibt es für alle Die, welche immer kalt sind oder so sich stellen das günstige Vorurteil, daß es besonders vertrauenswerte, zuverlässige Menschen seien:

man verwechselt sie mit Denen, welche langsam Feuer fangen und es lange festhalten.

605.

Das Gefährliche an freien Meinungen. – Das leichte Befassen mit freien Meinungen gibt einen Reiz, wie eine Art Jucken; gibt man ihm mehr nach, so fängt man an, die Stelle zu reiben; bis zuletzt eine offene schmerzende Wunde entsteht, das heißt: bis die freie Meinung uns in unserer Lebensstellung, unsern menschlichen Beziehungen zu stören, zu quälen beginnt.

606.

Begierde nach tiefem Schmerz. – Die Leidenschaft läßt, wenn sie vorüber ist, eine dunkle Sehnsucht nach sich selber zurück und wirft, im Verschwinden noch, uns einen verführerischen Blick zu. Es muß doch eine Art von Lust gewährt haben, mit ihrer Geißel geschlagen worden zu sein. Die mäßigeren Empfindungen erscheinen dagegen schal; man will, wie es scheint, die heftigere Unlust immer noch lieber als die matte Lust.

607.

Unmut über Andere und die Welt. – Wenn wir, wie so häufig, unseren Unmut an Andern auslassen, während wir ihn eigentlich über uns empfinden, erstreben wir im Grunde eine Umnebelung und Täuschung unseres Urteils: wir wollen diesen Unmut *a posteriori* motivieren, durch die Versehen, Mängel der Anderen, und uns selber so aus den Augen verlieren. – Die religiös strengen Menschen, welche gegen sich selber unerbittliche Richter sind, haben zugleich am meisten Übles der Menschheit überhaupt nachgesagt: ein Heiliger, welcher sich die Sünden und den Anderen die Tugenden vorbehält, hat nie gelebt: ebensowenig wie Jener, welcher nach Buddhas Vorschrift sein Gutes vor den Leuten verbirgt und ihnen sein Böses allein sehen läßt.

608.

Ursache und Wirkung verwechselt. – Wir suchen unbewußt die Grundsätze und Lehrmeinungen, welche unserem Temperamente angemessen sind, so daß es zuletzt so aussieht, als ob die Grundsätze und Lehrmeinungen unsern Charakter geschaffen, ihm Halt und Sicherheit gegeben hätten: während es gerade umgekehrt zugegangen ist. Unser Denken und Urteilen soll nachträglich, so scheint es, zur Ursache unseres Wesens gemacht werden: aber tatsächlich ist unser Wesen die Ursache, daß wir so und so denken und urteilen. – Und was bestimmt uns zu dieser fast unbewußten Komödie? Die Trägheit und Bequemlichkeit und nicht am wenigsten der Wunsch der Eitelkeit, durch und durch als konsistent, in

Wesen und Denken einartig erfunden zu werden: denn dies erwirbt Achtung, gibt Vertrauen und Macht.

609.

Lebensalter und Wahrheit. – Junge Leute lieben das Interessante und Absonderliche, gleichgültig wie wahr oder falsch es ist. Reifere Geister lieben Das an der Wahrheit, was an ihr interessant und absonderlich ist. Ausgereifte Köpfe endlich lieben die Wahrheit auch in Dem, wo sie schlicht und einfältig erscheint und dem gewöhnlichen Menschen Langeweile macht, weil sie gemerkt haben, daß die Wahrheit das Höchste an Geist, was sie besitzt, mit der Miene der Einfalt zu sagen pflegt.

610.

Die Menschen als schlechte Dichter. – So wie schlechte Dichter im zweiten Teil des Verses zum Reime den Gedanken suchen, so pflegen die Menschen in der zweiten Hälfte des Lebens, ängstlicher geworden, die Handlungen, Stellungen, Verhältnisse zu suchen, welche zu denen ihres früheren Lebens passen, so daß äußerlich Alles wohl zusammenklingt: aber ihr Leben ist nicht mehr von einem starken Gedanken beherrscht und immer wieder neu bestimmt, sondern an die Stelle desselben tritt die Absicht, einen Reim zu finden.

611.

Langeweile und Spiel. – Das Bedürfnis zwingt uns zur Arbeit, mit deren Ertrage das Bedürfnis gestillt wird; das immer neue Erwachen der Bedürfnisse gewöhnt uns an die Arbeit. In den Pausen aber, in welchen die Bedürfnisse gestillt sind und gleichsam schlafen, überfällt uns die Langeweile. Was ist diese? Es ist die Gewöhnung an Arbeit überhaupt, welche sich jetzt als neues, hinzukommendes Bedürfnis geltend macht; sie wird um so stärker sein, je stärker Jemand gewöhnt ist zu arbeiten, vielleicht sogar, je stärker Jemand an Bedürfnissen gelitten hat. Um der Langeweile zu entgehen, arbeitet der Mensch entweder über das Maß seiner sonstigen Bedürfnisse hinaus oder er erfindet das Spiel, das heißt die Arbeit, welche kein anderes Bedürfnis stillen soll als das nach Arbeit überhaupt. Wer des Spieles überdrüssig geworden ist und durch neue Bedürfnisse keinen Grund zur Arbeit hat, den überfällt mitunter das Verlangen nach einem *dritten Zustand,* welcher sich zum Spiel verhält wie Schweben zum Tanzen, wie Tanzen zum Gehen – nach einer seligen ruhigen Bewegtheit: es ist die Vision der Künstler und Philosophen von dem Glück.

612.

Lehre aus Bildern. – Betrachtet man eine Reihe Bilder von sich selber, von den Zeiten der letzten Kindheit bis zu der der Mannesreife, so findet man mit einer angenehmen Verwunderung, daß der Mann dem Kinde ähnlicher sieht als der Mann dem Jünglinge: daß also wahrscheinlich, diesem Vorgange entsprechend, inzwischen eine zeitweilige Alienation vom Grundcharakter eingetreten ist, über welche die gesammelte, geballte Kraft des Mannes wieder Herr wurde. Dieser Wahrnehmung entspricht die andre, daß alle die starken Einwirkungen von Leidenschaften, Lehrern, politischen Ereignissen, welche in dem Jünglingsalter uns herumziehen, später wieder auf ein festes Maß zurückgeführt erscheinen: gewiß, sie leben und wirken in uns fort, aber das Grundempfinden und Grundmeinen hat doch die Übermacht und benutzt sie wohl als Kraftquellen, nicht aber mehr als Regulatoren, wie dies wohl in den zwanziger Jahren geschieht. So scheint auch das Denken und Empfinden des Mannes dem seines kindlichen Lebensalters wieder gemäßer – und diese innere Tatsache spricht sich in der erwähnten äußeren aus.

613.

Stimmklang der Lebensalter. – Der Ton, in dem Jünglinge reden, loben, tadeln, dichten, mißfällt dem Ältergewordenen, weil er zu laut ist, und zwar zugleich dumpf und undeutlich wie der Ton in einem Gewölbe, der durch die Leerheit eine solche Schallkraft bekommt; denn das meiste, was Jünglinge denken, ist nicht aus der Fülle ihrer eigenen Natur herausgeströmt, sondern ist Anklang, Nachklang von dem, was in ihrer Nähe gedacht, geredet, gelobt, getadelt worden ist. Weil aber die Empfindungen (der Neigung und Abneigung) viel stärker als die Gründe für jene in ihnen nachklingen, so entsteht, wenn sie ihre Empfindungen wieder laut werden lassen, jener dumpfe hallende Ton, welcher für die Abwesenheit oder die Spärlichkeit von Gründen das Kennzeichen abgibt. Der Ton des reiferen Alters ist streng, kurz abgebrochen, mäßig laut, aber, wie alles deutlich Artikulierte, sehr weittragend. Das Alter endlich bringt häufig eine gewisse Milde und Nachsicht in den Klang und verzuckert ihn gleichsam: in manchen Fällen freilich versäuert sie ihn auch.

614.

Zurückgebliebene und vorwegnehmende Menschen. – Der unangenehme Charakter, welcher voller Mißtrauen ist, alles glückliche Gelingen der Mitbewerbenden und Nächsten mit Neid fühlt, gegen abweichende Meinungen gewalttätig und aufbrausend ist, zeigt, daß er einer frühern Stufe der Kultur zugehört, also ein Überbleibsel ist: denn die Art, in welcher er mit den Menschen verkehrt, war die rechte und zutreffende für die Zustände eines Faustrecht-Zeitalters; es ist ein zurückgebliebener Mensch. Ein anderer Charakter, welcher reich an Mitfreude ist, überall Freunde gewinnt, alles Wachsende und Werdende liebevoll empfindet, alle Ehren und Erfolge Anderer mitgenießt und kein Vorrecht, das Wahre allein zu erkennen, in Anspruch nimmt, sondern voll eines bescheidenen Mißtrauens ist, – das ist ein vorwegnehmender Mensch, welcher einer höheren Kultur der Menschen entgegenstrebt. Der unangenehme Charakter stammt aus den Zeiten, wo die rohen Fundamente des menschlichen Verkehrs erst zu bauen waren, der andere lebt auf deren höchsten Stockwerken, möglichst entfernt von dem wilden Tier, welches in den Kellern, unter den Fundamenten der Kultur eingeschlossen, wütet und heult.

615.

Trost für Hypochonder. – Wenn ein großer Denker zeitweilig hypochondrischen Selbstquälereien unterworfen ist, so mag er sich zum Troste sagen: »es ist deine eigne große Kraft, von der dieser Parasit sich nährt und wächst; wäre sie geringer, so würdest du weniger zu leiden haben.« Ebenso mag der Staatsmann sprechen, wenn Eifersucht und Rachegefühl, überhaupt die Stimmung des *bellum omnium contra omnes,* zu der er als Vertreter einer Nation notwendig eine starke Begabung haben muß, sich gelegentlich auch in seine persönlichen Beziehungen eindrängt und ihm das Leben schwermacht.

616.

Der Gegenwart entfremdet. – Es hat große Vorteile, seiner Zeit sich einmal in stärkerem Maße zu entfremden und gleichsam von ihrem Ufer zurück in den Ozean der vergangnen Weltbetrachtungen getrieben zu werden. Von dort aus nach der Küste zu blickend, überschaut man wohl zum ersten Male ihre gesamte Gestaltung und hat, wenn man sich ihr wieder nähert, den Vorteil, sie besser, im ganzen, zu verstehen als Die, welche sie nie verlassen haben.

617.

Auf persönlichen Mängeln säen und ernten. – Menschen wie Rousseau verstehen es, ihre Schwächen, Lücken, Laster gleichsam als Dünger ihres Talentes zu benutzen. Wenn jener die Verdorbenheit und Entartung der Gesellschaft als leidige Folge der Kultur beklagt, so liegt hier eine persönliche Erfahrung zugrunde; deren Bitterkeit gibt ihm die Schärfe seiner allgemeinen Verurteilung und vergiftet die Pfeile, mit denen er schießt; er entlastet sich zunächst als Individuum und denkt ein Heilmittel zu suchen, das direkt der Gesellschaft, aber indirekt und vermittelst jener, auch ihm zunutze ist.

618.

Philosophisch gesinnt sein. – Gewöhnlich strebt man darnach, für alle Lebenslagen und Ereignisse *eine* Haltung des Gemüts, *eine* Gattung von Ansichten zu erwerben, – das nennt man vornehmlich philosophisch gesinnt sein. Aber für die Bereicherung der Erkenntnis mag es höheren Wert haben, nicht in dieser Weise sich zu uniformieren, sondern auf die leise Stimme der verschiednen Lebenslagen zu hören; diese bringen ihre eigenen Ansichten mit sich. So nimmt man erkennenden Anteil am Leben und Wesen Vieler, indem man sich selber nicht als starres beständiges Eines Individuum behandelt.

619.

Im Feuer der Verachtung. – Es ist ein neuer Schritt zum Selbständigwerden, wenn man erst Ansichten zu äußern wagt, die als schmählich für Den gelten, welcher sie hegt; da pflegen auch die Freunde und Bekannten ängstlich zu werden. Auch durch dieses Feuer muß die begabte Natur hindurch; sie gehört sich hinterdrein noch viel mehr selber an.

620.

Aufopferung. – Die große Aufopferung wird, im Falle der Wahl, einer kleinen Aufopferung vorgezogen: weil wir für die große uns durch Selbstbewunderung entschädigen, was uns bei der kleinen nicht möglich ist.

621.

Liebe als Kunstgriff. – Wer etwas Neues wirklich *kennen*lernen will (sei es ein Mensch, ein Ereignis, ein Buch), der tut gut, dieses Neue mit aller möglichen Liebe aufzunehmen, von Allem, was ihm daran feindlich, anstößig, falsch vorkommt, schnell das Auge abzuwenden, ja es zu vergessen; so daß man zum Beispiel dem Autor eines Buches den größten Vorsprung gibt und geradezu, wie bei einem Wettrennen, mit klopfendem Herzen danach begehrt, daß er sein Ziel erreiche. Mit diesem Verfahren dringt man nämlich der neuen Sache bis an ihr Herz, bis an ihren bewegenden Punkt: und dies heißt eben sie kennenlernen. Ist man soweit, so macht der Verstand hinterdrein seine Restriktionen; jene Überschätzung, jenes zeitweilige Aushängen des kritischen Pendels war eben nur der Kunstgriff, die Seele einer Sache herauszulocken.

622.

Zu gut und zu schlecht von der Welt denken. – Ob man zu gut oder zu schlecht von den Dingen denkt, man hat immer den Vorteil dabei, eine höhere Lust einzuernten: denn bei einer vorgefaßten zu guten Meinung legen wir gewöhnlich mehr Süßigkeit in die Dinge (Erlebnisse) hinein, als sie eigentlich enthalten. Eine vorgefaßte zu schlechte Meinung verursacht eine angenehme Enttäuschung: das Angenehme, das an sich in den Dingen lag, bekommt einen Zuwachs durch das Angenehme der Überraschung. – Ein finsteres Temperament wird übrigens in beiden Fällen die umgekehrte Erfahrung machen.

623.

Tiefe Menschen. – Diejenigen, welche ihre Stärke in der Vertiefung der Eindrücke haben – man nennt sie gewöhnlich tiefe Menschen –, sind bei allem Plötzlichen verhältnismäßig gefaßt und entschlossen: denn im ersten Augenblick war der Eindruck noch flach, er wird dann erst tief. Lange vorhergesehene, erwartete Dinge oder Personen regen aber solche Naturen am meisten auf und machen sie fast unfähig, bei der endlichen Ankunft derselben noch Gegenwärtigkeit des Geistes zu haben.

624.

Verkehr mit dem höheren Selbst. – Ein Jeder hat seinen guten Tag, wo er sein höheres Selbst findet; und die wahre Humanität verlangt, Jemanden nur nach diesem Zustande und nicht nach den Werktagen der Unfreiheit und Knechtung zu schätzen. Man soll zum Beispiel einen Maler nach seiner höchsten Vision, die er zu sehen und darzustellen vermochte, taxieren und verehren. Aber die Menschen selber verkehren sehr verschieden mit diesem ihrem höheren Selbst und sind häufig ihre eigenen Schauspieler, insofern sie Das, was sie in jenen Augenblicken sind, später immer wieder nachmachen. Manche leben in Scheu und Demut vor ihrem Ideale und möchten es verleugnen: sie fürchten ihr höheres Selbst, weil es, wenn es redet, anspruchsvoll redet. Dazu hat es eine geisterhafte Freiheit, zu kommen und fortzubleiben, wie es will; es wird deswegen häufig eine Gabe der Götter genannt, während eigentlich alles Andere Gabe der Götter (des Zufalls) ist: jenes aber ist der Mensch selber.

625.

Einsame Menschen. – Manche Menschen sind so sehr an das Alleinsein mit sich selber gewöhnt, daß sie sich gar nicht mit Anderen vergleichen, sondern in einer ruhigen, freudigen Stimmung, unter guten Gesprächen mit sich, ja mit Lachen ihr monologisches Leben fortspinnen. Bringt man sie aber dazu, sich mit Anderen zu vergleichen, so neigen sie zu einer grübelnden Unterschätzung ihrer selbst: so daß sie gezwungen werden müssen, eine gute, gerechte Meinung über sich erst von Andern wieder zu *lernen:* und auch von dieser erlernten Meinung werden sie immer wieder etwas abziehen und abhandeln wollen. – Man muß also gewissen Menschen ihr Alleinsein gönnen und nicht so albern sein, wie es häufig geschieht, sie deswegen zu bedauern.

626.

Ohne Melodie. – Es gibt Menschen, denen ein stätiges Beruhen in sich selbst und ein harmonisches Sich-zurecht-Legen aller ihrer Fähigkeiten so zu eigen ist, daß ihnen jede Ziele setzende Tätigkeit widerstrebt. Sie gleichen einer Musik, welche aus lauter langgezogenen harmonischen Akkorden besteht, ohne daß je auch nur der Ansatz zu einer gegliederten bewegten Melodie sich zeigte. Alle Bewegung von außen her dient nur, dem Kahne sofort wieder sein neues Gleichgewicht auf dem See harmonischen Wohlklangs zu geben. Moderne Menschen werden gewöhnlich aufs äußerste ungeduldig, wenn sie solchen Naturen begegnen, aus denen Nichts *wird,* ohne daß man von ihnen sagen dürfte, daß sie Nichts *sind.* Aber in einzelnen Stimmungen erregt ihr Anblick jene ungewöhnliche Frage: wozu überhaupt Melodie? Warum genügt es uns nicht, wenn das Leben sich ruhevoll in einem tiefen See spiegelt? – Das Mittelalter war reicher an solchen Naturen als unsere Zeit. Wie selten trifft man noch auf Einen, der so recht froh und friedlich mit sich auch im Gedränge fortleben kann, zu sich redend wie Goethe: »das Beste ist die tiefe Stille, in der ich gegen die Welt lebe und wachse, und gewinne, was sie mir mit Feuer und Schwert nicht nehmen können.«

627.

Leben und Erleben. – Sieht man zu, wie Einzelne mit ihren Erlebnissen – ihren unbedeutenden alltäglichen Erlebnissen – umzugehen wissen, so daß diese zu einem Ackerland werden, das dreimal des Jahres Frucht trägt; während Andere – und wie Viele! – durch den Wogenschlag der aufregendsten Schicksale, der mannigfaltigsten Zeit- und Volksströmungen hindurchgetrieben werden und doch immer leicht, immer obenauf, wie Kork, bleiben: so ist man endlich versucht, die Menschheit in eine Minorität (Minimalität) Solcher einzuteilen, welche aus Wenigem Viel zu machen verstehen, und in eine Majorität Derer, welche aus Vielem Wenig zu machen verstehen; ja man trifft auf jene umgekehrten Hexenmeister, welche, statt die Welt aus Nichts, aus der Welt ein Nichts schaffen.

628.

Ernst im Spiele. – In Genua hörte ich zur Zeit der Abenddämmerung von einem Turme her ein langes Glockenspiel: das wollte nicht enden und klang wie unersättlich an sich selber, über das Geräusch der Gassen in den Abendhimmel und die Meerluft hinaus, so schauerlich, so kindisch zugleich, so wehmutsvoll. Da gedachte ich der Worte Platos und fühlte sie auf Ein Mal im Herzen: *alles Menschliche insgesamt ist des großen Ernstes nicht wert; trotzdem* – –

629.

Von der Überzeugung und der Gerechtigkeit. – Das, was der Mensch in der Leidenschaft sagt, verspricht, beschließt, nachher in Kälte und Nüchternheit zu vertreten – diese Forderung gehört zu den schwersten Lasten, welche die Menschheit drücken. Die Folgen des Zornes, der aufflammenden Rache, der begeisterten Hingebung in alle Zukunft hin anerkennen zu müssen – das kann zu einer um so größeren Erbitterung gegen diese Empfindungen reizen, je mehr gerade mit ihnen allerwärts und namentlich von den Künstlern ein Götzendienst getrieben wird. Diese züchten die *Schätzung der Leidenschaften* groß und haben es immer getan; freilich verherrlichen sie auch die furchtbaren Genugtuungen der Leidenschaft, welcher Einer an sich selber nimmt, jene Racheausbrüche mit Tod, Verstümmelung, freiwilliger Verbannung im Gefolge, und jene Resignation des zerbrochnen Herzens. Jedenfalls halten sie die Neugierde nach den Leidenschaften wach, es ist, als ob sie sagen wollten: »ihr habt ohne Leidenschaften gar Nichts erlebt«. – Weil man Treue geschworen, vielleicht gar einem rein fingierten Wesen wie einem Gotte, weil man sein Herz hingegeben hat, einem Fürsten, einer Partei, einem Weibe, einem priesterlichen Orden, einem Künstler, einem Denker, im Zustande eines verblendeten Wahns, welcher Entzückung über uns legte und jene Wesen als jeder Verehrung, jedes Opfers würdig erscheinen ließ – ist man nun unentrinnbar fest gebunden? Ja, haben wir uns denn damals nicht selbst betrogen? War es nicht ein hypothetisches Versprechen, unter der freilich nicht laut gewordnen Voraussetzung, daß jene Wesen, denen wir uns weihten, wirklich die Wesen sind, als welche sie in unserer Vorstellung erschienen? Sind wir verpflichtet, unseren Irrtümern treu zu sein, selbst mit der Einsicht, daß wir durch diese Treue an unserm höhern Selbst Schaden stiften? – Nein, es gibt kein Gesetz, keine Verpflichtung der Art; wir *müssen Verräter* werden, Untreue üben, unsere Ideale immer wieder preisgeben. Aus einer Periode des Lebens in die andere schreiten wir nicht, ohne diese Schmerzen des Verrats zu machen und auch daran wieder zu leiden. Wäre es nötig, daß wir uns, um diesen Schmerzen zu entgehen, vor den Aufwallungen unserer Empfindung hüten müßten? Würde dann die Welt nicht zu öde, zu gespenstisch für uns werden? Vielmehr wollen wir uns fragen, ob diese Schmerzen bei einem Wechsel der Überzeugung *notwendig* sind oder ob sie nicht von einer *irrtümlichen* Meinung und Schätzung abhängen. Warum bewundert man Den, welcher seiner Überzeugung treu bleibt, und verachtet Den, welcher sie wechselt? Ich fürchte, die Antwort muß sein: weil Jedermann voraussetzt, daß nur Motive gemeineren Vorteils oder persönliche Angst einen solchen Wechsel veranlassen. Das heißt: man glaubt im Grunde, daß Niemand seine Meinungen verändert, solange sie ihm vorteilhaft sind, oder wenigstens solange sie ihm keinen Schaden bringen. Steht es aber so, so liegt darin ein schlimmes Zeugnis über die *intellektuelle* Bedeutung aller Überzeugungen. Prüfen wir einmal, wie Überzeugungen entstehen, und sehen wir zu, ob sie nicht bei weitem überschätzt werden: dabei wird sich ergeben, daß auch der *Wechsel* von Überzeugungen unter allen Umständen nach falschem Maße bemessen wird und daß wir bisher *zu viel* an diesem Wechsel zu leiden pflegten.

630.

Überzeugung ist der Glaube, in irgendeinem Punkte der Erkenntnis im Besitz der unbedingten Wahrheit zu sein. Dieser Glaube setzt also voraus, daß es unbedingte Wahrheiten gebe; ebenfalls, daß jene vollkommenen Methoden gefunden seien, um zu ihnen zu gelangen; endlich, daß Jeder, der Überzeugungen habe, sich dieser vollkommenen Methoden bediene. Alle drei Aufstellungen beweisen sofort, daß der Mensch der Überzeugungen nicht der Mensch des wissenschaftlichen Denkens ist; er steht im Alter der theoretischen Unschuld vor uns und ist ein Kind, wie erwachsen er auch sein mag. Ganze Jahrtausende aber haben in jenen kindlichen Voraussetzungen gelebt, und aus ihnen sind die mächtigsten Kraftquellen der Menschheit hervorgeströmt. Jene zahllosen Menschen, welche sich für ihre Überzeugungen opferten, meinten es für die unbedingte Wahrheit zu tun. Sie Alle hatten unrecht darin: wahrscheinlich hat noch nie ein Mensch sich für die Wahrheit geopfert; mindestens wird der dogmatische Ausdruck seines Glaubens unwissenschaftlich oder halbwissenschaftlich gewesen sein. Aber eigentlich wollte man recht behalten, weil man meinte, recht haben zu *müssen.* Seinen Glauben sich entreißen lassen, das bedeutete vielleicht seine ewige Seligkeit in Frage stellen. Bei einer Angelegenheit von dieser äußersten Wichtigkeit war der »Wille« gar zu hörbar der Souffleur des Intellekts. Die Voraussetzung jedes Gläubigen jeder Richtung war, nicht widerlegt werden zu *können;* erwiesen sich die Gegengründe als sehr stark, so blieb ihm immer noch übrig, die Vernunft überhaupt zu verlästern und vielleicht gar das *»credo quia absurdum est«* als Fahne des äußersten Fanatismus aufzupflanzen. Es ist nicht der Kampf der Meinungen, welcher die Geschichte so gewalttätig gemacht hat, sondern der Kampf des Glaubens an die Meinungen, das heißt der Überzeugungen. Wenn doch alle Die, welche so groß von ihrer Überzeugung dachten, Opfer aller Art ihr brachten und Ehre, Leib und Leben in ihrem Dienste nicht schonten, nur die Hälfte ihrer Kraft der Untersuchung gewidmet hätten, mit welchem Rechte sie an dieser oder jener Überzeugung hingen, auf welchem Wege sie zu ihr gekommen seien: wie friedfertig sähe die Geschichte der Menschheit aus! Wieviel mehr des Erkannten würde es geben! Alle die grausamen Szenen bei der Verfolgung der Ketzer jeder Art wären uns aus zwei Gründen erspart geblieben: einmal weil die Inquisitoren vor Allem in sich selbst inquiriert hätten und über die Anmaßung, die unbedingte Wahrheit zu verteidigen, hinausgekommen wären; sodann weil die Ketzer selber so schlecht begründeten Sätzen, wie die Sätze aller religiösen Sektierer und »Rechtgläubigen« sind, keine weitere Teilnahme geschenkt haben würden, nachdem sie dieselben untersucht hätten.

631.

Aus den Zeiten her, in welchen die Menschen daran gewöhnt waren, an den Besitz der unbedingten Wahrheit zu glauben, stammt ein tiefes *Mißbehagen* an allen skeptischen und relativistischen Stellungen zu irgendwelchen Fragen der Erkenntnis; man zieht meistens vor, sich einer Überzeugung, welche Personen von Autorität haben (Väter, Freunde, Lehrer, Fürsten), auf Gnade und Ungnade zu ergeben, und hat, wenn man dies nicht tut, eine Art von Gewissensbissen. Dieser Hang ist ganz begreiflich, und seine Folgen geben kein Recht zu heftigen Vorwürfen gegen die Entwicklung der menschlichen Vernunft. Allmählich muß aber der wissenschaftliche Geist im Menschen jene Tugend der *vorsichtigen Enthaltung* zeitigen, jene weise Mäßigung, welche im Gebiet des praktischen Lebens bekannter ist als im Gebiet des theoretischen Lebens, und welche zum Beispiel Goethe in Antonio dargestellt hat, als einen Gegenstand der Erbitterung für alle Tassos, das heißt für die unwissenschaftlichen und zugleich tatlosen Naturen. Der Mensch der Überzeugungen hat in sich ein Recht, jenen Menschen des vorsichtigen Denkens, den theoretischen Antonio, nicht zu begreifen; der wissenschaftliche Mensch hinwiederum hat kein Recht, jenen deshalb zu tadeln, er übersieht ihn und weiß außerdem, im bestimmten Falle, daß jener sich an ihn noch anklammern wird, so wie es Tasso zuletzt mit Antonio tut.

632.

Wer nicht durch verschiedene Überzeugungen hindurchgegangen ist, sondern in dem Glauben hängenbleibt, in dessen Netz er sich zuerst verfing, ist unter allen Umständen, eben wegen dieser Unwandelbarkeit ein *Vertreter zurückgebliebener Kulturen;* er ist gemäß diesem Mangel an Bildung (welche immer Bildbarkeit voraussetzt) hart, unverständig, unbelehrbar, ohne Milde, ein ewiger Verdächtiger, ein Unbedenklicher, der zu allen Mitteln greift, seine Meinung durchzusetzen, weil er gar nicht begreifen kann, daß es andre Meinungen geben müsse; er ist, in solchem Betracht, vielleicht eine *Kraftquelle* und in allzu frei und schlaff gewordenen Kulturen sogar heilsam, aber doch nur, weil er kräftig anreizt, ihm Widerpart zu halten: denn dabei wird das zartere Gebilde der neuen Kultur, welche zum Kampf mit ihm gezwungen ist, selber stark.

633.

Wir sind im wesentlichen noch dieselben Menschen, wie die des Reformations-Zeitalters: wie sollte es auch anders sein? Aber daß wir uns einige Mittel *nicht mehr* erlauben, um mit ihnen unserer Meinung zum Siege zu verhelfen, das hebt uns gegen jene Zeit ab und beweist, daß wir einer höheren Kultur angehören. Wer jetzt noch, in der Art der Reformations-Menschen, Meinungen mit Verdächtigungen, mit Wutausbrüchen bekämpft und niederwirft, verrät deutlich, daß er seine Gegner verbrannt haben würde, falls er in anderen Zeiten gelebt hätte, und daß er zu allen Mitteln der Inquisition seine Zuflucht genommen haben würde, wenn er als Gegner der Reformation gelebt hätte. Diese Inquisition war damals vernünftig, denn sie bedeutete nichts Anderes als den allgemeinen Belagerungszustand, welcher über den ganzen Bereich der Kirche verhängt werden mußte und der, wie jeder Belagerungszustand, zu den äußersten Mitteln berechtigte, unter der Voraussetzung nämlich (welche wir jetzt nicht mehr mit jenen Menschen teilen), daß man die Wahrheit, in der Kirche, *habe* und um jeden Preis mit jedem Opfer, zum Heile der Menschheit, bewahren *müsse.* Jetzt aber gibt man Niemandem so leicht mehr zu, daß er die Wahrheit habe: die strengen Methoden der Forschung haben genug Mißtrauen und Vorsicht verbreitet, so daß Jeder, welcher gewalttätig in Wort und Werk Meinungen vertritt, als ein Feind unserer jetzigen Kultur, mindestens als ein Zurückgebliebener empfunden wird. In der Tat: das Pathos, daß man die Wahrheit *habe,* gilt jetzt sehr wenig im Verhältnis zu jenem freilich milderen und klangloseren Pathos des Wahrheit-Suchens, welches nicht müde wird, umzulernen und neu zu prüfen.

634.

Übrigens ist das methodische Suchen der Wahrheit selber das Resultat jener Zeiten, in denen die Überzeugungen miteinander in Fehde lagen. Wenn nicht dem Einzelnen an seiner »Wahrheit«, das heißt an seinem Rechtbehalten gelegen hätte, so gäbe es überhaupt keine Methode der Forschung; so aber, bei dem ewigen Kampf der Ansprüche verschiedener Einzelner auf unbedingte Wahrheit, ging man Schritt für Schritt weiter, um unumstößliche Prinzipien zu finden, nach denen das Recht der Ansprüche geprüft und der Streit geschlichtet werden könne. Zuerst entschied man nach Autoritäten, später kritisierte man sich gegenseitig die Wege und Mittel, mit denen die angebliche Wahrheit gefunden worden war; dazwischen gab es eine Periode, wo man die Konsequenzen des gegnerischen Satzes zog und vielleicht sie als schädlich und unglücklich machend erfand: woraus dann sich für Jedermanns Urteil ergeben sollte, daß die Überzeugung des Gegners einen Irrtum enthalte. *Der persönliche Kampf der Denker* hat schließlich die Methoden so verschärft, daß wirklich Wahrheiten entdeckt werden konnten und daß die Irrgänge früherer Methoden vor Jedermanns Blicken bloßgelegt sind.

635.

Im ganzen sind die *wissenschaftlichen Methoden* mindestens ein ebenso wichtiges Ergebnis der Forschung als irgendein sonstiges Resultat: denn auf der Einsicht in die Methode beruht der wissenschaftliche Geist, und alle Resultate der Wissenschaft könnten, wenn jene Methoden verlorengingen, ein erneutes Überhandnehmen des Aberglaubens und des Unsinns nicht verhindern. Es mögen geistreiche Leute von den Ergebnissen der Wissenschaft *lernen*, so viel sie wollen: man merkt es immer noch ihrem Gespräche und namentlich den Hypothesen in demselben an, daß ihnen der wissenschaftliche Geist fehlt: sie haben nicht jenes instinktive Mißtrauen gegen die Abwege des Denkens, welches in der Seele jedes wissenschaftlichen Menschen infolge langer Übung seine Wurzeln eingeschlagen hat. Ihnen genügt es, über eine Sache überhaupt irgendeine Hypothese zu finden, dann sind sie Feuer und Flamme für dieselbe und meinen, damit sei es getan. Eine Meinung haben heißt bei ihnen schon: dafür sich fanatisieren und sie als Überzeugung fürderhin sich ans Herz legen. Sie erhitzen sich bei einer unerklärten Sache für den ersten Einfall ihres Kopfes, der einer Erklärung derselben ähnlich sieht: woraus sich, namentlich auf dem Gebiete der Politik, fortwährend die schlimmsten Folgen ergeben. – Deshalb sollte jetzt Jedermann mindestens eine Wissenschaft von Grund aus kennengelernt haben: dann weiß er doch, was Methode heißt und wie nötig die äußerste Besonnenheit ist. Namentlich ist den Frauen dieser Rat zu geben; als welche jetzt rettungslos die Opfer aller Hypothesen sind, zumal wenn diese den Eindruck des Geistreichen, Hinreißenden, Belebenden, Kräftigenden machen. Ja bei genauerem Zusehen bemerkt man, daß der allergrößte Teil aller Gebildeten noch jetzt von einem Denker Überzeugungen und Nichts als *Überzeugungen* begehrt, und daß allein eine geringe Minderheit *Gewißheit* will. Jene wollen stark fortgerissen werden, um dadurch selber einen Kraftzuwachs zu erlangen; diese Wenigen haben jenes sachliche Interesse, welches von persönlichen Vorteilen, auch von dem des erwähnten Kraftzuwachses absieht. Auf jene bei weitem überwiegende Klasse wird überall dort gerechnet, wo der Denker sich als *Genie* benimmt und bezeichnet, also wie ein höheres Wesen dreinschaut, welchem Autorität zukommt. Insofern das Genie jener Art die Glut der Überzeugungen unterhält und Mißtrauen gegen den vorsichtigen und bescheidenen Sinn der Wissenschaft weckt, ist es ein Feind der Wahrheit, und wenn es sich auch noch so sehr als deren Freier glauben sollte.

636.

Es gibt freilich auch eine ganz andre Gattung der Genialität, die der Gerechtigkeit; und ich kann mich durchaus nicht entschließen, dieselbe niedriger zu schätzen als irgendeine philosophische, politische oder künstlerische Genialität. Ihre Art ist es, mit herzlichem Unwillen Allem aus dem Wege zu gehen, was das Urteil über die Dinge blendet und verwirrt; sie ist folglich eine *Gegnerin der Überzeugungen,* denn sie will Jedem, sei es ein Belebtes oder Totes, Wirkliches oder Gedachtes, das Seine geben – und dazu muß sie es rein erkennen; sie stellt daher jedes Ding in das beste Licht und geht um dasselbe mit sorgsamem Auge herum. Zuletzt wird sie selbst ihrer Gegnerin, der blinden oder kurzsichtigen »Überzeugung« (wie Männer sie nennen: – bei Weibern heißt sie »Glaube«), geben, was der Überzeugung ist – um der Wahrheit willen.

637.

Aus den *Leidenschaften* wachsen die *Meinungen,* die *Trägheit des Geistes* läßt diese zu *Überzeugungen* erstarren. –

Wer sich aber *freien,* rastlos lebendigen Geistes fühlt, kann durch beständigen Wechsel diese Erstarrung verhindern; und ist er gar insgesamt ein denkender Schneeballen, so wird er überhaupt nicht Meinungen, sondern nur Gewißheiten und genau bemessene Wahrscheinlichkeiten in seinem Kopfe haben. – Aber wir, die wir gemischten Wesens sind und bald vom Feuer durchglüht, bald vom Geiste durchkältet sind, wollen vor der Gerechtigkeit knien, als der einzigen Göttin, welche wir über uns anerkennen. *Das Feuer* in uns macht uns für gewöhnlich ungerecht und, im Sinne jener Göttin, unrein; nie dürfen wir in diesem Zustande ihre Hand fassen, nie liegt dann das ernste Lächeln ihres Wohlgefallens auf uns. Wir verehren sie als die verhüllte Isis unseres Lebens; beschämt bringen wir ihr unsern Schmerz als Buße und Opfer dar, wenn das Feuer uns brennt und verzehren will. *Der Geist* ist es, der uns rettet, daß wir nicht ganz verglühen und verkohlen; er reißt uns hier und da fort von dem Opferaltare der Gerechtigkeit oder hüllt uns in ein Gespinst aus Asbest. Vom Feuer erlöst, schreiten wir dann, durch den Geist getrieben, von Meinung zu Meinung, durch den Wechsel der Parteien, als edle *Verräter* aller Dinge, die überhaupt verraten werden können, – und dennoch ohne ein Gefühl von Schuld.

638.

Der Wanderer. – Wer nun einigermaßen zur Freiheit der Vernunft gekommen ist, kann sich auf Erden nicht anders fühlen denn als Wanderer, – wenn auch nicht als Reisender *nach* einem letzten Ziele: denn dieses gibt es nicht. Wohl aber will er zusehen und die Augen dafür offen haben, was Alles in der Welt eigentlich vorgeht; deshalb darf er sein Herz nicht allzufest an alles Einzelne anhängen; es muß in ihm selber etwas Wanderndes sein, das seine Freude an dem Wechsel und der Vergänglichkeit habe. Freilich werden einem solchen Menschen böse Nächte kommen, wo er müde ist und das Tor der Stadt, welche ihm Rast bieten sollte, verschlossen findet; vielleicht, daß noch dazu, wie im Orient, die Wüste bis an das Tor reicht, daß die Raubtiere bald ferner, bald näher her heulen, daß ein starker Wind sich erhebt, daß Räuber ihm seine Zugtiere wegführen. Dann sinkt für ihn wohl die schreckliche Nacht wie eine zweite Wüste auf die Wüste, und sein Herz wird des Wanderns müde. Geht ihm dann die Morgensonne auf, glühend wie eine Gottheit des Zorns, öffnet sich die Stadt, so sieht er in den Gesichtern der hier Hausenden vielleicht noch mehr Wüste, Schmutz, Trug, Unsicherheit als vor den Toren – und der Tag ist fast schlimmer als die Nacht. So mag es wohl einmal dem Wanderer ergehen; aber dann komme, als Entgelt, die wonnevollen Morgen anderer Gegenden und Tage, wo er schon im Grauen des Lichtes die Musenschwärme im Nebel des Gebirges nahe an sich vorübertanzen sieht, wo ihm nachher, wenn er still, in dem Gleichmaß der Vormittagsseele, unter Bäumen sich ergeht, aus deren Wipfeln und Laubverstecken heraus lauter gute und helle Dinge zugeworfen werden, die Geschenke aller jener freien Geister, die in Berg, Wald und Einsamkeit zu Hause sind und welche, gleich ihm, in ihrer bald fröhlichen, bald nachdenklichen Weise, Wanderer und Philosophen sind. Geboren aus den Geheimnissen der Frühe, sinnen sie darüber nach, wie der Tag zwischen dem zehnten und zwölften Glockenschlage ein so reines, durchleuchtetes, verklärt-heiteres Gesicht haben könne: – sie suchen die *Philosophie des Vormittages.*

UNTER FREUNDEN

Ein Nachspiel

1.

Schön ist's, miteinander schweigen,
Schöner, miteinander lachen, –
Unter seidenem Himmels-Tuche
Hingelehnt zu Moos und Buche
Lieblich laut mit Freunden lachen
Und sich weiße Zähne zeigen.

Macht' ich's gut, so woll'n wir schweigen;
Macht' ich's schlimm –, so woll'n wir lachen
Und es immer schlimmer machen,
Schlimmer machen, schlimmer lachen,
Bis wir in die Grube steigen.

Freunde! Ja! So soll's geschehn? –
Amen! Und auf Wiedersehn!

2.

Kein Entschuld'gen! Kein Verzeihen!
Gönnt ihr Frohen, Herzens-Freien
Diesem unvernünft'gen Buche
Ohr und Herz und Unterkunft!
Glaubt mir, Freunde, nicht zum Fluche
Ward mir meine Unvernunft!

Was *ich* finde, was *ich* suche
Stand das je in einem Buche?
Ehrt in mir die Narren-Zunft!
Lernt aus diesem Narrenbuche,
Wie Vernunft kommt – »zur Vernunft«!

Also, Freunde, soll's geschehn? –
Amen! Und auf Wiedersehn!

Also sprach Zarathustra

Ein Buch für Alle und Keinen

ERSTER TEIL

Zarathustras Vorrede

1.

Als Zarathustra dreißig Jahre alt war, verließ er seine Heimat und den See seiner Heimat und ging in das Gebirge. Hier genoß er seines Geistes und seiner Einsamkeit und wurde dessen zehn Jahre nicht müde. Endlich aber verwandelte sich sein Herz, – und eines Morgens stand er mit der Morgenröte auf, trat vor die Sonne hin und sprach zu ihr also:

»Du großes Gestirn! Was wäre dein Glück, wenn du nicht Die hättest, welchen du leuchtest!

Zehn Jahre kamst du hier herauf zu meiner Höhle: du würdest deines Lichtes und dieses Weges satt geworden sein, ohne mich, meinen Adler und meine Schlange.

Aber wir warteten deiner an jedem Morgen, nahmen dir deinen Überfluß ab und segneten dich dafür.

Siehe! Ich bin meiner Weisheit überdrüssig, wie die Biene, die des Honigs zuviel gesammelt hat, ich bedarf der Hände, die sich ausstrecken.

Ich möchte verschenken und austeilen, bis die Weisen unter den Menschen wieder einmal ihrer Torheit und die Armen wieder einmal ihres Reichtums froh geworden sind.

Dazu muß ich in die Tiefe steigen: wie du des Abends tust, wenn du hinter das Meer gehst und noch der Unterwelt Licht bringst, du überreiches Gestirn!

Ich muß, gleich dir, *untergehen,* wie die Menschen es nennen, zu denen ich hinab will.

So segne mich denn, du ruhiges Auge, das ohne Neid auch ein allzu großes Glück sehen kann!

Segne den Becher, welcher überfließen will, daß das Wasser golden aus ihm fließe und überallhin den Abglanz deiner Wonne trage!

Siehe! Dieser Becher will wieder leer werden, und Zarathustra will wieder Mensch werden.«

– Also begann Zarathustras Untergang.

2.

Zarathustra stieg allein das Gebirge abwärts und Niemand begegnete ihm. Als er aber in die Wälder kam, stand auf einmal ein Greis vor ihm, der seine heilige Hütte verlassen hatte, um Wurzeln im Walde zu suchen. Und also sprach der Greis zu Zarathustra:

»Nicht fremd ist mir dieser Wanderer: vor manchem Jahre ging er hier vorbei. Zarathustra hieß er; aber er hat sich verwandelt.

Damals trugst du deine Asche zu Berge: willst du heute dein Feuer in die Täler tragen? Fürchtest du nicht des Brandstifters Strafen?

Ja, ich erkenne Zarathustra. Rein ist sein Auge, und an seinem Munde birgt sich kein Ekel. Geht er nicht daher wie ein Tänzer?

Verwandelt ist Zarathustra, zum Kind ward Zarathustra, ein Erwachter ist Zarathustra; was willst du nun bei den Schlafenden?

Wie im Meere lebtest du in der Einsamkeit, und das Meer trug dich. Wehe, du willst ans Land steigen? Wehe, du willst deinen Leib wieder selber schleppen?«

Zarathustra antwortete: »Ich liebe die Menschen.«

»Warum«, sagte der Heilige, »ging ich doch in den Wald und die Einöde? War es nicht, weil ich die Menschen allzusehr liebte?

Jetzt liebe ich Gott: die Menschen liebe ich nicht. Der Mensch ist mir eine zu unvollkommene Sache. Liebe zum Menschen würde mich umbringen.«

Zarathustra antwortete: »Was sprach ich von Liebe! Ich bringe den Menschen ein Geschenk.«

»Gib ihnen Nichts«, sagte der Heilige. »Nimm ihnen lieber Etwas ab und trage es mit ihnen – das wird ihnen am wohlsten tun: wenn es dir wohltut!

Und willst du ihnen geben, so gib nicht mehr als ein Almosen, und laß sie noch darum betteln!«

»Nein«, antwortete Zarathustra, »ich gebe kein Almosen. Dazu bin ich nicht arm genug.«

Der Heilige lachte über Zarathustra und sprach also: »So sieh zu, daß sie deine Schätze annehmen! Sie sind mißtrauisch gegen die Einsiedler und glauben nicht, daß wir kommen, um zu schenken.

Unsre Schritte klingen ihnen zu einsam durch die Gassen. Und wie wenn sie nachts in ihren Betten einen Mann gehen hören, lange bevor die Sonne aufsteht, so fragen sie sich wohl: wohin will der Dieb?

Gehe nicht zu den Menschen und bleibe im Walde! Gehe lieber noch zu den Tieren! Warum willst du nicht sein wie ich – ein Bär unter Bären, ein Vogel unter Vögeln?«

»Und was macht der Heilige im Wald?« fragte Zarathustra.

Der Heilige antwortete: »Ich mache Lieder und singe sie, und wenn ich Lieder mache, lache, weine und brumme ich: also lobe ich Gott.

Mit Singen, Weinen, Lachen und Brummen lobe ich den Gott, der mein Gott ist. Doch was bringst du uns zum Geschenke?«

Als Zarathustra diese Worte gehört hatte, grüßte er den Heiligen und sprach: »Was hätte ich euch zu geben! Aber laßt mich schnell davon, daß ich euch Nichts nehme!« – Und so trennten sie sich voneinander, der Greis und der Mann, lachend, gleichwie zwei Knaben lachen.

Als Zarathustra aber allein war, sprach er also zu seinem Herzen: »Sollte es denn möglich sein! Dieser alte Heilige hat in seinem Walde noch Nichts davon gehört, daß *Gott tot* ist!« –

3.

Als Zarathustra in die nächste Stadt kam, die an den Wäldern lag, fand er daselbst viel Volk versammelt auf dem Markte: denn es war verheißen worden, daß man einen Seiltänzer sehen sollte. Und Zarathustra sprach also zum Volke:

Ich lehre euch den Übermenschen. Der Mensch ist Etwas, das überwunden werden soll. Was habt ihr getan, ihn zu überwinden?

Alle Wesen bisher schufen Etwas über sich hinaus: und ihr wollt die Ebbe dieser großen Flut sein und lieber noch zum Tiere zurückgehn, als den Menschen überwinden?

Was ist der Affe für den Menschen? Ein Gelächter oder eine schmerzliche Scham. Und ebendas soll der Mensch für den Übermenschen sein: ein Gelächter oder eine schmerzliche Scham.

Ihr habt den Weg vom Wurme zum Menschen gemacht, und Vieles ist in euch noch Wurm. Einst wart ihr Affen, und auch jetzt noch ist der Mensch mehr Affe, als irgendein Affe.

Wer aber der Weiseste von euch ist, der ist auch nur ein Zwiespalt und Zwitter von Pflanze und von Gespenst. Aber heiße ich euch zu Gespenstern oder Pflanzen werden?

Seht, ich lehre euch den Übermenschen!

Der Übermensch ist der Sinn der Erde. Euer Wille sage: der Übermensch *sei* der Sinn der Erde!

Ich schwöre euch, meine Brüder, *bleibt der Erde treu* und glaubt Denen nicht, welche euch von überirdischen Hoffnungen reden! Giftmischer sind es, ob sie es wissen oder nicht.

Verächter des Lebens sind es, Absterbende und selber Vergiftete, deren die Erde müde ist: so mögen sie dahinfahren!

Einst war der Frevel an Gott der größte Frevel, aber Gott starb, und damit starben auch diese Frevelhaften. An der Erde zu freveln ist jetzt das Furchtbarste, und die Eingeweide des Unerforschlichen höher zu achten, als den Sinn der Erde!

Einst blickte die Seele verächtlich auf den Leib: und damals war diese Verachtung das Höchste: – sie wollte ihn mager, gräßlich, verhungert. So dachte sie ihm und der Erde zu entschlüpfen.

Oh diese Seele war selber noch mager, gräßlich und verhungert: und Grausamkeit war die Wollust dieser Seele!

Aber auch ihr noch, meine Brüder, sprecht mir: was kündet euer Leib von eurer Seele? Ist eure Seele nicht Armut und Schmutz und ein erbärmliches Behagen?

Wahrlich, ein schmutziger Strom ist der Mensch. Man muß schon ein Meer sein, um einen schmutzigen Strom aufnehmen zu können, ohne unrein zu werden.

Seht, ich lehre euch den Übermenschen: der ist dies Meer, in ihm kann eure große Verachtung untergehn.

Was ist das Größte, das ihr erleben könnt? Das ist die Stunde der großen Verachtung. Die Stunde, in der euch auch euer Glück zum Ekel wird und ebenso eure Vernunft und eure Tugend.

Die Stunde, wo ihr sagt: »Was liegt an meinem Glücke! Es ist Armut und Schmutz und ein erbärmliches Behagen. Aber mein Glück sollte das Dasein selber rechtfertigen!«

Die Stunde, wo ihr sagt: »Was liegt an meiner Vernunft! Begehrt sie nach Wissen wie der Löwe nach seiner Nahrung? Sie ist Armut und Schmutz und ein erbärmliches Behagen!«

Die Stunde, wo ihr sagt: »Was liegt an meiner Tugend; Noch hat sie mich nicht rasen gemacht. Wie müde bin ich meines Guten und meines Bösen! Alles das ist Armut und Schmutz und ein erbärmliches Behagen!«

Die Stunde, wo ihr sagt: »Was liegt an meiner Gerechtigkeit! Ich sehe nicht, daß ich Glut und Kohle wäre. Aber der Gerechte ist Glut und Kohle!«

Die Stunde, wo ihr sagt: »Was liegt an meinem Mitleiden! Ist nicht Mitleid das Kreuz, an das Der genagelt wird, der die Menschen liebt? Aber mein Mitleiden ist keine Kreuzigung.«

Spracht ihr schon so? Schriet ihr schon so? Ach, daß ich euch schon so schreien gehört hätte!

Nicht eure Sünde – eure Genügsamkeit schreit gen Himmel, euer Geiz selbst in eurer Sünde schreit gen Himmel!

Wo ist doch der Blitz, der euch mit seiner Zunge lecke? Wo ist der Wahnsinn, mit dem ihr geimpft werden müßtet?

Seht, ich lehre euch den Übermenschen: der ist dieser Blitz, der ist dieser Wahnsinn! –

Als Zarathustra so gesprochen hatte, schrie Einer aus dem Volke: »Wir hörten nun genug von dem Seiltänzer; nun laßt uns ihn auch sehen!« Und alles Volk lachte über Zarathustra. Der Seiltänzer aber, welcher glaubte, daß das Wort ihm gälte, machte sich an sein Werk.

4.

Zarathustra aber sahe das Volk an und wunderte sich. Dann sprach er also:

Der Mensch ist ein Seil, geknüpft zwischen Tier und Übermensch, – ein Seil über einem Abgrunde.

Ein gefährliches Hinüber, ein gefährliches Auf-dem-Wege, ein gefährliches Zurückblicken, ein gefährliches Schaudern und Stehenbleiben.

Was groß ist am Menschen, das ist, daß er eine Brücke und kein Zweck ist: was geliebt werden kann am Menschen, das ist, daß er ein *Übergang* und ein *Untergang* ist.

Ich liebe Die, welche nicht zu leben wissen, es sei denn als Untergehende, denn es sind die Hinübergehenden.

Ich liebe die großen Verachtenden, weil sie die großen Verehrenden sind und Pfeile der Sehnsucht nach dem andern Ufer.

Ich liebe Die, welche nicht erst hinter den Sternen einen Grund suchen, unterzugehen und Opfer zu sein: sondern die sich der Erde opfern, daß die Erde einst des Übermenschen werde.

Ich liebe Den, welcher lebt, damit er erkenne, und welcher erkennen will, damit einst der Übermensch lebe. Und so will er seinen Untergang.

Ich liebe Den, welcher arbeitet und erfindet, daß er dem Übermenschen das Haus baue und zu ihm Erde, Tier und Pflanze vorbereite: denn so will er seinen Untergang.

Ich liebe Den, welcher seine Tugend liebt: denn Tugend ist Wille zum Untergang und ein Pfeil der Sehnsucht.

Ich liebe Den, welcher nicht einen Tropfen Geist für sich zurückbehält, sondern ganz der Geist seiner Tugend sein will: so schreitet er als Geist über die Brücke.

Ich liebe Den, welcher aus seiner Tugend seinen Hang und sein Verhängnis macht: so will er um seiner Tugend willen noch leben und nicht mehr leben.

Ich liebe Den, welcher nicht zu viele Tugenden haben will. Eine Tugend ist mehr Tugend als zwei, weil sie mehr Knoten ist, an den sich das Verhängnis hängt.

Ich liebe Den, dessen Seele sich verschwendet, der nicht Dank haben will und nicht zurückgibt: denn er schenkt immer und will sich nicht bewahren.

Ich liebe Den, welcher sich schämt, wenn der Würfel zu seinem Glücke fällt und der dann fragt: bin ich denn ein falscher Spieler? – denn er will zugrunde gehen.

Ich liebe Den, welcher goldne Worte seinen Taten vorauswirft und immer noch mehr hält, als er verspricht: denn er will seinen Untergang.

Ich liebe Den, welcher die Zukünftigen rechtfertigt und die Vergangenen erlöst: denn er will an den Gegenwärtigen zugrunde gehen.

Ich liebe Den, welcher seinen Gott züchtigt, weil er seinen Gott liebt: denn er muß am Zorne seines Gottes zugrunde gehen.

Ich liebe Den, dessen Seele tief ist auch in der Verwundung und der an einem kleinen Erlebnisse zugrunde gehen kann: so geht er gerne über die Brücke.

Ich liebe Den, dessen Seele übervoll ist, so daß er sich selber vergißt, und alle Dinge in ihm sind: so werden alle Dinge sein Untergang.

Ich liebe Den, der freien Geistes und freien Herzens ist: so ist sein Kopf nur das Eingeweide seines Herzens, sein Herz aber treibt ihn zum Untergang.

Ich liebe alle Die, welche wie schwere Tropfen sind, einzeln fallend aus der dunklen Wolke, die über den Menschen hängt: sie verkündigen, daß der Blitz kommt, und gehn als Verkündiger zugrunde.

Seht, ich bin ein Verkündiger des Blitzes und ein schwerer Tropfen aus der Wolke: dieser Blitz aber heißt *Übermensch.* –

5.

Als Zarathustra diese Worte gesprochen hatte, sahe er wieder das Volk an und schwieg. »Da stehen sie«, sprach er zu seinem Herzen, »da lachen sie: sie verstehen mich nicht, ich bin nicht der Mund für diese Ohren.

Muß man ihnen erst die Ohren zerschlagen, daß sie lernen, mit den Augen hören? Muß man rasseln gleich Pauken und Bußpredigern? Oder glauben sie nur dem Stammelnden?

Sie haben Etwas, worauf sie stolz sind. Wie nennen sie es doch, was sie stolz macht? Bildung nennen sie's, es zeichnet sie aus vor den Ziegenhirten.

Drum hören sie ungern von sich das Wort »Verachtung«. So will ich denn zu ihrem Stolze reden.

So will ich ihnen vom Verächtlichsten sprechen: das aber ist *der letzte Mensch.*«

Und also sprach Zarathustra zum Volke:

Es ist an der Zeit, daß der Mensch sich sein Ziel stecke. Es ist an der Zeit, daß der Mensch den Keim seiner höchsten Hoffnung pflanze.

Noch ist sein Boden dazu reich genug. Aber dieser Boden wird einst arm und zahm sein, und kein hoher Baum wird mehr aus ihm wachsen können.

Wehe! Es kommt die Zeit, wo der Mensch nicht mehr den Pfeil seiner Sehnsucht über den Menschen hinaus wirft, und die Sehne seines Bogens verlernt hat, zu schwirren!

Ich sage euch: man muß noch Chaos in sich haben, um einen tanzenden Stern gebären zu können. Ich sage euch: ihr habt noch Chaos in euch.

Wehe! Es kommt die Zeit, wo der Mensch keinen Stern mehr gebären wird. Wehe! Es kommt die Zeit des verächtlichsten Menschen, der sich selber nicht mehr verachten kann.

Seht! Ich zeige euch *den letzten Menschen.*

»Was ist Liebe? Was ist Schöpfung? Was ist Sehnsucht? Was ist Stern?« – so fragt der letzte Mensch und blinzelt.

Die Erde ist dann klein geworden, und auf ihr hüpft der letzte Mensch, der Alles klein macht. Sein Geschlecht ist unaustilgbar wie der Erdfloh; der letzte Mensch lebt am längsten.

»Wir haben das Glück erfunden« – sagen die letzten Menschen und blinzeln.

Sie haben die Gegenden verlassen, wo es hart war zu leben: denn man braucht Wärme. Man liebt noch den Nachbar und reibt sich an ihm: denn man braucht Wärme.

Krankwerden und Mißtrauen-Haben gilt ihnen sündhaft: man geht achtsam einher. Ein Tor, der noch über Steine oder Menschen stolpert!

Ein wenig Gift ab und zu: das macht angenehme Träume. Und viel Gift zuletzt, zu einem angenehmen Sterben.

Man arbeitet noch, denn Arbeit ist eine Unterhaltung. Aber man sorgt, daß die Unterhaltung nicht angreife.

Man wird nicht mehr arm und reich: Beides ist zu beschwerlich. Wer will noch regieren? Wer noch gehorchen? Beides ist zu beschwerlich.

Kein Hirt und Eine Herde! Jeder will das gleiche, Jeder ist gleich: wer anders fühlt, geht freiwillig ins Irrenhaus.

»Ehemals war alle Welt irre« sagen die Feinsten und blinzeln.

Man ist klug und weiß Alles, was geschehn ist: so hat man kein Ende zu spotten. Man zankt sich noch, aber man versöhnt sich bald – sonst verdirbt es den Magen.

Man hat sein Lüstchen für den Tag und sein Lüstchen für die Nacht: aber man ehrt die Gesundheit.

»Wir haben das Glück erfunden« – sagen die letzten Menschen und blinzeln. –

Und hier endete die erste Rede Zarathustras, welche man auch »die Vorrede« heißt: denn an dieser Stelle unterbrach ihn das Geschrei und die Lust der Menge. »Gib uns diesen letzten Menschen, oh Zarathustra«, – so riefen sie – »mache uns zu diesen letzten Menschen! So schenken wir dir den Übermenschen!« Und alles Volk jubelte und schnalzte mit der Zunge, Zarathustra aber wurde traurig und sagte zu seinem Herzen:

»Sie verstehen mich nicht: ich bin nicht der Mund für diese Ohren.

Zu lange wohl lebte ich im Gebirge, zu viel horchte ich auf Bäche und Bäume: nun rede ich ihnen gleich den Ziegenhirten.

Unbewegt ist meine Seele und hell wie das Gebirge am Vormittag. Aber sie meinen, ich sei kalt und ein Spötter in furchtbaren Späßen.

Und nun blicken sie mich an und lachen: und indem sie lachen, hassen sie mich noch. Es ist Eis in ihrem Lachen.«

6.

Da aber geschah Etwas, das jeden Mund stumm und jedes Auge starr machte. Inzwischen nämlich hatte der Seiltänzer sein Werk begonnen: er war aus einer kleinen Tür hinausgetreten und ging über das Seil, welches zwischen zwei Türmen gespannt war, also, daß er über dem Markt und dem Volke hing. Als er eben in der Mitte seines Weges war, öffnete sich die kleine Tür noch einmal, und ein bunter Gesell, einem Possenreißer gleich, sprang heraus und ging mit schnellen Schritten dem Ersten nach. »Vorwärts, Lahmfuß«, rief seine fürchterliche Stimme, »vorwärts Faultier, Schleichhändler, Bleichgesicht! Daß ich dich nicht mit meiner Ferse kitzle! Was treibst du hier zwischen Türmen? In den Turm gehörst du, einsperren sollte man dich, einem Bessern, als du bist, sperrst du die freie Bahn!« – Und mit jedem Worte kam er ihm näher und näher: als er aber nur noch einen Schritt hinter ihm war, da geschah das Erschreckliche, das jeden Mund stumm und jedes Auge starr machte: – er stieß ein Geschrei aus wie ein Teufel und sprang über Den hinweg, der ihm im Wege war. Dieser aber, als er so seinen Nebenbuhler siegen sah, verlor dabei den Kopf und das Seil; er warf seine Stange weg und schoß schneller als diese, wie ein Wirbel von Armen und Beinen, in die Tiefe. Der Markt und das Volk glich dem Meere, wenn der Sturm hineinfährt: Alles floh auseinander und übereinander, und am meisten dort, wo der Körper niederschlagen mußte.

Zarathustra aber blieb stehen, und gerade neben ihn fiel der Körper hin, übel zugerichtet und zerbrochen, aber noch nicht tot. Nach einer Weile kam dem Zerschmetterten das Bewußtsein zurück, und er sah Zarathustra neben sich knien. »Was machst du da?« sagte er endlich, »ich wußte es lange, daß mir der Teufel ein Bein stellen werde. Nun schleppt er mich zur Hölle: willst du's ihm wehren?«

»Bei meiner Ehre, Freund«, antwortete Zarathustra, »das gibt es Alles nicht, wovon du sprichst: es gibt keinen Teufel und keine Hölle. Deine Seele wird noch schneller tot sein als dein Leib: fürchte nun Nichts mehr!«

Der Mann blickte mißtrauisch auf. »Wenn du die Wahrheit sprichst«, sagte er dann, »so verliere ich Nichts, wenn ich das Leben verliere. Ich bin nicht viel mehr als ein Tier, das man tanzen gelehrt hat, durch Schläge und schmale Bissen.«

»Nicht doch«, sprach Zarathustra; »du hast aus der Gefahr deinen Beruf gemacht, daran ist Nichts zu verachten. Nun gehst du an deinem Beruf zugrunde: dafür will ich dich mit meinen Händen begraben.«

Als Zarathustra dies gesagt hatte, antwortete der Sterbende nicht mehr; aber er bewegte die Hand, wie als ob er die Hand Zarathustras zum Dank suche. –

7.

Inzwischen kam der Abend, und der Markt barg sich in Dunkelheit: da verlief sich das Volk, denn selbst Neugierde und Schrecken werden müde. Zarathustra aber saß neben dem Toten auf der Erde und war in Gedanken versunken: so vergaß er die Zeit. Endlich aber wurde es Nacht, und ein kalter Wind blies über den Einsamen. Da erhob sich Zarathustra und sagte zu seinem Herzen:

»Wahrlich, einen schönen Fischfang tat heute Zarathustra! Keinen Menschen fing er, wohl aber einen Leichnam.

Unheimlich ist das menschliche Dasein und immer noch ohne Sinn: ein Possenreißer kann ihm zum Verhängnis werden.

Ich will die Menschen den Sinn ihres Seins lehren: welcher ist der Übermensch, der Blitz aus der dunklen Wolke Mensch.

Aber noch bin ich ihnen ferne, und mein Sinn redet nicht zu ihren Sinnen. Eine Mitte bin ich noch den Menschen zwischen einem Narren und einem Leichnam.

Dunkel ist die Nacht, dunkel sind die Wege Zarathustras. Komm, du kalter und steifer Gefährte! Ich trage dich dorthin, wo ich dich mit meinen Händen begrabe.«

8.

Als Zarathustra dies zu seinem Herzen gesagt hatte, lud er den Leichnam auf seinen Rücken und machte sich auf den Weg. Und noch nicht war er hundert Schritte gegangen, da schlich ein Mensch an ihn heran und flüsterte ihm ins Ohr – und siehe! Der, welcher redete, war der Possenreißer vom Turme. »Geh weg von dieser Stadt, oh Zarathustra«, sprach er; »es hassen dich hier zu Viele. Es hassen dich die Guten und Gerechten, und sie nennen dich ihren Feind und Verächter; es hassen dich die Gläubigen des rechten Glaubens, und sie nennen dich die Gefahr der Menge. Dein Glück war es, daß man über dich lachte: und wahrlich, du redest gleich einem Possenreißer. Dein Glück war es, daß du dich dem toten Hunde geselltest: als du dich so erniedrigtest, hast du dich selber für heute errettet. Geh aber fort aus dieser Stadt – oder morgen springe ich über dich hinweg, ein Lebendiger über einen Toten.« Und als er dies gesagt hatte, verschwand der Mensch; Zarathustra aber ging weiter durch die dunklen Gassen.

Am Tore der Stadt begegneten ihm die Totengräber: sie leuchteten ihm mit der Fackel ins Gesicht, erkannten Zarathustra und spotteten sehr über ihn. »Zarathustra trägt den toten Hund davon: brav, daß Zarathustra zum Totengräber wurde! Denn unsere Hände sind zu reinlich für diesen Braten. Will Zarathustra wohl dem Teufel seinen Bissen stehlen? Nun wohlan! Und gut Glück zur Mahlzeit! Wenn nur nicht der Teufel ein besserer Dieb ist als Zarathustra! – er stiehlt sie Beide, er frißt sie Beide!« Und sie lachten miteinander und steckten die Köpfe zusammen.

Zarathustra sagte dazu kein Wort und ging seines Weges. Als er zwei Stunden gegangen war, an Waldern und Sümpfen vorbei, da hatte er zu viel das hungrige Geheul der Wölfe gehört, und ihm selber kam der Hunger. So blieb er an einem einsamen Hause stehn, in dem ein Licht brannte.

»Der Hunger überfällt mich«, sagte Zarathustra, »wie ein Räuber. In Wäldern und Sümpfen überfällt mich mein Hunger, und in tiefer Nacht.

Wunderliche Launen hat mein Hunger. Oft kommt er mir erst nach der Mahlzeit, und heute kam er den ganzen Tag nicht: wo weilte er doch?«

Und damit schlug Zarathustra an das Tor des Hauses. Ein alter Mann erschien; er trug das Licht und fragte: »Wer kommt zu mir und zu meinem schlimmen Schlafe?«

»Ein Lebendiger und ein Toter«, sagte Zarathustra. »Gebt mir zu essen und zu trinken, ich vergaß es am Tage. Der, welcher den Hungrigen speiset, erquickt seine eigene Seele: so spricht die Weisheit.«

Der Alte ging fort, kam aber gleich zurück und bot Zarathustra Brot und Wein. »Eine böse Gegend ist's für Hungernde«, sagte er; »darum wohne ich hier. Tier und Mensch kommen zu mir, dem Einsiedler. Aber heiße auch deinen Gefährten essen und trinken, er ist müder als du.« Zarathustra antwortete: »Tod ist mein Gefährte, ich werde ihn schwerlich dazu überreden.« »Das geht mich Nichts an«, sagte der Alte mürrisch; »wer an meinem Haus anklopft, muß auch nehmen, was ich ihm biete. Eßt und gehabt euch wohl!« –

Darauf ging Zarathustra wieder zwei Stunden und vertraute dem Wege und dem Lichte der Sterne: denn er war ein gewohnter Nachtgänger und liebte es, allem Schlafenden ins Gesicht zu sehn. Als aber der Morgen graute, fand sich Zarathustra in einem tiefen Walde, und kein Weg zeigte sich ihm mehr. Da legte er den Toten in einen hohlen Baum sich zu Häupten – denn er wollte ihn vor den Wölfen schützen – und sich selber auf den Boden und das Moos. Und alsbald schlief er ein, müden Leibes, aber mit einer unbewegten Seele.

9.

Lange schlief Zarathustra, und nicht nur die Morgenröte ging über sein Antlitz, sondern auch der Vormittag. Endlich aber tat sein Auge sich auf: verwundert sah Zarathustra in den Wald und die Stille, verwundert sah er in sich hinein. Dann erhob er sich schnell, wie ein Seefahrer, der mit Einem Male Land sieht, und jauchzte: denn er sah eine neue Wahrheit. Und also redete er dann zu seinem Herzen:

Ein Licht ging mir auf: Gefährten brauche ich, und lebendige – nicht tote Gefährten und Leichname, die ich mit mir trage, wohin ich will.

Sondern lebendige Gefährten brauche ich, die mir folgen, weil sie sich selber folgen wollen – und dorthin, wo ich will.

Ein Licht ging mir auf: nicht zum Volke rede Zarathustra, sondern zu Gefährten! Nicht soll Zarathustra einer Herde Hirt und Hund werden!

Viele wegzulocken von der Herde – dazu kam ich. Zürnen soll mir Volk und Herde: Räuber will Zarathustra den Hirten heißen.

Hirten sage ich, aber sie nennen sich die Guten und Gerechten. Hirten sage ich: aber sie nennen sich die Gläubigen des rechten Glaubens.

Siehe die Guten und Gerechten! Wen hassen sie am meisten? Den, der zerbricht ihre Tafeln der Werte, den Brecher, den Verbrecher: – das aber ist der Schaffende.

Siehe die Gläubigen aller Glauben! Wen hassen sie am meisten? Den, der zerbricht ihre Tafeln der Werte, den Brecher, den Verbrecher: – das aber ist der Schaffende.

Gefährten sucht der Schaffende und nicht Leichname, und auch nicht Herden und Gläubige. Die Mitschaffenden sucht der Schaffende, Die, welche neue Werte auf neue Tafeln schreiben.

Gefährten sucht der Schaffende, und Miterntende: denn Alles steht bei ihm reif zur Ernte. Aber ihm fehlen die hundert Sicheln: so rauft er Ähren aus und ist ärgerlich.

Gefährten sucht der Schaffende, und solche, die ihre Sicheln zu wetzen wissen. Vernichter wird man sie heißen und Verächter des Guten und Bösen. Aber die Erntenden sind es und die Feiernden.

Mitschaffende sucht Zarathustra, Miterntende und Mitfeiernde sucht Zarathustra: was hat er mit Herden und Hirten und Leichnamen zu schaffen!

Und du, mein erster Gefährte, gehab dich wohl! Gut begrub ich dich in deinem hohlen Baume, gut barg ich dich vor den Wölfen.

Aber ich scheide von dir, die Zeit ist um. Zwischen Morgenröte und Morgenröte kam mir eine neue Wahrheit.

Nicht Hirt soll ich sein, nicht Totengräber. Nicht reden einmal will ich wieder mit dem Volke; zum letzten Male sprach ich zu einem Toten.

Den Schaffenden, den Erntenden, den Feiernden will ich mich zugesellen: den Regenbogen will ich ihnen zeigen und alle die Treppen des Übermenschen.

Den Einsiedlern werde ich mein Lied singen und den Zweisiedlern: und wer noch Ohren hat für Unerhörtes, dem will ich sein Herz schwermachen mit meinem Glücke.

Zu meinem Ziele will ich, ich gehe meinen Gang; über die Zögernden und Saumseligen werde ich hinwegspringen. Also sei mein Gang ihr Untergang!

10.

Dies hatte Zarathustra zu seinem Herzen gesprochen, als die Sonne im Mittag stand: da blickte er fragend in die Höhe – denn er hörte über sich den scharfen Ruf eines Vogels. Und siehe! Ein Adler zog in weiten Kreisen durch die Luft, und an ihm hing eine Schlange, nicht einer Beute gleich, sondern einer Freundin: denn sie hielt sich um seinen Hals geringelt.

»Es sind meine Tiere!« sagte Zarathustra und freute sich von Herzen.

»Das stolzeste Tier unter der Sonne und das klügste Tier unter der Sonne – sie sind ausgezogen auf Kundschaft.

Erkunden wollen sie, ob Zarathustra noch lebe. Wahrlich, lebe ich noch?

Gefährlicher fand ich's unter Menschen als unter Tieren, gefährliche Wege geht Zarathustra. Mögen mich meine Tiere führen!«

Als Zarathustra dies gesagt hatte, gedachte er der Worte des Heiligen im Walde, seufzte und sprach also zu seinem Herzen:

»Möchte ich klüger sein! Möchte ich klug von Grund aus sein, gleich meiner Schlange!

Aber Unmögliches bitte ich da: so bitte ich denn meinen Stolz, daß er immer mit meiner Klugheit gehe!

Und wenn mich einst meine Klugheit verläßt: – ach, sie liebt es davonzufliegen! – möge mein Stolz dann noch mit meiner Torheit fliegen!«

– Also begann Zarathustras Untergang.

DIE REDEN ZARATHUSTRAS

Von den drei Verwandlungen

Drei Verwandlungen nenne ich euch des Geistes: wie der Geist zum Kamele wird, und zum Löwen das Kamel, und zum Kinde zuletzt der Löwe.

Vieles Schwere gibt es dem Geiste, dem starken, tragsamen Geiste, dem Ehrfurcht innewohnt: nach dem Schweren und Schwersten verlangt seine Stärke.

Was ist schwer? so fragt der tragsame Geist, so kniet er nieder, dem Kamele gleich, und will gut beladen sein.

Was ist das Schwerste, ihr Helden? so fragt der tragsame Geist, daß ich es auf mich nehme und meiner Stärke froh werde.

Ist es nicht das: sich erniedrigen, um seinem Hochmut wehe zu tun? Seine Torheit leuchten lassen, um seiner Weisheit zu spotten?

Oder ist es das: von unserer Sache scheiden, wenn sie ihren Sieg feiert? Auf hohe Berge steigen, um den Versucher zu versuchen?

Oder ist es das: sich von Eicheln und Gras der Erkenntnis nähren und um der Wahrheit willen an der Seele Hunger leiden?

Oder ist es das: krank sein und die Tröster heimschicken und mit Tauben Freundschaft schließen, die niemals hören, was du willst?

Oder ist es das: in schmutziges Wasser steigen, wenn es das Wasser der Wahrheit ist, und kalte Frösche und heiße Kröten nicht von sich weisen?

Oder ist es das: Die lieben, die uns verachten, und dem Gespenste die Hand reichen, wenn es uns fürchten machen will?

Alles dies Schwerste nimmt der tragsame Geist auf sich: dem Kamele gleich, das beladen in die Wüste eilt, also eilt er in seine Wüste.

Aber in der einsamsten Wüste geschieht die zweite Verwandlung: zum Löwen wird hier der Geist, Freiheit will er sich erbeuten und Herr sein in seiner eignen Wüste.

Seinen letzten Herrn sucht er sich hier: feind will er ihm werden und seinem letzten Gotte, um Sieg will er mit dem großen Drachen ringen.

Welches ist der große Drache, den der Geist nicht mehr Herr und Gott heißen mag? »Du-sollst« heißt der große Drache. Aber der Geist des Löwen sagt »ich will«.

»Du-sollst« liegt ihm am Wege, goldfunkelnd, ein Schuppentier, und auf jeder Schuppe glänzt golden »Du-sollst!«

Tausendjährige Werte glänzen an diesen Schuppen, und also spricht der mächtigste aller Drachen: »aller Wert der Dinge – der glänzt an mir.«

»Aller Wert ward schon geschaffen, und aller geschaffene Wert – das bin ich. Wahrlich, es soll kein ›Ich will‹ mehr geben!« Also spricht der Drache.

Meine Brüder, wozu bedarf es des Löwen im Geiste? Was genügt nicht das lastbare Tier, das entsagt und ehrfürchtig ist?

Neue Werte schaffen – das vermag auch der Löwe noch nicht: aber Freiheit sich schaffen zu neuem Schaffen – das vermag die Macht des Löwen.

Freiheit sich schaffen und ein heiliges Nein auch vor der Pflicht: dazu, meine Brüder, bedarf es des Löwen.

Recht sich nehmen zu neuen Werten – das ist das furchtbarste Nehmen für einen tragsamen und ehrfürchtigen Geist.

Wahrlich, ein Rauben ist es ihm und eines raubenden Tieres Sache.

Als sein Heiligstes liebte er einst das »Du-sollst«: nun muß er Wahn und Willkür auch noch im Heiligsten finden, daß er sich Freiheit raube von seiner Liebe: des Löwen bedarf es zu diesem Raube.

Aber sagt, meine Brüder, was vermag noch das Kind, das auch der Löwe nicht vermochte? Was muß der raubende Löwe auch noch zum Kinde werden?

Unschuld ist das Kind und Vergessen, ein Neubeginnen, ein Spiel, ein aus sich rollendes Rad, eine erste Bewegung, ein heiliges Ja-Sagen.

Ja, zum Spiele des Schaffens, meine Brüder, bedarf es eines heiligen Ja-Sagens: *seinen* Willen will nun der Geist, *seine* Welt gewinnt sich der Weltverlorene.

Drei Verwandlungen nannte ich euch des Geistes: wie der Geist zum Kamele ward, und zum Löwen das Kamel, und der Löwe zuletzt zum Kinde. –

Also sprach Zarathustra. Und damals weilte er in der Stadt, welche genannt wird: die bunte Kuh.

Von den Lehrstühlen der Tugend

Man rühmte Zarathustra einen Weisen, der gut vom Schlafe und von der Tugend zu reden wisse: sehr werde er geehrt und gelohnt dafür, und alle Jünglinge säßen vor seinem Lehrstuhle. Zu ihm ging Zarathustra, und mit allen Jünglingen saß er vor seinem Lehrstuhle. Und also sprach der Weise:

Ehre und Scham vor dem Schlafe! Das ist das Erste! Und Allen aus dem Wege gehn, die schlecht schlafen und nachts wachen!

Schamhaft ist noch der Dieb vor dem Schlafe: stets stiehlt er sich leise durch die Nacht. Schamlos aber ist der Wächter der Nacht, schamlos trägt er sein Horn.

Keine geringe Kunst ist schlafen: es tut schon not, den ganzen Tag darauf hin zu wachen.

Zehn Mal mußt du des Tages dich selber überwinden: das macht eine gute Müdigkeit und ist Mohn der Seele.

Zehn Mal mußt du dich wieder mit dir selber versöhnen; denn Überwindung ist Bitternis, und schlecht schläft der Unversöhnte.

Zehn Wahrheiten mußt du des Tages finden: sonst suchst du noch des Nachts nach Wahrheit, und deine Seele bleibt hungrig.

Zehn Mal mußt du lachen am Tage und heiter sein: sonst stört dich der Magen in der Nacht, dieser Vater der Trübsal.

Wenige wissen das: aber man muß alle Tugenden haben, um gut zu schlafen. Werde ich falsch Zeugnis reden? Werde ich ehebrechen?

Werde ich mich gelüsten lassen meines Nächsten Magd? Das Alles vertrüge sich schlecht mit gutem Schlafe.

Und selbst wenn man alle Tugenden hat, muß man sich noch auf Eins verstehn: selber die Tugenden zur rechten Zeit schlafen schicken.

Daß sie sich nicht miteinander zanken, die artigen Weiblein! Und über dich, du Unglückseliger!

Friede mit Gott und dem Nachbar: so will es der gute Schlaf. Und Friede auch noch mit des Nachbars Teufel! Sonst geht er bei dir des Nachts um.

Ehre der Obrigkeit und Gehorsam, und auch der krummen Obrigkeit! So will es der gute Schlaf. Was kann ich dafür, daß die Macht gerne auf krummen Beinen wandelt?

Der soll mir immer der beste Hirt heißen, der sein Schaf auf die grünste Aue führt: so verträgt es sich mit gutem Schlafe.

Viel Ehren will ich nicht, noch große Schätze: das entzündet die Milz. Aber schlecht schläft es sich ohne einen guten Namen und einen kleinen Schatz.

Eine kleine Gesellschaft ist mir willkommener als eine böse: doch muß sie gehn und kommen zur rechten Zeit. So verträgt es sich mit gutem Schlafe.

Sehr gefallen mir auch die Geistig-Armen: sie fördern den Schlaf. Selig sind die, sonderlich wenn man ihnen immer recht gibt.

Also läuft der Tag dem Tugendsamen. Kommt nun die Nacht, so hüte ich mich wohl, den Schlaf zu rufen! Nicht will er gerufen sein, der Schlaf, der der Herr der Tugenden ist!

Sondern ich denke, was ich des Tages getan und gedacht. Wiederkäuend frage ich mich, geduldsam gleich einer Kuh: welches waren doch deine zehn Überwindungen?

Und welches waren die zehn Versöhnungen und die zehn Wahrheiten und die zehn Gelächter, mit denen sich mein Herz gütlich tat?

Solcherlei erwägend und gewiegt von vierzig Gedanken, überfällt mich auf einmal der Schlaf, der Ungerufne, der Herr der Tugenden.

Der Schlaf klopft mir auf mein Auge: da wird es schwer. Der Schlaf berührt mir den Mund: da bleibt er offen.

Wahrlich, auf weichen Sohlen kommt er mir, der liebste der Diebe, und stiehlt mir meine Gedanken: dumm stehe ich da wie dieser Lehrstuhl.

Aber nicht lange mehr stehe ich dann: da liege ich schon. –

Als Zarathustra den Weisen also sprechen hörte, lachte er bei sich im Herzen: denn ihm war dabei ein Licht aufgegangen.

Und also sprach er zu seinem Herzen:

Ein Narr ist mir dieser Weise da mit seinen vierzig Gedanken: aber ich glaube, daß er sich wohl auf das Schlafen versteht.

Glücklich schon, wer in der Nähe dieses Weisen wohnt! Solch ein Schlaf steckt an, noch durch eine dicke Wand hindurch steckt er an.

Ein Zauber wohnt selbst in seinem Lehrstuhle. Und nicht vergebens saßen die Jünglinge vor dem Prediger der Tugend.

Seine Weisheit heißt: wachen, um gut zu schlafen. Und wahrlich, hätte das Leben keinen Sinn, und müßte ich Unsinn wählen, so wäre auch mir dies der wählenswürdigste Unsinn.

Jetzo verstehe ich klar, was einst man vor Allem suchte, wenn man Lehrer der Tugend suchte. Guten Schlaf suchte man sich und mohnblumige Tugenden dazu!

Allen diesen gelobten Weisen der Lehrstühle war Weisheit der Schlaf ohne Träume; sie kannten keinen bessern Sinn des Lebens.

Auch noch heute wohl gibt es Einige, wie diesen Prediger der Tugend, und nicht immer so Ehrliche: aber ihre Zeit ist um. Und nicht mehr lange stehen sie noch: da liegen sie schon.

Selig sind diese Schläfrigen: denn sie sollen bald einnicken. –

Also sprach Zarathustra.

Von den Hinterweltlern

Einst warf auch Zarathustra seinen Wahn jenseits des Menschen, gleich allen Hinterweltlern. Eines leidenden und zerquälten Gottes Werk schien mir da die Welt.

Traum schien mir da die Welt, und Dichtung eines Gottes; farbiger Rauch vor den Augen eines göttlich Unzufriednen.

Gut und Böse und Lust und Leid und Ich und Du – farbiger Rauch dünkte mich's vor schöpferischen Augen. Wegsehn wollte der Schöpfer von sich, – da schuf er die Welt.

Trunkne Lust ist's dem Leidenden, wegzusehn von seinem Leiden und sich zu verlieren. Trunkne Lust und Selbst-sich-Verlieren dünkte mich einst die Welt.

Diese Welt, die ewig unvollkommene, eines ewigen Widerspruches Abbild und unvollkommnes Abbild – eine trunkne Lust ihrem unvollkommnen Schöpfer: – also dünkte mich einst die Welt.

Also warf auch ich einst meinen Wahn jenseits des Menschen, gleich allen Hinterweltlern. Jenseits des Menschen in Wahrheit?

Ach, ihr Brüder, dieser Gott, den ich schuf, war Menschen-Werk und -Wahnsinn, gleich allen Göttern!

Mensch war er, und nur ein armes Stück Mensch und Ich: aus der eigenen Asche und Glut kam es mir, dieses Gespenst, und wahrlich! Nicht kam es mir von Jenseits!

Was geschah, meine Brüder? Ich überwand mich, den Leidenden, ich trug meine eigne Asche zu Berge, eine hellere Flamme erfand ich mir. Und siehe! Da wich das Gespenst von mir!

Leiden wäre es mir jetzt und Qual dem Genesenen, solche Gespenster zu glauben: Leiden wäre es mir jetzt und Erniedrigung. Also rede ich zu den Hinterweltlern.

Leiden war's und Unvermögen – das schuf alle Hinterwelten; und jener kurze Wahnsinn des Glücks, den nur der Leidendste erfährt.

Müdigkeit, die mit Einem Sprunge zum Letzten will, mit einem Todessprunge, eine arme unwissende Müdigkeit, die nicht einmal mehr wollen will: die schuf alle Götter und Hinterwelten.

Glaubt es mir, meine Brüder! Der Leib war's, der am Leibe verzweifelte, – der tastete mit den Fingern des betörten Geistes an die letzten Wände.

Glaubt es mir, meine Brüder! Der Leib war's, der an der Erde verzweifelte, – der hörte den Bauch des Seins zu sich reden.

Und da wollte er mit dem Kopfe durch die letzten Wände, und nicht nur mit dem Kopfe, – hinüber zu »jener Welt«.

Aber »jene Welt« ist gut verborgen vor dem Menschen, jene entmenschte unmenschliche Welt, die ein himmlisches Nichts ist; und der Bauch des Seins redet gar nicht zum Menschen, es sei denn als Mensch.

Wahrlich, schwer zu beweisen ist alles Sein und schwer zum Reden zu bringen. Sagt mir, ihr Brüder, ist nicht das Wunderlichste aller Dinge noch am besten bewiesen?

Ja, dies Ich und des Ichs Widerspruch und Wirrsal redet noch am redlichsten von seinem Sein, dieses schaffende, wollende, wertende Ich, welches das Maß und der Wert der Dinge ist.

Und dies redlichste Sein, das Ich – das redet vom Leibe, und es will noch den Leib, selbst wenn es dichtet und schwärmt und mit zerbrochnen Flügeln flattert.

Immer redlicher lernt es reden, das Ich: und je mehr es lernt, um so mehr findet es Worte und Ehren für Leib und Erde.

Einen neuen Stolz lehrte mich mein Ich, den lehre ich die Menschen: nicht mehr den Kopf in den Sand der himmlischen Dinge zu stecken, sondern frei ihn zu tragen, einen Erden-Kopf, der der Erde Sinn schafft!

Einen neuen Willen lehre ich die Menschen: diesen Weg wollen, den blindlings der Mensch gegangen, und gut ihn heißen und nicht mehr von ihm beiseite schleichen, gleich den Kranken und Absterbenden!

Kranke und Absterbende waren es, die verachteten Leib und Erde und erfanden das Himmlische und die erlösenden Blutstropfen: aber auch noch diese süßen und düstern Gifte nahmen sie von Leib und Erde!

Ihrem Elende wollten sie entlaufen, und die Sterne waren ihnen zu weit. Da seufzten sie: »Oh daß es doch himmlische Wege gäbe, sich in ein andres Sein und Glück zu schleichen!« – da erfanden sie sich ihre Schliche und blutigen Tränklein!

Ihrem Leibe und dieser Erde nun entrückt wähnten sie sich, diese Undankbaren. Doch wem dankten sie ihrer Entrückung Krampf und Wonne? Ihrem Leibe und dieser Erde.

Milde ist Zarathustra den Kranken. Wahrlich, er zürnt nicht ihren Arten des Trostes und Undanks. Mögen sie Genesende werden und Überwindende und einen höheren Leib sich schaffen!

Nicht auch zürnt Zarathustra dem Genesenden, wenn er zärtlich nach seinem Wahne blickt und mitternachts um das Grab seines Gottes schleicht: aber Krankheit und kranker Leib bleiben mir auch seine Tränen noch.

Vieles krankhafte Volk gab es immer unter Denen, welche dichten und gottsüchtig sind; wütend hassen sie den Erkennenden und jene jüngste der Tugenden, welche heißt: Redlichkeit.

Rückwärts blicken sie immer nach dunklen Zeiten: da freilich war Wahn und Glaube ein ander Ding; Raserei der Vernunft war Gottähnlichkeit, und Zweifel Sünde.

Allzugut kenne ich diese Gottähnlichen: sie wollen, daß an sie geglaubt werde, und Zweifel Sünde sei. Allzugut weiß ich auch, woran sie selber am besten glauben.

Wahrlich nicht an Hinterwelten und erlösende Blutstropfen: sondern an den Leib glauben auch sie am besten, und ihr eigner Leib ist ihnen ihr Ding an sich.

Aber ein krankhaftes Ding ist er ihnen: und gerne möchten sie aus der Haut fahren. Darum horchen sie nach den Predigern des Todes und predigen selber Hinterwelten.

Hört mir lieber, meine Brüder, auf die Stimme des gesunden Leibes: eine redlichere und reinere Stimme ist dies.

Redlicher redet und reiner der gesunde Leib, der vollkommne und rechtwinklige: und er redet vom Sinn der Erde. –

Also sprach Zarathustra.

Von den Verächtern des Leibes

Den Verächtern des Leibes will ich mein Wort sagen. Nicht umlernen und umlehren sollen sie mir, sondern nur ihrem eignen Leibe Lebewohl sagen – und also stumm werden.

»Leib bin ich und Seele« – so redet das Kind. Und warum sollte man nicht wie die Kinder reden?

Aber der Erwachte, der Wissende sagt: Leib bin ich ganz und gar, und Nichts außerdem: und Seele ist nur ein Wort für ein Etwas am Leibe.

Der Leib ist eine große Vernunft, eine Vielheit mit Einem Sinne, ein Krieg und ein Frieden, eine Herde und ein Hirt.

Werkzeug deines Leibes ist auch deine kleine Vernunft, mein Bruder, die du »Geist« nennst, ein kleines Werk- und Spielzeug deiner großen Vernunft.

»Ich« sagst du und bist stolz auf dies Wort. Aber das Größere ist – woran du nicht glauben willst – dein Leib und seine große Vernunft: die sagt nicht Ich, aber tut Ich.

Was der Sinn fühlt, was der Geist erkennt, das hat niemals in sich sein Ende. Aber Sinn und Geist möchten dich überreden, sie seien aller Dinge Ende: so eitel sind sie.

Werk- und Spielzeuge sind Sinn und Geist: hinter ihnen liegt noch das Selbst. Das Selbst sucht auch mit den Augen der Sinne, es horcht auch mit den Ohren des Geistes.

Immer horcht das Selbst und sucht: es vergleicht, bezwingt, erobert, zerstört. Es herrscht und ist auch des Ichs Beherrscher.

Hinter deinen Gedanken und Gefühlen, mein Bruder, steht ein mächtiger Gebieter, ein unbekannter Weiser – der heißt Selbst. In deinem Leibe wohnt er, dein Leib ist er.

Es ist mehr Vernunft in deinem Leibe, als in deiner besten Weisheit. Und wer weiß denn, wozu dein Leib gerade deine beste Weisheit nötig hat?

Dein Selbst lacht über dein Ich und seine stolzen Sprünge. »Was sind mir diese Sprünge und Flüge des Gedankens?« sagt es sich. »Ein Umweg zu meinem Zwecke. Ich bin das Gängelband des Ichs und der Einbläser seiner Begriffe.«

Das Selbst sagt zum Ich: »hier fühle Schmerz!« Und da leidet es und denkt nach, wie es nicht mehr leide – und dazu eben *soll* es denken.

Das Selbst sagt zum Ich: »hier fühle Lust!« Da freut es sich und denkt nach, wie es noch oft sich freue – und dazu eben *soll* es denken.

Den Verächtern des Leibes will ich ein Wort sagen. Daß sie verachten, das macht ihr Achten. Was ist es, das Achten und Verachten und Wert und Willen schuf?

Das schaffende Selbst schuf sich Achten und Verachten, es schuf sich Lust und Weh. Der schaffende Leib schuf sich den Geist als eine Hand seines Willens.

Noch in eurer Torheit und Verachtung, ihr Verächter des Leibes, dient ihr eurem Selbst. Ich sage euch: euer Selbst selber will sterben und kehrt sich vom Leben ab.

Nicht mehr vermag es das, was es am liebsten will: – über sich hinaus zu schaffen. Das will es am liebsten, das ist seine ganze Inbrunst.

Aber zu spät ward es jetzt dafür: – so will euer Selbst untergehn, ihr Verächter des Leibes.

Untergehn will euer Selbst, und darum wurdet ihr zu Verächtern des Leibes! Denn nicht mehr vermögt ihr über euch hinaus zu schaffen.

Und darum zürnt ihr nun dem Leben und der Erde. Ein ungewußter Neid ist im scheelen Blick eurer Verachtung.

Ich gehe nicht euren Weg, ihr Verächter des Leibes! Ihr seid mir keine Brücken zum Übermenschen! –

Also sprach Zarathustra.

Von den Freuden- und Leidenschaften

Mein Bruder, wenn du eine Tugend hast, und es deine Tugend ist, so hast du sie mit Niemandem gemeinsam.

Freilich, du willst sie bei Namen nennen und liebkosen; du willst sie am Ohre zupfen und Kurzweil mit ihr treiben.

Und siehe! Nun hast du ihren Namen mit dem Volke gemeinsam und bist Volk und Herde geworden mit deiner Tugend!

Besser tätest du, zu sagen: »unaussprechbar ist und namenlos, was meiner Seele Qual und Süße macht und auch noch der Hunger meiner Eingeweide ist.«

Deine Tugend sei zu hoch für die Vertraulichkeit der Namen: und mußt du von ihr reden, so schäme dich nicht, von ihr zu stammeln.

So sprich und stammle: »Das ist *mein* Gutes, das liebe ich, so gefällt es mir ganz, so allein will *ich* das Gute.

Nicht will ich es als eines Gottes Gesetz, nicht will ich es als eine Menschen-Satzung und -Notdurft: kein Wegweiser sei es mir für Über-Erden und Paradiese.

Eine irdische Tugend ist es, die ich liebe: wenig Klugheit ist darin, und am wenigsten die Vernunft aller.

Aber dieser Vogel baute bei mir sich das Nest: darum liebe und herze ich ihn, – nun sitzt er bei mir auf seinen goldnen Eiern.«

So sollst du stammeln und deine Tugend loben.

Einst hattest du Leidenschaften und nanntest sie böse. Aber jetzt hast du nur noch deine Tugenden: die wuchsen aus deinen Leidenschaften.

Du legtest dein höchstes Ziel diesen Leidenschaften ans Herz: da wurden sie deine Tugenden und Freudenschaften.

Und ob du aus dem Geschlechte der Jähzornigen wärest oder aus dem der Wollüstigen oder der Glaubens-Wütigen oder der Rachsüchtigen:

Am Ende wurden alle deine Leidenschaften zu Tugenden und alle deine Teufel zu Engeln.

Einst hattest du wilde Hunde in deinem Keller: aber am Ende verwandelten sie sich zu Vögeln und lieblichen Sängerinnen.

Aus deinen Giften brautest du dir deinen Balsam; deine Kuh Trübsal melktest du, – nun trinkst du die süße Milch ihres Euters.

Und nichts Böses wächst mehr fürderhin aus dir, es sei denn das Böse, das aus dem Kampfe deiner Tugenden wächst.

Mein Bruder, wenn du Glück hast, so hast du Eine Tugend und nicht mehr: so gehst du leichter über die Brücke.

Auszeichnend ist es, viele Tugenden zu haben, aber ein schweres Los; und Mancher ging in die Wüste und tötete sich, weil er müde war, Schlacht und Schlachtfeld von Tugenden zu sein.

Mein Bruder, ist Krieg und Schlacht böse? Aber notwendig ist dies Böse, notwendig ist der Neid und das Mißtrauen und die Verleumdung unter deinen Tugenden.

Siehe, wie jede deiner Tugenden begehrlich ist nach dem Höchsten: sie will deinen ganzen Geist, daß er *ihr* Herold sei, sie will deine ganze Kraft in Zorn, Haß und Liebe.

Eifersüchtig ist jede Tugend auf die andre, und ein furchtbares Ding ist Eifersucht. Auch Tugenden können an der Eifersucht zugrunde gehn.

Wen die Flamme der Eifersucht umringt, der wendet zuletzt, gleich dem Skorpione, gegen sich selber den vergifteten Stachel.

Ach, mein Bruder, sahst du noch nie eine Tugend sich selber verleumden und erstechen?

Der Mensch ist Etwas, das überwunden werden muß: und darum sollst du deine Tugenden lieben –: denn du wirst an ihnen zugrunde gehn. –

Also sprach Zarathustra.

Vom bleichen Verbrecher

Ihr wollt nicht töten, ihr Richter und Opferer, bevor das Tier nicht genickt hat? Seht, der bleiche Verbrecher hat genickt: aus seinem Auge redet die große Verachtung.

»Mein Ich ist Etwas, das überwunden werden soll: mein Ich ist mir die große Verachtung des Menschen«: so redet es aus diesem Auge.

Daß er sich selber richtete, war sein höchster Augenblick: laßt den Erhabenen nicht wieder zurück in sein Niederes!

Es gibt keine Erlösung für Den, der so an sich selber leidet, es sei denn der schnelle Tod.

Euer Töten, ihr Richter, soll ein Mitleid sein und keine Rache. Und indem ihr tötet, seht zu, daß ihr selber das Leben rechtfertiget!

Es ist nicht genug, daß ihr euch mit Dem versöhnt, den ihr tötet. Eure Traurigkeit sei Liebe zum Übermenschen: so rechtfertigt ihr euer Noch-Leben!

»Feind« sollt ihr sagen, aber nicht »Bösewicht«; »Kranker«, sollt ihr sagen, aber nicht »Schuft«; »Tor« sollt ihr sagen, aber nicht »Sünder«.

Und du, roter Richter, wenn du laut sagen wolltest, was du Alles schon in Gedanken getan hast: so würde Jedermann schreien: »Weg mit diesem Unflat und Giftwurm!«

Aber ein Anderes ist der Gedanke, ein Anderes die Tat, ein Anderes das Bild der Tat. Das Rad des Grundes rollt nicht zwischen ihnen.

Ein Bild machte diesen bleichen Menschen bleich. Gleichwüchsig war er seiner Tat, als er sie tat: aber ihr Bild ertrug er nicht, als sie getan war.

Immer sah er sich nun als Einer Tat Täter. Wahnsinn heiße ich dies: die Ausnahme verkehrte sich ihm zum Wesen.

Der Strich bannt die Henne; der Streich, den er führte, bannte seine arme Vernunft – den Wahnsinn *nach* der Tat heiße ich dies.

Hört, ihr Richter! Einen anderen Wahnsinn gibt es noch: und der ist *vor* der Tat. Ach, ihr krocht mir nicht tief genug in diese Seele!

So spricht der rote Richter: »was mordete doch dieser Verbrecher? Er wollte rauben.« Aber ich sage euch: seine Seele wollte Blut, nicht Raub: er dürstete nach dem Glück des Messers!

Seine arme Vernunft aber begriff diesen Wahnsinn nicht und überredete ihn. »Was liegt an Blut!« sprach sie; »willst du nicht zum mindesten einen Raub dabei machen? Eine Rache nehmen?«

Und er horchte auf seine arme Vernunft: wie Blei lag ihre Rede auf ihm, – da raubte er, als er mordete. Er wollte sich nicht seines Wahnsinns schämen.

Und nun wieder liegt das Blei seiner Schuld auf ihm, und wieder ist seine arme Vernunft so steif, so gelähmt, so schwer.

Wenn er nur den Kopf schütteln könnte, so würde seine Last herabrollen: aber wer schüttelt diesen Kopf?

Was ist dieser Mensch? Ein Haufen von Krankheiten, welche durch den Geist in die Welt hinausgreifen: da wollen sie ihre Beute machen.

Was ist dieser Mensch? Ein Knäuel wilder Schlangen, welche selten beieinander Ruhe haben, – da gehn sie für sich fort und suchen Beute in der Welt.

Seht diesen armen Leib! Was er litt und begehrte, das deutete sich diese arme Seele, – sie deutete es als mörderische Lust und Gier nach dem Glück des Messers.

Wer jetzt krank wird, den überfällt das Böse, das jetzt böse ist: wehe will er tun, mit dem, was ihm wehe tut. Aber es gab andre Zeiten und ein andres Böses und Gutes.

Einst war der Zweifel böse und der Wille zum Selbst. Damals wurde der Kranke zum Ketzer und zur Hexe: als Ketzer und Hexe litt er und wollte leiden machen.

Aber dieses will nicht in eure Ohren: euren Guten schade es, sagt ihr mir. Aber was liegt mir an euren Guten!

Vieles an euren Guten macht mir Ekel, und wahrlich nicht ihr Böses. Wollte ich doch, sie hätten einen Wahnsinn, an dem sie zugrunde gingen, gleich diesem bleichen Verbrecher!

Wahrlich, ich wollte, ihr Wahnsinn hieße Wahrheit oder Treue oder Gerechtigkeit: aber sie haben ihre Tugend, um lange zu leben, und in einem erbärmlichen Behagen.

Ich bin ein Geländer am Strome: fasse mich, wer mich fassen kann! Eure Krücke aber bin ich nicht. –

Also sprach Zarathustra.

Vom Lesen und Schreiben

Von allem Geschriebenen liebe ich nur Das, was Einer mit seinem Blute schreibt. Schreibe mit Blut: und du wirst erfahren, daß Blut Geist ist.

Es ist nicht leicht möglich, fremdes Blut zu verstehen: ich hasse die lesenden Müßiggänger.

Wer den Leser kennt, der tut Nichts mehr für den Leser. Noch ein Jahrhundert Leser – und der Geist selber wird stinken.

Daß Jedermann lesen lernen darf, verdirbt auf die Dauer nicht allein das Schreiben, sondern auch das Denken.

Einst war der Geist Gott, dann wurde er zum Menschen, und jetzt wird er gar noch Pöbel.

Wer in Blut und Sprüchen schreibt, der will nicht gelesen, sondern auswendig gelernt werden.

Im Gebirge ist der nächste Weg von Gipfel zu Gipfel: aber dazu mußt du lange Beine haben. Sprüche sollen Gipfel sein: und Die, zu denen gesprochen wird, Große und Hochwüchsige.

Die Luft dünn und rein, die Gefahr nahe und der Geist voll einer fröhlichen Bosheit: so paßt es gut zueinander.

Ich will Kobolde um mich haben, denn ich bin mutig. Mut, der die Gespenster verscheucht, schafft sich selber Kobolde – der Mut will lachen.

Ich empfinde nicht mehr mit euch: diese Wolke, die ich unter mir sehe, diese Schwärze und Schwere, über die ich lache, – gerade das ist eure Gewitterwolke.

Ihr seht nach Oben, wenn ihr nach Erhebung verlangt. Und ich sehe hinab, weil ich erhoben bin.

Wer von euch kann zugleich lachen und erhoben sein?

Wer auf den höchsten Bergen steigt, der lacht über alle Trauer-Spiele und Trauer-Ernste.

Mutig, unbekümmert, spöttisch, gewalttätig – so will uns die Weisheit: sie ist ein Weib und liebt immer nur einen Kriegsmann.

Ihr sagt mir: »das Leben ist schwer zu tragen.« Aber wozu hättet ihr vormittags euren Stolz und abends eure Ergebung?

Das Leben ist schwer zu tragen: aber so tut mir doch nicht so zärtlich! Wir sind allesamt hübsche lastbare Esel und Eselinnen.

Was haben wir gemein mit der Rosenknospe, welche zittert; weil ihr ein Tropfen Tau auf dem Leibe liegt?

Es ist wahr: wir lieben das Leben, nicht, weil wir ans Leben, sondern weil wir ans Lieben gewöhnt sind.

Es ist immer etwas Wahnsinn in der Liebe. Es ist aber immer auch etwas Vernunft im Wahnsinn.

Und auch mir, der ich dem Leben gut bin, scheinen Schmetterlinge und Seifenblasen und was ihrer Art unter Menschen ist, am meisten vom Glücke zu wissen.

Diese leichten, törichten, zierlichen, beweglichen Seelchen flattern zu sehen – das verführt Zarathustra zu Tränen und Liedern.

Ich würde nur an einen Gott glauben, der zu tanzen verstünde.

Und als ich meinen Teufel sah, da fand ich ihn ernst, gründlich, tief, feierlich: es war der Geist der Schwere – durch ihn fallen alle Dinge.

Nicht durch Zorn, sondern durch Lachen tötet man. Auf, laßt uns den Geist der Schwere töten!

Ich habe gehen gelernt: seitdem lasse ich mich laufen. Ich habe fliegen gelernt: seitdem will ich nicht erst gestoßen sein, um von der Stelle zu kommen.

Jetzt bin ich leicht, jetzt fliege ich, jetzt sehe ich mich unter mir, jetzt tanzt ein Gott durch mich.

Also sprach Zarathustra.

Vom Baum am Berge

Zarathustras Auge hatte gesehn, daß ein Jüngling ihm auswich. Und als er eines Abends allein durch die Berge ging, welche die Stadt umschließen, die genannt wird »die bunte Kuh«: siehe, da fand er im Gehen diesen Jüngling, wie er an einem Baum gelehnt saß und müden Blickes in das Tal schaute. Zarathustra faßte den Baum an, bei welchem der Jüngling saß, und sprach also:

»Wenn ich diesen Baum da mit meinen Händen schütteln wollte, ich würde es nicht vermögen.

Aber der Wind, den wir nicht sehen, der quält und biegt ihn, wohin er will. Wir werden am schlimmsten von unsichtbaren Händen gebogen und gequält.«

Da erhob sich der Jüngling bestürzt und sagte: »ich höre Zarathustra und eben dachte ich an ihn.«

Zarathustra entgegnete:

»Was erschrickst du deshalb? – Aber es ist mit dem Menschen wie mit dem Baume.

Je mehr er hinauf in die Höhe und Helle will, um so stärker streben seine Wurzeln erdwärts, abwärts, ins Dunkle, Tiefe – ins Böse.«

»Ja, ins Böse!« rief der Jüngling. »Wie ist es möglich, daß du meine Seele entdecktest?«

Zarathustra lächelte und sprach: »Manche Seele wird man nie entdecken, es sei denn, daß man sie zuerst erfindet.«

»Ja, ins Böse!« rief der Jüngling nochmals.

»Du sagtest die Wahrheit, Zarathustra. Ich traue mir selber nicht mehr, seitdem ich in die Höhe will, und Niemand traut mir mehr, – wie geschieht dies doch?

Ich verwandele mich zu schnell: mein Heute widerlegt mein Gestern. Ich überspringe oft die Stufen, wenn ich steige, – das verzeiht mir keine Stufe.

Bin ich oben, so finde ich mich immer allein. Niemand redet mit mir, der Frost der Einsamkeit macht mich zittern. Was will ich doch in der Höhe?

Meine Verachtung und meine Sehnsucht wachsen miteinander; je höher ich steige, um so mehr verachte ich Den, der steigt. Was will er doch in der Höhe?

Wie schäme ich mich meines Steigens und Stolperns! Wie spotte ich meines heftigen Schnaubens! Wie hasse ich den Fliegenden! Wie müde bin ich in der Höhe!«

Hier schwieg der Jüngling. Und Zarathustra betrachtete den Baum, an dem sie standen, und sprach also:

»Dieser Baum steht einsam hier am Gebirge; er wuchs hoch hinweg über Mensch und Tier.

Und wenn er reden wollte, er würde Niemanden haben, der ihn verstünde: so hoch wuchs er.

Nun wartet er und wartet – worauf wartet er doch? Er wohnt dem Sitze der Wolken zu nahe: er wartet wohl auf den ersten Blitz?«

Als Zarathustra dies gesagt hatte, rief der Jüngling mit heftigen Gebärden: »Ja, Zarathustra, du sprichst die Wahrheit. Nach meinem Untergange verlangte ich, als ich in die Höhe wollte, und du bist der Blitz, auf den ich wartete! Siehe, was bin ich noch, seitdem du uns erschienen bist? Der *Neid* auf dich ist's, der mich zerstört hat!« – So sprach der Jüngling und weinte bitterlich. Zarathustra aber legte seinen Arm um ihn und führte ihn mit sich fort.

Und als sie eine Weile miteinander gegangen waren, hob Zarathustra also an zu sprechen:

Es zerreißt mir das Herz. Besser als deine Worte es sagen, sagt mir dein Auge alle deine Gefahr.

Noch bist du nicht frei, du *suchst* noch nach Freiheit. Übernächtig machte dich dein Suchen und überwach.

In die freie Höhe willst du, nach Sternen dürstet deine Seele. Aber auch deine schlimmen Triebe dürsten nach Freiheit.

Deine wilden Hunde wollen in die Freiheit; sie bellen vor Lust in ihrem Keller, wenn dein Geist alle Gefängnisse zu lösen trachtet.

Noch bist du mir ein Gefangner, der sich Freiheit ersinnt: ach, klug wird solchen Gefangnen die Seele, aber auch arglistig und schlecht.

Reinigen muß sich auch noch der Befreite des Geistes. Viel Gefängnis und Moder ist noch in ihm zurück: rein muß noch sein Auge werden.

Ja, ich kenne deine Gefahr. Aber bei meiner Liebe und Hoffnung beschwöre ich dich: wirf deine Liebe und Hoffnung nicht weg!

Edel fühlst du dich noch, und edel fühlen dich auch die Andern noch, die dir gram sind und böse Blicke senden. Wisse, daß Allen ein Edler im Wege steht.

Auch den Guten steht ein Edler im Wege: und selbst wenn sie ihn einen Guten nennen, so wollen sie ihn damit beiseite bringen.

Neues will der Edle schaffen und eine neue Tugend. Altes will der Gute, und daß Altes erhalten bleibe.

Aber nicht Das ist die Gefahr des Edlen, daß er ein Guter werde, sondern ein Frecher, ein Höhnender, ein Vernichter.

Ach, ich kannte Edle, die verloren ihre höchste Hoffnung. Und nun verleumdeten sie alle hohen Hoffnungen.

Nun lebten sie frech in kurzen Lüsten, und über den Tag hin warfen sie kaum noch Ziele.

»Geist ist auch Wollust« – so sagten sie. Da zerbrachen ihrem Geiste die Flügel: nun kriecht er herum und beschmutzt im Nagen.

Einst dachten sie Helden zu werden: Lüstlinge sind es jetzt. Ein Gram und ein Grauen ist ihnen der Held.

Aber bei meiner Liebe und Hoffnung beschwöre ich dich: wirf den Helden in deiner Seele nicht weg! Halte heilig deine höchste Hoffnung! –

Also sprach Zarathustra.

Von den Predigern des Todes

Es gibt Prediger des Todes: und die Erde ist voll von Solchen, denen Abkehr gepredigt werden muß vom Leben.

Voll ist die Erde von Überflüssigen, verdorben ist das Leben durch die Viel-zu-Vielen. Möge man sie mit dem »ewigen Leben« aus diesem Leben weglocken!

»Gelbe«: so nennt man die Prediger des Todes, oder »Schwarze«. Aber ich will sie euch noch in andern Farben zeigen.

Da sind die Fürchterlichen, welche in sich das Raubtier herumtragen und keine Wahl haben, es sei denn Lüste oder Selbstzerfleischung. Und auch ihre Lüste sind noch Selbstzerfleischung.

Sie sind noch nicht einmal Mensch geworden, diese Fürchterlichen: mögen sie Abkehr predigen vom Leben und selber dahinfahren!

Da sind die Schwindsüchtigen der Seele: kaum sind sie geboren, so fangen sie schon an zu sterben und sehnen sich nach Lehren der Müdigkeit und Entsagung.

Sie wollen gerne tot sein, und wir sollten ihren Willen gutheißen! Hüten wir uns, diese Toten zu erwecken und diese lebendigen Särge zu versehren!

Ihnen begegnet ein Kranker oder ein Greis oder ein Leichnam; und gleich sagen sie »das Leben ist widerlegt!«

Aber nur sie sind widerlegt und ihr Auge, welches nur das Eine Gesicht sieht am Dasein.

Eingehüllt in dicke Schwermut und begierig auf die kleinen Zufälle, welche den Tod bringen: so warten sie und beißen die Zähne aufeinander.

Oder aber: sie greifen nach Zuckerwerk und spotten ihrer Kinderei dabei: sie hängen an ihrem Strohhalm Leben und spotten, daß sie noch an einem Strohhalm hängen.

Ihre Weisheit lautet: »Ein Tor, der leben bleibt, aber so sehr sind wir die Toren! Und das eben ist das Törichste am Leben!« –

»Das Leben ist nur Leiden« – so sagen Andre und lügen nicht: so sorgt doch, daß *ihr* aufhört! So sorgt doch, daß das Leben aufhört, welches nur Leiden ist!

Und also laute die Lehre eurer Tugend »du sollst dich selber töten! Du sollst dich selber davonstehlen!« –

»Wollust ist Sünde« – so sagen die Einen, welche den Tod predigen – »laßt uns beiseite gehn und keine Kinder zeugen!«

»Gebären ist mühsam« – sagen die Andren – »Wozu noch gebären? Man gebiert nur Unglückliche!« Und auch sie sind Prediger des Todes.

»Mitleid tut not« – so sagen die Dritten. »Nehmt hin, was ich habe! Nehmt hin, was ich bin! Um so weniger bindet mich das Leben!«

Wären sie Mitleidige von Grund aus, so würden sie ihren Nächsten das Leben verleiden. Böse sein – das wäre ihre rechte Güte.

Aber sie wollen loskommen vom Leben: was schiert es sie, daß sie Andre mit ihren Ketten und Geschenken noch fester binden! –

Und auch ihr, denen das Leben wilde Arbeit und Unruhe ist; seid ihr nicht sehr müde des Lebens? Seid ihr nicht sehr reif für die Predigt des Todes?

Ihr Alle, denen die wilde Arbeit lieb ist und das Schnelle, Neue, Fremde, – ihr ertragt euch .schlecht, euer Fleiß ist Flucht und Wille, sich selber zu vergessen.

Wenn ihr mehr an das Leben glaubtet, würdet ihr weniger euch dem Augenblicke hinwerfen. Aber ihr habt zum Warten nicht Inhalt genug in euch – und selbst zur Faulheit nicht!

Überall ertönt die Stimme Derer, welche den Tod predigen: und die Erde ist voll von Solchen, welchen der Tod gepredigt werden muß.

Oder »das ewige Leben«: das gilt mir gleich, – wofern sie nur schnell dahinfahren!

Also sprach Zarathustra.

Vom Krieg und Kriegsvolke

Von unsern besten Feinden wollen wir nicht geschont sein, und auch von Denen nicht, welche wir von Grund aus lieben. So laßt mich denn euch die Wahrheit sagen!

Meine Brüder im Kriege! Ich liebe euch von Grund aus, ich bin und war Euresgleichen. Und ich bin auch euer bester Feind. So laßt mich denn euch die Wahrheit sagen!

Ich weiß um den Haß und Neid eures Herzens. Ihr seid nicht groß genug, um Haß und Neid nicht zu kennen. So seid denn groß genug, euch ihrer nicht zu schämen!

Und wenn ihr nicht Heilige der Erkenntnis sein könnt, so seid mir wenigstens deren Kriegsmänner. Das sind die Gefährten und Vorläufer solcher Heiligkeit.

Ich sehe viel Soldaten: möchte ich viel Kriegsmänner sehen! »Ein-form« nennt man's, was sie tragen: möge es nicht Ein-form sein, was sie damit verstecken!

Ihr sollt mir Solche sein, deren Auge immer nach einem Feinde sucht – nach *eurem* Feinde. Und bei Einigen von euch gibt es einen Haß auf den ersten Blick.

Euren Feind sollt ihr suchen, euren Krieg sollt ihr führen, und für eure Gedanken! Und wenn euer Gedanke unterliegt, so soll eure Redlichkeit darüber noch Triumph rufen!

Ihr sollt den Frieden lieben als Mittel zu neuen Kriegen. Und den kurzen Frieden mehr als den langen.

Euch rate ich nicht zur Arbeit, sondern zum Kampfe. Euch rate ich nicht zum Frieden, sondern zum Siege. Eure Arbeit sei ein Kampf, euer Friede sei ein Sieg!

Man kann nur schweigen und stillsitzen, wenn man Pfeil und Bogen hat: sonst schwätzt und zankt man. Euer Friede sei ein Sieg!

Ihr sagt, die gute Sache sei es, die sogar den Krieg heilige? Ich sage euch: der gute Krieg ist es, der jede Sache heiligt.

Der Krieg und der Mut haben mehr große Dinge getan, als die Nächstenliebe. Nicht euer Mitleiden, sondern eure Tapferkeit rettete bisher die Verunglückten.

Was ist gut? fragt ihr. Tapfer sein ist gut. Laßt die kleinen Mädchen reden: »gut sein ist, was hübsch zugleich und rührend ist.«

Man nennt euch herzlos: aber euer Herz ist ächt, und ich liebe die Scham eurer Herzlichkeit. Ihr schämt euch eurer Flut, und Andre schämen sich ihrer Ebbe.

Ihr seid häßlich? Nun wohlan, meine Brüder! So nehmt das Erhabne um euch, den Mantel des Häßlichen!

Und wenn eure Seele groß wird, so wird sie übermütig, und in eurer Erhabenheit ist Bosheit. Ich kenne euch.

In der Bosheit begegnet sich der Übermütige mit dem Schwächlinge. Aber sie mißverstehen einander. Ich kenne euch.

Ihr dürft nur Feinde haben, die zu hassen sind, aber nicht Feinde zum Verachten. Ihr müßt stolz auf euern Feind sein: dann sind die Erfolge eures Feindes auch eure Erfolge.

Auflehnung – das ist die Vornehmheit am Sklaven. Eure Vornehmheit sei Gehorsam! Euer Befehlen selber sei ein Gehorchen!

Einem guten Kriegsmanne klingt »du sollst« angenehmer als »ich will«. Und Alles, was euch lieb ist, sollt ihr euch erst noch befehlen lassen.

Eure Liebe zum Leben sei Liebe zu eurer höchsten Hoffnung: und eure höchste Hoffnung sei der höchste Gedanke des Lebens!

Euren höchsten Gedanken aber sollt ihr euch von mir befehlen lassen – und er lautet: der Mensch ist Etwas, das überwunden werden soll.

So lebt euer Leben des Gehorsams und des Krieges! Was liegt am Lang-Leben! Welcher Krieger will geschont sein!

Ich schone euch nicht, ich liebe euch von Grund aus, meine Brüder im Kriege! –

Also sprach Zarathustra.

Vom neuen Götzen

Irgendwo gibt es noch Völker und Herden, doch nicht bei uns, meine Brüder: da gibt es Staaten.

Staat? Was ist das? Wohlan! Jetzt tut mir die Ohren auf, denn jetzt sage ich euch mein Wort vom Tode der Völker.

Staat heißt das kälteste aller kalten Ungeheuer. Kalt lügt es auch; und diese Lüge kriecht aus seinem Munde: »Ich, der Staat, bin das Volk.«

Lüge ist's! Schaffende waren es, die schufen die Völker und hängten einen Glauben und eine Liebe über sie hin: also dienten sie dem Leben.

Vernichter sind es, die stellen Fallen auf für Viele und heißen sie Staat: sie hängen ein Schwert und hundert Begierden über sie hin.

Wo es noch Volk gibt, da versteht es den Staat nicht und haßt ihn als bösen Blick und Sünde an Sitten und Rechten.

Dieses Zeichen gebe ich euch: jedes Volk spricht seine Zunge des Guten und Bösen: die versteht der Nachbar nicht. Seine Sprache erfand es sich in Sitten und Rechten.

Aber der Staat lügt in allen Zungen des Guten und Bösen; und was er auch redet, er lügt – und was er auch hat, gestohlen hat er's.

Falsch ist Alles an ihm; mit gestohlenen Zähnen beißt er, der Bissige. Falsch sind selbst seine Eingeweide.

Sprachverwirrung des Guten und Bösen: dieses Zeichen gebe ich euch als Zeichen des Staates. Wahrlich, den Willen zum Tode deutet dieses Zeichen! Wahrlich, es winkt den Predigern des Todes!

Viel zu Viele werden geboren: für die Überflüssigen ward der Staat erfunden!

Seht mir doch, wie er sie an sich lockt, die Viel-zu-Vielen! Wie er sie schlingt und kaut und wiederkäut!

»Auf der Erde ist nichts Größeres als ich: der ordnende Finger bin ich Gottes« – also brüllt das Untier. Und nicht nur Langgeohrte und Kurzgeäugte sinken auf die Knie!

Ach, auch in euch, ihr großen Seelen, raunt er seine düsteren Lügen! Ach, er errät die reichen Herzen, die gerne sich verschwenden!

Ja, auch euch errät er, ihr Besieger des alten Gottes! Müde wurdet ihr im Kampfe, und nun dient eure Müdigkeit noch dem neuen Götzen!

Helden und Ehrenhafte möchte er um sich aufstellen, der neue Götze! Gerne sonnt er sich im Sonnenschein guter Gewissen – das kalte Untier!

Alles will er *euch* geben, wenn ihr ihn anbetet, der neue Götze: also kauft er sich den Glanz eurer Tugend und den Blick eurer stolzen Augen.

Ködern will er mit euch die Viel-zu-Vielen! Ja, ein Höllenkunststück ward da erfunden, ein Pferd des Todes, klirrend im Putz göttlicher Ehren!

Ja, ein Sterben für Viele ward da erfunden, das sich selber als Leben preist: wahrlich, ein Herzensdienst allen Predigern des Todes!

Staat nenne ich's, wo Alle Gifttrinker sind, Gute und Schlimme: Staat, wo Alle sich selber verlieren, Gute und Schlimme: Staat, wo der langsame Selbstmord aller – »das Leben« heißt.

Seht mir doch diese Überflüssigen! Sie stehlen sich die Werke der Erfinder und die Schätze der Weisen: Bildung nennen sie ihren Diebstahl – und Alles wird ihnen zu Krankheit und Ungemach!

Seht mir doch diese Überflüssigen! Krank sind sie immer, sie erbrechen ihre Galle und nennen es Zeitung. Sie verschlingen einander und können sich nicht einmal verdauen.

Seht mir doch diese Überflüssigen! Reichtümer erwerben sie und werden ärmer damit. Macht wollen sie, und zuerst das Brecheisen der Macht, viel Geld, – diese Unvermögenden!

Seht sie klettern, diese geschwinden Affen! Sie klettern übereinander hinweg und zerren sich also in den Schlamm und die Tiefe.

Hin zum Throne wollen sie Alle: ihr Wahnsinn ist es – als ob das Glück auf dem Throne säße! Oft sitzt der Schlamm auf dem Thron – und oft auch der Thron auf dem Schlamme.

Wahnsinnige sind sie mir Alle und kletternde Affen und Überheiße. Übel riecht mir ihr Götze, das kalte Untier: übel riechen sie mir alle zusammen, diese Götzendiener.

Meine Brüder, wollt ihr denn ersticken im Dunste ihrer Mäuler und Begierden! Lieber zerbrecht doch die Fenster und springt ins Freie!

Geht doch dem schlechten Geruche aus dem Wege! Geht fort von der Götzendienerei der Überflüssigen!

Geht doch dem schlechten Geruche aus dem Wege! Geht fort von dem Dampfe dieser Menschenopfer!

Frei steht großen Seelen auch jetzt noch die Erde. Leer sind noch viele Sitze für Einsame und Zweisame, um die der Geruch stiller Meere weht.

Frei steht noch großen Seelen ein freies Leben. Wahrlich, wer wenig besitzt, wird um so weniger besessen: gelobt sei die kleine Armut!

Dort, wo der Staat aufhört, da beginnt erst der Mensch, der nicht überflüssig ist: da beginnt das Lied des Notwendigen, die einmalige und unersetzliche Weise.

Dort, wo der Staat *aufhört,* – so seht mir doch hin, meine Brüder! Seht ihr ihn nicht, den Regenbogen und die Brücken des Übermenschen? –

Also sprach Zarathustra.

Von den Fliegen des Marktes

Fliehe, mein Freund, in deine Einsamkeit! Ich sehe dich betäubt vom Lärme der großen Männer und zerstochen von den Stacheln der kleinen.

Würdig wissen Wald und Fels mit dir zu schweigen. Gleiche wieder dem Baume, den du liebst, dem breitästigen: still und aufhorchend hängt er über dem Meere.

Wo die Einsamkeit aufhört, da beginnt der Markt; und wo der Markt beginnt, da beginnt auch der Lärm der großen Schauspieler und das Geschwirr der giftigen Fliegen.

In der Welt taugen die besten Dinge noch Nichts, ohne Einen, der sie erst aufführt: große Männer heißt das Volk diese Aufführer.

Wenig begreift das Volk das Große, das ist: das Schaffende. Aber Sinne hat es für alle Aufführer und Schauspieler großer Sachen.

Um die Erfinder von neuen Werten dreht sich die Welt: – unsichtbar dreht sie sich. Doch um die Schauspieler dreht sich das Volk und der Ruhm: so ist es »der Welt Lauf«.

Geist hat der Schauspieler, doch wenig Gewissen des Geistes. Immer glaubt er an Das, womit er am stärksten glauben macht – glauben an *sich* macht!

Morgen hat er einen neuen Glauben und übermorgen einen neueren. Rasche Sinne hat er, gleich dem Volke, und veränderliche Witterungen.

Umwerfen – das heißt ihm: beweisen. Toll machen – das heißt ihm: überzeugen. Und Blut gilt ihm als aller Gründe bester.

Eine Wahrheit, die nur in feine Ohren schlüpft, nennt er Lüge und Nichts. Wahrlich, er glaubt nur an Götter, die großen Lärm in der Welt machen!

Voll von feierlichen Possenreißern ist der Markt – und das Volk rühmt sich seiner großen Männer! Das sind ihm die Herrn der Stunde.

Aber die Stunde drängt sie: so drängen sie dich. Und auch von dir wollen sie Ja oder Nein. Wehe, du willst zwischen Für und Wider deinen Stuhl setzen?

Dieser Unbedingten und Drängenden halber sei ohne Eifersucht, du Liebhaber der Wahrheit! Niemals noch hängte sich die Wahrheit an den Arm eines Unbedingten.

Dieser Plötzlichen halber gehe zurück in deine Sicherheit: nur auf dem Markt wird man mit Ja? oder Nein? überfallen.

Langsam ist das Erleben allen tiefen Brunnen: lange müssen sie warten, bis sie wissen, *was* in ihre Tiefe fiel.

Abseits vom Markte und Ruhme begibt sich alles Große: abseits vom Markte und Ruhme wohnten von je die Erfinder neuer Werte.

Fliehe, mein Freund, in deine Einsamkeit: ich sehe dich von giftigen Fliegen zerstochen. Fliehe dorthin, wo rauhe, starke Luft weht!

Fliehe in deine Einsamkeit! Du lebtest den Kleinen und Erbärmlichen zu nahe. Fliehe vor ihrer unsichtbaren Rache! Gegen dich sind sie Nichts als Rache.

Hebe nicht mehr den Arm gegen sie! Unzählbar sind sie, und es ist nicht dein Los, Fliegenwedel zu sein.

Unzählbar sind diese Kleinen und Erbärmlichen; und manchem stolzen Baue gereichten schon Regentropfen und Unkraut zum Untergange.

Du bist kein Stein, aber schon wurdest du hohl von vielen Tropfen. Zerbrechen und zerbersten wirst du mir noch von vielen Tropfen.

Ermüdet sehe ich dich durch giftige Fliegen, blutig geritzt sehe ich dich an hundert Stellen; und dein Stolz will nicht einmal zürnen.

Blut möchten sie von dir in aller Unschuld, Blut begehren ihre blutlosen Seelen – und sie stechen daher in aller Unschuld.

Aber du Tiefer, du leidest zu tief, auch an kleinen Wunden; und ehe du dich noch geheilt hast, kroch dir der gleiche Giftwurm über die Hand.

Zu stolz bist du mir dafür, diese Naschhaften zu töten. Hüte dich aber, daß es nicht dein Verhängnis werde, all ihr giftiges Unrecht zu tragen!

Sie summen um dich auch mit ihrem Lobe: Zudringlichkeit ist ihr Loben. Sie wollen die Nähe deiner Haut und deines Blutes.

Sie schmeicheln dir wie einem Gotte oder Teufel; sie winseln vor dir wie vor einem Gotte oder Teufel. Was macht es! Schmeichler sind es und Winsler, und nicht mehr.

Auch geben sie sich dir oft als Liebenswürdige. Aber das war immer die Klugheit der Feigen. Ja, die Feigen sind klug!

Sie denken viel über dich mit ihrer engen Seele – bedenklich bist du ihnen stets! Alles, was viel bedacht wird, wird bedenklich.

Sie bestrafen dich für alle deine Tugenden. Sie verzeihen dir von Grund aus nur – deine Fehlgriffe.

Weil du milde bist und gerechten Sinnes, sagst du: »unschuldig sind sie an ihrem kleinen Dasein.« Aber ihre enge Seele denkt: »Schuld ist alles große Dasein.«

Auch wenn du ihnen milde bist, fühlen sie sich noch von dir verachtet; und sie geben dir deine Wohltat zurück mit versteckten Wehtaten.

Dein wortloser Stolz geht immer wider ihren Geschmack; sie frohlocken, wenn du einmal bescheiden genug bist, eitel zu sein.

Das, was wir an einem Menschen erkennen, das entzünden wir an ihm auch. Also hüte dich vor den Kleinen!

Vor dir fühlen sie sich klein, und ihre Niedrigkeit glimmt und glüht gegen dich in unsichtbarer Rache.

Merktest du nicht, wie oft sie stumm wurden, wenn du zu ihnen tratest, und wie ihre Kraft von ihnen ging, wie der Rauch von einem erlöschenden Feuer?

Ja, mein Freund, das böse Gewissen bist du deinen Nächsten: denn sie sind deiner unwert. Also hassen sie dich und möchten gerne an deinem Blute saugen.

Deine Nächsten werden immer giftige Fliegen sein; Das, was groß an dir ist, – das selber muß sie giftiger machen und immer fliegenhafter.

Fliehe, mein Freund, in deine Einsamkeit und dorthin, wo eine rauhe, starke Luft weht. Nicht ist es dein Los, Fliegenwedel zu sein. –

Also sprach Zarathustra.

Von der Keuschheit

Ich liebe den Wald. In den Städten ist schlecht zu leben: da gibt es zu Viele der Brünstigen.

Ist es nicht besser, in die Hände eines Mörders zu geraten, als in die Träume eines brünstigen Weibes?

Und seht mir doch diese Männer an: ihr Auge sagt es – sie wissen nichts Besseres auf Erden, als bei einem Weibe zu liegen.

Schlamm ist auf dem Grunde ihrer Seele; und wehe, wenn ihr Schlamm gar noch Geist hat!

Daß ihr doch wenigstens als Tiere vollkommen wäret! Aber zum Tiere gehört die Unschuld.

Rate ich euch, eure Sinne zu töten? Ich rate euch zur Unschuld der Sinne.

Rate ich euch zur Keuschheit? Die Keuschheit ist bei Einigen eine Tugend, aber bei Vielen beinahe ein Laster.

Diese enthalten sich wohl: aber die Hündin Sinnlichkeit blickt mit Neid aus Allem, was sie tun.

Noch in die Höhen ihrer Tugend und bis in den kalten Geist hinein folgt ihnen dies Getier und sein Unfrieden.

Und wie artig weiß die Hündin Sinnlichkeit um ein Stück Geist zu betteln, wenn ihr ein Stück Fleisch versagt wird!

Ihr liebt Trauerspiele und Alles, was das Herz zerbricht? Aber ich bin mißtrauisch gegen eure Hündin.

Ihr habt mir zu grausame Augen und blickt lüstern nach Leidenden. Hat sich nicht nur eure Wollust verkleidet und heißt sich Mitleiden?

Und auch dies Gleichnis gebe ich euch: nicht Wenige, die ihren Teufel austreiben wollten, fuhren dabei selber in die Säue.

Wem die Keuschheit schwerfällt, dem ist sie zu widerraten: daß sie nicht der Weg zur Hölle werde – das ist zu Schlamm und Brunst der Seele.

Rede ich von schmutzigen Dingen? Das ist mir nicht das Schlimmste.

Nicht, wenn die Wahrheit schmutzig ist, sondern wenn sie seicht ist, steigt der Erkennende ungern in ihr Wasser.

Wahrlich, es gibt Keusche von Grund aus: sie sind milder von Herzen, sie lachen lieber und reichlicher als ihr.

Sie lachen auch über die Keuschheit und fragen: »was ist Keuschheit!

Ist Keuschheit nicht Torheit? Aber diese Torheit kam zu uns, und nicht wir zu ihr.

Wir boten diesem Gaste Herberge und Herz: nun wohnt er bei uns – mag er bleiben, wie lange er will!«

Also sprach Zarathustra.

Vom Freunde

»Einer ist immer zuviel um mich« – also denkt der Einsiedler. »Immer Einmal Eins – das gibt auf die Dauer Zwei!«

Ich und Mich sind immer zu eifrig im Gespräche: wie wäre es auszuhalten, wenn es nicht einen Freund gäbe?

Immer ist für den Einsiedler der Freund der Dritte: der Dritte ist der Kork, der verhindert, daß das Gespräch der Zweie in die Tiefe sinkt.

Ach, es gibt zu viele Tiefen für alle Einsiedler. Darum sehnen sie sich so nach einem Freunde und nach seiner Höhe.

Unser Glaube an Andre verrät, worin wir gerne an uns selber glauben möchten. Unsre Sehnsucht nach einem Freunde ist unser Verräter.

Und oft will man mit der Liebe nur den Neid überspringen. Und oft greift man an und macht sich einen Feind, um zu verbergen, daß man angreifbar ist.

»Sei wenigstens mein Feind!« – so spricht die wahre Ehrfurcht, die nicht um Freundschaft zu bitten wagt.

Will man einen Freund haben, so muß man auch für ihn Krieg führen wollen: und um Krieg zu führen, muß man Feind sein *können.*

Man soll in seinem Freunde noch den Feind ehren. Kannst du an deinen Freund dicht herantreten, ohne zu ihm überzutreten?

In seinem Freunde soll man seinen besten Feind haben. Du sollst ihm am nächsten mit dem Herzen sein, wenn du ihm widerstrebst.

Du willst vor deinem Freunde kein Kleid tragen? Es soll deines Freundes Ehre sein, daß du dich ihm gibst, wie du bist? Aber er wünscht dich darum zum Teufel!

Wer aus sich kein Hehl macht, empört: so sehr habt ihr Grund, die Nacktheit zu fürchten! Ja, wenn ihr Götter wäret, da dürftet ihr euch eurer Kleider schämen!

Du kannst dich für deinen Freund nicht schön genug putzen: denn du sollst ihm ein Pfeil und eine Sehnsucht nach dem Übermenschen sein.

Sahst du deinen Freund schon schlafen – damit du erfahrest, wie er aussieht? Was ist doch sonst das Gesicht deines Freundes? Es ist dein eignes Gesicht, auf einem rauhen und unvollkommnen Spiegel.

Sahst du deinen Freund schon schlafen? Erschrakst du nicht, daß dein Freund so aussieht? Oh, mein Freund, der Mensch ist Etwas, das überwunden werden muß.

Im Erraten und Stillschweigen soll der Freund Meister sein: nicht Alles mußt du sehn wollen. Dein Traum soll dir verraten, was dein Freund im Wachen tut.

Ein Erraten sei dein Mitleiden: daß du erst wissest, ob dein Freund Mitleiden wolle. Vielleicht liebt er an dir das ungebrochne Auge und den Blick der Ewigkeit.

Das Mitleiden mit dem Freunde berge sich unter einer harten Schale, an ihm sollst du dir einen Zahn ausbeißen. So wird es seine Feinheit und Süße haben.

Bist du reine Luft und Einsamkeit und Brot und Arznei deinem Freunde? Mancher kann seine eignen Ketten nicht lösen und doch ist er dem Freunde ein Erlöser.

Bist du ein Sklave? So kannst du nicht Freund sein. Bist du ein Tyrann? So kannst du nicht Freunde haben.

Allzulange war im Weibe ein Sklave und ein Tyrann versteckt. Deshalb ist das Weib noch nicht der Freundschaft fähig: es kennt nur die Liebe.

In der Liebe des Weibes ist Ungerechtigkeit und Blindheit gegen Alles, was es nicht liebt. Und auch in der wissenden

Liebe des Weibes ist immer noch Überfall und Blitz und Nacht neben dem Lichte.

Noch ist das Weib nicht der Freundschaft fähig: Katzen sind immer noch die Weiber, und Vögel. Oder, besten Falles, Kühe.

Noch ist das Weib nicht der Freundschaft fähig. Aber sagt mir, ihr Männer, wer von euch ist denn fähig der Freundschaft?

Oh über eure Armut, ihr Männer, und euren Geiz der Seele! Wieviel ihr dem Freunde gebt, das will ich noch meinem Feinde geben, und will auch nicht ärmer damit geworden sein.

Es gibt Kameradschaft: möge es Freundschaft geben!

Also sprach Zarathustra.

Von tausend und Einem Ziele

Viele Länder sah Zarathustra und viele Völker: so entdeckte er vieler Völker Gutes und Böses. Keine größere Macht fand Zarathustra auf Erden, als Gut und Böse.

Leben könnte kein Volk, das nicht erst schätzte; will es sich aber erhalten, so darf es nicht schätzen, wie der Nachbar schätzt.

Vieles, das diesem Volke gut hieß, hieß einem andern Hohn und Schmach: also fand ich's. Vieles fand ich hier böse genannt und dort mit purpurnen Ehren geputzt.

Nie verstand ein Nachbar den andern: stets verwunderte sich seine Seele ob des Nachbarn Wahn und Bosheit.

Eine Tafel der Güter hängt über jedem Volke. Siehe, es ist seiner Überwindungen Tafel; siehe, es ist die Stimme seines Willens zur Macht.

Löblich ist, was ihm schwer gilt; was unerläßlich und schwer, heißt gut; und was aus der höchsten Not noch befreit, das Seltene, Schwerste, – das preist es heilig.

Was da macht, daß es herrscht und siegt und glänzt, seinem Nachbarn zu Grauen und Neide: das gilt ihm das Hohe, das Erste, das Messende, der Sinn aller Dinge.

Wahrlich, mein Bruder, erkanntest du erst eines Volkes Not und Land und Himmel und Nachbar: so errätst du wohl das Gesetz seiner Überwindungen, und warum es auf dieser Leiter zu seiner Hoffnung steigt.

»Immer sollst du der Erste sein und den Andern vorragen: Niemanden soll deine eifersüchtige Seele lieben, es sei denn den Freund« – dies machte einem Griechen die Seele zittern: dabei ging er seinen Pfad der Größe.

»Wahrheit reden und gut mit Bogen und Pfeil verkehren« – so dünkte es jenem Volke zugleich lieb und schwer, aus dem mein Name kommt – der Name, welcher mir zugleich lieb und schwer ist.

»Vater und Mutter ehren und bis in die Wurzel der Seele hinein ihnen zu Willen sein«: diese Tafel der Überwindung hängte ein andres Volk über sich auf und wurde mächtig und ewig damit.

»Treue üben und um der Treue willen Ehre und Blut auch an böse und gefährliche Sachen setzen«: also sich lehrend bezwang sich ein anderes Volk, und also sich bezwingend wurde es schwanger und schwer von großen Hoffnungen.

Wahrlich, die Menschen gaben sich alles ihr Gutes und Böses. Wahrlich, sie nahmen es nicht, sie fanden es nicht, nicht fiel es ihnen als Stimme vom Himmel.

Werte legte erst der Mensch in die Dinge, sich zu erhalten, – er schuf erst den Dingen Sinn, einen Menschen-Sinn! Darum nennt er sich »Mensch«, das ist: der Schätzende.

Schätzen ist Schaffen: hört es, ihr Schaffenden! Schätzen selber ist aller geschätzten Dinge Schatz und Kleinod.

Durch das Schätzen erst gibt es Wert: und ohne das Schätzen wäre die Nuß des Daseins hohl. Hört es, ihr Schaffenden!

Wandel der Werte – das ist Wandel der Schaffenden. Immer vernichtet, wer ein Schöpfer sein muß.

Schaffende waren erst Völker, und spät erst Einzelne; wahrlich, der Einzelne selber ist noch die jüngste Schöpfung.

Völker hängten sich einst eine Tafel des Guten über sich. Liebe, die herrschen will, und Liebe, die gehorchen will, erschufen sich zusammen solche Tafeln.

Älter ist an der Herde die Lust, als die Lust am Ich: und solange das gute Gewissen Herde heißt, sagt nur das schlechte Gewissen: Ich.

Wahrlich, das schlaue Ich, das lieblose, das seinen Nutzen im Nutzen Vieler will: das ist nicht der Herde Ursprung, sondern ihr Untergang.

Liebende waren es stets und Schaffende, die schufen Gut und Böse. Feuer der Liebe glüht in aller Tugenden Namen und Feuer des Zorns.

Viele Länder sah Zarathustra und viele Völker: keine größere Macht fand Zarathustra auf Erden, als die Werke der Liebenden: »gut« und »böse« ist ihr Name.

Wahrlich, ein Ungetüm ist die Macht dieses Lobens und Tadelns. Sagt, wer bezwingt es mir, ihr Brüder? Sagt, wer wirft diesem Tier die Fessel über die tausend Nacken?

Tausend Ziele gab es bisher, denn tausend Völker gab es. Nur die Fessel der tausend Nacken fehlt noch, es fehlt das Eine Ziel. Noch hat die Menschheit kein Ziel.

Aber sagt mir doch, meine Brüder: wenn der Menschheit das Ziel noch fehlt, fehlt da nicht auch – sie selber noch? –

Also sprach Zarathustra.

Von der Nächstenliebe

Ihr drängt euch um den Nächsten und habt schöne Worte dafür. Aber ich sage euch: eure Nächstenliebe ist eure schlechte Liebe zu euch selber.

Ihr flüchtet zum Nächsten vor euch selber und möchtet euch daraus eine Tugend machen: aber ich durchschaue euer »Selbstloses«.

Das Du ist älter als das Ich; das Du ist heilig gesprochen, aber noch nicht das Ich: so drängt sich der Mensch hin zum Nächsten.

Rate ich euch zur Nächstenliebe? Lieber noch rate ich euch zur Nächsten-Flucht und zur Fernsten-Liebe!

Höher als die Liebe zum Nächsten steht die Liebe zum Fernsten und Künftigen; höher noch als die Liebe zu Menschen gilt mir die Liebe zu Sachen und Gespenstern.

Dies Gespenst, das vor dir herläuft, mein Bruder, ist schöner als du; warum gibst du ihm nicht dein Fleisch und deine Knochen? Aber du fürchtest dich und läufst zu deinem Nächsten.

Ihr haltet es mit euch selber nicht aus und liebt euch nicht genug: nun wollt ihr den Nächsten zur Liebe verführen und euch mit seinem Irrtum vergolden.

Ich wollte, ihr hieltet es nicht aus mit allerlei Nächsten und deren Nachbarn; so müßtet ihr aus euch selber euren Freund und sein überwallendes Herz schaffen.

Ihr ladet euch einen Zeugen ein, wenn ihr von euch gut reden wollt; und wenn ihr ihn verführt habt, gut von euch zu denken, denkt ihr selber gut von euch.

Nicht nur Der lügt, welcher wider sein Wissen redet, sondern erst recht Der, welcher wider sein Nichtwissen redet. Und so redet ihr von euch im Verkehre und belügt mit euch den Nachbar.

Also spricht der Narr: »Der Umgang mit Menschen verdirbt den Charakter, sonderlich wenn man keinen hat.«

Der Eine geht zum Nächsten, weil er sich sucht, und der Andre, weil er sich verlieren möchte. Eure schlechte Liebe zu euch selber macht euch aus der Einsamkeit ein Gefängnis.

Die Ferneren sind es, welche eure Liebe zum Nächsten bezahlen; und schon wenn ihr zu fünfen miteinander seid, muß immer ein sechster sterben.

Ich liebe auch eure Feste nicht: zu viel Schauspieler fand ich dabei, und auch die Zuschauer gebärdeten sich oft gleich Schauspielern.

Nicht den Nächsten lehre ich euch, sondern den Freund. Der Freund sei euch das Fest der Erde und ein Vorgefühl des Übermenschen.

Ich lehre euch den Freund und sein übervolles Herz. Aber man muß verstehn, ein Schwamm zu sein, wenn man von übervollen Herzen geliebt sein will.

Ich lehre euch den Freund, in dem die Welt fertig dasteht, eine Schale des Guten, – den schaffenden Freund, der immer eine fertige Welt zu verschenken hat.

Und wie ihm die Welt auseinanderrollte, so rollt sie ihm wieder in Ringen zusammen, als das Werden des Guten durch das Böse, als das Werden der Zwecke aus dem Zufalle.

Die Zukunft und das Fernste sei dir die Ursache deines Heute: in deinem Freunde sollst du den Übermenschen als deine Ursache lieben.

Meine Brüder, zur Nächstenliebe rate ich euch nicht: ich rate euch zur Fernsten-Liebe.

Also sprach Zarathustra.

Vom Wege des Schaffenden

Willst du, mein Bruder, in die Vereinsamung gehen? Willst du den Weg zu dir selber suchen? Zaudere noch ein Wenig und höre mich.

»Wer sucht, der geht leicht selber verloren. Alle Vereinsamung ist Schuld«: also spricht die Herde. Und du gehörst lange zur Herde.

Die Stimme der Herde wird auch in dir noch tönen. Und wenn du sagen wirst »ich habe nicht mehr Ein Gewissen mit euch«, so wird es eine Klage und ein Schmerz sein.

Siehe, diesen Schmerz selber gebar noch das Eine Gewissen: und dieses Gewissens letzter Schimmer glüht noch auf deiner Trübsal.

Aber du willst den Weg deiner Trübsal gehen, welches ist der Weg zu dir selber? So zeige mir dein Recht und deine Kraft dazu!

Bist du eine neue Kraft und ein neues Recht? Eine erste Bewegung? Ein aus sich rollendes Rad? Kannst du auch Sterne zwingen, daß sie um dich sich drehen?

Ach, es gibt so viel Lüsternheit nach Höhe! Es gibt so viele Krämpfe der Ehrgeizigen! Zeige mir, daß du keiner der Lüsternen und Ehrgeizigen bist!

Ach, es gibt so viele große Gedanken, die tun nicht mehr als ein Blasebalg: sie blasen auf und machen leerer.

Frei nennst du dich? Deinen herrschenden Gedanken will ich hören und nicht, daß du einem Joche entronnen bist.

Bist du ein Solcher, der einem Joche entrinnen *durfte?* Es gibt Manchen, der seinen letzten Wert wegwarf, als er seine Dienstbarkeit wegwarf.

Frei wovon? Was schiert das Zarathustra! Hell aber soll mir dein Auge künden: frei *wozu?*

Kannst du dir selber dein Böses und dein Gutes geben und deinen Willen über dich aufhängen wie ein Gesetz? Kannst du dir selber Richter sein und Rächer deines Gesetzes?

Furchtbar ist das Alleinsein mit dem Richter und Rächer des eignen Gesetzes. Also wird ein Stern hinausgeworfen in den öden Raum und in den eisigen Atem des Alleinseins.

Heute noch leidest du an den Vielen, du Einer: heute noch hast du deinen Mut ganz und deine Hoffnungen.

Aber einst wird dich die Einsamkeit müde machen, einst wird dein Stolz sich krümmen und dein Mut knirschen. Schreien wirst du einst »ich bin allein!«

Einst wirst du dein Hohes nicht mehr sehn und dein Niedriges allzunahe; dein Erhabnes selbst wird dich fürchten machen wie ein Gespenst. Schreien wirst du einst: »Alles ist falsch!«

Es gibt Gefühle, die den Einsamen töten wollen; gelingt es ihnen nicht, nun, so müssen sie selber sterben! Aber vermagst du das, Mörder zu sein?

Kennst du, mein Bruder, schon das Wort »Verachtung«? Und die Qual deiner Gerechtigkeit, Solchen gerecht zu sein, die dich verachten?

Du zwingst Viele, über dich umzulernen; das rechnen sie dir hart an. Du kamst ihnen nahe und gingst doch vorüber: das verzeihen sie dir niemals.

Du gehst über sie hinaus: aber je höher du steigst, um so kleiner sieht dich das Auge des Neides. Am meisten aber wird der Fliegende gehaßt.

»Wie wolltet ihr gegen mich gerecht sein!« – mußt du sprechen – »ich erwähle mir eure Ungerechtigkeit als den mir zugemeßnen Teil.«

Ungerechtigkeit und Schmutz werfen sie nach dem Einsamen: aber, mein Bruder, wenn du ein Stern sein willst, so mußt du ihnen deshalb nicht weniger leuchten!

Und hüte dich vor den Guten und Gerechten! Sie kreuzigen gerne Die, welche sich ihre eigne Tugend erfinden, – sie hassen den Einsamen.

Hüte dich auch vor der heiligen Einfalt! Alles ist ihr unheilig, was nicht einfältig ist; sie spielt auch gerne mit dem Feuer – der Scheiterhaufen.

Und hüte dich auch vor den Anfällen deiner Liebe! Zu schnell streckt der Einsame Dem die Hand entgegen, der ihm begegnet.

Manchem Menschen darfst du nicht die Hand geben, sondern nur die Tatze: und ich will, daß deine Tatze auch Krallen habe.

Aber der schlimmste Feind, dem du begegnen kannst, wirst du immer dir selber sein; du selber lauerst dir auf in Höhlen und Wäldern.

Einsamer, du gehst den Weg zu dir selber! Und an dir selber führt dein Weg vorbei, und an deinen sieben Teufeln!

Ketzer wirst du dir selber sein und Hexe und Wahrsager und Narr und Zweifler und Unheiliger und Bösewicht.

Verbrennen mußt du dich wollen in deiner eignen Flamme: wie wolltest du neu werden, wenn du nicht erst Asche geworden bist!

Einsamer, du gehst den Weg des Schaffenden: einen Gott willst du dir schaffen aus deinen sieben Teufeln!

Einsamer, du gehst den Weg des Liebenden: dich selber liebst du und deshalb verachtest du dich, wie nur Liebende verachten.

Schaffen will der Liebende, weil er verachtet! Was weiß Der von Liebe, der nicht gerade verachten mußte, was er liebte!

Mit deiner Liebe gehe in deine Vereinsamung und mit deinem Schaffen, mein Bruder; und spät erst wird die Gerechtigkeit dir nachhinken.

Mit meinen Tränen gehe in deine Vereinsamung, mein Bruder. Ich liebe Den, der über sich selber hinaus schaffen will und so zugrunde geht. –

Also sprach Zarathustra.

Von alten und jungen Weiblein

»Was schleichst du so scheu durch die Dämmerung, Zarathustra? Und was birgst du behutsam unter deinem Mantel?«

»Ist es ein Schatz, der dir geschenkt? Oder ein Kind, das dir geboren wurde? Oder gehst du jetzt selber auf den Wegen der Diebe, du Freund der Bösen?« –

Wahrlich, mein Bruder! sprach Zarathustra, es ist ein Schatz, der mir geschenkt wurde: eine kleine Wahrheit ist's, die ich trage.

Aber sie ist ungebärdig wie ein junges Kind; und wenn ich ihr nicht den Mund halte, so schreit sie überlaut.

Als ich heute allein meines Weges ging, zur Stunde, wo die Sonne sinkt, begegnete mir ein altes Weiblein und redete also zu meiner Seele:

»Vieles sprach Zarathustra auch zu uns Weibern, doch nie sprach er uns über das Weib.«

Und ich entgegnete ihr: »über das Weib soll man nur zu Männern reden.«

»Rede auch zu mir vom Weibe«, sprach sie; »ich bin alt genug, um es gleich wieder zu vergessen.«

Und ich willfahrte dem alten Weiblein und sprach also zu ihm:

Alles am Weibe ist ein Rätsel, und Alles am Weibe hat Eine Lösung: sie heißt Schwangerschaft.

Der Mann ist für das Weib ein Mittel: der Zweck ist immer das Kind. Aber was ist das Weib für den Mann?

Zweierlei will der ächte Mann: Gefahr und Spiel. Deshalb will er das Weib, als das gefährlichste Spielzeug.

Der Mann soll zum Kriege erzogen werden, und das Weib zur Erholung des Kriegers: alles Andre ist Torheit.

Allzu süße Früchte – die mag der Krieger nicht. Darum mag er das Weib; bitter ist auch noch das süßeste Weib.

Besser als ein Mann versteht das Weib die Kinder, aber der Mann ist kindlicher als das Weib.

Im ächten Manne ist ein Kind versteckt: das will spielen. Auf, ihr Frauen, so entdeckt mir doch das Kind im Manne!

Ein Spielzeug sei das Weib, rein und fein, dem Edelsteine gleich, bestrahlt von den Tugenden einer Welt, welche noch nicht da ist.

Der Strahl eines Sternes glänze in eurer Liebe! Eure Hoffnung heiße: »möge ich den Übermenschen gebären!«

In eurer Liebe sei Tapferkeit! Mit eurer Liebe sollt ihr auf Den losgehn, der euch Furcht einflößt.

In eurer Liebe sei eure Ehre! Wenig versteht sich sonst das Weib auf Ehre. Aber dies sei eure Ehre, immer mehr zu lieben, als ihr geliebt werdet, und nie die Zweiten zu sein.

Der Mann fürchte sich vor dem Weibe, wenn es liebt: da bringt es jedes Opfer, und jedes andre Ding gilt ihm ohne Wert.

Der Mann fürchte sich vor dem Weibe, wenn es haßt: denn der Mann ist im Grunde der Seele nur böse, das Weib aber ist dort schlecht.

Wen haßt das Weib am meisten? – Also sprach das Eisen zum Magneten: »ich hasse dich am meisten, weil du anziehst, aber nicht stark genug bist, an dich zu ziehen.«

Das Glück des Mannes heißt: ich will. Das Glück des Weibes heißt: er will.

»Siehe, jetzt eben ward die Welt vollkommen!« – also denkt ein jedes Weib, wenn es aus ganzer Liebe gehorcht.

Und gehorchen muß das Weib und eine Tiefe finden zu seiner Oberfläche. Oberfläche ist des Weibes Gemüt, eine bewegliche stürmische Haut auf einem seichten Gewässer.

Des Mannes Gemüt aber ist tief, sein Strom rauscht in unterirdischen Höhlen: das Weib ahnt seine Kraft, aber begreift sie nicht. –

Da entgegnete mir das alte Weiblein: »Vieles Artige sagte Zarathustra und sonderlich für Die, welche jung genug dazu sind.

Seltsam ist's, Zarathustra kennt wenig die Weiber, und doch hat er über sie recht! Geschieht dies deshalb, weil beim Weibe kein Ding unmöglich ist?

Und nun nimm zum Danke eine kleine Wahrheit! Bin ich doch alt genug für sie!

Wickle sie ein und halte ihr den Mund: sonst schreit sie überlaut, diese kleine Wahrheit.«

»Gib mir, Weib, deine kleine Wahrheit!« sagte ich. Und also sprach das alte Weiblein:

»Du gehst zu Frauen? Vergiß die Peitsche nicht!« –

Also sprach Zarathustra.

Vom Biß der Natter

Eines Tages war Zarathustra unter einem Feigenbaume eingeschlafen, da es heiß war, und hatte seine Arme über das Gesicht gelegt. Da kam eine Natter und biß ihn in den Hals, so daß Zarathustra vor Schmerz aufschrie. Als er den Arm vom Gesicht genommen hatte, sah er die Schlange an: da erkannte sie die Augen Zarathustras, wand sich ungeschickt und wollte davon »Nicht doch«, sprach Zarathustra; »noch nahmst du meinen Dank nicht an! Du wecktest mich zur Zeit, mein Weg ist noch lang.« – »Dein Weg ist noch kurz«, sagte die Natter traurig »mein Gift tötet.« Zarathustra lächelte. »Wann starb wohl je ein Drache am Gift einer Schlange?« – sagte er. »Aber nimm dein Gift zurück! Du bist nicht reich genug, es mir zu schenken.« Da fiel ihm die Natter von neuem um den Hals und leckte ihm seine Wunde.

Als Zarathustra dies einmal seinen Jüngern erzählte, fragten sie: »Und was, oh Zarathustra, ist die Moral deiner Geschichte?« Zarathustra antwortete darauf also:

Den Vernichter der Moral heißen mich die Guten und Gerechten: meine Geschichte ist unmoralisch.

So ihr aber einen Feind habt, so vergeltet ihm nicht Böses mit Gutem: denn das würde beschämen. Sondern beweist, daß er euch etwas Gutes angetan hat.

Und lieber zürnte noch, als daß ihr beschämt! Und wenn euch geflucht wird, so gefällt es mir nicht, daß ihr dann segnen wollt. Lieber ein Wenig mitfluchen!

Und geschah euch ein großes Unrecht, so tut mir geschwind fünf kleine dazu! Gräßlich ist Der anzusehn, den allein das Unrecht drückt.

Wußtet ihr dies schon? Geteiltes Unrecht ist halbes Recht. Und Der soll das Unrecht auf sich nehmen, der es tragen kann!

Eine kleine Rache ist menschlicher als gar keine Rache. Und wenn die Strafe nicht auch ein Recht und eine Ehre ist für den Übertretenden, so mag ich auch euer Strafen nicht.

Vornehmer ist's, sich Unrecht zu geben als Recht zu behalten, sonderlich wenn man recht hat. Nur muß man reich genug dazu sein.

Ich mag eure kalte Gerechtigkeit nicht; und aus dem Auge eurer Richter blickt mir immer der Henker und sein kaltes Eisen.

Sagt, wo findet sich die Gerechtigkeit, welche Liebe mit sehenden Augen ist?

So erfindet mir doch die Liebe, welche nicht nur alle Strafe, sondern auch alle Schuld trägt!

So erfindet mir doch die Gerechtigkeit, die Jeden freispricht, ausgenommen den Richtenden!

Wollt ihr auch dies noch hören? An Dem, der von Grund aus gerecht sein will, wird auch noch die Lüge zur Menschen-Freundlichkeit.

Aber wie wollte ich gerecht sein von Grund aus! Wie kann ich Jedem das Seine geben! Dies sei mir genug: ich gebe Jedem das Meine.

Endlich, meine Brüder, hütet euch, Unrecht zu tun allen Einsiedlern! Wie könnte ein Einsiedler vergessen! Wie könnte er vergelten!

Wie ein tiefer Brunnen ist ein Einsiedler. Leicht ist es, einen Stein hineinzuwerfen; sank er aber bis zum Grunde, sagt, wer will ihn wieder hinausbringen?

Hütet euch, den Einsiedler zu beleidigen! Tatet ihr's aber, nun, so tötet ihn auch noch!

Also sprach Zarathustra.

Vom Kind und Ehe

Ich habe eine Frage für dich allein, mein Bruder: wie ein Senkblei werfe ich diese Frage in deine Seele, daß ich wisse, wie tief sie sei.

Du bist jung und wünschest dir ein Kind und Ehe. Aber ich frage dich: bist du ein Mensch, der ein Kind sich wünschen *darf?*

Bist du der Siegreiche, der Selbstbezwinger, der Gebieter der Sinne, der Herr deiner Tugenden? Also frage ich dich.

Oder redet aus deinem Wunsche das Tier und die Notdurft? Oder Vereinsamung? Oder Unfriede mit dir?

Ich will, daß dein Sieg und deine Freiheit sich nach einem Kinde sehne. Lebendige Denkmale sollst du bauen deinem Siege und deiner Befreiung.

Über dich sollst du hinausbauen. Aber erst mußt du mir selber gebaut sein, rechtwinklig an Leib und Seele.

Nicht nur fort sollst du dich pflanzen, sondern hinauf! Dazu helfe dir der Garten der Ehe!

Einen höheren Leib sollst du schaffen, eine erste Bewegung, ein aus sich rollendes Rad – einen Schaffenden sollst du schaffen.

Ehe: so heiße ich den Willen zu Zweien, das Eine zu schaffen, das mehr ist, als die es schufen. Ehrfurcht voreinander nenne ich Ehe als vor den Wollenden eines solchen Willens.

Dies sei der Sinn und die Wahrheit deiner Ehe. Aber Das, was die Viel-zu-Vielen Ehe nennen, diese Überflüssigen, – ach, wie nenne ich das?

Ach, diese Armut der Seele zu Zweien! Ach, dieser Schmutz der Seele zu Zweien! Ach, dies erbärmliche Behagen zu Zweien!

Ehe nennen sie dies Alles; und sie sagen, ihre Ehen seien im Himmel geschlossen.

Nun, ich mag ihn nicht, diesen Himmel der Überflüssigen! Nein, ich mag sie nicht, diese im himmlischen Netz verschlungenen Tiere!

Ferne bleibe mir auch der Gott, der heranhinkt, zu segnen, was er nicht zusammenfügte!

Lacht mir nicht über solche Ehen! Welches Kind hätte nicht Grund, über seine Eltern zu weinen?

Würdig schien mir dieser Mann und reif für den Sinn der Erde: aber als ich sein Weib sah, schien mir die Erde ein Haus für Unsinnige.

Ja, ich wollte, daß die Erde in Krämpfen bebte, wenn sich ein Heiliger und eine Gans miteinander paaren.

Dieser ging wie ein Held auf Wahrheiten aus und endlich erbeutete er sich eine kleine geputzte Lüge. Seine Ehe nennt er's.

Jener war spröde im Verkehre und wählte wählerisch. Aber mit Einem Male verdarb er für alle Male seine Gesellschaft: seine Ehe nennt er's.

Jener suchte eine Magd mit den Tugenden eines Engels. Aber mit Einem Male wurde er die Magd eines Weibes, und nun täte es not, daß er darüber noch zum Engel werde.

Sorgsam fand ich jetzt alle Käufer, und Alle haben listige Augen. Aber seine Frau kauft auch der Listigste noch im Sack.

Viele kurze Torheiten – das heißt bei euch Liebe. Und eure Ehe macht vielen kurzen Torheiten ein Ende, als Eine lange Dummheit.

Eure Liebe zum Weibe und des Weibes Liebe zum Manne: ach, möchte sie doch Mitleiden sein mit leidenden und verhüllten Göttern! Aber zumeist erraten zwei Tiere einander.

Aber auch noch eure beste Liebe ist nur ein verzücktes Gleichnis und eine schmerzhafte Glut. Eine Fackel ist sie, die euch zu höheren Wegen leuchten soll.

Über euch hinaus sollt ihr einst lieben! So *lernt* erst lieben! Und darum mußtet ihr den bittern Kelch eurer Liebe trinken.

Bitternis ist im Kelch auch der besten Liebe: so macht sie Sehnsucht zum Übermenschen, so macht sie Durst dir, dem Schaffenden!

Durst dem Schaffenden, Pfeil und Sehnsucht zum Übermenschen: sprich, mein Bruder, ist dies dein Wille zur Ehe?

Heilig heißt mir solch ein Wille und solche Ehe. –

Also sprach Zarathustra.

Vom freien Tode

Viele sterben zu spät, und Einige sterben zu früh. Noch klingt fremd die Lehre: »stirb zur rechten Zeit!«

Stirb zur rechten Zeit: also lehrt es Zarathustra.

Freilich, wer nie zur rechten Zeit lebt, wie sollte der je zur rechten Zeit sterben? Möchte er doch nie geboren sein! – Also rate ich den Überflüssigen.

Aber auch die Überflüssigen tun noch wichtig mit ihrem Sterben, und auch die hohlste Nuß will noch geknackt sein.

Wichtig nehmen Alle das Sterben: aber noch ist der Tod kein Fest. Noch erlernten die Menschen nicht, wie man die schönsten Feste weiht.

Den vollbringenden Tod zeige ich euch, der den Lebenden ein Stachel und ein Gelöbnis wird.

Seinen Tod stirbt der Vollbringende, siegreich, umringt von Hoffenden und Gelobenden.

Also sollte man sterben lernen; und es sollte kein Fest geben, wo ein solcher Sterbender nicht der Lebenden Schwüre weihte!

Also zu sterben ist das Beste; das Zweite aber ist: im Kampfe zu sterben und eine große Seele zu verschwenden.

Aber dem Kämpfenden gleich verhaßt wie dem Sieger ist euer grinsender Tod, der heranschleicht wie ein Dieb – und doch als Herr kommt.

Meinen Tod lobe ich euch, den freien Tod, der mir kommt, weil *ich* will.

Und wann werde ich wollen? – Wer ein Ziel hat und einen Erben, der will den Tod zur rechten Zeit für Ziel und Erben.

Und aus Ehrfurcht vor Ziel und Erben wird er keine dürren Kränze mehr im Heiligtum des Lebens aufhängen.

Wahrlich, nicht will ich den Seildrehern gleichen: sie ziehen ihren Faden in die Länge und gehen dabei selber immer rückwärts.

Mancher wird auch für seine Wahrheiten und Siege zu alt; ein zahnloser Mund hat nicht mehr das Recht zu jeder Wahrheit.

Und Jeder, der Ruhm haben will, muß sich beizeiten von der Ehre verabschieden und die schwere Kunst üben, zur rechten Zeit zu – gehn.

Man muß aufhören, sich essen zu lassen, wenn man am besten schmeckt: das wissen Die, welche lange geliebt werden wollen.

Saure Äpfel gibt es freilich, deren Los will, daß sie bis auf den letzten Tag des Herbstes warten: und zugleich werden sie reif, gelb und runzelig.

Andern altert das Herz zuerst und Andern der Geist. Und Einige sind greis in der Jugend: aber spät jung erhält lang jung.

Manchem mißrät das Leben: ein Giftwurm frißt sich ihm ans Herz. So möge er zusehn, daß ihm das Sterben um so mehr gerate.

Mancher wird nie süß, er fault im Sommer schon. Feigheit ist es, die ihn an seinem Aste festhält.

Viel zu Viele leben und viel zu lange hängen sie an ihren Ästen. Möchte ein Sturm kommen, der all dies Faule und Wurmfreßne vom Baume schüttelt!

Möchten Prediger kommen des *schnellen* Todes! Das wären mir die rechten Stürme und Schüttler an Lebensbäumen! Aber ich höre nur den langsamen Tod predigen und Geduld mit allem »Irdischen«.

Ach, ihr predigt Geduld mit dem Irdischen? Dieses Irdische ist es, das zu viel Geduld mit euch hat, ihr Lästermäuler!

Wahrlich, zu früh starb jener Hebräer, den die Prediger des langsamen Todes ehren: und Vielen ward es seitdem zum Verhängnis, daß er zu früh starb.

Noch kannte er nur Tränen und die Schwermut des Hebräers, samt dem Hasse der Guten und Gerechten, – der Hebräer Jesus: da überfiel ihn die Sehnsucht zum Tode.

Wäre er doch in der Wüste geblieben und ferne von den Guten und Gerechten! Vielleicht hätte er leben gelernt und die Erde lieben gelernt – und das Lachen dazu!

Glaubt es mir, meine Brüder! Er starb zu früh; er selber hätte seine Lehre widerrufen, wäre er bis zu meinem Alter gekommen! Edel genug war er zum Widerrufen!

Aber ungereift war er noch. Unreif liebt der Jüngling, und unreif haßt er auch Mensch und Erde. Angebunden und schwer ist ihm noch Gemüt und Geistesflügel.

Aber im Manne ist mehr Kind als im Jünglinge, und - weniger Schwermut: besser versteht er sich auf Tod und Leben.

Frei zum Tode und frei im Tode, ein heiliger Nein-Sager, wenn es nicht Zeit mehr ist zum Ja: also versteht er sich auf Tod und Leben.

Daß euer Sterben keine Lästerung sei auf Mensch und Erde, meine Freunde: das erbitte ich mir von dem Honig eurer Seele.

In eurem Sterben soll noch euer Geist und eure Tugend glühn, gleich einem Abendrot um die Erde: oder aber das Sterben ist euch schlecht geraten.

Also will ich selber sterben, daß ihr Freunde um meinetwillen die Erde mehr liebt; und zur Erde will ich wieder werden, daß ich in Der Ruhe habe, die mich gebar.

Wahrlich, ein Ziel hatte Zarathustra, er warf seinen Ball: nun seid ihr Freunde meines Zieles Erbe, euch werfe ich den goldenen Ball zu.

Lieber als Alles sehe ich euch, meine Freunde, den goldenen Ball werfen! Und so verziehe ich noch ein Wenig auf Erden: verzeiht es mir!

Also sprach Zarathustra.

Von der schenkenden Tugend

1.

Als Zarathustra von der Stadt Abschied genommen hatte, welcher sein Herz zugetan war und deren Name lautet: »die bunte Kuh« – folgten ihm Viele, die sich seine Jünger nannten, und gaben ihm das Geleit. Also kamen sie an einen Kreuzweg: da sagte ihnen Zarathustra, daß er nunmehr allein gehen wolle; denn er war ein Freund des Alleingehens. Seine Jünger aber reichten ihm zum Abschiede einen Stab, an dessen goldnem Griffe sich eine Schlange um die Sonne ringelte. Zarathustra freute sich des Stabes und stützte sich darauf; dann sprach er also zu seinen Jüngern:

Sagt mir doch: wie kam Gold zum höchsten Werte? Darum, daß es ungemein ist und unnützlich und leuchtend und mild im Glanze; es schenkt sich immer.

Nur als Abbild der höchsten Tugend kam Gold zum höchsten Werte. Goldgleich leuchtet der Blick dem Schenkenden. Goldes-Glanz schließt Friede zwischen Mond und Sonne.

Ungemein ist die höchste Tugend und unnützlich, leuchtend ist sie und mild im Glanze: eine schenkende Tugend ist die höchste Tugend.

Wahrlich, ich errate euch wohl, meine Jünger: ihr trachtet, gleich mir, nach der schenkenden Tugend. Was hättet ihr mit Katzen und Wölfen gemeinsam?

Das ist euer Durst, selber zu Opfern und Geschenken zu werden: und darum habt ihr den Durst, alle Reichtümer in eure Seele zu häufen.

Unersättlich trachtet eure Seele nach Schätzen und Kleinodien, weil eure Tugend unersättlich ist im Verschenken-Wollen.

Ihr zwingt alle Dinge zu euch und in euch, daß sie aus eurem Borne zurückströmen sollen als die Gaben eurer Liebe.

Wahrlich, zum Räuber an allen Werten muß solche schenkende Liebe werden; aber heil und heilig heiße ich diese Selbstsucht.

Eine andre Selbstsucht gibt es, eine allzuarme, eine hungernde, die immer stehlen will, jene Selbstsucht der Kranken, die kranke Selbstsucht.

Mit dem Auge des Diebes blickt sie auf alles Glänzende; mit der Gier des Hungers mißt sie Den, der reich zu essen hat; und immer schleicht sie um den Tisch der Schenkenden.

Krankheit redet aus solcher Begierde und unsichtbare Entartung; von siechem Leibe redet die diebische Gier dieser Selbstsucht.

Sagt mir, meine Brüder: was gilt uns als Schlechtes und Schlechtestes? Ist es nicht *Entartung?* – Und auf Entartung raten wir immer, wo die schenkende Seele fehlt.

Aufwärts geht unser Weg, von der Art hinüber zur Über-Art. Aber ein Grauen ist uns der entartende Sinn, welcher spricht: »Alles für mich.«

Aufwärts fliegt unser Sinn: so ist er ein Gleichnis unsres Leibes, einer Erhöhung Gleichnis. Solcher Erhöhungen Gleichnisse sind die Namen der Tugenden.

Also geht der Leib durch die Geschichte, ein Werdender und ein Kämpfender. Und der Geist – was ist er ihm? Seiner Kämpfe und Siege Herold, Genoß und Widerhall.

Gleichnisse sind alle Namen von Gut und Böse: sie sprechen nicht aus, sie winken nur. Ein Tor, welcher von ihnen Wissen will!

Achtet mir, meine Brüder, auf jede Stunde, wo euer Geist in Gleichnissen reden will: da ist der Ursprung eurer Tugend.

Erhöht ist da euer Leib und auferstanden; mit seiner Wonne entzückt er den Geist, daß er Schöpfer wird und Schätzer und Liebender und aller Dinge Wohltäter.

Wenn euer Herz breit und voll wallt, dem Strome gleich, ein Segen und eine Gefahr den Anwohnenden: da ist der Ursprung eurer Tugend.

Wenn ihr erhaben seid über Lob und Tadel, und euer Wille allen Dingen befehlen will, als eines Liebenden Wille: da ist der Ursprung eurer Tugend.

Wenn ihr das Angenehme verachtet und das weiche Bett, von den Weichlichen euch nicht weit genug betten könnt: da ist der Ursprung eurer Tugend.

Wenn ihr Eines Willens Wollende seid, und diese Wende aller Not euch Notwendigkeit heißt: da ist der Ursprung eurer Tugend.

Wahrlich, ein neues Gutes und Böses ist sie! Wahrlich, ein neues tiefes Rauschen und eines neuen Quelles Stimme!

Macht ist sie, diese neue Tugend; ein herrschender Gedanke ist sie, und um ihn eine kluge Seele: eine goldene Sonne, und um sie die Schlange der Erkenntnis.

2.

Hier schwieg Zarathustra eine Weile und sah mit Liebe auf seine Jünger. Dann fuhr er also fort zu reden: – und seine Stimme hatte sich verwandelt.

Bleibt mir der Erde treu, meine Brüder, mit der Macht eurer Tugend! Eure schenkende Liebe und eure Erkenntnis diene dem Sinn der Erde! Also bitte und beschwöre ich euch.

Laßt sie nicht davonfliegen vom Irdischen und mit den Flügeln gegen ewige Wände schlagen! Ach, es gab immer so viel verflogene Tugend!

Führt, gleich mir, die verflogene Tugend zur Erde zurück – ja, zurück zu Leib und Leben: daß sie der Erde ihren Sinn gebe, einen Menschen-Sinn!

Hundertfältig verflog und vergriff sich bisher so Geist wie Tugend. Ach, in unsrem Leibe wohnt jetzt noch all dieser Wahn und Fehlgriff: Leib und Wille ist er da geworden.

Hundertfältig versuchte und verirrte sich bisher so Geist wie Tugend. Ja, ein Versuch war der Mensch. Ach, viel Unwissen und Irrtum ist an uns Leib geworden!

Nicht nur die Vernunft von Jahrtausenden – auch ihr Wahnsinn bricht an uns aus. Gefährlich ist es, Erbe zu sein.

Noch kämpfen wir Schritt um Schritt mit dem Riesen Zufall, und über der ganzen Menschheit waltete bisher noch der Unsinn, der Ohne-Sinn.

Euer Geist und eure Tugend diene dem Sinn der Erde, meine Brüder: und aller Dinge Wert werde neu von euch gesetzt! Darum sollt ihr Kämpfende sein! Darum sollt ihr Schaffende sein!

Wissend reinigt sich der Leib; mit Wissen versuchend erhöht er sich; dem Erkennenden heiligen sich alle Triebe; dem Erhöhten wird die Seele fröhlich.

Arzt, hilf dir selber: so hilfst du auch deinem Kranken noch. Das sei seine beste Hilfe, daß er Den mit Augen sehe, der sich selber heil macht.

Tausend Pfade gibt es, die nie noch gegangen sind, tausend Gesundheiten und verborgene Eilande des Lebens. Unerschöpft und unentdeckt ist immer noch Mensch und Menschen-Erde.

Wachet und horcht, ihr Einsamen! Von der Zukunft her kommen Winde mit heimlichem Flügelschlagen; und an feine Ohren ergeht gute Botschaft.

Ihr Einsamen von heute, ihr Ausscheidenden, ihr sollt einst ein Volk sein: aus euch, die ihr euch selber auswähltet, soll ein auserwähltes Volk erwachsen: – und aus ihm der Übermensch.

Wahrlich, eine Stätte der Genesung soll noch die Erde werden! Und schon liegt ein neuer Geruch um sie, ein heilbringender – und eine neue Hoffnung!

3.

Als Zarathustra diese Worte gesagt hatte, schwieg er, wie Einer, der nicht sein letztes Wort gesagt hat; lange wog er den Stab zweifelnd in seiner Hand. Endlich sprach er also: – und seine Stimme hatte sich verwandelt.

Allein gehe ich nun, meine Jünger! Auch ihr geht nun davon und allein! So will ich es.

Wahrlich, ich rate euch: geht fort von mir und wehrt euch gegen Zarathustra! Und besser noch: schämt euch seiner! Vielleicht betrog er euch.

Der Mensch der Erkenntnis muß nicht nur seine Feinde lieben, sondern auch seine Freunde hassen können.

Man vergilt einem Lehrer schlecht, wenn man immer nur der Schüler bleibt. Und warum wollt ihr nicht an meinem Kranze rupfen?

Ihr verehrt mich; aber wie, wenn eure Verehrung eines Tages umfällt? Hütet euch, daß euch nicht eine Bildsäule erschlage!

Ihr sagt, ihr glaubt an Zarathustra? Aber was liegt an Zarathustra! Ihr seid meine Gläubigen: aber was liegt an allen Gläubigen!

Ihr hattet euch noch nicht gesucht: da fandet ihr mich. So tun alle Gläubigen; darum ist es so wenig mit allem Glauben.

Nun heiße ich euch, mich verlieren und euch finden; und erst, wenn ihr mich Alle verleugnet habt, will ich euch wiederkehren.

Wahrlich, mit andern Augen, meine Brüder, werde ich mir dann meine Verlorenen suchen; mit einer andern Liebe werde ich euch dann lieben.

Und einst noch sollt ihr mir Freunde geworden sein und Kinder Einer Hoffnung: dann will ich zum dritten Male bei euch sein, daß ich den großen Mittag mit euch feiere.

Und das ist der große Mittag, da der Mensch auf der Mitte seiner Bahn steht zwischen Tier und Übermensch und seinen Weg zum Abende als seine höchste Hoffnung feiert: denn es ist der Weg zu einem neuen Morgen.

Alsda wird sich der Untergehende selber segnen, daß er ein Hinübergehender sei; und die Sonne seiner Erkenntnis wird ihm im Mittage stehn.

»Tot sind alle Götter: nun wollen wir, daß der Übermensch lebe.« – Dies sei einst am großen Mittage unser letzter Wille! –

Also sprach Zarathustra.

ZWEITER TEIL

Also sprach Zarathustra

– und erst, wenn ihr mich Alle verleugnet habt, will ich euch wiederkehren. Wahrlich, mit andern Augen, meine Brüder, werde ich mir dann meine Verlorenen suchen; mit einer andern Liebe werde ich euch dann lieben.

Zarathustra,
Von der schenkenden Tugend (S. 499).

Das Kind mit dem Spiegel

Hierauf ging Zarathustra wieder zurück in das Gebirge und in die Einsamkeit seiner Höhle und entzog sich den Menschen: wartend gleich einem Sämann, der seinen Samen ausgeworfen hat. Seine Seele aber wurde voll von Ungeduld und Begierde nach Denen, welche er liebte: denn er hatte ihnen noch Viel zu geben. Dies nämlich ist das Schwerste: aus Liebe die offne Hand schließen und als Schenkender die Scham bewahren.

Also vergingen dem Einsamen Monde und Jahre; seine Weisheit aber wuchs und machte ihm Schmerzen durch ihre Fülle.

Eines Morgens aber wachte er schon vor der Morgenröte auf, besann sich lange auf seinem Lager und sprach endlich zu seinem Herzen:

»Was erschrak ich doch so in meinem Traume, daß ich aufwachte? Trat nicht ein Kind zu mir, das einen Spiegel trug?

›Oh Zarathustra‹ – sprach das Kind zu mir – ›schaue Dich an im Spiegel!‹

Aber als ich in den Spiegel schaute, da schrie ich auf, und mein Herz war erschüttert: denn nicht mich sahe ich darin, sondern eines Teufels Fratze und Hohnlachen.

Wahrlich, allzugut verstehe ich des Traumes Zeichen und Mahnung: meine *Lehre* ist in Gefahr, Unkraut will Weizen heißen!

Meine Feinde sind mächtig worden und haben meiner Lehre Bildnis entstellt, also, daß meine Liebsten sich der Gaben schämen müssen, die ich ihnen gab.

Verloren gingen mir meine Freunde; die Stunde kam mir, meine Verlornen zu suchen!« –

Mit diesen Worten sprang Zarathustra auf, aber nicht wie ein Geängstigter, der nach Luft sucht, sondern eher wie ein Seher und Sänger, welchen der Geist anfällt. Verwundert sahen sein Adler und seine Schlange auf ihn hin: denn gleich dem Morgenrote lag ein kommendes Glück auf seinem Antlitze.

Was geschah mir doch, meine Tiere? – sagte Zarathustra. Bin ich nicht verwandelt? Kam mir nicht die Seligkeit wie ein Sturmwind?

Töricht ist mein Glück und Törichtes wird es reden: zu jung noch ist es – so habt Geduld mit ihm!

Verwundet bin ich von meinem Glücke: alle Leidenden sollen mir Ärzte sein!

Zu meinen Freunden darf ich wieder hinab und auch zu meinen Feinden! Zarathustra darf wieder reden und schenken und Lieben das Liebste tun!

Meine ungeduldige Liebe fließt über in Strömen, abwärts, nach Aufgang und Niedergang. Aus schweigsamem Gebirge und Gewittern des Schmerzes rauscht meine Seele in die Täler.

Zu lange sehnte ich mich und schaute in die Ferne. Zu lange gehörte ich der Einsamkeit: so verlernte ich das Schweigen.

Mund bin ich worden ganz und gar, und Brausen eines Bachs aus hohen Felsen: hinab will ich meine Rede stürzen in die Täler.

Und mag mein Strom der Liebe in Unwegsames stürzen! Wie sollte ein Strom nicht endlich den Weg zum Meere finden!

Wohl ist ein See in mir, ein einsiedlerischer, selbstgenugsamer; aber mein Strom der Liebe reißt ihn mit sich hinab – zum Meere!

Neue Wege gehe ich, eine neue Rede kommt mir; müde wurde ich, gleich allen Schaffenden, der alten Zungen. Nicht will mein Geist mehr auf abgelaufnen Sohlen wandeln.

Zu langsam läuft mir alles Reden: – in deinen Wagen springe ich, Sturm! Und auch dich will ich noch peitschen mit meiner Bosheit!

Wie ein Schrei und ein Jauchzen will ich über weite Meere hinfahren, bis ich die glückseligen Inseln finde, wo meine Freunde weilen: –

Und meine Feinde unter ihnen! Wie liebe ich nun Jeden, zu dem ich nur reden darf! Auch meine Feinde gehören zu meiner Seligkeit.

Und wenn ich auf mein wildestes Pferd steigen will, so hilft mir mein Speer immer am besten hinauf: der ist meines Fußes allzeit bereiter Diener: –

Der Speer, den ich gegen meine Feinde schleudere! Wie danke ich es meinen Feinden, daß ich endlich ihn schleudern darf!

Zu groß war die Spannung meiner Wolke: zwischen Gelächtern der Blitze will ich Hagelschauer in die Tiefe werfen.

Gewaltig wird sich da meine Brust heben, gewaltig wird sie ihren Sturm über die Berge hinblasen: so kommt ihr Erleichterung.

Wahrlich, einem Sturme gleich kommt mein Glück und meine Freiheit! Aber meine Feinde sollen glauben, *der Böse* rase über ihren Häuptern.

Ja, auch ihr werdet erschreckt sein, meine Freunde, ob meiner wilden Weisheit; und vielleicht flieht ihr davon samt meinen Feinden.

Ach, daß ich's verstünde, euch mit Hirtenflöten zurückzulocken! Ach, daß meine Löwin Weisheit zärtlich brüllen lernte! Und Vieles lernten wir schon miteinander!

Meine wilde Weisheit wurde trächtig auf einsamen Bergen; auf rauhen Steinen gebar sie ihr Junges, Jüngstes.

Nun läuft sie närrisch durch die harte Wüste und sucht und sucht nach sanftem Rasen – meine alte wilde Weisheit!

Auf eurer Herzen sanften Rasen, meine Freunde! – auf eure Liebe möchte sie ihr Liebstes betten! –

Also sprach Zarathustra.

Auf den glückseligen Inseln

Die Feigen fallen von den Bäumen, sie sind gut und süß; und indem sie fallen, reißt ihnen die rote Haut. Ein Nordwind bin ich reifen Feigen.

Also, gleich Feigen, fallen euch diese Lehren zu, meine Freunde: nun trinkt ihren Saft und ihr süßes Fleisch! Herbst ist es umher und reiner Himmel und Nachmittag.

Seht, welche Fülle ist um uns! Und aus dem Überflusse heraus ist es schön hinauszublicken auf ferne Meere.

Einst sagte man Gott, wenn man auf ferne Meere blickte; nun aber lehrte ich euch sagen: Übermensch.

Gott ist eine Mutmaßung; aber ich will, daß euer Mutmaßen nicht weiter reiche, als euer schaffender Wille.

Könntet ihr einen Gott *schaffen?* – So schweigt mir doch von allen Göttern! Wohl aber könntet ihr den Übermenschen schaffen.

Nicht ihr vielleicht selber, meine Brüder! Aber zu Vätern und Vorfahren könntet ihr euch umschaffen des Übermenschen: und Dies sei euer bestes Schaffen! –

Gott ist eine Mutmaßung: aber ich will, daß euer Mutmaßen begrenzt sei in der Denkbarkeit.

Könntet ihr einen Gott *denken?* – Aber dies bedeute euch Wille zur Wahrheit, daß Alles verwandelt werde in Menschen-Denkbares, Menschen-Sichtbares, Menschen-Fühlbares! Eure eignen Sinne sollt ihr zu Ende denken!

Und was ihr Welt nanntet, das soll erst von euch geschaffen werden: eure Vernunft, euer Bild, euer Wille, eure Liebe soll es selber werden! Und wahrlich, zu eurer Seligkeit, ihr Erkennenden!

Und wie wolltet ihr das Leben ertragen ohne diese Hoffnung, ihr Erkennenden? Weder ins Unbegreifliche dürftet ihr eingeboren sein, noch ins Unvernünftige.

Aber daß ich euch ganz mein Herz offenbare, ihr Freunde: *wenn* es Götter gäbe, wie hielte ich's aus, kein Gott zu sein! *Also* gibt es keine Götter.

Wohl zog ich den Schluß; nun aber zieht er mich. –

Gott ist eine Mutmaßung: aber wer tränke alle Qual dieser Mutmaßung, ohne zu sterben? Soll dem Schaffenden sein Glaube genommen sein und dem Adler sein Schweben in Adler-Fernen?

Gott ist ein Gedanke, der macht alles Gerade krumm und Alles, was steht, drehend. Wie? Die Zeit wäre hinweg, und alles Vergängliche nur Lüge?

Dies zu denken ist Wirbel und Schwindel menschlichen Gebeinen, und noch dem Magen ein Erbrechen: wahrlich, die drehende Krankheit heiße ich's, Solches zu mutmaßen.

Böse heiße ich's und menschenfeindlich: all dies Lehren vom Einen und Vollen und Unbewegten und Satten und Unvergänglichen!

Alles Unvergängliche – das ist nur ein Gleichnis! Und die Dichter lügen zuviel. –

Aber von Zeit und Werden sollen die besten Gleichnisse reden: ein Lob sollen sie sein und eine Rechtfertigung aller Vergänglichkeit!

Schaffen – das ist die große Erlösung vom Leiden, und des Lebens Leichtwerden. Aber daß der Schaffende sei, dazu selber tut Leid not und viel Verwandelung.

Ja, viel bitteres Sterben muß in eurem Leben sein, ihr Schaffenden! Also seid ihr Fürsprecher und Rechtfertiger aller Vergänglichkeit.

Daß der Schaffende selber das Kind sei, das neu geboren werde, dazu muß er auch die Gebärerin sein wollen und der Schmerz der Gebärerin.

Wahrlich, durch hundert Seelen ging ich meinen Weg und durch hundert Wiegen und Geburtswehen. Manchen Abschied nahm ich schon, ich kenne die herzbrechenden letzten Stunden.

Aber so will's mein schaffender Wille, mein Schicksal. Oder, daß ich's euch redlicher sage: solches Schicksal gerade – will mein Wille.

Alles Fühlende leidet an mir und ist in Gefängnissen: aber mein Wollen kommt mir stets als mein Befreier und Freudebringer.

Wollen befreit: das ist die wahre Lehre von Wille und Freiheit – so lehrt sie euch Zarathustra.

Nicht-mehr-Wollen und Nicht-mehr-Schätzen und Nicht-mehr-Schaffen! ach, daß diese große Müdigkeit mir stets ferne bleibe!

Auch im Erkennen fühle ich nur meines Willens Zeuge- und Werde-Lust; und wenn Unschuld in meiner Erkenntnis ist, so geschieht dies, weil Wille zur Zeugung in ihr ist.

Hinweg von Gott und Göttern lockte mich dieser Wille; was wäre denn zu schaffen, wenn Götter – da wären!

Aber zum Menschen treibt er mich stets von neuem, mein inbrünstiger Schaffens-Wille; so treibt's den Hammer hin zum Steine.

Ach, ihr Menschen, im Steine schläft mir ein Bild, das Bild meiner Bilder! Ach, daß es im härtesten, häßlichsten Steine schlafen muß!

Nun wütet mein Hammer grausam gegen sein Gefängnis. Vom Steine stäuben Stücke: was schiert mich das?

Vollenden will ich's: denn ein Schatten kam zu mir – aller Dinge Stillstes und Leichtestes kam einst zu mir!

Des Übermenschen Schönheit kam zu mir als Schatten. Ach, meine Brüder! Was gehen mich noch – die Götter an! –

Also sprach Zarathustra.

Von den Mitleidigen

Meine Freunde, es kam eine Spottrede zu eurem Freunde: »seht nur Zarathustra! Wandelt er nicht unter uns wie unter Tieren?«

Aber so ist es besser geredet: »der Erkennende wandelt unter Menschen *als* unter Tieren.«

Der Mensch selber aber heißt dem Erkennenden: das Tier, das rote Backen hat.

Wie geschah ihm das? Ist es nicht, weil er sich zu oft hat schämen müssen?

Oh meine Freunde! So spricht der Erkennende: Scham, Scham, Scham – das ist die Geschichte des Menschen!

Und darum gebeut sich der Edle, nicht zu beschämen: Scham gebeut er sich vor Allem Leidenden.

Wahrlich, ich mag sie nicht, die Barmherzigen, die selig sind in ihrem Mitleiden: zu sehr gebricht es ihnen an Scham.

Muß ich mitleidig sein, so will ich's doch nicht heißen; und wenn ich's bin, dann gern aus der Ferne.

Gerne verhülle ich auch das Haupt und fliehe davon, bevor ich noch erkannt bin: und also heiße ich euch tun, meine Freunde!

Möge mein Schicksal mir immer Leidlose, gleich euch, über den Weg führen, und Solche, mit denen mir Hoffnung und Mahl und Honig gemein sein *darf!*

Wahrlich, ich tat wohl Das und Jenes an Leidenden: aber Besseres schien ich mir stets zu tun, wenn ich lernte, mich besser freuen.

Seit es Menschen gibt, hat der Mensch sich zu wenig gefreut: Das allein, meine Brüder, ist unsre Erbsünde!

Und lernen wir besser uns freuen, so verlernen wir am besten, Andern wehe zu tun und Wehes auszudenken.

Darum wasche ich mir die Hand, die dem Leidenden half, darum wische ich mir auch noch die Seele ab.

Denn daß ich den Leidenden leidend sah, dessen schämte ich mich um seiner Scham willen; und als ich ihm half, da verging ich mich hart an seinem Stolze.

Große Verbindlichkeiten machen nicht dankbar, sondern rachsüchtig; und wenn die kleine Wohltat nicht vergessen wird, so wird noch ein Nage-Wurm daraus.

»Seid spröde im Annehmen! Zeichnet aus damit, daß ihr annehmt!« – also rate ich Denen, die Nichts zu verschenken haben.

Ich aber bin ein Schenkender: gern schenke ich, als Freund den Freunden. Fremde aber und Arme mögen sich die Frucht selber von meinem Baume pflücken: so beschämt es weniger.

Bettler aber sollte man ganz abschaffen! Wahrlich, man ärgert sich, ihnen zu geben, und ärgert sich, ihnen nicht zu geben.

Und insgleichen die Sünder und bösen Gewissen! Glaubt mir, meine Freunde: Gewissensbisse erziehn zum Beißen.

Das Schlimmste aber sind die kleinen Gedanken. Wahrlich, besser noch bös getan, als klein gedacht!

Zwar ihr sagt: »die Lust an kleinen Bosheiten erspart uns manche große böse Tat.« Aber hier sollte man nicht sparen wollen.

Wie ein Geschwür ist die böse Tat: sie juckt und kratzt und bricht heraus – sie redet ehrlich.

»Siehe, ich bin Krankheit« – so redet die böse Tat; das ist ihre Ehrlichkeit.

Aber dem Pilze gleich ist der kleine Gedanke: er kriecht und duckt sich und will nirgendswo sein – bis der ganze Leib morsch und welk ist vor kleinen Pilzen.

Dem aber, der vom Teufel besessen ist, sage ich dies Wort ins Ohr: »besser noch, du ziehest deinen Teufel groß! Auch für dich gibt es noch einen Weg der Größe!« –

Ach, meine Brüder! Man weiß von Jedermann Etwas zu viel! Und Mancher wird uns durchsichtig, aber deshalb können wir noch lange nicht durch ihn hindurch.

Es ist schwer mit Menschen zu leben, weil Schweigen so schwer ist.

Und nicht gegen Den, der uns zuwider ist, sind wir am unbilligsten, sondern gegen Den, welcher uns gar Nichts angeht.

Hast du aber einen leidenden Freund, so sei seinem Leiden eine Ruhestätte, doch gleichsam ein hartes Bett, ein Feldbett: so wirst du ihm am besten nützen.

Und tut dir ein Freund Übles, so sprich: »ich vergebe dir, was du mir tatest; daß du es aber *dir* tatest – wie könnte ich das vergeben!«

Also redet alle große Liebe: die überwindet auch noch Vergebung und Mitleiden.

Man soll sein Herz festhalten; dann läßt man es gehn, wie bald geht Einem da der Kopf durch!

Ach, wo in der Welt geschahen größere Torheiten, als bei den Mitleidigen? Und was in der Welt stiftete mehr Leid, als die Torheiten der Mitleidigen?

Wehe allen Liebenden, die nicht noch eine Höhe haben, welche über ihrem Mitleiden ist!

Also sprach der Teufel einst zu mir: »auch Gott hat seine Hölle: das ist seine Liebe zu den Menschen.«

Und jüngst hörte ich ihn dies Wort sagen: »Gott ist tot; an seinem Mitleiden mit den Menschen ist Gott gestorben.« –

So seid mir gewarnt vor dem Mitleiden: *daher* kommt noch den Menschen eine schwere Wolke! Wahrlich, ich verstehe mich auf Wetterzeichen!

Merket aber auch dies Wort: alle große Liebe ist noch über all ihrem Mitleiden: denn sie will das Geliebte noch – schaffen!

»Mich selber bringe ich meiner Liebe dar, *und meinen Nächsten gleich mir«* – so geht die Rede allen Schaffenden.

Alle Schaffenden aber sind hart. –

Also sprach Zarathustra.

Von den Priestern

Und einstmals gab Zarathustra seinen Jüngern ein Zeichen und sprach diese Worte zu ihnen:

»Hier sind Priester: und wenn es auch meine Feinde sind, geht mir still an ihnen vorüber und mit schlafendem Schwerte!

Auch unter ihnen sind Helden; Viele von ihnen litten zuviel –: so wollen sie Andre leiden machen.

Böse Feinde sind sie: Nichts ist rachsüchtiger als ihre Demut. Und leicht besudelt sich Der, welcher sie angreift.

Aber mein Blut ist mit dem ihren verwandt; und ich will mein Blut auch noch in dem ihren geehrt wissen.« –

Und als sie vorübergegangen waren, fiel Zarathustra der Schmerz an; und nicht lange hatte er mit seinem Schmerze gerungen, da hob er also an zu reden:

Es jammert mich dieser Priester. Sie gehen mir auch wider den Geschmack; aber das ist mir das Geringste, seit ich unter Menschen bin.

Aber ich leide und litt mit ihnen: Gefangene sind es mir und Abgezeichnete. Der, welchen sie Erlöser nennen, schlug sie in Banden: –

In Banden falscher Werte und Wahn-Worte! Ach, daß Einer sie noch von ihrem Erlöser erlöste!

Auf einem Eilande glaubten sie einst zu landen, als das Meer sie herumriß; aber siehe, es war ein schlafendes Ungeheuer!

Falsche Werte und Wahn-Worte: das sind die schlimmsten Ungeheuer für Sterbliche, – lange schläft und wartet in ihnen das Verhängnis.

Aber endlich kommt es und wacht und frißt und schlingt, was auf ihm sich Hütten baute.

Oh seht mir doch diese Hütten an, die sich diese Priester bauten! Kirchen heißen sie ihre süßduftenden Höhlen.

Oh über dies verfälschte Licht, diese verdumpfte Luft! Hier, wo die Seele zu ihrer Höhe hinauf – nicht fliegen darf!

Sondern also gebietet ihr Glaube: »auf den Knien die Treppe hinan, ihr Sünder!«

Wahrlich, lieber sehe ich noch den Schamlosen, als die verrenkten Augen ihrer Scham und Andacht!

Wer schuf sich solche Höhlen und Buß-Treppen? Waren es nicht Solche, die sich verbergen wollten und sich vor dem reinen Himmel schämten?

Und erst wenn der reine Himmel wieder durch zerbrochne Decken blickt, und hinab auf Gras und roten Mohn an zerbrochnen Mauern, – will ich den Stätten dieses Gottes wieder mein Herz zuwenden.

Sie nannten Gott, was ihnen widersprach und wehe tat: und wahrlich, es war viel Helden-Art in ihrer Anbetung!

Und nicht anders wußten sie ihren Gott zu lieben, als indem sie den Menschen ans Kreuz schlugen!

Als Leichname gedachten sie zu leben, schwarz schlugen sie ihren Leichnam aus; auch aus ihren Reden rieche ich noch die üble Würze von Totenkammern.

Und wer ihnen nahe lebt, der lebt schwarzen Teichen nahe, aus denen heraus die Unke ihr Lied mit süßem Tiefsinne singt.

Bessere Lieder müßten sie mir singen, daß ich an ihren Erlöser glauben lerne: erlöster müßten mir seine Jünger aussehen!

Nackt möchte ich sie sehn: denn allein die Schönheit sollte Buße predigen. Aber wen überredet wohl diese vermummte Trübsal!

Wahrlich, ihre Erlöser selber kamen nicht aus der Freiheit und der Freiheit siebentem Himmel! Wahrlich, sie selber wandelten niemals auf den Teppichen der Erkenntnis!

Aus Lücken bestand der Geist dieser Erlöser; aber in jede Lücke hatten sie ihren *Wahn* gestellt, ihren Lückenbüßer, den sie Gott nannten.

In ihrem Mitleiden war ihr Geist ertrunken, und wenn sie schwollen und überschwollen von Mitleiden, schwamm immer obenauf eine große Torheit.

Eifrig trieben sie und mit Geschrei ihre Herde über ihren Steg: wie als ob es zur Zukunft nur Einen Steg gäbe! Wahrlich, auch diese Hirten gehörten noch zu den Schafen!

Kleine Geister und umfängliche Seelen hatten diese Hirten: aber, meine Brüder, was für kleine Länder waren bisher auch die umfänglichsten Seelen!

Blutzeichen schrieben sie auf den Weg, den sie gingen, und ihre Torheit lehrte, daß man mit Blut die Wahrheit beweise.

Aber Blut ist der schlechteste Zeuge der Wahrheit; Blut vergiftet die reinste Lehre noch zu Wahn und Haß der Herzen.

Und wenn Einer durchs Feuer geht für seine Lehre, – was beweist dies! Mehr ist's wahrlich, daß aus eignem Brande die eigene Lehre kommt!

Schwüles Herz und kalter Kopf: wo dies zusammentrifft, da entsteht der Brausewind, der »Erlöser«.

Größere gab es wahrlich und Höher-Geborene, als Die, welche das Volk Erlöser nennt, diese hinreißenden Brausewinde!

Und noch von Größeren, als alle Erlöser waren, müßt ihr, meine Brüder, erlöst werden, wollt ihr zur Freiheit den Weg finden!

Niemals noch gab es einen Übermenschen. Nackt sah ich Beide, den größten und den kleinsten Menschen: –

Allzuähnlich sind sie noch einander. Wahrlich, auch den Größten fand ich – allzumenschlich! –

Also sprach Zarathustra.

Von den Tugendhaften

Mit Donnern und himmlischen Feuerwerken muß man zu schlaffen und schlafenden Sinnen reden.

Aber der Schönheit Stimme redet leise: sie schleicht sich nur in die aufgewecktesten Seelen.

Leise erbebte und lachte mir heut mein Schild; das ist der Schönheit heiliges Lachen und Beben.

Über euch, ihr Tugendhaften, lachte heut meine Schönheit. Und also kam ihre Stimme zu mir: »sie wollen noch – bezahlt sein!«

Ihr wollt noch bezahlt sein, ihr Tugendhaften! Wollt Lohn für Tugend und Himmel für Erden und Ewiges für euer Heute haben?

Und nun zürnt ihr mir, daß ich lehre, es gibt keinen Lohn- und Zahlmeister? Und wahrlich, ich lehre nicht einmal, daß Tugend ihr eigner Lohn ist.

Ach, das ist meine Trauer: in den Grund der Dinge hat man Lohn und Strafe hineingelogen – und nun auch noch in den Grund eurer Seelen, ihr Tugendhaften!

Aber dem Rüssel des Ebers gleich soll mein Wort den Grund eurer Seelen aufreißen; Pflugschar will ich euch heißen.

Alle Heimlichkeiten eures Grundes sollen ans Licht; und wenn ihr aufgewühlt und zerbrochen in der Sonne liegt, wird auch eure Lüge von eurer Wahrheit ausgeschieden sein.

Denn dies ist eure Wahrheit: ihr seid zu *reinlich* für den Schmutz der Worte: Rache, Strafe, Lohn, Vergeltung.

Ihr liebt eure Tugend, wie die Mutter ihr Kind; aber wann hörte man, daß eine Mutter bezahlt sein wollte für ihre Liebe?

Es ist euer Liebstes selbst, eure Tugend. Des Ringes Durst ist in euch: sich selber wieder zu erreichen, dazu ringt und dreht sich jeder Ring.

Und dem Sterne gleich, der erlischt, ist jedes Werk eurer Tugend: immer ist sein Licht noch unterwegs und wandert – und wann wird es nicht mehr unterwegs sein?

Also ist das Licht eurer Tugend noch unterwegs, auch wenn das Werk getan ist. Mag es nun vergessen und tot sein: sein Strahl von Licht lebt noch und wandert.

Daß eure Tugend euer Selbst sei, und nicht ein Fremdes, eine Haut, eine Bemäntelung: das ist die Wahrheit aus dem Grunde eurer Seele, ihr Tugendhaften! –

Aber wohl gibt es Solche, denen Tugend der Krampf unter einer Peitsche heißt: und ihr habt mir zuviel auf Deren Geschrei gehört!

Und Andre gibt es, die heißen Tugend das Faulwerden ihrer Laster; und wenn ihr Haß und ihre Eifersucht einmal die Glieder strecken, wird ihre »Gerechtigkeit« munter und reibt sich die verschlafenen Augen.

Und Andre gibt es, die werden abwärts gezogen: ihre Teufel ziehn sie. Aber je mehr sie sinken, um so glühender leuchtet ihr Auge und die Begierde nach ihrem Gotte.

Ach, auch Deren Geschrei drang zu euren Ohren, ihr Tugendhaften: »was ich *nicht* bin, Das, Das ist mir Gott und Tugend!«

Und Andre gibt es, die kommen schwer und knarrend daher, gleich Wagen, die Steine abwärts fahren: Die reden viel von Würde und Tugend – ihren Hemmschuh heißen sie Tugend!

Und Andre gibt es, die sind gleich Alltags-Uhren, die aufgezogen wurden; sie machen ihr Ticktack und wollen, daß man Ticktack – Tugend heiße.

Wahrlich, an Diesen habe ich meine Lust: wo ich solche Uhren finde, werde ich sie mit meinem Spotte aufziehn; und sie sollen mir dabei noch schnurren!

Und Andre sind stolz über ihre Handvoll Gerechtigkeit und begehen um ihrer willen Frevel an allen Dingen: also daß die Welt in ihrer Ungerechtigkeit ertränkt wird.

Ach, wie übel ihnen das Wort »Tugend« aus dem Munde läuft! Und wenn sie sagen: »ich bin gerecht«, so klingt es immer gleich wie: »ich bin gerächt!«

Mit ihrer Tugend wollen sie ihren Feinden die Augen auskratzen; und sie erheben sich nur, um Andre zu erniedrigen.

Und wiederum gibt es Solche, die sitzen in ihrem Sumpfe und reden also heraus aus dem Schilfrohr: »Tugend – das ist still im Sumpfe sitzen.

Wir beißen Niemanden und gehen Dem aus dem Wege, der beißen will; und in Allem haben wir die Meinung, die man uns gibt.«

Und wiederum gibt es Solche, die lieben Gebärden und denken: Tugend ist eine Art Gebärde.

Ihre Knie beten immer an, und ihre Hände sind Lobpreisungen der Tugend, aber ihr Herz weiß Nichts davon.

Und wiederum gibt es Solche, die halten es für Tugend, zu sagen: »Tugend ist notwendig«; aber sie glauben im Grunde nur daran, daß Polizei notwendig ist.

Und Mancher, der das Hohe an den Menschen nicht sehen kann, nennt es Tugend, daß er ihr Niedriges allzunahe sieht; also heißt er seinen bösen Blick Tugend.

Und Einige wollen erbaut und aufgerichtet sein und heißen es Tugend; und Andre wollen umgeworfen sein – und heißen es auch Tugend.

Und derart glauben fast Alle daran, Anteil zu haben an der Tugend; und zum mindesten will ein Jeder Kenner sein über »Gut« und »Böse«.

Aber nicht dazu kam Zarathustra, allen diesen Lügnern und Narren zu sagen: »was wißt *ihr* von Tugend! Was *könntet* ihr von Tugend wissen!« –

Sondern, daß ihr, meine Freunde, der alten Worte müde würdet, welche ihr von den Narren und Lügnern gelernt habt:

Müde würdet der Worte »Lohn«, »Vergeltung«, »Strafe«, »Rache in der Gerechtigkeit« –

Müde würdet zu sagen: »daß eine Handlung gut ist, das macht, sie ist selbstlos.«

Ach, meine Freunde! Daß *euer* Selbst in der Handlung sei, wie die Mutter im Kinde ist: das sei mir *euer* Wort von Tugend!

Wahrlich, ich nahm euch wohl hundert Worte und eurer Tugend liebste Spielwerke; und nun zürnt ihr mir, wie Kinder zürnen.

Sie spielten am Meere – da kam die Welle und riß ihnen ihr Spielwerk in die Tiefe: nun weinen sie.

Aber dieselbe Welle soll ihnen neue Spielwerke bringen und neue bunte Muscheln vor sie hin ausschütten!

So werden sie getröstet sein; und gleich ihnen sollt auch ihr, meine Freunde, eure Tröstungen haben – und neue bunte Muscheln! –

Also sprach Zarathustra.

Vom Gesindel

Das Leben ist ein Born der Lust; aber wo das Gesindel mittrinkt, da sind alle Brunnen vergiftet.

Allem Reinlichen bin ich hold; aber ich mag die grinsenden Männer nicht sehn und den Durst der Unreinen.

Sie warfen ihr Auge hinab in den Brunnen: nun glänzt mir ihr widriges Lächeln herauf aus dem Brunnen.

Das heilige Wasser haben sie vergiftet mit ihrer Lüsternheit; und als sie ihre schmutzigen Träume Lust nannten, vergifteten sie auch noch die Worte.

Unwillig wird die Flamme, wenn sie ihre feuchten Herzen ans Feuer legen; der Geist selber brodelt und raucht, wo das Gesindel ans Feuer tritt.

Süßlich und übermürbe wird in ihrer Hand die Frucht: windfällig und wipfeldürr macht ihr Blick den Fruchtbaum.

Und Mancher, der sich vom Leben abkehrte, kehrte sich nun vom Gesindel ab: er wollte nicht Brunnen und Flamme und Frucht mit dem Gesindel teilen.

Und Mancher, der in die Wüste ging und mit Raubtieren Durst litt, wollte nur nicht mit schmutzigen Kameltreibern um die Zisterne sitzen.

Und Mancher, der wie ein Vernichter daherkam und wie ein Hagelschlag allen Fruchtfeldern, wollte nur seinen Fuß dem Gesindel in den Rachen setzen und also seinen Schlund stopfen.

Und nicht Das ist der Bissen, an dem ich am meisten würgte, zu wissen, daß das Leben selber Feindschaft nötig hat und Sterben und Marterkreuze: –

Sondern ich fragte einst und erstickte fast an meiner Frage: wie? hat das Leben auch das Gesindel *nötig?*

Sind vergiftete Brunnen nötig und stinkende Feuer und beschmutzte Träume und Maden im Lebensbrode?

Nicht mein Haß, sondern mein Ekel fraß mir hungrig am Leben! Ach, des Geistes wurde ich oft müde, als ich auch das Gesindel geistreich fand!

Und den Herrschenden wandt' ich den Rücken, als ich sah, was sie jetzt Herrschen nennen: Schachern und Markten um Macht – mit dem Gesindel!

Unter Völkern wohnte ich fremder Zunge, mit verschlossenen Ohren: daß mir ihres Schacherns Zunge fremd bliebe und ihr Markten um Macht.

Und die Nase mir haltend, ging ich unmutig durch alles Gestern und Heute: wahrlich, übel riecht alles Gestern und Heute nach dem schreibenden Gesindel!

Einem Krüppel gleich, der taub und blind und stumm wurde: also lebte ich lange, daß ich nicht mit Macht- und Schreib- und Lust-Gesindel lebte.

Mühsam stieg mein Geist Treppen und vorsichtig; Almosen der Lust waren sein Labsal; am Stabe schlich dem Blinden das Leben.

Was geschah mir doch? Wie erlöste ich mich vom Ekel? Wer verjüngte mein Auge? Wie erflog ich die Höhe, wo kein Gesindel mehr am Brunnen sitzt?

Schuf mein Ekel selber mir Flügel und quellenahnende Kräfte? Wahrlich, ins Höchste mußte ich fliegen, daß ich den Born der Lust wiederfände!

Oh, ich fand ihn, meine Brüder! Hier im Höchsten quillt mir der Born der Lust! Und es gibt ein Leben, an dem kein Gesindel mittrinkt!

Fast zu heftig strömst du mir, Quell der Lust! Und oft leerst du den Becher wieder, dadurch daß du ihn füllen willst!

Und noch muß ich lernen, bescheidener dir zu nahen: allzuheftig strömt dir noch mein Herz entgegen: –

Mein Herz, auf dem mein Sommer brennt, der kurze, heiße, schwermütige, überselige: wie verlangt mein Sommer-Herz nach deiner Kühle!

Vorbei die zögernde Trübsal meines Frühlings! Vorüber die Bosheit meiner Schneeflocken im Juni! Sommer wurde ich ganz und Sommer-Mittag!

Ein Sommer im Höchsten mit kalten Quellen und seliger Stille: oh kommt, meine Freunde, daß die Stille noch seliger werde!

Denn dies ist *unsre* Höhe und unsre Heimat: zu hoch und steil wohnen wir hier allen Unreinen und ihrem Durste.

Werft nur eure reinen Augen in den Born meiner Lust, ihr Freunde! Wie sollt er darob trübe werden! Entgegenlachen soll er euch mit *seiner* Reinheit.

Auf dem Baume Zukunft bauen wir unser Nest; Adler sollen uns Einsamen Speise bringen in ihren Schnäbeln!

Wahrlich, keine Speise, an der Unsaubere mitessen dürften! Feuer würden sie zu fressen wähnen und sich die Mäuler verbrennen!

Wahrlich, keine Heimstätten halten wir hier bereit für Unsaubere! Eishöhle würde ihren Leibern unser Glück heißen und ihren Geistern!

Und wie starke Winde wollen wir über ihnen leben, Nachbarn den Adlern, Nachbarn dem Schnee, Nachbarn der Sonne: also leben starke Winde.

Und einem Winde gleich will ich einst noch zwischen sie blasen und mit meinem Geiste ihrem Geiste den Atem nehmen: so will es meine Zukunft.

Wahrlich, ein starker Wind ist Zarathustra allen Niederungen; und solchen Rat rät er seinen Feinden und Allem, was spuckt und speit: »hütet euch, *gegen* den Wind zu speien!« –

Also sprach Zarathustra.

Von den Taranteln

Siehe, das ist der Tarantel Höhle! Willst du sie selber sehn? Hier hängt ihr Netz: rühre daran, daß es erzittert.

Da kommt sie willig: willkommen, Tarantel! Schwarz sitzt auf deinem Rücken dein Dreieck und Wahrzeichen; und ich weiß auch, was in deiner Seele sitzt.

Rache sitzt in deiner Seele: wohin du beißest, da wächst schwarzer Schorf; mit Rache macht dein Gift die Seele drehend!

Also rede ich zu euch im Gleichnis, die ihr die Seelen drehend macht, ihr Prediger der *Gleichheit!* Taranteln seid ihr mir und versteckte Rachsüchtige!

Aber ich will eure Verstecke schon ans Licht bringen: darum lache ich euch ins Antlitz mein Gelächter der Höhe.

Darum reiße ich an eurem Netze, daß eure Wut euch aus eurer Lügen-Höhle locke, und eure Rache hervorspringe hinter eurem Wort »Gerechtigkeit«.

Denn *daß der Mensch erlöst werde von der Rache:* das ist mir die Brücke zur höchsten Hoffnung und ein Regenbogen nach langen Unwettern.

Aber anders wollen es freilich die Taranteln. »Das gerade heiße uns Gerechtigkeit, daß die Welt voll werde von den Unwettern unsrer Rache« – also reden sie miteinander.

»Rache wollen wir üben und Beschimpfung an Allen, die uns nicht gleich sind« – so geloben sich die Tarantel-Herzen.

»Und ›Wille zur Gleichheit‹ – das selber soll fürderhin der Name für Tugend werden; und gegen Alles, was Macht hat, wollen wir unser Geschrei erheben!«

Ihr Prediger der Gleichheit, der Tyrannen-Wahnsinn der Ohnmacht schreit also aus euch nach »Gleichheit«: eure heimlichsten Tyrannen-Gelüste vermummen sich also in Tugend-Worte!

Vergrämter Dünkel, verhaltener Neid, vielleicht eurer Väter Dünkel und Neid: aus euch bricht's als Flamme heraus und Wahnsinn der Rache.

Was der Vater schwieg, das kommt im Sohne zum Reden; und oft fand ich den Sohn als des Vaters entblößtes Geheimnis.

Den Begeisterten gleichen sie: aber nicht das Herz ist es, was sie begeistert, – sondern die Rache. Und wenn sie fein und kalt werden, ist's nicht der Geist, sondern der Neid, der sie fein und kalt macht.

Ihre Eifersucht führt sie auch auf der Denker Pfade; und dies ist das Merkmal ihrer Eifersucht – immer gehn sie zu weit: daß ihre Müdigkeit sich zuletzt noch auf Schnee schlafen legen muß.

Aus jeder ihrer Klagen tönt Rache, in jedem ihrer Lobsprüche ist ein Wehetun; und Richter-sein scheint ihnen Seligkeit.

Also aber rate ich euch, meine Freunde: mißtraut Allen, in welchen der Trieb, zu strafen, mächtig ist!

Das ist Volk schlechter Art und Abkunft; aus ihren Gesichtern blickt der Henker und der Spürhund.

Mißtraut allen Denen, die viel von ihrer Gerechtigkeit reden! Wahrlich, ihren Seelen fehlt es nicht nur an Honig.

Und wenn sie sich selber »die Guten und Gerechten« nennen, so vergeßt nicht, daß ihnen zum Pharisäer Nichts fehlt als – Macht!

Meine Freunde, ich will nicht vermischt und verwechselt werden.

Es gibt Solche, die predigen meine Lehre vom Leben: und zugleich sind sie Prediger der Gleichheit und Taranteln.

Daß sie dem Leben zu Willen reden, ob sie gleich in ihrer Höhle sitzen, diese Gift-Spinnen, und abgekehrt vom Leben: das macht, sie wollen damit wehe tun.

Solchen wollen sie damit wehe tun, die jetzt die Macht haben: denn bei Diesen ist noch die Predigt vom Tode am besten zu Hause.

Wäre es anders, so würden die Taranteln anders lehren: und gerade sie waren ehemals die besten Welt-Verleumder und Ketzer-Brenner.

Mit diesen Predigern der Gleichheit will ich nicht vermischt und verwechselt sein. Denn so redet *mir* die Gerechtigkeit: »Die Menschen sind nicht gleich.«

Und sie sollen es auch nicht werden! Was wäre denn meine Liebe zum Übermenschen, wenn ich anders spräche?

Auf tausend Brücken und Stegen sollen sie sich drängen zur Zukunft, und immer mehr Krieg und Ungleichheit soll zwischen sie gesetzt sein: so läßt mich meine große Liebe reden!

Erfinder von Bildern und Gespenstern sollen sie werden in ihren Feindschaften, und mit ihren Bildern und Gespenstern sollen sie noch gegeneinander den höchsten Kampf kämpfen!

Gut und Böse, und Reich und Arm, und Hoch und Gering, und alle Namen der Werte: Waffen sollen es sein und klirrende Merkmale davon, daß das Leben sich immer wieder selber überwinden muß!

In die Höhe will es sich bauen mit Pfeilern und Stufen, das Leben selber: in weite Fernen will es blicken und hinaus nach seligen Schönheiten – *darum* braucht es Höhe!

Und weil es Höhe braucht, braucht es Stufen und Widerspruch der Stufen und Steigenden! Steigen will das Leben und steigend sich überwinden.

Und seht mir doch, meine Freunde! Hier, wo der Tarantel Höhle ist, heben sich eines alten Tempels Trümmer aufwärts, – seht mir doch mit erleuchteten Augen hin!

Wahrlich, wer hier einst seine Gedanken in Stein nach Oben türmte, um das Geheimnis alles Lebens wußte er gleich dem Weisesten!

Daß Kampf und Ungleiches auch noch in der Schönheit sei, und Krieg um Macht und Übermacht: das lehrt er uns hier im deutlichsten Gleichnis.

Wie sich göttlich hier Gewölbe und Bogen brechen, im Ringkampfe: wie mit Licht und Schatten sie widereinander streben, die Göttlich-Strebenden –

Also sicher und schön laßt uns auch Feinde sein, meine Freunde! Göttlich wollen wir *wider*einander streben! –

Wehe! Da biß mich selber die Tarantel, meine alte Feindin! Göttlich sicher und schön biß sie mich in den Finger!

»Strafe muß sein und Gerechtigkeit« – so denkt sie: »nicht umsonst soll er hier der Feindschaft zu Ehren Lieder singen!«

Ja, sie hat sich gerächt! Und wehe! nun wird sie mit Rache auch noch meine Seele drehend machen!

Daß ich mich aber *nicht* drehe, meine Freunde, bindet mich fest hier an diese Säule! Lieber noch Säulen-Heiliger will ich sein, als Wirbel der Rachsucht!

Wahrlich, kein Dreh- und Wirbelwind ist Zarathustra; und wenn er ein Tänzer ist, nimmermehr doch ein Tarantel-Tänzer! –

Also sprach Zarathustra.

Von den berühmten Weisen

Dem Volke habt ihr gedient und des Volkes Aberglauben, ihr berühmten Weisen alle! – und *nicht* der Wahrheit! Und gerade darum zollte man euch Ehrfurcht.

Und darum auch ertrug man euren Unglauben, weil er ein Witz und Umweg war zum Volke. So läßt der Herr seine Sklaven gewähren und ergötzt sich noch an ihrem Übermute.

Aber wer dem Volke verhaßt ist wie ein Wolf den Hunden: das ist der freie Geist, der Fessel-Feind, der Nicht-Anbeter, der in Wäldern Hausende.

Ihn zu jagen aus seinem Schlupfe – das hieß immer dem Volke »Sinn für das Rechte«: gegen ihn hetzt es noch immer seine scharfzahnigsten Hunde.

»Denn die Wahrheit ist da: ist das Volk doch da! Wehe, wehe den Suchenden!« – also scholl es von jeher.

Eurem Volke wolltet ihr Recht schaffen in seiner Verehrung: das hießet ihr »Wille zur Wahrheit«, ihr berühmten Weisen!

Und euer Herz sprach immer zu sich: »vom Volke kam ich: von dort her kam mir auch Gottes Stimme.«

Hars-nackig und klug, dem Esel gleich, wart ihr immer als des Volkes Fürsprecher.

Und mancher Mächtige, der gut fahren wollte mit dem Volke, spannte vor seine Rosse noch – ein Eselein, einen berühmten Weisen.

Und nun wollte ich, ihr berühmten Weisen, ihr würfet endlich das Fell des Löwen ganz von euch!

Das Fell des Raubtiers, das buntgefleckte, und die Zotten des Forschenden, Suchenden, Erobernden!

Ach, daß ich an eure »Wahrhaftigkeit« glauben lerne, dazu müßtet ihr mir erst euren verehrenden Willen zerbrechen.

Wahrhaftig – so heiße ich Den, der in götterlose Wüsten geht und sein verehrendes Herz zerbrochen hat.

Im gelben Sande und verbrannt von der Sonne schielt er wohl durstig nach den quellenreichen Eilanden, wo Lebendiges unter dunkeln Bäumen ruht.

Aber sein Durst überredet ihn nicht, diesen Behaglichen gleich zu werden: denn wo Oasen sind, da sind auch Götzenbilder.

Hungernd, gewalttätig, einsam, gottlos: so will sich selber der Löwen-Wille.

Frei von dem Glück der Knechte, erlöst von Göttern und Anbetungen, furchtlos und fürchterlich, groß und einsam: so ist der Wille des Wahrhaftigen.

In der Wüste wohnten von je die Wahrhaftigen, die freien Geister, als der Wüste Herren; aber in den Städten wohnen die gut gefütterten, berühmten Weisen – die Zugtiere.

Immer nämlich ziehen sie, als Esel – des *Volkes* Karren!

Nicht daß ich ihnen darob zürne: aber Dienende bleiben sie mir und Angeschirrte, auch wenn sie von goldnem Geschirre glänzen.

Und oft waren sie gute Diener und preiswürdige. Denn so spricht die Tugend: »mußt du Diener sein, so suche Den, welchem dein Dienst am besten nützt!«

»Der Geist und die Tugend deines Herrn sollen wachsen, dadurch, daß du sein Diener bist: so wächsest du selber mit seinem Geiste und seiner Tugend!«

Und wahrlich, ihr berühmten Weisen, ihr Diener des Volkes! Ihr selber wuchset mit des Volkes Geist und Tugend – und das Volk durch euch! Zu euren Ehren sage ich das!

Aber Volk bleibt ihr mir auch noch in euren Tugenden, Volk mit blöden Augen – Volk, das nicht weiß, was *Geist* ist!

Geist ist das Leben, das selber ins Leben schneidet, an der eignen Qual mehrt es sich das eigne Wissen – wußtet ihr das schon?

Und des Geistes Glück ist dies: gesalbt zu sein und durch Tränen geweiht zum Opfertier – wußtet ihr das schon?

Und die Blindheit des Blinden und sein Suchen und Tappen soll noch von der Macht der Sonne zeugen, in die er schaute – wußtet ihr das schon?

Und mit Bergen soll der Erkennende *bauen* lernen! Wenig ist es, daß der Geist Berge versetzt – wußtet ihr das schon?

Ihr kennt nur des Geistes Funken: aber ihr seht den Amboß nicht, der er ist, und nicht die Grausamkeit seines Hammers!

Wahrlich, ihr kennt des Geistes Stolz nicht! Aber noch weniger würdet ihr des Geistes Bescheidenheit ertragen, wenn sie einmal reden wollte!

Und niemals noch durftet ihr euren Geist in eine Grube von Schnee werfen: ihr seid nicht heiß genug dazu! So kennt ihr auch die Entzückungen seiner Kälte nicht.

In Allem aber tut ihr mir zu vertraulich mit dem Geiste; und aus der Weisheit machtet ihr oft ein Armen- und Krankenhaus für schlechte Dichter.

Ihr seid keine Adler: so erfuhrt ihr auch das Glück im Schrecken des Geistes nicht. Und wer kein Vogel ist, soll sich nicht über Abgründen lagern.

Ihr seid mir Laue: aber kalt strömt jede tiefe Erkenntnis. Eiskalt sind die innersten Brunnen des Geistes: ein Labsal heißen Händen und Handelnden.

Ehrbar steht ihr mir da und steif und mit geradem Rücken ihr berühmten Weisen! – euch treibt kein starker Wind und Wille.

Saht ihr nie ein Segel über das Meer gehn, geründet und gebläht und zitternd vor dem Ungestüm des Windes?

Dem Segel gleich, zitternd vor dem Ungestüm des Geistes, geht meine Weisheit über das Meer – meine wilde Weisheit!

Aber ihr Diener des Volkes, ihr berühmten Weisen – wie *könntet* ihr mit mir gehn! –

Also sprach Zarathustra.

Das Nachtlied

Nacht ist es: nun reden lauter alle springenden Brunnen. Und auch meine Seele ist ein springender Brunnen.

Nacht ist es: nun erst erwachen alle Lieder der Liebenden. Und auch meine Seele ist das Lied eines Liebenden.

Ein Ungestilltes, Unstillbares ist in mir; das will laut werden. Eine Begierde nach Liebe ist in mir, die redet selber die Sprache der Liebe.

Licht bin ich: ach, daß ich Nacht wäre! Aber dies ist meine Einsamkeit, daß ich von Licht umgürtet bin.

Ach, daß ich dunkel wäre und nächtig! Wie wollte ich an den Brüsten des Lichts saugen!

Und euch selber wollte ich noch segnen, ihr kleinen Funkelsterne und Leuchtwürmer droben! – und selig sein ob eurer Licht-Geschenke.

Aber ich lebe in meinem eignen Lichte, ich trinke die Flammen in mich zurück, die aus mir brechen.

Ich kenne das Glück des Nehmenden nicht; und oft träumte mir davon, daß Stehlen noch seliger sein müsse als Nehmen.

Das ist meine Armut, daß meine Hand niemals ausruht vom Schenken; das ist mein Neid, daß ich wartende Augen sehe und die erhellten Nächte der Sehnsucht.

Oh Unseligkeit aller Schenkenden! Oh Verfinsterung meiner Sonne! Oh Begierde nach Begehren! Oh Heißhunger in der Sättigung!

Sie nehmen von mir: aber rühre ich noch an ihre Seele? Eine Kluft ist zwischen Geben und Nehmen; und die kleinste Kluft ist am letzten zu überbrücken.

Ein Hunger wächst aus meiner Schönheit: wehe tun möchte ich Denen, welchen ich leuchte, berauben machte ich meine Beschenkten: – also hungere ich nach Bosheit.

Die Hand zurückziehend, wenn sich schon ihr die Hand entgegenstreckt; dem Wasserfalle gleich zögernd, der noch im Sturze zögert: – also hungere ich nach Bosheit.

Solche Rache sinnt meine Fülle aus: solche Tucke quillt aus meiner Einsamkeit.

Mein Glück im Schenken erstarb im Schenken, meine Tugend wurde ihrer selber müde an ihrem Überflusse!

Wer immer schenkt, dessen Gefahr ist, daß er die Scham verliere; wer immer austeilt, dessen Hand und Herz hat Schwielen vor lauter Austeilen.

Mein Auge quillt nicht mehr über vor der Scham der Bittenden; meine Hand wurde zu hart für das Zittern gefüllter Hände.

Wohin kam die Träne meinem Auge und der Flaum meinem Herzen? Oh Einsamkeit aller Schenkenden! Oh Schweigsamkeit aller Leuchtenden!

Viel Sonnen kreisen im öden Raume: zu Allem, was dunkel ist, reden sie mit ihrem Lichte, – mir schweigen sie.

Oh dies ist die Feindschaft des Lichts gegen Leuchtendes: erbarmungslos wandelt es seine Bahnen.

Unbillig gegen Leuchtendes im tiefsten Herzen, kalt gegen Sonnen – also wandelt jede Sonne.

Einem Sturme gleich fliegen die Sonnen ihre Bahnen, das ist ihr Wandeln. Ihrem unerbittlichen Willen folgen sie, das ist ihre Kälte.

Oh, ihr erst seid es, ihr Dunklen, ihr Nächtigen, die ihr Wärme schafft aus Leuchtendem! Oh, ihr erst trinkt euch Milch und Labsal aus des Lichtes Eutern!

Ach, Eis ist um mich, meine Hand verbrennt sich an Eisigem! Ach, Durst ist in mir, der schmachtet nach eurem Durste!

Nacht ist es: ach daß ich Licht sein muß! Und Durst nach Nächtigem! Und Einsamkeit!

Nacht ist es: nun bricht wie ein Born aus mir mein Verlangen, – nach Rede verlangt mich.

Nacht ist es: nun reden lauter alle springenden Brunnen. Und auch meine Seele ist ein springender Brunnen.

Nacht ist es: nun erwachen alle Lieder der Liebenden. Und auch meine Seele ist das Lied eines Liebenden. –

Also sang Zarathustra.

Das Tanzlied

Eines Abends ging Zarathustra mit seinen Jüngern durch den Wald; und als er nach einem Brunnen suchte, siehe, da kam er auf eine grüne Wiese, die von Bäumen und Gebüsch still umstanden war: auf der tanzten Mädchen miteinander. Sobald die Mädchen Zarathustra erkannten, ließen sie vom Tanze ab; Zarathustra aber trat mit freundlicher Gebärde zu ihnen und sprach diese Worte:

»Laßt vom Tanze nicht ab, ihr lieblichen Mädchen! Kein Spielverderber kam zu euch mit bösem Blick, kein Mädchen-Feind.

Gottes Fürsprecher bin ich vor dem Teufel: der aber ist der Geist der Schwere: Wie sollte ich, ihr Leichten, göttlichen Tänzen feind sein? Oder Mädchen-Füßen mit schönen Knöcheln?

Wohl bin ich ein Wald und eine Nacht dunkler Bäume: doch wer sich vor meinem Dunkel nicht scheut, der findet auch Rosenhänge unter meinen Zypressen.

Und auch den kleinen Gott findet er wohl, der den Mädchen der liebste ist: neben dem Brunnen liegt er, still, mit geschlossenen Augen.

Wahrlich, am hellen Tage schlief er mir ein, der Tagedieb! Haschte er wohl zu viel nach Schmetterlingen?

Zürnt mir nicht, ihr schönen Tanzenden, wenn ich den kleinen Gott ein wenig züchtige! Schreien wird er wohl und weinen – aber zum Lachen ist er noch im Weinen!

Und mit Tränen im Auge soll er euch um einen Tanz bitten; und ich selber will ein Lied zu seinem Tanze singen:

Ein Tanz- und Spottlied auf den Geist der Schwere, meinen allerhöchsten großmächtigsten Teufel, von dem sie sagen, daß er ›der Herr der Welt‹ sei.« –

Und dies ist das Lied, welches Zarathustra sang, als Cupido und die Mädchen zusammen tanzten:

In dein Auge schaute ich jüngst, oh Leben! Und ins Unergründliche schien ich mir da zu sinken.

Aber du zogst mich mit goldner Angel heraus; spöttisch lachtest du, als ich dich unergründlich nannte.

»So geht die Rede aller Fischer«, sprachst du; »was *sie* nicht ergründen, ist unergründlich.

Aber veränderlich bin ich nur und wild und in Allem ein Weib, und kein tugendhaftes:

Ob ich schon euch Männern ›die Tiefe‹ heißt oder ›die Treue‹, ›die Ewige‹, ›die Geheimnisvolle‹.

Doch ihr Männer beschenkt uns stets mit den eignen Tugenden – ach, ihr Tugendhaften!«

Also lachte sie, die Unglaubliche; aber ich glaube ihr niemals und ihrem Lachen, wenn sie bös von sich selber spricht.

Und als ich unter vier Augen mit meiner wilden Weisheit redete, sagte sie mir zornig: »Du willst, du begehrst, du liebst, darum allein *lobst* du das Leben!«

Fast hätte ich da bös geantwortet und der Zornigen die Wahrheit gesagt; und man kann nicht böser antworten, als wenn man seiner Weisheit »die Wahrheit sagt«.

So nämlich steht es zwischen uns Dreien. Von Grund aus liebe ich nur das Leben – und, wahrlich, am meisten dann, wenn ich es hasse!

Daß ich aber der Weisheit gut bin und oft zu gut: das macht, sie erinnert mich gar sehr an das Leben!

Sie hat ihr Auge, ihr Lachen und sogar ihr goldnes Angelrütchen: was kann ich dafür, daß die Beiden sich so ähnlich sehn?

Und als mich einmal das Leben fragte: Wer ist denn Das, die Weisheit? – da sagte ich eifrig: »Ach ja! die Weisheit!

Man dürstet um sie und wird nicht satt, man blickt durch Schleier, man hascht durch Netze.

Ist sie schön? Was weiß ich! Aber die ältesten Karpfen werden noch mit ihr geködert.

Veränderlich ist sie und trotzig; oft sah ich sie sich die Lippe beißen und den Kamm wider ihres Haares Strich führen.

Vielleicht ist sie böse und falsch, und in Allem ein Frauenzimmer; aber wenn sie von sich selber schlecht spricht, da gerade verführt sie am meisten.«

Als ich dies zu dem Leben sagte, da lachte es boshaft und machte die Augen zu. »Von wem redest du doch? sagte sie, wohl von mir?

Und wenn du recht hättest, – sagt man *das* mir so ins Gesicht! Aber nun sprich doch auch von deiner Weisheit!«

Ach, und nun machtest du wieder dein Auge auf, oh geliebtes Leben! Und ins Unergründliche schien ich mir wieder zu sinken. –

Also sang Zarathustra. Als aber der Tanz zu Ende und die Mädchen fortgegangen waren, wurde er traurig.

»Die Sonne ist lange schon hinunter«, sagte er endlich; »die Wiese ist feucht, von den Wäldern her kommt Kühle.

Ein Unbekanntes ist um mich und blickt nachdenklich. Was! Du lebst noch, Zarathustra?

Warum? Wofür? Wodurch? Wohin? Wo? Wie? Ist es nicht Torheit, noch zu leben? – Ach meine Freunde, der Abend ist es, der so aus mir fragt. Vergebt mir meine Traurigkeit!

Abend ward es: vergebt mir, daß es Abend ward!«

Also sprach Zarathustra.

Das Grablied

»Dort ist die Gräberinsel, die schweigsame; dort sind auch die Gräber meiner Jugend. Dahin will ich einen immergrünen Kranz des Lebens tragen.«

Also im Herzen beschließend fuhr ich über das Meer. –

Oh ihr, meiner Jugend Gesichte und Erscheinungen! Oh, ihr Blicke der Liebe alle, ihr göttlichen Augenblicke! Wie starbt ihr mir so schnell! Ich gedenke eurer heute wie meiner Toten.

Von euch her, meinen liebsten Toten, kommt mir ein süßer Geruch, ein herz- und tränenlösender. Wahrlich, er erschüttert und löst das Herz dem einsam Schiffenden.

Immer noch bin ich der Reichste und Bestzubeneidende – ich der Einsamste! Denn ich *hatte* euch doch, und ihr habt mich noch: sagt, wem fielen, wie mir, solche Rosenäpfel vom Baume?

Immer noch bin ich eurer Liebe Erbe und Erdreich, blühend zu eurem Gedächtnisse von bunten wildwachsenden Tugenden, oh ihr Geliebtesten!

Ach, wir waren gemacht, einander nahe zu bleiben, ihr holden fremden Wunder; und nicht schüchternen Vögeln gleich kamt ihr zu mir und meiner Begierde – nein, als Trauende zu dem Trauenden!

Ja, zur Treue gemacht, gleich mir, und zu zärtlichen Ewigkeiten: muß ich nun euch nach eurer Untreue heißen, ihr göttlichen Blicke und Augenblicke: keinen andern Namen lernte ich noch.

Wahrlich, zu schnell starbt ihr mir, ihr Flüchtlinge. Doch loht ihr mich nicht, noch floh ich euch: unschuldig sind wir einander in unsrer Untreue.

Mich zu töten, erwürgte man euch, ihr Singvögel meiner Hoffnungen! Ja, nach euch, ihr Liebsten, schoß immer die Bosheit Pfeile – mein Herz zu treffen!

Und sie traf! Wart ihr doch stets mein Herzlichstes, mein Besitz und mein Besessen-sein: *darum* mußtet ihr jung sterben und allzu frühe!

Nach dem Verwundbarsten, das ich besaß, schoß man den Pfeil: das waret ihr, denen die Haut einem Flaume gleich ist und mehr noch dem Lächeln, das an einem Blick erstirbt!

Aber dies Wort will ich zu meinen Feinden reden: was ist alles Menschen-Morden gegen Das, was ihr mir tatet!

Böseres tatet ihr mir, als aller Menschen-Mord ist; Unwiederbringliches nahmt ihr mit: – also rede ich zu euch, meine Feinde!

Mordet ihr doch meiner Jugend Gesichte und liebste Wunder! Meine Gespielen nahmt ihr mit, die seligen Geister! Ihrem Gedächtnisse lege ich diesen Kranz und diesen Fluch nieder.

Diesen Fluch gegen euch, meine Feinde! Machtet ihr doch mein Ewiges kurz, wie ein Ton zerbricht in kalter Nacht! Kaum als Aufblinken göttlicher Augen kam es mir nur – als Augenblick!

Also sprach zur guten Stunde einst meine Reinheit: »göttlich sollen mir alle Wesen sein.«

Da überfielt ihr mich mit schmutzigen Gespenstern; ach, wohin floh nun jene gute Stunde!

»Alle Tage sollen mir heilig sein« – so redete einst die Weisheit meiner Jugend: wahrlich, einer fröhlichen Weisheit Rede!

Aber da stahlt ihr Feinde mir meine Nächte und verkauftet sie zu schlafloser Qual: ach, wohin floh nun jene fröhliche Weisheit?

Einst begehrte ich nach glücklichen Vogelzeichen: da führtet ihr mir ein Eulen-Untier über den Weg, ein widriges. Ach, wohin floh da meine zärtliche Begierde?

Allem Ekel gelobte ich einst zu entsagen: da verwandeltet ihr meine Nahen und Nächsten in Eiterbeulen. Ach, wohin floh da mein edelstes Gelöbnis?

Als Blinder ging ich einst selige Wege: da warft ihr Unflat auf den Weg des Blinden: und nun ekelt ihn des alten Blinden-Fußsteigs.

Und als ich mein Schwerstes tat und meiner Überwindungen Sieg feierte: da machtet ihr Die, welche mich liebten, schrein, Ich tue ihnen am wehesten.

Wahrlich, das war immer euer Tun: ihr vergälltet mir meinen besten Honig und den Fleiß meiner besten Bienen.

Meiner Mildtätigkeit sandtet ihr immer die frechsten Bettler zu; um mein Mitleiden drängtet ihr immer die unheilbar Schamlosen so verwunderte ihr meine Tugenden in ihrem Glauben.

Und legte ich noch mein Heiligstes zum Opfer hin: flugs stellte eure »Frömmigkeit« ihre fetteren Gaben dazu: also daß im Dampfe eures Fettes noch mein Heiligstes erstickte.

Und einst wollte ich tanzen, wie nie ich noch tanzte: über alle Himmel weg wollte ich tanzen. Da überredetet ihr meinen liebsten Sänger.

Und nun stimmte er eine schaurige dumpfe Weise an; ach, er tutete mir wie ein düsteres Horn zu Ohren!

Mörderischer Sänger, Werkzeug der Bosheit, Unschuldigster! Schon stand ich bereit zum besten Tanze: da mordetest du mit deinen Tönen meine Verzückung!

Nur im Tanze weiß ich der höchsten Dinge Gleichnis zu reden: – und nun blieb mir mein höchstes Gleichnis ungeredet in meinen Gliedern!

Ungeredet und unerlöst blieb mir die höchste Hoffnung! Und es starben mir alle Gesichte und Tröstungen meiner Jugend!

Wie ertrug ich's nur? Wie verwand und überwand ich solche Wunden? Wie erstand meine Seele wieder aus diesen Gräbern?

Ja, ein Unverwundbares, Unbegrabbares ist an mir, ein Felsensprengendes: das heißt *mein Wille.* Schweigsam schreitet es und unverändert durch die Jahre.

Seinen Gang will er gehn auf meinen Füßen, mein alter Wille; herzenshart ist ihm der Sinn und unverwundbar.

Unverwundbar bin ich allein an meiner Ferse. Immer noch lebst du da und bist dir gleich, Geduldigster! Immer noch brachst du dich durch alle Gräber!

In dir lebt auch noch das Unerlöste meiner Jugend; und als Leben und Jugend sitzest du hoffend hier auf gelben Grab-Trümmern.

Ja, noch bist du mir aller Gräber Zertrümmerer: Heil dir, mein Wille! Und nur wo Gräber sind, gibt es Auferstehungen. –

Also sang Zarathustra.

Von der Selbst-Überwindung

»Wille zur Wahrheit« heißt ihr's, ihr Weisesten, was euch treibt und brünstig macht?

Wille zur Denkbarkeit alles Seienden: also heiße *ich* euren Willen!

Alles Seiende wollt ihr erst denkbar *machen:* denn ihr zweifelt mit gutem Mißtrauen, ob es schon denkbar ist.

Aber es soll sich euch fügen und biegen! So will's euer Wille. Glatt soll es werden und dem Geiste untertan, als sein Spiegel und Widerbild.

Das ist euer ganzer Wille, ihr Weisesten, als ein Wille zur Macht; und auch wenn ihr vom Guten und Bösen redet und von den Wertschätzungen.

Schaffen wollt ihr noch die Welt, vor der ihr knien könnt: so ist es eure letzte Hoffnung und Trunkenheit.

Die Unweisen freilich, das Volk – die sind gleich dem Flusse, auf dem ein Nachen weiter schwimmt: und im Nachen sitzen feierlich und vermummt die Wertschätzungen.

Euren Willen und eure Werte setztet ihr auf den Fluß des Werdens; einen alten Willen zur Macht verrät mir, was vom Volke als Gut und Böse geglaubt wird.

Ihr wart es, ihr Weisesten, die solche Gäste in diesen Nachen setzten und ihnen Prunk und stolze Namen gaben – ihr und euer herrschender Wille!

Weiter trägt nun der Fluß euren Nachen: er *muß* ihn tragen. Wenig tut's, ob die gebrochene Welle schäumt und zornig dem Kiele widerspricht!

Nicht der Fluß ist eure Gefahr und das Ende eures Guten und Bösen, ihr Weisesten: sondern jener Wille selber, der Wille zur Macht – der unerschöpfte zeugende Lebens-Wille.

Aber damit ihr mein Wort versteht vom Guten und Bösen: dazu will ich euch noch mein Wort vom Leben sagen und von der Art alles Lebendigen.

Dem Lebendigen ging ich nach, ich ging die größten und die kleinsten Wege, daß ich seine Art erkenne.

Mit hundertfachem Spiegel fing ich noch seinen Blick auf, wenn ihm der Mund geschlossen war: daß sein Auge mir rede. Und sein Auge redete mir.

Aber, wo ich nur Lebendiges fand, da hörte ich auch die Rede vom Gehorsame. Alles Lebendige ist ein Gehorchendes.

Und dies ist das Zweite: Dem wird befohlen, der sich nicht selber gehorchen kann. So ist es des Lebendigen Art.

Dies aber ist das Dritte, was ich hörte: daß Befehlen schwerer ist, als Gehorchen. Und nicht nur, daß der Befehlende die Last aller Gehorchenden trägt, und daß leicht ihn diese Last zerdrückt: –

Ein Versuch und Wagnis erschien mir in allem Befehlen; und stets, wenn es befiehlt, wagt das Lebendige sich selber dran.

Ja noch, wenn es sich selber befiehlt: auch da noch muß es sein Befehlen büßen. Seinem eignen Gesetze muß es Richter und Rächer und Opfer werden.

Wie geschieht dies doch! so fragte ich mich. Was überredet das Lebendige, daß es gehorcht und befiehlt und befehlend noch Gehorsam übt?

Hört mir nun mein Wort, ihr Weisesten! Prüft es ernstlich, ob ich dem Leben selber ins Herz kroch, und bis in die Wurzeln seines Herzens!

Wo ich Lebendiges fand, da fand ich Willen zur Macht; und noch im Willen des Dienenden fand ich den Willen, Herr zu sein.

Daß dem Stärkeren diene das Schwächere, dazu überredet es sein Wille, der über noch Schwächeres Herr sein will: dieser Lust allein mag es nicht entraten.

Und wie das Kleinere sich dem Größeren hingibt, daß es Lust und Macht am Kleinsten habe: also gibt sich auch das Größte noch hin und setzt um der Macht willen – das Leben dran.

Das ist die Hingebung des Größten, daß es Wagnis ist und Gefahr, und um den Tod ein Würfelspielen.

Und wo Opferung und Dienste und Liebesblicke sind: auch da ist Wille, Herr zu sein. Auf Schleichwegen schleicht sich da der Schwächere in die Burg und bis ins Herz dem Mächtigeren – und stiehlt da Macht.

Und dies Geheimnis redete das Leben selber zu mir: »Siehe«, sprach es, »ich bin Das, *was sich immer selber überwinden muß.*«

Freilich, ihr heißt es Wille zur Zeugung oder Trieb zum Zwecke, zum Höheren, Ferneren, Vielfacheren: aber all Dies ist Eins und Ein Geheimnis.

Lieber noch gehe ich unter, als daß ich diesem Einen absagte; und wahrlich, wo es Untergang gibt und Blätterfallen, siehe, da opfert sich Leben – um Macht!

Daß ich Kampf sein muß und Werden und Zweck und der Zwecke Widerspruch: ach, wer meinen Willen errät,

errät wohl auch, auf welchen *krummen* Wegen er gehen muß!

Was ich auch schaffe und wie ich's auch liebe, – bald muß ich Gegner ihm sein und meiner Liebe: so will es mein Wille.

Und auch du, Erkennender, bist nur ein Pfad und Fußstapfen meines Willens: wahrlich, mein Wille zur Macht wandelt auch auf den Füßen deines Willens zur Wahrheit!

Der traf freilich die Wahrheit nicht, der das Wort nach ihr schoß vom ›Willen zum Dasein‹: diesen Willen – gibt es nicht!

Denn: was nicht ist, das kann nicht wollen; was aber im Dasein ist, wie könnte das noch zum Dasein wollen!

Nur, wo Leben ist, da ist auch Wille: aber nicht Wille zum Leben, sondern – so lehre ich's dich – Wille zur Macht!

Vieles ist dem Lebenden höher geschätzt, als Leben selber; doch aus dem Schätzen selber heraus redet – der Wille zur Macht!« –

Also lehrte mich einst das Leben: und daraus löse ich euch, ihr Weisesten, noch das Rätsel eures Herzens.

Wahrlich, ich sage euch: Gutes und Böses, das unvergänglich wäre – das gibt es nicht! Aus sich selber muß es sich immer wieder überwinden.

Mit euren Werten und Worten von Gut und Böse übt ihr Gewalt, ihr Wertschätzenden: und Dies ist eure verborgene Liebe und eurer Seele Glänzen, Zittern und Überwallen.

Aber eine stärkere Gewalt wächst aus euren Werten und eine neue Überwindung: an der zerbricht Ei und Eierschale.

Und wer ein Schöpfer sein muß im Guten und Bösen: wahrlich, der muß ein Vernichter erst sein und Werte zerbrechen.

Also gehört das höchste Böse zur höchsten Güte: diese aber ist die schöpferische. –

Reden wir nur davon, ihr Weisesten, ob es gleich schlimm ist. Schweigen ist schlimmer; alle verschwiegenen Wahrheiten werden giftig.

Und mag doch Alles zerbrechen, was an unseren Wahrheiten zerbrechen – kann! Manches Haus gibt es noch zu bauen! –

Also sprach Zarathustra.

Von den Erhabenen

Still ist der Grund meines Meeres: wer erriete wohl, daß er scherzhafte Ungeheuer birgt!

Unerschütterlich ist meine Tiefe: aber sie glänzt von schwimmenden Rätseln und Gelächtern.

Einen Erhabenen sah ich heute, einen Feierlichen, einen Büßer des Geistes: oh wie lachte meine Seele ob seiner Häßlichkeit!

Mit erhobener Brust und Denen gleich, welche den Atem an sich ziehn: also stand er da, der Erhabene, und schweigsam:

Behängt mit häßlichen Wahrheiten, seiner Jagdbeute, und reich an zerrissenen Kleidern; auch viele Dornen hingen an ihm – aber noch sah ich keine Rose.

Noch lernte er das Lachen nicht und die Schönheit. Finster kam dieser Jäger zurück aus dem Walde der Erkenntnis.

Vom Kampfe kehrte er heim mit wilden Tieren: aber aus seinem Ernste blickt auch noch ein wildes Tier – ein unüberwundenes!

Wie ein Tiger steht er immer noch da, der springen will; aber ich mag diese gespannten Seelen nicht, unhold ist mein Geschmack allen diesen Zurückgezognen.

Und ihr sagt mir, Freunde, daß nicht zu streiten sei über Geschmack und Schmecken? Aber alles Leben ist Streit um Geschmack und Schmecken!

Geschmack: das ist Gewicht zugleich und Wagschale und Wägender; und wehe allem Lebendigen, das ohne Streit um Gewicht und Wagschale und Wägende leben wollte!

Wenn er seiner Erhabenheit müde würde, dieser Erhabene: dann erst würde seine Schönheit anheben, – und dann erst will ich ihn schmecken und schmackhaft finden.

Und erst, wenn er sich von sich selber abwendet, wird er über seinen eignen Schatten springen – und, wahrlich! hinein in *seine* Sonne.

Allzulange saß er im Schatten, die Wangen bleichten dem Büßer des Geistes; fast verhungerte er an seinen Erwartungen.

Verachtung ist noch in seinem Auge; und Ekel birgt sich an seinem Munde. Zwar ruht er jetzt, aber seine Ruhe hat sich noch nicht in die Sonne gelegt.

Dem Stiere gleich sollte er tun; und sein Glück sollte nach Erde riechen, und nicht nach Verachtung der Erde.

Als weißen Stier möchte ich ihn sehn, wie er schnaubend und brüllend der Pflugschar vorangeht: und sein Gebrüll sollte noch alles Irdische preisen!

Dunkel noch ist sein Antlitz; der Hand Schatten spielt auf ihm. Verschattet ist noch der Sinn seines Auges.

Seine Tat selber ist noch der Schatten auf ihm: die Hand verdunkelt den Handelnden. Noch hat er seine Tat nicht überwunden.

Wohl liebe ich an ihm den Nacken des Stiers: aber nun will ich auch noch das Auge des Engels sehn.

Auch seinen Helden-Willen muß er noch verlernen: ein Gehobener soll er mir sein und nicht nur ein Erhabener: – der Äther selber sollte ihn heben, den Willenlosen!

Er bezwang Untiere, er löste Rätsel: aber erlösen sollte er auch noch seine Untiere und Rätsel, zu himmlischen Kindern sollte er sie noch verwandeln.

Noch hat seine Erkenntnis nicht lächeln gelernt und ohne Eifersucht sein; noch ist seine strömende Leidenschaft nicht stille geworden in der Schönheit.

Wahrlich, nicht in der Sattheit soll sein Verlangen schweigen und untertauchen, sondern in der Schönheit! Die Anmut gehört zur Großmut des Großgesinnten.

Den Arm über das Haupt gelegt: so sollte der Held ausruhn, so sollte er auch noch sein Ausruhen überwinden.

Aber gerade dem Helden ist das *Schöne* aller Dinge Schwerstes. Unerringbar ist das Schöne allem heftigen Willen.

Ein Wenig mehr, ein Wenig weniger: das gerade ist hier Viel, das ist hier das Meiste.

Mit lässigen Muskeln stehn und mit abgeschirrtem Willen: das ist das Schwerste euch Allen, ihr Erhabenen!

Wenn die Macht gnädig wird und herabkommt ins Sichtbare: Schönheit heiße ich solches Herabkommen.

Und von Niemandem will ich so als von dir gerade Schönheit, du Gewaltiger: deine Güte sei deine letzte Selbst-Überwältigung.

Alles Böse traue ich dir zu: darum will ich von dir das Gute.

Wahrlich, ich lachte oft der Schwächlinge, welche sich gut glauben, weil sie lahme Tatzen haben!

Der Säule Tugend sollst du nachstreben: schöner wird sie immer und zarter, aber inwendig härter und tragsamer, je mehr sie aufsteigt.

Ja, du Erhabener, einst sollst du noch schön sein und deiner eignen Schönheit den Spiegel vorhalten.

Dann wird deine Seele vor göttlichen Begierden schaudern; und Anbetung wird noch in deiner Eitelkeit sein!

Dies nämlich ist das Geheimnis der Seele: erst, wenn sie der Held verlassen hat, naht ihr, im Traume, – der Über-Held. –

Also sprach Zarathustra.

Vom Lande der Bildung

Zu weit hinein flog ich in die Zukunft: ein Grauen überfiel mich.

Und als ich um mich sah, siehe! da war die Zeit mein einziger Zeitgenosse.

Da floh ich rückwärts, heimwärts – und immer eilender: so kam ich zu euch, ihr Gegenwärtigen, und ins Land der Bildung.

Zum ersten Male brachte ich ein Auge mit für euch, und gute Begierde, wahrlich, mit Sehnsucht im Herzen kam ich.

Aber wie geschah mir? So angst mir auch war, – ich mußte lachen! Nie sah mein Auge etwas so Buntgesprenkeltes!

Ich lachte und lachte, während der Fuß mir noch zitterte und das Herz dazu: »hier ist ja die Heimat aller Farbentöpfe!« – sagte ich.

Mit fünfzig Klexen bemalt an Gesicht und Gliedern: so saßet ihr da zu meinem Staunen, ihr Gegenwärtigen!

Und mit fünfzig Spiegeln um euch, die eurem Farbenspiele schmeichelten und nachredeten!

Wahrlich, ihr könntet gar keine bessere Maske tragen, ihr Gegenwärtigen, als euer eignes Gesicht ist! Wer könnte euch – *erkennen!*

Vollgeschrieben mit den Zeichen der Vergangenheit, und auch diese Zeichen überpinselt mit neuen Zeichen: also habt ihr euch gut versteckt vor allen Zeichendeutern!

Und wenn man auch Nierenprüfer ist: wer glaubt wohl noch, daß ihr Nieren habt! Aus Farben scheint ihr gebacken und aus geleimten Zetteln.

Alle Zeiten und Völker blicken bunt aus euren Schleiern; alle Sitten und Glauben reden bunt aus euren Gebärden.

Wer von euch Schleier und Überwürfe und Farben und Gebärden abzöge: gerade genug würde er übrigbehalten, um die Vögel damit zu erschrecken.

Wahrlich, ich selber bin der erschreckte Vogel, der euch einmal nackt sah und ohne Farbe; und ich flog davon, als das Gerippe mir Liebe zuwinkte.

Lieber wollte ich doch noch Tagelöhner sein in der Unterwelt und bei den Schatten des Ehemals! – Feister und voller als ihr sind ja noch die Unterweltlichen!

Dies, ja dies ist Bitternis meinen Gedärmen, daß ich euch weder nackt noch bekleidet aushalte, ihr Gegenwärtigen!

Alles Unheimliche der Zukunft, und was je verflogenen Vögeln Schauder machte, ist wahrlich heimlicher noch und traulicher als eure »Wirklichkeit«.

Denn so sprecht ihr: »Wirkliche sind wir ganz, und ohne Glauben und Aberglauben«: also brüstet ihr euch – ach, auch noch ohne Brüste!

Ja, wie solltet ihr glauben *können,* ihr Buntgesprenkelten! – die ihr Gemälde seid von Allem, was je geglaubt wurde!

Wandelnde Widerlegungen seid ihr des Glaubens selber, und aller Gedanken Gliederbrechen. *Unglaubwürdige:* also heiße ich euch, ihr Wirklichen!

Alle Zeiten schwätzen widereinander in euren Geistern; und aller Zeiten Träume und Geschwätz waren wirklicher noch, als euer Wachsein ist!

Unfruchtbare seid ihr: *darum* fehlt es euch an Glauben. Aber wer schaffen mußte, der hatte auch immer seine Wahr-Träume und Stern-Zeichen – und glaubte an Glauben! –

Halboffene Tore seid ihr, an denen Totengräber warten. Und das ist *eure* Wirklichkeit: »Alles ist wert, daß es zugrunde geht.«

Ach, wie ihr mir dasteht, ihr Unfruchtbaren, wie mager in den Rippen! Und Mancher von euch hatte wohl dessen selber ein Einsehen.

Und er sprach: »es hat wohl da ein Gott, als ich schlief, mir heimlich Etwas entwendet? Wahrlich, genug, sich ein Weibchen daraus zu bilden!

Wundersam ist die Armut meiner Rippen!« also sprach schon mancher Gegenwärtige.

Ja, zum Lachen seid ihr mir, ihr Gegenwärtigen! Und sonderlich, wenn ihr euch über euch selber wundert!

Und wehe mir, wenn ich nicht lachen könnte über eure Verwunderung, und alles Widrige aus euren Näpfen hinuntertrinken müßte!

So aber will ich's mit euch leichter nehmen, da ich *Schweres* zu tragen habe; und was tut's mir, wenn sich Käfer und Flügelwürmer noch auf mein Bündel setzen!

Wahrlich, es soll mir darob nicht schwerer werden! Und nicht aus euch, ihr Gegenwärtigen, soll mir die große Müdigkeit kommen. –

Ach, wohin soll ich nun noch steigen mit meiner Sehnsucht! Von allen Bergen schaue ich aus nach Vater- und Mutterländern.

Aber Heimat fand ich nirgends: unstet bin ich in allen Städten und ein Aufbruch an allen Toren.

Fremd sind mir und ein Spott die Gegenwärtigen, zu denen mich jüngst das Herz trieb; und vertrieben bin ich aus Vater- und Mutterländern.

So liebe ich allein noch meiner *Kinder Land,* das unentdeckte, im fernsten Meere: nach ihm heiße ich meine Segel suchen und suchen.

An meinen Kindern will ich es gutmachen, daß ich meiner Väter Kind bin: und an aller Zukunft – *diese* Gegenwart! –

Also sprach Zarathustra.

Von der unbefleckten Erkenntnis

Als gestern der Mond aufging, wähnte ich, daß er eine Sonne gebären wolle: so breit und trächtig lag er am Horizonte.

Aber ein Lügner war er mir mit seiner Schwangerschaft; und eher noch will ich an den Mann im Monde glauben als an das Weib.

Freilich, wenig Mann ist er auch, dieser schüchterne Nachtschwärmer: Wahrlich, mit schlechtem Gewissen wandelt er über die Dächer.

Denn er ist lüstern und eifersüchtig, der Mönch im Monde, lüstern nach der Erde und nach allen Freuden der Liebenden.

Nein, ich mag ihn nicht, diesen Kater auf den Dächern! Widerlich sind mir Alle, die um halbverschloßne Fenster schleichen!

Fromm und schweigsam wandelt er hin auf Sternen-Teppichen: – aber ich mag alle leisetretenden Mannsfüße nicht, an denen auch nicht ein Sporen klirrt.

Jedes Redlichen Schritt redet; die Katze aber stiehlt sich über den Boden weg. Siehe, katzenhaft kommt der Mond daher und unredlich. –

Dieses Gleichnis gebe ich euch, empfindsamen Heuchlern, euch, den »Rein-Erkennenden«! Euch heiße *ich* – Lüsterne!

Auch ihr liebt die Erde und das Irdische: ich erriet euch wohl! – aber Scham ist in eurer Liebe und schlechtes Gewissen, – dem Monde gleicht ihr!

Zur Verachtung des Irdischen hat man euren Geist überredet, aber nicht eure Eingeweide: *die* aber sind das Stärkste an euch!

Und nun schämt sich euer Geist, daß er euren Eingeweiden zu Willen ist, und geht vor seiner eignen Scham Schleich- und Lügenwege.

»Das wäre mir das Höchste« – also redet euer verlogner Geist zu sich – »auf das Leben ohne Begierde zu schaun und nicht, gleich dem Hunde, mit hängender Zunge:

Glücklich zu sein im Schauen, mit erstorbenem Willen, ohne Griff und Gier der Selbstsucht – kalt und aschgrau am ganzen Leibe, aber mit trunkenen Mondesaugen!

Das wäre mir das Liebste«, – also verführt sich selber der Verführte – »die Erde zu lieben, wie der Mond sie liebt, und nur mit dem Auge allein ihre Schönheit zu betasten.

Und das heiße mir aller Dinge *unbefleckte* Erkenntnis, daß ich von den Dingen Nichts will: außer daß ich vor ihnen daliegen darf wie ein Spiegel mit hundert Augen.« –

Oh, ihr empfindsamen Heuchler, ihr Lüsternen! Euch fehlt die Unschuld in der Begierde: und nun verleumdet ihr drum das Begehren!

Wahrlich, nicht als Schaffende, Zeugende, Werdelustige liebt ihr die Erde!

Wo ist Unschuld? Wo der Wille zur Zeugung ist. Und wer über sich hinaus schaffen will, der hat mir den reinsten Willen.

Wo ist Schönheit? Wo ich mit allem Willen *wollen muß;* wo ich lieben und untergehn will, daß ein Bild nicht nur Bild bleibe.

Lieben und Untergehn: das reimt sich seit Ewigkeiten. Wille zur Liebe: das ist, willig auch sein zum Tode. Also rede ich zu euch Feiglingen!

Aber nun will euer entmanntes Schielen »Beschaulichkeit« heißen! Und was mit feigen Augen sich tasten läßt, soll »schön« getauft werden! Oh ihr Beschmutzer edler Namen!

Aber das soll euer Fluch sein, ihr Unbefleckten, ihr Rein-Erkennenden, daß ihr nie gebären werdet: und wenn ihr auch breit und trächtig am Horizonte liegt!

Wahrlich, ihr nehmt den Mund voll mit edlen Worten: und wir sollen glauben, daß euch das Herz übergehe, ihr Lügenbolde?

Aber *meine* Worte sind geringe, verachtete, krumme Worte: gerne nehme ich auf, was bei eurer Mahlzeit unter den Tisch fällt.

Immer noch kann ich mit ihnen – Heuchlern die Wahrheit sagen! Ja, meine Gräten, Muscheln und Stachelblätter sollen – Heuchlern die Nase kitzeln!

Schlechte Luft ist immer um euch und eure Mahlzeiten: eure lüsternen Gedanken, eure Lügen und Heimlichkeiten sind ja in der Luft!

Wagt es doch erst, euch selber zu glauben – euch und euren Eingeweiden! Wer sich selber nicht glaubt, lügt immer.

Eines Gottes Larve hängtet ihr um vor euch selber, ihr »Reinen«: in eines Gottes Larve verkroch sich euer greulicher Ringelwurm.

Wahrlich, ihr täuscht, ihr »Beschaulichen«! Auch Zarathustra war einst der Narr eurer göttlichen Häute;

nicht erriet er das Schlangengeringel, mit dem sie gestopft waren.

Eines Gottes Seele wähnte ich einst spielen zu sehn in euren Spielen, ihr Rein-Erkennenden! Keine bessere Kunst wähnte ich einst als eure Künste!

Schlangen-Unflat und schlimmen Geruch verhehlte mir die Ferne: und daß einer Eidechse List lüstern hier herumschlich.

Aber ich kam euch *nah:* da kam mir der Tag – und nun kommt er euch, – zu Ende ging des Mondes Liebschaft!

Seht doch hin! Ertappt und bleich steht er da – vor der Morgenröte!

Denn schon kommt sie, die Glühende, – *ihre* Liebe zur Erde kommt! Unschuld und Schöpfer-Begier ist alle Sonnen-Liebe!

Seht doch hin, wie sie ungeduldig über das Meer kommt! Fühlt ihr den Durst und den heißen Atem ihrer Liebe nicht?

Am Meere will sie saugen und seine Tiefe zu sich in die Höhe trinken: da hebt sich die Begierde des Meeres mit tausend Brüsten.

Geküßt und gesaugt *will* es sein vom Durste der Sonne; Luft *will* es werden und Höhe und Fußpfad des Lichts und selber Licht!

Wahrlich, der Sonne gleich liebe ich das Leben und alle tiefen Meere.

Und dies heißt *mir* Erkenntnis: alles Tiefe soll hinauf – zu meiner Höhe! –

Also sprach Zarathustra.

Von den Gelehrten

Als ich im Schlafe lag, da fraß ein Schaf am Efeukranze meines Hauptes – fraß und sprach dazu: »Zarathustra ist kein Gelehrter mehr.«

Sprach's und ging stotzig davon und stolz. Ein Kind erzählte mir's.

Gerne liege ich hier, wo die Kinder spielen, an der zerbrochnen Mauer, unter Disteln und roten Mohnblumen.

Ein Gelehrter bin ich den Kindern noch und auch den Disteln und roten Mohnblumen. Unschuldig sind sie, selbst noch in ihrer Bosheit.

Aber den Schafen bin ich's nicht mehr: so will es mein Los – gesegnet sei es!

Denn dies ist die Wahrheit: ausgezogen bin ich aus dem Hause der Gelehrten, und die Tür habe ich noch hinter mir zugeworfen.

Zu lange saß meine Seele hungrig an ihrem Tische; nicht, gleich ihnen, bin ich auf das Erkennen abgerichtet wie auf das Nüsseknacken.

Freiheit liebe ich und die Luft über frischer Erde; lieber noch will ich auf Ochsenhäuten schlafen, als auf ihren Würden und Achtbarkeiten.

Ich bin zu heiß und verbrannt von eigenen Gedanken: oft will es mir den Atem nehmen. Da muß ich ins Freie und weg aus allen verstaubten Stuben.

Aber sie sitzen kühl in kühlem Schatten: sie wollen in Allem nur Zuschauer sein und hüten sich, dort zu sitzen, wo die Sonne auf die Stufen brennt.

Gleich Solchen, die auf der Straße stehn und die Leute angaffen, welche vorübergehn: also warten sie auch und gaffen Gedanken an, die Andere gedacht haben.

Greift man sie mit Händen, so stäuben sie um sich gleich Mehlsäcken, und unfreiwillig: aber wer erriete wohl, daß ihr Staub vom Korne stammt und von der gelben Wonne der Sommerfelder?

Geben sie sich weise, so fröstelt mich ihrer kleinen Sprüche und Wahrheiten: ein Geruch ist oft an ihrer Weisheit, als ob sie aus dem Sumpfe stamme: und wahrlich, ich hörte auch schon den Frosch aus ihr quaken!

Geschickt sind sie, sie haben kluge Finger: was will *meine* Einfalt bei ihrer Vielfalt! Alles Fädeln und Knüpfen und Weben verstehn ihre Finger: also wirken sie die Strümpfe des Geistes!

Gute Uhrwerke sind sie: nur sorge man, sie richtig aufzuziehn! Dann zeigen sie ohne Falsch die Stunde an und machen einen bescheidnen Lärm dabei.

Gleich Mühlwerken arbeiten sie und stampfen: man werfe ihnen nur seine Fruchtkörner zu! – sie wissen schon, Korn klein zu mahlen und weißen Staub daraus zu machen.

Sie sehen einander gut auf die Finger und trauen sich nicht zum Besten. Erfinderisch in kleinen Schlauheiten, warten sie auf Solche, deren Wissen auf lahmen Füßen geht, – gleich Spinnen warten sie.

Ich sah sie immer mit Vorsicht Gift bereiten: und immer zogen sie gläserne Handschuhe dabei an ihre Finger.

Auch mit falschen Würfeln wissen sie zu spielen; und so eifrig fand ich sie spielen, daß sie dabei schwitzten.

Wir sind einander fremd, und ihre Tugenden gehn mir noch mehr wider den Geschmack, als ihre Falschheiten und falschen Würfel.

Und als ich bei ihnen wohnte, da wohnte ich über ihnen. Darüber wurden sie mir gram.

Sie wollen Nichts davon hören, daß Einer über ihren Köpfen wandelt; und so legten sie Holz und Erde und Unrat zwischen mich und ihre Köpfe.

Also dämpften sie den Schall meiner Schritte: und am schlechtesten wurde ich bisher von den Gelehrtesten gehört.

Aller Menschen Fehl und Schwäche legten sie zwischen sich und mich: – »Fehlboden« heißen sie das in ihren Häusern.

Aber trotzdem wandle ich mit meinen Gedanken *über* ihren Köpfen; und selbst, wenn ich auf meinen eignen Fehlern wandeln wollte, würde ich noch über ihnen sein und ihren Köpfen.

Denn die Menschen sind *nicht* gleich: so spricht die Gerechtigkeit. Und was ich will, dürfen sie nicht wollen! –

Also sprach Zarathustra.

Von den Dichtern

»Seit ich den Leib besser kenne«, – sagte Zarathustra zu einem seiner Jünger – »ist mir der Geist nur noch gleichsam Geist; und alles das ›Unvergängliche‹ – das ist auch nur ein Gleichnis.«

»So hörte ich dich schon einmal sagen«, antwortete der Jünger; »und damals fügtest du hinzu: ›aber die Dichter lügen zuviel‹. Warum sagtest du doch, daß die Dichter zuviel lügen?«

»Warum?« sagte Zarathustra. »Du fragst warum? Ich gehöre nicht zu Denen, welche man nach ihrem Warum fragen darf.

Ist denn mein Erleben von gestern? Das ist lange her, daß ich die Gründe meiner Meinungen erlebte.

Müßte ich nicht ein Faß sein von Gedächtnis, wenn ich auch meine Gründe bei mir haben wollte?

Schon zuviel ist mir's, meine Meinungen selber zu behalten; und mancher Vogel fliegt davon.

Und mitunter finde ich auch ein zugeflogenes Tier in meinem Taubenschlage, das mir fremd ist, und das zittert, wenn ich meine Hand darauf lege.

Doch was sagte dir einst Zarathustra? Daß die Dichter zuviel lügen? – Aber auch Zarathustra ist ein Dichter.

Glaubst du nun, daß er hier die Wahrheit redete? Warum glaubst du das?«

Der Jünger antwortete: »Ich glaube an Zarathustra.« Aber Zarathustra schüttelte den Kopf und lächelte.

Der Glaube macht mich nicht selig, sagte er, zumal nicht der Glaube an mich.

Aber gesetzt, daß Jemand allen Ernstes sagte, die Dichter lügen zuviel: so hat er recht, – *wir* lügen zuviel.

Wir wissen auch zu wenig und sind schlechte Lerner: so müssen wir schon lügen.

Und wer von uns Dichtern hätte nicht seinen Wein verfälscht? Manch giftiger Mischmasch geschah in unsern Kellern, manches Unbeschreibliche ward da getan.

Und weil wir wenig wissen, so gefallen uns von Herzen die geistig Armen, sonderlich wenn es junge Weibchen sind!

Und selbst nach den Dingen sind wir noch begehrlich, die sich die alten Weibchen abends erzählen. Das heißen wir selber an uns das Ewig-Weibliche.

Und als ob es einen besondren geheimen Zugang zum Wissen gäbe, der sich Denen *verschütte,* welche Etwas lernen: so glauben wir an das Volk und seine »Weisheit«.

Das aber glauben alle Dichter: daß wer im Grase oder an einsamen Gehängen liegend die Ohren spitze, Etwas von den Dingen erfahre, die zwischen Himmel und Erde sind.

Und kommen ihnen zärtliche Regungen, so meinen die Dichter immer, die Natur selber sei in sie verliebt:

Und sie schleiche zu ihrem Ohre, Heimliches hineinzusagen und verliebte Schmeichelreden: dessen brüsten und blähen sie sich vor allen Sterblichen!

Ach, es gibt so viele Dinge zwischen Himmel und Erde, von denen sich nur die Dichter Etwas haben träumen lassen!

Und zumal *über* dem Himmel: denn alle Götter sind Dichter-Gleichnis, Dichter-Erschleichnis!

Wahrlich, immer zieht es uns hinan – nämlich zum Reich der Wolken: auf diese setzen wir unsre bunten Bälge und heißen sie dann Götter und Übermenschen: –

Sind sie doch gerade leicht genug für diese Stühle! – all diese Götter und Übermenschen.

Ach, wie bin ich all des Unzulänglichen müde, das durchaus Ereignis sein soll! Ach, wie bin ich der Dichter müde!

Als Zarathustra so sprach, zürnte ihm sein Jünger, aber er schwieg. Und auch Zarathustra schwieg; und sein Auge hatte sich nach innen gekehrt, gleich als ob es in weite Fernen sähe. Endlich seufzte er und holte Atem.

Ich bin von heute und ehedem, sagte er dann; aber Etwas ist in mir, das ist von morgen und übermorgen und einstmals.

Ich wurde der Dichter müde, der alten und der neuen: Oberflächliche sind sie mir Alle und seichte Meere.

Sie dachten nicht genug in die Tiefe: darum sank ihr Gefühl nicht bis zu den Gründen.

Etwas Wollust und etwas Langeweile: das ist noch ihr bestes Nachdenken gewesen.

Gespenster-Hauch und -Huschen gilt mir all ihr Harfen-Klingklang; was wußten sie bisher von der Inbrunst der Töne! –

Sie sind mir auch nicht reinlich genug: sie trüben Alle ihr Gewässer, daß es tief scheine.

Und gerne geben sie sich damit als Versöhner: aber Mittler und Mischer bleiben sie mir, und Halb-und-Halbe und Unreinliche! –

Ach, ich warf wohl mein Netz in ihre Meere und wollte gute Fische fangen; aber immer zog ich eines alten Gottes Kopf herauf.

So gab dem Hungrigen das Meer einen Stein. Und sie selber mögen wohl aus dem Meere stammen.

Gewiß, man findet Perlen in ihnen: um so ähnlicher sind sie selber harten Schaltieren. Und statt der Seele fand ich oft bei ihnen gesalzenen Schleim.

Sie lernten vom Meere auch noch seine Eitelkeit: ist nicht das Meer der Pfau der Pfauen?

Noch vor dem häßlichsten aller Büffel rollt es seinen Schweif hin, nimmer wird es seines Spitzenfächers von Silber und Seide müde.

Trutzig blickt der Büffel dazu, dem Sande nahe in seiner Seele, näher noch dem Dickicht, am nächsten aber dem Sumpfe.

Was ist ihm Schönheit und Meer und Pfauen-Zierat! Dieses Gleichnis sage ich den Dichtern.

Wahrlich, ihr Geist selber ist der Pfau der Pfauen und ein Meer von Eitelkeit!

Zuschauer will der Geist des Dichters: sollten's auch Büffel sein! –

Aber dieses Geistes wurde ich müde: und ich sehe kommen, daß er seiner selber müde wird.

Verwandelt sah ich schon die Dichter und gegen sich selber den Blick gerichtet.

Büßer des Geistes sah ich kommen: die wuchsen aus ihnen. –

Also sprach Zarathustra.

Von großen Ereignissen

Es gibt eine Insel im Meere – unweit den glückseligen Inseln Zarathustras – auf welcher beständig ein Feuerberg raucht; von der sagt das Volk, und sonderlich sagen es die alten Weibchen aus dem Volke, daß sie wie ein Felsblock vor das Tor der Unterwelt gestellt sei: durch den Feuerberg selber aber führe der schmale Weg abwärts, der zu diesem Tore der Unterwelt geleite.

Um jene Zeit nun, als Zarathustra auf den glückseligen Inseln weilte, geschah es, daß ein Schiff an der Insel Anker warf, auf welcher der rauchende Berg steht; und seine Mannschaft ging ans Land, um Kaninchen zu schießen. Gegen die Stunde des Mittags aber, da der Kapitän und seine Leute wieder beisammen waren, sahen sie plötzlich durch die Luft einen Mann auf sich zukommen, und eine Stimme sagte deutlich: »Es ist Zeit! Es ist die höchste Zeit!« Wie die Gestalt ihnen aber am nächsten war – sie flog aber schnell gleich einem Schatten vorbei, in der Richtung, wo der Feuerberg lag – da erkannten sie mit größter Bestürzung, daß es Zarathustra sei; denn sie hatten ihn Alle schon gesehn, ausgenommen der Kapitän selber, und sie liebten ihn, wie das Volk liebt: also daß zu gleichen Teilen Liebe und Scheu beisammen sind.

»Seht mir an!« sagte der alte Steuermann, »da fährt Zarathustra zur Hölle!« –

Um die gleiche Zeit, als diese Schiffer an der Feuerinsel landeten, lief das Gerücht umher, daß Zarathustra verschwunden sei; und als man seine Freunde fragte, erzählten sie, er sei bei Nacht zu Schiff gegangen, ohne zu sagen, wohin er reisen wolle.

Also entstand eine Unruhe; nach drei Tagen aber kam zu dieser Unruhe die Geschichte der Schiffsleute hinzu – und nun sagte alles Volk, daß der Teufel Zarathustra geholt habe. Seine Jünger lachten zwar ob dieses Geredes; und einer von ihnen sagte sogar: »eher glaube ich noch, daß Zarathustra sich den Teufel geholt hat.« Aber im Grunde der Seele waren sie Alle voll Besorgnis und Sehnsucht: so war ihre Freude groß, als am fünften Tage Zarathustra unter ihnen erschien.

Und dies ist die Erzählung von Zarathustras Gespräch mit dem Feuerhunde:

Die Erde, sagte er, hat eine Haut; und diese Haut hat Krankheiten. Eine dieser Krankheiten heißt zum Beispiel: »Mensch«.

Und eine andere dieser Krankheiten heißt »Feuerhund«. Über *den* haben sich die Menschen Viel vorgelogen und vorlügen lassen.

Dies Geheimnis zu ergründen ging ich über das Meer: und ich habe die Wahrheit nackt gesehn, wahrlich! barfuß bis zum Halse.

Was es mit dem Feuerhund auf sich hat, weiß ich nun; und insgleichen mit all den Auswurf- und Umsturz-Teufeln, vor denen sich nicht nur alte Weibchen fürchten.

Heraus mit dir, Feuerhund, aus deiner Tiefe! rief ich, und bekenne, wie tief diese Tiefe ist! Woher ist das, was du da heraufschnaubst?

Du trinkst reichlich am Meere: das verrät deine versalzte Beredsamkeit! Fürwahr, für einen Hund der Tiefe nimmst du deine Nahrung zu sehr von der Oberfläche!

Höchstens für den Bauchredner der Erde halt ich dich: und immer, wenn ich Umsturz- und Auswurf-Teufel reden hörte, fand ich sie gleich dir: gesalzen, lügnerisch und flach.

Ihr versteht zu brüllen und mit Asche zu verdunkeln! Ihr seid die besten Großmäuler und lerntet sattsam die Kunst, Schlamm heiß zu sieden.

Wo ihr seid, da muß stets Schlamm in der Nähe sein, und viel Schwammichtes, Höhlichtes, Eingezwängtes: das will in die Freiheit.

»Freiheit« brüllt ihr Alle am liebsten: aber ich verlernte den Glauben an »große Ereignisse«, sobald viel Gebrüll und Rauch um sie herum ist.

Und glaube mir nur, Freund Höllenlärm! Die größten Ereignisse – das sind nicht unsre lautesten, sondern unsre stillsten Stunden.

Nicht um die Erfinder von neuem Lärme: um die Erfinder von neuen Werten dreht sich die Welt; *unhörbar* dreht sie sich.

Und gesteh es nur! Wenig war immer nur geschehn, wenn dein Lärm und Rauch sich verzog. Was liegt daran, daß eine Stadt zur Mumie wurde, und eine Bildsäule im Schlamme liegt!

Und dies Wort sage ich noch den Umstürzern von Bildsäulen. Das ist wohl die größte Torheit, Salz ins Meer und Bildsäulen in den Schlamm zu werfen.

Im Schlamme eurer Verachtung lag die Bildsäule: aber Das ist gerade ihr Gesetz, daß ihr aus der Verachtung wieder Leben und lebende Schönheit wächst!

Mit göttlicheren Zügen steht sie nun auf, und leidendverführerisch; und wahrlich! sie wird euch noch Dank sagen, daß ihr sie umstürztet, ihr Umstürzer!

Diesen Rat aber rate ich Königen und Kirchen und Allem, was alters- und tugendschwach ist – laßt euch nur umstürzen! Daß ihr wieder zum Leben kommt, und zu euch – die Tugend! –

Also redete ich vor dem Feuerhunde: da unterbrach er mich mürrisch und fragte: »Kirche? Was ist denn das?«

»Kirche?« antwortete ich, »das ist eine Art von Staat, und zwar die verlogenste. Doch schweig still, du Heuchelhund! Du kennst deine Art wohl am besten schon!

Gleich dir selbst ist der Staat ein Heuchelhund; gleich dir redet er gern mit Rauch und Gebrülle, – daß er glauben mache, gleich dir, er rede aus dem Bauch der Dinge.

Denn er will durchaus das wichtigste Tier auf Erden sein, der Staat; und man glaubt's ihm auch.« –

Als ich das gesagt hatte, gebärdete sich der Feuerhund wie unsinnig vor Neid. »Wie?« schrie er, »das wichtigste Tier auf Erden? Und man glaubt's ihm auch?« Und so viel Dampf und gräßliche Stimmen kamen ihm aus dem Schlunde, daß ich meinte, er werde vor Ärger und Neid ersticken.

Endlich wurde er stiller, und sein Keuchen ließ nach; sobald er aber stille war, sagte ich lachend:

»Du ärgerst dich, Feuerhund: also habe ich über dich recht!

Und daß ich auch noch recht behalte, so höre von einem andern Feuerhunde: der spricht wirklich aus dem Herzen der Erde.

Gold haucht sein Atem und goldigen Regen: so will's das Herz ihm. Was ist ihm Asche und Rauch und heißer Schleim noch! Lachen flattert aus ihm wie ein buntes Gewölke; abgünstig ist er deinem Gurgeln und Speien und Grimmen der Eingeweide!

Das Gold aber und das Lachen – das nimmt er aus dem Herzen der Erde: denn daß du's nur weißt – *das Herz der Erde ist von Gold.*«

Als dies der Feuerhund vernahm, hielt er's nicht mehr aus, mir zuzuhören. Beschämt zog er seinen Schwanz ein, sagte auf eine kleinlaute Weise Wau! Wau! und kroch hinab in seine Höhle. – Also erzählte Zarathustra. Seine Jünger aber hörten ihm kaum zu: so groß war ihre Begierde, ihm von den Schiffsleuten, den Kaninchen und dem fliegenden Manne zu erzählen.

»Was soll ich davon denken!« sagte Zarathustra. »Bin ich denn ein Gespenst?

Aber es wird mein Schatten gewesen sein. Ihr hörtet wohl schon einiges vom Wandrer und seinem Schatten?

Sicher aber ist Das: ich muß ihn kürzer halten, – er verdirbt mir sonst noch den Ruf.«

Und nochmals schüttelte Zarathustra den Kopf und wunderte sich. »Was soll ich davon denken!« sagte er nochmals.

»Warum schrie denn das Gespenst: ›Es ist Zeit! Es ist die höchste Zeit!‹

Wozu ist es denn – höchste Zeit?« –

Also sprach Zarathustra.

Der Wahrsager

»– und ich sahe eine große Traurigkeit über die Menschen kommen. Die Besten wurden ihrer Werke müde.

Eine Lehre erging, ein Glauben lief neben ihr: ›Alles ist leer, Alles ist gleich, Alles war!‹

Und von allen Hügeln klang es wieder: ›Alles ist leer, Alles ist gleich, Alles war!‹

Wohl haben wir geerntet: aber warum wurden alle Früchte uns faul und braun? Was fiel vom bösen Monde bei der letzten Nacht hernieder?

Umsonst war alle Arbeit, Gift ist unser Wein geworden, böser Blick sengte unsre Felder und Herzen gelb.

Trocken wurden wir Alle; und fällt Feuer auf uns, so stäuben wir der Asche gleich: – ja das Feuer selber machten wir müde.

Alle Brunnen versiechten uns, auch das Meer wich zurück. Aller Grund will reißen, aber die Tiefe will nicht schlingen!

›Ach, wo ist noch ein Meer, in dem man ertrinken könnte‹: so klingt unsre Klage – hinweg über flache Sümpfe.

Wahrlich, zum Sterben wurden wir schon zu müde; nun wachen wir noch und leben fort – in Grabkammern!« –

Also hörte Zarathustra einen Wahrsager reden; und seine Weissagung ging ihm zu Herzen und verwandelte ihn. Traurig ging er umher und müde; und er wurde Denen gleich, von welchen der Wahrsager geredet hatte.

Wahrlich, so sagte er zu seinen Jüngern, es ist um ein Kleines, so kommt diese lange Dämmerung. Ach, wie soll ich mein Licht hinüberretten!

Daß es mir nicht ersticke in dieser Traurigkeit! Ferneren Welten soll es ja Licht sein, und noch fernsten Nächten!

Dergestalt im Herzen bekümmert ging Zarathustra umher; und drei Tage lang nahm er nicht Trank und Speise zu sich, hatte keine Ruhe und verlor die Rede. Endlich geschah es, daß er in einen tiefen Schlaf verfiel. Seine Jünger aber saßen um ihn in langen Nachtwachen und warteten mit Sorge, ob er wach werde und wieder rede und genesen sei von seiner Trübsal.

Dies aber ist die Rede, welche Zarathustra sprach, als er aufwachte; seine Stimme aber kam zu seinen Jüngern wie aus weiter Ferne:

»Hört mir doch den Traum, den ich träumte, ihr Freunde, und helft mir seinen Sinn raten!

Ein Rätsel ist er mir noch, dieser Traum; sein Sinn ist verborgen in ihm und eingefangen und fliegt noch nicht über ihn hin mit freien Flügeln.

Allem Leben hatte ich abgesagt, so träumte mir. Zum Nacht- und Grabwächter war ich worden, dort auf der einsamen Berg-Burg des Todes.

Droben hütete ich seine Särge: voll standen die dumpfen Gewölbe von solchen Siegeszeichen. Aus gläsernen Särgen blickte mich überwundenes Leben an.

Den Geruch verstaubter Ewigkeiten atmete ich: schwül und verstaubt lag meine Seele. Und wer hätte dort auch seine Seele lüften können!

Helle der Mitternacht war immer um mich, Einsamkeit kauerte neben ihr; und, zu dritt, röchelnde Todesstille, die schlimmste meiner Freundinnen.

Schlüssel führte ich, die rostigsten aller Schlüssel; und ich verstand es, damit das knarrendste aller Tore zu öffnen.

Einem bitterbösen Gekrächze gleich lief der Ton durch die langen Gänge, wenn sich des Tores Flügel hoben: unhold schrie dieser Vogel, ungern wollte er geweckt sein.

Aber furchtbarer noch und herzzuschnürender war es, wenn es wieder schwieg und rings stille ward und ich allein saß in diesem tückischen Schweigen.

So ging mir und schlich die Zeit, wenn Zeit es noch gab: was weiß ich davon! Aber endlich geschah das, was mich weckte.

Dreimal schlugen Schläge ans Tor, gleich Donnern, es hallten und heulten die Gewölbe dreimal wieder: da ging ich zum Tore.

Alpa! rief ich, wer trägt seine Asche zu Berge? Alpa! Alpa! Wer trägt seine Asche zu Berge?

Und ich drückte den Schlüssel und hob am Tore und mühte mich. Aber noch keinen Fingerbreit stand es offen:

Da riß ein brausender Wind seine Flügel auseinander: pfeifend, schrillend und schneidend warf er mir einen schwarzen Sarg zu:

Und im Brausen und Pfeifen und Schrillen zerbarst der Sarg und spie tausendfältiges Gelächter aus.

Und aus tausend Fratzen von Kindern, Engeln, Eulen, Narren und kindergroßen Schmetterlingen lachte und höhnte und brauste es wider mich.

Gräßlich erschrak ich darob: es warf mich nieder. Und ich schrie vor Grausen, wie nie ich schrie.

Aber der eigne Schrei weckte mich auf: – und ich kam zu mir. –«

Also erzählte Zarathustra seinen Traum und schwieg dann: denn er wußte noch nicht die Deutung seines Traumes. Aber der Jünger, den er am meisten lieb hatte, erhob sich schnell, faßte die Hand Zarathustras und sprach:

»Dein Leben selber deutet uns diesen Traum, oh Zarathustra!

Bist du nicht selber der Wind mit schrillem Pfeifen, der den Burgen des Todes die Tore aufreißt?

Bist du nicht selber der Sarg voll bunter Bosheiten und Engelsfratzen des Lebens?

Wahrlich, gleich tausendfältigem Kindsgelächter kommt Zarathustra in alle Totenkammern, lachend über diese Nacht- und Grabwächter, und wer sonst mit düstern Schlüsseln rasselt.

Schrecken und umwerfen wirst du sie mit deinem Gelächter; Ohnmacht und Wachwerden wird deine Macht über sie beweisen.

Und auch, wenn die lange Dämmerung kommt und die Todesmüdigkeit, wirst du an unserm Himmel nicht untergehn, du Fürsprecher des Lebens!

Neue Sterne ließest du uns sehen und neue Nachtherrlichkeiten; wahrlich, das Lachen selber spanntest du wie ein buntes Gezelt über uns.

Nun wird immer Kindes-Lachen aus Särgen quellen; nun wird immer siegreich ein starker Wind kommen aller Todesmüdigkeit: dessen bist du uns selber Bürge und Wahrsager!

Wahrlich, *sie selber träumtest du,* deine Feinde: das war dein schwerster Traum!

Aber wie du von ihnen aufwachtest und zu dir kamst, also sollen sie selber von sich aufwachen – und zu dir kommen!« –

So sprach der Jünger; und alle Anderen drängten sich nun um Zarathustra und ergriffen ihn bei den Händen und wollten ihn bereden, daß er vom Bette und von der Traurigkeit lasse und zu ihnen zurückkehre. Zarathustra aber saß aufgerichtet auf seinem Lager, und mit fremdem Blicke. Gleichwie Einer, der aus langer Fremde heimkehrt, sah er auf seine Jünger und prüfte ihre Gesichter; und noch erkannte er sie nicht. Als sie aber ihn hoben und auf die Füße stellten, siehe, da verwandelte sich mit Einem Male sein Auge; er begriff Alles, was geschehn war, strich sich den Bart und sagte mit starker Stimme:

»Wohlan! Dies nun hat seine Zeit; sorgt mir aber dafür, meine Jünger, daß wir eine gute Mahlzeit machen, und in Kürze! Also gedenke ich Buße zu tun für schlimme Träume!

Der Wahrsager aber soll an meiner Seite essen und trinken: und wahrlich, ich will ihm noch ein Meer zeigen, in dem er ertrinken kann!«

Also sprach Zarathustra. Darauf aber blickte er dem Jünger, welcher den Traumdeuter abgegeben hatte, lange ins Gesicht und schüttelte dabei den Kopf. –

Von der Erlösung

Als Zarathustra eines Tages über die große Brücke ging, umringten ihn die Krüppel und Bettler, und ein Bucklichter redete also zu ihm:

»Siehe, Zarathustra! Auch das Volk lernt von dir und gewinnt Glauben an deine Lehre: aber daß es ganz dir glauben soll, dazu bedarf es noch Eines – du mußt erst noch uns Krüppel überreden! Hier hast du nun eine schöne Auswahl und wahrlich, eine Gelegenheit mit mehr als Einem Schopfe! Blinde kannst du heilen und Lahme laufen machen; und Dem, der zuviel hinter sich hat, könntest du wohl auch ein Wenig abnehmen: – Das, meine ich, wäre die rechte Art, die Krüppel an Zarathustra glauben zu machen!«

Zarathustra aber erwiderte Dem, der da redete, also: Wenn man dem Bucklichten seinen Buckel nimme, so nimmt man ihm seinen Geist – also lehrt das Volk. Und wenn man dem Blinden seine Augen gibt, so sieht er zuviel schlimme Dinge auf Erden: also daß er den verflucht, der ihn heilte. Der aber, welcher den Lahmen laufen macht, der tut ihm den größten Schaden an: denn kaum kann er laufen, so gehn seine Laster mit ihm durch – also lehrt das Volk über Krüppel. Und warum sollte Zarathustra nicht auch vom Volke lernen, wenn das Volk von Zarathustra lernt?

Das ist mir aber das Geringste, seit ich unter Menschen bin, daß ich sehe: »Diesem fehlt ein Auge und Jenem ein Ohr und einem Dritten das Bein, und Andre gibt es, die verloren die Zunge oder die Nase oder den Kopf.«

Ich sehe und sah Schlimmeres und mancherlei so Abscheuliches, daß ich nicht von Jeglichem reden und von Einigem nicht einmal schweigen möchte: nämlich Menschen, denen es an allem fehlt, außer daß sie Eins zuviel haben – Menschen, welche Nichts weiter sind als ein großes Auge oder ein großes Maul oder ein großer Bauch oder irgendetwas Großes, – umgekehrte Krüppel heiße ich Solche.

Und als ich aus meiner Einsamkeit kam und zum ersten Male über diese Brücke ging: da traute ich meinen Augen nicht und sah hin, und wieder hin, und sagte endlich: »das ist ein Ohr! Ein Ohr, so groß wie ein Mensch!« Ich sah noch besser hin: und wirklich, unter dem Ohre bewegte sich noch Etwas, das zum Erbarmen klein und ärmlich und schmächtig war.

Und wahrhaftig, das ungeheure Ohr saß auf einem kleinen dünnen Stiele, – der Stiel aber war ein Mensch! Wer ein Glas vor das Auge nahm, konnte sogar noch ein kleines neidisches Gesichtchen erkennen; auch, daß ein gedunsenes Seelchen am Stiele baumelte. Das Volk sagte mir aber, das große Ohr sei nicht nur ein Mensch, sondern ein großer Mensch, ein Genie. Aber ich glaubte dem Volke niemals, wenn es von großen Menschen redete – und behielt meinen Glauben bei, daß es ein umgekehrter Krüppel sei, der an Allem zu wenig und an Einem zu viel habe.

Als Zarathustra so zu dem Bucklichten geredet hatte und zu Denen, welchen er Mundstück und Fürsprecher war, wandte er sich mit tiefem Unmute zu seinen Jüngern und sagte:

Wahrlich, meine Freunde, ich wandle unter den Menschen wie unter den Bruchstücken und Gliedmaßen von Menschen!

Dies ist meinem Auge das Fürchterliche, daß ich den Menschen zertrümmert finde und zerstreuet wie über ein Schlacht- und Schlächterfeld hin.

Und flüchtet mein Auge vom Jetzt zum Ehemals: es findet immer das gleiche: Bruchstücke und Gliedmaßen und grause Zufälle – aber keine Menschen!

Das Jetzt und das Ehemals auf Erden – ach! meine Freunde – das ist *mein* Unerträglichstes; und ich wüßte nicht zu leben, wenn ich nicht noch ein Seher wäre, Dessen, was kommen muß.

Ein Seher, ein Wollender, ein Schaffender, eine Zukunft selber und eine Brücke zur Zukunft – und ach, auch noch gleichsam ein Krüppel an dieser Brücke: das Alles ist Zarathustra.

Und auch ihr fragtet euch oft: »wer ist uns Zarathustra? Wie soll er uns heißen?« Und gleich mir selber gabt ihr euch Fragen zur Antwort.

Ist er ein Versprechender? Oder ein Erfüller? Ein Erobernder? Oder ein Erbender? Ein Herbst? Oder eine Pflugschar? Ein Arzt? Oder ein Genesener?

Ist er ein Dichter? Oder ein Wahrhaftiger? Ein Befreier? Oder ein Bändiger? Ein Guter? Oder ein Böser?

Ich wandle unter Menschen als den Bruchstücken der Zukunft: jener Zukunft, die ich schaue.

Und das ist all mein Dichten und Trachten, daß ich in Eins dichte und zusammentrage, was Bruchstück ist und Rätsel und grauser Zufall.

Und wie ertrüge ich es, Mensch zu sein, wenn der Mensch nicht auch Dichter und Rätselrater und der Erlöser des Zufalls wäre!

Die Vergangnen zu erlösen und alles »Es war« umzuschaffen in ein »So wollte ich es!« – das hieße mir erst Erlösung!

Wille – so heißt der Befreier und Freudebringer: also lehrte ich euch, meine Freunde! Aber nun lernt Dies hinzu: der Wille selbst ist noch ein Gefangener.

Wollen befreit: aber wie heißt Das, was auch den Befreier noch in Ketten schlägt?

»Es war«: also heißt des Willens Zähneknirschen und einsamste Trübsal. Ohnmächtig gegen Das, was getan ist – ist er allem Vergangenen ein böser Zuschauer.

Nicht zurück kann der Wille wollen; daß er die Zeit nicht brechen kann und der Zeit Begierde, – das ist des Willens einsamste Trübsal.

Wollen befreit: was ersinnt sich das Wollen selber, daß es los seiner Trübsal werde und seines Kerkers spotte?

Ach, ein Narr wird jeder Gefangene! Närrisch erlöst sich auch der gefangene Wille.

Daß die Zeit nicht zurückläuft, das ist sein Ingrimm; »Das, was war« – so heißt der Stein, den er nicht wälzen kann.

Und so wälzt er Steine aus Ingrimm und Unmut und übt Rache an Dem, was nicht gleich ihm Grimm und Unmut fühlt.

Also wurde der Wille, der Befreier, ein Wehetäter: und an Allem, was leiden kann, nimmt er Rache dafür, daß er nicht zurückkann.

Dies, ja dies allein ist *Rache* selber: des Willens Widerwille gegen die Zeit und ihr »Es war«.

Wahrlich, eine große Narrheit wohnt in unserm Willen; und zum Fluche wurde es allem Menschlichen, daß diese Narrheit Geist lernte!

Der Geist der Rache: meine Freunde, das war bisher der Menschen bestes Nachdenken; und wo Leid war, da sollte immer Strafe sein.

»Strafe«, nämlich, so heißt sich die Rache selber: mit einem Lügenwort heuchelt sie sich ein gutes Gewissen.

Und weil im Wollenden selber Leid ist, darob, daß es nicht zurückwollen kann, – also sollte Wollen selber und alles Leben – Strafe sein!

Und nun wälzte sich Wolke auf Wolke über den Geist: bis endlich der Wahnsinn predigte: »Alles vergeht, darum ist Alles wert zu vergehn!«

»Und dies ist selber Gerechtigkeit, jenes Gesetz der Zeit, daß sie ihre Kinder fressen muß«: also predigte der Wahnsinn.

»Sittlich sind die Dinge geordnet nach Recht und Strafe. Oh wo ist die Erlösung vom Fluß der Dinge und der Strafe ›Dasein‹?« Also predigte der Wahnsinn.

»Kann es Erlösung geben, wenn es ein ewiges Recht gibt? Ach, unwälzbar ist der Stein ›Es war‹: ewig müssen auch alle Strafen sein!« Also predigte der Wahnsinn.

»Keine Tat kann vernichtet werden: wie könnte sie durch die Strafe ungetan werden! Dies, dies ist das Ewige an der Strafe ›Dasein‹, daß das Dasein auch ewig wieder Tat und Schuld sein muß!

Es sei denn, daß der Wille endlich sich selber erlöste und Wollen zu Nicht-Wollen würde –«: doch ihr kennt, meine Brüder, dies Fabellied des Wahnsinns!

Weg führte ich euch von diesen Fabelliedern, als ich euch lehrte: »der Wille ist ein Schaffender.«

Alles »Es war« ist ein Bruchstück, ein Rätsel, ein grauser Zufall – bis der schaffende Wille dazu sagt: »aber so wollte ich es!«

– Bis der schaffende Wille dazu sagt: »Aber so will ich es! So werde ich's wollen!«

Aber sprach er schon so? Und wann geschieht dies? Ist der Wille schon abgeschirrt von seiner eignen Torheit?

Wurde der Wille sich selber schon Erlöser und Freudebringer? Verlernte er den Geist der Rache und alles Zähneknirschen?

Und wer lehrte ihn Versöhnung mit der Zeit, und Höheres, als alle Versöhnung ist?

Höheres als alle Versöhnung muß der Wille wollen, welcher der Wille zur Macht ist –: doch wie geschieht ihm das? Wer lehrte ihn auch noch das Zurückwollen?

– Aber an dieser Stelle seiner Rede geschah es, daß Zarathustra plötzlich innehielt und ganz einem Solchen gleichsah, der auf das Äußerste erschrickt. Mit erschrecktem Auge blickte er auf seine Jünger; sein Auge durchbohrte wie mit Pfeilen ihre Gedanken und Hintergedanken. Aber nach einer kleinen Weile lachte er schon wieder und sagte begütigt:

»Es ist schwer, mit Menschen zu leben, weil Schweigen so schwer ist. Sonderlich für einen Geschwätzigen.« –

Also sprach Zarathustra. Der Bucklichte aber hatte dem Gespräche zugehört und sein Gesicht dabei bedeckt; als er aber Zarathustra lachen hörte, blickte er neugierig auf und sagte langsam:

»Aber warum redet Zarathustra anders zu uns, als zu seinen Jüngern?«

Zarathustra antwortete: »Was ist da zum Verwundern! Mit Bucklichten darf man schon bucklicht reden!«

»Gut«, sagte der Bucklichte; »und mit Schülern darf man schon aus der Schule schwätzen.

Aber warum redet Zarathustra anders zu seinen Schülern – als zu sich selber?« –

Von der Menschen-Klugheit

Nicht die Höhe: der Abhang ist das Furchtbare! Der Abhang, wo der Blick *hinunter* stürzt und die Hand *hinauf* greift. Da schwindelt dem Herzen vor seinem doppelten Willen.

Ach, Freunde, erratet ihr wohl auch meines Herzens doppelten Willen?

Das, Das ist *mein* Abhang und meine Gefahr, daß mein Blick in die Höhe stürzt, und daß meine Hand sich halten und stützen möchte – an der Tiefe!

An den Menschen klammert sich mein Wille, mit Ketten binde ich mich an den Menschen, weil es mich hinaufreißt zum Übermenschen: denn dahin will mein andrer Wille.

Und *dazu* lebe ich blind unter den Menschen; gleich als ob ich sie nicht kennte: daß meine Hand ihren Glauben an Festes nicht ganz verliere.

Ich kenne euch Menschen nicht: diese Finsternis und Tröstung ist oft um mich gebreitet.

Ich sitze am Torwege für jeden Schelm und frage: wer will mich betrügen?

Das ist meine erste Menschen-Klugheit, daß ich mich betrügen lasse, um nicht auf der Hut zu sein vor Betrügern.

Ach, wenn ich auf der Hut wäre vor dem Menschen: wie könnte meinem Balle der Mensch ein Anker sein! Zu leicht risse es mich hinauf und hinweg!

Diese Vorsehung ist über meinem Schicksal, daß ich ohne Vorsicht sein muß.

Und wer unter Menschen nicht verschmachten will, muß lernen, aus allen Gläsern zu trinken; und wer unter Menschen rein bleiben will, muß verstehn, sich auch mit schmutzigem Wasser zu waschen.

Und also sprach ich oft mir zum Troste: »Wohlan! Wohlauf! Altes Herz! Ein Unglück mißriet dir: genieße dies als dein – Glück!«

Dies aber ist meine andre Menschen-Klugheit: ich schone die *Eitlen* mehr als die Stolzen.

Ist nicht verletzte Eitelkeit die Mutter aller Trauerspiele? Wo aber Stolz verletzt wird, da wächst wohl etwas Besseres noch, als Stolz ist.

Damit das Leben gut anzuschaun sei, muß sein Spiel gut gespielt werden: dazu aber bedarf es guter Schauspieler.

Gute Schauspieler fand ich alle Eitlen: sie spielen und wollen, daß ihnen gern zugeschaut werde, – all ihr Geist ist bei diesem Willen.

Sie führen sich auf, sie erfinden sich; in ihrer Nähe liebe ich es, dem Leben zuzuschaun, – es heilt von der Schwermut.

Darum schone ich die Eitlen, weil sie mir Ärzte sind meiner Schwermut und mich am Menschen festhalten als an einem Schauspiele.

Und dann: wer ermißt am Eitlen die ganze Tiefe seiner Bescheidenheit! Ich bin ihm gut und mitleidig ob seiner Bescheidenheit.

Von euch will er seinen Glauben an sich lernen; er nährt sich an euren Blicken, er frißt das Lob aus euren Händen.

Euren Lügen glaubt er noch, wenn ihr gut über ihn lügt: denn im Tiefsten seufzt sein Herz: »Was bin *ich!*«

Und wenn Das die rechte Tugend ist, die nicht um sich selber weiß: nun, der Eitle weiß nicht um seine Bescheidenheit! –

Das ist aber meine dritte Menschen-Klugheit, daß ich mir den Anblick der *Bösen* nicht verleiden lasse durch eure Furchtsamkeit.

Ich bin selig, die Wunder zu sehn, welche heiße Sonne ausbrütet: Tiger und Palmen und Klapperschlangen.

Auch unter Menschen gibt es schöne Brut heißer Sonne und viel Wunderwürdiges an den Bösen.

Zwar, wie eure Weisesten mir nicht gar so weise erschienen: so fand ich auch der Menschen Bosheit unter ihrem Rufe.

Und oft fragte ich mit Kopfschütteln: Warum noch klappern, ihr Klapperschlangen?

Wahrlich, es gibt auch für das Böse noch eine Zukunft! Und der heißeste Süden ist noch nicht entdeckt für den Menschen.

Wie Manches heißt jetzt schon ärgste Bosheit, was doch nur zwölf Schuhe breit und drei Monate lang ist! Einst aber werden größere Drachen zur Welt kommen.

Denn daß dem Übermenschen sein Drache nicht fehle, der Über-Drache, der seiner würdig ist: dazu muß viel heiße Sonne noch auf feuchten Urwald glühn!

Aus euren Wildkatzen müssen erst Tiger geworden sein und aus euren Giftkröten Krokodile: denn der gute Jäger soll eine gute Jagd haben!

Und wahrlich, ihr Guten und Gerechten! An euch ist Viel zum Lachen und zumal eure Furcht vor dem, was bisher »Teufel« hieß!

So fremd seid ihr dem Großen mit eurer Seele, daß euch der Übermensch *furchtbar* sein würde in seiner Güte!

Und ihr Weisen und Wissenden, ihr würdet vor dem Sonnenbrande der Weisheit flüchten, in dem der Übermensch mit Lust seine Nacktheit badet!

Ihr höchsten Menschen, denen mein Auge begegnete! das ist mein Zweifel an euch und mein heimliches Lachen: ich rate, ihr würdet meinen Übermenschen – Teufel heißen!

Ach, ich ward dieser Höchsten und Besten müde: aus ihrer »Höhe« verlangte mich hinauf, hinaus, hinweg zu dem Übermenschen!

Ein Grausen überfiel mich, als ich diese Besten nackend sah: da wuchsen mir die Flügel, fortzuschweben in ferne Zukünfte.

In fernere Zukünfte, in südlichere Süden, als je ein Bildner träumte: dorthin, wo Götter sich aller Kleider schämen!

Aber verkleidet will ich *euch* sehn, ihr Nächsten und Mitmenschen, und gut geputzt, und eitel, und würdig, als »die Guten und Gerechten«, –

Und verkleidet will ich selber unter euch sitzen, – daß ich euch und mich *verkenne:* das ist nämlich meine letzte Menschen-Klugheit. –

Also sprach Zarathustra.

Die stillste Stunde

Was geschah mir, meine Freunde? Ihr seht mich verstört, fortgetrieben, unwillig-folgsam, bereit zu gehen – ach, *von euch* fortzugehen!

Ja, noch Ein Mal muß Zarathustra in seine Einsamkeit: aber unlustig geht diesmal der Bär zurück in seine Höhle!

Was geschah mir? Wer gebeut dies? – Ach, meine zornige Herrin will es so, sie sprach zu mir; nannte ich je euch schon ihren Namen?

Gestern gen Abend sprach zu mir *meine stillste Stunde:* das ist der Name meiner furchtbaren Herrin.

Und so geschah's, – denn Alles muß ich euch sagen, daß euer Herz sich nicht verhärte gegen den plötzlich Scheidenden!

Kennt ihr den Schrecken des Einschlafenden? –

Bis in die Zehen hinein erschrickt er, darob, daß ihm der Boden weicht und der Traum beginnt.

Dieses sage ich euch zum Gleichnis. Gestern, zur stillsten Stunde, wich mir der Boden: der Traum begann.

Der Zeiger rückte, die Uhr meines Lebens holte Atem –, nie hörte ich solche Stille um mich: also daß mein Herz erschrak.

Dann sprach es ohne Stimme zu mir: *»Du weißt es, Zarathustra?«* –

Und ich schrie vor Schrecken bei diesem Flüstern, und das Blut wich aus meinem Gesichte: aber ich schwieg.

Da sprach es abermals ohne Stimme zu mir: »Du weißt es, Zarathustra, aber du redest es nicht!« –

Und ich antwortete endlich gleich einem Trotzigen: »Ja, ich weiß es, aber ich will es nicht reden!«

Da sprach es wieder ohne Stimme zu mir: »Du *willst* nicht, Zarathustra? Ist dies auch wahr? Verstecke dich nicht in deinen Trotz!« –

Und ich weinte und zitterte wie ein Kind und sprach: »Ach, ich wollte schon, aber wie kann ich es! Erlaß mir Dies nur! Es ist über meine Kraft!«

Da sprach es wieder ohne Stimme zu mir: »Was liegt an dir, Zarathustra! Sprich dein Wort und zerbrich!« –

Und ich antwortete: »Ach, es ist *mein* Wort? Wer bin *ich?* Ich warte des Würdigeren; ich bin nicht wert, an ihm auch nur zu zerbrechen.«

Da sprach es wieder ohne Stimme zu mir: »Was liegt an dir? Du bist mir noch nicht demütig genug. Die Demut hat das härteste Fell.« –

Und ich antwortete: »Was trug nicht schon das Fell meiner Demut! Am Fuße wohne ich meiner Höhe: wie hoch meine Gipfel sind? Niemand sagte es mir noch. Aber gut kenne ich meine Täler.«

Da sprach es wieder ohne Stimme zu mir: »Oh Zarathustra, wer Berge zu versetzen hat, der versetzt auch Täler und Niederungen.« –

Und ich antwortete: »Noch versetzte mein Wort keine Berge, und was ich redete, erreichte die Menschen nicht. Ich ging wohl zu den Menschen, aber noch langte ich nicht bei ihnen an.«

Da sprach es wieder ohne Stimme zu mir: »Was weißt du *davon!* Der Tau fällt auf das Gras, wenn die Nacht am verschwiegesten ist.« –

Und ich antwortete: »Sie verspotteten mich, als ich meinen eigenen Weg fand und ging; und in Wahrheit zitterten damals meine Füße.

Und so sprachen sie zu mir: du verlerntest den Weg, nun verlernst du auch das Gehen!«

Da sprach es wieder ohne Stimme zu mir: »Was liegt an ihrem Spotte! Du bist Einer, der das Gehorchen verlernt hat: nun sollst du befehlen!

Weißt du nicht, wer Allen am nötigsten tut? Der Großes befiehlt.

Großes vollführen ist schwer: aber das Schwerere ist, Großes befehlen.

Das ist dein Unverzeihlichstes: du hast die Macht, und du willst nicht herrschen.« –

Und ich antwortete: »Mir fehlt des Löwen Stimme zu allem Befehlen.«

Da sprach es wieder wie ein Flüstern zu mir: »Die stillsten Worte sind es, welche den Sturm bringen. Gedanken, die mit Taubenfüßen kommen, lenken die Welt.

Oh Zarathustra, du sollst gehen als ein Schatten Dessen, was kommen muß: so wirst du befehlen und befehlend vorangehen.« –

Und ich antwortete: »Ich schäme mich.«

Da sprach es wieder ohne Stimme zu mir: »Du mußt noch Kind werden und ohne Scham.

Der Stolz der Jugend ist noch auf dir, spät bist du jung geworden: aber wer zum Kinde werden will, muß auch noch seine Jugend überwinden.« –

Und ich besann mich lange und zitterte. Endlich aber sagte ich, was ich zuerst sagte: »Ich will nicht.«

Da geschah ein Lachen um mich. Wehe, wie dies Lachen mir die Eingeweide zerriß und das Herz aufschlitzte!

Und es sprach zum letzten Male zu mir: »Oh Zarathustra, deine Früchte sind reif, aber du bist nicht reif für deine Früchte!

So mußt du wieder in die Einsamkeit: denn du sollst noch mürbe werden.« –

Und wieder lachte es und floh: dann wurde es stille um mich wie mit einer zwiefachen Stille. Ich aber lag am Boden, und der Schweiß floß mir von den Gliedern.

– Nun hörtet ihr Alles, und warum ich in meine Einsamkeit zurück muß. Nichts verschwieg ich euch, meine Freunde.

Aber auch Dies hörtet ihr von mir, *wer* immer noch aller Menschen Verschwiegenster ist – und es sein will!

Ach, meine Freunde! Ich hätte euch noch Etwas zu sagen, ich hätte euch noch Etwas zu geben! Warum gebe ich es nicht? Bin ich denn geizig?« –

Als Zarathustra aber diese Worte gesprochen hatte, überfiel ihn die Gewalt des Schmerzes und die Nähe des Abschieds von seinen Freunden, also daß er laut weinte; und Niemand wußte ihn zu trösten. Des Nachts aber ging er allein fort und verließ seine Freunde.

DRITTER TEIL

Also sprach Zarathustra

Ihr seht nach Oben, wenn ihr nach Erhebung verlangt. Und ich sehe hinab, weil ich erhoben bin.

Wer von euch kann zugleich lachen und erhoben sein?

Wer auf den höchsten Bergen steigt, der lacht über alle Trauer-Spiele und Trauer-Ernste.

Zarathustra,
Vom Lesen und Schreiben (S. 459)

Der Wanderer

Um Mitternacht war es, da nahm Zarathustra seinen Weg über den Rücken der Insel, daß er mit dem frühen Morgen an das andre Gestade käme: denn dort wollte er zu Schiff steigen. Es gab nämlich allda eine gute Reede, an der auch fremde Schiffe gern vor Anker gingen; die nahmen Manchen mit sich, der von den glückseligen Inseln über das Meer wollte. Als nun Zarathustra so den Berg hinanstieg, gedachte er unterwegs des vielen einsamen Wanderns von Jugend an, und wie viele Berge und Rücken und Gipfel er schon gestiegen sei.

Ich bin ein Wanderer und ein Bergsteiger, sagte er zu seinem Herzen, ich liebe die Ebenen nicht, und es scheint, ich kann nicht lange still sitzen.

Und was mir nun auch noch als Schicksal und Erlebnis komme, – ein Wandern wird darin sein und ein Bergsteigen: man erlebt endlich nur noch sich selber.

Die Zeit ist abgeflossen, wo mir noch Zufälle begegnen durften; und was *könnte* jetzt noch zu mir fallen, was nicht schon mein Eigen wäre!

Es kehrt nun zurück, es kommt mir endlich heim – mein eigen Selbst, und was von ihm lange in der Fremde war und zerstreut unter alle Dinge und Zufälle.

Und noch Eins weiß ich: ich stehe jetzt vor meinem letzten Gipfel und vor Dem, was mir am längsten aufgespart war. Ach, meine härtesten Wege muß ich hinan! Ach, ich begann meine einsamste Wanderung!

Wer aber meiner Art ist, der entgeht einer solchen Stunde nicht: der Stunde, die zu ihm redet: »Jetzo erst gehst du deinen Weg der Größe! Gipfel und Abgrund – das ist jetzt in Eins beschlossen!

Du gehst deinen Weg der Größe: nun ist deine letzte Zuflucht worden, was bisher deine letzte Gefahr hieß!

Du gehst deinen Weg der Größe: Das muß nun dein bester Mut sein, daß es hinter dir keinen Weg mehr gibt!

Du gehst deinen Weg der Größe: hier soll dir Keiner nachschleichen! Dein Fuß selber löschte hinter dir den Weg aus, und über ihm steht geschrieben: Unmöglichkeit.

Und wenn dir nunmehr alle Leitern fehlen, so mußt du verstehen, noch auf deinen eigenen Kopf zu steigen: wie wolltest du anders aufwärts steigen?

Auf deinen eigenen Kopf und hinweg über dein eigenes Herz! Jetzt muß das Mildeste an dir noch zum Härtesten werden.

Wer sich stets viel geschont hat, der kränkelt zuletzt an seiner vielen Schonung. Gelobt sei, was hart macht! Ich lobe das Land nicht, wo Butter und Honig – fließt!

Von sich *absehn* lernen ist nötig, um Viel zu sehn: – diese Härte tut jedem Berge-Steigenden not.

Wer aber mit den Augen zudringlich ist als Erkennender, wie sollte Der von allen Dingen mehr als ihre vorderen Gründe sehn!

Du aber, oh Zarathustra, wolltest aller Dinge Grund schaun und Hintergrund: so mußt du schon über dich selber steigen, – hinan, hinauf, bis du auch deine Sterne noch *unter* dir hast!

Ja! Hinab auf mich selber sehn und noch auf meine Sterne: Das erst hieße mir mein *Gipfel.* Das blieb mir noch zurück als mein *letzter* Gipfel!« –

Also sprach Zarathustra im Steigen zu sich, mit harten Sprüchlein sein Herz tröstend: denn er war wund am Herzen wie noch niemals zuvor. Und als er auf die Höhe des Bergrückens kam, siehe, da lag das andre Meer vor ihm ausgebreitet: und er stand still und schwieg lange. Die Nacht aber war kalt in dieser Höhe und klar und hellgestirnt.

Ich erkenne Mein Los, sagte er endlich mit Trauer: Wohlan! Ich bin bereit. Eben begann meine letzte Einsamkeit.

Ach, diese schwarze traurige See unter mir! Ach, diese schwangere nächtliche Verdrossenheit! Ach, Schicksal und See! Zu euch muß ich nun *hinab*steigen!

Vor meinem höchsten Berge stehe ich und vor meiner längsten Wanderung: darum muß ich erst tiefer hinab, als ich jemals stieg:

– tiefer hinab in den Schmerz, als ich jemals stieg, bis hinein in seine schwärzeste Flut! So will es mein Schicksal: Wohlan! Ich bin bereit.

Woher kommen die höchsten Berge? so fragte ich einst. Da lernte ich, daß sie aus dem Meere kommen.

Dies Zeugnis ist in ihr Gestein geschrieben und in die Wände ihrer Gipfel. Aus dem Tiefsten muß das Höchste zu seiner Höhe kommen. –

Also sprach Zarathustra auf der Spitze des Berges, wo es kalt war; als er aber in die Nähe des Meeres kam und zuletzt allein unter den Klippen stand, da war er unterwegs müde geworden und sehnsüchtiger als noch zuvor.

Es schläft jetzt Alles noch, sprach er; auch das Meer schläft. Schlaftrunken und fremd blickt sein Auge nach mir.

Aber es atmet warm, das fühle ich. Und ich fühle auch, daß es träumt. Es windet sich träumend auf harten Kissen.

Horch! Horch! Wie es stöhnt von bösen Erinnerungen! Oder bösen Erwartungen?

Ach, ich bin traurig mit dir, du dunkles Ungeheuer, und mir selber noch gram um deinetwillen.

Ach, daß meine Hand nicht Stärke genug hat! Gerne, wahrlich, möchte ich dich von bösen Träumen erlösen! –

Und indem Zarathustra so sprach, lachte er mit Schwermut und Bitterkeit über sich selber. Wie! Zarathustra! sagte er, willst du noch dem Meere Trost singen?

Ach, du liebreicher Narr Zarathustra, du Vertrauens-Überseliger! Aber so warst du immer: immer kamst du vertraulich zu allem Furchtbaren.

Jedes Ungetüm wolltest du noch streicheln. Ein Hauch warmen Atems, ein Wenig weiches Gezottel an der Tatze –: und gleich warst du bereit, es zu lieben und zu locken.

Die *Liebe* ist die Gefahr des Einsamsten, die Liebe zu Allem, *wenn es nur lebt!* Zum Lachen ist wahrlich meine Narrheit und meine Bescheidenheit in der Liebe! –

Also sprach Zarathustra und lachte dabei zum andern Male: da aber gedachte er seiner verlassenen Freunde –, und wie als ob er sich mit seinen Gedanken an ihnen vergangen habe, zürnte er sich ob seiner Gedanken. Und alsbald geschah es, daß der Lachende weinte: – vor Zorn und Sehnsucht weinte Zarathustra bitterlich.

Vom Gesicht und Rätsel

1.

Als es unter den Schiffsleuten ruchbar wurde, daß Zarathustra auf dem Schiffe sei – denn es war ein Mann zugleich mit ihm an Bord gegangen, der von den glückseligen Inseln kam –, da entstand eine große Neugierde und Erwartung. Aber Zarathustra schwieg zwei Tage und war kalt und taub vor Traurigkeit, also, daß er weder auf Blicke noch auf Fragen antwortete. Am Abend aber des zweiten Tages tat er seine Ohren wieder auf, ob er gleich noch schwieg; denn es gab viel Seltsames und Gefährliches auf diesem Schiffe anzuhören, welches weither kam und noch weiterhin wollte. Zarathustra aber war ein Freund aller Solchen, die weite Reisen tun und nicht ohne Gefahr leben mögen. Und siehe! zuletzt wurde ihm im Zuhören die eigne Zunge gelöst, und das Eis seines Herzens brach: – da begann er also zu reden:

Euch, den kühnen Suchern, Versuchern, und wer je sich mit listigen Segeln auf furchtbare Meere einschiffte, –

euch, den Rätsel-Trunkenen, den Zwielicht-Frohen, deren Seele mit Flöten zu jedem Irr-Schlunde gelockt wird:

– denn nicht wollt ihr mit feiger Hand einem Faden nachtasten; und, wo ihr *erraten* könnt, da haßt ihr es, zu *erschießen* –

euch allein erzähle ich das Rätsel, das ich *sah*, – das Gesicht des Einsamsten. –

Düster ging ich jüngst durch leichenfarbene Dämmerung, – düster und hart, mit gepreßten Lippen. Nicht nur Eine Sonne war mir untergegangen.

Ein Pfad, der trotzig durch Geröll stieg, ein boshafter, einsamer, dem nicht Kraut, nicht Strauch mehr zusprach: ein Berg-Pfad knirschte unter dem Trotz meines Fußes.

Stumm über höhnischem Geklirr von Kieseln schreitend, den Stein zertretend, der ihn gleiten ließ: also zwang mein Fuß sich aufwärts.

Aufwärts: – dem Geiste zum Trotz, der ihn abwärts zog, abgrundwärts zog, dem Geiste der Schwere, meinem Teufel und Erzfeinde.

Aufwärts: – obwohl er auf mir saß, halb Zwerg, halb Maulwurf; lahm; lähmend; Blei durch mein Ohr, Bleitropfen-Gedanken in mein Hirn träufelnd.

»Oh Zarathustra«, raunte er höhnisch Silb' um Silbe, »du Stein der Weisheit! Du warfst dich hoch, aber jeder geworfene Stein muß – fallen!

Oh Zarathustra, du Stein der Weisheit, du Schleuderstein, du Stern-Zertrümmerer! Dich selber warfst du so hoch, – aber jeder geworfene Stein – muß fallen!

Verurteilt zu dir selber und zur eignen Steinigung. oh Zarathustra, weit warfst du ja den Stein, – aber auf *dich* wird er zurückfallen!«

Darauf schwieg der Zwerg; und das währte lange. Sein Schweigen aber drückte mich; und solchermaßen zu Zwein ist man wahrlich einsamer als zu Einem!

Ich stieg, ich stieg, ich träumte, ich dachte, – aber alles drückte mich. Einem Kranken glich ich, den seine schlimme Marter müde macht und den wieder ein schlimmerer Traum aus dem Einschlafen weckt. –

Aber es gibt Etwas in mir, das ich Mut heiße: das schlug bisher mir jeden Unmut tot. Dieser Mut hieß mich endlich stille stehn und sprechen: »Zwerg! Du! Oder ich!« –

Mut nämlich ist der beste Totschläger – Mut, welcher *angreift:* denn in jedem Angriffe ist klingendes Spiel.

Der Mensch aber ist das mutigste Tier: damit überwand er jedes Tier. Mit klingendem Spiele überwand er noch jeden Schmerz; Menschen-Schmerz aber ist der tiefste Schmerz.

Der Mut schlägt auch den Schwindel tot an Abgründen: und wo stünde der Mensch nicht an Abgründen! Ist Sehen nicht selber – Abgründe sehen?

Mut ist der beste Totschläger: der Mut schlägt auch das Mitleiden tot. Mitleiden aber ist der tiefste Abgrund: so tief der Mensch in das Leben sieht, so tief sieht er auch in das Leiden.

Mut aber ist der beste Totschläger, Mut, der angreift: der schlägt noch den Tod tot, denn er spricht: »*War das* das Leben? Wohlan! Noch Ein Mal!«

In solchem Spruche aber ist viel klingendes Spiel. Wer Ohren hat, der höre. –

2.

»Halt! Zwerg!« sprach ich. »Ich! Oder du! Ich aber bin der Stärkere von uns Beiden –: du kennst meinen abgründlichen Gedanken nicht! *Den* – könntest du nicht tragen!« –

Da geschah, was mich leichter machte: denn der Zwerg sprang mir von der Schulter, der Neugierige! Und er hockte sich auf einen Stein vor mich hin. Es war aber gerade da ein Torweg, wo wir hielten.

»Siehe diesen Torweg! Zwerg!« sprach ich weiter: »der hat zwei Gesichter. Zwei Wege kommen hier zusammen: die ging noch Niemand zu Ende.

Diese lange Gasse zurück: die währt eine Ewigkeit. Und jene lange Gasse hinaus – das ist eine andre Ewigkeit.

Sie widersprechen sich, diese Wege; sie stoßen sich gerade vor den Kopf: – und hier, an diesem Torwege, ist es, wo sie zusammenkommen. Der Name des Torwegs steht oben geschrieben: ›Augenblick‹.

Aber wer Einen von ihnen weiter ginge – und immer weiter und immer ferner: glaubst du, Zwerg, daß diese Wege sich ewig widersprechen?« –

»Alles Gerade lügt«, murmelte verächtlich der Zwerg. »Alle Wahrheit ist krumm, die Zeit selber ist ein Kreis.«

»Du Geist der Schwere!« sprach ich zürnend, »mache dir es nicht zu leicht! Oder ich lasse dich hocken, wo du hockst, Lahmfuß, – und ich trug dich *hoch!*

Siehe«, sprach ich weiter, »diesen Augenblick! Von diesem Torwege Augenblick läuft eine lange ewige Gasse *rückwärts:* hinter uns liegt eine Ewigkeit.

Muß nicht, was laufen *kann* von allen Dingen, schon einmal diese Gasse gelaufen sein? Muß nicht, was geschehn *kann* von allen Dingen, schon einmal geschehn, getan, vorübergelaufen sein?

Und wenn Alles schon dagewesen ist: was hältst du Zwerg von diesem Augenblick? Muß auch dieser Torweg nicht schon – dagewesen sein?

Und sind nicht solchermaßen fest alle Dinge verknotet, daß dieser Augenblick *alle* kommenden Dinge nach sich zieht? *Also* – – sich selber noch?

Denn, was laufen *kann* von allen Dingen: auch in dieser langen Gasse *hinaus* – *muß* es einmal noch laufen! –

Und diese langsame Spinne, die im Mondscheine kriecht, und dieser Mondschein selber, und ich und du im Torwege, zusammen flüsternd, von ewigen Dingen flüsternd – müssen wir nicht alle schon dagewesen sein?

– und wiederkommen und in jener anderen Gasse laufen, hinaus, vor uns, in dieser langen schaurigen Gasse – müssen wir nicht ewig wiederkommen? –«

Also redete ich, und immer leiser: denn ich fürchtete mich vor meinen eignen Gedanken und Hintergedanken. Da, plötzlich, hörte ich einen Hund nahe *heulen.*

Hörte ich jemals einen Hund so heulen? Mein Gedanke lief zurück. Ja! Als ich Kind war, in fernster Kindheit:

– da hörte ich einen Hund so heulen. Und sah ihn auch, gesträubt, den Kopf nach Oben, zitternd, in stillster Mitternacht, wo auch Hunde an Gespenster glauben:

– also daß es mich erbarmte. Eben nämlich ging der volle Mond, totschweigsam, über das Haus, eben stand er still, eine runde Glut, – still auf flachem Dache, gleich als auf fremdem Eigentume: –

darob entsetzte sich damals der Hund: denn Hunde glauben an Diebe und Gespenster. Und als ich wieder so heulen hörte, da erbarmte es mich abermals.

Wohin war jetzt Zwerg? Und Torweg? Und Spinne? Und alles Flüstern? Träumte ich denn? Wachte ich auf? Zwischen wilden Klippen stand ich mit Einem Male, allein, öde, im ödesten Mondscheine.

Aber da lag ein Mensch! Und da! Der Hund, springend, gesträubt, winselnd, – jetzt sah er mich kommen – da heulte er wieder, da *schrie* er: – hörte ich je einen Hund so Hilfe schrein?

Und, wahrlich, was ich sah, desgleichen sah ich nie. Einen jungen Hirten sah ich, sich windend, würgend, zuckend, verzerrten Antlitzes, dem eine schwarze schwere Schlange aus dem Mund hing.

Sah ich je so viel Ekel und bleiches Grauen auf Einem Antlitze? Er hatte wohl geschlafen? Da kroch ihm die Schlange in den Schlund – da biß sie sich fest.

Meine Hand riß die Schlange und riß: – umsonst! sie riß die Schlange nicht aus dem Schlunde. Da schrie es aus mir: »Beiß zu! Beiß zu!

Den Kopf ab! Beiß zu!« – so schrie es aus mir, mein Grauen, mein Haß, mein Ekel, mein Erbarmen, all mein Gutes und Schlimmes schrie mit einem Schrei aus mir. –

Ihr Kühnen um mich! Ihr Sucher, Versucher, und wer von euch mit listigen Segeln sich in unerforschte Meere einschiffte! Ihr Rätsel-Frohen!

So ratet mir doch das Rätsel, das ich damals schaute, so deutet mir doch das Gesicht des Einsamsten!

Denn ein Gesicht war's und ein Vorhersehn: – *was* sah ich damals im Gleichnisse? Und *wer* ist, der einst noch kommen muß?

Wer ist der Hirt, dem also die Schlange in den Schlund kroch? *Wer* ist der Mensch, dem also alles Schwerste, Schwärzeste in den Schlund kriechen wird?

– Der Hirt aber biß, wie mein Schrei ihm riet; er biß mit gutem Bisse! Weit weg spie er den Kopf der Schlange –: und sprang empor. –

Nicht mehr Hirt, nicht mehr Mensch – ein Verwandelter, ein Umleuchteter, welcher *lachte!* Niemals noch auf Erden lachte je ein Mensch, wie *er* lachte!

Oh meine Brüder, ich hörte ein Lachen, das keines Menschen Lachen war, – – und nun frißt ein Durst an mir, eine Sehnsucht, die nimmer stille wird.

Meine Sehnsucht nach diesem Lachen frißt an mir: oh wie ertrage ich noch zu leben! Und wie ertrüge ich's, jetzt zu sterben! –

Also sprach Zarathustra.

Von der Seligkeit wider Willen

Mit solchen Rätseln und Bitternissen im Herzen fuhr Zarathustra über das Meer. Als er aber vier Tagereisen fern war von den glückseligen Inseln und von seinen Freunden, da hatte er allen seinen Schmerz überwunden –: siegreich und mit festen Füßen stand er wieder auf seinem Schicksal. Und damals redete Zarathustra also zu seinem frohlockenden Gewissen:

Allein bin ich wieder und will es sein, allein mit reinem Himmel und freiem Meere; und wieder ist Nachmittag um mich.

Des Nachmittags fand ich zum ersten Male einst meine Freunde, des Nachmittags auch zum anderen Male: – zur Stunde, da alles Licht stiller wird.

Denn was von Glück noch unterwegs ist zwischen Himmel und Erde, das sucht sich nun zur Herberge noch eine lichte Seele: *vor Glück* ist alles Licht jetzt stiller worden.

Oh Nachmittag meines Lebens! Einst stieg auch *mein Glück* zu Tale, daß es sich eine Herberge suche: da fand es diese offnen gastfreundlichen Seelen.

Oh Nachmittag meines Lebens! Was gab ich nicht hin, daß ich Eins hätte: diese lebendige Pflanzung meiner Gedanken und dies Morgenlicht meiner höchsten Hoffnung!

Gefährten suchte einst der Schaffende und Kinder *seiner* Hoffnung: und siehe, es fand sich, daß er sie nicht finden könne, es sei denn, er schaffe sie selber erst.

Also bin ich mitten in meinem Werke, zu meinen Kindern gehend und von ihnen kehrend: um seiner Kinder willen muß Zarathustra sich selbst vollenden.

Denn von Grund aus liebt man nur sein Kind und Werk; und wo große Liebe zu sich selber ist, da ist sie der Schwangerschaft Wahrzeichen: so fand ich's.

Noch grünen mir meine Kinder in ihrem ersten Frühlinge, nahe beieinander stehend und gemeinsam von Winden geschüttelt, die Bäume meines Gartens und besten Erdreichs.

Und wahrlich! Wo solche Bäume beieinander stehen, da *sind* glückselige Inseln!

Aber einstmals will ich sie ausheben und einen Jeden für sich allein stellen: daß er Einsamkeit lerne und Trotz und Vorsicht.

Knorrig und gekrümmt und mit biegsamer Härte soll er mir dann am Meere dastehn, ein lebendiger Leuchtturm unbesiegbaren Lebens.

Dort, wo die Stürme hinab ins Meer stürzen, und des Gebirgs Rüssel Wasser trinkt, da soll ein Jeder einmal seine Tag- und Nachtwachen haben, zu *seiner* Prüfung und Erkenntnis.

Erkannt und geprüft soll er werden, darauf, ob er meiner Art und Abkunft ist, – ob er eines langen Willens Herr sei, schweigsam, auch wenn er redet, und nachgebend also, daß er im Geben *nimmt:* –

– daß er einst mein Gefährte werde und ein Mitschaffender und Mitfeiernder Zarathustras –: ein Solcher, der mir meinen Willen auf meine Tafeln schreibt: zu aller Dinge vollerer Vollendung.

Und um seinetwillen und seines Gleichen muß ich selber *mich* vollenden: darum weiche ich jetzt meinem Glücke aus und biete mich allem Unglücke an – zu *meiner* letzten Prüfung und Erkenntnis.

Und wahrlich, Zeit war's, daß ich ging; und des Wandrers Schatten und die längste Weile und die stillste Stunde – alle redeten mir zu: »Es ist höchste Zeit!«

Der Wind blies mir durchs Schlüsselloch und sagte »Komm!« Die Tür sprang mir listig auf und sagte »Geh!«

Aber ich lag angekettet an die Liebe zu meinen Kindern: das Begehren legte mir diese Schlinge, das Begehren nach Liebe, daß ich meiner Kinder Beute würde und mich an sie verlöre.

Begehren – das heißt mir schon: mich verloren haben: *Ich habe euch, meine Kinder!* In diesem Haben soll alles Sicherheit und Nichts Begehren sein.

Aber brütend lag die Sonne meiner Liebe auf mir, im eignen Safte kochte Zarathustra, – da flogen Schatten und Zweifel über mich weg.

Nach Frost und Winter gelüstete mich schon: »oh daß Frost und Winter mich wieder knacken und knirschen machten!« seufzte ich: – da stiegen eisige Nebel aus mir auf.

Meine Vergangenheit brach ihre Gräber, manch lebendig begrabner Schmerz wachte auf –: ausgeschlafen hatte er sich nur, versteckt in Leichen-Gewänder.

Also rief mir alles in Zeichen zu: »es ist Zeit!« Aber ich – hörte nicht: bis endlich mein Abgrund sich rührte und mein Gedanke mich biß.

Ach, abgründlicher Gedanke, der du *mein* Gedanke bist! Wann finde ich die Stärke, dich graben zu hören und nicht mehr zu zittern?

Bis zur Kehle hinauf klopft mir das Herz, wenn ich dich graben höre! Dein Schweigen noch will mich würgen, du abgründlicher Schweigender!

Noch wagte ich niemals, dich *herauf*zurufen: genug schon, daß ich dich mit mir – trug! Noch war ich nicht stark genug, zum letzten Löwen-Übermute und -Mutwillen.

Genug des Furchtbaren war mir immer schon deine Schwere: aber einst soll ich noch die Stärke finden und die Löwen-Stimme, die dich heraufruft!

Wenn ich mich dessen erst überwunden habe, dann will ich mich auch des Größeren noch überwinden; und ein *Sieg* soll meiner Vollendung Siegel sein! –

Inzwischen treibe ich noch auf ungewissen Meeren; der Zufall schmeichelt mir, der glattzüngige; vorwärts und rückwärts schaue ich –, noch schaue ich kein Ende.

Noch kam mir die Stunde meines letzten Kampfes nicht, – oder kommt sie mir wohl eben? Wahrlich, mit tückischer Schönheit schaut mich rings Meer und Leben an!

Oh Nachmittag meines Lebens! Oh Glück vor Abend! Oh Hafen auf hoher See! Oh Friede im Ungewissen! Wie mißtraue ich euch Allen!

Wahrlich, mißtrauisch bin ich gegen eure tückische Schönheit! Dem Liebenden gleiche ich, der allzusamtenem Lächeln mißtraut.

Wie er die Geliebteste vor sich her stößt, zärtlich noch in seiner Härte, der Eifersüchtige –, also stoße ich diese selige Stunde vor mir her.

Hinweg mit dir, du selige Stunde! Mit dir kam mir eine Seligkeit wider Willen! Willig zu meinem tiefsten Schmerze stehe ich hier: – zur Unzeit kamst du!

Hinweg mit dir, du selige Stunde! Lieber nimm Herberge dort – bei meinen Kindern! Eile! und segne sie vor Abend noch mit *meinem* Glücke!

Da naht schon der Abend: die Sonne sinkt. Dahin – mein Glück! –

Also sprach Zarathustra. Und er wartete auf sein Unglück die ganze Nacht: aber er wartete umsonst. Die Nacht blieb hell und still, und das Glück selber kam ihm immer näher und näher. Gegen Morgen aber lachte Zarathustra zu seinem Herzen und sagte spöttisch: »das Glück läuft mir nach. Das kommt davon, daß ich nicht den Weibern nachlaufe. Das Glück aber ist ein Weib.«

Vor Sonnen-Aufgang

Oh Himmel über mir, du Reiner! Tiefer! Du Licht-Abgrund! Dich schauend schaudere ich vor göttlichen Begierden.

In deine Höhe mich zu werfen – das ist *meine* Tiefe! In deine Reinheit mich zu bergen – das ist *meine* Unschuld!

Den Gott verhüllt seine Schönheit: so verbirgst du deine Sterne. Du redest nicht: so kündest du mir deine Weisheit.

Stumm über brausendem Meere bist du heut mir aufgegangen, deine Liebe und deine Scham redet Offenbarung zu meiner brausenden Seele.

Daß du schön zu mir kamst, verhüllt in deine Schönheit, daß du stumm zu mir sprichst, offenbar in deiner Weisheit:

Oh wie erriete ich nicht alles Schamhafte deiner Seele! *Vor* der Sonne kamst du zu mir, dem Einsamsten.

Wir sind Freunde von Anbeginn: uns ist Gram und Grauen und Grund gemeinsam; noch die Sonne ist uns gemeinsam.

Wir reden nicht zueinander, weil wir zu Vieles wissen –: wir schweigen uns an, wir lächeln uns unser Wissen zu.

Bist du nicht das Licht zu meinem Feuer? Hast du nicht die Schwester-Seele zu meiner Einsicht?

Zusammen lernten wir Alles; zusammen lernten wir über uns zu uns selber aufsteigen und wolkenlos lächeln: –

– wolkenlos hinablächeln aus lichten Augen und aus meilenweiter Ferne, wenn unter uns Zwang und Zweck und Schuld wie Regen dampfen.

Und wanderte ich allein: *wes* hungerte meine Seele in Nächten und Irr-Pfaden? Und stieg ich Berge, *wen* suchte ich je, wenn nicht dich, auf Bergen?

Und all mein Wandern und Bergsteigen: eine Not war's nur und ein Behelf des Unbeholfenen: – *fliegen* allein will mein ganzer Wille, in *dich* hineinfliegen!

Und wen haßte ich mehr, als ziehende Wolken und Alles, was dich befleckt? Und meinen eignen Haß haßte ich noch, weil er dich befleckte!

Den ziehenden Wolken bin ich gram, diesen schleichenden Raub-katzen: sie nehmen dir und mir, was uns gemein ist, – das ungeheure unbegrenzte Ja- und Amen-Sagen.

Diesen Mittlern und Mischern sind wir gram, den ziehenden Wolken: diesen Halb- und Halben, welche weder segnen lernten, noch von Grund aus fluchen.

Lieber will ich noch unter verschloßnem Himmel in der Tonne sitzen, lieber ohne Himmel im Abgrund sitzen, als dich, Licht-Himmel, mit Zieh-Wolken befleckt sehn!

Und oft gelüstete mich, sie mit zackichten Blitz-Golddrähten festzuheften, daß ich, gleich dem Donner, auf ihrem Kessel-Bauche die Pauke schlüge: –

– ein zorniger Paukenschläger, weil sie mir dein Ja! und Amen! rauben, du Himmel über mir, du Reiner! Lichter! Du Licht-Abgrund! – weil sie dir *mein* Ja! und Amen! rauben.

Denn lieber noch will ich Lärm und Donner und Wetter-Flüche, als diese bedächtige zweifelnde Katzen-Ruhe; und auch unter Menschen hasse ich am besten alle Leisetreter und Halb- und Halben und zweifelnde, zögernde Zieh-Wolken.

Und »wer nicht segnen kann, der soll fluchen *lernen!*« – diese helle Lehre fiel mir aus hellem Himmel, dieser Stern steht auch noch in schwarzen Nächten an meinem Himmel.

Ich aber bin ein Segnender und ein Ja-Sager, wenn du nur um mich bist, du Reiner! Lichter! Du Licht-Abgrund! – in alle Abgründe trage ich da noch mein segnendes Ja-Sagen.

Zum Segnenden bin ich worden und zum Ja-Sagenden: und dazu rang ich lange und war ein Ringer, daß ich einst die Hände frei bekäme zum Segnen.

Das aber ist mein Segnen: über jedwedem Ding als sein eigner Himmel stehn, als sein rundes Dach, seine azurne Glocke und ewige Sicherheit: und selig ist, wer also segnet!

Denn alle Dinge sind getauft am Borne der Ewigkeit und jenseits von Gut und Böse; Gut und Böse selber aber sind nur Zwischenschatten und feuchte Trübsale und Zieh-Wolken.

Wahrlich, ein Segnen ist es und kein Lästern, wenn ich lehre: »über allen Dingen steht der Himmel Zufall, der Himmel Unschuld, der Himmel Ohngefähr, der Himmel Übermut.«

»Von Ohngefähr« – das ist der älteste Adel der Welt, den gab ich allen Dingen zurück, ich erlöste sie von der Knechtschaft unter dem Zwecke.

Diese Freiheit und Himmels-Heiterkeit stellte ich gleich azurner Glocke über alle Dinge, als ich lehrte, daß über ihnen und durch sie kein »ewiger Wille« – will.

Diesen Übermut und diese Narrheit stellte ich an die Stelle jenes Willens, als ich lehrte: »bei Allem ist Eins unmöglich – Vernünftigkeit!«

Ein *Wenig* Vernunft zwar, ein Same der Weisheit zerstreut von Stern zu Stern, – dieser Sauerteig ist allen Dingen eingemischt: um der Narrheit willen ist Weisheit allen Dingen eingemischt!

Ein Wenig Weisheit ist schon möglich; aber diese selige Sicherheit fand ich an allen Dingen: daß sie lieber noch auf den Füßen des Zufalls – *tanzen.*

Oh Himmel über mir, du Reiner! Hoher! Das ist mir nun deine Reinheit, daß es keine ewige Vernunft-Spinne und -Spinnennetze gibt: –

– daß du mir ein Tanzboden bist für göttliche Zufälle, daß du mir ein Göttertisch bist für göttliche Würfel und Würfelspieler! –

Doch du errötest? Sprach ich Unaussprechbares? Lästerte ich, indem ich dich segnen wollte?

Oder ist es die Scham zu Zweien, welche dich erröten machte? Heißest du mich gehn und schweigen, weil nun – der *Tag* kommt?

Die Welt ist tief –: und tiefer, als je der Tag gedacht hat. Nicht Alles darf vor dem Tage Worte haben. Aber der Tag kommt: so scheiden wir nun!

Oh Himmel über mir, du Schamhafter! Glühender! Oh du mein Glück vor Sonnen-Aufgang! Der Tag kommt: so scheiden wir nun! –

Also sprach Zarathustra.

Von der verkleinernden Tugend

1.

Als Zarathustra wieder auf dem festen Lande war, ging er nicht stracks auf sein Gebirge und seine Höhle los, sondern tat viele Wege und Fragen und erkundete dies und das, also, daß er von sich selber im Scherze sagte: »siehe einen Fluß, der in vielen Windungen zurück zur Quelle fließt!« Denn er wollte in Erfahrung bringen, was sich inzwischen *mit dem Menschen* zugetragen habe: ob er größer oder kleiner geworden sei. Und Ein Mal sah er eine Reihe neuer Häuser; da wunderte er sich und sagte:

Was bedeuten diese Häuser? Wahrlich, keine große Seele stellte sie hin, sich zum Gleichnisse!

Nahm wohl ein blödes Kind sie aus seiner Spielschachtel? Daß doch ein andres Kind sie wieder in seine Schachtel täte!

Und diese Stuben und Kammern: können *Männer* da aus- und eingehen? Gemacht dünken sie mich für Seiden-Puppen; oder für Naschkatzen, die auch wohl an sich naschen lassen.

Und Zarathustra blieb stehn und dachte nach. Endlich sagte er betrübt: »Es ist *Alles* kleiner geworden!

Überall sehe ich niedrigere Tore: wer meiner Art ist, geht da wohl noch hindurch, aber – er muß sich bücken!

Oh wann komme ich wieder in meine Heimat, wo ich mich nicht mehr bücken muß – nicht mehr bücken muß *vor den Kleinen!«* – Und Zarathustra seufzte und blickte in die Ferne. –

Desselbigen Tages aber redete er seine Rede über die verkleinernde Tugend.

2.

Ich gehe durch dies Volk und halte meine Augen offen: sie vergeben mir es nicht, daß ich auf ihre Tugenden nicht neidisch bin.

Sie beißen nach mir, weil ich zu ihnen sage: für kleine Leute sind kleine Tugenden nötig – und weil es mir hart eingeht, daß kleine Leute *nötig* sind!

Noch gleiche ich dem Hahn hier auf fremdem Gehöfte, nach dem auch die Hennen beißen; doch darob bin ich diesen Hennen nicht ungut.

Ich bin höflich gegen sie, wie gegen alles kleine Ärgernis; gegen das Kleine stachlicht zu sein, dünkt mich eine Weisheit für Igel.

Sie reden Alle von mir, wenn sie abends ums Feuer sitzen, – sie reden von mir, aber Niemand denkt – an mich!

Dies ist die neue Stille, die ich lernte: ihr Lärm um mich breitet einen Mantel über meine Gedanken.

Sie lärmen untereinander: »was will uns diese düstere Wolke? sehen wir zu, daß sie uns nicht eine Seuche bringe!«

Und jüngst riß ein Weib sein Kind an sich, das zu mir wollte: »nehmt die Kinder weg!« schrie es; »solche Augen versengen Kinder-Seelen.«

Sie husten, wenn ich rede; sie meinen, Husten sei ein Einwand gegen starke Winde, – sie erraten Nichts vom Brausen meines Glückes!

»Wir haben noch keine Zeit für Zarathustra« – so wenden sie ein; aber was liegt an einer Zeit, die für Zarathustra »keine Zeit hat«?

Und wenn sie gar mich rühmen: wie könnte ich wohl auf *ihrem* Ruhme einschlafen? Ein Stachel-Gürtel ist mir ihr Lob: es kratzt mich noch, wenn ich es von mir tue.

Und auch Das lernte ich unter ihnen: der Lobende stellt sich, als gäbe er zurück, in Wahrheit aber will er mehr beschenkt sein!

Fragt meinen Fuß, ob ihm ihre Lob- und Lock-Weise gefällt! Wahrlich, nach solchem Takt und Ticktack mag er weder tanzen, noch stille stehn.

Zur kleinen Tugend möchten sie mich locken und loben; zum Ticktack des kleinen Glücks möchten sie meinen Fuß überreden.

Ich gehe durch dies Volk und halte die Augen offen: sie sind *kleiner* geworden und werden immer kleiner: – *das macht ihre Lehre von Glück und Tugend.*

Sie sind nämlich auch in der Tugend bescheiden, – denn sie wollen Behagen. Mit Behagen aber verträgt sich nur die bescheidene Tugend.

Wohl lernen auch sie auf ihre Art Schreiten und Vorwärts-Schreiten: das heiße ich ihr *Humpeln* –. Damit werden sie Jedem zum Anstoß, der Eile hat.

Und Mancher von ihnen geht vorwärts und blickt dabei zurück, mit versteiftem Nacken: Dem renne ich gern wider den Leib.

Fuß und Augen sollen nicht lügen, noch sich einander Lügen strafen. Aber es ist viel Lügnerei bei den kleinen Leuten.

Einige von ihnen wollen, aber die Meisten werden nur gewollt. Einige von ihnen sind ächt, aber die meisten sind schlechte Schauspieler.

Es gibt Schauspieler wider Wissen unter ihnen und Schauspieler wider Willen –, die Ächten sind immer selten, sonderlich die ächten Schauspieler.

Des Mannes ist hier wenig: darum vermännlichen sich ihre Weiber. Denn nur wer Mannes genug ist, wird im Weibe *das Weib – erlösen.*

Und diese Heuchelei fand ich unter ihnen am schlimmsten: daß auch Die, welche befehlen, die Tugenden Derer heucheln; welche dienen.

»Ich diene, du dienst, wir dienen« – so betet hier auch die Heuchelei des Herrschenden, – und wehe, wenn der erste Herr *nur* der erste Diener ist!

Ach, auch in ihre Heucheleien verflog sich wohl meines Auges Neugier; und gut erriet ich all ihr Fliegen-Glück und ihr Summen um besonnte Fensterscheiben.

So viel Güte, so viel Schwäche sehe ich. So viel Gerechtigkeit und Mitleiden, so viel Schwäche.

Rund, rechtlieh und gütig sind sie miteinander, wie Sandkörnchen rund, rechtlich und gütig mit Sandkörnchen sind.

Bescheiden ein kleines Glück umarmen – das heißen sie »Ergebung«! und dabei schielen sie bescheiden schon nach einem neuen kleinen Glücke aus.

Sie wollen im Grunde einfältiglich Eins am meisten: daß ihnen Niemand wehe tue. So kommen sie Jedermann zuvor und tun ihm wohl.

Dies aber ist *Feigheit:* ob es schon »Tugend« heißt. –

Und wenn sie einmal rauh reden, diese kleinen Leute: *ich* höre darin nur ihre Heiserkeit, – jeder Windzug nämlich macht sie heiser.

Klug sind sie, ihre Tugenden haben kluge Finger. Aber ihnen fehlen die Fäuste, ihre Finger wissen nicht, sich hinter Fäuste zu verkriechen.

Tugend ist ihnen Das, was bescheiden und zahm macht: damit machten sie den Wolf zum Hunde und den Menschen selber zu des Menschen bestem Haustiere.

»Wir setzten unsern Stuhl in die *Mitte* – das sagt mir ihr Schmunzeln – und ebenso weit weg von sterbenden Fechtern wie von vergnügten Säuen.«

Dies aber ist – *Mittelmäßigkeit:* ob es schon Mäßigkeit heißt.

3.

Ich gehe durch dies Volk und lasse manches Wort fallen: aber sie wissen weder zu nehmen noch zu behalten.

Sie wundern sich, daß ich nicht kam, auf Lüste und Laster zu lästern; und wahrlich, ich kam auch nicht, daß ich vor Taschendieben warnte!

Sie wundern sich, daß ich nicht bereit bin, ihre Klugheit noch zu witzigen und zu spitzigen: als ob sie noch nicht genug der Klüglinge hätten, deren Stimme mir gleich Schieferstiften kritzelt!

Und wenn ich rufe: »Flucht allen feigen Teufeln in euch, die gerne winseln und Hände falten und anbeten möchten«: so rufen sie: »Zarathustra ist gottlos.«

Und sonderlich rufen es ihre Lehrer der Ergebung –; aber gerade ihnen liebe ich's, in das Ohr zu schrein: Ja! Ich *bin* Zarathustra, der Gottlose!

Diese Lehrer der Ergebung! Überallhin, wo es klein und krank und grindig ist, kriechen sie, gleich Läusen; und nur mein Ekel hindert mich, sie zu knacken.

Wohlan! Dies ist meine Predigt für *ihre* Ohren: ich bin Zarathustra, der Gottlose, der da spricht »wer ist gottloser denn ich, daß ich mich seiner Unterweisung freue?«

Ich bin Zarathustra, der Gottlose: wo finde ich Meines-Gleichen? Und alle Die sind Meinesgleichen, die sich selber ihren Willen geben und alle Ergebung von sich abtun.

Ich bin Zarathustra, der Gottlose: ich koche mir noch jeden Zufall in *meinem* Topfe. Und erst, wenn er da gar gekocht ist, heiße ich ihn willkommen, als *meine* Speise.

Und wahrlich, mancher Zufall kam herrisch zu mir: aber herrischer noch sprach zu ihm mein *Wille,* – da lag er schon bittend auf den Knien –

– bittend, daß er Herberge finde und Herz bei mir, und schmeichlerisch zuredend: »sieh doch, oh Zarathustra, wie nur Freund zu Freunde kommt!« –

Doch was rede ich, wo Niemand *meine* Ohren hat! Und so will ich es hinaus in alle Winde rufen:

Ihr werdet immer kleiner, ihr kleinen Leute! Ihr bröckelt ab, ihr Behaglichen! Ihr geht mir noch zugrunde –

– an euren vielen kleinen Tugenden, an eurem vielen kleinen Unterlassen, an eurer vielen kleinen Ergebung!

Zu viel schonend, zu viel nachgebend: so ist euer Erdreich! Aber daß ein Baum *groß* werde, dazu will er um harte Felsen harte Wurzeln schlagen!

Auch was ihr unterlaßt, webt am Gewebe aller Menschen-Zukunft; auch euer Nichts ist ein Spinnennetz und eine Spinne, die von der Zukunft Blute lebt.

Und wenn ihr nehmt, so ist es wie Stehlen, ihr kleinen Tugendhaften; aber noch unter Schelmen spricht die *Ehre:* »Man soll nur stehlen, wo man nicht rauben kann.«

»Es gibt sich« – das ist auch eine Lehre der Ergebung. Aber ich sage euch, ihr Behaglichen: *es nimmt sich* und wird immer mehr noch von euch nehmen!

Ach, daß ihr alles halbe Wollen von euch abtätet und entschlossen würdet zur Trägheit wie zur Tat!

Ach, daß ihr mein Wort verstündet: »tut immerhin, was ihr wollt, – aber seid erst Solche, die *wollen können!«*

»Liebt immerhin euren Nächsten gleich euch, – aber seid mir erst Solche, die *sich selber lieben* –

mit der großen Liebe lieben, mit der großen Verachtung lieben!« Also spricht Zarathustra, der Gottlose. –

Doch was rede ich, wo Niemand *meine* Ohren hat! Es ist hier noch eine Stunde zu früh für mich.

Mein eigner Vorläufer bin ich unter diesem Volke, mein eigner Hahnen-Ruf durch dunkle Gassen.

Aber *ihre* Stunde kommt! Und es kommt auch die meine! Stündlich werden sie kleiner, ärmer, unfruchtbarer – armes Kraut! armes Erdreich!

Und *bald* sollen sie mir dastehn wie dürres Gras und Steppe, und wahrlich! ihrer selber müde – und mehr, als nach Wasser, nach *Feuer* lechzend!

Oh gesegnete Stunde des Blitzes! Oh Geheimnis vor Mittag! – Laufende Feuer will ich einst noch aus ihnen machen und Verkünder mit Flammen-Zungen: –

– verkünden sollen sie einst noch mit Flammen-Zungen: Er kommt, er ist nahe, der *große Mittag!*

Also sprach Zarathustra.

Auf dem Ölberge

Der Winter, ein schlimmer Gast, sitzt bei mir zu Hause; blau sind meine Hände von seiner Freundschaft Händedruck.

Ich ehre ihn, diesen schlimmen Gast, aber lasse gerne ihn allein sitzen. Gerne laufe ich ihm davon; und, läuft man *gut,* so entläuft man ihm!

Mit warmen Füßen und warmen Gedanken laufe ich dorthin, wo der Wind stille steht, – zum Sonnen-Winkel meines Ölbergs.

Da lache ich meines gestrengen Gastes und bin ihm noch gut, daß er zu Hause mir die Fliegen wegfängt und vielen kleinen Lärm stille macht.

Er leidet es nämlich nicht, wenn eine Mücke singen will, oder gar zwei; noch die Gasse macht er einsam, daß der Mondschein drin nachts sich fürchtet.

Ein harter Gast ist er, – aber ich ehre ihn, und nicht bete ich, gleich den Zärtlingen, zum dickbäuchichten Feuer-Götzen.

Lieber noch ein wenig Zähneklappern, als Götzen anbeten! – so will's meine Art. Und sonderlich bin ich allen brünstigen, dampfenden, dumpfigen Feuer-Götzen gram.

Wen ich liebe, den liebe ich winters besser als sommers; besser spotte ich jetzt meiner Feinde und herzhafter, seit der Winter mir im Hause sitzt.

Herzhaft wahrlich, selbst dann noch, wenn ich zu Bett *krieche* –: da lacht und mutwillt noch mein verkrochenes Glück; es lacht noch mein Lügen-Traum.

Ich ein – Kriecher? Niemals kroch ich im Leben vor Mächtigen: und log ich je, so log ich aus Liebe. Deshalb bin ich froh auch im Winter-Bette.

Ein geringes Bett wärmt mich mehr als ein reiches, denn ich bin eifersüchtig auf meine Armut. Und im Winter ist sie mir am treusten.

Mit einer Bosheit beginne ich jeden Tag, ich spotte des Winters mit einem kalten Bade: darob brummt mein gestrenger Hausfreund.

Auch kitzle ich ihn gerne mit einem Wachskerzlein: daß er mir endlich den Himmel herauslasse aus aschgrauer Dämmerung.

Sonderlich boshaft bin ich nämlich des Morgens: zur frühen Stunde, da der Eimer am Brunnen klirrt und die Rosse warm durch graue Gassen wiehern: –

Ungeduldig warte ich da, daß mir endlich der lichte Himmel aufgehe, der schneebärtige Winter-Himmel, der Greis und Weißkopf, –

– der Winter-Himmel, der schweigsame, der oft noch seine Sonne verschweigt!

Lernte ich wohl von ihm das lange lichte Schweigen? Oder lernte er's von mir? Oder hat ein Jeder von uns es selbst erfunden?

Aller guten Dinge Ursprung ist tausendfältig, – alle guten mutwilligen Dinge springen vor Lust ins Dasein: wie sollten sie das immer nur – Ein Mal tun!

Ein gutes mutwilliges Ding ist auch das lange Schweigen und gleich dem Winter-Himmel blicken aus lichtem rundäugichtem Antlitze: –

– gleich ihm seine Sonne verschweigen und seinen unbeugsamen Sonnen-Willen: wahrlich, diese Kunst und diesen Winter-Mutwillen lernte ich *gut!*

Meine liebste Bosheit und Kunst ist es, daß mein Schweigen lernte, sich nicht durch Schweigen zu verraten.

Mit Worten und Würfeln klappernd überliste ich mir die feierlichen Warter: allen diesen gestrengen Aufpassern soll mein Wille und Zweck entschlüpfen.

Daß mir Niemand in meinen Grund und letzten Willen hinabsehe, dazu erfand ich mir das lange lichte Schweigen.

So manchen Klugen fand ich: der verschleierte sein Antlitz und trübte sein Wasser, daß Niemand ihm hindurch- und hinuntersehe.

Aber zu ihm gerade kamen die klügeren Mißtrauer und Nußknacker: ihm gerade fischte man seinen verborgensten Fisch heraus!

Sondern die Hellen, die Wackern, die Durchsichtigen – das sind mir die klügsten Schweiger: denen so *tief* ihr Grund ist, daß auch das hellste Wasser ihn nicht – verrät. –

Du schneebärtiger schweigender Winter-Himmel, du rundäugichter Weißkopf über mir! Oh du himmlisches Gleichnis meiner Seele und ihres Mutwillens!

Und *muß* ich mich nicht verbergen, gleich Einem, der Gold verschluckt hat, – daß man mir nicht die Seele aufschlitze?

Muß ich nicht Stelzen tragen, daß sie meine langen Beine *übersehen,* – alle diese Neidbolde und Leidholde, die um mich sind.

Diese räucherigen, stubenwarmen, verbrauchten, vergrünten, vergrämelten Seelen – wie *könnte* ihr Neid mein Glück ertragen!

So zeige ich ihnen nur das Eis und den Winter auf meinen Gipfeln – und *nicht,* daß mein Berg noch alle Sonnengürtel um sich schlingt!

Sie hören nur meine Winter-Stürme pfeifen: und *nicht,* daß ich auch über warme Meere fahre, gleich sehnsüchtigen, schweren, heißen Südwinden.

Sie erbarmen sich noch meiner Unfälle und Zufälle: – aber mein Wort heißt: »laßt den Zufall zu mir kommen: unschuldig ist er, wie ein Kindlein!«

Wie *könnten* sie mein Glück ertragen, wenn ich nicht Unfälle und Winter-Nöte und Eisbären-Mützen und Schneehimmel-Hüllen um mein Glück legte!

– wenn ich mich nicht selbst ihres *Mitleids* erbarmte: des Mitleids dieser Neidbolde und Leidholde!

– wenn ich nicht selber vor ihnen seufzte und frostklapperte, und mich geduldsam in ihr Mitleid wickeln *ließe!*

Dies ist der weise Mutwille und Wohlwille meiner Seele, daß sie ihren Winter und ihre Froststürme *nicht verbirgt;* sie verbirgt auch ihre Frostbeulen nicht.

Des Einen Einsamkeit ist die Flucht des Kranken; des Andern Einsamkeit die Flucht *vor* den Kranken.

Mögen sie mich klappern und seufzen *hören* vor Winterkälte, alle diese armen scheelen Schelme um mich! Mit solchem Geseufz und Geklapper flüchte ich noch vor ihren geheizten Stuben.

Mögen sie mich bemitleiden und bemitseufzen ob meiner Frostbeulen: »am Eis der Erkenntnis *erfriert* er uns noch!« – so klagen sie.

Inzwischen laufe ich mit warmen Füßen kreuz und quer auf meinem Ölberge: im Sonnen-Winkel meines Ölberges singe und spotte ich alles Mitleids. –

Also sang Zarathustra.

Vom Vorübergehen

Also, durch viel Volk und vielerlei Städte langsam hindurchschreitend, ging Zarathustra auf Umwegen zurück zu seinem Gebirge und seiner Höhle. Und siehe, dabei kam er unversehens auch an das Stadttor der *großen Stadt:* hier aber sprang ein schäumender Narr mit ausgebreiteten Händen auf ihn zu und trat ihm in den Weg. Dies aber war derselbige Narr, welchen das Volk »den Affen Zarathustras« hieß: denn er hatte ihm Etwas vom Satz und Fall der Rede abgemerkt und borgte wohl auch gerne vom Schatze seiner Weisheit. Der Narr aber redete also zu Zarathustra:

»Oh Zarathustra, hier ist die große Stadt: hier hast du Nichts zu suchen und Alles zu verlieren.

Warum wolltest du durch diesen Schlamm waten? Habe doch Mitleiden mit deinem Fuße! Speie lieber auf das Stadttor und – kehre um!

Hier ist die Hölle für Einsiedler-Gedanken: hier werden große Gedanken lebendig gesotten und klein gekocht.

Hier verwesen alle großen Gefühle: hier dürfen nur klapperdürre Gefühlchen klappern!

Riechst du nicht schon die Schlachthäuser und Garküchen des Geistes? Dampft nicht diese Stadt vom Dunst geschlachteten Geistes?

Siehst du nicht die Seelen hängen wie schlaffe schmutzige Lumpen? – Und sie machen noch Zeitungen aus diesen Lumpen!

Hörst du nicht, wie der Geist hier zum Wortspiel wurde? Widriges Wort-Spülicht bricht er heraus! – Und sie machen noch Zeitungen aus diesem Wort-Spülicht.

Sie hetzen einander und wissen nicht, wohin? Sie erhitzen einander und wissen nicht, warum? Sie klimpern mit ihrem Bleche, sie klingeln mit ihrem Golde.

Sie sind kalt und suchen sich Wärme bei gebrannten Wassern; sie sind erhitzt und suchen Kühle bei gefrorenen Geistern; sie sind Alle siech und süchtig an öffentlichen Meinungen.

Alle Lüste und Laster sind hier zu Hause; aber es gibt hier auch Tugendhafte, es gibt viel anstellige angestellte Tugend: –

Viel anstellige Tugend mit Schreibfingern und hartem Sitzt und Warte-Fleische, gesegnet mit kleinen Bruststernen und ausgestopften steißlosen Töchtern.

Es gibt hier auch viel Frömmigkeit und viel gläubige Speichel-Leckerei, Schmeichel-Bäckerei vor dem Gott der Heerscharen.

›Von Oben‹ her träufelt ja der Stern und der gnädige Speichel; nach Oben hin sehnt sich jeder sternenlose Busen.

Der Mond hat seinen Hof, und der Hof hat seine Mondkälber: zu allem aber, was vom Hofe kommt, betet das Bettel-Volk und alle anstellige Bettel-Tugend.

›Ich diene, du dienst, wir dienen‹ – so betet alle anstellige Tugend hinauf zum Fürsten: daß der verdiente Stern sich endlich an den schmalen Busen hefte!

Aber der Mond dreht sich noch um alles Irdische: so dreht sich auch der Fürst noch um das Aller-Irdischste –: das aber ist das Gold der Krämer.

Der Gott der Heerscharen ist kein Gott der Goldbarren; der Fürst denkt, aber der Krämer – lenkt!

Bei Allem, was licht und stark und gut in dir ist, oh Zarathustra! Speie auf diese Stadt der Krämer und kehre um!

Hier fließt alles Blut faulicht und lauicht und schaumicht durch alle Adern: speie auf die große Stadt, welche der große Abraum ist, wo aller Abschaum zusammenschäumt!

Speie auf die Stadt der eingedrückten Seelen und schmalen Brüste, der spitzen Augen, der klebrigen Finger –

– auf die Stadt der Aufdringlinge, der Unverschämten, der Schreib- und Schreihälse, der überheizten Ehrgeizigen: –

– wo alles Anbrüchige, Anrüchige, Lüsterne, Düstere, Übermürbe, Geschwürige, Verschwörerische zusammenschwärt: –

– speie auf die große Stadt und kehre um!« – –

Hier aber unterbrach Zarathustra den schäumenden Narren und hielt ihm den Mund zu.

»Höre endlich auf!« rief Zarathustra, »mich ekelt lange schon deiner Rede und deiner Art!

Warum wohntest du so lange am Sumpfe, daß du selber zum Frosch und zur Kröte werden mußtest?

Fließt dir nicht selber nun ein faulichtes schaumichtes Sumpf-Blut durch die Adern, daß du also quaken und lästern lerntest?

Warum gingst du nicht in den Wald? Oder pflügtest die Erde? Ist das Meer nicht voll von grünen Eilanden?

Ich verachte dein Verachten; und wenn du mich warntest, – warum warntest du dich nicht selber?

Aus der Liebe allein soll mir mein Verachten und mein warnender Vogel auffliegen: aber nicht aus dem Sumpfe! –

Man heißt dich meinen Affen, du schäumender Narr: aber ich heiße dich mein Grunze-Schwein, – durch Grunzen verdirbst du mir noch mein Lob der Narrheit.

Was war es denn, was dich zuerst grunzen machte? Daß Niemand dir genug *geschmeichelt* hat: – darum setztest du dich hin zu diesem Unrate, daß du Grund hättest viel zu grunzen, –

– daß du Grund hättest zu vieler Rache! Rache nämlich, du eitler Narr, ist all dein Schäumen, ich erriet dich wohl!

Aber dein Narren-Wort tut *mir* Schaden, selbst wo du recht hast! Und wenn Zarathustras Wort sogar hundertmal recht hätte: du würdest mit meinem Wort immer – unrecht *tun!*«

Also sprach Zarathustra; und er blickte die große Stadt an, seufzte und schwieg lange. Endlich redete er also:

Mich ekelt auch dieser großen Stadt und nicht nur dieses Narren. Hier und dort ist Nichts zu bessern, Nichts zu bösern.

Wehe dieser großen Stadt! – Und ich wollte, ich sähe schon die Feuersäule, in der sie verbrannt wird!

Denn solche Feuersäulen müssen dem großen Mittage vorangehn. Doch dies hat seine Zeit und sein eigenes Schicksal. –

Diese Lehre aber gebe ich dir, du Narr, zum Abschiede: wo man nicht mehr lieben kann, da soll man – *vorübergehn!* –

Also sprach Zarathustra und ging an dem Narren und der großen Stadt vorüber.

Von den Abtrünnigen

1.

Ach, liegt Alles schon welk und grau, was noch jüngst auf dieser Wiese grün und bunt stand? Und wie vielen Honig der Hoffnung trug ich von hier in meine Bienenkörbe!

Diese jungen Herzen sind alle schon alt geworden, – und nicht alt einmal! nur müde, gemein, bequem: – sie heißen es »wir sind wieder fromm geworden.«

Noch jüngst sah ich sie in der Frühe auf tapferen Füßen hinauslaufen: aber ihre Füße der Erkenntnis wurden müde, und nun verleumden sie auch noch ihre Morgen-Tapferkeit!

Wahrlich, Mancher von ihnen hob einst die Beine wie ein Tänzer, ihm winkte das Lachen in meiner Weisheit: – da besann er sich. Eben sah ich ihn krumm – zum Kreuze kriechen.

Um Licht und Freiheit flatterten sie einst gleich Mücken und jungen Dichtern. Ein Wenig älter, ein Wenig kälter: und schon sind sie Dunkler und Munkler und Ofenhocker.

Verzagte ihnen wohl das Herz darob, daß mich die Einsamkeit verschlang gleich einem Walfische? Lauschte ihr Ohr wohl sehnsüchtig-lange *umsonst* nach mir und meinen Trompeten- und Herolds-Rufen?

– Ach! Immer sind ihrer nur Wenige, deren Herz einen langen Mut und Übermut hat; und Solchen bleibt auch der Geist geduldsam. Der Rest aber ist *feige.*

Der Rest: das sind immer die Allermeisten, der Alltag, der Überfluß, die Viel-zu-Vielen – diese Alle sind feige! –

Wer meiner Art ist, dem werden auch die Erlebnisse meiner Art über den Weg laufen: also, daß seine ersten Gesellen Leichname und Possenreißer sein müssen.

Seine zweiten Gesellen aber – die werden sich seine *Gläubigen* heißen: ein lebendiger Schwarm, viel Liebe, viel Torheit, viel unbärtige Verehrung.

An diese Gläubigen soll Der nicht sein Herz binden, wer meiner Art unter Menschen ist; an diese Lenze und bunten Wiesen soll Der nicht glauben, wer die flüchtig-feige Menschenart kennt!

Könnten sie anders, so würden sie auch anders *wollen.* Halb- und Halbe verderben alles Ganze. Daß Blätter welk werden, – was ist da zu klagen!

Laß sie fahren und fallen, oh Zarathustra, und klage nicht! Lieber noch blase mit raschelnden Winden unter sie, –

– blase unter diese Blätter, oh Zarathustra: daß alles *Welke* schneller noch von dir davonlaufe! –

2.

»Wir sind wieder fromm geworden« – so bekennen diese Abtrünnigen; und Manche von ihnen sind noch zu feige, also zu bekennen.

Denen sehe ich ins Auge, – denen sage ich es ins Gesicht und in die Röte ihrer Wangen: ihr seid Solche, welche wieder *beten!*

Es ist aber eine Schmach, zu beten! Nicht für Alle, aber für dich und mich, und wer auch im Kopfe sein Gewissen hat. Für *dich* ist es eine Schmach, zu beten!

Du weißt es wohl: dein feiger Teufel in dir, der gerne Hände-Falten und Hände-in-den-Schoß-Legen und es bequemer haben möchte: – dieser feige Teufel redet dir zu »es *gibt* einen Gott!«

Damit aber gehörst du zur lichtscheuen Art, denen Licht nimmer Ruhe läßt; nun mußt du täglich deinen Kopf tiefer in Nacht und Dunst stecken!

Und wahrlich, du wähltest die Stunde gut: denn eben wieder fliegen die Nachtvögel aus. Die Stunde kam allem lichtscheuen Volke, die Abend- und Feierstunde, wo es nicht – »feiert«.

Ich höre und rieche es: es kam ihre Stunde für Jagd und Umzug, nicht zwar für eine wilde Jagd, sondern für eine zahme, lahme, schnüffelnde Leisetreter- und Leisebeter-Jagd, –

– für eine Jagd auf seelenlose Duckmäuser: alle Herzens-Mausefallen sind jetzt wieder aufgestellt! Und wo ich einen Vorhang aufhebe, da kommt ein Nachtfalterchen herausgestürzt.

Hockte es da wohl zusammen mit einem andern Nachtfälterchen? Denn überall rieche ich kleine verkrochne Gemeinden; und wo es Kämmerlein gibt, da gibt es neue Bet-Brüder drin und den Dunst von Bet-Brüdern.

Sie sitzen lange Abende beieinander und sprechen: »lasset uns wieder werden wie die Kindlein und ›lieber Gott‹ sagen!« – an Mund und Magen verdorben durch die frommen Zuckerbäcker.

Oder sie sehen lange Abende einer listigen lauernden Kreuzspinne zu, welche den Spinnen selber Klugheit predigt und also lehrt: »unter Kreuzen ist gut spinnen!«

Oder sie sitzen tagsüber mit Angelruten an Sümpfen und glauben sich *tief* damit; aber wer dort fischt, wo es keine Fische gibt, den heiße ich noch nicht einmal oberflächlich!

Oder sie lernen fromm-froh die Harfe schlagen bei einem Lieder-Dichter, der sich gern jungen Weibchen ins Herz harfnen möchte: – *denn* er wurde der alten Weibchen müde und ihres Lobpreisens.

Oder sie lernen gruseln bei einem gelahrten Halb-Tollen, der in dunklen Zimmern wartet, daß ihm die Geister kommen – und der Geist ganz davonläuft!

Oder sie horchen einem alten umgetriebnen Schnurr- und Knurrpfeifer zu, der trüben Winden die Trübsal der Töne ablernte; nun pfeift er nach dem Winde und predigt in trüben Tönen Trübsal.

Und Einige von ihnen sind sogar Nachtwächter geworden: die verstehen jetzt in Hörner zu blasen und nachts umherzugehn und alte Sachen aufzuwecken, die lange schon eingeschlafen sind.

Fünf Worte von alten Sachen hörte ich gestern nachts an der Garten-Mauer: die kamen von solchen alten betrübten trocknen Nachtwächtern.

»Für einen Vater sorgt er nicht genug um seine Kinder: Menschen-Väter tun dies besser!« –

»Er ist zu alt! Er sorgt schon gar nicht mehr um seine Kinder« – also antwortete der andre Nachtwächter.

»*Hat* er denn Kinder? Niemand kann's beweisen, wenn er's selber nicht beweist! Ich wollte längst, er bewiese es einmal gründlich.«

»Beweisen? Als ob *Der* je Etwas bewiesen hätte! Beweisen fällt ihm schwer; er hält große Stücke darauf, daß man ihm *glaubt.*«

»Ja! Ja! Der Glaube macht ihn selig, der Glaube an ihn. Das ist so die Art alter Leute! So geht's uns auch!« –

– Also sprachen zueinander die zwei alten Nachtwächter und Lichtscheuchen, und tuteten darauf betrübt in ihre Hörner: so geschah's gestern nachts an der Garten-Mauer.

Mir aber wand sich das Herz vor Lachen und wollte brechen und wußte nicht, wohin? und sank ins Zwerchfell.

Wahrlich, das wird noch mein Tod sein, daß ich vor Lachen ersticke, wenn ich Esel betrunken sehe und Nachtwächter also an Gott zweifeln höre.

Ist es denn nicht *lange* vorbei, auch für alle solche Zweifel? Wer darf noch solche alte, eingeschlafne, lichtscheue Sachen aufwecken!

Mit den alten Göttern ging es ja lange schon zu Ende: – und wahrlich, ein gutes fröhliches Götter-Ende hatten sie!

Sie »dämmerten« sich nicht zu Tode, – das lügt man wohl! Vielmehr: sie haben sich selber einmal zu Tode – *gelacht!*

Das geschah, als das gottloseste Wort von einem Gotte selber ausging, – das Wort: »Es ist Ein Gott! Du sollst keinen anderen Gott haben neben mir!« –

– ein alter Grimm-Bart von Gott. ein eifersüchtiger, vergaß sich also: –

Und alle Götter lachten damals und wackelten auf ihren Stühlen und riefen: »Ist das nicht eben Göttlichkeit, daß es Götter, aber keinen Gott gibt?«

Wer Ohren hat, der höre. –

Also redete Zarathustra in der Stadt, die er liebte und welche zubenannt ist »die bunte Kuh«. Von hier nämlich hatte er nur noch zwei Tage zu gehen, daß er wieder in seine Höhle käme und zu seinen Tieren; seine Seele aber frohlockte beständig ob der Nähe seiner Heimkehr. –

Die Heimkehr

Oh Einsamkeit! Du meine *Heimat* Einsamkeit! Zu lange lebte ich wild in wilder Fremde, als daß ich nicht mit Tränen zu dir heimkehrte!

Nun drohe mir nur mit dem Finger, wie Mütter drohn, nun lächle mir zu, wie Mütter lächeln, nun sprich nur: »Und wer war das, der wie ein Sturmwind einst von mir davonstürmte? –

– der scheidend rief: zu lange saß ich bei der Einsamkeit, da verlernte ich das Schweigen! *Das* – lerntest du nun wohl?

Oh Zarathustra, Alles weiß ich: und daß du unter den Vielen *verlassener* warst, du Einer, als je bei mir!

Ein Anderes ist Verlassenheit, ein Anderes Einsamkeit: *Das* – lerntest du nun! Und daß du unter Menschen immer wild und fremd sein wirst:

– wild und fremd auch noch, wenn sie dich lieben: denn zuerst von Allem wollen sie *geschont* sein!

Hier aber bist du bei dir zu Heim und Hause; hier kannst du Alles hinausreden und alle Gründe ausschütten, Nichts schämt sich hier versteckter, verstockter Gefühle.

Hier kommen alle Dinge liebkosend zu deiner Rede und schmeicheln dir: denn sie wollen auf deinem Rücken reiten. Auf jedem Gleichnis reitest du hier zu jeder Wahrheit.

Aufrecht und aufrichtig darfst du hier zu allen Dingen reden: und wahrlich, wie Lob klingt es ihren Ohren, daß Einer mit allen Dingen – gerade redet!

Ein Anderes aber ist Verlassensein. Denn, weißt du noch, oh Zarathustra? Als damals dein Vogel über dir schrie, als du im Walde standest, unschlüssig, wohin? unkundig, einem Leichnam nahe: –

– als du sprachst: mögen mich meine Tiere führen! Gefährlicher fand ich's unter Menschen, als unter Tieren: – *Das* war Verlassenheit!

Und weißt du noch, oh Zarathustra? Als du auf deiner Insel saßest, unter leeren Eimern ein Brunnen Weins, gebend und ausgebend, unter Durstigen schenkend und ausschenkend:

– bis du endlich durstig allein unter Trunkenen saßest und nächtlich klagtest ›ist Nehmen nicht seliger als Geben? Und Stehlen noch seliger als Nehmen?‹ – *Das* war Verlassenheit!

Und weißt du noch, oh Zarathustra? Als deine stillste Stunde kam und dich von dir selber forttrieb, als sie mit bösem Flüstern sprach: ›Sprich und zerbrich!‹ –

– als sie dir all dein Warten und Schweigen leid machte und deinen demütigen Mut entmutigte: *Das* war Verlassenheit!« –

Oh Einsamkeit! Du meine Heimat Einsamkeit! Wie selig und zärtlich redet deine Stimme zu mir!

Wir fragen einander nicht, wir klagen einander nicht, wir gehen offen miteinander durch offne Türen.

Denn offen ist es bei dir und hell: und auch die Stunden laufen hier auf leichteren Füßen. Im Dunklen nämlich trägt man schwerer an der Zeit, als im Lichte.

Hier springen mir alles Seins-Worte und Wort-Schreine auf: alles Sein will hier Wort werden, alles Werden will hier von mir reden lernen.

Da unten aber – da ist alles Reden umsonst! Da ist Vergessen und Vorübergehn die beste Weisheit: *Das* – lernte ich nun!

Wer Alles bei den Menschen begreifen wollte, der müßte Alles angreifen. Aber dazu habe ich zu reinliche Hände.

Ich mag schon ihren Atem nicht einatmen; ach, daß ich so lange unter ihrem Lärm und üblem Atem lebte!

Oh selige Stille um mich! Oh reine Gerüche um mich! Oh wie aus tiefer Brust diese Stille reinen Atem holt! Oh wie sie horcht, diese selige Stille!

Aber da unten – da redet Alles, da wird Alles überhört. Man mag seine Weisheit mit Glocken einläuten: die Krämer auf dem Markte werden sie mit Pfennigen überklingeln!

Alles bei ihnen redet, Niemand weiß mehr zu verstehn. Alles fällt ins Wasser, Nichts fällt mehr in tiefe Brunnen.

Alles bei ihnen redet, Nichts gerät mehr und kommt zu Ende. Alles gackert, aber wer will noch still auf dem Neste sitzen und Eier brüten?

Alles bei ihnen redet, Alles wird zerredet. Und was gestern noch zu hart war für die Zeit selber und ihren Zahn: heute hängt es zerschabt und zernagt aus den Mäulern der Heutigen.

Alles bei ihnen redet, Alles wird verraten. Und was einst Geheimnis hieß und Heimlichkeit tiefer Seelen, heute gehört es zu den Gassen-Trompetern und andern Schmetterlingen.

Oh Menschenwesen, du wunderliches! Du Lärm auf dunklen Gassen! Nun liegst du wieder hinter mir: – meine größte Gefahr liegt hinter mir!

Im Schonen und Mitleiden lag immer meine größte Gefahr; und alles Menschenwesen will geschont und gelitten sein.

Mit verhaltenen Wahrheiten, will Narrenhand und vernarrtem Herzen reich an kleinen Lügen des Mitleidens: – also lebte ich immer unter Menschen.

Verkleidet saß ich unter ihnen, bereit, *mich* zu verkennen, daß ich *sie* ertrüge, und gern mir zuredend »du Narr, du kennst die Menschen nicht!«

Man verlernt die Menschen, wenn man unter Menschen lebt: zu viel Vordergrund ist an allen Menschen, – was sollen *da* weitsichtige, weit-süchtige Augen!

Und wenn sie mich verkannten: ich Narr schonte sie darob mehr als mich: gewohnt zur Härte gegen mich und oft noch an mir selber mich rächend für diese Schonung.

Zerstochen von giftigen Fliegen und ausgehöhlt, dem Steine gleich, von vielen Tropfen Bosheit, so saß ich unter ihnen und redete mir noch zu: »unschuldig ist alles Kleine an seiner Kleinheit!«

Sonderlich Die, welche sich »die Guten« heißen, fand ich als die giftigsten Fliegen: sie stechen in aller Unschuld, sie lügen in aller Unschuld; wie *vemöchten* sie, gegen mich – gerecht zu sein!

Wer unter den Guten lebt, den lehrt Mitleid lügen. Mitleid macht dumpfe Luft allen freien Seelen. Die Dummheit der Guten nämlich ist unergründlich.

Mich selber verbergen und meinen Reichtum – *das* lernte ich da unten: denn Jeden fand ich noch arm am Geiste. Das war der Lug meines Mitleidens, daß ich bei Jedem wußte.

– daß ich Jedem es ansah und anroch, was ihm Geistes *genug* und was ihm schon Geistes *zuviel* war!

Ihre steifen Weisen: ich hieß sie weise, nicht steif, – so lernte ich Worte verschlucken. Ihre Totengräber: ich hieß sie Forscher und Prüfer, – so lernte ich Worte vertauschen.

Die Totengräber graben sich Krankheiten an. Unter altem Schutte ruhn schlimmste Dünste. Man soll den Morast nicht aufrühren. Man soll auf Bergen leben.

Mit seligen Nüstern atme ich wieder Berges-Freiheit! Erlöst ist endlich meine Nase vom Geruch alles Menschenwesens!

Von scharfen Lüften gekitzelt, wie von schäumenden Weinen, *niest* meine Seele – niest und jubelt sich zu: Gesundheit!

Also sprach Zarathustra.

Von den drei Bösen

1.

Im Traum, im letzten Morgentraume stand ich heut auf einem Vorgebirge – jenseits der Welt, hielt eine Waage und *wog* die Welt.

Oh daß zu früh mir die Morgenröte kam: die glühte mich wach, die Eifersüchtige! Eifersüchtig ist sie immer auf meine Morgentraum-Gluten.

Meßbar für Den, der Zeit hat, wägbar für einen guten Wäger, erfliegbar für starke Fittiche, erratbar für göttliche Nüsseknacker: also fand mein Traum die Welt: –

Mein Traum, ein kühner Segler, halb Schiff, halb Windsbraut, gleich Schmetterlingen schweigsam, ungeduldig gleich Edelfalken: wie hatte er doch zum Welt-Wägen heute Geduld und Weile!

Sprach ihm heimlich wohl meine Weisheit zu, meine lachende wache Tags-Weisheit, welche über alle »unendliche Welten« spottet? Denn sie spricht: »wo Kraft ist, wird auch die *Zahl* Meisterin: die hat mehr Kraft.«

Wie sicher schaute mein Traum auf diese endliche Welt, nicht neugierig, nicht altgierig, nicht fürchtend, nicht bittend: –

– als ob ein voller Apfel sich meiner Hand böte, ein reifer Goldapfel, mit kühl-sanfter samtener Haut: – so bot sich mir die Welt: –

– als ob ein Baum mir winkte, ein breitästiger, starkwilliger, gekrümmt zur Lehne und noch zum Fußbrett für den Wegmüden: so stand die Welt auf meinem Vorgebirge: –

– als ob zierliche Hände mir einen Schrein entgegentrügen – einen Schrein offen für das Entzücken schamhafter verehrender Augen: also bot sich mir heute die Welt entgegen: –

– nicht Rätsel genug, um Menschen-Liebe davon zu scheuchen, nicht Lösung genug, um Menschen-Weisheit einzuschläfern: – ein menschlich gutes Ding war mir heut die Welt, der man so Böses nachredet!

Wie danke ich es meinem Morgentraum, daß ich also in der Frühe heute die Welt wog! Als ein menschlich gutes Ding kam er zu mir, dieser Traum und Herzenströster!

Und daß ich's ihm gleich tue am Tage und sein Bestes ihm nach- und ablerne: will ich jetzt die drei bösesten Dinge auf die Waage tun und menschlich gut abwägen. –

Wer da segnen lehrte, der lehrte auch fluchen: welches sind in der Welt die drei bestverfluchten Dinge? Diese will ich auf die Waage tun.

Wollust, Herrschsucht, Selbstsucht: diese Drei wurden bisher am besten verflucht und am schlimmsten beleu- und belügenmundet – diese Drei will ich menschlich gut abwägen.

Wohlauf! Hier ist mein Vorgebirge, und da das Meer: *das* wälzt sich zu mir heran, zottelig, schmeichlerisch, das getreue alte hundertköpfige Hunds-Ungetüm, das ich liebe.

Wohlauf! Hier will ich die Waage halten über gewälztem Meere: und auch einen Zeugen wähle ich, daß er zusehe, – dich, du Einsiedler-Baum, dich starkduftigen, breitgewölbten, den ich liebe! –

Auf welcher Brücke geht zum Dereinst das Jetzt? Nach welchem Zwange zwingt das Hohe sich zum Niederen? Und was heißt auch das Höchste noch – hinaufwachsen? –

Nun steht die Waage gleich und still: drei schwere Fragen warf ich hinein, drei schwere Antworten trägt die andre Waagschale.

2.

Wollust: allen bußhemdigen Leib-Verächtern ihr Stachel und Pfahl, und »Welt« verflucht bei allen Hinterweltlern: denn sie höhnt und narrt alle Wirr- und Irr-Lehrer.

Wollust: dem Gesindel das langsame Feuer, auf dem es verbrannt wird; allem wurmichten Holze, allen stinkenden Lumpen der bereite Brunst- und Brodel-Ofen.

Wollust: für die freien Herzen unschuldig und frei, das Garten-Glück der Erde, aller Zukunft Dankes-Überschwang an das Jetzt.

Wollust: nur dem Welken ein süßlich Gift, für die Löwen-Willigen aber die große Herzstärkung, und der ehrfürchtig geschonte Wein der Weine.

Wollust: das große Gleichnis-Glück für höheres Glück und höchste Hoffnung. Vielem nämlich ist Ehe verheißen und mehr als Ehe, –

– Vielem, das fremder sich ist, als Mann und Weib: – und wer begriff es ganz, *wie fremd* sich Mann und Weib sind!

Wollust: – doch ich will Zäune um meine Gedanken haben und auch noch um meine Worte: daß mir nicht in meine Gärten die Schweine und Schwärmer brechen! –

Herrschsucht: die Glüh-Geißel der härtesten Herzensharten; die grause Marter, dies ich dem Grausamsten selber aufspart; die düstere Flamme lebendiger Scheiterhaufen.

Herrschsucht: die boshafte Bremse, die den eitelsten Völkern aufgesetzt wird; die Verhöhnerin aller ungewissen Tugend; die auf jedem Rosse und jedem Stolze reitet.

Herrschsucht: das Erdbeben, das alles Morsche und Höhlichte bricht und aufbricht; die rollende grollende strafende Zerbrecherin übertünchter Gräber; das blitzende Fragezeichen neben vorzeitigen Antworten.

Herrschsucht: vor deren Blick der Mensch kriecht und duckt und frönt und niedriger wird als Schlange und Schwein: – bis endlich die große Verachtung aus ihm aufschreit –,

Herrschsucht: die furchtbare Lehrerin der großen Verachtung, welche Städten und Reichen ins Antlitz predigt »hinweg mit dir!« – bis es aus ihnen selber aufschreit »hinweg mit *mir!*«

Herrschsucht: die aber lockend auch zu Reinen und Einsamen und hinauf zu selbstgenugsamen Höhen steigt, glühend gleich einer Liebe, welche purpurne Seligkeiten lockend an Erdenhimmel malt.

Herrschsucht: doch wer hieße es *Sucht,* wenn das Hohe hinab nach Macht gelüstet! Wahrlich, nichts Sieches und Süchtiges ist an solchen Gelüsten und Niedersteigen!

Daß die einsame Höhe sich nicht ewig vereinsame und selbst begnüge; daß der Berg zu Tale komme, und die Winde der Höhe zu den Niederungen: –

Oh wer fände den rechten Tauf- und Tugendnamen für solche Sehnsucht! »Schenkende Tugend« – so nannte das Unnennbare einst Zarathustra.

Und damals geschah es auch – und wahrlich, es geschah zum ersten Male! – daß sein Wort die *Selbstsucht* selig pries, die heile, gesunde Selbstsucht, die aus mächtiger Seele quillt: –

– aus mächtiger Seele, zu welcher der hohe Leib gehört, der schöne, sieghafte, erquickliche, um den herum jedwedes Ding Spiegel wird:

– der geschmeidige überredende Leib, der Tänzer, dessen Gleichnis und Auszug die selbst-lustige Seele ist. Solcher Leiber und Seelen Selbst-Lust heißt sich selber: »Tugend«.

Mit ihren Worten von Gut und Schlecht schirmt sich solche Selbst-Lust wie mit heiligen Hainen; mit den Namen ihres Glücks bannt sie von sich alles Verächtliche.

Von sich weg bannt sie alles Feige; sie spricht: Schlecht – *das* ist feige! Verächtlich dünkt ihr der immer Sorgende, Seufzende, Klägliche und wer auch die kleinsten Vorteile aufliest.

Sie verachtet auch alle wehselige Weisheit: denn wahrlich, es gibt auch Weisheit, die im Dunklen blüht, eine Nachtschatten-Weisheit: als welche immer seufzt: »Alles ist eitel!«

Das scheue Mißtrauen gilt ihr gering, und Jeder, wer Schwüre statt Blicke und Hände will: auch alle allzu mißtrauische Weisheit, – denn solche ist feiger Seelen Art.

Geringer noch gilt ihr der Schnell-Gefällige, der Hündische, der gleich auf dem Rücken liegt, der Demütige; und auch Weisheit gibt es, die demütig und hündisch und fromm und schnellgefällig ist.

Verhaßt ist ihr gar und ein Ekel, wer nie sich wehren will, wer giftigen Speichel und böse Blicke hinunterschluckt, der Allzu-Geduldige, Alles-Dulder, Allgenügsame: das nämlich ist die knechtische Art.

Ob Einer vor Göttern und göttlichen Fußtritten knechtisch ist, ob vor Menschen und blöden Menschen-Meinungen: *alle* Knechts-Art speit sie an, diese selige Selbstsucht!

Schlecht: so heißt sie Alles, was geknickt und knickerisch-knechtisch ist, unfreie Zwinker-Augen, gedrückte Herzen, und jene falsche nachgebende Art, welche mit breiten feigen Lippen küßt.

Und After-Weisheit: so heißt sie Alles, was Knechte und Greise und Müde witzeln; und sonderlich die ganze schlimme aberwitzige, überwitzige Priester-Narrheit!

Die After-Weisen aber, alle die Priester, Weltmüden, und wessen Seele von Weibs- und Knechtsart ist, – oh wie hat ihr Spiel von jeher der Selbstsucht übel mitgespielt!

Und Das gerade sollte Tugend sein und Tugend heißen, *daß* man der Selbstsucht übel mitspiele! Und »selbstlos« – so wünschten sich selber mit gutem Grunde all diese weltmüden Feiglinge und Kreuzspinnen!

Aber denen Allen kommt nun der Tag, die Wandlung, das Richtschwert, *der große Mittag:* da soll Vieles offenbar werden!

Und wer das Ich heil und heilig spricht und die Selbstsucht selig, wahrlich, der spricht auch, was er weiß, ein Weissager: *»Siehe, er kommt, er ist nahe, der große Mittag!«*

Also sprach Zarathustra.

Vom Geist der Schwere

1.

Mein Mundwerk – ist des Volks: zu grob und herzlich rede ich für die Seidenhasen. Und noch fremder klingt mein Wort allen Tinten-Fischen und Feder-Füchsen.

Meine Hand – ist eine Narrenhand: wehe allen Tischen und Wänden, und was noch Platz hat für Narren-Zierat, Narren-Schmierat!

Mein Fuß – ist ein Pferdefuß; damit trapple und trabe ich über Stock und Stein, kreuz- und quer-feld-ein, und bin des Teufels vor Lust bei allem schnellen Laufen.

Mein Magen – ist wohl eines Adlers-Magen? Denn er liebt am liebsten Lammfleisch. Gewißlich aber ist er eines Vogels Magen.

Von unschuldigen Dingen genährt und von Wenigem, bereit und ungeduldig zu fliegen, davonzufliegen – das ist nun meine Art: wie sollte nicht Etwas daran von Vogel-Art sein!

Und zumal, daß ich dem Geist der Schwere feind bin, das ist Vogel-Art: und wahrlich, todfeind, erzfeind, urfeind! Oh wohin flog und verflog sich nicht schon meine Feindschaft!

Davon könnte ich schon ein Lied singen – – und will es singen: ob ich gleich allein in leerem Hause bin und es meinen eignen Ohren singen muß.

Andre Sänger gibt es freilich, denen macht das volle Haus erst ihre Kehle weich, ihre Hand gesprächig, ihr Auge ausdrücklich, ihr Herz wach: – Denen gleiche ich nicht. –

2.

Wer die Menschen einst fliegen lehrt, der hat alle Grenzsteine verrückt; alle Grenzsteine selber werden ihm in die Luft fliegen, die Erde wird er neu taufen – als »die Leichte«.

Der Vogel Strauß läuft schneller als das schnellste Pferd, aber auch er steckt noch den Kopf schwer in schwere Erde: also der Mensch, der noch nicht fliegen kann.

Schwer heißt ihm Erde und Leben; und so *will* es der Geist der Schwere! Wer aber leicht werden will und ein Vogel, der muß sich selber lieben: – also lehre *ich*.

Nicht freilich mit der Liebe der Siechen und Süchtigen: denn bei denen stinkt auch die Eigenliebe!

Man muß sich selber lieben lernen – also lehre ich – mit einer heilen und gesunden Liebe: daß man es bei sich selber aushalte und nicht umherschweife.

Solches Umherschweifen tauft sich »Nächstenliebe«: mit diesem Worte ist bisher am besten gelogen und geheuchelt worden, und sonderlich von Solchen, die aller Welt schwerfielen.

Und wahrlich, das ist kein Gebot für heute und morgen, sich lieben *lernen.* Vielmehr ist von allen Künsten diese die feinste, listigste, letzte und geduldsamste.

Für seinen Eigener ist nämlich alles Eigene gut versteckt; und von allen Schatzgruben wird die eigne am spätesten ausgegraben, – also schafft es der Geist der Schwere.

Fast in der Wiege gibt man uns schon schwere Worte und Werte mit: »Gut« und »Böse« – so heißt sich diese Mitgift. Um derentwillen vergibt man uns, daß wir leben.

Und dazu läßt man die Kindlein zu sich kommen, daß man ihnen beizeiten wehre, sich selber zu lieben: also schafft es der Geist der Schwere.

Und wir – wir schleppen treulich, was man uns mitgibt, auf harten Schultern und über rauhe Berge! Und schwitzen wir, so sagt man uns: »Ja, das Leben ist schwer zu tragen!«

Aber der Mensch nur ist sich schwer zu tragen! Das macht, er schleppt zu vieles Fremde auf seinen Schultern. Dem Kamele gleich kniet er nieder und läßt sich gut aufladen.

Sonderlich der starke, tragsame Mensch, dem Ehrfurcht innewohnt: zu viele *fremde* schwere Worte und Werte lädt er sich auf, – nun dünkt das Leben ihm eine Wüste!

Und wahrlich! Auch manches *Eigene* ist schwer zu tragen! Und viel Inwendiges am Menschen ist der Auster gleich, nämlich ekel und schlüpfrig und schwer erfaßlich –, also daß eine edle Schale mit edler Zierat fürbitten muß.

Aber auch diese Kunst muß man lernen: Schale *haben* und schönen Schein und kluge Blindheit!

Abermals trügt über Manches am Menschen, daß manche Schale gering und traurig und zu sehr Schale ist. Viel verborgene Güte und Kraft wird nie erraten; die köstlichen Leckerbissen finden keine Schmecker!

Die Frauen wissen das, die köstlichsten: ein Wenig fetter, ein Wenig magerer – oh wie viel Schicksal liegt in so Wenigem!

Der Mensch ist schwer zu entdecken, und sich selber noch am schwersten; oft lügt der Geist über die Seele. Also schafft es der Geist der Schwere.

Der aber hat sich selber entdeckt, welcher spricht: Das ist *mein* Gutes und Böses: damit hat er den Maulwurf und Zwerg stumm gemacht, welcher spricht: »Allen gut, Allen bös.«

Wahrlich, ich mag auch Solche nicht, denen jegliches Ding gut und diese Welt gar die beste heißt. Solche nenne ich die Allgenügsamen.

Allgenügsamkeit, die alles zu schmecken weiß: das ist nicht der beste Geschmack! Ich ehre die widerspänstigen wählerischen Zungen und Mägen, welche »Ich« und »Ja« und »Nein« sagen lernten.

Alles aber kauen und verdauen – das ist eine rechte Schweine-Art! Immer I-A sagen – das lernte allein der Esel, und wer seines Geistes ist! –

Das tiefe Gelb und das heiße Rot: so will es *mein* Geschmack, – der mischt Blut zu allen Farben.

Wer aber sein Haus weiß tüncht, der verrät mir eine weißgetünchte Seele.

In Mumien verliebt die Einen, die Andern in Gespenster; und Beide gleich feind allem Fleisch und Blute – oh wie gehen beide mir wider den Geschmack! Denn ich liebe Blut.

Und dort will ich nicht wohnen und weilen, wo Jedermann spuckt und speit: das ist nun *mein* Geschmack, – lieber noch lebte ich unter Dieben und Meineidigen. Niemand trägt Gold im Munde.

Widriger aber sind mir noch alle Speichellecker; und das widrigste Tier von Mensch, das ich fand, das taufte ich Schmarotzer: das wollte nicht lieben und doch von Liebe leben.

Unselig heiße ich Alle, die nur Eine Wahl haben: böse Tiere zu werden oder bese Tierbändiger: bei Solchen würde ich mir keine Hütten bauen.

Unselig heiße ich auch Die, welche immer *warten* müssen, – die gehen mir wider den Geschmack: alle die Zöllner und Krämer und Könige und andren Länder- und Ladenhüter.

Wahrlich, ich lernte das Warten auch und von Grund aus, – aber nur das Warten auf *mich.* Und über Allem lernte ich stehn und gehn und laufen und springen und klettern und tanzen.

Das ist aber meine Lehre: wer einst fliegen lernen will, der muß erst stehn und gehn und laufen und klettern und tanzen lernen: – man erfliegt das Fliegen nicht!

Mit Strickleitern lernte ich manches Fenster erklettern, mit hurtigen Beinen klomm ich auf hohe Masten: auf hohen Masten der Erkenntnis sitzen dünkte mich keine geringe Seligkeit, –

– gleich kleinen Flammen flackern auf hohen Masten: ein kleines Licht zwar, aber doch ein großer Trost für verschlagene Schiffer und Schiffbrüchige! –

Auf vielerlei Weg und Weise kam ich zu meiner Wahrheit: nicht auf Einer Leiter stieg ich zur Höhe, wo mein Auge in meine Ferne schweift.

Und ungern nur fragte ich stets nach Wegen, – das ging mir immer wider den Geschmack! Lieber fragte und versuchte ich die Wege selber.

Ein Versuchen und Fragen war all mein Gehen: – und wahrlich, auch antworten muß man *lernen* auf solches Fragen! Das aber – ist mein Geschmack:

– kein guter, kein schlechter, aber *mein* Geschmack, dessen ich weder Scham noch Hehl mehr habe.

»Das – ist nun *mein* Weg, – wo ist der eure?« so antwortete ich Denen, welche mich »nach dem Wege. fragten. *Den Weg* nämlich – den gibt es nicht!

Also sprach Zarathustra.

Von alten und neuen Tafeln

1.

Hier sitze ich und warte, alte zerbrochene Tafeln um mich und auch neue halb beschriebene Tafeln. Wann kommt meine Stunde?

– die Stunde meines Niederganges, Unterganges: denn *noch* Ein Mal will ich zu den Menschen gehn.

Des warte ich nun: denn erst müssen mir die Zeichen kommen, daß es *meine* Stunde sei, – nämlich der lachende Löwe mit dem Taubenschwarme.

Inzwischen rede ich als Einer, der Zeit hat, zu mir selber. Niemand erzählt mir Neues: so erzähle ich mir mich selber. –

2.

Als ich zu den Menschen kam, da fand ich sie sitzen auf einem alten Dünkel: Alle dünkten sich lange schon zu wissen, was dem Menschen gut und böse sei.

Eine alte müde Sache dünkte ihnen alles Reden von Tugend; und wer gut schlafen wollte, der sprach vor Schlafengehen noch von »Gut« und »Böse«.

Diese Schläferei störte ich auf, als ich lehrte: was gut und böse ist, *das weiß noch Niemand:* – es sei denn der Schaffende!

– Das aber ist Der, welcher des Menschen Ziel schafft und der Erde ihren Sinn gibt und ihre Zukunft: Dieser erst *schafft* es, *daß* Etwas gut und böse ist.

Und ich hieß sie ihre alten Lehr-Stühle umwerfen, und wo nur jener alte Dünkel gesessen hatte; ich hieß sie lachen über ihre großen Tugend-Meister und Heiligen und Dichter und Welt-Erlöser.

Über ihre düsteren Wesen hieß ich sie lachen, und wer je als schwarze Vogelscheuche warnend auf dem Baume des Lebens gesessen hatte.

An ihre große Gräberstraße setzte ich mich und selber zu Aas und Geiern – und ich lachte über all ihr Einst und seine mürbe verfallende Herrlichkeit.

Wahrlich, gleich Bußpredigern und Narren schrie ich Zorn und Zeter über all ihr Großes und Kleines, – daß ihr Bestes so gar klein ist! Daß ihr Bösestes so gar klein ist! – also lachte ich.

Meine weise Sehnsucht schrie und lachte also aus mir, die auf Bergen geboren ist, eine wilde Weisheit wahrlich! – meine große flügelbrausende Sehnsucht.

Und oft riß sie mich fort und hinauf und hinweg und mitten im Lachen: da flog ich wohl schaudernd, ein Pfeil, durch sonnentrunkenes Entzücken:

– hinaus in ferne Zukünfte, die kein Traum noch sah, in heißere Süden, als je sich Bildner träumten: dorthin, wo Götter tanzend sich aller Kleider schämen: –

– daß ich nämlich in Gleichnissen rede, und gleich Dichtern hinke und stammle: und wahrlich, ich schäme mich, daß ich noch Dichter sein muß! –

Wo alles Werden mich Götter-Tanz und Götter-Mutwillen dünkte, und die Welt los- und ausgelassen und zu sich selber zurückfliehend: –

– als ein ewiges Sich-Fliehn und -Wiedersuchen vieler Götter, als das selige Sich-Widersprechen, Sich-Wieder-Hören, Sich-Wieder-Zugehören vieler Götter: –

Wo alle Zeit mich ein seliger Hohn auf Augenblicke dünkte, wo die Notwendigkeit die Freiheit selber war, die selig mit dem Stachel der Freiheit spielte: –

Wo ich auch meinen alten Teufel und Erzfeind wiederfand, den Geist der Schwere, und Alles, was er schuf: Zwang, Satzung, Not und Folge und Zweck und Wille und Gut und Böse: –

Denn muß nicht dasein, *über* das getanzt, hinweggetanzt werde? Müssen nicht um der Leichten, Leichtesten willen – Maulwürfe und schwere Zwerge dasein? –

3.

Dort war's auch, wo ich das Wort »Übermensch« vom Wege auflas, und daß der Mensch Etwas sei, das überwunden werden müsse.

– daß der Mensch eine Brücke sei und kein Zweck: sich selig preisend ob seines Mittags und Abends, als Weg zu neuen Morgenröten:

– das Zarathustra-Wort vom großen Mittage, und was sonst ich über den Menschen auflhängte, gleich purpurnen zweiten Abendröten.

Wahrlich, auch neue Sterne ließ ich sie sehen samt neuen Nächten; und über Wolken und Tag und Nacht spannte ich noch das Lachen aus wie ein buntes Gezelt.

Ich lehrte sie all *mein* Dichten und Trachten: in Eins zu dichten und zusammenzutragen, was Bruchstück ist am Menschen und Rätsel und grauser Zufall, –

– als Dichter, Rätselrater und Erlöser des Zufalls lehrte ich sie an der Zukunft schaffen, und Alles, das *war* –, schaffend zu erlösen.

Das Vergangne am Menschen zu erlösen und alles »Es war« umzuschaffen, bis der Wille spricht: »Aber so wollte ich es! So werde ich's wollen –«

– Dies hieß ich ihnen Erlösung, Dies allein lehrte ich sie Erlösung heißen. – –

Nun warte ich *meiner* Erlösung –, daß ich zum letzten Male zu ihnen gehe.

Denn noch Ein Mal will ich zu den Menschen: *unter* ihnen will ich untergehen, sterbend will ich ihnen meine reichste Gabe geben!

Der Sonne lernte ich das ab, wenn sie hinabgeht, die Überreiche: Gold schüttet sie da ins Meer aus unerschöpflichem Reichtume, –

– also, daß der ärmste Fischer noch mit *goldenem* Ruder rudert! Dies nämlich sah ich einst und wurde der Tränen nicht satt im Zuschauen. – –

Der Sonne gleich will auch Zarathustra untergehn: nun sitzt er hier und wartet, alte zerbrochne Tafeln um sich und auch neue Tafeln, – halbbeschriebene.

4.

Siehe, hier ist eine neue Tafel: aber wo sind meine Brüder, die sie mit mir zu Tale und in fleischerne Herzen tragen? –

Also heischt es meine große Liebe zu den Fernsten: *schone deinen Nächsten nicht!* Der Mensch ist Etwas, das überwunden werden muß.

Es gibt vielerlei Weg und Weise der Überwindung: da siehe *du* zu! Aber nur ein Possenreißer denkt: »Der Mensch kann auch *übersprungen* werden.«

Überwinde dich selber noch in deinem Nächsten: und ein Recht, das du dir rauben kannst, sollst du dir nicht geben lassen!

Was du tust, das kann dir Keiner wieder tun. Siehe, es gibt keine Vergeltung.

Wer sich nicht befehlen kann, der soll gehorchen. Und Mancher *kann* sich befehlen, aber da fehlt noch Viel, daß er sich auch gehorche!

5.

Also will es die Art edler Seelen: sie wollen Nichts *umsonst* haben, am wenigsten das Leben.

Wer vom Pöbel ist, der will umsonst leben; wir Anderen aber, denen das Leben sich gab, – wir sinnen immer darüber, *was* wir am besten *dagegen* geben!

Und wahrlich, dies ist eine vornehme Rede, welche spricht: »was *uns* das Leben verspricht, das wollen *wir* – dem Leben halten!«

Man soll nicht genießen wollen, wo man nicht zu genießen gibt. Und – man soll nicht genießen *wollen!*

Genuß und Unschuld nämlich sind die schamhaftesten Dinge: Beide wollen nicht gesucht sein. Man soll sie *haben* –, aber man soll eher noch nach Schuld und Schmerzen *suchen!*

6.

Oh meine Brüder, wer ein Erstling ist, der wird immer geopfert. Nun aber sind wir Erstlinge.

Wir bluten Alle an geheimen Opfertischen, wir brennen und braten Alle zu Ehren alter Götzenbilder.

Unser Bestes ist noch jung: das reizt alte Gaumen. Unser Fleisch ist zart, unser Fell ist nur ein Lamm-Fell: – wie sollten wir nicht alte Götzenpriester reizen!

In *uns selber* wohnt er noch, der alte Götzenpriester, der unser Bestes sich zum Schmause brät. Ach, meine Brüder, wie sollten Erstlinge nicht Opfer sein!

Aber so will es unsre Art; und ich liebe Die, welche sich nicht bewahren wollen. Die Untergehenden liebe ich mit meiner ganzen Liebe: denn sie gehn hinüber. –

7.

Wahr sein – das *können* Wenige! Und wer es kann, der will es noch nicht! Am wenigsten aber können es die Guten.

Oh diese Guten! – *Gute Menschen reden nie die Wahrheit;* für den Geist ist solchermaßen gut sein eine Krankheit.

Sie geben nach, diese Guten, sie ergeben sich, ihr Herz spricht nach, ihr Grund gehorcht: wer aber gehorcht, *der hört sich selber nicht!*

Alles, was den Guten böse heißt, muß zusammenkommen, daß Eine Wahrheit geboren werde: oh meine Brüder, seid ihr auch böse genug zu *dieser* Wahrheit?

Der verwegene Wagen, das lange Mißtrauen, das grausame Nein, der Überdruß, das Schneiden ins Lebendige – wie selten kommt *das* zusammen! Aus solchem Samen aber wird – Wahrheit gezeugt!

Neben dem bösen Gewissen wuchs bisher alles *Wissen!* Zerbrecht, zerbrecht mir, ihr Erkennenden, die alten Tafeln!

8.

Wenn das Wasser Balken hat, wenn Stege und Geländer über den Fluß springen: wahrlich, da findet Keiner Glauben, der da spricht: »Alles ist im Fluß.«

Sondern selber die Tölpel widersprechen ihm. »Wie?« sagen die Tölpel, »Alles wäre im Flusse? Balken und Geländer sind doch *über* dem Flusse!«

»*Über* dem Flusse ist Alles fest, alle die Werte der Dinge, die Brücken, Begriffe, alles ›Gut‹ und ›Böse‹: das ist Alles *fest!*« –

Kommt gar der harte Winter, der Fluß-Tierbändiger: dann lernen auch die Witzigsten Mißtrauen; und, wahrlich, nicht nur die Tölpel sprechen dann: »Sollte nicht Alles – *stille stehn?*«

»Im Grunde steht Alles stille« –, das ist eine rechte Winter-Lehre, ein gut Ding für unfruchtbare Zeit, ein guter Trost für Winterschläfer und Ofenhocker.

»Im Grund steht Alles still« –: *dagegen* aber predigt der Tauwind!

Der Tauwind, ein Stier, der kein pflügender Stier ist, – ein wütender Stier, ein Zerstörer, der mit zornigen Hörnern Eis bricht! Eis aber – – *bricht Stege!*

Oh meine Brüder, ist *jetzt nicht Alles im Flusse?* Sind nicht alle Geländer und Stege ins Wasser gefallen? Wer *hielte* sich noch an »Gut« und »Böse«?

»Wehe uns! Heil uns! Der Tauwind weht!« – Also predigt mir, oh meine Brüder, durch alle Gassen!

9.

Es gibt einen alten Wahn, der heißt Gut und Böse. Um Wahrsager und Sterndeuter drehte sich bisher das Rad dieses Wahns.

Einst *glaubte* man an Wahrsager und Sterndeuter: und *darum* glaubte man »Alles ist Schicksal: du sollst, denn du mußt!«

Dann wieder mißtraute man allen Wahrsagern und Sterndeutern: und *darum* glaubte man »Alles ist Freiheit: du kannst, denn du willst!«

Oh meine Brüder, über Sterne und Zukunft ist bisher nur gewähnt, nicht gewußt worden: und *darum* ist über Gut und Böse bisher nur gewähnt, nicht gewußt worden!

10.

»Du sollst nicht rauben! Du sollst nicht totschlagen!« – solche Worte hieß man einst heilig; vor ihnen beugte man Knie und Köpfe und zog die Schuhe aus.

Aber ich frage euch: wo gab es je bessere Räuber und Totschläger in der Welt, als es solche heilige Worte waren?

Ist in allem Leben selber nicht – Rauben und Totschlagen? Und daß solche Worte heilig hießen, wurde damit die *Wahrheit* selber nicht – totgeschlagen?

Oder war es eine Predigt des Todes, daß heilig hieß, was allem Leben widersprach und widerriet? – Oh meine Brüder, zerbrecht, zerbrecht mir die alten Tafeln!

11.

Dies ist mein Mitleid mit allem Vergangenen, daß ich sehe: es ist preisgegeben, –

– der Gnade, dem Geiste, dem Wahnsinne jedes Geschlechtes preisgegeben, das kommt und Alles, was war, zu seiner Brücke umdeutet!

Ein großer Gewalt-Herr könnte kommen, ein gewitzter Unhold, der mit seiner Gnade und Ungnade alles Vergangene zwänge und zwängte: bis es ihm Brücke würde und Vorzeichen und Herold und Hahnenschrei.

Dies aber ist die andre Gefahr und mein andres Mitleiden: – wer vom Pöbel ist, dessen Gedenken geht zurück bis zum Großvater, – mit dem Großvater aber hört die Zeit auf.

Also ist alles Vergangene preisgegeben: denn es könnte einmal kommen, daß der Pöbel Herr würde, und in seichten Gewässern alle Zeit ertränke.

Darum, oh meine Brüder, bedarf es eines *neuen Adels*, der allem Pöbel und allem Gewalt-Herrischen Widersacher ist und auf neue Tafeln neu das Wort schreibt »edel«.

Vieler Edlen nämlich bedarf es und vielerlei Edlen, *daß es Adel gebe!* Oder, wie ich einst im Gleichnis sprach: »Das eben ist Göttlichkeit, daß es Götter, aber keinen Gott gibt!«

12.

Oh meine Brüder, ich weihe und weise euch zu einem neuen Adel: ihr sollt mir Zeuger und Züchter werden und Sämänner der Zukunft, –

– wahrlich, nicht zu einem Adel, den ihr kaufen könntet gleich den Krämern und mit Krämer-Golde: denn wenig Wert hat Alles, was seinen Preis hat.

Nicht, woher ihr kommt, mache euch fürderhin eure Ehre, sondern wohin ihr geht! Euer Wille und euer Fuß, der über euch selber hinaus will, – das mache eure neue Ehre!

Wahrlich nicht, daß ihr einem Fürsten gedient habt – was liegt noch an Fürsten! – oder dem, was steht, zum Bollwerk wurdet, daß es fester stünde!

Nicht, daß euer Geschlecht an Höfen höfisch wurde, und ihr lerntet, bunt, einem Flamingo ähnlich, lange Stunden in flachen Teichen stehn.

– Denn Stehen-*Können* ist ein Verdienst bei Höflingen; und daß Höflinge glauben, zur Seligkeit nach dem Tode gehöre – Sitzen-*Dürfen!* –

Nicht auch, daß ein Geist, den sie heilig nennen, eure Vorfahren in gelobte Länder führte, die *ich* nicht lobe: denn wo der schlimmste aller Bäume wuchs, das Kreuz, – an dem Lande ist Nichts zu loben! –

– und wahrlich, wohin dieser »heilige Geist« auch seine Ritter führte, immer liefen bei solchen Zügen – Ziegen und Gänse und Kreuz- und Querköpfe *voran!* –

Oh meine Brüder, nicht zurück soll euer Adel schauen, sondern *hinaus!* Vertriebene sollt ihr sein aus allen Vater- und Urväterländern!

Eurer *Kinder Land* sollt ihr lieben: diese Liebe sei euer neuer Adel, – das unentdeckte, im fernsten Meere! Nach ihm heiße ich eure Segel suchen und suchen!

An euren Kindern sollt ihr *gutmachen,* daß ihr eurer Väter Kinder seid: alles Vergangene sollt ihr so erlösen! Diese neue Tafel stelle ich über euch!

13.

»Wozu leben? Alles ist eitel! Leben – das ist Stroh dreschen; Leben – das ist sich verbrennen und doch nicht warm werden.« –

Solch altertümliches Geschwätz gilt immer noch als »Weisheit«; daß es aber alt ist und dumpfig riecht, *darum* wird es besser geehrt. Auch der Moder adelt. –

Kinder durften so reden: die *scheuen* das Feuer, weil es sie brannte! Es ist viel Kinderei in den alten Büchern der Weisheit.

Und wer immer »Stroh drischt«, wie sollte der auf das Dreschen lästern dürfen! Solchem Narren müßte man doch das Maul verbinden!

Solche setzen sich zu Tisch und bringen Nichts mit, selbst den guten Hunger nicht: – und nun lästern sie »Alles ist eitel!«

Aber gut essen und trinken, oh meine Brüder, ist wahrlich keine eitle Kunst! Zerbrecht, zerbrecht mir die Tafeln der Nimmer-Frohen!

14.

»Dem Reinen ist Alles rein« – so spricht das Volk. Ich aber sage euch: den Schweinen wird Alles Schwein!

Darum predigen die Schwärmer und Kopfhänger, denen auch das Herz niederhängt: »die Welt selber ist ein kotiges Ungeheuer.«

Denn diese Alle sind unsäuberlichen Geistes; sonderlich aber Jene, welche nicht Ruhe noch Rast haben, es sei denn, sie sehen die Welt *von hinten,* – die Hinterweltler!

Denen sage ich ins Gesicht, ob es gleich nicht lieblich klingt: die Welt gleicht darin dem Menschen, daß sie einen Hintern hat, – so *Viel* ist wahr!

Es gibt in der Welt viel Kot: So *Viel* ist wahr! Aber darum ist die Welt selber noch kein kotiges Ungeheuer!

Es ist Weisheit darin, daß Vieles in der Welt übel riecht: der Ekel selber schafft Flügel und quellenahnende Kräfte!

An dem Besten ist noch Etwas zum Ekeln; und der Beste ist noch Etwas, das überwunden werden muß! –

Oh meine Brüder, es ist viel Weisheit darin, daß viel Kot in der Welt ist! –

15.

Solche Sprüche hörte ich fromme Hinterweltler zu ihrem Gewissen reden, und wahrlich, ohne Arg und Falsch, – ob es schon nichts Falscheres in der Welt gibt, noch Ärgeres.

»Laß doch die Welt die Welt sein! Hebe dawider auch nicht Einen Finger auf!«

»Laß, wer da wolle, die Leute würgen und stechen und schinden und schaben: hebe dawider auch nicht Einen Finger auf Darob lernen sie noch der Welt absagen.«

»Und deine eigne Vernunft – die sollst du selber görgeln und würgen; denn es ist eine Vernunft von dieser Welt, – darob lernst du selber der Welt absagen.« –

– Zerbrecht, zerbrecht mir, oh meine Brüder, diese alten Tafeln der Frommen! Zersprecht mir die Sprüche der Welt-Verleumder!

16.

»Wer viel lernt, der verlernt alles heftige Begehren« – das flüstert man heute sich zu auf allen dunklen Gassen.

»Weisheit macht müde, es lohnt sich – Nichts; du sollst nicht begehren« – diese neue Tafel fand ich hängen selbst auf offnen Märkten.

Zerbrecht mir, oh meine Brüder, zerbrecht mir auch diese *neue* Tafel! Die Welt-Müden hängten sie hin und die Prediger des Todes, und auch die Stockmeister: denn seht, es ist auch eine Predigt zur Knechtschaft! –

Daß sie schlecht lernten und das Beste nicht, und Alles zu früh und Alles zu geschwind: daß sie schlecht *aßen*, daher kam ihnen jener verdorbene Magen, –

– ein verdorbener Magen ist nämlich ihr Geist: *der* rät zum Tode! Denn wahrlich, meine Brüder, der *Geist* ist ein Magen!

Das Leben ist ein Born der Lust: aber aus wem der verdorbene Magen redet, der Vater der Trübsal, dem sind alle Quellen vergiftet.

Erkennen: das ist *Lust* dem Löwen-willigen! Aber wer müde wurde, der wird selber nur »gewollt«, mit dem spielen alle Wellen.

Und so ist es immer schwacher Menschen Art: sie verlieren sich auf ihren Wegen. Und zuletzt fragt noch ihre Müdigkeit: »wozu gingen wir Jemals Wege! Es ist Alles gleich!«

Denen klingt es lieblich zu Ohren, daß gepredigt wird: »Es verlohnt sich Nichts! Ihr sollt nicht wollen!« Dies aber ist eine Predigt zur Knechtschaft.

Oh meine Brüder, ein frischer Brause-Wind kommt Zarathustra allen Weg-Müden; viele Nasen wird er noch niesen machen!

Auch durch Mauern bläst mein freier Atem, und hinein in Gefängnisse und eingefangne Geister!

Wollen befreit: denn Wollen ist Schaffen: so lehre ich. Und *nur* zum Schaffen sollt ihr lernen!

Und auch das Lernen sollt ihr erst von mir *lernen,* das Gut-Lernen! – Wer Ohren hat, der höre!

17.

Da steht der Nachen, – dort hinüber geht es vielleicht ins große Nichts. – Aber wer will in dies »Vielleicht« einsteigen?

Niemand von euch will in den Todes-Nachen einsteigen! Wieso wollt ihr dann *Welt-Müde* sein!

Weltmüde! Und noch nicht einmal Erd-Entrückte wurdet ihr! Lüstern fand ich euch immer noch nach Erde, verliebt noch in die eigne Erd-Müdigkeit!

Nicht umsonst hängt euch die Lippe herab: – ein kleiner Erden-Wunsch sitzt noch darauf! Und im Auge – schwimmt da nicht en Wölkchen unvergeßner Erden-Lust?

Es gibt auf Erden viel gute Erfindungen, die einen nützlich, die andern angenehm: derentwegen ist die Erde zu lieben.

Und mancherlei so gut Erfundenes gibt es da, daß es ist wie des Weibes Busen: nützlich zugleich und angenehm.

Ihr Welt-Müden aber! Ihr Erden-Faulen! Euch soll man mit Ruten streichen! Mit Rutenstreichen soll man euch wieder muntre Beine machen.

Denn: seid ihr nicht Kranke und verlebte Wichte, deren die Erde müde ist, so seid ihr schlaue Faultiere oder naschhafte verkrochene Lust-Katzen. Und wollt ihr nicht wieder lustig *laufen,* so sollt ihr – dahinfahren!

An Unheilbaren soll man nicht Arzt sein wollen: also lehrt es Zarathustra: – so sollt ihr dahinfahren!

Aber es gehört mehr *Mut* dazu, ein Ende zu machen, als einen neuen Vers: das wissen alle Ärzte und Dichter. –

18.

Oh meine Brüder, es gibt Tafeln, welche die Ermüdung, und Tafeln, welche die Faulheit schuf, die faulige: ob sie schon gleich reden, so wollen sie doch ungleich gehört sein. –

Seht hier diesen Verschmachtenden! Nur eine Spanne weit ist er noch von seinem Ziele, aber vor Müdigkeit hat er sich trotzig hier in den Staub gelegt: dieser Tapfere!

Vor Müdigkeit gähnt er Weg und Erde und Ziel und sich selber an: keinen Schritt will er noch weiter tun – dieser Tapfere!

Nun glüht die Sonne auf ihn, und die Hunde lecken nach seinem Schweiße: aber er liegt da in seinem Trotze und will lieber verschmachten: –

– eine Spanne weit von seinem Ziele verschmachten! Wahrlich, ihr werdet ihn noch an den Haaren in seinen Himmel ziehen müssen, – diesen Helden!

Besser noch, ihr laßt ihn liegen, wohin er sich gelegt hat, daß der Schlaf ihm komme, der Tröster, mit kühlendem Rausche-Regen:

Laßt ihn liegen, bis er von selber wach wird, – bis er von selber alle Müdigkeit widerruft und was Müdigkeit aus ihm lehrte!

Nur, meine Brüder, daß ihr die Hunde von ihm scheucht, die faulen Schleicher, und all das schwärmende Geschmeiß: –

– all das schwärmende Geschmeiß der »Gebildeten«, das sich am Schweiße jedes Helden – gütlich tut! –

19.

Ich schließe Kreise um mich und heilige Grenzen; immer Wenigere steigen mit mir auf immer höhere Berge: ich baue ein Gebirge aus immer heiligeren Bergen. –

Wohin ihr aber auch mit mir steigen mögt, oh meine Brüder: seht zu, daß nicht ein *Schmarotzer* mit euch steige!

Schmarotzer: das ist ein Gewürm, ein kriechendes, geschmiegtes, das fett werden will an euren kranken wunden Winkeln.

Und *das* ist seine Kunst, daß er steigende Seelen errät, wo sie müde sind: in euren Gram und Unmut, in eure zarte Scham baut er sein ekles Nest.

Wo der Starke schwach, der Edle allzumild ist, – dahinein baut er sein ekles Nest: der Schmarotzer wohnt, wo der Große kleine wunde Winkel hat.

Was ist die höchste Art alles Seienden und was die geringste? Der Schmarotzer ist die geringste Art; wer aber höchster Art ist, der ernährt die meisten Schmarotzer.

Die Seele nämlich, welche die längste Leiter hat und am tiefsten hinunter kann: wie sollten nicht an der die meisten Schmarotzer sitzen? –

– die umfänglichste Seele, welche am weitesten in sich laufen und irren und schweifen kann; die notwendigste, welche sich aus Lust in den Zufall stürzt: –

– die seiende Seele, welche ins Werden taucht; die habende, welche ins Wollen und Verlangen *will:* –

– die sich selber fliehende, die sich selber im weitesten Kreise einholt; die weiseste Seele, welcher die Narrheit am süßesten zuredet: –

– die sich selber liebendste, in der alle Dinge ihr Strömen und Widerströmen und Ebbe und Flut haben: – oh wie sollte die *höchste Seele* nicht die schlimmsten Schmarotzer haben?

20.

Oh meine Brüder, bin ich denn grausam? Aber ich sage: was fällt, das soll man auch noch stoßen!

Das Alles von heute – das fällt, das verfällt: wer wollte es halten! Aber ich – ich will es noch stoßen!

Kennt ihr die Wollust, die Steine in steile Tiefen rollt? – Diese Menschen von heute: seht sie doch, wie sie in meine Tiefen rollen!

Ein Vorspiel bin ich besserer Spieler, oh meine Brüder! Ein Beispiel! *Tut* nach meinem Beispiele!

Und wen ihr nicht fliegen lehrt, den lehrt mir – *schneller fallen!* –

21.

Ich liebe die Tapferen: aber es ist nicht genug, Hau-Degen sein, – man muß auch wissen Hau-schau-Wen!

Und oft ist mehr Tapferkeit darin, daß Einer an sich hält und vorübergeht: *damit* er sich dem würdigeren Feinde aufspare!

Ihr sollt nur Feinde haben, die zu hassen sind, aber nicht Feinde zum Verachten: ihr müßt stolz auf euren Feind sein: also lehrte ich schon Ein Mal.

Dem würdigeren Feinde, oh meine Freunde, sollt ihr euch aufsparen: darum müßt ihr an Vielem vorübergehn, –

– sonderlich an vielem Gesindel, das euch in die Ohren lärmt von Volk und Völkern.

Haltet euer Auge rein von ihrem Für und Wider! Da gibt es viel Recht, viel Unrecht: wer da zusieht, wird zornig.

Dreinschaun, dreinhauen – das ist da Eins: darum geht weg in die Wälder und legt euer Schwert schlafen!

Geht *eure* Wege! Und laßt Volk und Völker die ihren gehn! – dunkle Wege wahrlich, auf denen auch nicht Eine Hoffnung mehr wetterleuchtet!

Mag da der Krämer herrschen, wo Alles, was noch glänzt – Krämer-Gold ist! Es ist die Zeit der Könige nicht mehr: was sich heute Volk heißt, verdient keine Könige.

Seht doch, wie diese Völker jetzt selber den Krämern gleich tun: sie lesen sich die kleinsten Vorteile noch aus jedem Kehricht!

Sie lauern einander auf, sie lauern einander Etwas ab, – das heißen sie »gute Nachbarschaft«. Oh selige ferne Zeit, wo ein Volk sich sagte: »Ich will über Völker – *Herr* sein!«

Denn, meine Brüder: das Beste soll herrschen, das Beste *will* auch herrschen! Und wo die Lehre anders lautet, da – *fehlt* es am Besten.

22.

Wenn Die – Brot umsonst hätten, wehe! Wonach würden Die schrein! Ihr Unterhalt – das ist ihre rechte Unterhaltung; und sie sollen es schwer haben!

Raubtiere sind es: in ihrem »Arbeiten« – da ist auch noch Rauben, in ihrem »Verdienen« – da ist auch noch Überlisten! Darum sollen sie es schwer haben!

Bessere Raubtiere sollen sie also werden, feinere, klügere, *menschen-ähnlichere:* der Mensch nämlich ist das beste Raubtier.

Allen Tieren hat der Mensch schon ihre Tugenden abgeraubt: das macht, von allen Tieren hat es der Mensch am schwersten gehabt.

Nur noch die Vögel sind über ihm. Und wenn der Mensch noch fliegen lernte, wehe! *wohinauf* – würde seine Raublust fliegen!

23.

So will ich Mann und Weib: kriegstüchtig den Einen, gebärtüchtig das Andere, beide aber tanztüchtig mit Kopf und Beinen.

Und verloren sei uns der Tag, wo nicht Ein Mal getanzt wurde! Und falsch heiße uns jede Wahrheit, bei der es nicht Ein Gelächter gab!

24.

Euer Eheschließen: seht zu, daß es nicht ein schlechtes *Schließen* sei! Ihr schlosset zu schnell: *so folgt* daraus – Ehebrechen!

Und besser noch Ehebrechen als Ehe-biegen, Ehe-lügen! – So sprach mir ein Weib: »wohl brach ich die Ehe, aber zuerst brach die Ehe – mich!«

Schlimm-Gepaarte fand ich immer als die schlimmsten Rachsüchtigen: sie lassen es aller Welt entgelten, daß sie nicht mehr einzeln laufen.

Deswillen will ich, daß Redliche zueinander reden: »wir lieben uns: laßt uns *zusehn,* daß wir uns liebbehalten! Oder soll unser Versprechen ein Versehen sein?«

– »Gebt uns eine Frist und kleine Ehe, daß wir zusehen, ob wir zur großen Ehe taugen! Es ist ein großes Ding, immer zu Zwein zu sein! «

Also rate ich allen Redlichen; und was wäre denn meine Liebe zum Übermenschen und zu Allem, was kommen soll, wenn ich anders riete und redete!

Nicht nur fort euch zu pflanzen, sondern *hinauf* – dazu, oh meine Brüder, helfe euch der Garten der Ehe!

25.

Wer über alte Ursprünge weise wurde, siehe, der wird zuletzt nach Quellen der Zukunft suchen und nach neuen Ursprüngen. –

Oh meine Brüder, es ist nicht über lange, da werden *neue Völker* entspringen und neue Quellen hinab in neue Tiefen rauschen.

Das Erdbeben nämlich – das verschüttet viel Brunnen, das schafft viel Verschmachten: das hebt auch innre Kräfte und Heimlichkeiten ans Licht.

Das Erdbeben macht neue Quellen offenbar. Im Erdheben alter Völker brechen neue Quellen aus.

Und wer da ruft: »Siehe hier ein Brunnen für viele Durstige, Ein Herz für viele Sehnsüchtige, Ein Wille für viele Werkzeuge«: – um Den sammelt sich ein *Volk,* das ist: viel Versuchende.

Wer befehlen kann, wer gehorchen muß – *Das wird da versucht!* Ach, mit welch langem Suchen und Raten und Mißraten und Lernen und Neu-Versuchen!

Die Menschen-Gesellschaft: die ist ein Versuch, so lehre ich's, – ein langes Suchen: sie sucht aber den Befehlenden! –

– ein Versuch, oh meine Brüder! Und *kein* »Vertrag«! Zerbrecht, zerbrecht mir solch Wort der Weich-Herzen und Halb- und Halben!

26.

Oh meine Brüder! Bei Welchen liegt doch die größte Gefahr aller Menschen-Zukunft? Ist es nicht bei den Guten und Gerechten? –

– als bei Denen, die sprechen und im Herzen fühlen: »wir wissen schon, was gut ist und gerecht, wir haben es auch; wehe Denen, die hier noch suchen!«

Und was für Schaden auch die Bösen tun mögen: der Schaden der Guten ist der schädlichste Schaden!

Und was für Schaden auch die Welt-Verleumder tun mögen: der Schaden der Guten ist der schädlichste Schaden.

Oh meine Brüder, den Guten und Gerechten sah einer Einmal ins Herz, der da sprach: »es sind die Pharisäer.« Aber man verstand ihn nicht.

Die Guten und Gerechten selber durften ihn nicht verstehen: ihr Geist ist eingefangen in ihr gutes Gewissen. Die Dummheit der Guten ist unergründlich klug.

Das aber ist die Wahrheit: Die Guten *müssen* Pharisäer sein, – sie haben keine Wahl!

Die Guten *müssen* Den kreuzigen, der sich seine eigne Tugend erfindet! Das *ist* die Wahrheit.

Der Zweite aber, der ihr Land entdeckte, Land, Herz und Erdreich der Guten und Gerechten: das war, der da fragte: »wen hassen sie am meisten?«

Den *Schaffenden* hassen sie am meisten: den, der Tafeln bricht und alte Werte, den Brecher – Den heißen sie Verbrecher.

Die Guten nämlich – die *können* nicht schaffen: die sind immer der Anfang vom Ende: –

– sie kreuzigen Den, der neue Werte auf neue Tafeln schreibt, sie opfern *sich* die Zukunft – sie kreuzigen alle Menschen-Zukunft!

Die Guten – die waren immer der Anfang vom Ende. –

27.

Oh meine Brüder, verstandet ihr auch dies Wort? Und was ich einst sagte vom »letzten Menschen«? – –

Bei Welchen liegt die größte Gefahr aller Menschen-Zukunft? Ist es nicht bei den Guten und Gerechten?

Zerbrecht, zerbrecht mir die Guten und Gerechten! – Oh meine Brüder, verstandet ihr auch dies Wort?

28.

Ihr flieht von mir? Ihr seid erschreckt? Ihr zittert vor diesem Worte?

Oh meine Brüder, als ich euch die Guten zerbrechen hieß und die Tafeln der Guten: da erst schiffte ich den Menschen ein auf seine hohe See.

Und nun erst kommt ihm der große Schrecken, das große Um-sich-Sehn, die große Krankheit, der große Ekel, die große See-Krankheit.

Falsche Küsten und falsche Sicherheiten lehrten euch die Guten; in Lügen der Guten wart ihr geboren und geborgen. Alles ist in den Grund hinein verlogen und verbogen durch die Guten.

Aber wer das Land »Mensch« entdeckte, entdeckte auch das Land »Menschen-Zukunft«. Nun sollt ihr mir Seefahrer sein, wackere, geduldsame!

Aufrecht geht mir beizeiten, oh meine Brüder, lernt aufrecht gehn! Das Meer stürmt: Viele wollen an euch sich wieder aufrichten.

Das Meer stürmt: Alles ist im Meere. Wohlan! Wohlauf! Ihr alten Seemanns-Herzen!

Was Vaterland! *Dorthin* will unser Steuer, wo unser *Kinder-Land* ist! Dorthinaus, stürmischer als das Meer, stürmt unsre große Sehnsucht! –

29.

»Warum so hart!« – sprach zum Diamanten einst die Küchen-Kohle; »sind wir denn nicht Nah-Verwandte?« –

Warum so weich? Oh meine Brüder, also frage *ich* euch: seid ihr denn nicht – meine Brüder?

Warum so weich, so weichend und nachgebend? Warum ist so viel Leugnung, Verleugnung in eurem Herzen? So wenig Schicksal in eurem Blicke?

Und wollt ihr nicht Schicksale sein und Unerbittliche: wie könntet ihr mit mir – siegen?

Und wenn eure Härte nicht blitzen und scheiden und zerschneiden will: wie könntet ihr einst mit mir – schaffen?

Die Schaffenden nämlich sind hart. Und Seligkeit muß es euch dünken, eure Hand auf Jahrtausende zu drücken wie auf Wachs, –

– Seligkeit, auf dem Willen von Jahrtausenden zu schreiben wie auf Erz, – härter als Erz, edler als Erz. Ganz hart ist allein das Edelste.

Diese neue Tafel, oh meine Brüder, stelle ich über euch: *werdet hart!* –

30.

Oh du mein Wille! Du Wende aller Not, du meine Notwendigkeit! Bewahre mich vor allen kleinen Siegen!

Du Schickung meiner Seele, die ich Schicksal heiße! Du In-mir! Über-mir! Bewahre und spare mich auf zu Einem großen Schicksale!

Und deine letzte Größe, mein Wille, spare dir für dein Letztes auf, – daß du unerbittlich bist *in* deinem Siege! Ach, wer unterlag nicht seinem Siege!

Ach, wessen Auge dunkelte nicht in dieser trunkenen Dämmerung! Ach, wessen Fuß taumelte nicht und verlernte im Siege – stehen! –

– Daß ich einst bereit und reif sei im großen Mittage: bereit und reif gleich glühendem Erze, blitzschwangrer Wolke und schwellendem Milch-Euter: –

– bereit zu mir selber und zu meinem verborgensten Willen: ein Bogen brünstig nach seinem Pfeile, ein Pfeil brünstig nach seinem Sterne: –

– ein Stern, bereit und reif in seinem Mittage, glühend, durchbohrt, selig vor vernichtenden Sonnen-Pfeilen: –

– eine Sonne selber und ein unerbittlicher Sonnen-Wille, zum Vernichten bereit im Siegen!

Oh Wille, Wende aller Not, du *meine* Notwendigkeit! Spare mich auf zu einem großen Siege! – –

Also sprach Zarathustra.

Der Genesende

1.

Eines Morgens, nicht lange nach seiner Rückkehr zur Höhle, sprang Zarathustra von seinem Lager auf wie ein Toller, schrie mit furchtbarer Stimme und gebärdete sich, als ob noch Einer auf dem Lager läge, der nicht davon aufstehn wolle; und also tönte Zarathustras Stimme, daß seine Tiere erschreckt hinzukamen, und daß aus allen Höhlen und Schlupfwinkeln, die Zarathustras Höhle benachbart waren, alles Getier davonhuschte, – fliegend, flatternd, kriechend, springend, wie ihm nur die Art von Fuß und Flügel gegeben war. Zarathustra aber redete diese Worte:

Herauf, abgründlicher Gedanke, aus meiner Tiefe! Ich bin dein Hahn und Morgen-Grauen, verschlafener Wurm: auf! auf! Meine Stimme soll dich schon wach krähen!

Knüpfe die Fessel deiner Ohren los: horche! Denn ich will dich hören! Auf! Auf! Hier ist Donners genug, daß auch Gräber horchen lernen!

Und wische den Schlaf und alles Blöde, Blinde aus deinen Augen! Höre mich auch mit deinen Augen: meine Stimme ist ein Heilmittel noch für Blindgeborne.

Und bist du erst wach, sollst du mir ewig wach bleiben. Nicht ist das *meine* Art, Urgroßmütter aus dem Schlafe wecken, daß ich sie heiße – weiterschlafen!

Du regst dich, dehnst dich, röchelst? Auf! Auf! Nicht röcheln – reden sollst du mir! Zarathustra ruft dich, der Gottlose!

Ich, Zarathustra, der Fürsprecher des Lebens, der Fürsprecher des Leidens, der Fürsprecher des Kreises – dich rufe ich, meinen abgründlichsten Gedanken!

Heil mir! Du kommst, – ich höre dich! Mein Abgrund *redet,* meine letzte Tiefe habe ich ans Licht gestülpt!

Heil mir! Heran! Gib die Hand – – ha! laß! Haha! – – Ekel, Ekel, Ekel – – – wehe mir!

2.

Kaum aber hatte Zarathustra diese Worte gesprochen, da stürzte er nieder gleich einem Toten und blieb lange wie ein Toter. Als er aber wieder zu sich kam, da war er bleich und zitterte und blieb liegen und wollte lange nicht essen noch trinken. Solches Wesen dauerte an ihm sieben Tage; seine Tiere verließen ihn aber nicht bei Tag und Nacht, es sei denn, daß der Adler ausflog, Speise zu holen. Und was er holte und zusammenraubte, das legte er auf Zarathustras Lager: also daß Zarathustra endlich unter gelben und roten Beeren, Trauben, Rosenäpfeln, wohlriechendem Krautwerke und Pinien-Zapfen lag. Zu seinen Füßen aber waren zwei Lämmer gebreitet, welche der Adler mit Mühe ihren Hirten abgeraubt hatte.

Endlich, nach sieben Tagen, richtete sich Zarathustra auf seinem Lager auf, nahm einen Rosenapfel in die Hand, roch daran und fand seinen Geruch lieblich. Da glaubten seine Tiere, die Zeit sei gekommen, mit ihm zu reden.

»Oh Zarathustra«, sagten sie, »nun liegst du schon sieben Tage so, mit schweren Augen: willst du dich nicht endlich wieder auf deine Füße stellen?

Tritt hinaus aus deiner Höhle: die Welt wartet dein wie ein Garten. Der Wind spielt mit schweren Wohlgerüchen, die zu ihr wollen; und alle Bäche möchten dir nachlaufen.

Alle Dinge sehnen sich nach dir, dieweil du sieben Tage allein bliebst, – tritt hinaus aus deiner Höhle! Alle Dinge wollen deine Ärzte sein!

Kam wohl eine neue Erkenntnis zu dir, eine saure, schwere? Gleich angesäuertem Teige lagst du, deine Seele ging auf und schwoll über alle ihre Ränder. –«

– Oh meine Tiere, antwortete Zarathustra, schwätzt also weiter und laßt mich zuhören! Es erquickt mich so, daß ihr schwätzt: wo geschwätzt wird, da liegt mir schon die Welt wie ein Garten.

Wie lieblich ist es, daß Worte und Töne da sind: sind nicht Worte und Töne Regenbögen und Schein-Brücken zwischen Ewig-Geschiedenem ?

Zu jeder Seele gehört eine andre Welt; für jede Seele ist jede andre Seele eine Hinterwelt.

Zwischen dem Ähnlichsten gerade lügt der Schein am schönsten; denn die kleinste Kluft ist am schwersten zu überbrücken.

Für mich – wie gäbe es ein Außer-mir? Es gibt kein Außen! Aber das vergessen wir bei allen Tönen; wie lieblich ist es, daß wir vergessen!

Sind nicht den Dingen Namen und Töne geschenkt, daß der Mensch sich an den Dingen erquicke? Es ist eine schöne Narretei, das Sprechen: damit tanzt der Mensch über alle Dinge.

Wie lieblich ist alles Reden und alle Lüge der Töne! Mit Tönen tanzt unsre Liebe auf bunten Regenbögen. –

– »Oh Zarathustra«, sagten darauf die Tiere, »Solchen, die denken wie wir, tanzen alle Dinge selber: das kommt und reicht sich die Hand und lacht und flieht – und kommt zurück.

Alles geht, Alles kommt zurück; ewig rollt das Rad des Seins. Alles stirbt, Alles blüht wieder auf, ewig läuft das Jahr des Seins.

Alles bricht, Alles wird neu gefügt; ewig baut sich das gleiche Haus des Seins. Alles scheidet, Alles grüßt sich wieder; ewig bleibt sich treu der Ring des Seins.

In iedem Nu beginnt das Sein; um jedes Hier rollt sich die Kugel Dort. Die Mitte ist überall. Krumm ist der Pfad der Ewigkeit.« –

– Oh ihr Schalks-Narren und Drehorgeln! antwortete Zarathustra und lächelte wieder, wie gut wißt ihr, was sich in sieben Tagen erfüllen mußte: –

– und wie jenes Untier mir in den Schlund kroch und mich würgte! Aber ich biß ihm den Kopf ab und spie ihn weg von mir.

Und ihr, – ihr machtet schon ein Leier-Lied daraus? Nun aber liege ich da, müde noch von diesem Beißen und Wegspein, krank noch von der eigenen Erlösung.

Und ihr schautet dem Allen zu? Oh meine Tiere, seid auch ihr grausam? Habt ihr meinem großen Schmerze zuschaun wollen, wie Menschen tun? Der Mensch nämlich ist das grausamste Tier.

Bei Trauerspielen, Stierkämpfen und Kreuzigungen ist es ihm bisher am wohlsten geworden auf Erden; und als er sich die Hölle erfand, siehe, da war das sein Himmel auf Erden.

Wenn der große Mensch schreit –: flugs läuft der kleine hinzu; und die Zunge hängt ihm aus dem Halse vor Lüsternheit: Er aber heißt es sein »Mitleiden«.

Der kleine Mensch, sonderlich der Dichter – wie eifrig klagt er das Leben in Worten an! Hört hin, aber überhört mir die Lust nicht, die in allem Anklagen ist!

Solche Ankläger des Lebens: die überwindet das Leben mit einem Augenblinzeln. »Du liebst mich?« sagt der Freche; »warte noch ein Wenig, noch habe ich für dich nicht Zeit.«

Der Mensch ist gegen sich selber das grausamste Tier; und bei Allem, was sich »Sünder« und »Kreuzträger« und »Büßer« heißt, überhört mir die Wollust nicht, die in diesem Klagen und Anklagen ist!

Und ich selber – will ich damit des Menschen Ankläger sein? Ach, meine Tiere, Das allein lernte ich bisher, daß dem Menschen sein Bösestes nötig ist zu seinem Besten, –

– daß alles Böseste seine beste *Kraft* ist und der härteste Stein dem höchsten Schaffenden; und daß der Mensch besser *und* böser werden muß: –

Nicht an *dies* Marterholz war ich geheftet, daß ich weiß: der Mensch ist böse, – sondern ich schrie, wie noch Niemand geschrien hat:

»Ach, daß sein Bösestes so gar klein ist! Ach, daß sein Bestes so gar klein ist!«

Der große Überdruß am Menschen – der würgte mich und war mir in den Schlund gekrochen: und was der Wahrsager sagte: »Alles ist gleich, es lohnt sich Nichts, Wissen würgt.«

Eine lange Dämmerung hinkte vor mir her, eine todesmüde, todestrunkene Traurigkeit, welche mit gähnendem Munde redete.

»Ewig kehrt er wieder, der Mensch, des du müde bist, der kleine Mensch« – so gähnte meine Traurigkeit und schleppte den Fuß und konnte nicht einschlafen.

Zur Höhle wandelte sich mir die Menschen-Erde, ihre Brust sank hinein, alles Lebendige ward mir Menschen-Moder und Knochen und morsche Vergangenheit.

Mein Seufzen saß auf allen Menschen-Gräbern und konnte nicht mehr aufstehn; mein Seufzen und Fragen unkte und würgte und nagte und klagte bei Tag und Nacht:

– »ach, der Mensch kehrt ewig wieder! Der kleine Mensch kehrt ewig wieder!« –

Nackt hatte ich einst Beide gesehn, den größten Menschen und den kleinsten Menschen: allzuähnlich einander, – allzumenschlich auch den Größten noch!

Allzuklein der Größte! – Das war mein Überdruß am Menschen! Und ewige Wiederkunft auch des Kleinsten! – Das war mein Überdruß an allem Dasein!

Ach, Ekel! Ekel! Ekel! – – Also sprach Zarathustra und seufzte und schauderte; denn er erinnerte sich seiner Krankheit. Da ließen ihn aber seine Tiere nicht weiterreden.

»Sprich nicht weiter, du Genesender!« – so antworteten ihm seine Tiere, »sondern geh hinaus, wo die Welt auf dich wartet gleich einem Garten.

Geh hinaus zu den Rosen und Bienen und Taubenschwärmen! Sonderlich aber zu den Singe-Vögeln: daß du ihnen das *Singen* ablernst!

Singen nämlich ist für Genesende; der Gesunde mag reden. Und wenn auch der Gesunde Lieder will, will er andre Lieder doch, als der Genesende.«

– »Oh ihr Schalks-Narren und Drehorgeln, so schweigt doch!« – antwortete Zarathustra und lächelte über seine Tiere. »Wie gut ihr wißt, welchen Trost ich mir selber in sieben Tagen erfand!

Daß ich wieder singen müsse, – *den* Trost erfand ich mir und *diese* Genesung: wollt ich auch daraus gleich wieder ein Leier-Lied machen?«

– »Sprich nicht weiter«, antworteten ihm abermals seine Tiere; »lieber noch, du Genesender, mache dir erst eine Leier zurecht, eine neue Leier!

Denn siehe doch, oh Zarathustra! Zu deinen neuen Liedern bedarf es neuer Leiern.

Singe und brause über, oh Zarathustra, heile mit neuen Liedern deine Seele: daß du dein großes Schicksal tragest, das noch keines Menschen Schicksal war!

Denn deine Tiere wissen es wohl, oh Zarathustra, wer du bist und werden mußt: siehe, *du bist der Lehrer der ewigen Wiederkunft* –, das ist nun *dein* Schicksal!

Daß du als der Erste diese Lehre lehren mußt, – wie sollte dies große Schicksal nicht auch deine größte Gefahr und Krankheit sein!

Siehe, wir wissen, was du lehrst: daß alle Dinge ewig wiederkehren und wir selber mit, und daß wir schon ewige Male dagewesen sind, und alle Dinge mit uns.

Du lehrst, daß es ein großes Jahr des Werdens gibt, ein Ungeheuer von großem Jahre: das muß sich, einer Sanduhr gleich, immer wieder von neuem umdrehn, damit es von neuem ablaufe und auslaufe: –

– so daß alle diese Jahre sich selber gleich sind, im Größten und auch im Kleinsten, – so daß wir selber in jedem großen Jahre uns selber gleich sind, im Größten und auch im Kleinsten.

Und wenn du jetzt sterben wolltest, oh Zarathustra: siehe, wir wissen auch, wie du da zu dir sprechen würdest: – aber deine Tiere bitten dich, daß du noch nicht sterbest!

Du würdest sprechen und ohne Zittern, vielmehr aufatmend vor Seligkeit: denn eine große Schwere und Schwüle wäre von dir genommen, du Geduldigster! –

»Nun sterbe und schwinde ich, würdest du sprechen, und im Nu bin ich ein Nichts. Die Seelen sind so sterblich wie die Leiber.

Aber der Knoten von Ursachen kehrt wieder, in den ich verschlungen bin, – der wird mich wieder schaffen! Ich selber gehöre zu den Ursachen der ewigen Wiederkunft.

Ich komme wieder, mit dieser Sonne, mit dieser Erde, mit diesem Adler, mit dieser Schlange – *nicht* zu einem neuen Leben oder besseren Leben oder ähnlichen Leben:

– ich komme ewig wieder zu diesem gleichen und selbigen Leben, im Größten und auch im Kleinsten, daß ich wieder aller Dinge ewige Wiederkunft lehre, –

– daß ich wieder das Wort spreche vom großen Erden- und Menschen-Mittage, daß ich wieder den Menschen den Übermenschen künde.

Ich sprach mein Wort, ich zerbreche an meinem Wort: so will es mein ewiges Los –, als Verkündiger gehe ich zugrunde!

Die Stunde kam nun, daß der Untergehende sich selber segnet. Also – *endet* Zarathustras Untergang.« – –

Als die Tiere diese Worte gesprochen hatten, schwiegen sie und warteten, daß Zarathustra Etwas zu ihnen sagen werde: aber Zarathustra hörte nicht, daß sie schwiegen. Vielmehr lag er still, mit geschlossenen Augen, einem Schlafenden ähnlich, ob er schon nicht schlief: denn er unterredete sich eben mit seiner Seele. Die Schlange aber und der Adler, als sie ihn solchermaßen schweigsam fanden, ehrten die große Stille um ihn und machten sich behutsam davon.

Von der großen Sehnsucht

Oh meine Seele, ich lehrte dich »Heute« sagen wie »Einst« und »Ehemals« und über alles Hier und Da und Dort deinen Reigen hinwegtanzen.

Oh meine Seele, ich erlöste dich von allen Winkeln, ich kehrte Staub, Spinnen und Zwielicht von dir ab.

Oh meine Seele, ich wusch die kleine Scham und die Winkel-Tugend von dir ab und überredete dich, nackt vor den Augen der Sonne zu stehn.

Mit dem Sturme, welcher »Geist« heißt, blies ich über deine wogende See; alle Wolken blies ich davon, ich erwürgte selbst die Würgerin, die »Sünde« heißt.

Oh meine Seele, ich gab dir das Recht, nein zu sagen wie der Sturm, und ja zu sagen, wie offner Himmel ja sagt: still wie Licht stehst du und gehst du nun durch verneinende Stürme.

Oh meine Seele, ich gab dir die Freiheit zurück über Erschaffnes und Unerschaffnes: und wer kennt, wie du sie kennst, die Wollust des Zukünftigen?

Oh meine Seele, ich lehrte dich das Verachten, das nicht wie ein Wurmfraß kommt, das große, das liebende Verachten, welches am meisten liebt, wo es am meisten verachtet.

Oh meine Seele, ich lehrte dich so überreden, daß du zu dir die Gründe selber überredest: der Sonne gleich, die das Meer noch zu ihrer Höhe überredet.

Oh meine Seele, ich nahm von dir alles Gehorchen, Kniebeugen und Herr-Sagen; ich gab dir selber den Namen »Wende der Not« und »Schicksal«.

Oh meine Seele, ich gab dir neue Namen und bunte Spielwerke, ich hieß dich »Schicksal« und »Umfang der Umfänge« und »Nabelschnur der Zeit« und »azurne Glocke«.

Oh meine Seele, deinem Erdreich gab ich alle Weisheit zu trinken, alle neuen Weine und auch alle unvordenklich alten starken Weine der Weisheit.

Oh meine Seele, jede Sonne goß ich auf dich und jede Nacht und jedes Schweigen und jede Sehnsucht: – da wuchsest du mir auf wie ein Weinstock.

Oh meine Seele, überreich und schwer stehst du nun da, ein Weinstock mit schwellenden Eutern und gedrängten braunen Gold-Weintrauben: –

– gedrängt und gedrückt von deinem Glücke, wartend vor Überflusse und schamhaft noch ob deines Wartens.

Oh meine Seele, es gibt nun nirgends eine Seele, die liebender wäre und umfangender und umfänglicher! Wo wäre Zukunft und Vergangnes näher beisammen als bei dir?

Oh meine Seele, ich gab dir Alles, und alle meine Hände sind an dich leer geworden: – und nun! Nun sagst du mir lächelnd und voll Schwermut: »Wer von uns hat zu danken? –

– hat der Geber nicht zu danken, daß der Nehmende nahm? Ist Schenken nicht eine Notdurft? Ist Nehmen nicht – Erbarmen?« –

Oh meine Seele, ich verstehe das Lächeln deiner Schwermut: dein Über-Reichtum selber streckt nun sehnende Hände aus!

Deine Fülle blickt über brausende Meere hin und sucht und wartet; die Sehnsucht der Über-Fülle blickt aus deinem lächelnden Augen-Himmel!

Und wahrlich, oh meine Seele! Wer sähe dein Lächeln und schmölze nicht vor Tränen? Die Engel selber schmelzen vor Tränen ob der Über-Güte deines Lächelns.

Deine Güte und Über-Güte ist es, die nicht klagen und weinen will: und doch sehnt sich, oh meine Seele, dein Lächeln nach Tränen und dein zitternder Mund nach Schluchzen.

»Ist alles Weinen nicht ein Klagen? Und alles Klagen nicht ein Anklagen?« Also redest du zu dir selber, und darum willst du, oh meine Seele, lieber lächeln, als dein Leid ausschütten

– in stürzende Tränen ausschütten all dein Leid über deine Fülle und über all die Drängnis des Weinstocks nach Winzer und Winzermesser!

Aber willst du nicht weinen, nicht ausweinen deine purpurne Schwermut, so wirst du *singen* müssen, oh meine Seele! – Siehe, ich lächle selber, der ich dir solches vorhersage:

– singen, mit brausendem Gesange, bis alle Meere still werden, daß sie deiner Sehnsucht zuhorchen, –

– bis über stille sehnsüchtige Meere der Nachen schwebt, das güldene Wunder, um dessen Gold alle guten schlimmen wunderlichen Dinge hüpfen: –

– auch vieles große und kleine Getier und Alles, was leichte wunderliche Füße hat, daß es auf veilchenblauen Pfaden laufen kann, –

– hin zu dem güldenen Wunder, dem freiwilligen Nachen und zu seinem Herrn: das aber ist der Winzer, der mit diamantenem Winzermesser wartet, –

– dein großer Löser, oh meine Seele, der Namenlose – – dem zukünftige Gesänge erst Namen finden! Und wahrlich, schon duftet dein Atem nach zukünftigen Gesängen, –

– schon glühst du und träumst, schon trinkst du durstig an allen tiefen klingenden Trost-Brunnen, schon ruht deine Schwermut in der Seligkeit zukünftiger Gesänge! – –

Oh meine Seele, nun gab ich dir Alles und auch mein Letztes, und alle meine Hände sind an dich leer geworden: – *daß ich dich singen hieß*, siehe, das war mein Letztes!

Daß ich dich singen hieß, sprich nun, sprich: wer von uns hat jetzt – zu danken? – Besser aber noch: singe mir, singe, oh meine Seele! Und mich laß danken! –

Also sprach Zarathustra.

Das andere Tanzlied

1.

»In dein Auge schaute ich jüngst, oh Leben: Gold sah ich in deinem Nacht-Auge blinken, – mein Herz stand still vor dieser Wollust:

– einen goldenen Kahn sah ich blinken auf nächtigen Gewässern, einen sinkenden, trinkenden, wieder winkenden goldenen Schaukel-Kahn!

Nach meinem Fuße, dem tanzwütigen, warfst du einen Blick, einen lachenden fragenden schmelzenden Schaukel-Blick:

Zweimal nur regtest du deine Klapper mit kleinen Händen – da schaukelte schon mein Fuß vor Tanz-Wut. –

Meine Fersen bäumten sich, meine Zehen horchten, dich zu verstehen: trägt doch der Tänzer sein Ohr – in seinen Zehen!

Zu dir hin sprang ich: da flohst du zurück vor meinem Sprunge; und gegen mich züngelte deines fliehenden fliegenden Haars Zunge!

Von dir weg sprang ich und von deinen Schlangen: da standest du schon, halbgewandt, das Auge voll Verlangen.

Mit krummen Blicken – lehrst du mich krumme Bahnen; auf krummen Bahnen lernt mein Fuß – Tücken!

Ich fürchte dich Nahe, ich liebe dich Ferne; deine Flucht lockt mich, dein Suchen stockt mich: – ich leide, aber was litt ich um dich nicht gerne!

Deren Kälte zündet, deren Haß verführt, deren Flucht bindet, deren Spott – rührt:

– wer haßte dich nicht, dich große Binderin, Umwinderin, Versucherin, Sucherin, Finderin! Wer liebte dich nicht, dich unschuldige, ungeduldige, windseilige, kindsäugige Sünderin!

Wohin ziehst du mich jetzt, du Ausbund und Unband? Und jetzt fliehst du mich wieder, du süßer Wildfang und Undank!

Ich tanze dir nach, ich folge dir auch auf geringer Spur. Wo bist du? Gib mir die Hand! Oder einen Finger nur!

Hier sind Höhlen und Dickichte: wir werden uns verirren! – Halt! Steh still! Siehst du nicht Eulen und Fledermäuse schwirren?

Du Eule! Du Fledermaus! Du willst mich äffen? Wo sind wir? Von den Hunden lerntest du dies Heulen und Kläffen.

Du fletschest mich lieblich an mit weißen Zähnlein, deine bösen Augen springen gegen mich aus lockichtem Mähnlein!

Das ist ein Tanz über Stock und Stein: ich bin der Jäger, – willst du mein Hund oder meine Gemse sein?

Jetzt neben mir! Und geschwind, du boshafte Springerin! Jetzt hinauf! Und hinüber! – Wehe! Da fiel ich selber im Springen hin!

Oh sieh mich liegen, du Übermut, und um Gnade flehn! Gerne möchte ich mit dir – lieblichere Pfade gehn!

– der Liebe Pfade durch stille bunte Büsche! Oder dort den See entlang: da schwimmen und tanzen Goldfische!

Du bist jetzt müde? Da drüben sind Schafe und Abendröten: ist es nicht schön, zu schlafen, wenn Schäfer flöten?

Du bist so arg müde? Ich trage dich hin, laß nur die Arme sinken! Und hast du Durst, – ich hätte wohl Etwas, aber dein Mund will es nicht trinken!

– Oh diese verfluchte flinke gelenke Schlange und Schlupf-Hexe! Wo bist du hin! Aber im Gesicht fühle ich von deiner Hand zwei Tupfen und rote Klexe!

Ich bin es wahrlich müde, immer dein schafichter Schäfer zu sein! Du Hexe, habe ich dir bisher gesungen, nun sollst du mir – schrein!

Nach dem Takt meiner Peitsche sollst du mir tanzen und schrein! Ich vergaß doch die Peitsche nicht? – Nein!« –

2.

Da antwortete mir das Leben also und hielt sich dabei die zierlichen Ohren zu:

»Oh Zarathustra! Klatsche doch nicht so fürchterlich mit deiner Peitsche! Du weißt es ja: Lärm mordet Gedanken, – und eben kommen mir so zärtliche Gedanken.

Wir sind Beide zwei rechte Tunichtgute und Tunichtböse. Jenseits von Gut und Böse fanden wir unser Eiland und unsre grüne Wiese – wir Zwei allein! Darum müssen wir schon einander gut sein!

Und lieben wir uns auch nicht von Grund aus –, muß man sich denn gram sein, wenn man sich nicht von Grund aus liebt?

Und daß ich dir gut bin und oft zu gut, Das weißt du: und der Grund ist, daß ich auf deine Weisheit eifersüchtig bin. Ah, diese tolle alte Närrin von Weisheit!

Wenn dir deine Weisheit einmal davonliefe, ach! da liefe dir schnell auch meine Liebe noch davon.« –

Darauf blickte das Leben nachdenklich hinter sich und um sich und sagte leise: »Oh Zarathustra, du bist mir nicht treu genug!

Du liebst mich lange nicht so sehr wie du redest; ich weiß, du denkst daran, daß du mich bald verlassen willst.

Es gibt eine alte, schwere schwere Brumm-Glocke: die brummt nachts bis zu deiner Höhle hinauf: –

– hörst du diese Glocke mitternachts die Stunde schlagen, so denkst du zwischen Eins und Zwölf daran –

– du denkst daran, oh Zarathustra, ich weiß es, daß du mich bald verlassen willst!« –

»Ja«, antwortete ich zögernd, »aber du weißt es auch –« Und ich sagte ihr Etwas ins Ohr, mitten hinein zwischen ihre verwirrten gelben törichten Haar-Zotteln.

»Du *weißt* Das, oh Zarathustra? Das weiß Niemand. – –«

Und wir sahen uns an und blickten auf die grüne Wiese, über welche eben der kühle Abend lief, und weinten miteinander. – Damals aber war mir das Leben lieber, als je alle meine Weisheit. –

Also sprach Zarathustra.

3.

Eins!
Oh Mensch! Gib acht!
Zwei!
Was spricht die tiefe Mitternacht?
Drei!

»Ich schlief, ich schlief –,
Vier!
Aus tiefem Traum bin ich erwacht: –
Fünf!
Die Welt ist tief,
Sechs!
Und tiefer als der Tag gedacht.
Sieben!
Tief ist ihr Weh –,
Acht!
Lust – tiefer noch als Herzeleid:
Neun!
Weh spricht: Vergeh!
Zehn!
Doch alle Lust will Ewigkeit –,
Elf!
– will tiefe, tiefe Ewigkeit!«
Zwölf!

Die sieben Siegel

(Oder: das Ja-und-Amen-Lied)

1.

Wenn ich ein Wahrsager bin und voll jenes wahrsagerischen Geistes, der auf hohem Joche zwischen zwei Meeren wandelt, –

zwischen Vergangenem und Zukünftigem als schwere Wolke wandelt, – schwülen Niederungen feind und Allem, was müde ist und nicht sterben noch leben kann:

zum Blitze bereit im dunklen Busen und zum erlösenden Lichtstrahle, schwanger von Blitzen, die Ja! sagen, Ja! lachen, zu wahrsagerischen Blitzstrahlen: –

– selig aber ist der also Schwangere! Und wahrlich, lange muß als schweres Wetter am Berge hängen, wer einst das Licht der Zukunft zünden soll! –

Oh wie sollte ich nicht nach der Ewigkeit brünstig sein und nach dem hochzeitlichen Ring der Ringe – dem Ring der Wiederkunft!

Nie noch fand ich das Weib, von dem ich Kinder mochte, es sei denn dieses Weib, das ich liebe: denn ich liebe dich, oh Ewigkeit!

Denn ich liebe dich, oh Ewigkeit!

2.

Wenn mein Zorn je Gräber brach, Grenzsteine rückte und alte Tafeln zerbrochen in steile Tiefen rollte:

Wenn mein Hohn je vermoderte Worte zerblies, und ich wie ein Besen kam den Kreuzspinnen und als Fegewind alten verdumpften Grabkammern:

Wenn ich je frohlockend saß, wo alte Götter begraben liegen, weltsegnend, weltliebend neben den Denkmalen alter Welt-Verleumder: –

– denn selbst Kirchen und Gottes-Gräber liebe ich, wenn der Himmel erst reinen Auges durch ihre zerbrochnen Decken blickt; gern sitze ich gleich Gras und rotem Mohne auf zerbrochnen Kirchen –

Oh wie sollte ich nicht nach der Ewigkeit brünstig sein und nach dem hochzeitlichen Ring der Ringe – dem Ring der Wiederkunft?

Nie noch fand ich das Weib, von dem ich Kinder mochte, es sei denn dieses Weib, das ich liebe: denn ich liebe dich, oh Ewigkeit!

Denn ich liebe dich, oh Ewigkeit!

3.

Wenn je ein Hauch zu mir kam vom schöpferischen Hauche und von jener himmlischen Not, die noch Zufälle zwingt, Sternen-Reigen zu tanzen:

Wenn ich je mit dem Lachen des schöpferen Blitzes lachte, dem der lange Donner der Tat grollend, aber gehorsam nachfolgt:

Wenn ich je am Göttertisch der Erde mit Göttern Würfel spielte, daß die Erde bebte und brach und Feuerflüsse heraufschnob: –

– denn ein Göttertisch ist die Erde, und zitternd von schöpferischen neuen Worten und Götter-Würfen: –

Oh wie sollte ich nicht nach der Ewigkeit brünstig sein und nach dem hochzeitlichen Ring der Ringe – dem Ring der Wiederkunft?

Nie noch fand ich das Weib, von dem ich Kinder mochte, es sei denn dieses Weib, das ich liebe: denn ich liebe dich, oh Ewigkeit!

Denn ich liebe dich, oh Ewigkeit!

4.

Wenn ich je vollen Zuges trank aus jenem schäumenden Würz- und Mischkruge, in dem alle Dinge gut gemischt sind:

Wenn meine Hand je Fernstes zum Nächsten goß, und Feuer zu Geist und Lust zu Leid und Schlimmstes zum Gütigsten:

Wenn ich selber ein Korn bin von jenem erlösenden Salze, welches macht, daß alle Dinge im Mischkruge gut sich mischen: –

– denn es gibt ein Salz, das Gutes mit Bösem bindet; und auch das Böseste ist zum Würzen würdig und zum letzten Überschäumen: –

Oh wie sollte ich nicht nach der Ewigkeit brünstig sein und nach dem hochzeitlichen Ring der Ringe – dem Ring der Wiederkunft?

Nie noch fand ich das Weib, von dem ich Kinder mochte, es sei denn dieses Weib, das ich liebe: denn ich liebe dich, oh Ewigkeit!

Denn ich liebe dich, oh Ewigkeit!

5.

Wenn ich dem Meere hold bin und Allem, was Meeres-Art ist, und am holdesten noch, wenn es mir zornig widerspricht:

Wenn jene suchende Lust in mir ist, die nach Unentdecktem die Segel treibt, wenn eine Seefahrer-Lust in meiner Lust ist:

Wenn je mein Frohlocken rief: »die Küste schwand – nun fiel mir die letzte Kette ab –

– das Grenzenlose braust um mich, weit hinaus glänzt mir Raum und Zeit, wohlan! wohlauf! altes Herz!« –

Oh wie sollte ich nicht nach der Ewigkeit brünstig sein und nach dem hochzeitlichen Ring der Ringe – dem Ring der Wiederkunft?

Nie noch fand ich das Weib, von dem ich Kinder mochte, es sei denn dieses Weib, das ich liebe: denn ich liebe dich, oh Ewigkeit!

Denn ich liebe dich, oh Ewigkeit!

6.

Wenn meine Tugend eines Tänzers Tugend ist, und ich oft mit beiden Füßen in gold-smaragdenes Entzücken sprang:

Wenn meine Bosheit eine lachende Bosheit ist, heimisch unter Rosenhängen und Lilien-Hecken:

– im Lachen nämlich ist alles Böse beieinander, aber heilig- und losgesprochen durch seine eigne Seligkeit: –

Und wenn das mein A und O ist, daß alles Schwere leicht, aller Leib Tänzer, aller Geist Vogel werde: und wahrlich, das ist mein A und O! –

Oh wie sollte ich nicht nach der Ewigkeit brünstig sein und nach dem hochzeitlichen Ring der Ringe – dem Ring der Wiederkunft?

Nie noch fand ich das Weib, von dem ich Kinder mochte, es sei denn dieses Weib, das ich liebe: denn ich liebe dich, oh Ewigkeit!

Denn ich liebe dich, oh Ewigkeit!

7.

Wenn ich je stille Himmel über mir ausspannte und mit eignen Flügeln in eigne Himmel flog:

Wenn ich spielend in tiefen Licht-Fernen schwamm und meiner Freiheit Vogel-Weisheit kam: –

– so aber spricht Vogel-Weisheit: »Siehe, es gibt kein Oben, kein Unten! Wirf dich umher, hinaus, zurück, du Leichter! Singe! sprich nicht mehr!

– sind alle Worte nicht für die Schweren gemacht? Lügen dem Leichten nicht alle Worte! Singe! sprich nicht mehr!«

Oh wie sollte ich nicht nach der Ewigkeit brünstig sein und nach dem hochzeitlichen Ring der Ringe – dem Ring der Wiederkunft ?

Nie noch fand ich das Weib, von dem ich Kinder mochte, es sei denn dieses Weib, das ich liebe: denn ich liebe dich, oh Ewigkeit!

Denn ich liebe dich, oh Ewigkeit!

VIERTER UND LETZTER TEIL

Also sprach Zarathustra

Ach, wo in der Welt geschahen größere Torheiten, als bei den Mitleidigen? Und was in der Welt stiftete mehr Leid, als die Torheiten der Mitleidigen?
Wehe allen Liebenden, die nicht noch eine Höhe haben, welche über ihrem Mitleiden ist!
Also sprach der Teufel einst zu mir: »auch Gott hat seine Hölle: das ist seine Liebe zu den Menschen.«
Und jüngst hörte ich ihn dies Wort sagen: »Gott ist tot; an seinem Mitleiden mit den Menschen ist Gott gestorben.«

Also sprach Zarathustra (S. 423)

Das Honig-Opfer

– Und wieder liefen Monde und Jahre über Zarathustras Seele, und er achtete dessen nicht; sein Haar aber wurde weiß. Eines Tages, als er auf einem Steine vor seiner Höhle saß und still hinausschaute – man schaut aber dort auf das Meer hinaus, und hinweg über gewundene Abgründe –, da gingen seine Tiere nachdenklich um ihn herum und stellten sich endlich vor ihn hin.

»Oh Zarathustra«, sagten sie, »schaust du wohl aus nach deinem Glücke?« – »Was liegt am Glücke!« antwortete er, »ich trachte lange nicht mehr nach Glücke, ich trachte nach meinem Werke.« – »Oh Zarathustra«, redeten die Tiere abermals, »Das sagst du als Einer, der des Guten übergenug hat. Liegst du nicht in einem himmelblauen See von Glück?« – »Ihr Schalks-Narren«, antwortete Zarathustra und lächelte, »wie gut wähltet ihr das Gleichnis! Aber ihr wißt auch, daß mein Glück schwer ist, und nicht wie eine flüssige Wasserwelle: es drängt mich und will nicht von mir, und tut gleich geschmolzenem Peche.« –

Da gingen die Tiere wieder nachdenklich um ihn herum und stellten sich dann abermals vor ihn hin. »Oh Zarathustra«, sagten sie, »*daher* also kommt es, daß du selber immer gelber und dunkler wirst, obschon dein Haar weiß und flächsern aussehen will? Siehe doch, du sitzest in deinem Peche!« – »Was sagt ihr da, meine Tiere«, sagte Zarathustra und lachte dazu, »wahrlich, ich lästerte, als ich von Peche sprach. Wie mir geschieht, so geht es allen Früchten, die reif werden. Es ist der *Honig* in meinen Adern, der mein Blut dicker und auch meine Seele stiller macht.« – »So wird es sein, oh Zarathustra«, antworteten die Tiere und drängten sich an ihn: »willst du aber nicht heute auf einen hohen Berg steigen? Die Luft ist rein, und man sieht heute mehr von der Welt als jemals.« – »Ja, meine Tiere«, antwortete er, »ihr ratet trefflich und mir nach dem Herzen: ich will heute auf einen hohen Berg steigen! Aber sorgt, daß dort Honig mir zur Hand sei, gelber, weißer, guter, eisfrischer Waben-Goldhonig. Denn wisset, ich will droben das Honig-Opfer bringen.« –

Als Zarathustra aber oben auf der Höhe war, sandte er die Tiere heim, die ihn geleitet hatten, und fand, daß er nunmehr allein sei: – da lachte er aus ganzem Herzen, sah sich um und sprach also:

Daß ich von Opfern sprach und Honig-Opfern, eine List war's nur meiner Rede und wahrlich, eine nützliche Torheit! Hier oben darf ich schon freier reden als vor Einsiedler-Höhlen und Einsiedler-Haustieren.

Was opfern! Ich verschwende, was mir geschenkt wird, ich Verschwender mit tausend Händen: wie dürfte ich Das noch – Opfern heißen!

Und als ich nach Honig begehrte, begehrte ich nur nach Köder und süßem Seime und Schleime, nach dem auch Brummbären und wunderliche mürrische böse Vögel die Zunge lecken:

– nach dem besten Köder, wie er Jägern und Fischfängern nottut. Denn wenn die Welt wie ein dunkler Tierwald ist und aller wilden Jäger Lustgarten, so dünkt sie mich noch mehr und lieber ein abgründliches reiches Meer.

– ein Meer voll bunter Fische und Krebse, nach dem es auch Götter gelüsten möchte, daß sie an ihm zu Fischern würden und zu Netz-Auswerfern: so reich ist die Welt an Wunderlichem, großem und kleinem!

Sonderlich die Menschen-Welt, das Menschen-Meer: – nach *dem* werfe ich nun meine goldene Angelrute aus und spreche: tue dich auf, du Menschen-Abgrund!

Tue dich auf und wirf mir deine Fische und Glitzer-Krebse zu! Mit meinem besten Köder ködere ich mir heute die wunderlichsten Menschen-Fische!

– mein Glück selber werfe ich hinaus in alle Weiten und Fernen, zwischen Aufgang, Mittag und Niedergang, ob nicht an meinem Glücke viele Menschen-Fische zerrn und zappeln lernen.

Bis sie, anbeißend an meine spitzen verborgenen Haken, hinauf müssen in *meine* Höhe, die buntesten Abgrund-Gründlinge zu dem boshaftigsten aller Menschen-Fischfänger.

Der nämlich bin ich von Grund und Anbeginn, ziehend, heranziehend, hinaufziehend, aufziehend, ein Zieher, Züchter und Zuchtmeister, der sich nicht umsonst einstmals zusprach: »Werde, der du bist!«

Also mögen nunmehr die Menschen zu mir *hinauf*kommen: denn noch warte ich der Zeiten, daß es Zeit sei zu meinem Niedergange, noch gehe ich selber nicht unter, wie ich muß, unter Menschen.

Dazu warte ich hier, listig und spöttisch auf hohen Bergen, kein Ungeduldiger, kein Geduldiger, vielmehr Einer, der auch die Geduld verlernt hat, – weil er nicht mehr »duldet«.

Mein Schicksal nämlich läßt mir Zeit: es vergaß mich wohl? Oder sitzt es hinter einem großen Steine im Schatten und fängt Fliegen?

Und wahrlich, ich bin ihm gut darob, meinem ewigen Schicksale, daß es mich nicht hetzt und drängt und mir Zeit zu Possen lädt und Bosheiten: also daß ich heute zu einem Fischfange auf diesen hohen Berg stieg.

Fing wohl je ein Mensch auf hohen Bergen Fische? Und wenn es auch eine Torheit ist, was ich hier oben will und treibe: besser noch Dies, als daß ich da unten feierlich würde vor Warten und grün und gelb –

– ein gespreizter Zornschnauber vor Warten, ein heiliger Heule-Sturm aus Bergen, ein Ungeduldiger, der in die Täler hinabruft: »Hört, oder ich peitsche euch mit der Geißel Gottes!«

Nicht daß ich solchen Zürnern darob gram würde: zum Lachen sind sie mir gut genug! Ungeduldig müssen sie schon sein, diese großen Lärmtrommeln, welche heute oder niemals zu Worte kommen!

Ich aber und mein Schicksal – wir reden nicht zum Heute, wir reden auch nicht zum Niemals: wir haben zum Reden schon Geduld und Zeit und Überzeit. Denn einst muß er doch kommen und darf nicht vorübergehn.

Wer muß einst kommen und darf nicht vorübergehn? Unser großer Hazar, das ist unser großes fernes Menschen-Reich, das Zarathustra-Reich von tausend Jahren –

– Wie ferne mag solche »Ferne» sein? was geht's mich an! Aber darum steht es mir doch nicht minder fest –, mit beiden Füßen stehe ich sicher auf diesem Grunde,

– auf einem ewigen Grunde, auf hartem Urgesteine, auf diesem höchsten härtesten Urgebirge, zu dem alle Winde kommen als zur Wetterscheide, fragend nach Wo? und Woher? und Wohinaus?

Hier lache, lache, meine helle heile Bosheit! Von hohen Bergen wirf hinab dein glitzerndes Spott-Gelächter! Ködere mit deinem Glitzern mir die schönsten Menschen-Fische!

Und was in allen Meeren *mir* zugehört, mein An-und-für-mich in allen Dingen – *Das* fische mir heraus, *Das* führe zu mir herauf: des warte ich, der boshaftigste aller Fischfänger.

Hinaus, hinaus, meine Angel! Hinein, hinab, Köder meines Glücks! Träufle deinen süßesten Tau, mein Herzens-Honig! Beiße, meine Angel, in den Bauch aller schwarzen Trübsal!

Hinaus, hinaus, meine Auge! Oh welche vielen Meere rings um mich, welch dämmernde Menschen-Zukunft! Und über mir – welch rosenrote Stille! Welch entwölktes Schweigen!

Der Notschrei

Des nächsten Tages saß Zarathustra wieder auf seinem Steine vor der Höhle, während die Tiere draußen in der Welt herumschweiften, daß sie neue Nahrung heimbrächten, – auch neuen Honig: denn Zarathustra hatte den alten Honig bis auf das letzte Korn vertan und verschwendet. Als er aber dermaßen dasaß, mit einem Stecken in der Hand, und den Schatten seiner Gestalt auf der Erde abzeichnete, nachdenkend, und wahrlich! nicht über sich und seinen Schatten – da erschrak er mit Einem Male und fuhr zusammen: denn er sahe neben seinem Schatten noch einen andern Schatten. Und wie er schnell um sich blickte und aufstand, siehe, da stand der Wahrsager neben ihm, derselbe, den er einstmals an seinem Tische gespeist und getränkt hatte, der Verkündiger der großen Müdigkeit, welcher lehrte: »Alles ist gleich, es lohnt sich Nichts, Welt ist ohne Sinn, Wissen würgt.« Aber sein Antlitz hatte sich inzwischen verwandelt; und als ihm Zarathustra in die Augen blickte, wurde sein Herz abermals erschreckt: so viel schlimme Verkündigungen und aschgraue Blitze liefen über dies Gesicht.

Der Wahrsager, der es wahrgenommen, was sich in Zarathustras Seele zutrug, wischte mit der Hand über sein Antlitz hin, wie als ob er dasselbe wegwischen wollte; desgleichen tat auch Zarathustra. Und als Beide dergestalt sich schweigend gefaßt und gekräftigt hatten, gaben sie sich die Hände, zum Zeichen, daß sie sich wiedererkennen wollten.

»Sei mir willkommen«, sagte Zarathustra, »du Wahrsager der großen Müdigkeit, du sollst nicht umsonst einstmals mein Tisch- und Gastfreund gewesen sein. Iß und trink auch heute bei mir und vergib es, daß ein vergnügter alter Mann mit dir zu Tische sitzt!« – »Ein vergnügter alter Mann?« antwortete der Wahrsager, den Kopf schüttelnd: »wer du aber auch bist oder sein willst, oh Zarathustra, du bist es zum längsten hier Oben gewesen, – dein Nachen soll über kurzem nicht mehr im Trocknen sitzen!« – »Sitze ich denn im Trocknen?« fragte Zarathustra lachend. – »Die Wellen um deinen Berg«, antwortete der Wahrsager, »steigen und steigen, die Wellen großer Not und Trübsal: die werden bald auch deinen Nachen heben und dich davontragen.« – Zarathustra schwieg hierauf und wunderte sich. – »Hörst du noch Nichts?« fuhr der Wahrsager fort: »rauscht und braust es nicht herauf aus der Tiefe?« – Zarathustra schwieg abermals und horchte: da hörte er einen langen, langen Schrei, welchen die Abgründe sich zuwarfen und weitergaben, denn keiner wollte ihn behalten: so böse klang er.

»Du schlimmer Verkündiger«, sprach endlich Zarathustra, »das ist ein Notschrei, und der Schrei eines Menschen, der mag wohl aus einem schwarzen Meere kommen. Aber was geht mich Menschen-Not an! Meine letzte Sünde, die mir aufgespart blieb, – weißt du wohl, wie sie heißt?«

– *»Mitleiden!«* antwortete der Wahrsager aus einem überströmenden Herzen und hob beide Hände empor – oh Zarathustra, ich komme, daß ich dich zu deiner letzten Sünde verführe!« –

Und kaum waren diese Worte gesprochen, da erscholl der Schrei abermals, und länger und ängstlicher als vorher, auch schon viel näher. »Hörst du? Hörst du, oh Zarathustra?« rief der Wahrsager, »dir gilt der Schrei, dich ruft er: komm, komm, komm, es ist Zeit, es ist die höchste Zeit!« –

Zarathustra schwieg hierauf, verwirrt und erschüttert; endlich fragte er, wie Einer, der bei sich selber zögert: »Und wer ist das, der dort mich ruft?«

»Aber du weißt es ja«, antwortete der Wahrsager heftig, »was verbirgst du dich? *Der höhere Mensch* ist es, der nach dir schreit!«

»Der höhere Mensch?« schrie Zarathustra von Grausen erfaßt: »was will *der?* Was will *der?* Der höhere Mensch! Was will der hier?« – und seine Haut bedeckte sich mit Schweiß.

Der Wahrsager aber antwortete nicht auf die Angst Zarathustras, sondern horchte und horchte nach der Tiefe zu. Als es jedoch lange Zeit dort stille blieb, wandte er seinen Blick zurück und sahe Zarathustra stehn und zittern.

»Oh Zarathustra«, hob er mit trauriger Stimme an, »du stehst nicht da wie Einer, den sein Glück drehend macht: du wirst tanzen müssen, daß du mir nicht umfällst!

Aber wenn du auch vor mir tanzen wolltest und alle deine Seitensprünge springen: Niemand soll mir doch sagen dürfen: »Siehe, hier tanzt der letzte frohe Mensch!«

Umsonst käme Einer auf diese Höhe, der *den* hier suchte: Höhlen fände er wohl und Hinter-Höhlen, Verstecke für Versteckte, aber nicht Glücks-Schachte und Schatzkammern und neue Glücks-Goldadern.

Glück – wie fände man wohl das Glück bei solchen Vergrabenen und Einsiedlern! Muß ich das letzte Glück noch auf glückseligen Inseln suchen und ferne zwischen vergessenen Meeren?

Aber Alles ist gleich, es lohnt sich Nichts, es hilft kein Suchen, es gibt auch keine glückseligen Inseln mehr!« –

– Also seufzte der Wahrsager; bei seinem letzten Seufzer aber wurde Zarathustra wieder hell und sicher, gleich Einem, der aus einem tiefen Schlunde ans Licht kommt. »Nein! Nein! Drei Mal Nein!« rief er mit starker Stimme und strich sich den Bart – »Das weiß ich besser! Es gibt noch glückselige Inseln! Stille *davon,* du seufzender Trauersack!

Höre *davon* auf zu plätschern, du Regenwolke am Vormittag! Stehe ich denn nicht schon da, naß von deiner Trübsal und begossen wie ein Hund?

Nun schüttle ich mich und laufe dir davon, daß ich wieder trocken werde: des darfst du nicht Wunder haben! Dünke ich dir unhöflich? Aber hier ist *mein* Hof.

Was aber deinen höheren Menschen angeht: wohlan! ich suche ihn flugs in jenen Wäldern: *daher* kam sein Schrei. Vielleicht bedrängt ihn da ein böses Tier.

Er ist in *meinem* Bereiche: darin soll er mir nicht zu Schaden kommen! Und wahrlich, es gibt viele böse Tiere bei mir.« –

Mit diesen Worten wandte sich Zarathustra zum Gehen. Da sprach der Wahrsager: »Oh Zarathustra, du bist ein Schelm!

Ich weiß es schon: du willst mich los sein! Lieber noch läufst du in die Wälder und stellst bösen Tieren nach!

Aber was hilft es dir? Des Abends wirst du doch mich wiederhaben; in deiner eignen Höhle werde ich dasitzen, geduldig und schwer wie ein Klotz – und auf die warten!«

»So sei's!« rief Zarathustra zurück im Fortgehn: »und was mein ist in meiner Höhle, gehört auch dir, meinem Gastfreunde!

Solltest du aber drin noch Honig finden, wohlan! so lecke ihn nur auf, du Brummbär, und versüße deine Seele! Am Abende nämlich wollen wir Beide guter Dinge sein,

– guter Dinge und froh darob, daß dieser Tag zu Ende ging! Und du selber sollst zu meinen Liedern als mein Tanzbär tanzen.

Du glaubst nicht daran? Du schüttelst den Kopf? Wohlan! Wohlauf! Alter Bär! Aber auch ich – bin ein Wahrsager.«

Also sprach Zarathustra.

Gespräch mit den Königen

1.

Zarathustra war noch keine Stunde in seinen Bergen und Wäldern unterwegs, da sahe er mit Einem Male einen seltsamen Aufzug. Gerade auf dem Wege, den er hinabwollte, kamen zwei Könige gegangen, mit Kronen und Purpurgürteln geschmückt und bunt wie Flamingo-Vögel: die trieben einen beladenen Esel vor sich her: »Was wollen diese Könige in meinem Reiche?« sprach Zarathustra erstaunt zu seinem Herzen und versteckte sich geschwind hinter einem Busche. Als aber die Könige bis zu ihm herankamen, sagte er, halblaut, wie Einer, der zu sich allein redet: »Seltsam! Seltsam! Wie reimt sich Das zusammen? Zwei Könige sehe ich – und nur einen Esel!«

Da machten die beiden Könige halt, lächelten, sahen nach der Stelle hin, woher die Stimme kam, und sahen sich nachher selber ins Gesicht. »Solcherlei denkt man wohl auch unter uns«, sagte der König zur Rechten, »aber man spricht es nicht aus.«

Der König zur Linken aber zuckte mit den Achseln und antwortete: »Das mag wohl ein Ziegenhirt sein. Oder ein Einsiedler, der zu lange unter Felsen und Bäumen lebte. Gar keine Gesellschaft nämlich verdirbt auch die guten Sitten.«

»Die guten Sitten?« entgegnete unwillig und bitter der andre König: »wem laufen wir denn aus dem Wege? Ist es nicht den ›guten Sitten‹? Unserer ›guten Gesellschaft‹?

Lieber, wahrlich, unter Einsiedlern und Ziegenhirten als mit unserm vergoldeten falschen überschminkten Pöbel leben, – ob er sich schon ›gute Gesellschaft‹ heißt,

– ob er sich schon ›Adel‹ heißt. Aber da ist Alles falsch und faul, voran das Blut, dank alten schlechten Krankheiten und schlechteren Heil-Künstlern.

Der Beste und Liebste ist mir heute noch ein gesunder Bauer, grob, listig, hartnäckig, langhaltig: das ist heute die vornehmste Art.

Der Bauer ist heute der Beste; und Bauern-Art sollte Herr sein! Aber es ist das Reich des Pöbels, – ich lasse mir Nichts mehr vormachen. Pöbel aber, das heißt: Mischmasch.

Pöbel-Mischmasch: darin ist Alles in Allem durcheinander, Heiliger und Halunke und Junker und Jude und jeglich Vieh aus der Arche Noäh.

Gute Sitten! Alles ist bei uns falsch und faul. Niemand weiß mehr zu verehren: *dem* gerade laufen wir davon. Es sind süßliche zudringliche Hunde, sie vergolden Palmenblätter.

Dieser Ekel würgt mich, daß wir Könige selber falsch wurden, überhängt und verkleidet durch alten vergilbten Großväter-Prunk, Schaumünzen für die Dümmsten und die Schlauesten und wer heute Alles mit der Macht Schacher treibt!

Wir *sind* nicht die Ersten – und müssen es doch *bedeuten:* dieser Betrügerei sind wir endlich satt und ekel geworden.

Dem Gesindel gingen wir aus dem Wege, allen diesen Schreihälsen und Schreib-Schmeißfliegen, dem Krämer-Gestank, dem Ehrgeiz-Gezappel, dem üblen Atem –: pfui, unter dem Gesindel leben,

– pfui, unter dem Gesindel die Ersten zu bedeuten! Ach, Ekel! Ekel! Ekel! Was liegt noch an uns Königen!« –

»Deine alte Krankheit fällt dich an«, sagte hier der König zur Linken, »der Ekel fällt dich an, mein armer Bruder. Aber du weißt es doch, es hört uns Einer zu.«

Sofort erhob sich Zarathustra, der zu diesen Reden Ohren und Augen aufgesperrt hatte, aus seinem Schlupfwinkel, trat auf die Könige zu und begann:

»Der Euch zuhört, der Euch gerne zuhört, ihr Könige, der heißt Zarathustra.

Ich bin Zarathustra, der einst sprach: ›Was liegt noch an Königen!‹ Vergebt mir, ich freute mich, als Ihr zueinander sagtet: ›Was liegt an uns Königen!‹

Hier aber ist *mein* Reich und meine Herrschaft: was mögt Ihr wohl in meinem Reiche suchen? Vielleicht aber *fandet* Ihr unterwegs, was *ich* suche: nämlich den höheren Menschen.«

Als Dies die Könige hörten, schlugen sie sich an die Brust und sprachen mit Einem Munde: »Wir sind erkannt!

Mit dem Schwerte dieses Wortes zerhaust du unsres Herzens dickste Finsternis. Du entdecktest unsre Not, denn siehe! Wir sind unterwegs, daß wir den höheren Menschen fänden –

– den Menschen, der höher ist als wir: ob wir gleich Könige sind. Ihm führen wir diesen Esel zu. Der höchste Mensch nämlich soll auf Erden auch der höchste Herr sein.

Es gibt kein härteres Unglück in allem Menschen-Schicksale, als wenn die Mächtigen der Erde nicht auch die ersten Menschen sind. Da wird Alles falsch und schief und ungeheuer.

Und wenn sie gar die letzten sind und mehr Vieh als Mensch: da steigt und steigt der Pöbel im Preise, und endlich spricht gar die Pöbel-Tugend: ›siehe, ich allein bin Tugend!‹« –

»Was hörte ich eben?« antwortete Zarathustra, »welche Weisheit bei Königen! Ich bin entzückt, und, wahrlich, schon gelüstet's mich, einen Reim darauf zu machen: –

– mag es auch ein Reim werden, der nicht für Jedermanns Ohren taugt. Ich verlernte seit langem schon die Rücksicht auf lange Ohren: Wohlan! Wohlauf!

(Hier aber geschah es, daß auch der Esel zu Worte kam: er sagte aber deutlich und mit bösem Willen I-A.)

Einstmals – ich glaub', im Jahr des Heiles Eins –
Sprach die Sibylle, trunken sonder Weins:
»Weh, nun geht's schief!
Verfall! Verfall! Nie sank die Welt so tief!
Rom sank zur Hure und zur Huren-Bude,
Roms Caesar sank zum Vieh, Gott selbst – ward Jude!«

2.

An diesen Reimen Zarathustras weideten sich die Könige; der König zur Rechten aber sprach: »oh Zarathustra, wie gut taten wir, daß wir auszogen, dich zu sehn!

Deine Feinde nämlich zeigten uns dein Bild in ihrem Spiegel: da blicktest du mit der Fratze eines Teufels und hohnlachend: also daß wir uns vor dir fürchteten.

Aber was half's! Immer wieder stachst du uns in Ohr und Herz mit deinen Sprüchen. Da sprachen wir endlich: was liegt daran, wie er aussieht!

Wir müssen ihn *hören*, ihn, der lehrt ›ihr sollt den Frieden lieben als Mittel zu neuen Kriegen, und den kurzen Frieden mehr als den langen!‹

Niemand sprach je so kriegerische Worte: ›Was ist gut? Tapfer sein ist gut. Der gute Krieg ist's, der jede Sache heiligt.‹

Oh Zarathustra, unsrer Väter Blut rührte sich bei solchen Worten in unserm Leibe: das war wie die Rede des Frühlings zu alten Weinfässern.

Wenn die Schwerter durcheinanderliefen gleich rotgefleckten Schlangen, da wurden unsre Väter dem Leben gut; alles Friedens Sonne dünkte sie flau und lau, der lange Frieden aber machte Scham.

Wie sie seufzten, unsre Väter, wenn sie an der Wand blitzblanke ausgedorrte Schwerter sahen! Denen gleich dürsteten sie nach Krieg. Ein Schwert nämlich will Blut trinken und funkelt vor Begierde.« – –

– Als die Könige dergestalt mit Eifer von dem Glück ihrer Väter redeten und schwätzten, überkam Zarathustra keine kleine Lust, ihres Eifers zu spotten: denn ersichtlich waren es sehr friedfertige Könige, welche er vor sich sah, solche mit alten und feinen Gesichtern. Aber er bezwang sich: »Wohlan!« sprach er, »dorthin führt der Weg, da liegt die Höhle Zarathustras; und dieser Tag soll einen langen Abend haben! Jetzt aber ruft mich eilig ein Notschrei fort von Euch.

Es ehrt meine Höhle, wenn Könige in ihr sitzen und warten wollen: aber, freilich, Ihr werdet lange warten müssen!

Je nun! Was tut's! Wo lernt man heute besser warten als an Höfen? Und der Könige ganze Tugend, die ihnen übrigblieb, – heißt sie heute nicht: *Warten-Können?*«

Also sprach Zarathustra.

Der Blutegel

Und Zarathustra ging nachdenklich weiter und tiefer, durch Wälder und vorbei an moorigen Gründen; wie es aber Jedem ergeht, der über schwere Dinge nachdenkt, so trat er unversehens dabei auf einen Menschen. Und siehe, da sprützten ihm mit Einem Male ein Weheschrei und zwei Flüche und zwanzig schlimme Schimpfworte ins Gesicht: also daß er in seinem Schrecken den Stock erhob und auch auf den Getretenen noch zuschlug. Gleich darauf aber kam ihm die Besinnung; und sein Herz lachte über die Torheit, die er eben getan hatte.

»Vergib«, sagte er zu dem Getretenen, der sich grimmig erhoben und gesetzt hatte, »vergib und vernimm vor Allem erst ein Gleichnis.

Wie ein Wandrer, der von fernen Dingen träumt, unversehens auf einsamer Straße einen schlafenden Hund anstößt, einen Hund, der in der Sonne liegt:

– wie da Beide auffahren, sich anfahren, Todfeinden gleich, diese zwei zu Tod Erschrockenen: also erging es uns.

Und doch! Und doch – wie Wenig hat gefehlt, daß sie einander liebkosten, dieser Hund und dieser Einsame! Sind sie doch beide – Einsame!«

– »Wer du auch sein magst«, sagte immer noch grimmig der Getretene, »du trittst mir auch mit deinem Gleichnis zu nahe, und nicht nur mit deinem Fuße!

Siehe doch, bin ich denn ein Hund?« – und dabei erhob sich der Sitzende und zog seinen nackten Arm aus dem Sumpfe. Zuerst nämlich hatte er ausgestreckt am Boden gelegen, verborgen und unkenntlich gleich Solchen, die einem Sumpf-Wilde auflauern.

»Aber was treibst du doch!« rief Zarathustra erschreckt, denn er sahe, daß über den nackten Arm weg viel Blut floß, – »was ist dir zugestoßen? Biß dich, du Unseliger, ein schlimmes Tier?«

Der Blutende lachte, immer noch erzürnt. »Was geht's dich an!« sagte er und wollte weitergehn. »Hier bin ich heim und in meinem Bereiche. Mag mich fragen, wer da will: einem Tölpel aber werde ich schwerlich antworten.«

»Du irrst«, sagte Zarathustra mitleidig und hielt ihn fest, »du irrst: hier bist du nicht bei dir, sondern in meinem Reiche, und darin soll mir keiner zu Schaden kommen.

Nenne mich aber immerhin, wie du willst, – ich bin, der ich sein muß. Ich selber heiße mich Zarathustra.

Wohlan! Dort hinauf geht der Weg zu Zarathustras Höhle: die ist nicht fern, – willst du nicht bei mir deiner Wunden warten?

Es ging dir schlimm, du Unseliger, in diesem Leben: erst biß dich das Tier, und dann – trat dich der Mensch!« –

– Als aber der Getretene den Namen Zarathustras hörte, verwandelte er sich: »Was geschieht mir doch!« rief er aus, »*wer* kümmert mich denn noch in diesem Leben, als dieser Eine Mensch, nämlich Zarathustra, und jenes Eine Tier, das vom Blute lebt, der Blutegel?

Des Blutegels halber lag ich hier an diesem Sumpfe wie ein Fischer, und schon war mein ausgehängter Arm zehnmal angebissen, da beißt noch ein schönerer Igel nach meinem Blute, Zarathustra selber!

Oh Glück! Oh Wunder! Gelobt sei dieser Tag, der mich in diesen Sumpfe lockte! Gelobt sei der beste lebendigste Schröpfkopf, der heut lebt, gelobt sei der große Gewissens-Blutegel Zarathustra!« –

Also sprach der Getretene; und Zarathustra freute sich über seine Worte und ihre feine ehrfürchtige Art. »Wer bist du?« fragte er und reichte ihm die Hand, »zwischen uns bleibt Viel aufzuklären und aufzuheitern: aber schon, dünkt mich, wird es reiner heller Tag.«

»Ich bin *der Gewissenhafte des Geistes*«, antwortete der Gefragte, »und in Dingen des Geistes nimmt es nicht leicht Einer strenger, enger und härter als ich, ausgenommen Der, von dem ich's lernte, Zarathustra selber.

Lieber Nichts wissen, als Vieles halb wissen! Lieber ein Narr sein auf eigne Faust, als ein Weiser nach fremdem Gutdünken! Ich – gehe auf den Grund:

– was liegt daran, ob er groß oder klein ist? Ob er Sumpf oder Himmel heißt? Eine Hand breit Grund ist mir genug: wenn er nur wirklich Grund und Boden ist!

– eine Hand breit Grund: darauf kann man stehn. In der rechten Wissen-Gewissenschaft gibt es nichts Großes und nichts Kleines.«

»So bist du vielleicht der Erkenner des Blutegels?« fragte Zarathustra; »und du gehst dem Blutegel nach bis auf die letzten Gründe, du Gewissenhafter?«

»Oh Zarathustra«, antwortete der Getretene, »das wäre ein Ungeheures, wie dürfte ich mich dessen unterfangen!

Wes ich aber Meister und Kenner bin, das ist des Blutegels *Hirn:* – das ist meine Welt!

Und es ist auch eine Welt! Vergib aber, daß hier mein Stolz zu Worte kommt, denn ich habe hier nicht meines Gleichen. Darum sprach ich ›hier bin ich heim.‹

Wie lange gehe ich schon diesem Einen nach, dem Hirn des Blutegels, daß die schlüpfrige Wahrheit mir hier nicht mehr entschlüpfe! Hier ist *mein* Reich!

– darob warf ich alles Andere fort, darob wurde mir alles Andre gleich; und dicht neben meinem Wissen lagere mein schwarzes Unwissen.

Mein Gewissen des Geistes will es so von mir, daß ich Eins weiß und sonst Alles nicht weiß: es ekelt mich aller Halben des Geistes, aller Dunstigen, Schwebenden, Schwärmerischen.

Wo meine Redlichkeit aufhört, bin ich blind und will auch blind sein. Wo ich aber wissen will, will ich auch redlich sein, nämlich hart, streng, eng, grausam, unerbittlich.

Daß *du* einst sprachst, oh Zarathustra: ›Geist ist das Leben, das selber ins Leben schneidet‹, das führte und verführte mich zu deiner Lehre. Und, wahrlich, mit eignem Blute mehrte ich mir das eigne Wissen!«

– »Wie der Augenschein lehrt«, fiel Zarathustra ein; denn immer noch floß das Blut an dem nackten Arme des Gewissenhaften herab. Es hatten nämlich zehn Blutegel sich in denselben eingebissen.

»Oh du wunderlicher Gesell, wie Viel lehre mich dieser Augenschein da, nämlich du selber! Und nicht Alles dürfte ich vielleicht in deine strengen Ohren gießen!

Wohlan! So scheiden wir hier! Doch möchte ich gerne dich wiederfinden. Dort hinauf führt der Weg zu meiner Höhle: heute nacht sollst du dort mein lieber Gast sein!

Gerne möchte ich's auch an deinem Leibe wieder gutmachen, daß Zarathustra dich mit Füßen trat: darüber denke ich nach. Jetzt aber rufe mich ein Notschrei eilig fort von dir.«

Also sprach Zarathustra.

Der Zauberer

1.

Als aber Zarathustra um einen Felsen herumbog, da sahe er, nicht weit unter sich, auf dem gleichen Wege, einen Menschen, der die Glieder warf wie ein Tobsüchtiger und endlich bäuchlings zur Erde niederstürzte. »Halt!« sprach da Zarathustra zu seinem Herzen, »der dort muß wohl der höhere Mensch sein, von ihm kam Jener schlimme Notschrei, – ich will sehn, ob da zu helfen ist.« Als er aber hinzulief, an die Stelle, wo der Mensch auf dem Boden lag, fand er einen zitternden alten Mann mit stieren Augen; und wie sehr sich Zarathustra mühte, daß er ihn aufrichte und wieder auf seine Beine stelle, es war umsonst. Auch schien der Unglückliche nicht zu merken, daß Jemand um ihn sei; vielmehr sah er sich immer mit rührenden Gebärden um, wie ein von aller Welt Verlassener und Vereinsamter. Zuletzt aber, nach vielem Zittern, Zucken und Sich-zusammen-Krümmen, begann er also zu jammern:

Wer wärmt mich, wer liebt mich noch?
        Gebt heiße Hände!
        Gebt Herzens-Kohlenbecken!
Hingestreckt, schaudernd,
Halbtotem gleich, dem man die Füße wärmt –
Geschüttelt, ach! von unbekannten Fiebern,
Zitternd vor spitzen eisigen Frost-Pfeilen,
Von dir gejagt, Gedanke!
Unnennbar! Verhüllter! Entsetzlicher!
Du Jäger hinter Wolken!
Darniedergeblitzt von dir,
Du höhnisch Auge, das mich aus Dunklem anblickt:
                                        – so liege ich,
Biege mich, winde mich, gequält
Von allen ewigen Martern,
Getroffen
Von dir, grausamster Jäger,
Du unbekannter – Gott!

Triff tiefer!
Triff Ein Mal noch!
Zerstich, zerbrich dies Herz!

Was soll dies Martern
Mit zähnestumpfen Pfeilen?
Was blickst du wieder,
Der Menschen-Qual nicht müde,
Mit schadenfrohen Götter-Blitz-Augen?
Nicht töten willst du,
Nur martern, martern?
Wozu – *mich* martern,
Du schadenfroher unbekannter Gott? –

Haha! Du schleichst heran?
Bei solcher Mitternacht
Was willst du? Sprich!
Du drängst mich, drückst mich –
Ha! schon viel zu nahe! Weg! Weg!
Du hörst mich atmen,
Du behorchst mein Herz,
Du Eifersüchtiger –
Worauf doch eifersüchtig?
Weg! Weg! Wozu die Leiter?
Willst *du hinein*,
Ins Herz,
Einsteigen, in meine heimlichsten
Gedanken einsteigen?
Schamloser! Unbekannter – Dieb!
Was willst du dir erstehlen?
Was willst du dir erhorchen?
Was willst du dir erfoltern,
Du Folterer!
Du – Henker-Gott!
Oder soll ich, dem Hunde gleich,
Vor dir mich wälzen?
Hingebend, begeistert-außer-mir,

Dir – Liebe zuwedeln?

Umsonst! Stich weiter,
Grausamster Stachel! Nein.
Kein Hund – dein Wild nur bin ich,
Grausamster Jäger!
Dein stolzester Gefangner,
Du Räuber hinter Wolken!
Sprich endlich!
Was willst du, Wegelagerer, von *mir*?
Du Blitz-Verhüllter! Unbekannter! Sprich,
Was willst du, unbekannter – Gott? – –

Wie? Lösegeld?
Was willst du Lösegelds?
Verlange viel – das rät mein Stolz!
Und rede kurz – das rät mein andrer Stolz!

Haha!
Mich – willst du? Mich?
Mich – ganz? ...

Haha!
Und marterst mich, Narr, der du bist,
Zermarterst meinen Stolz?
Gib *Liebe* mir – wer wärmt mich noch?
Wer liebt mich noch? – gib heiße Hände,
Gib Herzens-Kohlenbecken,
Gib mir, dem Einsamsten
Den Eis, acht siebenfaches Eis
Nach Feinden selber,
Nach Feinden schmachten lehrt,
Gib, ja ergib,

Grausamster Feind.
Mir – *dich!* – –

Davon!
Da floh er selber,
Mein letzter einziger Genoß,
Mein großer Feind,
Mein Unbekannter,
Mein Henker-Gott! –

– Nein! Komm zurück,
Mit allen deinen Martern!
Zum Letzten aller Einsamen
Oh komm zurück!
Alle meine Tränen-Bäche laufen
Zu dir den Lauf!
Und meine letzte Herzens-Flamme –
Dir glüht sie auf!
Oh komm zurück,
Mein unbekannter Gott! Mein Schmerz!
Mein letztes – Glück!

2.

– Hier aber konnte sich Zarathustra nicht länger halten, nahm seinen Stock und schlug mit allen Kräften auf den Jammernden los. »Halt ein!« schrie er ihm zu, mit ingrimmigem Lachen, »halt ein, du Schauspieler! Du Falschmünzer! Du Lügner aus dem Grunde! Ich erkenne dich wohl!

Ich will dir schon warme Beine machen, du schlimmer Zauberer, ich verstehe mich gut darauf, Solchen wie du bist – einzuheizen!«

– »Laß ab«, sagte der alte Mann und sprang vom Boden auf, »schlage nicht mehr, oh Zarathustra! Ich trieb's also nur zum Spiele!

Solcherlei gehört zu meiner Kunst; dich selber wollte ich auf die Probe stellen, als ich dir diese Probe gab! Und, wahrlich, du hast mich gut durchschaut!

Aber auch du – gabst mir von dir keine kleine Probe: du bist *hart*, du weiser Zarathustra! Hart schlägst du zu mit deinen ›Wahrheiten‹, dein Knüttel erzwingt von mir – *diese* Wahrheit!«

– »Schmeichle nicht«, antwortete Zarathustra, immer noch erregt und finsterblickend, »du Schauspieler aus dem Grunde! Du bist falsch: was redest du – von Wahrheit!

Du Pfau der Pfauen, du Meer der Eitelkeit, *was* spieltest du vor mir, du schlimmer Zauberer, an *wen* sollte ich glauben, als du in solcher Gestalt jammertest?«

»Den Büßer des Geistes«, sagte der alte Mann, *»den* – spielte ich: du selber erfandest einst dies Wort –

– den Dichter und Zauberer, der gegen sich selber endlich seinen Geist wendet, den Verwandelten, der an seinem bösen Wissen und Gewissen erfriert.

Und gesteh es nur ein: es währte lange, oh Zarathustra, bis du hinter meine Kunst und Lüge kamst! Du *glaubtest* an meine Not, als du mir den Kopf mit beiden Händen hieltest, –

– ich hörte dich jammern ›man hat ihn zu wenig geliebt, zu wenig geliebt!‹ Daß ich dich soweit betrog, darüber frohlockte inwendig meine Bosheit.«

»Du magst Feinere betrogen haben als mich«, sagte Zarathustra hart. »Ich bin nicht auf der Hut vor Betrügern, ich *muß* ohne Vorsicht sein: so will es mein Los.

Du aber – *mußt* betrügen, soweit kenne ich dich! Du mußt immer zwei- drei- vier- und fünfdeutig sein! Auch was du jetzt bekanntest, war mir lange nicht wahr und nicht falsch genug!

Du schlimmer Falschmünzer, wie konntest du anders! Deine Krankheit würdest du noch schminken, wenn du dich deinem Arzte nackt zeigtest.

So schminktest du eben vor mir deine Lüge, als du sprachst: ›ich trieb's also *nur* zum Spiele!‹ Es war auch *Ernst* darin, du *bist* Etwas von einem Büßer des Geistes!

Ich errate dich wohl: du wurdest der Bezauberer Aller, aber gegen dich hast du keine Lüge und List mehr übrig, – du selber bist dir entzaubert!

Du erntetest den Ekel ein, als deine Eine Wahrheit. Kein Wort ist mehr an dir ächt, aber dein Mund: nämlich der Ekel, der an deinem Munde klebt.« – –

– »Wer bist du doch!« schrie hier der alte Zauberer mit einer trotzigen Stimme, »wer darf also zu mir reden, dem Größten, der heute lebt?« – und ein grüner Blitz schoß aus seinem Auge nach Zarathustra. Aber gleich darauf verwandelte er sich und sagte traurig:

»Oh Zarathustra, ich bin's müde, es ekelt mich meiner Künste, ich bin nicht *groß*, was verstelle ich mich! Aber, du weißt es wohl – ich suchte nach Größe!

Einen großen Menschen wollte ich vorstellen und überredete Viele: aber diese Lüge ging über meine Kraft. An ihr zerbreche ich.

Oh Zarathustra, Alles ist Lüge an mir, aber daß ich zerbreche – dies mein Zerbrechen ist *ächt!*« –

»Es ehrt dich«, sprach Zarathustra düster und zur Seite niederblickend, »es ehrt dich, daß du nach Größe suchtest, aber es verrät dich auch. Du bist nicht groß.

Du schlimmer alter Zauberer, *das* ist dein Bestes und Redlichstes, was ich an dir ehre, daß du deiner müde wurdest und es aussprachst: ›ich bin nicht groß.‹

Darin ehre ich dich als einen Büßer des Geistes: und wenn auch nur für einen Hauch und Husch, diesen Einen Augenblick warst du – ächt.

Aber sprich, was suchst du hier in *meinen* Wäldern und Felsen? Und wenn du *mir* dich in den Weg legtest, welche Probe wolltest du von mir? –

– wes versuchtest du *mich?*« –

Also sprach Zarathustra, und seine Augen funkelten. Der alte Zauberer schwieg eine Weile, dann sagte er: »Versuchte ich dich? Ich – suche nur.

Oh Zarathustra, ich suche einen Ächten, Rechten, Einfachen, Eindeutigen, einen Menschen aller Redlichkeit, ein Gefäß der Weisheit, einen Heiligen der Erkenntnis, einen großen Menschen!

Weißt du es denn nicht, oh Zarathustra? *Ich suche Zarathustra.*«

– Und hier entstand ein langes Stillschweigen zwischen Beiden; Zarathustra aber versank tief hinein in sich selber, also daß er die Augen schloß. Dann aber, zu seinem Unterredner zurückkehrend, ergriff er die Hand des Zauberers und sprach, voller Artigkeit und Arglist:

»Wohlan! Dort hinauf führt der Weg, da liegt die Höhle Zarathustras. In ihr darfst du suchen, wen du finden möchtest.

Und frage meine Tiere um Rat, meinen Adler und meine Schlange: die sollen dir suchen helfen. Meine Höhle aber ist groß.

Ich selber freilich – ich sah noch keinen großen Menschen. Was groß ist, dafür ist das Auge der Feinsten heute grob. Es ist das Reich des Pöbels.

So Manchen fand ich schon, der streckte und blähte sich, und das Volk schrie: ›Seht da, einen großen Menschen!‹ Aber was helfen alle Blasebälge! Zuletzt fährt der Wind heraus.

Zuletzt platzt ein Frosch, der sich zu lange aufblies: da fährt der Wind heraus. Einem Geschwollnen in den Bauch stechen, das heiße ich eine brave Kurzweil. Hört das, ihr Knaben!

Dies Heute ist des Pöbels: wer *weiß* da noch, was groß, was klein ist! Wer suchte da mit Glück nach Größe? Ein Narr allein, den Narren glückt's.

Du suchst nach großen Menschen, du wunderlicher Narr? Wer *lehrte's* dich? Ist heute dazu die Zeit? Oh du schlimmer Sucher, was – versuchst du mich?« – –

Also sprach Zarathustra, getrösteten Herzens, und ging lachend seines Wegs fürbaß.

Außer Dienst

Nicht lange aber, nachdem Zarathustra sich von dem Zauberer losgemacht hatte, sahe er wiederum Jemanden am Wege sitzen, den er ging, nämlich einen schwarzen langen Mann mit einem hageren Bleichgesicht: *der* verdroß ihn gewaltig. »Wehe«, sprach er zu seinem Herzen, »da sitzt vermummte Trübsal, das dünkt mich von der Art der Priester: was wollen *die* in meinem Reiche?

Wie! Kaum bin ich jenem Zauberer entronnen: muß mir da wieder ein anderer Schwarzkünstler über den Weg laufen, –

– irgendein Hexenmeister mit Handauflegen, ein dunkler Wundertäter von Gottes Gnaden, ein gesalbter Welt-Verleumder, den der Teufel holen möge!

Aber der Teufel ist nie am Platze, wo er am Platze wäre: immer kommt er zu spät, dieser vermaledeite Zwerg und Klumpfuß!« –

Also fluchte Zarathustra ungeduldig in seinem Herzen und gedachte, wie er abgewandten Blicks an dem schwarzen Manne vorüberschlüpfe: aber siehe, es kam anders. Im gleichen Augenblicke nämlich hatte ihn schon der Sitzende erblickt; und nicht unähnlich einem Solchen, dem ein unvermutetes Glück zustößt, sprang er auf und ging auf Zarathustra los.

»Wer du auch bist, du Wandersmann«, sprach er, »hilf einem Verirrten, einem Suchenden, einem alten Manne, der hier leicht zu Schaden kommt!

Diese Welt hier ist mir fremd und fern, auch hörte ich wilde Tiere heulen; und Der, welcher mir hätte Schutz bieten können, der ist selber nicht mehr.

Ich suchte den letzten frommen Menschen, einen Heiligen und Einsiedler, der allein in seinem Walde noch Nichts davon gehört hatte, was alle Welt heute weiß.«

»*Was* weiß heute alle Welt?« fragte Zarathustra. »Etwa dies, daß der alte Gott nicht mehr lebt, an den alle Welt einst geglaubt hat?«

»Du sagst es«, antwortete der alte Mann betrübt. »Und ich diente diesem alten Gotte bis zu seiner letzten Stunde.

Nun aber bin ich außer Dienst, ohne Herrn, und doch nicht frei, auch keine Stunde mehr lustig, es sei denn in Erinnerungen.

Dazu stieg ich in diese Berge, daß ich endlich wieder ein Fest mir machte, wie es einem alten Papste und Kirchen-Vater zukommt; denn wisse, ich bin der letzte Papst! – ein Fest frommer Erinnerungen und Gottesdienste.

Nun aber ist er selber tot, der frömmste Mensch, jener Heilige im Walde, der seinen Gott beständig mit Singen und Brummen lobte.

Ihn selber fand ich nicht mehr, als ich seine Hütte fand, – wohl aber zwei Wölfe darin, welche um seinen Tod heulten – denn alle Tiere liebten ihn. Da lief ich davon.

Kam ich also umsonst in diese Wälder und Berge? Da entschloß sich mein Herz, daß ich einen Anderen suchte, den Frömmsten aller Derer, die nicht an Gott glauben –, daß ich Zarathustra suchte!«

Also sprach der Greis und blickte scharfen Auges Den an, welcher vor ihm stand; Zarathustra aber ergriff die Hand des alten Papstes und betrachtete sie lange mit Bewunderung.

» Siehe da, du Ehrwürdiger«, sagte er dann, »welche schöne und lange Hand! Das ist die Hand eines Solchen, der immer Segen ausgeteilt hat. Nun aber hält sie Den fest, welchen du suchst, mich, Zarathustra.

Ich bin's, der gottlose Zarathustra, der da spricht: wer ist gottloser als ich, daß ich mich seiner Unterweisung freue?« –

Also sprach Zarathustra und durchbohrte mit seinen Blicken die Gedanken und Hintergedanken des alten Papstes. Endlich begann dieser:

»Wer ihn am meisten liebte und besaß, der hat ihn nun am meisten auch verloren –:

– siehe, ich selber bin wohl von uns Beiden jetzt der Gottlosere? Aber wer könnte daran sich freuen!« –

– »Du dientest ihm bis zuletzt«, fragte Zarathustra nachdenklich, nach einem tiefen Schweigen, »du weißt, wie er starb? Ist es wahr, was man spricht, daß ihn das Mitleiden erwürgte,

– daß er es sah, wie *der Mensch* am Kreuze hing, und es nicht ertrug, daß die Liebe zum Menschen seine Hölle und zuletzt sein Tod wurde?« – –

Der alte Papst aber antwortete nicht, sondern blickte scheu und mit einem schmerzlichen und düsteren Ausdrucke zur Seite.

»Laß ihn fahren«, sagte Zarathustra nach einem langen Nachdenken, indem er immer noch dem alten Mann gerade ins Auge blickte.

»Laß ihn fahren, er ist dahin. Und ob es dich auch ehrt, daß du diesem Toten nur Gutes nachredest, so weißt du so gut als ich, *wer* er war; und daß er wunderliche Wege ging.«

»Unter drei Augen gesprochen«, sagte erheitert der alte Papst (denn er war auf einem Auge blind), »in Dingen Gottes bin ich aufgeklärter als Zarathustra selber – und darf es sein.

Meine Liebe diente ihm lange Jahre, mein Wille ging allem seinen Willen nach. Ein guter Diener aber weiß Alles, und Mancherlei auch, was sein Herr sich selbst verbirgt.

Es war ein verborgener Gott, voller Heimlichkeit. Wahrlich zu einem Sohne sogar kam er nicht anders als auf Schleichwegen. An der Tür seines Glaubens steht der Ehebruch.

Wer ihn als einen Gott der Liebe preist, denkt nicht hoch genug von der Liebe selber. Wollte dieser Gott nicht auch Richter sein? Aber der Liebende liebt jenseits von Lohn und Vergeltung.

Als er jung war, dieser Gott aus dem Morgenlande, da war er hart und rachsüchtig und erbaute sich eine Hölle zum Ergötzen seiner Lieblinge.

Endlich aber wurde er alt und weich und mürbe und mitleidig, einem Großvater ähnlicher als einem Vater, am ähnlichsten aber einer wackeligen alten Großmutter.

Da saß er, welk, in seinem Ofenwinkel, härmte sich ob seiner schwachen Beine, weltmüde, willensmüde, und erstickte eines Tages an seinem allzugroßen Mitleiden.« – –

»Du alter Papst«, sagte hier Zarathustra dazwischen, »hast du *Das* mit Augen angesehn? Es könnte wohl so abgegangen sein: so, *und* auch anders. Wenn Götter sterben, sterben sie immer viele Arten Todes.

Aber wohlan! So oder so, so und so – er ist dahin! Er ging meinen Ohren und Augen wider den Geschmack, Schlimmeres möchte ich ihm nicht nachsagen.

Ich liebe Alles, was hell blickt und redlich redet. Aber er – du weißt es ja, du alter Priester, es war Etwas von deiner Art an ihm, von Priester-Art – er war vieldeutig.

Er war auch undeutlich. Was hat er uns darob gezürnt, dieser Zornschnauber, daß wir ihn schlecht verstünden! Aber warum sprach er nicht reinlicher?

Und lag es an unsern Ohren, warum gab er uns Ohren, die ihn schlecht hörten? War Schlamm in unsern Ohren, wohlan! wer legte ihn hinein?

Zu Vieles mißriet ihm, diesem Töpfer, der nicht ausgelernt hatte! Daß er aber Rache an seinen Töpfen und Geschöpfen nahm, dafür daß sie ihm schlecht gerieten, – das war eine Sünde wider den *guten Geschmack.*

Es gibt auch in der Frömmigkeit guten Geschmack: der sprach endlich ›Fort mit einem *solchen* Gotte! Lieber keinen Gott, lieber auf eigne Faust Schicksal machen, lieber Narr sein, lieber selber Gott sein!‹«

– »Was höre ich!« sprach hier der alte Papst mit gespitzten Ohren; »oh Zarathustra, du bist frömmer als du glaubst, mit einem solchen Unglauben! Irgendein Gott in dir bekehrte dich zu deiner Gottlosigkeit.

Ist es nicht deine Frömmigkeit selber, die dich nicht mehr an einen Gott glauben läßt? Und deine übergroße Redlichkeit wird dich auch noch jenseits von Gut und Böse wegführen!

Siehe doch, was blieb dir aufgespart? Du hast Augen und Hand und Mund, die sind zum Segnen vorherbestimmt seit Ewigkeit. Man segnet nicht mit der Hand allein.

In deiner Nähe, ob du schon der Gottloseste sein willst, wittere ich einen heimlichen Weih- und Wohlgeruch von langen Segnungen: mir wird wohl und wehe dabei.

Laß mich dein Gast sein, oh Zarathustra, für eine einzige Nacht! Nirgends auf Erden wird es mir jetzt wohler als bei dir!« –

»Amen! So soll es sein!« sprach Zarathustra mit großer Verwunderung, »dort hinauf führt der Weg, da liegt die Höhle Zarathustras.

Gerne, fürwahr, würde ich dich selber dahin geleiten, du Ehrwürdiger, denn ich liebe alle frommen Menschen. Aber jetzt ruft mich eilig ein Notschrei weg von dir.

In meinem Bereiche soll mir Niemand zu Schaden kommen: meine Höhle ist ein guter Hafen. Und am liebsten möchte ich jedweden Traurigen wieder auf festes Land und feste Beine stellen.

Wer aber nähme dir *deine* Schwermut von der Schulter? Dazu bin ich zu schwach. Lange, wahrlich, möchten wir warten, bis dir Einer deinen Gott wieder aufweckt.

Dieser alte Gott nämlich lebt nicht mehr: der ist gründlich tot.« –

Also sprach Zarathustra.

Der häßlichste Mensch

– Und wieder liefen Zarathustras Füße durch Berge und Wälder, und seine Augen suchten und suchten, aber nirgends war Der zu sehen, welchen sie sehen wollten, der große Notleidende und Notschreiende. Auf dem ganzen Wege aber frohlockte er in seinem Herzen und war dankbar. »Welche guten Dinge«, sprach er, »schenkte mir doch dieser Tag, zum Entgelt, daß er schlimm begann! Welche seltsamen Unterredner fand ich!

An deren Worten will ich lange nun kauen gleich als an guten Körnern; klein soll mein Zahn sie mahlen und malmen, bis sie mir wie Milch in die Seele fließen!« –

Als aber der Weg wieder um einen Felsen bog, veränderte sich mit Einem Male die Landschaft, und Zarathustra trat in ein Reich des Todes. Hier starrten schwarze und rote Klippen empor: kein Gras, kein Baum, keine Vogelstimme. Es war nämlich ein Tal, welches alle Tiere mieden, auch die Raubtiere; nur daß eine Art häßlicher, dicker, grüner Schlangen, wenn sie alt wurden, hierher kamen, um zu sterben. Darum nannten dies Tal die Hirten: Schlangen-Tod.

Zarathustra aber versank in eine schwarze Erinnerung, denn ihm war, als habe er schon einmal in diesem Tal gestanden. Und vieles Schwere legte sich ihm über den Sinn also, daß er langsam ging und immer langsamer und endlich still stand. Da aber sahe er, als er die Augen auftat, Etwas, das am Wege saß, gestaltet wie ein Mensch, und kaum wie ein Mensch, etwas Unaussprechliches. Und mit Einem Schlage überfiel Zarathustra die große Scham darob, daß er so Etwas mit den Augen angesehn habe: errötend bis hinauf auf sein weißes Haar, wandte er den Blick ab und hob den Fuß, daß er diese schlimme Stelle verlasse. Da aber wurde die tote Öde laut: vom Boden auf nämlich quoll es gurgelnd und röchelnd, wie Wasser nachts durch verstopfte Wasser-Röhren gurgelt und röchelt; und zuletzt wurde daraus eine Menschen-Stimme und Menschen-Rede – die lautete also:

»Zarathustra! Zarathustra! Rate mein Rätsel! Sprich, sprich! Was ist *die Rache am Zeugen?*

Ich locke dich zurück, hier ist glattes Eis! Sieh zu, sieh zu, ob dein Stolz sich hier nicht die Beine bricht!

Du dünkst dich weise, du stolzer Zarathustra! So rate doch das Rätsel, du harter Nüsseknacker, – das Rätsel, das ich bin! So sprich doch: wer *bin ich*!«

– Als aber Zarathustra diese Worte gehört hatte, – was glaubt ihr wohl, daß sich da mit seiner Seele zutrug? *Das Mitleiden fiel ihn an;* und er sank mit Einem Male nieder, wie ein Eichbaum, der lange vielen Holzschlägern widerstanden hat, – schwer, plötzlich, zum Schrecken selber für Die, welche ihn fällen wollten. Aber schon stand er wieder vom Boden auf, und sein Antlitz wurde hart.

»Ich erkenne dich wohl«, sprach er mit einer erzenen Stimme: *»du bist der Mörder Gottes!* Laß mich gehn.

Du *ertrugst* Den nicht, der *dich* sah – der dich immer und durch und durch sah, du häßlichster Mensch! Du nahmst Rache an diesem Zeugen!«

Also sprach Zarathustra und wollte davon; aber der Unaussprechliche faßte nach einem Zipfel seines Gewandes und begann von neuem zu gurgeln und nach Worten zu suchen. »Bleib!« sagte er endlich –

»– bleib! Geh nicht vorüber! Ich erriet, welche Axt dich zu Boden schlug: Heil dir, oh Zarathustra, daß du wieder stehst!

Du errietest, ich weiß es gut, wie Dem zumute ist, der ihn tötete, – dem Mörder Gottes. Bleib! Setze dich her zu mir, es ist nicht umsonst.

Zu wem wollte ich, wenn nicht zu dir? Bleib, setze dich! Blicke mich aber nicht an! Ehre also – meine Häßlichkeit!

Sie verfolgen mich: nun bist *du* meine letzte Zuflucht. *Nicht* mit ihrem Hasse, *nicht* mit ihren Häschern: – oh solcher Verfolgung würde ich spotten und stolz und froh sein!

War nicht aller Erfolg bisher bei den Gut-Verfolgten? Und wer gut verfolgt, lernt leicht *folgen:* – ist er doch einmal – hinterher! Aber ihr *Mitleid* ist's –

– ihr Mitleid ist's, vor dem ich flüchte und dir zuflüchte. Oh Zarathustra, schütze mich, du meine letzte Zuflucht, du Einziger, der mich erriet:

– du errietest, wie Dem zumute ist, welcher *ihn* tötete. Bleib! Und willst du gehn, du Ungeduldiger: geh nicht den Weg, den ich kam. *Der* Weg ist schlecht.

Zürnst du mir, daß ich zu lange schon rede-radebreche? Daß ich schon dir rate? Aber wisse, ich bin's, der häßlichste Mensch,

– der auch die größten schwersten Füße hat. *Wo ich* ging, ist der Weg schlecht. Ich trete alle Wege tot und zuschanden.

Daß du aber an mir vorübergingst, schweigend, daß du errötetest, ich sah es wohl: daran erkannte ich dich als Zarathustra.

Jedweder Andere hätte mir sein Almosen zugeworfen, sein Mitleiden, mit Blick und Rede. Aber dazu – bin ich nicht Bettler genug, das errietest du –

– dazu bin ich zu *reich,* reich an Großem, an Furchtbarem, am Häßlichsten, am Unaussprechlichsten! Deine Scham, oh Zarathustra, *ehrte* mich!

Mit Not kam ich heraus aus dem Gedräng der Mitleidigen, – daß ich den Einzigen fände, der heute lehrt ›Mitleiden ist zudringlich‹ – dich, oh Zarathustra!

– sei es eines Gottes, sei es der Menschen Mitleiden: Mitleiden geht gegen die Scham. Und Nicht-helfen-Wollen kann vornehmer sein als jene Tugend, die zuspringt.

Das aber heißt heute Tugend selber bei allen kleinen Leuten, das Mitleiden: – die haben keine Ehrfurcht vor großem Unglück, vor großer Häßlichkeit, vor großem Mißraten.

Über diese Alle blicke ich hinweg, wie ein Hund über die Rücken wimmelnder Schafherden wegblickt. Es sind kleine wohlwollige wohlwillige graue Leute.

Wie ein Reiher verachtend über flache Teiche wegblickt, mit zurückgelegtem Kopfe: so blicke ich über das Gewimmel grauer kleiner Wellen und Willen und Seelen weg.

Zu lange hat man ihnen recht gegeben, diesen kleinen Leuten: *so* gab man ihnen endlich auch die Macht – nun lehren sie: ›gut ist nur, was kleine Leute gut heißen.‹

Und ›Wahrheit‹ heißt heute, was der Prediger sprach, der selber aus ihnen herkam, jener wunderliche Heilige und Fürsprecher der kleinen Leute, welcher von sich zeugte ›ich – bin die Wahrheit‹.

Dieser Unbescheidne macht nun lange schon den kleinen Leuten den Kamm hoch schwellen – er, der keinen kleinen Irrtum lehrte, als er lehrte ›ich – bin die Wahrheit‹.

Ward einem Unbescheiden jemals höflicher geantwortet? – Du aber, oh Zarathustra, gingst an ihm vorüber und sprachst: ›Nein! Nein! Dreimal Nein!‹

Du warntest vor seinem Irrtum, du warntest als der Erste vor dem Mitleiden – nicht Alle, nicht Keinen, sondern dich und deine Art.

Du schämst dich an der Scham des großen Leidenden; und wahrlich, wenn du sprichst ›von dem Mitleiden her kommt eine große Wolke, habt acht, ihr Menschen!‹

– wenn du lehrst ›alle Schaffenden sind hart, alle große Liebe ist über ihrem Mitleiden‹: oh Zarathustra, wie gut dünkst du mich eingelernt auf Wetter-Zeichen!

Du selber aber – warne dich selber auch vor *deinem* Mitleiden! Denn Viele sind zu dir unterwegs, viele Leidende, Zweifelnde, Verzweifelnde, Ertrinkende, Frierende –

Ich warne dich auch vor mir. Du errietest mein bestes, schlimmstes Rätsel, mich selber und was ich tat. Ich kenne die Axt, die dich fällt.

Aber er – *mußte* sterben: er sah mit Augen, welche *Alles* sahn, – er sah des Menschen Tiefen und Gründe, alle seine verhehlte Schmach und Häßlichkeit.

Sein Mitleiden kannte keine Scham: er kroch in meine schmutzigsten Winkel. Dieser Neugierigste, Über-Zudringliche, Über-Mitleidige mußte sterben.

Er sah immer *mich:* an einem solchen Zeugen wollte ich Rache haben – oder selber nicht leben.

Der Gott, der Alles sah, *auch den Menschen:* dieser Gott mußte sterben! Der Mensch *erträgt* es nicht, daß solch ein Zeuge lebt.«

Also sprach der häßlichste Mensch. Zarathustra aber erhob sich und schickte sich an fortzugehn: denn ihn fröstelte bis in seine Eingeweide.

»Du Unaussprechlicher«, sagte er, »du warntest mich vor deinem Wege. Zum Danke dafür lobe ich dir den meinen. Siehe, dort hinauf liegt die Höhle Zarathustras.

Meine Höhle ist groß und tief und hat viele Winkel; da findet der Versteckteste sein Versteck. Und dicht bei ihr sind hundert Schlüpfe und Schliche für kriechendes, flatterndes und springendes Getier.

Du Ausgestoßener, der du dich selber ausstießest, du willst nicht unter Menschen und Menschen-Mitleid wohnen? Wohlan, so tu's mir gleich! So lernst du auch von mir; nur der Täter lernt.

Und rede zuerst und – nächst mit meinen Tieren! Das stolzeste Tier und das klügste Tier – die möchten uns Beiden wohl die rechten Ratgeber sein!« – –

Also sprach Zarathustra und ging seiner Wege, nachdenklicher und langsamer noch als zuvor: denn er fragte sich Vieles und wußte sich nicht leicht zu antworten.

»Wie arm ist doch der Mensch!« dachte er in seinem Herzen, »wie häßlich, wie röchelnd, wie voll verborgener Scham!

Man sagt mir, daß der Mensch sich selber liebe: ach, wie groß muß diese Selber-Liebe sein! Wie viel Verachtung hat sie wider sich!

Auch dieser da liebte sich, wie er sich verachtete, – ein großer Liebender ist er mir und ein großer Verächter.

Keinen fand ich noch, der sich tiefer verachtet hätte: auch *Das* ist Höhe. Wehe, war *Der* vielleicht der höhere Mensch, dessen Schrei ich hörte?

Ich liebe die großen Verachtenden: Der Mensch aber ist Etwas, das überwunden werden muß.« – –

Der freiwillige Bettler

Als Zarathustra den häßlichsten Menschen verlassen hatte, fror ihn, und er fühlte sich einsam: es ging ihm nämlich vieles Kalte und Einsame durch die Sinne, also, daß darob auch seine Glieder kälter wurden. Indem er aber weiter und weiter stieg, hinauf, hinab, bald an grünen Weiden vorbei, aber auch über wilde steinichte Lager, wo ehedem wohl ein ungeduldiger Bach sich zu Bett gelegt hatte: da wurde ihm mit Einem Male wieder wärmer und herzlicher zu Sinne.

»Was geschah mir doch?« fragte er sich, »etwas Warmes und Lebendiges erquickt mich, das muß in meiner Nähe sein.

Schon bin ich weniger allein; unbewußte Gefährten und Brüder schweifen um mich, ihr warmer Atem rührt an meine Seele.«

Als er aber um sich spähte und nach den Tröstern seiner Einsamkeit suchte: siehe, da waren es Kühe, welche auf einer Anhöhe beieinanderstanden; deren Nähe und Geruch hatten sein Herz erwärmt. Diese Kühe aber schienen mit Eifer einem Redenden zuzuhören und gaben nicht auf Den acht, der herankam. Wie aber Zarathustra ganz in ihrer Nähe war, hörte er deutlich, daß eine Menschen-Stimme aus der Mitte der Kühe heraus redete; und ersichtlich hatten sie allesamt ihre Köpfe dem Redenden zugedreht.

Da sprang Zarathustra mit Eifer hinauf und drängte die Tiere auseinander, denn er fürchtete, daß hier Jemandem ein Leids geschehn sei, welchem schwerlich das Mitleid von Kühen abhelfen mochte. Aber darin hatte er sich getäuscht; denn siehe, da saß ein Mensch auf der Erde und schien den Tieren zuzureden, daß sie keine Scheu vor ihm haben sollten, ein friedfertiger Mensch und Berg-Prediger, aus dessen Augen die Güte selber predigte. »Was suchst du hier?« rief Zarathustra mit Befremden.

»Was ich hier suche?« antwortete er: »das Selbe, was du suchst, du Störenfried! nämlich das Glück auf Erden.

Dazu aber möchte ich von diesen Kühen lernen. Denn, weißt du wohl, einen halben Morgen schon rede ich ihnen zu, und eben wollten sie mir Bescheid geben. Warum doch störst du sie?

So wir nicht umkehren und werden wie die Kühe, so kommen wir nicht in das Himmelreich. Wir sollten ihnen nämlich Eins ablernen: das Wiederkäuen.

Und wahrlich, wenn der Mensch auch die ganze Welt gewönne und lernte das Eine nicht, das Wiederkäuen: was hülfe es! Er würde nicht seine Trübsal los

– seine große Trübsal: die aber heißt heute *Ekel.* Wer hat heute von Ekel nicht Herz, Mund und Augen voll? Auch du! Auch du! Aber siehe doch diese Kühe an!« –

Also sprach der Berg-Prediger und wandte dann seinen eignen Blick Zarathustra zu, – denn bisher hing er mit Liebe an den Kühen –: da aber verwandelte er sich. »Wer ist das, mit dem ich rede?« rief er erschreckt und sprang vom Boden empor.

»Dies ist der Mensch ohne Ekel, dies ist Zarathustra selber, der Überwinder des großen Ekels, dies ist das Auge, dies ist der Mund, dies ist das Herz Zarathustras selber.«

Und indem er also sprach, küßte er Dem, zu welchem er redete, die Hände, mit überströmenden Augen, und gebärdete sich ganz als Einer, dem ein kostbares Geschenk und Kleinod unversehens vom Himmel fällt. Die Kühe aber schauten dem Allen zu und wunderten sich.

»Sprich nicht von mir, du Wunderlicher! Lieblicher!« sagte Zarathustra und wehrte seiner Zärtlichkeit, »sprich mir erst von dir! Bist du nicht der freiwillige Bettler, der einst einen großen Reichtum von sich warf, –

– der sich seines Reichtums schämte und der Reichen, und zu den Ärmsten floh, daß er ihnen seine Fülle und sein Herz schenke? Aber sie nahmen ihn nicht an.«

»Aber sie nahmen mich nicht an«, sagte der freiwillige Bettler, »du weißt es ja. So ging ich endlich zu den Tieren und zu diesen Kühen.«

»Da lerntest du«, unterbrach Zarathustra den Redenden, »wie es schwerer ist, recht geben als recht nehmen, und daß gut Schenken eine *Kunst* ist und die letzte listigste Meister-Kunst der Güte.«

»Sonderlich heutzutage«, antwortete der freiwillige Bettler: »heute nämlich, wo alles Niedrige aufständisch ward und scheu auf seine Art hoffärtig: nämlich auf Pöbel-Art.

Denn es kam die Stunde, du weißt es ist für den großen schlimmen langen langsamen Pöbel- und Sklaven-Aufstand: der wächst und wächst!

Nun empört die Niedrigen alles Wohltun und kleine Weggeben; und die Überreichen mögen auf der Hut sein!

Wer heute gleich bauchichten Flaschen tröpfelt aus allzu schmalen Hälsen: – solchen Flaschen bricht man heute gern den Hals.

Lüsterne Gier, gallichter Neid, vergrämte Rachsucht, Pöbel-Stolz: das sprang mir Alles ins Gesicht. Es ist nicht mehr wahr, daß die Armen selig sind. Das Himmelreich aber ist bei den Kühen.«

»Und warum ist es nicht bei den Reichen?« fragte Zarathustra versuchend, während er den Kühen wehrte, die den Friedfertigen zutraulich anschnauften.

»Was versuchst du mich?« antwortete dieser. »Du weißt es selber besser noch als ich. Was trieb mich doch zu den Ärmsten, oh Zarathustra? War es nicht der Ekel vor unsern Reichsten?

– vor den Sträflingen des Reichtums, welche sich ihren Vorteil aus jedem Kehricht auflesen, mit kalten Augen, geilen Gedanken, vor diesem Gesindel, das gen Himmel stinkt,

– vor diesem vergüldeten verfälschten Pöbel, dessen Väter Langfinger oder Aasvögel oder Lumpensammler waren, mit Weibern willfährig, lüstern, vergeßlich: – sie haben's nämlich alle nicht weit zur Hure –

Pöbel oben, Pöbel unten! Was ist heute noch ›Arm‹ und ›Reich‹! Diesen Unterschied verlernte ich, – da floh ich davon, weiter, immer weiter, bis ich zu diesen Kühen kam.«

Also sprach der Friedfertige und schnaufte selber und schwitzte bei seinen Worten: also daß die Kühe sich von neuem wunderten. Zarathustra aber sah ihm immer mit Lächeln ins Gesicht, als er so hart redete, und schüttelte dazu schweigend den Kopf.

»Du tust dir Gewalt an, du Berg-Prediger, wenn du solche harte Worte brauchst. Für solche Härte wuchs dir nicht der Mund, nicht das Auge.

Auch, wie mich dünkt, dein Magen selber nicht: *dem* widersteht all solches Zürnen und Hassen und Überschäumen. Dein Magen will sanftere Dinge: du bist kein Fleischer.

Vielmehr dünkst du mich ein Pflanzler und Wurzelmann. Vielleicht malmst du Körner. Sicherlich aber bist du fleischlichen Freuden abhold und liebst den Honig.«

»Du errietst mich gut«, antwortete der freiwillige Bettler mit erleichtertem Herzen. »Ich liebe den Honig, ich malme auch Körner, denn ich suchte, was lieblich mundet und reinen Atem macht:

– auch was lange Zeit braucht, ein Tag- und Maul-Werk für sanfte Müßiggänger und Tagediebe.

Am weitesten freilich brachten es diese Kühe: die erfanden sich das Wiederkäuen und In-der-Sonne-Liegen. Auch enthalten sie sich aller schweren Gedanken, welche das Herz blähn.«

– »Wohlan!« sagte Zarathustra: »du solltest auch *meine* Tiere sehn, meinen Adler und meine Schlange, – ihres Gleichen gibt es heute nicht auf Erden.

Siehe, dorthin führt der Weg zu meiner Höhle: sei diese Nacht ihr Gast. Und rede mit meinen Tieren vom Glück der Tiere, –

– bis ich selber heimkomme. Denn jetzt ruft ein Notschrei mich eilig weg von dir. Auch findest du neuen Honig bei mir, eisfrischen Waben-Goldhonig: den iß!

Jetzt aber nimm flugs Abschied von deinen Kühen, du Wunderlicher! Lieblicher! ob es dir schon schwer werden mag. Denn es sind deine wärmsten Freunde und Lehrmeister!« –

»– Einen ausgenommen, den ich noch lieber habe«, antwortete der freiwillige Bettler. »Du selber bist gut, und besser noch als eine Kuh, oh Zarathustra!«

»Fort, fort mit dir! du arger Schmeichler!« schrie Zarathustra mit Bosheit, »was verdirbst du mich mit solchem Lob und Schmeichel-Honig?«

»Fort, fort von mir!« schrie er noch Ein Mal und schwang seinen Stock nach dem zärtlichen Bettler: der aber lief hurtig davon.

Der Schatten

Kaum aber war der freiwillige Bettler davongelaufen und Zarathustra wieder mit sich allein, da hörte er hinter sich eine neue Stimme: die rief »Halt! Zarathustra! So warte doch! Ich bins ja, oh Zarathustra, ich, dein Schatten!« Aber Zarathustra wartete nicht, denn ein plötzlicher Verdruß überkam ihn ob des vielen Zudrangs und Gedrängs in seinen Bergen. »Wo ist meine Einsamkeit hin?« sprach er.

»Es wird mir wahrlich zu viel; dies Gebirge wimmelt, mein Reich ist nicht mehr von *dieser* Welt, ich brauche neue Berge.

Mein Schatten ruft mich? Was liegt an meinem Schatten! Mag er mir nachlaufen! ich – laufe ihm davon.«

Also sprach Zarathustra zu seinem Herzen und lief davon. Aber Der, welcher hinter ihm war, folgte ihm nach: so daß alsbald drei Laufende hintereinanderher waren, nämlich voran der freiwillige Bettler, dann Zarathustra und zudritt und – hinterst sein Schatten. Nicht lange liefen sie so, da kam Zarathustra zur Besinnung über seine Torheit und schüttelte mit Einem Rucke allen Verdruß und Überdruß von sich.

»Wie!« sprach er, »geschahen nicht von je die lächerlichsten Dinge bei uns alten Einsiedlern und Heiligen?

Wahrlich, meine Torheit wuchs hoch in den Bergen! Nun höre ich sechs alte Narren-Beine hintereinanderher klappern!

Darf aber Zarathustra sich wohl vor einem Schatten fürchten? Auch dünkt mich zu guter Letzt, daß er längere Beine hat als ich.«

Also sprach Zarathustra, lachend mit Augen und Eingeweiden, blieb stehen und drehte sich schnell herum – und siehe, fast warf er dabei seinen Nachfolger und Schatten zu Boden: so dicht schon folgte ihm derselbe auf den Fersen, und so schwach war er auch. Als er ihn nämlich mit Augen prüfte, erschrak er wie vor einem plötzlichen Gespenste: so dünn, schwärzlich, hohl und überlebt sah dieser Nachfolger aus.

»Wer bist du?« fragte Zarathustra heftig, »was treibst du hier? Und weshalb heißest du dich meinen Schatten? Du gefällst mir nicht.«

»Vergib mir«, antwortete der Schatten, »daß ich's bin; und wenn ich dir nicht gefalle, wohlan, oh Zarathustra! darin lobe ich dich und deinen guten Geschmack.

Ein Wanderer bin ich, der viel schon hinter deinen Fersen herging: immer unterwegs, aber ohne Ziel, auch ohne Heim:

also daß mir wahrlich wenig zum ewigen Juden fehlt, es sei denn, daß ich nicht ewig und auch nicht Jude bin.

Wie? Muß ich immerdar unterwegs sein? Von jedem Winde gewirbelt, unstät, fortgetrieben? Oh Erde, du wardst mir zu rund!

Auf jeder Oberfläche saß ich schon, gleich müdem Staube schlief ich ein auf Spiegeln und Fensterscheiben: Alles nimmt von mir, Nichts gibt, ich werde dünn, – fast gleiche ich einem Schatten.

Dir aber, oh Zarathustra, flog und zog ich am längsten nach, und, verbarg ich mich schon vor dir, so war ich doch dein bester Schatten: wo du nur gesessen hast, saß ich auch.

Mit dir bin ich in fernsten, kältesten Welten umgegangen, einem Gespenste gleich, das freiwillig über Winterdächer und Schnee läuft.

Mit dir strebte ich in jedes Verbotene, Schlimmste, Fernste: und wenn irgend Etwas an mir Tugend ist, so ist es, daß ich vor keinem Verbote Furcht hatte.

Mit dir zerbrach ich, was je mein Herz verehrte, alle Grenzsteine und Bilder warf ich um, den gefährlichsten Wünschen lief ich nach, – wahrlich, über jedwedes Verbrechen lief ich einmal hinweg.

Mit dir verlernte ich den Glauben an Worte und Werte und große Namen. Wenn der Teufel sich häutet, fällt da nicht auch sein Name ab? Der ist nämlich auch Haut. Der Teufel selbst ist vielleicht – Haut.

›Nichts ist wahr, Alles ist erlaubt‹: so sprach ich mir zu. In die kältesten Wasser stürzte ich mich, mit Kopf und Herzen. Ach, wie oft stand ich darob nackt als roter Krebs da!

Ach, wohin kam mir alles Gute und alle Scham und aller Glaube an die Guten! Ach, wohin ist jene verlogne Unschuld, die ich einst besaß, die Unschuld der Guten und ihrer edlen Lügen!

Zu oft, wahrlich, folgte ich der Wahrheit dicht auf dem Fuße: da trat sie mir vor den Kopf. Manchmal meinte ich zu lügen, und siehe! da erst traf ich – die Wahrheit.

Zu Viel klärte sich mir auf: nun geht es mich Nichts mehr an. Nichts lebt mehr, das ich liebe, – wie sollte ich noch mich selber lieben?

»Leben, wie ich Lust habe, oder gar nicht leben«: so will ich's, so will's auch der Heiligste. Aber, wehe! wie habe *ich* noch – Lust?

Habe *ich* – noch ein Ziel? Einen Hafen, nach dem *mein* Segel läuft?

Einen guten Wind? Ach, nur wer weiß, *wohin* er fährt, weiß auch, welcher Wind gut und sein Fahrwind ist.

Was blieb mir noch zurück? Ein Herz müde und frech; ein unstäter Wille; Flatter-Flügel; ein zerbrochnes Rückgrat.

Dies Suchen nach *meinem* Heim: oh Zarathustra, weißt du wohl, dies Suchen war *meine* Heimsuchung, es frißt mich auf.

»Wo ist – *mein* Heim?« Darnach frage und suche und suchte ich, das fand ich nicht. Oh ewiges Überall, oh ewiges Nirgendwo, oh ewiges – Umsonst!«

Also sprach der Schatten, und Zarathustras Gesicht verlängerte sich bei seinen Worten. »Du bist mein Schatten!« sagte er endlich, mit Traurigkeit.

»Deine Gefahr ist keine kleine, du freier Geist und Wandrer! Du hast einen schlimmen Tag gehabt: sieh zu, daß dir nicht noch ein schlimmerer Abend kommt!

Solche Unstäten, wie du, dünkt zuletzt auch ein Gefängnis selig. Sahst du je, wie eingefangne Verbrecher schlafen? Sie schlafen ruhig, sie genießen ihre neue Sicherheit.

Hüte dich, daß dich nicht am Ende noch ein enger Glaube einfängt, ein harter, strenger Wahn! Dich nämlich verführt und versucht nunmehr Jegliches, das eng und fest ist.

Du hast das Ziel verloren: wehe, wie wirst du diesen Verlust verscherzen und verschmerzen? Damit – hast du auch den Weg verloren!

Du armer Schweifender, Schwärmender, du müder Schmetterling! willst du diesen Abend eine Rast und Heimstätte haben? So gehe hinauf zu meiner Höhle!

Dorthin führt der Weg zu meiner Höhle. Und jetzo will ich schnell wieder von dir davonlaufen. Schon liegt es wie ein Schatten auf mir.

Ich will allein laufen, daß es wieder hell um mich werde. Dazu muß ich noch lange lustig auf den Beinen sein. Des Abends aber wird bei mir – getanzt!« – –

Also sprach Zarathustra.

Mittags

– Und Zarathustra lief und lief und fand Niemanden mehr und war allein und fand immer wieder sich und genoß und schlürfte seine Einsamkeit und dachte an gute Dinge, – stundenlang. Um die Stunde des Mittags aber, als die Sonne gerade über Zarathustras Haupte stand, kam er an einem alten krummen und knorrichten Baume vorbei, der von der reichen Liebe eines Weinstocks rings umarmt und vor sich selber verborgen war: von dem hingen gelbe Trauben in Fülle dem Wandernden entgegen. Da gelüstete ihn, einen kleinen Durst zu löschen und sich eine Traube abzubrechen; als er aber schon den Arm dazu ausstreckte, da gelüstete ihn etwas Anderes noch mehr: nämlich sich neben den Baum niederzulegen, um die Stunde des vollkommnen Mittags, und zu schlafen.

Dies tat Zarathustra; und sobald er auf dem Boden lag, in der Stille und Heimlichkeit des bunten Grases, hatte er auch schon seinen kleinen Durst vergessen und schlief ein. Denn, wie das Sprichwort Zarathustras sagt: Eins ist notwendiger als das Andre. Nur daß seine Augen offen bleiben: – sie wurden nämlich nicht satt, den Baum und die Liebe des Weinstocks zu sehn und zu preisen. Im Einschlafen aber sprach Zarathustra also zu seinem Herzen:

»Still! Still! Ward die Welt nicht eben vollkommen? Was geschieht mir doch?

Wie ein zierlicher Wind, ungesehn, auf getäfeltem Meere tanzt, leicht, federleicht: so – tanzt der Schlaf auf mir.

Kein Auge drückt er mir zu, die Seele lädt er mir wach. Leicht ist er, wahrlich! federleicht.

Er überredet mich, ich weiß nicht wie? er betupft mich inwendig mit schmeichelnder Hand, er zwingt mich. Ja, er zwingt mich, daß meine Seele sich ausstreckt: –

– wie sie mir lang und müde wird, meine wunderliche Seele! Kam ihr eines siebenten Tages Abend gerade am Mittage? Wandelte sie zu lange schon selig zwischen guten und reifen Dingen?

Sie streckt sich lang aus, lang – länger! sie liegt stille, meine wunderliche Seele. Zu viel Gutes hat sie schon geschmeckt, diese goldene Traurigkeit drückt sie, sie verzieht den Mund.

– Wie ein Schiff, das in seine stillste Bucht einlief: – nun lehnt es sich an die Erde, der langen Reisen müde und der ungewissen Meere. Ist die Erde nicht treuer?

Wie solch ein Schiff sich dem Lande anlegt, anschmiegt: – da genüg, daß eine Spinne vom Lande her zu ihm ihren Faden spinnt. Keiner stärkeren Taue bedarf es da.

Wie solch ein müdes Schiff in der stillsten Bucht: so ruhe auch ich nun der Erde nahe, treu, zutrauend wartend, mit den leisesten Fäden ihr angebunden.

Oh Glück! Oh Glück! Willst du wohl singen, oh meine Seele? Du liegst im Grase. Aber das ist die heimliche feierliche Stunde, wo kein Hirt seine Flöte bläst.

Scheue dich! Heißer Mittag schläft auf den Fluren. Singe nicht! Still! Die Welt ist vollkommen.

Singe nicht, du Gras-Geflügel, oh meine Seele! Flüstere nicht einmal! Sieh doch – still! der alte Mittag schläft, er bewegt den Mund: trinkt er nicht eben einen Tropfen Glücks –

– einen alten braunen Tropfen goldenen Glücks, goldenen Weins? Es huscht über ihn hin, sein Glück lacht. So – lacht ein Gott. Still! –

– »Zum Glück, wie wenig genügt schon zum Glücke!« So sprach ich einst und dünkte mich klug. Aber es war eine Lästerung: *das* lernte ich nun. Kluge Narrn reden besser.

Das Wenigste gerade, das Leiseste, Leichteste, einer Eidechse Rascheln, ein Hauch, ein Husch, ein Augen-Blick – *Wenig* macht die Art des *besten* Glücks. Still!

– Was geschah mir: Horch! Flog die Zeit wohl davon? Falle ich nicht? Fiel ich nicht – horch! in den Brunnen der Ewigkeit?

– Was geschieht mir? Still! Es sticht mich – wehe – ins Herz? Ins Herz! Oh zerbrich, zerbrich, Herz, nach solchem Glücke, nach solchem Stiche!

– Wie? Ward die Welt nicht eben vollkommen? Rund und reif? Oh des goldenen runden Reifs – wohin fliegt er wohl? Laufe ich ihm nach! Husch!

Still – –« (und hier dehnte sich Zarathustra und fühlte, daß er schlafe.)

»Auf!« sprach er zu sich selber, »du Schläfer! Du Mittagsschläfer! Wohlan, wohlauf, ihr alten Beine! Zeit ist's und Überzeit, manch gut Stück Wegs blieb euch noch zurück –

Nun schlieft ihr euch aus, wie lange doch? Eine halbe Ewigkeit! Wohlan, wohlauf nun, mein altes Herz! Wie lange erst darfst du nach solchem Schlaf – dich auswachen?«

(Aber da schlief er schon von neuem ein, und seine Seele sprach gegen ihn und wehrte sich und legte sich wieder hin) – »Laß mich doch! Still! Ward nicht die Welt eben vollkommen? Oh des goldnen runden Balls!« –

»Steh auf«, sprach Zarathustra, »du kleine Diebin, du Tagediebin! Wie? Immer noch sich strecken, gähnen, seufzen, hinunterfallen in tiefe Brunnen?

Wer bist du doch! Oh meine Seele!« (und hier erschrak er, denn ein Sonnenstrahl fiel vom Himmel herunter auf sein Gesicht.)

»Oh Himmel über mir«, sprach er seufzend und setzte sich aufrecht, »du schaust mir zu? Du horchst meiner wunderlichen Seele zu?

Wann trinkst du diesen Tropfen Taus, der auf alle Erden-Dinge niederfiel, – wann trinkst du diese wunderliche Seele –

– wann, Brunnen der Ewigkeit! du heiterer schauerlicher Mittags-Abgrund! wann trinkst du meine Seele in dich zurück?«

Also sprach Zarathustra und erhob sich von seinem Lager am Baume wie aus einer fremden Trunkenheit: und siehe, da stand die Sonne immer noch gerade über seinem Haupte. Es möchte aber Einer daraus mit Recht abnehmen, daß Zarathustra damals nicht lange geschlafen habe.

Die Begrüßung

Am späten Nachmittage war es erst, daß Zarathustra, nach langem umsonstigen Suchen und Umherstreifen, wieder zu seiner Höhle heimkam. Als er aber derselben gegenüberstand, nicht zwanzig Schritt mehr von ihr ferne, da geschah Das, was er jetzt am wenigsten erwartete: von neuem hörte er den großen *Notschrei.* Und, erstaunlich! diesmal kam derselbige aus seiner eignen Höhle. Es war aber ein langer vielfältiger seltsamer Schrei, und Zarathustra unterschied deutlich, daß er sich aus vielen Stimmen zusammensetzte: mochte er schon, aus der Ferne gehört, gleich dem Schrei aus einem einzigen Munde klingen.

Da sprang Zarathustra auf seine Höhle zu, und siehe! welches Schauspiel erwartete ihn erst nach diesem Hörspiele! Denn da saßen sie allesamt beieinander, an denen er des Tags vorübergegangen war: der König zur Rechten und der König zur Linken, der alte Zauberer, der Papst, der freiwillige Bettler, der Schatten, der Gewissenhafte des Geistes, der traurige Wahrsager und der Esel; der häßlichste Mensch aber hatte sich eine Krone aufgesetzt und zwei Purpurgürtel umgeschlungen, – denn er liebte es, gleich allen Häßlichen, sich zu verkleiden und schön zu tun. Inmitten aber dieser betrübten Gesellschaft stand der Adler Zarathustras, gesträubt und unruhig, denn er sollte auf zu Vieles antworten, wofür sein Stolz keine Antwort hatte; die kluge Schlange aber hing um seinen Hals.

Dies Alles schaute Zarathustra mit großer Verwunderung; dann aber prüfte er jeden Einzelnen seiner Gäste mit leutseliger Neugierde, las ihre Seelen ab und wunderte sich von neuem. Inzwischen hatten sich die Versammelten von ihren Sitzen erhoben und warteten mit Ehrfurcht, daß Zarathustra reden werde. Zarathustra aber sprach also:

»Ihr Verzweifelnden! Ihr Wunderlichen! Ich hörte also *euren* Notschrei? Und nun weiß ich auch, wo Der zu suchen ist, den ich umsonst heute suchte: *der höhere Mensch* –:

– in meiner eignen Höhle sitzt er, der höhere Mensch! Aber was wundere ich mich! Habe ich ihn nicht selber zu mir gelockt, durch Honig-Opfer und listige Lockrufe meines Glücks?

Doch dünkt mir, ihr taugt euch schlecht zur Gesellschaft, ihr macht einander das Herz unwirsch, ihr Notschreienden, wenn ihr hier beisammensitzt? Es muß erst Einer kommen.

– Einer, der euch wieder lachen macht, ein guter fröhlicher Hanswurst, ein Tänzer und Wind und Wildfang, irgendein alter Narr: – was dünket euch?

Vergebt mir doch, ihr Verzweifelnden, daß ich vor euch mit solch kleinen Worten rede, unwürdig, wahrlich, solcher Gäste! Aber ihr erratet nicht, *was* mein Herz mutwillig macht: –

– ihr selber tut es und euer Anblick, vergebt es mir! Jeder nämlich wird mutig, der einem Verzweifelnden zuschaut. Einem Verzweifelnden zuzusprechen – dazu dünkt sich jeder stark genug.

Mir selber gabt ihr diese Kraft, – eine gute Gabe, meine hohen Gäste! Ein rechtschaffnes Gastgeschenk! Wohlan, so zürnt nun nicht, daß ich euch auch vom Meinigen anbiete.

Dies hier ist mein Reich und meine Herrschaft: was aber mein ist, für diesen Abend und für diese Nacht soll euer sein. Meine Tiere sollen euch dienen: meine Höhle sei eure Ruhestatt!

Bei mir zu Heim und Hause soll Keiner verzweifeln, in meinem Revier schütze ich Jeden vor seinen wilden Tieren. Und das ist das Erste, was ich euch anbiete: Sicherheit!

Das Zweite aber ist: mein kleiner Finger. Und habt ihr *den* erst, so nehmt nur noch die ganze Hand, wohlan! und das

Herz dazu! Willkommen hier, willkommen, meine Gastfreunde!«

Also sprach Zarathustra und lachte vor Liebe und Bosheit. Nach dieser Begrüßung verneigten sich seine Gäste abermals und schwiegen ehrfürchtig; der König zur Rechten aber antwortete ihm in ihrem Namen.

»Daran, oh Zarathustra, wie du uns Hand und Gruß botest, erkennen wir dich als Zarathustra. Du erniedrigtest dich vor uns; fast tatest du unsere Ehrfrucht wehe –:

– wer aber vermöchte gleich dir sich mit solchem Stolze zu erniedrigen? *Das* richtet uns selber auf, ein Labsal ist es unsern Augen und Herzen.

Dies allein nur zu schaun, stiegen gern wir auf höhere Berge, als dieser Berg ist. Als Schaulustige nämlich kamen wir, wir wollten sehn, was trübe Augen hell macht.

Und siehe, schon ist es vorbei mit allem unsern Notschrein. Schon steht Sinn und Herz uns offen und ist entzückt. Wenig fehlt: und unser Mut wird mutwillig.

Nichts, oh Zarathustra, wächst Erfreulicheres auf Erden, als ein hoher starker Wille: der ist ihr schönstes Gewächs. Eine ganze Landschaft erquickt sich an Einem solchen Baume.

Der Pinie vergleiche ich, wer gleich dir, oh Zarathustra, aufwächst: lang, schweigend, hart, allein, besten biegsamsten Holzes, herrlich, –

– zuletzt aber hinausgreifend mit starken grünen Ästen nach *seiner* Herrschaft, starke Fragen fragend vor Winden und Wettern und was immer auf Höhen heimisch ist,

– stärker antwortend, ein Befehlender, ein Siegreicher: oh wer sollte nicht, solche Gewächse zu schaun, auf hohe Berge steigen?

Deines Baumes hier, oh Zarathustra, erlabt sich auch der Düstere, der Mißratene, an deinem Anblicke wird auch der Unstäte sicher und heilt sein Herz.

Und wahrlich, zu deinem Berge und Baume richten sich heute viele Augen; eine große Sehnsucht hat sich aufgemacht, und Manche lernten fragen: wer ist Zarathustra?

Und wem du jemals dein Lied und deinen Honig ins Ohr geträufelt: alle die Versteckten, die Einsiedler, die Zweisiedler sprachen mit Einem Male zu ihrem Herzen:

›Lebt Zarathustra noch? Es lohnt sich nicht mehr zu leben, Alles ist gleich, Alles ist umsonst: oder – wir müssen mit Zarathustra leben!‹

›Warum kommt er nicht, der sich so lange ankündigte?‹ also fragen Viele; ›verschlang ihn die Einsamkeit? Oder sollen wir wohl zu ihm kommen?‹

Nun geschieht's, daß die Einsamkeit selber mürbe wird und zerbricht, einem Grabe gleich, das zerbricht und seine Toten nicht mehr halten kann. Überall sieht man Auferstandene.

Nun steigen und steigen die Wellen um deinen Berg, oh Zarathustra. Und wie hoch auch deine Höhe ist, Viele müssen zu dir hinauf; dein Nachen soll nicht lange mehr im Trocknen sitzen.

Und daß wir Verzweifelnde jetzt in deine Höhle kamen und schon nicht mehr verzweifeln: ein Wahr- und Vorzeichen ist es nur, davon, daß Bessere zu dir unterwegs sind, –

– denn er selber ist Zu dir unterwegs, der letzte Rest Gottes unter Menschen, das ist: alle die Menschen der großen Sehnsucht, des großen Ekels, des großen Überdrusses,

– Alle, die nicht leben wollen, oder sie lernen wieder *hoffen* – oder sie lernen von dir, oh Zarathustra, die *große* Hoffnung!«

Also sprach der König zur Rechten und ergriff die Hand Zarathustras, um sie zu küssen; aber Zarathustra wehrte seiner Verehrung und trat erschreckt zurück, schweigend und plötzlich wie in weite Fernen entfliehend. Nach einer kleinen

Weile aber war er schon wieder bei seinen Gästen, blickte sie mit hellen, prüfenden Augen an und sprach:

»Meine Gäste, ihr höheren Menschen, ich will deutsch und deutlich mit euch reden. Nicht auf *euch* wartete ich hier in diesen Bergen.«

(»Deutsch und deutlich? Daß Gott erbarm!« sagte hier der König zur Linken, beiseite; »man merkt, er kennt die lieben Deutschen nicht, dieser Weise aus dem Morgenlande!

Aber er meint ›deutsch und derb‹ – wohlan! Das ist heutzutage noch nicht der schlimmste Geschmack!«)

»Ihr mögt wahrlich insgesamt höhere Menschen sein«, fuhr Zarathustra fort: »aber für mich – seid ihr nicht hoch und stark genug.

Für mich, das heißt: für das Unerbittliche, das in mir schweigt, aber nicht immer schweigen wird. Und gehört ihr zu mir, so doch nicht als mein rechter Arm.

Wer nämlich selber auf kranken und zarten Beinen steht, gleich euch, der will vor Allem, ob er's weiß oder sich verbirgt: daß er *geschont* werde.

Meine Arme und meine Beine aber schone ich nicht, *ich schone meine Krieger nicht:* wieso könntet ihr zu *meinem* Kriege taugen?

Mit euch verdürbe ich mir jeden Sieg noch. Und Mancher von euch fiele schon um, wenn er nur den lauten Schall meiner Trommeln hörte.

Auch seid ihr mir nicht schön genug und wohlgeboren. Ich brauche reine glatte Spiegel für meine Lehren; auf eurer Oberfläche verzerrt sich noch mein eignes Bildnis.

Eure Schultern drückt manche Last, manche Erinnerung; manch schlimmer Zwerg hockt in euren Winkeln. Es gibt verborgenen Pöbel auch in euch.

Und seid ihr auch hoch und höherer Art: Vieles an euch ist krumm und mißgestalt. Da ist kein Schmied in der Welt, der euch mir zurecht und gerade schlüge.

Ihr seid nur Brücken: mögen Höhere auf euch hinüberschreiten! Ihr bedeutet Stufen: so zürnt Dem nicht, der über euch hinweg in *seine* Höhe steigt!

Aus eurem Samen mag auch mir einst ein echter Sohn und vollkommener Erbe wachsen: aber das ist ferne. Ihr selber seid Die nicht, welchen mein Erbgut und Name zugehört.

Nicht auf euch warte ich hier in diesen Bergen, nicht mit euch darf ich zum letzten Male niedersteigen. Als Vorzeichen kamt ihr mir nur, daß schon Höhere zu mir unterwegs sind, –

– *nicht* die Menschen der großen Sehnsucht; des großen Ekels, des großen Überdrusses und Das, was ihr den Überrest Gottes nanntet,

– Nein! Nein! Dreimal Nein! Auf *Andre* warte ich hier in diesen Bergen und will meinen Fuß nicht ohne sie von dannen heben,

– auf Höhere, Stärkere, Sieghaftere, Wohlgemutere, Solche, die rechtwinklig gebaut sind an Leib und Seele: *lachende Löwen* müssen kommen!

Oh, meine Gastfreunde, ihr Wunderlichen, – hörtet ihr noch Nichts von meinen Kindern? Und daß sie zu mir unterwegs sind?

Sprecht mir doch von meinen Gärten, von meinen glückseligen Inseln, von meiner neuen schönen Art, – warum sprecht ihr mir nicht davon?

Dies Gastgeschenk erbitte ich mir von eurer Liebe, daß ihr mir von meinen Kindern sprecht. Hierzu bin ich reich, hierzu ward ich arm: was gab ich nicht hin,

– was gäbe ich nicht hin, daß ich Eins hätte: *diese* Kinder, *diese* lebendige Pflanzung, *diese* Lebensbäume meines Willens und meiner höchsten Hoffnung!«

Also sprach Zarathustra und hielt plötzlich inne in seiner Rede: denn ihn überfiel seine Sehnsucht, und er schloß Augen und Mund vor der Bewegung seines Herzens. Und auch alle seine Gäste schwiegen und standen still und bestürzt: nur daß der alte Wahrsager mit Händen und Gebärden Zeichen gab.

Das Abendmahl

An dieser Stelle nämlich unterbrach der Wahrsager die Begrüßung Zarathustras und seiner Gäste: er drängte sich vor, wie Einer, der keine Zeit zu verlieren hat, faßte die Hand Zarathustras und rief: »Aber Zarathustra!

Eins ist notwendiger als das Andre, so redest du selber: wohlan, eins ist *mir* jetzt notwendiger als alles Andere.

Ein Wort zur rechten Zeit: hast du mich nicht zum *Mahle* eingeladen? Und hier sind Viele, die lange Wege machten. Du willst uns doch nicht mit Reden abspeisen?

Auch gedachtet ihr Alle mir schon zu viel des Erfrierens, Ertrinkens, Erstickens und andrer Leibes-Notstände: Keiner aber gedachte *meines* Notstandes, nämlich des Verhungerns – «

(Also sprach der Wahrsager; wie die Tiere Zarathustras aber diese Worte hörten, liefen sie vor Schrecken davon. Denn sie sahen, daß, was sie auch am Tage heimgebracht hatten, nicht genug sein werde, den Einen Wahrsager zu stopfen.)

»Eingerechnet das Verdursten«, fuhr der Wahrsager fort. »Und ob ich schon Wasser hier plätschern höre, gleich Reden der Weisheit, nämlich reichlich und unermüdlich: ich – will *Wein!*

Nicht Jeder ist gleich Zarathustra ein geborner Wassertrinker. Wasser taugt auch nicht für Müde und Verwelkte: *uns* gebührt Wein, – *der* erst gibt plötzliches Genesen und stegreife Gesundheit!«

Bei dieser Gelegenheit, da der Wahrsager nach Wein begehrte, geschah es, daß auch der König zur Linken, der Schweigsame, einmal zu Worte kam. »Für Wein«, sprach er, »trugen *wir* Sorge, ich samt meinem Bruder, dem Könige zur Rechten: wir haben Weins genug – einen ganzen Esel voll. So fehlt Nichts als Brot.«

»Brot?« entgegnete Zarathustra und lachte dazu. »Nur gerade Brot haben Einsiedler nicht. Aber der Mensch lebt nicht vom Brot allein, sondern auch vom Fleische guter Lämmer, deren ich zwei habe:

– *Die* soll man geschwinde schlachten und würzig, mit Salbei, zubereiten: so liebe ich's. Und auch an Wurzeln und Früchten fehlt es nicht, gut genug selbst für Lecker- und Schmeckerlinge; noch an Nüssen und andern Rätseln zum Knacken.

Also wollen wir in Kürze eine gute Mahlzeit machen. Wer aber mit essen will, muß auch mit Hand anlegen, auch die Könige. Bei Zarathustra nämlich darf auch ein König Koch sein.«

Mit diesem Vorschlage war Allen nach dem Herzen geredet: nur daß der freiwillige Bettler sich gegen Fleisch und Wein und Würzen sträubte.

»Nun hört mir doch diesen Schlemmer Zarathustra!« sagte er scherzhaft: »geht man dazu in Höhlen und Hoch-Gebirge, daß man solche Mahlzeiten macht?

Nun freilich verstehe ich, was er einst uns lehrte: ›Gelobt sei die kleine Armut!‹ und warum er die Bettler abschaffen will.«

»Sei guter Dinge«, antwortete ihm Zarathustra, »wie ich es bin. Bleibe bei deiner Sitte, du Trefflicher, malme deine Körner, trink dein Wasser, lobe deine Küche: wenn sie dich nur fröhlich macht!

Ich bin ein Gesetz nur für die Meinen, ich bin kein Gesetz für Alle. Wer aber zu mir gehört, der muß von starken Knochen sein, auch von leichten Füßen, –

– lustig zu Kriegen und Festen, kein Düsterling, kein Traum-Hans, bereit zum Schwersten wie zu seinem Feste, gesund und heil.

Das Beste gehört den Meinen und mir; und gibt man's uns nicht, so nehmen wir's: – die beste Nahrung, den reinsten Himmel, die stärksten Gedanken, die schönsten Fraun!« –

Also sprach Zarathustra; der König zur Rechten aber entgegnete: »Seltsam! Vernahm man je solche kluge Dinge aus dem Munde eines Weisen?

Und wahrlich, das ist das Seltsamste an einem Weisen, wenn er zu alledem auch noch klug und kein Esel ist.«

Also sprach der König zur Rechten und wunderte sich; der Esel aber sagte zu seiner Rede mit bösem Willen I-A. Dies aber war der Anfang von jener langen Mahlzeit, welche »das Abendmahl« in den Historien-Büchern genannt wird. Bei derselben aber wurde von nichts Anderem geredet als *vom höheren Menschen.*

Vom höheren Menschen

1.

Als ich zum ersten Male zu den Menschen kam, da tat ich die Einsiedler-Torheit, die große Torheit: ich stellte mich auf den Markt.

Und als ich zu Allen redete, redete ich zu Keinem. Des Abends aber waren die Seiltänzer meine Genossen, und Leichname; und ich selber fast ein Leichnam.

Mit dem neuen Morgen aber kam mir eine neue Wahrheit: da lernte ich sprechen »Was geht mich Markt und Pöbel und Pöbel-Lärm und lange Pöbel-Ohren an!«

Ihr höheren Menschen, Dies lernt von mir: auf dem Markt glaubt Niemand an höhere Menschen. Und wollt ihr dort reden, wohlan! Der Pöbel aber blinzelt »wir sind Alle gleich«.

»Ihr höheren Menschen«, – so blinzelt der Pöbel – »es gibt keine höheren Menschen, wir sind Alle gleich, Mensch ist Mensch, vor Gott – sind wir Alle gleich!«

Vor Gott! – Nun aber starb dieser Gott. Vor dem Pöbel aber wollen wir nicht gleich sein. Ihr höheren Menschen, geht weg vom Markt!

2.

Vor Gott! – Nun aber starb dieser Gott! Ihr höheren Menschen, dieser Gott war eure größte Gefahr.

Seit er im Grabe liegt, seid ihr erst wieder auferstanden. Nun erst kommt der große Mittag, nun erst wird der höhere Mensch – Herr!

Verstandet ihr dies Wort, oh meine Brüder? Ihr seid erschreckt: wird euren Herzen schwindlig? Klafft euch hier der Abgrund? Kläfft euch hier der Höllenhund?

Wohlan! Wohlauf! Ihr höheren Menschen! Nun erst kreißt der Berg der Menschen-Zukunft. Gott starb: nun wollen wir, – daß der Übermensch lebe.

3.

Die Sorglichsten fragen heute: »wie bleibt der Mensch erhalten?« Zarathustra aber fragt als der Einzige und Erste: »Wie wird der Mensch *überwunden?*«

Der Übermensch liegt mir am Herzen, der ist mein Erstes und Einziges, – und *nicht* der Mensch: nicht der Nächste, nicht der Ärmste, nicht der Leidendste, nicht der Beste. –

Oh meine Brüder, was ich lieben kann am Menschen, das ist, daß er ein Übergang ist und ein Untergang. Und auch an euch ist Vieles, das mich lieben und hoffen macht.

Daß ihr verachtetet, ihr höheren Menschen, das macht mich hoffen. Die großen Verachtenden nämlich sind die großen Verehrenden.

Daß ihr verzweifeltet, daran ist Viel zu ehren. Denn ihr lerntet nicht, wie ihr euch ergäbet, ihr lerntet die kleinen Klugheiten nicht.

Heute nämlich wurden die kleinen Leute Herr: die predigen Alle Ergebung und Bescheidung und Klugheit und Fleiß und Rücksicht und das lange Und-so-weiter der kleinen Tugenden.

Was von Weibsart ist, was von Knechtsart stammt und sonderlich der Pöbel-Mischmasch: *Das* will nun Herr werden alles Menschen-Schicksals – oh Ekel! Ekel! Ekel!

Das frägt und frägt und wird nicht müde: »wie erhält sich der Mensch, am besten, am längsten, am angenehmsten?« Damit – sind sie die Herrn von heute.

Diese Herrn von heute überwindet mir, oh meine Brüder, – diese kleinen Leute: *die* sind des Übermenschen größte Gefahr!

Überwindet mir, ihr höheren Menschen, die kleinen Tugenden, die kleinen Klugheiten, die Sandkorn-Rücksichten, den Ameisen-Kribbelkram, das erbärmliche Behagen, das »Glück der Meisten« – !

Und lieber verzweifelt, als daß ihr euch ergebt. Und, wahrlich, ich liebe euch dafür, daß ihr heute nicht zu leben wißt, ihr höheren Menschen! So nämlich lebt *ihr* – am besten!

4.

Habt ihr Mut, oh meine Brüder? Seid ihr herzhaft? *Nicht* Mut vor Zeugen, sondern Einsiedler- und Adler-Mut, dem auch kein Gott mehr zusieht?

Kalte Seelen, Maultiere, Blinde, Trunkene heißen mir nicht herzhaft. Herz hat, wer Furcht kennt, aber Furcht *zwingt,* wer den Abgrund sieht, aber mit *Stolz.*

Wer den Abgrund sieht, aber mit Adlers-Augen, – wer mit Adlers-Krallen den Abgrund *faßt:* Der hat Mut – –

5.

»Der Mensch ist böse« – so sprachen mir zum Troste alle Weisesten. Ach, wenn es heute nur noch wahr ist! Denn das Böse ist des Menschen beste Kraft.

»Der Mensch muß besser und böser werden« – so lehre *ich.* Das Böseste ist nötig zu des Übermenschen Bestem.

Das machte gut sein für jenen Prediger der kleinen Leute, daß er litt und trug an des Menschen Sünde. Ich aber erfreue mich der großen Sünde als meines großen *Trostes.* –

Solches ist aber nicht für lange Ohren gesagt. Jedwedes Wort gehört auch nicht in jedes Maul. Das sind feine ferne Dinge: nach denen sollen nicht Schafs-Klauen greifen!

6.

Ihr höheren Mensehen, meint ihr, ich sei da, gut zu machen, was ihr schlecht machtet?

Oder ich wollte fürderhin euch Leidende bequemer betten? Oder euch Unstäten, Verirrten, Verkletterten neue leichtere Fußsteige zeigen?

Nein! Nein! Dreimal Nein! Immer mehr, immer Bessere eurer Art sollen zugrunde gehn, – denn ihr sollt es immer schlimmer und härter haben. So allein –

– so allein wächst der Mensch in die Höhe, wo der Blitz ihn trifft und zerbricht: hoch genug für den Blitz!

Auf Weniges, auf Langes, auf Fernes geht mein Sinn und meine Sehnsucht: was ginge mich euer kleines, vieles, kurzes Elend an!

Ihr leidet mir noch nicht genug! Denn ihr leidet an euch, ihr littet noch nicht *am Menschen.* Ihr würdet lügen, wenn ihr's anders sagtet! Ihr leidet Alle nicht, woran *ich* litt. – –

7.

Es ist mir nicht genug, daß der Blitz nicht mehr schadet. Nicht ableiten will ich ihn: er soll lernen für *mich* – arbeiten. –

Meine Weisheit sammelt sich lange schon gleich einer Wolke, sie wird stiller und dunkler. So tut jede Weisheit, welche einst *Blitze* gebären soll. –

Diesen Menschen von heute will ich nicht *Licht* sein, nicht Licht heißen. *Die* – will ich blenden: Blitz meiner Weisheit! stich ihnen die Augen aus!

8.

Wollt Nichts über euer Vermögen: es gibt eine schlimme Falschheit bei Solchen, die über ihr Vermögen wollen.

Sonderlich, wenn sie große Dinge wollen! Denn sie wekken Mißtrauen gegen große Dinge, diese feinen Falschmünzer nnd Schauspieler: –

– bis sie endlich falsch vor sich selber sind, schieläugig, übertünchter Wurmfraß, bemäntelt durch starke Worte, durch Aushänge-Tugenden, durch glänzende falsche Werke.

Habt da eine gute Vorsicht, ihr höheren Menschen! Nichts nämlich gilt mir heute kostbarer und seltner als Redlichkeit.

Ist dies Heute nicht des Pöbels? Pöbel aber weiß nicht, was groß, was klein, was gerade und redlich ist: der ist unschuldig krumm, der lügt immer.

9.

Habt heute ein gutes Mißtrauen, ihr höheren Menschen, ihr Beherzten! Ihr Offenherzigen! Und haltet eure Gründe geheim! Dies Heute nämlich ist des Pöbels.

Was der Pöbel ohne Gründe einst glauben lernte, wer könnte ihm durch Gründe Das – umwerfen?

Und auf dem Markte überzeugt man mit Gebärden. Aber Gründe machen den Pöbel mißtrauisch.

Und wenn da einmal Wahrheit zum Siege kam, so fragt euch mit gutem Mißtrauen: »welch starker Irrtum hat für sie gekämpft?«

Hütet euch auch vor den Gelehrten! Die hassen euch: denn sie sind unfruchtbar! Sie haben kalte vertrocknete Augen, vor ihnen liegt jeder Vogel entfedert.

Solche brüsten sich damit, daß sie nicht lügen: aber Ohnmacht zur Lüge ist lange noch nicht Liebe zur Wahrheit. Hütet euch!

Freiheit von Fieber ist lange noch nicht Erkenntnis! Ausgekälteten Geistern glaube ich nicht. Wer nicht lügen kann, weiß nicht, was Wahrheit ist.

10.

Wollt ihr hoch hinaus, so braucht die eignen Beine! Laßt euch nicht empor *tragen,* setzt euch nicht auf fremde Rücken und Köpfe!

Du aber stiegst zu Pferde? Du reitest nun hurtig hinauf zu deinem Ziele? Wohlan, mein Freund! Aber dein lahmer Fuß sitzt auch mit zu Pferde!

Wenn du an deinem Ziele bist, wenn du von deinem Pferde springst: auf deiner *Höhe* gerade, du höherer Mensch, – wirst du stolpern!

11.

Ihr Schaffenden, ihr höheren Menschen! Man ist nur für das eigne Kind schwanger.

Laßt euch nichts vorreden, einreden! Wer ist denn euer Nächster? Und handelt ihr auch »für den Nächsten«, – ihr schafft doch nicht für ihn!

Verlernt mir doch dies »Für«, ihr Schaffenden: eure Tugend gerade will es, daß ihr kein Ding mit »für« und »um« und »weil« tut. Gegen diese falschen kleinen Worte sollt ihr euer Ohr zukleben.

Das »für den Nächsten« ist die Tugend nur der kleinen Leute: da heißt es »gleich und gleich« und »Hand wäscht Hand«: – sie haben nicht Recht noch Kraft zu *eurem* Eigennutz!

In eurem Eigennutz, ihr Schaffenden, ist der Schwangeren Vorsicht und Vorsehung! Was Niemand noch mit Augen sah, die Frucht: die schirmt und schont und nährt eure ganze Liebe.

Wo eure ganze Liebe ist, bei eurem Kinde, da ist auch eure ganze Tugend! Euer Werk, euer Wille ist euer »Nächster«: laßt euch keine falschen Werte einreden!

12.

Ihr Schaffenden, ihr höheren Menschen! Wer gebären muß, der ist krank: wer aber geboren hat, ist unrein.

Fragt die Weiber: man gebiert nicht, weil es Vergnügen macht. Der Schmerz macht Hühner und Dichter gackern.

Ihr Schaffenden, an euch ist viel Unreines. Das macht, ihr mußtet Mütter sein.

Ein neues Kind: oh wieviel neuer Schmutz kam auch zur Welt! Geht beiseite! Und wer geboren hat, soll seine Seele rein waschen!

13.

Seid nicht tugendhaft über eure Kräfte! Und wollt Nichts von euch wider die Wahrscheinlichkeit!

Geht in den Fußstapfen, wo schon eurer Väter Tugend ging! Wie wolltet ihr hoch steigen, wenn nicht eurer Väter Wille mit euch steigt?

Wer aber Erstling sein will, sehe zu, daß er nicht auch Letztling werde! Und wo die Laster eurer Vater sind, darin sollt ihr nicht Heilige bedeuten wollen!

Wessen Vater es mit Weibern hielten und mit starken Weinen und Wildschweinen: was wäre es, wenn Der von sich Keuschheit wollte?

Eine Narrheit wäre es! Viel, wahrlich, dünkt es mich für einen Solchen, wenn er Eines oder zweier oder dreier Weiber Mann ist.

Und stiftete er Klöster und schriebe über die Tür: »der Weg zum Heiligen«, – ich spräche doch: wozu! es ist eine neue Narrheit!

Er stiftete sich selber ein Zucht- und Fluchthaus: wohl bekomm's! Aber ich glaube nicht daran.

In der Einsamkeit wächst, was Einer in sie bringt, auch das innere Vieh. Solchergestalt widerrät sich Vielen die Einsamkeit.

Gab es Schmutzigeres bisher auf Erden als Wüsten-Heilige? *Um* die herum war nicht nur der Teufel los, – sondern auch das Schwein.

14.

Scheu, beschämt, ungeschickt, einem Tiger gleich, dem der Sprung mißriet: also, ihr höheren Menschen, sah ich oft euch beiseite schleichen. Ein *Wurf* mißriet euch.

Aber, ihr Würfelspieler, was liegt daran! Ihr lerntet nicht spielen und spotten, wie man spielen und spotten muß! Sitzen wir nicht immer an einem großen Spott- und Spieltische?

Und wenn euch Großes mißriet, seid ihr selber darum – mißraten? Und mißrietet ihr selber, mißriet darum – der Mensch? Mißriet aber der Mensch: wohlan! wohlauf!

15.

Je höher von Art, je seltener gerät ein Ding. Ihr höheren Menschen hier, seid ihr nicht alle – mißgeraten?

Seit guten Mutes, was liegt daran! Wie Vieles ist noch möglich! Lernt über euch selber lachen, wie man lachen mußt!

Was wunders auch, daß ihr mißrietet und halb gerietet, ihr Halb-Zerbrochenen! Drängt und stößt sich nicht in euch – des Menschen *Zukunft?*

Des Menschen Fernstes, Tiefstes, Sternen-Höchstes, seine ungeheure Kraft: schäumt Das nicht alles gegeneinander in eurem Topfe?

Was wunders, daß mancher Topf zerbricht! Lernt über euch lachen, wie man lachen muß! Ihr höheren Menschen, oh wie Vieles ist noch möglich!

Und wahrlich, wie Viel geriet schon! Wie reich ist diese Erde an kleinen guten vollkommenen Dingen, an Wohlgeratenem!

Stellt kleine gute vollkommne Dinge um euch, ihr höheren Menschen! Deren goldene Reife heilt das Herz. Vollkommnes lehrt hoffen.

16.

Welches war hier auf Erden bisher die größte Sünde? War es nicht das Wort Dessen, der sprach: »Wehe denen, die hier lachen!«

Fand er zum Lachen auf der Erde selber keine Gründe? So suchte er nur schlecht. Ein Kind findet hier noch Gründe.

Der – liebte nicht genug: sonst hätte er auch uns geliebt, die Lachenden! Aber er haßte und höhnte uns, Heulen und Zähneklappern verhieß er uns.

Muß man denn gleich fluchen, wo man nicht liebt? Das – dünkt mich ein schlechter Geschmack. Aber so tat er, dieser Unbedingte. Er kam vom Pöbel.

Und er selber liebte nur nicht genug: sonst hätte er weniger gezürnt, daß man ihn nicht liebe. Alle große Liebe *will* nicht Liebe: – die will mehr.

Geht aus dem Wege allen solchen Unbedingten! Das ist eine arme kranke Art, eine Pöbel-Art: sie sehn schlimm diesem Leben zu, sie haben den bösen Blick für diese Erde.

Geht aus dem Wege allen solchen Unbedingten! Sie haben schwere Füße und schwüle Herzen: – sie wissen nicht zu tanzen. Wie möchte – solchen wohl die Erde leicht sein!

17.

Krumm kommen alle guten Dinge ihrem Ziele nahe. Gleich Katzen machen sie Buckel, sie schnurren inwendig von ihrem nahen Glücke, – alle guten Dinge lachen.

Der Schritt verrät, ob Einer schon auf *seiner* Bahn schreitet: so seht mich gehn! Wer aber seinem Ziel nahe kommt, der tanzt.

Und, wahrlich, zum Standbild ward ich nicht, noch stehe ich nicht da, starr, stumpf, steinern, eine Säule; ich liebe geschwindes Laufen.

Und wenn es auf Erden auch Moor und dicke Trübsal gibt: wer leichte Füße hat, läuft über Schlamm noch hinweg und tanzt wie auf gefegtem Eise.

Erhebt eure Herzen, meine Brüder, hoch! höher! Und vergeßt mir auch die Beine nicht! Erhebt auch eure Beine, ihr guten Tänzer, und besser noch ihr steht auch auf dem Kopf!

18.

Diese Krone des Lachenden, diese Rosenkranz-Krone: ich selber setzte mir diese Krone auf, ich selber sprach heilig mein Gelächter. Keinen Anderen fand ich heute stark genug dazu.

Zarathustra der Tänzer, Zarathustra der Leichte, der mit den Flügeln winkt, ein Flugbereiter, allen Vogeln zuwinkend, bereit und fertig, ein Selig-Leichtfertiger: –

Zarathustra der Wahrsager, Zarathustra der Wahrlacher, kein Ungeduldiger, kein Unbedingter, Einer, der Sprünge und Seitensprünge liebt; ich selber setzte mir diese Krone auf!

19.

Erhebt eure Herzen, meine Brüder, hoch! höher! Und vergeßt mir auch die Beine nicht! Erhebt auch eure Beine, ihr guten Tänzer, und besser noch: ihr steht auch auf dem Kopf!

Es gibt auch im Glück schweres Getier, es gibt Plumpfüßler von Anbeginn. Wunderlich mühn sie sich ab, einem Elefanten gleich, der sich müht auf dem Kopf zu stehn.

Besser aber noch närrisch sein vor Glücke als närrisch vor Unglücke, besser plump tanzen als lahm gehn. So lernt mir doch meine Weisheit ab: auch das schlimmste Ding hat zwei gute Kehrseiten, –

– auch das schlimmste Ding hat gute Tanzbeine: so lernt mir doch euch selbst, ihr höheren Menschen, auf eure rechten Beine stellen!

So verlernt mir doch Trübsal-Blasen und alle Pöbel-Traurigkeit! Oh wie traurig dünken mich heute des Pöbels Hanswürste noch! Dies Heute aber ist des Pöbels.

20.

Dem Winde tut mir gleich, wenn er aus seinen Berghöhlen stürzt: nach seiner eignen Pfeife will er tanzen, die Meere zittern und hüpfen unter seinen Fußstapfen.

Der den Eseln Flügel gibt, der Löwinnen melkt, gelobt sei dieser gute unbändige Geist, der allem Heute und allem Pöbel wie ein Sturmwind kommt, –

– der Distel- und Tiftelköpfen feind ist und allen welken Blättern und Unkräutern: gelobt sei dieser wilde gute freie Sturmgeist, welcher auf Mooren und Trübsalen wie auf Wiesen tanzt!

Der die Pöbel-Schwindhunde haßt und alles mißratene düstere Gezücht: gelobt sei dieser Geist aller freien Geister, der lachende Sturm, welcher allen Schwarzsichtigen, Schwärsüchtigen Staub in die Augen bläst!

Ihr höheren Menschen, euer Schlimmstes ist: ihr lerntet Alle nicht tanzen, wie man tanzen muß – über euch hinweg tanzen! Was liegt daran, daß ihr mißrietet!

Wie Vieles ist noch möglich! So *lernt* doch über euch hinweg lachen! Erhebt eure Herzen, ihr guten Tänzer, hoch! höher! und vergeßt mir auch das gute Lachen nicht!

Diese Krone des Lachenden, diese Rosenkranz-Krone: euch, meinen Brüdern, werfe ich diese Krone zu! Das Lachen sprach ich heilig; ihr höheren Menschen, *lernt* mir – lachen!

Das Lied der Schwermut

1.

Als Zarathustra diese Reden sprach, stand er nahe dem Eingange seiner Höhle; mit den letzten Worten aber entschlüpfte er seinen Gästen und floh für eine kurze Weile ins Freie.

»Oh reine Gerüche um mich, rief er aus, oh selige Stille um mich! Aber wo sind meine Tiere? Heran, heran, mein Adler und meine Schlange!

Sagt mir doch, meine Tiere: diese höheren Menschen insgesamt – *riechen* sie vielleicht nicht gut? Oh reine Gerüche um mich! Jetzo weiß und fühle ich erst, wie ich euch, meine Tiere, liebe.«

– Und Zarathustra sprach nochmals: »ich liebe euch, meine Tiere!« Der Adler aber und die Schlange drängten sich an ihn, als er diese Worte sprach, und sahen zu ihm hinauf. Solchergestalt waren sie zu drei still beisammen und schnüffelten und schlürften miteinander die gute Luft. Denn die Luft war hier draußen besser als bei den höheren Menschen.

2.

Kaum aber hatte Zarathustra seine Höhle verlassen, da erhob sich der alte Zauberer, sah listig umher und sprach: »Er ist hinaus! Und schon, ihr höheren Menschen – daß ich euch mit diesem Lob- und Schmeichel-Namen kitzle, gleich ihm selber – schon fällt mich mein schlimmer Trug- und Zaubergeist an, mein schwermütiger Teufel,

– welcher diesem Zarathustra ein Widersacher ist aus dem Grunde: vergebt es ihm! Nun *will* er vor euch zaubern, er hat gerade *seine* Stunde; umsonst ringe ich mit diesem bösen Geiste.

Euch Allen, welche Ehren ihr euch mit Worten geben mögt, ob ihr euch ›die freien Geister‹ nennt oder ›die Wahrhaftigen‹ oder ›die Büßer des Geistes‹ oder ›die Entfesselten‹ oder ›die großen Sehnsüchtigen‹,

– euch Allen, die ihr *am großen Ekel* leidet gleich mir, denen der alte Gott starb und noch kein neuer Gott in Wiegen und Windeln liegt, – euch Allen ist mein böser Geist und Zauber-Teufel hold.

Ich kenne euch, ihr höheren Menschen, ich kenne ihn, – ich kenne auch diesen Unhold, den ich wider Willen liebe, diesen Zarathustra: er selber dünkt mich öfter gleich einer schönen Heiligen-Larve,

– gleich einem neuen wunderlichen Mummenschanze, in dem sich mein böser Geist, der schwermütige Teufel, gefällt: – ich liebe Zarathustra, so dünkt mich oft, um meines bösen Geistes willen. –

Aber schon fällt der mich an und zwingt mich, dieser Geist der Schwermut, dieser Abend-Dämmerungs-Teufel: und, wahrlich, ihr höheren Menschen, es gelüstet ihn –

– macht nur die Augen auf! – es gelüstet ihn, *nackt* zu kommen, ob männlich, ob weiblich, noch weiß ich's nicht: aber er kommt, er zwingt mich, wehe! macht eure Sinne auf!

Der Tag klingt ab, allen Dingen kommt nun der Abend, auch den besten Dingen; hört nur und seht, ihr höheren Menschen, welcher Teufel, ob Mann, ob Weib, dieser Geist der Abend-Schwermut ist!«

Also sprach der alte Zauberer, sah listig umher und griff dann zu seiner Harfe.

3.

Bei abgehellter Luft,
Wenn schon des Taus Tröstung
Zur Erde niederquillt,
Unsichtbar, auch ungehört –
Denn zartes Schuhwerk trägt
Der Tröster Tau gleich allen Trost-Milden –
Gedenkst du da, gedenkst du, heißes Herz,
Wie einst du durstetest,
Nach himmlischen Tränen und Tau-Geträufel
Versengt und müde durstetest,
Dieweil auf gelben Gras-Pfaden
Boshaft abendliche Sonnenblicke
Durch schwarze Bäume um dich liefen,
Blendende Sonnen-Glutblicke, schadenfrohe?

»*Der Wahrheit Freier?* Du?« – so höhnten sie –
»Nein! Nur ein Dichter!
Ein Tier, ein listiges, raubendes, schleichendes,
Das lügen muß,
Das wissentlich, willentlich lügen muß:
Nach Beute lüstern,
Bunt verlarvt,
Sich selber Larve,
Sich selbst zur Beute –
Das – der Wahrheit Freier?
Nein! Nur Narr! Nur Dichter!
Nur Buntes redend,
Aus Narren-Larven bunt herausschreiend,
Herumsteigend auf lügnerischen Wort-Brücken,
Auf bunten Regenbogen,
Zwischen falschen Himmeln

Und falschen Erden,
Herumschweifend, herumschwebend, –
Nur Narr! Nur Dichter!

Das – der Wahrheit Freier?
Nicht still, starr, glatt, kalt,
Zum Bilde worden,
Zur Gottes-Säule,
Nicht aufgestellt vor Tempeln,
Eines Gottes Türwart:
Nein! feindselig solchen Wahrheits-Standbildern,
In jeder Wildnis heimischer als vor Tempeln,
Voll Katzen-Mutwillens,
Durch jedes Fenster springend
Husch! in jeden Zufall,
Jedem Urwalde zuschnüffelnd,
Süchtig-sehnsüchtig zuschnüffelnd,
Daß du in Urwäldern
Unter buntgefleckten Raubtieren
Sündlich-gesund und bunt und schön liefest,
Mit lüsternen Lefzen,
Selig-höhnisch, selig-höllisch, selig-blutgierig,
Raubend, schleichend, lugend liefest: –

Oder dem Adler gleich, der lange,
Lange starr in Abgründe blickt,
In *seine* Abgründe: – –
Oh wie sie sich hier hinab,
Hinunter, hinein,
In immer tiefere Tiefen ringeln! –
Dann,
Plötzlich, geraden Zugs,
Gezückten Flugs,

Auf *Lämmer* stoßen,
Jach hinab, heißhungrig,
Nach Lämmern lüstern,
Gram allen Lamms-Seelen,
Grimmig-gram Allem, was blickt
Schafmäßig, lammäugig, krauswollig,
Grau mit Lamms-Schafs-Wohlwollen!

Also
Adlerhaft, pantherhaft
Sind des Dichters Sehnsüchte,
Sind *deine* Sehnsüchte unter tausend Larven
Du Narr! Du Dichter!

Der du den Menschen schautest
So Gott als Schaf –:
Den Gott *zerreißen* im Menschen
Wie das Schaf im Menschen,
und zerreißend *lachen* –

Das, das ist deine Seligkeit!
Eines Panthers und Adlers Seligkeit!
Eines Dichters und Narren Seligkeit!« – –

Bei abgehellter Luft,
Wenn schon des Monds Sichel
Grün zwischen Purpurröten
Und neidisch hinschleicht:

– dem Tage feind,
Mit jedem Schritte heimlich
An Rosen-Hängematten
Hinsichelnd, bis sie sinken,

Nacht-abwärts blaß hinabsinken: –

So sank ich selber einstmals
Aus meinem Wahrheits-Wahnsinne,
Aus meinen Tages-Sehnsüchten,
Des Tages müde, krank vom Lichte,
– sank abwärts, abendwärts, schattenwärts:

Von Einer Wahrheit
Verbrannt und durstig:
– gedenkst du noch, gedenkst du, heißes Herz,
Wie da du durstetest? –
Daß ich verbannt sei
Von aller Wahrheit,
Nur Narr,
Nur Dichter!

Von der Wissenschaft

Also sang der Zauberer; und Alle, die beisammen waren, gingen gleich Vögeln unvermerkt in das Netz seiner listigen und schwermütigen Wollust. Nur der Gewissenhafte des Geistes war nicht eingefangen: er nahm flugs dem Zauberer die Harfe weg und rief »Luft! Laßt gute Luft herein! Laßt Zarathustra herein! Du machst diese Höhle schwül und giftig, du schlimmer alter Zauberer!

Du verführst, du Falscher, Feiner, zu unbekannten Begierden und Wildnissen. Und wehe, wenn Solche wie du, von der *Wahrheit* Redens und Wesens machen!

Wehe allen freien Geistern, welche nicht vor *solchen* Zauberern auf der Hut sind! Dahin ist es mit ihrer Freiheit: du lehrst und lockst zurück in Gefängnisse, –

– du alter schwermütiger Teufel, aus deiner Klage klingt eine Lockpfeife, du gleichst Solchen, welche mit ihrem Lobe der Keuschheit heimlich zu Wollüsten laden!«

Also sprach der Gewissenhafte; der alte Zauberer aber blickte um sich, genoß seines Sieges und verschluckte darüber den Verdruß, welchen ihm der Gewissenhafte machte. »Sei still!« sagte er mit bescheidener Stimme, »gute Lieder wollen gut widerhallen; nach guten Liedern soll man lange schweigen.

So tun es diese Alle, die höheren Menschen. Du aber hast wohl Wenig von meinem Lied verstanden? In dir ist Wenig von einem Zaubergeiste.«

»Du lobst mich«, entgegnete der Gewissenhafte, »indem du mich von dir abtrennst, wohlan! Aber ihr Anderen, was sehe ich? Ihr sitzt alle noch mit lüsternen Augen da –:

Ihr freien Seelen, wohin ist eure Freiheit! Fast, dünkt mich's, gleicht ihr solchen, die lange schlimmen tanzenden nackten Mädchen zusahn: eure Seelen tanzen selber!

In euch, ihr höheren Menschen, muß mehr von Dem sein, was der Zauberer seinen bösen Zauber- und Truggeist nennt: – wir müssen wohl verschieden sein.

Und wahrlich, wir sprachen und dachten genug mitsammen, ehe Zarathustra heimkam zu seiner Höhle, als daß ich nicht wüßte: wir *sind* verschieden.

Wir *suchen* Verschiednes auch hier oben, ihr und ich. Ich nämlich suche mehr *Sicherheit,* deshalb kam ich zu Zarathustra. Der nämlich ist noch der festeste Turm und Wille –

– heute, wo Alles wackelt, wo alle Erde bebt. Ihr aber, wenn ich eure Augen sehe, die ihr macht, fast dünkt mich's, ihr sucht *mehr Unsicherheit,*

– mehr Schauder, mehr Gefahr, mehr Erdbeben. Euch gelüstet, fast dünkt mich's so, vergebt meinem Dünkel, ihr höheren Menschen, –

– euch gelüstet nach dem schlimmsten gefährlichsten Leben, das mir am meisten Furcht macht, nach dem Leben wilder Tiere, nach Wäldern, Höhlen, steilen Bergen und Irr-Schlünden.

Und nicht die Führer *aus* der Gefahr gefallen euch am besten, sondern die euch von allen Wegen abführen, die Verführer. Aber, wenn solch Gelüsten an euch *wirklich* ist, so dünkt es mich trotzdem *unmöglich.*

Furcht nämlich – das ist des Menschen Erb- und Grundgefühl; aus der Furcht erklärt sich Jegliches, Erbsünde und Erbtugend. Aus der Furcht wuchs auch *meine* Tugend, die heißt: Wissenschaft.

Die Furcht nämlich vor wildem Getier – die wurde dem Menschen am längsten angezüchtet, einschließlich das Tier, das er in sich selber birgt und fürchtet: – Zarathustra heißt es ›das innere Vieh‹.

Solche lange alte Furcht, endlich fein geworden, geistlich, geistig – heute, dünkt mich, heißt sie: *Wissenschaft.*« –

Also sprach der Gewissenhafte; aber Zarathustra, der eben in seine Höhle zurückkam und die letzte Rede gehört und erraten hatte, warf dem Gewissenhaften eine Handvoll Rosen zu und lachte ob seiner »Wahrheiten«.

»Wie!« rief er, »was hörte ich da eben? Wahrlich, mich dünkt, du bist ein Narr oder ich selber bin's: und deine ›Wahrheit‹ stelle ich rucks und flugs auf den Kopf.

Furcht nämlich – ist unsre Ausnahme, Mut aber und Abenteuer und Lust am Ungewissen, am Ungewagten, – *Mut* dünkt mich des Menschen ganze Vorgeschichte.

Den wildesten mutigsten Tieren hat er alle ihre Tugenden abgeneidet und abgeraubt: so erst wurde er – zum Menschen.

Dieser Mut, endlich fein geworden, geistlich, geistig, dieser Menschen-Mut mit Adler-Flügeln und Schlangen-Klugheit: *der*, dünkt mich, heißt heute –«

»*Zarathustra!*« schrien Alle, die beisammensaßen, wie aus einem Munde und machten dazu ein großes Gelächter; es hob sich aber von ihnen wie eine schwere Wolke. Auch der Zauberer lachte und sprach mit Klugheit: »Wohlan! Er ist davon, mein böster Geist!

Und habe ich euch nicht selber vor ihm gewarnt, als ich sagte, daß er ein Betrüger sei, ein Lug- und Truggeist?

Sonderlich nämlich, wenn er sich nackend zeigt, Aber was kann *ich* für seine Tücken! Habe *ich* ihn und die Welt geschaffen?

Wohlan! Seien wir wieder gut und guter Dinge! Und ob schon Zarathustra böse blickt – seht ihn doch! er ist mir gram –:

– bevor die Nacht kommt, lernt er wieder mich lieben und loben, er kann nicht lange leben, ohne solche Torheiten zu tun.

Der – liebt seine Feinde: diese Kunst versteht er am besten von Allen, die ich sah. Aber er nimmt Rache dafür – an seinen Freunden!«

Also sprach der alte Zauberer, und die höheren Menschen zollten ihm Beifall: so daß Zarathustra herumging und mit Bosheit und Liebe seinen Freunden die Hände schüttelte, – gleichsam als Einer, der an Allen Etwas gutzumachen und abzubitten hat. Als er aber dabei an die Tür seiner Höhle kam, siehe, da gelüstete ihn schon wieder nach der guten Luft da draußen und seinen Tieren, – und er wollte hinausschlüpfen.

Unter Töchtern der Wüste

1.

»Gehe nicht davon!« sagte da der Wanderer, der sich den Schatten Zarathustras nannte, bleibe bei uns, – es möchte sonst uns die alte dumpfe Trübsal wieder anfallen.

Schon gab uns jener alte Zauberer von seinem Schlimmsten zum Besten, und siehe doch, der gute fromme Papst da hat Tränen in den Augen und sich ganz wieder aufs Meer der Schwermut eingeschifft.

Diese Könige da mögen wohl vor uns noch gute Miene machen: das lernten *Die* nämlich von uns Allen heute am besten!

Hätten sie aber keine Zeugen, ich wette, auch bei ihnen finge das böse Spiel wieder an –

– das böse Spiel der ziehenden Wolken, der feuchten Schwermut, der verhängten Himmel, der gestohlenen Sonnen, der heulenden Herbst-Winde,

– das böse Spiel unsres Heulens und Notschreiens: bleibe bei uns, oh Zarathustra! Hier ist viel verborgenes Elend, das reden will, viel Abend, viel Wolke, viel dumpfe Luft!

Du nährtest uns mit starker Manns-Kost und kräftigen Sprüchen: laß es nicht zu, daß uns zum Nachtisch die weichlichen weiblichen Geister wieder anfallen!

Du allein machst die Luft um dich herum stark und klar! Fand ich je auf Erden so gute Luft als bei dir in deiner Höhle?

Vielerlei Länder sah ich doch, meine Nase lernte vielerlei Luft prüfen und abschätzen: aber bei dir schmecken meine Nüstern ihre größte Lust!

Es sei denn, – es sei denn –, oh vergib eine alte Erinnerung! Vergib mir ein altes Nachtisch-Lied, das ich einst unter Töchtern der Wüste dichtete: –

bei denen nämlich gab es gleich gute helle morgenländische Luft; dort war ich am fernsten vom wolkigen feuchten schwermütigen Alt-Europa!

Damals liebte ich solcherlei Morgenland-Mädchen und andres blaues Himmelreich, über dem keine Wolken und keine Gedanken hängen.

Ihr glaubt es nicht, wie artig sie dasaßen, wenn sie nicht tanzten, tief, aber ohne Gedanken, wie kleine Geheimnisse, wie bebänderte Rätsel, wie Nachtisch-Nüsse –

bunt und fremd fürwahr! aber ohne Wolken: Rätsel, die sich raten lassen: solchen Mädchen zuliebe erdachte ich damals einen Nachtisch-Psalm.«

Also sprach der Wanderer und Schatten; und ehe Jemand ihm antwortete, hatte er schon die Harfe des alten Zauberers ergriffen, die Beine gekreuzt und blickte gelassen und weise um sich: – mit den Nüstern aber zog er langsam und fragend die Luft ein, wie einer, der in neuen Ländern neue fremde Luft kostet. Darauf hob er mit einer Art Gebrüll zu singen an.

2.

Die Wüste wächst: weh Dem, der Wüsten birgt!

– Ha! Feierlich!
In der Tat feierlich!
Ein würdiger Anfang!
Afrikanisch feierlich!
Eines Löwen würdig

oder eines moralischen Brüllaffen –
– aber Nichts für euch,
Ihr allerliebsten Freundinnen,
Zu deren Füßen mir
Zum ersten Male,
Einem Europäer unter Palmen,
Zu sitzen vergönnt ist. Sela

Wunderbar wahrlich!
Da sitze ich nun,
Der Wüste nahe, und bereits
So ferne wieder der Wüste,
Auch in Nichts noch verwüstet:
Nämlich hinabgeschluckt
Von dieser kleinsten Oasis –:
– sie sperrte gerade gähnend
Ihr liebliches Maul auf,
Das wohlriechendste aller Mäulchen:
Da fiel ich hinein,
Hinab, hindurch – unter euch
Ihr allerliebsten Freundinnen! Sela.

Heil, Heil jenem Walfische,
Wenn er also es seinem Gaste
Wohl sein ließ! – ihr versteht
Meine gelehrte Anspielung?
Heil seinem Bauche,
Wenn er also
Ein so lieblicher Oasis-Bauch war
Gleich diesem: was ich aber in Zweifel ziehe,
– dafür komme ich aus Europa,
Das zweifelsüchtiger ist als alle
Ältlichen Eheweibchen.

Möge Gott es bessern!
Amen!

Da sitze ich nun,
In dieser kleinsten Oasis,
Einer Dattel gleich,
Braun, durchsüßt, goldschwürig, lüstern
Nach einem runden Mädchenmunde,
Mehr noch aber nach mädchenhaften
Eiskalten schneeweißen schneidigen
Beißzähnen: nach denen nämlich
Lechzt das Herz allen heißen Datteln. Sela.

Den genannten Südfrüchten
Ähnlich, allzuähnlich
Liege ich hier, von kleinen
Flügelkäfern
Umschnüffelt und umspielt,
Insgleichen von noch kleineren
Törichteren sündhafteren
Wünschen und Einfällen, –
Umlagert von euch,
Ihr stummen, ihr ahnungsvollen
Mädchen-Katzen,
Dudu und Suleika,
– *umsphinxt*, daß ich in Ein Wort
Viel Gefühle stopfe:
(– Vergebe mir Gott
Diese Sprach-Sünde!)
– sitze hier, die beste Luft schnüffelnd,
Paradieses-Luft wahrlich,
Lichte leichte Luft, goldgestreifte,
So gute Luft nur je

Vom Monde herabfiel –
Sei es aus Zufall,
Oder geschah es aus Übermute?
Wie die alten Dichter erzählen.
Ich Zweifler aber ziehe es
In Zweifel, dafür aber komme ich
Aus Europa,
Das zweifelsüchtiger ist als alle
Ältlichen Eheweibchen.
Möge Gott es bessern!
Amen!

Diese schönste Luft trinkend,
Mit Nüstern geschwellt gleich Bechern,
Ohne Zukunft, ohne Erinnerungen,
So sitze ich hier, ihr
Allerliebsten Freundinnen,
Und sehe der Palme zu,
Wie sie, einer Tänzerin gleich,
Sich biegt und schmiegt und in der Hüfte wiegt,
– man tut es mit, sieht man lange zu!
Einer Tänzerin gleich, die, wie mir scheinen will,
Zu lange schon, gefährlich lange
Immer, immer nur auf einem Beine stand?
– da vergaß sie darob, wie mir scheinen will,
Das andre Bein?
Vergebens wenigstens
Suchte ich das vermißte
Zwillings-Kleinod
– nämlich das andre Bein –
In der heiligen Nähe
Ihres allerliebsten, allerzierlichsten
Fächer- und Flatter- und Flitterröckchens.

Ja, wenn ihr mir, ihr schönen Freundinnen,
Ganz glauben wollt:
Sie hat es verloren!
Es ist dahin
Auf ewig dahin,
Das andre Bein!
Oh schade um das liebliche andere Bein!
Wo – mag es wohl weilen und verlassen trauern?
Das einsame Bein?
In Furcht vielleicht vor einem
Grimmen blondgelockten
Löwen-Untiere? Oder gar schon
Abgenagt, abgeknabbert –
Erbärmlich, wehe! wehe! abgeknabbert! Sela.

Oh weint mir nicht,
Weiche Herzen!
Weint mir nicht, ihr
Dattel-Herzen! Milch-Busen!
Ihr Süßholz-Herz-
Beutelchen!
Weine nicht mehr,
Bleiche Dudu!
Sei ein Mann, Suleika! Mut! Mut!
– Oder sollte vielleicht
Etwas Stärkendes, Herz-Stärkendes
Hier am Platze sein?
Ein gesalbter Spruch?
Ein feierlicher Zuspruch? –

Ha! Herauf, Würde!
Tugend-Würde! Europäer-Würde!
Blase, blase wieder,

Blasebalg der Tugend!
Ha!
Noch Ein Mal brüllen,
Moralisch brüllen,
Als moralischer Löwe
Von den Töchtern der Wüste brüllen!
– Denn Tugend-Geheul,
Ihr allerliebsten Mädchen,
Ist mehr als Alles
Europäer-Inbrunst, Europäer-Heißhunger!
Und da stehe ich schon
Als Europäer,
Ich kann nicht anders, Gott helfe mir!
Amen!

Die Wüste wächst: weh Dem, der Wüsten birgt!

Die Erweckung

1.

Nach dem Liede des Wandrers und Schattens wurde die Höhle mit einem Male voll Lärmens und Lachens: und da die versammelten Gäste alle zugleich redeten, und auch der Esel, bei einer solchen Ermutigung, nicht mehr still blieb, überkam Zarathustra ein kleiner Widerwille und Spott gegen seinen Besuch: ob er sich gleich ihrer Fröhlichkeit erfreute.

Denn sie dünkte ihm ein Zeichen der Genesung. So schlüpfte er hinaus ins Freie und sprach zu seinen Tieren.

»Wo ist nun ihre Not hin?« sprach er, und schon atmete er selber von seinem kleinen Überdrusse auf, – »bei mir verlernten sie, wie mich dünkt, das Notschrein!

– wenn auch, leider, noch nicht das Schrein.« Und Zarathustra hielt sich die Ohren zu, denn eben mischte sich das I-A des Esels wunderlich mit dem Jubel-Lärm dieser höheren Menschen.

»Sie sind lustig«, begann er wieder, »und wer weiß? vielleicht auf ihres Wirtes Unkosten; und lernten sie von mir lachen, so ist es doch nicht *mein* Lachen, das sie lernten.

Aber was liegt daran! Es sind alte Leute: sie genesen auf ihre Art, sie lachen auf ihre Art; meine Ohren haben schon Schlimmeres erduldet und wurden nicht unwirsch.

Dieser Tag ist ein Sieg: er weicht schon, er flieht, *der Geist der Schwere,* mein alter Erzfeind! Wie gut will dieser Tag enden, der so schlimm und schwer begann!

Und enden *will* er. Schon kommt der Abend: über das Meer her reitet er, der gute Reiter! Wie er sich wiegt, der Selige, Heimkehrende, in seinen purpurnen Sätteln!

Der Himmel blickt klar dazu, die Welt liegt tief: oh all ihr Wunderlichen, die ihr zu mir kamt, es lohnt sich schon, bei mir zu leben!«

Also sprach Zarathustra. Und wieder kam da das Geschrei und Gelächter der höheren Menschen aus der Höhle: da begann er von neuem.

»Sie beißen an, mein Köder wirkt, es weicht auch ihnen ihr Feind, der Geist der Schwere. Schon lernen sie über sich selber lachen: höre ich recht?

Meine Manns-Kost wirkt, mein Saft- und Kraft-Spruch: und wahrlich, ich nährte sie nicht mit Bläh-Gemüsen! Sondern mit Krieger-Kost, mit Eroberer-Kost: neue Begierden weckte ich.

Neue Hoffnungen sind in ihren Armen und Beinen, ihr Herz streckt sich aus. Sie finden neue Worte, bald wird ihr Geist Mutwillen atmen.

Solche Kost mag freilich nicht für Kinder sein, noch auch für sehnsüchtige alte und junge Weibchen. Denen überredet man anders die Eingeweide; deren Arzt und Lehrer bin ich nicht.

Der *Ekel* weicht diesen höheren Menschen: wohlan! das ist mein Sieg. In meinem Reiche werden sie sicher, alle dumme Scham läuft davon, sie schütten sich aus.

Sie schütten ihr Herz aus, gute Stunden kehren ihnen zurück, sie feiern und käuen wieder, – sie werden *dankbar.*

Das nehme ich als das beste Zeichen: sie werden dankbar. Nicht lange noch, und sie denken sich Feste aus und stellen Denksteine ihren alten Freunden auf.

Es sind *Genesende*!« Also sprach Zarathustra fröhlich zu seinem Herzen und schaute hinaus; seine Tiere aber drängten sich an ihn und ehrten sein Glück und sein Stillschweigen.

2.

Plötzlich aber erschrak das Ohr Zarathustras: die Höhle nämlich, welche bisher voller Lärmens und Gelächters war, wurde mit Einem Male totenstill; – seine Nase aber roch einen wohlriechenden Qualm und Weihrauch, wie von brennenden Pinien-Zapfen.

»Was geschieht? Was treiben sie?« fragte er sich und schlich zum Eingange heran, daß er seinen Gästen, unvermerkt, zusehn könne. Aber, Wunder über Wunder! was mußte er da mit seinen eigenen Augen sehen!

»Sie sind alle wieder *fromm* geworden, sie *beten,* sie sind toll!« – sprach er und verwunderte sich über die Maßen. Und, fürwahr! Alle diese höheren Menschen, die zwei Könige, der Papst außer Dienst, der schlimme Zauberer, der freiwillige Bettler, der Wandrer und Schatten, der alte Wahrsager, der Gewissenhafte des Geistes und der häßlichste Mensch: sie lagen Alle gleich Kindern und gläubigen alten Weibchen auf den Knien und beteten den Esel an. Und eben begann der häßlichste Mensch zu gurgeln und zu schnauben, wie als ob etwas Unaussprechliches aus ihm heraus wolle; als er es aber wirklich bis zu Worten gebracht hatte, siehe, da war es eine fromme seltsame Litanei zur Lobpreisung des angebeteten und angeräucherten Esels. Diese Litanei aber klang also:

Amen! Und Lob und Ehre und Weisheit und Dank und Preis und Stärke sei unserm Gott, von Ewigkeit zu Ewigkeit!

– Der Esel aber schrie dazu I-A.

Er trägt unsere Last, er nahm Knechtsgestalt an, er ist geduldsam von Herzen und redet niemals Nein; und wer seinen Gott liebt, der züchtigt ihn.

– Der Esel aber schrie dazu I-A.

Er redet nicht: es sei denn, daß er zur Welt, die er schuf, immer Ja sagt: also preist er seine Welt. Seine Schlauheit ist es, die nicht redet: so bekömmt er selten unrecht.

– Der Esel aber schrie dazu I-A.

Unscheinbar geht er durch die Welt. Grau ist die Leib-Farbe, in welche er seine Tugend hüllt. Hat er Geist, so verbirgt er ihn; Jedermann aber glaubt an seine langen Ohren.

– Der Esel aber schrie dazu I-A.

Welche verborgene Weisheit ist das, daß er lange Ohren trägt und allein Ja und nimmer Nein sagt! Hat er nicht die Welt erschaffen nach seinem Bilde, nämlich so dumm als möglich?

– Der Esel aber schrie dazu I-A.

Du gehst gerade und krumme Wege, es kümmert dich wenig, was uns Menschen gerade oder krumm dünkt. Jenseits von Gut und Böse ist dein Reich. Es ist deine Unschuld, nicht zu wissen, was Unschuld ist.

– Der Esel aber schrie dazu I-A.

Siehe doch, wie du Niemanden von dir stößest, die Bettler nicht, noch die Könige. Die Kindlein lässest du zu dir kommen, und wenn dich die bösen Buben locken, so sprichst du einfältiglich I-A.

– Der Esel aber schrie dazu I-A.

Du liebst Eselinnen und frische Feigen, du bist kein Kostverächter. Eine Distel kitzelt dir das Herz, wenn du gerade Hunger hast. Darin liegt eines Gottes Weisheit.

– Der Esel aber schrie dazu I-A.

Das Eselsfest

1.

An dieser Stelle der Litanei aber konnte Zarathustra sich nicht länger bemeistern, schrie selber I-A, lauter noch als der Esel, und sprang mitten unter seine toll gewordenen Gäste. »Aber was treibt ihr da, ihr Menschenkinder?« rief er, indem er die Betenden vom Boden emporriß. »Wehe, wenn euch Jemand Anderes zusähe als Zarathustra:

Jeder würde urteilen, ihr wäret mit eurem neuen Glauben die ärgsten Gotteslästerer oder die törichtsten aller alten Weiblein!

Und du selber, du alter Papst, wie stimmt Das mit dir selber zusammen, daß du solchergestalt einen Esel hier als Gott anbetest?« –

»Oh Zarathustra«, antwortete der Papst, »vergib mir, aber in Dingen Gottes bin ich aufgeklärter noch als du. Und so ist's billig.

Lieber Gott also anbeten, in dieser Gestalt, als in gar keiner Gestalt! Denke über diesen Spruch nach, mein hoher Freund: du errätst geschwind, in solchem Spruch steckt Weisheit.

Der, welcher sprach ›Gott ist ein Geist‹ – der machte bisher auf Erden den größten Schritt und Sprung zum Unglauben: solch Wort ist auf Erden nicht leicht wieder gutzumachen!

Mein altes Herz springt und hüpft darob, daß es auf Erden noch Etwas anzubeten gibt. Vergib das, oh Zarathustra, einem alten frommen Papst-Herzen! –«

– »Und du«, sagte Zarathustra zu dem Wandrer und Schatten, »du nennst und wähnst dich einen freien Geist? Und treibst hier solchen Götzen- und Pfaffendienst?

Schlimmer, wahrlich, treibst du's hier noch als bei deinen schlimmen braunen Mädchen, du schlimmer neuer Gläubiger!«

»Schlimm genug«, antwortete der Wandrer und Schatten, »du hast recht: aber was kann ich dafür! Der alte Gott lebt wieder, oh Zarathustra, du magst reden, was du willst.

Der häßlichste Mensch ist an Allem schuld: der hat ihn wieder auferweckt. Und wenn er sagt, daß er ihn einst getötet habe: *Tod* ist bei Göttern immer nur ein Vorurteil.«

– »Und du«, sprach Zarathustra, »du schlimmer alter Zauberer, was tatest du! Wer soll, in dieser freien Zeit, fürderhin an dich glauben, wenn *du* an solche Götter-Eseleien glaubst?

Es war eine Dummheit, was du tatest; wie konntest du, du Kluger, eine solche Dummheit tun!«

»Oh Zarathustra«, antwortete der kluge Zauberer, »du hast recht, es war eine Dummheit, – sie ist mir auch schwer genug geworden.«

– »Und du gar«, sagte Zarathustra zu dem Gewissenhaften des Geistes, »erwäge doch und lege den Finger an deine Nase! Geht hier denn Nichts wider dein Gewissen? Ist dein Geist nicht zu reinlich für dies Beten und den Dunst dieser Betbrüder?«

»Es ist Etwas daran«, antwortete der Gewissenhafte und legte den Finger an die Nase, »es ist Etwas an diesem Schauspiele, das meinem Gewissen sogar wohltut.

Vielleicht, daß ich an Gott nicht glauben darf: gewiß aber ist, daß Gott mir in dieser Gestalt noch am glaubwürdigsten dünkt.

Gott soll ewig sein, nach dem Zeugnisse der Frömmsten: wer so viel Zeit hat, läßt sich Zeit. So langsam und so dumm als möglich: *damit* kann ein Solcher es doch sehr weit bringen.

Und wer des Geistes zu viel hat, der möchte sich wohl in die Dumm- und Narrheit selber vernarren. Denke über dich selber nach, oh Zarathustra!

Du selber – wahrlich! auch du könntest wohl aus Überfluß und Weisheit zu einem Esel werden.

Geht nicht ein vollkommner Weiser gern auf den krümmsten Wegen? Der Augenschein lehrt es, oh Zarathustra – *dein* Augenschein«

– »Und du selber zuletzt«, sprach Zarathustra und wandte sich gegen den häßlichsten Menschen, der immer noch auf dem Boden lag, den Arm zu dem Esel emporhebend (er gab ihm nämlich Wein zu trinken). »Sprich, du Unaussprechlicher, was hast du da gemacht!

Du dünkst mich verwandelt, dein Auge glüht, der Mantel des Erhabenen liegt um deine Häßlichkeit: *was* tatest du?

Ist es denn wahr, was Jene sagen, daß du ihn wieder aufwecktest? Und wozu? War er nicht mit Grund abgetötet und abgetan?

Du selber dünkst mich aufgeweckt: was tatest du? Was kehrtest *du um*? Was bekehrtest *du dich*? Sprich, du Unaussprechlicher!«

»Oh Zarathustra«, antwortete der häßlichste Mensch, »du bist ein Schelm!

Ob *Der* noch lebt oder wieder lebt oder gründlich tot ist, – wer von uns Beiden weiß Das am besten? Ich frage dich.

Eins aber weiß ich, – von dir selber lernte ich's einst, oh Zarathustra: wer am gründlichsten töten will, der *lacht*.

›Nicht durch Zorn, sondern durch Lachen tötet man‹ – so sprachst du einst. Oh Zarathustra, du Verborgener, du Vernichter ohne Zorn, du gefährlicher Heiliger, – du bist ein Schelm!«

2.

Da aber geschah es, daß Zarathustra verwundert über lauter solche Schelmen-Antworten, zur Tür seiner Höhle zurücksprang und, gegen alle seine Gäste gewendet, mit starker Stimme schrie:

»Oh ihr Schalks-Narren allesamt, ihr Possenreißer! Was verstellt und versteckt ihr euch vor mir!

Wie doch einem Jeden von euch das Herz zappelte vor Lust und Bosheit, darob, daß ihr endlich einmal wieder wurdet wie die Kindlein, nämlich fromm, –

– daß ihr endlich wieder tatet wie Kinder tun, nämlich betetet, hände-faltetet und ›lieber Gott‹ sagtet!

Aber nun laßt mir *diese* Kinderstube, meine eigne Höhle, wo heute alle Kinderei zu Hause ist. Kühlt hier draußen euren heißen Kinder-Übermut und Herzenslärm ab!

Freilich: so ihr nicht werdet wie die Kindlein, so kommt ihr nicht in das Himmelreich. (Und Zarathustra zeigte mit den Händen nach Oben.)

Aber wir wollen auch gar nicht ins Himmelreich: Männer sind wir worden, – *so wollen wir das Erdenreich.*«

3.

Und noch einmal hob Zarathustra an zu reden. »Oh meine neuen Freunde«, sprach er, – »ihr Wunderlichen, ihr höheren Menschen, wie gut gefallt ihr mir nun, –

– seit ihr wieder fröhlich wurdet! Ihr seid wahrlich Alle aufgeblüht: mich dünkt, solchen Blumen, wie ihr seid, tun *neue Feste* Not,

– ein kleiner tapferer Unsinn, irgendein Gottesdienst und Eselsfest, irgendein alter fröhlicher Zarathustra-Narr, ein Brausewind, der euch die Seelen hell bläst.

Vergeßt diese Nacht und dieses Eselsfest nicht, ihr höheren Menschen! *Das* erfandet ihr bei mir, Das nehme ich als gutes Wahrzeichen, – solcherlei erfinden nur Genesende!

Und feiert ihr es abermals, dieses Eselsfest, tut's euch zuliebe, tut's auch mir zuliebe! Und zu *meinem* Gedächtnis!«

Also sprach Zarathustra.

Das trunkne Lied

1.

Inzwischen aber war Einer nach dem Andern hinausgetreten ins Freie und in die kühle nachdenkliche Nacht; Zarathustra selber aber führte den häßlichsten Menschen an der Hand, daß er ihm seine Nacht-Welt und den großen runden Mond und die silbernen Wasserstürze bei seiner Höhle zeige. Da standen sie endlich still beieinander, lauter alte Leute, aber mit einem getrösteten tapferen Herzen und verwundert bei sich, daß es ihnen auf Erden so wohl war; die Heimlichkeit der Nacht aber kam ihnen näher und näher ans Herz. Und von neuem dachte Zarathustra bei sich: »oh wie gut sie mir nun gefallen, diese höheren Menschen!« – aber er sprach es nicht aus, denn er ehrte ihr Glück und ihr Stillschweigen. –

Da aber geschah Das, was an jenem erstaunlichen langen Tage das Erstaunlichste war: der häßlichste Mensch begann noch einmal und zum letzten Mal zu gurgeln und zu schnauben, und als er es bis zu Worten gebracht hatte, siehe, da sprang eine Frage rund und reinlich aus seinem Munde, eine gute tiefe klare Frage, welche Allen, die ihm zuhörten, das Herz im Leibe bewegte.

»Meine Freunde insgesamt«, sprach der häßlichste Mensch, »was dünket euch? Um dieses Tags willen – *ich* bin's zum ersten Male zufrieden, daß ich das ganze Leben lebte.

Und daß ich so viel bezeuge, ist mir noch nicht genug. Es lohnt sich auf der Erde zu leben: Ein Tag, ein Fest mit Zarathustra lehrte mich die Erde lieben.

›War *Das* – das Leben?‹ will ich zum Tode sprechen. ›Wohlan! Noch Ein Mal!‹

Meine Freunde, was dünket euch? Wollt ihr nicht gleich mir zum Tode sprechen: *War Das* – das Leben? Um Zarathustras willen, wohlan! Noch Ein Mal!« – –

Also sprach der häßlichste Mensch; es war aber nicht lange vor Mitternacht. Und was glaubt ihr wohl, daß damals sich zutrug? Sobald die höheren Menschen seine Frage hörten, wurden sie sich mit Einem Male ihrer Verwandlung und Genesung bewußt, und wer ihnen dieselbe gegeben habe: da sprangen sie auf Zarathustra zu, dankend, verehrend, liebkosend, ihm die Hände küssend, so wie es der Art eines Jeden eigen war: also daß Einige lachten, Einige weinten. Der alte Wahrsager aber tanzte vor Vergnügen; und wenn er auch, wie manche Erzähler meinen, damals voll süßen Weines war, so war er gewißlich noch voller des süßen Lebens und hatte aller Müdigkeit abgesagt. Es gibt sogar Solche, die erzählen, daß damals der Esel getanzt habe: nicht umsonst nämlich habe ihm der häßlichste Mensch vorher Wein zu trinken gegeben. Dies mag sich nun so verhalten oder auch anders; und wenn in Wahrheit an jenem Abende der Esel nicht getanzt hat, so geschahen doch damals größere und seltsamere Wunderdinge, als es das Tanzen eines Esels wäre. Kurz, wie das Sprichwort Zarathustras lautet: »was liegt daran!«

2.

Zarathustra aber, als sich dies mit dem häßlichsten Menschen zutrug, stand da wie ein Trunkener: sein Blick erlosch, seine Zunge lallte, seine Füße schwankten. Und wer möchte auch erraten, welche Gedanken dabei über Zarathustras Seele liefen? Ersichtlich aber wich sein Geist zurück und floh voraus und war in weiten Fernen und gleichsam »auf hohem Joche, wie geschrieben steht, zwischen zwei Meeren,

– zwischen Vergangenem und Zukünftigem als schwere Wolke wandelnd«. Allgemach aber, während ihn die höheren Menschen in den Armen hielten, kam er ein Wenig zu sich selber zurück und wehrte mit den Händen dem Gedränge der Verehrenden und Besorgten; doch sprach er nicht. Mit Einem Male aber wandte er schnell den Kopf, denn er schien Etwas zu hören: da legte er den Finger an den Mund und sprach: »*Kommt!*«

Und alsbald wurde es rings still und heimlich; aus der Tiefe aber kam langsam der Klang einer Glocke herauf. Zarathustra horchte darnach, gleich den höheren Menschen; dann aber legte er zum andern Male den Finger an den Mund und sprach wiederum: »*Kommt! Kommt! Es geht gen Mitternacht!*« – und seine Stimme hatte sich verwandelt. Aber immer noch rührte er sich nicht von der Stelle: da wurde es noch stiller und heimlicher, und Alles horchte, auch der Esel, und Zarathustras Ehrentiere, der Adler und die Schlange, insgleichen die Höhle Zarathustras und der große kühle

Mond und die Nacht selber. Zarathustra aber legte zum dritten Male die Hand an den Mund und sprach:

Kommt! Kommt! Kommt! Laßt uns jetzo wandeln! Es ist die Stunde! Laßt uns in die Nacht wandeln!

3.

Ihr höheren Menschen, es geht gen Mitternacht: da will ich euch Etwas in die Ohren sagen, wie jene alte Glocke es mir ins Ohr sagt, –

– so heimlich, so schrecklich, so herzlich, wie jene Mitternachts-Glocke zu mir es redet, die mehr erlebt hat als Ein Mensch:

– welche schon eurer Vater Herzens-Schmerzens-Schläge abzählte – ach! ach! wie sie seufzt! wie sie im Traume lacht! die alte tiefe tiefe Mitternacht!

Still! Still! Da hört sich Manches, das am Tage nicht laut werden darf; nun aber, bei kühler Luft, da auch aller Lärm eurer Herzen stille ward, –

– nun redet es, nun hört es sich, nun schleicht es sich in nächtliche überwache Seelen: ach! ach! wie sie seufzt! wie sie im Traume lacht!

– hörst du's nicht, wie sie heimlich, schrecklich, herzlich zu dir redet, die alte tiefe tiefe Mitternacht?

Oh Mensch, gib acht!

4.

Wehe mir! Wo ist die Zeit hin? Sank ich nicht in tiefe Brunnen? Die Welt schläft –

Ach! Ach! Der Hund heult, der Mond scheint. Lieber will ich sterben, sterben, als euch sagen, was mein Mitternachts-Herz eben denkt.

Nun starb ich schon. Es ist dahin. Spinne, was spinnst du um mich? Willst du Blut? Ach! Ach! Der Tau fällt, die Stunde kommt –

– die Stunde, wo mich fröstelt und friert, die fragt und fragt und fragt: »wer hat Herz genug dazu?

– wer soll der Erde Herr sein? Wer will sagen: so sollt ihr laufen, ihr großen und kleinen Ströme!«

– die Stunde naht: oh Menseh, du höherer Mensch, gib acht! Diese Rede ist für feine Ohren, für deine Ohren – *was spricht die tiefe Mitternacht?*

5.

Es trägt mich dahin, meine Seele tanzt. Tagewerk! Tagewerk! Wer soll der Erde Herr sein?

Der Mond ist kühl, der Wind schweigt. Ach! Ach! Flogt ihr schon hoch genug? Ihr tanztet: aber ein Bein ist doch kein Flügel.

Ihr guten Tänzer, nun ist alle Lust vorbei: Wein ward Hefe, jeder Becher ward mürbe, die Gräber stammeln.

Ihr flogt nicht hoch genug: nun stammeln die Gräber »erlöst doch die Toten! Warum ist so lange Nacht? Macht uns nicht der Mond trunken?«

Ihr höheren Menschen, erlöst doch die Gräber, weckt die Leichname auf! Ach, was gräbt noch der Wurm? Es naht, es naht die Stunde, –

– es brummt die Glocke, es schnarrt noch das Herz, es gräbt noch der Holzwurm, der Herzenswurm. *Ach! Ach! Die Welt ist tief!*

6.

Süße Leier! Süße Leier! Ich liebe deinen Ton, deinen trunkenen Unken-Ton! – wie lang her, wie fern her kommt mir dein Ton, weit her, von den Teichen der Liebe!

Du alte Glocke, du süße Leier! Jeder Schmerz riß dir ins Herz, Vaterschmerz, Väterschmerz, Urväterschmerz; deine Rede wurde reif, –

– reif gleich goldenem Herbste und Nachmittage, gleich meinem Einsiedlerherzen – nun redest du: die Welt selber ward reif, die Traube bräunt,

– nun will sie sterben, vor Glück sterben. Ihr höheren Menschen, riecht ihr's nicht? Es quillt heimlich ein Geruch herauf,

– ein Duft und Geruch der Ewigkeit, ein rosenseliger brauner Gold-Wein-Geruch von altem Glücke,

– von trunkenem Mitternachts-Sterbeglücke, welches singt: die Welt ist tief, *und tiefer als der Tag gedacht!*

7.

Laß mich! Laß mich! Ich bin zu rein für dich. Rühre mich nicht an! Ward meine Welt nicht eben vollkommen?

Meine Haut ist zu rein für deine Hände. Laß mich, du dummer tölpischer dumpfer Tag! Ist die Mitternacht nicht heller?

Die Reinsten sollen der Erde Herrn sein, die Unerkanntesten, Stärksten, die Mitternachts-Seelen, die heller und tiefer sind als jeder Tag.

Oh Tag, du tappst nach mir? Du tastest nach meinem Glücke? Ich bin dir reich, einsam, eine Schatzgrube, eine Goldkammer?

Oh Welt, du willst mich? Bin ich dir weltlich? Bin ich dir geistlich? Bin ich dir göttlich? Aber Tag und Welt, ihr seid zu plump, –

– habt klügere Hände, greift nach tieferem Glücke, nach tieferem Unglücke, greift nach irgendeinem Gotte, greift nicht nach mir:

– mein Unglück, mein Glück ist tief, du wunderlicher Tag, aber doch bin ich kein Gott, keine Gottes-Hölle: *tief ist ihr Weh.*

8.

Gottes Weh ist tiefer, du wunderliche Welt! Greife nach Gottes Weh, nicht nach mir! Was bin ich! Eine trunkene süße Leier, –

– eine Mitternachts-Leier, eine Glocken-Unke, die niemand versteht, aber welche reden *muß,* vor Tauben, ihr höheren Menschen! Denn ihr versteht mich nicht!

Dahin! Dahin! Oh Jugend! Oh Mittag! Oh Nachmittag! Nun kam Abend und Nacht und Mitternacht, – der Hund heult, der Wind:

– ist der Wind nicht ein Hund? Er winselt, er kläfft, er heult. Ach! Ach! wie sie seufzt! wie sie lacht, wie sie röchelt und keucht, die Mitternacht.

Wie sie eben nüchtern spricht, diese trunkene Dichterin! Sie übertrank wohl ihre Trunkenheit? Sie wurde überwacht? Sie käut zurück?

– Ihr Weh käut sie zurück, im Traume, die alte tiefe Mitternacht, und mehr noch ihre Lust. Lust nämlich, wenn schon Weh tief ist: *Lust ist tiefer noch als Herzeleid.*

9.

Du Weinstock! Was preisest du mich? Ich schnitt dich doch! Ich bin grausam, du blutest –: was will dein Lob meiner trunkenen Grausamkeit?

»Was vollkommen ward, alles Reife – will sterben!« so redest du. Gesegnet, gesegnet sei das Winzermesser! Aber alles Unreife will leben: wehe!

Weh spricht: »Vergeh! Weg, du Wehe!« Aber Alles, was leidet, will leben, daß es reif werde und lustig und sehnsüchtig,

– sehnsüchtig nach Fernerem, Höherem, Hellerem. »Ich will Erben«, so spricht Alles? was leidet? »ich will Kinder, ich will nicht *mich*«, –

Lust aber will nicht Erben, nicht Kinder, – Lust will sich selber, will Ewigkeit, will Wiederkunft, will Alles-sich-ewig-gleich.

Weh spricht: »Brich, blute, Herz! Wandle, Bein! Flügel, flieg! Hinan! Hinauf! Schmerz!« Wohlan! Wohlauf! Oh mein altes Herz: *Weh spricht: »Vergeh!«*

10.

Ihr höheren Menschen, was dünket euch? Bin ich ein Wahrsager? Ein Träumender? Trunkener? Ein Traumdeuter? Eine Mitternachtsglocke?

Ein Tropfen Taus? Ein Dunst und Duft der Ewigkeit? Hört ihr's nicht? Riecht ihr's nicht? Eben ward meine Welt vollkommen, Mitternacht ist auch Mittag, –

Schmerz ist auch eine Lust, Fluch ist auch ein Segen, Nacht ist auch eine Sonne, – geh davon! oder ihr lernt: ein Weiser ist auch ein Narr.

Sagtet ihr jemals Ja zu Einer Lust? Oh, meine Freunde, so sagtet ihr Ja auch zu *allem* Wehe. Alle Dinge sind verkettet, verfädelt, verliebt,

– wolltet ihr jemals Ein Mal zweimal, spracht ihr jemals »du gefällst mir, Glück! Husch! Augenblick!« so wolltet ihr *Alles* zurück!

– Alles von neuem, Alles ewig, Alles verkettet, verfädelt, verliebt, oh so *liebtet* ihr die Welt, –

– ihr Ewigen, liebt sie ewig und allezeit: und auch zum Weh sprecht ihr: vergeh, aber komm zurück! *Denn alle Lust will – Ewigkeit!*

11.

Alle Lust will aller Dinge Ewigkeit, will Honig, will Hefe, will trunkene Mitternacht, will Gräber, will Gräber-Tränen-Trost, will vergüldetes Abendrot –

– *was* will nicht Lust! sie ist durstiger, herzlicher; hungriger, schrecklicher, heimlicher als alles Weh, sie will *sich,* sie beißt in *sich,* des Ringes Wille ringt in ihr, –

– sie will Liebe, sie will Haß, sie ist überreich, schenkt, wirft weg, bettelt, daß Einer sie nimmt, dankt dem Nehmenden, sie möchte gern gehaßt sein, –

– so reich ist Lust, daß sie nach Wehe durstet, nach Hölle, nach Haß, nach Schmach, nach dem Krüppel, nach *Welt,* – denn diese Welt, oh ihr kennt sie ja!

Ihr höheren Menschen, nach euch sehnt sie sich, die Lust, die unbändige, selige, – nach eurem Weh, ihr Mißratenen! Nach Mißratenem sehnt sich alle ewige Lust.

Denn alle Lust will sich selber, drum will sie auch Herzeleid! Oh Glück, oh Schmerz! Oh brich, Herz! Ihr höheren Menschen lernt es doch, Lust will Ewigkeit,

– Lust will *aller* Dinge Ewigkeit, *will tiefe, tiefe Ewigkeit!*

12.

Lerntet ihr nun mein Lied? Errietet ihr, was es will? Wohlan! Wohlauf! Ihr höheren Menschen, so singt mir nun meinen Rundgesang!

Singt mir nun selber das Lied, des Name ist »Noch einmal«, des Sinn ist »in alle Ewigkeit!« – singt, ihr höheren Menschen, Zarathustras Rundgesang!

Oh Mensch! Gib acht!
Was spricht die tiefe Mitternacht?
»Ich schlief ich schlief –,
Aus tiefem Traum bin ich erwacht: –
Die Welt ist tief,
Und tiefer als der Tag gedacht.
Tief ist ihr Weh –,
Lust – tiefer noch als Herzeleid:
Weh spricht: Vergeh!
Doch alle Lust will Ewigkeit –,
– will tiefe, tiefe Ewigkeit!«

Das Zeichen

Des Morgens aber nach dieser Nacht sprang Zarathustra von seinem Lager auf, gürtete sich die Lenden und kam heraus aus seiner Höhle, glühend und stark, wie eine Morgensonne, die aus dunklen Bergen kommt.

»Du großes Gestirn«, sprach er, wie er einstmals gesprochen hatte, »du tiefes Glücks-Auge, was wäre all dein Glück, wenn du nicht *Die* hättest, welchen du leuchtest!

Und wenn sie in ihren Kammern blieben, während du schon wach bist und kommst und schenkst und austeilst: wie würde darob deine stolze Scham zürnen!

Wohlan! Sie schlafen noch, diese höheren Menschen, während *ich* wach bin: *das* sind nicht meine rechten Gefährten! Nicht auf sie warte ich hier in meinen Bergen.

Zu meinem Werke will ich, zu meinem Tage: aber sie verstehen nicht, was die Zeichen meines Morgens sind, mein Schritt – ist für sie kein Weckruf.

Sie schlafen noch in meiner Höhle, ihr Traum trinkt noch an meinen trunknen Liedern. Das Ohr doch, das nach *mir* horcht, – das *gehorchende* Ohr fehlt in ihren Gliedern.«

– Dies hatte Zarathustra zu seinem Herzen gesprochen, als die Sonne aufging: da blickte er fragend in die Höhe, denn er hörte über sich den scharfen Ruf seines Adlers. »Wohlan!« rief er hinauf, »so gefällt und gebührt es mir. Meine Tiere sind wach, denn ich bin wach.

Mein Adler ist wach und ehrt gleich mir die Sonne. Mit Adlers-Klauen greift er nach dem neuen Lichte. Ihr seid meine rechten Tiere; ich liebe euch.

Aber noch fehlen mir meine rechten Menschen!« –

Also sprach Zarathustra; da aber geschah es, daß er sich plötzlich wie von unzähligen Vögeln umschwärmt und umflattert hörte, – das Geschwirr so vieler Flügel aber und das Gedräng um sein Haupt war so groß, daß er die Augen schloß. Und wahrlich, einer Wolke gleich fiel es über ihn her, einer Wolke von Pfeilen gleich, welche sich über einen neuen Feind ausschüttet. Aber siehe, hier war es eine Wolke der Liebe, und über einen neuen Freund.

»Was geschieht mir?« dachte Zarathustra in seinem erstaunten Herzen und ließ sich langsam auf dem großen Steine nieder, der neben dem Ausgange seiner Höhle lag. Aber, indem er mit den Händen um sich und über sich und unter sich griff und den zärtlichen Vögeln wehrte, siehe, da geschah ihm etwas noch Seltsameres: er griff nämlich dabei unvermerkt in ein dichtes warmes Haar-Gezottel hinein; zugleich aber erscholl vor ihm ein Gebrüll – ein sanftes langes Löwen-Brüllen.

»*Das Zeichen kommt*«, sprach Zarathustra, und sein Herz verwandelte sich. Und in Wahrheit, als es helle vor ihm wurde, da lag ihm ein gelbes mächtiges Getier zu Füßen und schmiegte das Haupt an seine Knie und wollte nicht von ihm lassen vor Liebe, und tat einem Hunde gleich, welcher seinen alten Herrn wiederfindet. Die Tauben aber waren mit ihrer Liebe nicht minder eifrig als der Löwe; und jedesmal, wenn eine Taube über die Nase des Löwen huschte, schüttelte der Löwe das Haupt und wunderte sich und lachte dazu.

Zu dem Allen sprach Zarathustra nur Ein Wort: »*Meine Kinder sind nahe, meine Kinder*« –, dann wurde er ganz stumm. Sein Herz aber war gelöst, und aus seinen Augen tropften Tränen herab und fielen auf seine Hände. Und er achtete keines Dings mehr und saß da, unbeweglich und ohne daß er sich noch gegen die Tiere wehrte. Da flogen die Tauben ab und zu und setzten sich ihm auf die Schulter und liebkosten sein weißes Haar und wurden nicht müde mit Zärtlichkeit und Frohlocken. Der starke Löwe aber leckte immer die Tränen, welche auf die Hände Zarathustras herabfielen und brüllte und brummte schüchtern dazu. Also trieben es diese Tiere. –

Dies Alles dauerte eine lange Zeit, oder eine kurze Zeit: denn, recht gesprochen, gibt es für dergleichen Dinge auf Erden *keine Zeit* –. Inzwischen aber waren die höheren Menschen in der Höhle Zarathustras wach geworden und ordneten sich miteinander zu einem Zuge an, daß sie Zarathustra entgegengingen und ihm den Morgengruß böten: denn sie hatten gefunden, als sie erwachten, daß er schon nicht mehr unter ihnen weilte.

Als sie aber zur Tür der Höhle gelangten und das Geräusch ihrer Schritte ihnen voranlief, da stutzte der Löwe gewaltig, kehrte sich mit Einem Male von Zarathustra ab und sprang, wild brüllend, auf die Höhle los; die höheren Menschen aber, als sie ihn brüllen hörten, schrien alle auf, wie mit Einem Munde, und flohen zurück und waren im Nu verschwunden.

Zarathustra selber aber, betäubt und fremd, erhob sich von seinem Sitze, sah um sich, stand staunend da, fragte sein Herz, besann sich und war allein. »Was hörte ich doch?« sprach er endlich langsam, »was geschah mir eben?«

Und schon kam ihm die Erinnerung, und er begriff mit Einem Blicke Alles, was zwischen Gestern und Heute sich begeben hatte. »Hier ist ja der Stein«, sprach er und strich sich den Bart, »auf *dem* saß ich gestern am Morgen; und hier trat der Wahrsager zu mir, und hier hörte ich zuerst den Schrei, den ich eben hörte, den großen Notschrei.

Oh ihr höheren Menschen, *von eurer* Not war's ja, daß gestern am Morgen jener alte Wahrsager mir wahrsagte, –

– zu eurer Not wollte er mich verführen und versuchen: oh Zarathustra, sprach er zu mir, ich komme, daß ich dich zu deiner letzten Sünde verführe.

Zu meiner letzten Sünde? rief Zarathustra und lachte zornig über sein eigenes Wort: *was* blieb mir doch aufgespart als meine letzte Sünde?«

– Und noch einmal versank Zarathustra in sich und setzte sich wieder auf den großen Stein nieder und sann nach. Plötzlich sprang er empor, –

»Mitleiden! Das Mitleiden mit dem höheren Menschen!« schrie er auf, und sein Antlitz verwandelte sich in Erz. »Wohlan! *Das* – hatte seine Zeit!

Mein Leid und mein Mitleiden – was liegt daran! Trachte ich denn nach *Glücke?* Ich trachte nach meinem *Werke!*

Wohlan! Der Löwe kam, meine Kinder sind nahe, Zarathustra ward reif, meine Stunde kam: –

Dies ist *mein* Morgen, *mein* Tag hebt an: *herauf nun, herauf du großer Mittag!«* – –

Also sprach Zarathustra und verließ seine Höhle, glühend und stark, wie eine Morgensonne, die aus dunklen Bergen kommt.

Jenseits von Gut und Böse

Vorrede

Vorausgesetzt, daß die Wahrheit ein Weib ist –, wie? Ist der Verdacht nicht gegründet, daß alle Philosophen, sofern sie Dogmatiker waren, sich schlecht auf Weiber verstanden? daß der schauerliche Ernst, die linkische Zudringlichkeit, mit der sie bisher auf die Wahrheit zuzugehen pflegten, ungeschickte und unschickliche Mittel waren, um gerade ein Frauenzimmer für sich einzunehmen? Gewiß ist, daß sie sich nicht hat einnehmen lassen: – und jede Art Dogmatik steht heute mit betrübter und mutloser Haltung da. *Wenn* sie überhaupt noch steht. Denn es gibt Spötter, welche behaupten, sie sei gefallen, alle Dogmatik liege zu Boden, mehr noch, alle Dogmatik liege in den letzten Zügen. Ernstlich geredet, es gibt gute Gründe zu der Hoffnung, daß alles Dogmatisieren in der Philosophie, so feierlich, so end- und letztgültig es sich auch gebärdet hat, doch nur eine edle Kinderei und Anfängerei gewesen sein möge, und die Zeit ist vielleicht sehr nahe, wo man wieder und wieder begreifen wird, *was* eigentlich schon ausgereicht hat, um den Grundstein zu solchen erhabenen und unbedingten Philosophen-Bauwerken abzugeben, welche die Dogmatiker bisher aufbauten, – irgendein Volks-Aberglaube aus unvordenklicher Zeit (wie der Seelen-Aberglaube, der als Subjekt- und Ich-Aberglaube auch heute noch nicht aufgehört hat, Unfug zu stiften), irgendein Wortspiel vielleicht, eine Verführung von seiten der Grammatik her oder eine verwegene Verallgemeinerung von sehr engen, sehr persönlichen, sehr menschlich-allzumenschlichen Tatsachen. Die Philosophie der Dogmatiker war hoffentlich nur ein Versprechen über Jahrtausende hinweg: wie es in noch früherer Zeit die Astrologie war, für deren Dienst vielleicht mehr Arbeit, Geld, Scharfsinn, Geduld aufgewendet worden ist als bisher für irgendeine wirkliche Wissenschaft: – man verdankt ihr und ihren »überirdischen« Ansprüchen in Asien und Ägypten den großen Stil der Baukunst. Es scheint, daß alle großen Dinge, um der Menschheit sich mit ewigen Forderungen in das Herz einzuschreiben, erst als ungeheure und furchteinflößende Fratzen über die Erde hinwandeln müssen: eine solche Fratze war die dogmatische Philosophie, zum Beispiel die Vedanta-Lehre in Asien, der Platonismus in Europa. Seien wir nicht undankbar gegen sie, so gewiß es auch zugestanden werden muß, daß der schlimmste, langwierigste und gefährlichste aller Irrtümer bisher ein Dogmatiker-Irrtum gewesen ist, nämlich Platos Erfindung vom reinen Geiste und vom Guten an sich. Aber nunmehr, wo er überwunden ist, wo Europa von diesem Alpdrucke aufatmet und zum mindesten eines gesunderen – Schlafs genießen darf, sind wir, *deren Aufgabe das Wachsein selbst ist,* die Erben von all der Kraft, welche der Kampf gegen diesen Irrtum großgezüchtet hat. Es hieß allerdings die Wahrheit auf den Kopf stellen und das *Perspektivische,* die Grundbedingung alles Lebens, selber verleugnen, so vom Geiste und vom Guten zu reden, wie Plato getan hat; ja man darf, als Arzt, fragen: »woher eine solche Krankheit am schönsten Gewächse des Altertums, an Plato? hat ihn doch der böse Sokrates verdorben? wäre Sokrates doch der Verderber der Jugend gewesen? und hätte seinen Schierling verdient?« – Aber der Kampf gegen Plato, oder, um es verständlicher und fürs »Volk« zu sagen, der Kampf gegen den christlich-kirchlichen Druck von Jahrtausenden – denn Christentum ist Platonismus fürs »Volk« – hat in Europa eine prachtvolle Spannung des Geistes geschaffen, wie sie auf Erden noch nicht da war: mit einem so gespannten Bogen kann man nunmehr nach den fernsten Zielen schießen. Freilich, der europäische

Mensch empfindet diese Spannung als Notstand; und es ist schon zweimal im großen Stile versucht worden, den Bogen anzuspannen, einmal durch den Jesuitismus, zum zweiten Male durch die demokratische Aufklärung: – als welche mit Hilfe der Pressefreiheit und des Zeitunglesens es in der Tat erreichen dürfte, daß der Geist sich selbst nicht mehr so leicht als »Not« empfindet! (Die Deutschen haben das Pulver erfunden – alle Achtung! aber sie haben es wieder quitt gemacht – sie erfanden die Presse.) Aber wir, die wir weder Jesuiten, noch Demokraten, noch selbst Deutsche genug sind, wir *guten Europäer* und freien, *sehr* freien Geister – wir haben sie noch, die ganze Not des Geistes und die ganze Spannung seines Bogens! Und vielleicht auch den Pfeil, die Aufgabe, wer weiß? Das Ziel …

Sils-Maria, Oberengadin, im Juni 1885

ERSTES HAUPTSTÜCK

Von den Vorurteilen der Philosophen

1.

Der Wille zur Wahrheit, der uns noch zu manchem Wagnisse verführen wird, jene berühmte Wahrhaftigkeit, von der alle Philosophen bisher mit Ehrerbietung geredet haben: was für Fragen hat dieser Wille zur Wahrheit uns schon vorgelegt! Welche wunderlichen schlimmen fragwürdigen Fragen! Das ist bereits eine lange Geschichte, – und doch scheint es, daß sie kaum eben angefangen hat? Was Wunder, wenn wir endlich einmal mißtrauisch werden, die Geduld verlieren, uns ungeduldig umdrehn? Daß wir von dieser Sphinx auch unserseits das Fragen lernen? *Wer* ist das eigentlich, der uns hier Fragen stellt? *Was* in uns will eigentlich »zur Wahrheit«? – In der Tat, wir machten lange Halt vor der Frage nach der Ursache dieses Willens, – bis wir, zuletzt, vor einer noch gründlicheren Frage ganz und gar stehenblieben. Wir fragten nach dem *Werte* dieses Willens. Gesetzt, wir wollen Wahrheit: *warum nicht lieber* Unwahrheit? Und Ungewißheit? Selbst Unwissenheit? – Das Problem vom Werte der Wahrheit trat vor uns hin, – oder waren wir's, die vor das Problem hin traten? Wer von uns ist hier Ödipus? Wer Sphinx? Es ist ein Stelldichein, wie es scheint, von Fragen und Fragezeichen. – Und sollte man's glauben, daß es uns schließlich bedünken will, als sei das Problem noch nie bisher gestellt, – als sei es von uns zum ersten Male gesehn, ins Auge gefaßt, *gewagt*?

Denn es ist ein Wagnis dabei, und vielleicht gibt es kein größeres.

2.

»Wie *könnte* Etwas aus seinem Gegensatz entstehn? Zum Beispiel die Wahrheit aus dem Irrtume? Oder der Wille zur Wahrheit aus dem Willen zur Täuschung? Oder die selbstlose Handlung aus dem Eigennutze? Oder das reine sonnenhafte Schauen des Weisen aus der Begehrlichkeit? Solcherlei Entstehung ist unmöglich; wer davon träumt, ein Narr, ja Schlimmeres; die Dinge höchsten Wertes müssen einen anderen, *eigenen* Ursprung haben, – aus dieser vergänglichen verführerischen täuschenden geringen Welt, aus diesem Wirrsal von Wahn und Begierde sind sie unableitbar! Vielmehr im Schoße des Seins, im Unvergänglichen, im verborgenen Gotte, im Ding an sich – *da* muß ihr Grund liegen, und sonst nirgendswo!« – Diese Art zu urteilen macht das typische Vorurteil aus, an dem sich die Metaphysiker aller Zeiten wiedererkennen lassen; diese Art von Wertschätzungen steht im Hintergrunde aller ihrer logischen Prozeduren; aus diesem ihrem »Glauben« heraus bemühn sie sich um ihr »Wissen«, um Etwas, das feierlich am Ende als »die Wahrheit« getauft wird. Der Grundglaube der Metaphysiker ist *der Glaube an die Gegensätze der Werte.* Es ist auch den Vorsichtigsten unter ihnen nicht eingefallen, hier an der Schwelle bereits zu zweifeln, wo es doch am nötigsten war: selbst wenn sie sich gelobt hatten *»de omnibus dubitandum«.* Man darf nämlich zweifeln, erstens, ob es Gegensätze überhaupt gibt, und zweitens, ob jene volkstümlichen Wertschätzungen und Wert-Gegensätze, auf welche die Metaphysiker ihr Siegel gedrückt haben, nicht vielleicht nur Vordergrunds-Schätzungen sind, nur vorläufige Perspektiven, vielleicht noch dazu aus einem Winkel heraus, vielleicht von Unten hinauf, Frosch-Perspektiven gleichsam, um einen Ausdruck zu borgen, der den Malern geläufig ist? Bei allem Werte, der dem Wahren, dem Wahrhaftigen, dem Selbstlosen zukommen mag: es wäre möglich, daß dem Scheine, dem Willen zur Täuschung, dem Eigennutz und der Begierde ein für alles Leben höherer und grundsätzlicherer Wert zugeschrieben werden müßte. Es wäre sogar noch möglich, daß *was* den Wert jener guten und verehrten Dinge ausmacht, gerade darin bestünde, mit jenen schlimmen, scheinbar entgegengesetzten Dingen auf verfängliche Weise verwandt, verknüpft, verhäkelt, vielleicht gar wesensgleich zu sein. Vielleicht! – Aber wer ist Willens, sich um solche gefährliche Vielleichts zu kümmern! Man muß dazu schon die Ankunft einer neuen Gattung von Philosophen abwarten, solcher, die irgendwelchen anderen, umgekehrten Geschmack und Hang haben als die bisherigen, – Philosophen des gefährlichen Vielleicht in jedem Verstande. – Und allen Ernstes gesprochen: ich sehe solche neue Philosophen heraufkommen.

3.

Nachdem ich lange genug den Philosophen zwischen die Zeilen und auf die Finger gesehn habe, sage ich mir: man muß noch den größten Teil des bewußten Denkens unter die Instinkt-Tätigkeiten rechnen, und sogar im Falle des philosophischen Denkens; man muß hier umlernen, wie man in betreff der Vererbung und des »Angeborenen« umgelernt hat. Sowenig der Akt der Geburt in dem ganzen Vor- und

Fortgange der Vererbung in Betracht kommt: ebensowenig ist »Bewußt-sein« in irgendeinem entscheidenden Sinne dem Instinktiven *entgegengesetzt,* – das meiste bewußte Denken eines Philosophen ist durch seine Instinkte heimlich geführt und in bestimmte Bahnen gezwungen. Auch hinter aller Logik und ihrer anscheinenden Selbstherrlichkeit der Bewegung stehen Wertschätzungen, deutlicher gesprochen, physiologische Forderungen zur Erhaltung einer bestimmten Art von Leben. Zum Beispiel, daß das Bestimmte mehr wert sei als das Unbestimmte, der Schein weniger wert als die »Wahrheit«: dergleichen Schätzungen könnten, bei aller ihrer regulativen Wichtigkeit für *uns,* doch nur Vordergrunds-Schätzungen sein, eine bestimmte Art von *niasiserie,* wie sie gerade zur Erhaltung von Wesen, wie wir sind, not tun mag. Gesetzt nämlich, daß nicht gerade der Mensch das »Maß der Dinge« ist ...

4.

Die Falschheit eines Urteils ist uns noch kein Einwand gegen ein Urteil; darin klingt unsre neue Sprache vielleicht am fremdesten. Die Frage ist, wieweit es lebensfördernd, lebenerhaltend, Art-erhaltend, vielleicht gar Art-züchtend ist; und wir sind grundsätzlich geneigt zu behaupten, daß die falschesten Urteile (zu denen die synthetischen Urteile *a priori* gehören) uns die unentbehrlichsten sind, daß ohne ein Geltenlassen der logischen Fiktionen, ohne ein Messen der Wirklichkeit an der rein erfundenen Welt des Unbedingten, Sich-selbst-Gleichen, ohne eine beständige Fälschung der Welt durch die Zahl der Menschen nicht leben könnte, – daß Verzichtleisten auf falsche Urteile ein Verzichtleisten auf Leben, eine Verneinung des Lebens wäre. Die Unwahrheit als Lebensbedingung zugestehe: das heißt freilich auf eine gefährliche Weise den gewohnten Wertgefühlen Widerstand leisten; und eine Philosophie, die das wagt, stellt sich damit allein schon jenseits von Gut und Böse.

5.

Was dazu reizt, auf alle Philosophen halb mißtrauisch, halb spöttisch zu blicken, ist nicht, daß man wieder und wieder dahinterkommt, wie unschuldig sie sind, – wie oft und wie leicht sie sich vergreifen und verirren, kurz ihre Kinderei und Kindlichkeit, – sondern daß es bei ihnen nicht redlich genug zugeht: während sie allesamt einen großen und tugendhaften Lärm machen, sobald das Problem der Wahrhaftigkeit auch nur von ferne angerührt wird. Sie stellen sich sämtlich, als ob sie ihre eigentlichen Meinungen durch die Selbstentwicklung einer kalten, reinen, göttlich unbekümmerten Dialektik entdeckt und erreicht hätten (zum Unterschiede von den Mystikern jeden Rangs, die ehrlicher als sie und tölpelhafter sind – diese reden von »Inspiration« –): während im Grunde ein vorweggenommener Satz, ein Einfall, eine »Eingebung«, zumeist ein abstrakt gemachter und durchgesiebter Herzenswunsch von ihnen mit hinterher gesuchten Gründen verteidigt wird: – sie sind allesamt Advokaten, welche es nicht heißen wollen, und zwar zumeist sogar verschmitzte Fürsprecher ihrer Vorurteile, die sie »Wahrheiten« taufen, – und *sehr* ferne von der Tapferkeit des Gewissens, das sich dies, eben dies eingesteht, sehr ferne von dem guten Geschmack der Tapferkeit, welche dies auch zu verstehen gibt, sei es um einen Feind oder Freund zu warnen, sei es aus Übermut und um ihrer selbst zu spotten. Die ebenso steife als sittsame Tartüfferie des alten Kant, mit der er uns auf die dialektischen Schleichwege lockt, welche zu seinem »kategorischen Imperativ« führen, richtiger verführen – dies Schauspiel macht uns Verwöhnte lächeln, die wir keine kleine Belustigung darin finden, den feinen Tücken alter Moralisten und Moralprediger auf die Finger zu sehn. Oder gar jener Hokuspokus von mathematischer Form, mit der Spinoza seine Philosophie – »die Liebe zu *seiner* Weisheit« zuletzt, das Wort richtig und billig ausgelegt – wie in Erz panzerte und maskierte, um damit von vornherein den Mut des Angreifenden einzuschüchtern, der auf diese unüberwindliche Jungfrau und Pallas Athene den Blick zu werfen wagen würde: – wie viel eigne Schüchternheit und Angreifbarkeit verrät diese Maskerade eines einsiedlerischen Kranken!

6.

Allmählich hat sich mir herausgestellt, was jede große Philosophie bisher war: nämlich das Selbstbekenntnis ihres Urhebers und eine Art ungewollter und unvermerkter *memoires;* insgleichen, daß die moralischen (oder unmoralischen) Absichten in jeder Philosophie den eigentlichen Lebenskeim ausmachten aus dem jedesmal die ganze Pflanze gewachsen ist. In der Tat, man tut gut (und klug), zur Erklärung davon, wie eigentlich die entlegensten metaphysischen Behauptungen eines Philosophen zustande gekommen sind, sich immer erst zu fragen: auf welche Moral will es (will *er* –) hinaus? Ich glaube demgemäß nicht, daß ein »Trieb zur Erkenntnis« der Vater der Philosophie ist, sondern daß sich ein andrer Trieb, hier wie sonst, der Erkenntnis (und der Verkenntnis!) nur wie eines Werkzeugs bedient hat. Wer aber die Grundtriebe des Menschen daraufhin ansieht, wieweit sie gerade hier als *inspirierende* Genien (oder Dämonen und Kobolde –) ihr Spiel getrieben haben mögen, wird finden, daß sie alle schon einmal Philosophie getrieben haben, – und daß jeder einzelne von ihnen gerade *sich* gar zu gerne als letzten Zweck des Daseins und als berechtigten *Herrn* aller übrigen Triebe darstellen möchte. Denn jeder Trieb ist herrschsüchtig: und als *solcher* versucht er zu philosophieren. – Freilich: bei den Gelehrten, den eigentlich wissenschaftlichen Menschen, mag es anders stehn – »besser«, wenn man will –, da mag es wirklich so etwas wie einen Erkenntnistrieb geben, irgendein kleines unabhängiges Uhrwerk, welches, gut aufgezogen, tapfer darauf losarbeitet, *ohne* daß die gesamten übrigen Triebe des Gelehrten wesentlich dabei beteiligt sind. Die eigentlichen »Interessen« des Gelehrten liegen deshalb gewöhnlich ganz woanders, etwa in der Familie oder im Gelderwerb oder in der Politik; ja es ist beinahe gleichgültig, ob seine kleine Maschine an diese oder jene Stelle der Wissenschaft gestellt wird, und ob der »hoffnungsvolle« junge Arbeiter aus sich einen guten Philologen oder Pilzekenner oder Chemiker macht: – *es bezeichnet* ihn nicht, daß er dies oder jenes wird. Umgekehrt ist an dem Philosophen ganz und gar nichts Unpersönliches; uns insbesondere gibt seine Moral ein entschiedenes und entscheidendes Zeugnis dafür ab, *wer er ist* – das heißt, in welcher Rangordnung die innersten Triebe seiner Natur zueinander gestellt sind.

7.

Wie boshaft Philosophen sein können! Ich kenne nichts Giftigeres als den Scherz, den sich Epikur gegen Plato und die Platoniker erlaubte: er nannte sie *Dionysiokolakes*. Das bedeutet dem Wortlaute nach und im Vordergrunde »Schmeichler des Dionysios«, also Tyrannen-Zubehör und Speichellecker; zu alledem will es aber noch sagen »das sind Alles *Schauspieler*, daran ist nichts Ächtes« (denn *Dionysokolax* war eine populäre Bezeichnung des Schauspielers). Und das Letztere ist eigentlich die Bosheit, welche Epikur gegen Plato abschoß: ihn verdroß die großartige Manier, das Sich-in-Szene-Setzen, worauf sich Plato samt seinen Schülern verstand, – worauf sich Epikur nicht verstand! er, der alte Schulmeister von Samos, der in seinem Gärtchen zu Athen versteckt saß und dreihundert Bücher schrieb, wer weiß? Vielleicht aus Wut und Ehrgeiz gegen Plato? – Es brauchte hundert Jahre, bis Griechenland dahinterkam, wer dieser Gartengott Epikur gewesen war. – Kam es dahinter? –

8.

In jeder Philosophie gibt es einen Punkt, wo die »Überzeugung« des Philosophen auf die Bühne tritt: oder um es in der Sprache eines alten Mysteriums zu sagen:

adventavit asinus
pulcher et fortissimus.

9.

»Gemäß der Natur« wollt ihr *leben*? Oh ihr edlen Stoiker, welche Betrügerei der Worte! Denkt euch ein Wesen, wie es die Natur ist, verschwenderisch ohne Maß, gleichgültig ohne Maß, ohne Absichten und Rücksichten, ohne Erbarmen und Gerechtigkeit, fruchtbar und öde und ungewiß zugleich, denkt euch die Indifferenz selbst als Macht – wie *könntet* ihr gemäß dieser Indifferenz leben? Leben – ist das nicht gerade ein Anders-sein-Wollen, als diese Natur ist? Ist Leben nicht Abschätzen, Vorziehn, Ungerecht-sein, Begrenzt-sein, Different-sein-Wollen? Und gesetzt, euer Imperativ »gemäß der Natur leben« bedeute im Grunde soviel als »gemäß dem Leben leben« – wie könntet ihr's denn *nicht*? Wozu ein Prinzip aus dem machen, was ihr selbst seid und sein müßt? – In Wahrheit steht es ganz anders: indem ihr entzückt den Kanon eures Gesetzes aus der Natur zu lesen vorgebt, wallt ihr etwas Umgekehrtes, ihr wunderlichen Schauspieler und Selbst-Betrüger! Euer Stolz will der Natur, sogar der Natur, eure Moral, euer Ideal vorschreiben und einverleiben, ihr verlangt, daß sie »der Stoa gemäß« Natur sei, und möchtet alles Dasein nur nach eurem eignen Bilde dasein machen – als eine ungeheure ewige Verherrlichung und Verallgemeinerung des Stoizismus! Mit aller eurer Liebe zur Wahrheit zwingt ihr euch so lange, so beharrlich, so hypnotisch-starr, die Natur falsch, nämlich stoisch zu sehn, bis ihr sie nicht mehr anders zu sehn vermögt, – und irgendein abgründlicher Hochmut gibt euch zuletzt noch die Tollhäusler-Hoffnung ein, daß, *weil* ihr euch selbst zu tyrannisieren versteht – Stoizismus ist Selbst-Tyrannei –, auch die Natur sich tyrannisieren läßt: ist denn der Stoiker nicht – ein *Stück* Natur? ... Aber dies ist eine alte ewige Geschichte: was sich damals mit den Stoikern begab, begibt sich heute noch, sobald nur eine

Philosophie anfängt, an sich selbst zu glauben. Sie schafft immer die Welt nach ihrem Bilde, sie kann nicht anders; Philosophie ist dieser tyrannische Trieb selbst, der geistige Wille zur Macht, zur »Schaffung der Welt«, zur *causa prima.*

10.

Der Eifer und die Feinheit, ich möchte sogar sagen: Schlauheit, mit denen man heute überall in Europa dem Probleme »von der wirklichen und der scheinbaren Welt« auf den Leib rückt, gibt zu denken und zu horchen; und wer hier im Hintergrunde nur einen »Willen zur Wahrheit« und nichts weiter hört, erfreut sich gewiß nicht der schärfsten Ohren. In einzelnen und seltnen Fällen mag wirklich ein solcher Wille zur Wahrheit, irgendein ausschweifender und abenteuernder Mut, ein Metaphysiker-Ehrgeiz des verlornen Postens dabei beteiligt sein, der zuletzt eine Handvoll »Gewißheit« immer noch einem ganzen Wagen voll schöner Möglichkeiten vorzieht; es mag sogar puritanische Fanatiker des Gewissens geben, welche lieber noch sich auf ein sicheres Nichts als auf ein ungewisses Etwas – sterben legen. Aber dies ist Nihilismus und Anzeichen einer verzweifelnden sterbensmüden Seele: wie tapfer auch die Gebärden einer solchen Tugend sich ausnehmen mögen. Bei den stärkeren, lebensvolleben, nach Leben noch durstigen Denkern scheint es aber anders zu stehen: indem sie Partei *gegen* den Schein nehmen und das Wort »perspektivisch« bereits mit Hochmut aussprechen, indem sie die Glaubwürdigkeit ihres eignen Leibes ungefähr so gering anschlagen wie die Glaubwürdigkeit des Augenscheins, welcher sagt »die Erde steht still«, und dermaßen anscheinend gut gelaunt den sichersten Besitz aus den Händen lassen (denn was glaubt man jetzt sicherer als seinen Leib?) – wer weiß, ob sie nicht im Grunde Etwas zurückerobern wollen, das man ehemals noch *sicherer* besessen hat, irgend Etwas vom alten Grundbesitz des Glaubens von Ehedem, vielleicht »die unsterbliche Seele«, vielleicht »den alten Gott«, kurz, Ideen, auf welchen sich besser, nämlich kräftiger und heiterer, leben ließ als auf den »modernen Ideen«? Es ist *Mißtrauen* gegen diese modernen Ideen darin, es ist Unglauben an alles Das, was gestern und heute gebaut worden ist; es ist vielleicht ein leichter Überdruß und Hohn eingemischt, der das *bric-à-brac* von Begriffen verschiedenster Abkunft nicht mehr aushält, als welches sich heute der sogenannte Positivismus auf den Markt bringt, ein Ekel des verwöhnteren Geschmacks vor der Jahrmarkts-Buntheit und Lappenhaftigkeit aller dieser Wirklichkeits-Philosaphaster, an denen nichts neu und ächt ist als diese Buntheit. Man soll darin, wie mich dünkt, diesen skeptischen Anti-Wirklichen und Erkenntnis-Mikroskopikern von heute recht geben: ihr Instinkt, welcher sie aus der *modernen* Wirklichkeit hinwegtreibt, ist unwiderlegt, – was gehen uns ihre rückläufigen Schleichwege an! Das Wesentliche an ihnen ist *nicht*, daß sie »zurück-«wollen, sondern, daß sie – *weg*wollen. Etwas Kraft, Flug, Mut, Künstlerschaft *mehr:* und sie würden *hinaus*wollen, – und nicht zurück! –

11.

Es scheint mir, daß man jetzt überall bemüht ist, von dem eigentlichen Einflusse, den Kant auf die deutsche Philosophie ausgeübt hat, den Blick abzulenken und namentlich über den Wert, den er sich selbst zugestand, kläglich hinwegzuschlüpfen. Kant war vor Allem und zuerst stolz auf seine Kategorientafel, er sagte mit dieser Tafel in den Händen: »das ist das Schwerste, was jemals zum Behufe der Metaphysik unternommen werden konnte«. – Man verstehe doch dies »werden konnte«! Er war stolz darauf, im Menschen ein neues Vermögen, das Vermögen zu synthetischen Urteilen *a priori, entdeckt* zu haben. Gesetzt, daß er sich hierin selbst betrog: aber die Entwicklung und rasche Blüte der deutschen Philosophie hängt an diesem Stolze und an dem Wetteifer aller Jüngeren, womöglich noch Stolzeres zu entdecken – und jedenfalls »neue Vermögen«! – Aber besinnen wir uns: es ist an der Zeit. Wie sind synthetische Urteile *a priori möglich*? fragte sich Kant, – und was antwortete er eigentlich? *Vermöge eines Vermögens:* leider aber nicht mit drei Worten, sondern so umständlich, ehrwürdig und mit einem solchen Aufwande von deutschem Tief- und Schnörkelsinne, daß man die lustige *niaserie allemande* überhörte, welche in einer solchen Antwort steckt. Man war sogar außer sich über dieses neue Vermögen, und der Jubel kam auf seine Höhe, als Kant auch noch ein moralisches Vermögen im Menschen hinzu entdeckte: – denn damals waren die Deutschen noch moralisch, und ganz und gar noch nicht »real-politisch«. – Es kam der Honigmond der deutschen Philosophie; alle jungen Theologen des Tübinger Stifts gingen alsbald in die Büsche – alle suchten nach »Vermögen«. Und was fand man nicht Alles – in jener unschuldigen, reichen, noch jugendlichen Zeit des deutschen Geistes, in welche die Romantik, die boshafte Fee, hineinblies, hineinsang, damals, als man »finden« und »erfinden« noch nicht auseinanderzuhalten wußte! Vor Allem ein Vermögen fürs »Übersinnliche«: Schelling taufte es die intellektuale Anschauung und kam damit den herzlichsten Gelüsten seiner im Grunde frommgelüsteten Deutschen entgegen. Man kann dieser ganzen übermütigen und schwärmerischen Bewegung, welche Jugend war, so kühn sie sich auch in graue und greisenhafte Begriffe verkleidete, gar nicht mehr Unrecht tun, als wenn man sie ernst nimmt und gar etwa mit moralischer Entrüstung behandelt; genug, man wurde älter, – der Traum verflog. Es kam eine Zeit, wo man sich die Stirne rieb: man reibt sie sich heute noch. Man hatte geträumt: voran und zuerst – der alte Kant. »Vermöge eines Vermögens« – hatte er gesagt, mindestens gemeint. Aber ist denn das – eine Antwort? Eine Erklärung? Oder nicht vielmehr nur eine Wiederholung der Frage? Wie macht doch das Opium schlafen? »Vermöge eines Vermögens«, nämlich der *virtus dormitiva* – antwortet jener Arzt bei Molière, *quia est in eo virtus dormitiva, cujus est natura sensus assoupire.*

Aber dergleichen Antworten gehören in die Komödie, und es ist endlich an der Zeit, die Kantische Frage »Wie sind synthetische Urteile *a priori* möglich?« durch eine andre Frage zu ersetzen »Warum ist der Glaube an solche Urteile *nötig*?« – nämlich zu begreifen, daß zum Zweck der Erhaltung von Wesen unsrer Art solche Urteile als wahr *geglaubt* werden müssen; weshalb sie natürlich noch *falsche* Urteile sein könnten! Oder, deutlicher geredet und *grob* und gründlich: synthetische Urteile *a priori* sollten gar nicht »möglich sein«: wir haben kein Recht auf sie, in unserm Munde sind es lauter falsche Urteile: Nur ist allerdings der Glaube an ihre Wahrheit nötig, als ein Vordergrunds-Glaube und Augenschein, der in die Perspektiven-Optik des Lebens gehört. – Um zuletzt noch der ungeheuren Wirkung zu gedenken, welche »die deutsche Philosophie« – man versteht, wie ich hoffe, ihr Anrecht auf Gänsefüßchen? – in ganz Europa ausgeübt hat, so zweifle man nicht, daß eine gewisse *virtus dormitiva* dabei beteiligt war: man war entzückt, unter edlen Müßiggängern, Tugendhaften, Mystikern, Künstlern, Dreiviertels-Christen und politischen Dunkelmännern aller Nationen, dank der deutschen Philosophie, ein Gegengift gegen den noch übermächtigen Sensualismus zu haben, der vom vorigen Jahrhundert in dieses hinüberströmte, kurz – *»sensus assoupire«* …

12.

Was die materialistische Atomistik betrifft: so gehört dieselbe zu den bestwiderlegten Dingen, die es gibt; und vielleicht ist heute in Europa Niemand unter den Gelehrten mehr so ungelehrt, ihr außer zum bequemen Hand- und Hausgebrauch (nämlich als einer Abkürzung der Ausdrucksmittel) noch eine ernstliche Bedeutung zuzumessen – dank vorerst jenem Dalmatiner Boskovich, der, mitsamt dem Polen Kopernikus, bisher der größte und siegreichste Gegner des Augenscheins war.

Während nämlich Kopernikus uns überredet hat zu glauben, wider alle Sinne, daß die Erde *nicht* fest steht, lehrte Boskovich dem Glauben an das Letzte, was von der Erde »feststand«, abschwören, dem Glauben an den »Stoff«, an die »Materie«, an das Erdenrest- und Klümpchen-Atom: es war der größte Triumph über die Sinne, der bisher auf Erden errungen worden ist. – Man muß aber noch weiter gehn und auch dem »atomistischen Bedürfnisse«, das immer noch ein gefährliches Nachleben führt, auf Gebieten, wo es Niemand ahnt, gleich jenem berühmteren »metaphysischen Bedürfnisse«, – den Krieg erklären, einen schonungslosen Krieg aufs Messer: – man muß zunächst auch jener anderen und verhängnisvolleren Atomistik den Garaus machen, welche das Christentum am besten und längsten gelehrt hat, der

Seelen-Atomistik. Mit diesem Wort sei es erlaubt, jenen Glauben zu bezeichnen, der die Seele als etwas Unvertilgbares, Ewiges, Unteilbares, als eine Monade, als ein *Atomon* nimmt: *diesen* Glauben soll man aus der Wissenschaft hinausschaffen! Es ist, unter uns gesagt, ganz und gar nicht nötig, »die Seele« selbst dabei loszuwerden und auf eine der ältesten und ehrwürdigsten Hypothesen Verzicht zu leisten: wie es dem Ungeschick der Naturalisten zu begegnen pflegt, welche, kaum daß sie an »die Seele« rühren, sie auch verlieren. Aber der Weg zu neuen Fassungen und Verfeinerungen der Seelen-Hypothese steht offen: und Begriffe wie »sterbliche Seele« und »Seele als Subjekts-Vielheit« und »Seele als Gesellschaftsbau der Triebe und Affekte« wollen fürderhin in der Wissenschaft Bürgerrecht haben. Indem der *neue* Psycholog dem Aberglauben ein Ende bereitet, der bisher um die Seelen-Vorstellung mit einer fast tropischen Üppigkeit wucherte, hat er sich freilich selbst gleichsam in eine neue Öde und ein neues Mißtrauen hinausgestoßen – es mag sein, daß die älteren Psychologen es bequemer und lustiger hatten –: zuletzt aber weiß er sich eben damit auch zum *Erfinden* verurteilt – und, wer weiß? vielleicht zum *Finden.* –

13.

Die Physiologen sollten sich besinnen, den Selbsterhaltungstrieb als kardinalen Trieb eines organischen Wesens anzusetzen. Vor Allem will etwas Lebendiges seine Kraft *auslassen* – Leben selbst ist Wille zur Macht –: die Selbsterhaltung ist nur eine der indirekten und häufigsten *Folgen* davon: – Kurz, hier wie überall, Vorsicht vor überflüssigen teleologischen Prinzipien! – wie ein solches der Selbsterhaltungstrieb ist (man dankt ihn der Inkonsequenz Spinozas –). So nämlich gebietet es die Methode, die wesentlich Prinzipien-Sparsamkeit sein muß.

14.

Es dämmert jetzt vielleicht in fünf, sechs Köpfen, daß Physik auch nur eine Welt-Auslegung und Zurechtlegung (nach uns! mit Verlaub gesagt) und *nicht* eine Welt-Erklärung ist: aber, insofern sie sich auf den Glauben an die Sinne stellt, gilt sie mehr und muß auf lange hinaus noch als mehr, nämlich als Erklärung gelten. Sie hat Augen und Finger für sich, sie hat den Augenschein und die Handgreiflichkeit für sich: das wirkt auf ein Zeitalter mit plebejischem Grundgeschmack bezaubernd, überredend, *überzeugend,* – es folgt ja instinktiv dem Wahrheits-Kanon des ewig volkstümlichen Sensualismus. Was ist klar, was »erklärt«? Erst Das, was sich sehen und tasten läßt, – bis so weit muß man jedes Problem treiben. Umgekehrt: genau im Widerstreben gegen die Sinnenfälligkeit bestand der Zauber der platonischen Denkweise, welche eine *vornehme* Denkweise war, – vielleicht unter Menschen, die sich sogar stärkerer und anspruchsvollerer Sinne erfreuten, als unsre Zeitgenossen sie haben, aber welche einen höheren Triumph darin zu finden wußten, über diese Sinne Herr zu bleiben: und dies mittelst blasser kalter grauer Begriffs-Netze, die sie über den bunten Sinnen-Wirbel – den Sinnen-Pöbel, wie Plato sagte – warfen.

Es war eine andre Art *Genuß* in dieser Welt-Überwältigung und Welt-Auslegung nach der Manier des Plato, als der es ist, welchen uns die Physiker von heute anbieten, insgleichen die Darwinisten und Antiteleologen unter den physiologischen Arbeitern, mit ihrem Prinzip der »kleinstmöglichen Kraft« und der größtmöglichen Dummheit. »Wo der Mensch nichts mehr zu sehen und zu greifen hat, da hat er auch nichts mehr zu suchen« – das ist freilich ein anderer Imperativ als der Platonische, welcher aber doch für ein derbes arbeitsames Geschlecht von Maschinisten und Brückenbauern der Zukunft, die lauter grobe Arbeit abzutun haben, gerade der rechte Imperativ sein mag.

15.

Um Physiologie mit gutem Gewissen zu treiben, muß man darauf halten, daß die Sinnesorgane *nicht* Erscheinungen sind im Sinne der idealistischen Philosophie: als solche könnten sie ja keine Ursachen sein! Sensualismus mindestens somit als regulative Hypothese, um nicht zu sagen als heuristisches Prinzip. – Wie? und Andere sagen gar, die Außenwelt wäre das Werk unsrer Organe? Aber dann wäre ja unser Leib, als ein Stück dieser Außenwelt, das Werk unsrer Organe! Aber dann wären ja unsre Organe selbst – das Werk unsrer Organe! Dies ist, wie mir scheint, eine gründliche *reductio ad absurdum:* gesetzt, daß der Begriff *causa sui* etwas gründlich Absurdes ist. Folglich ist die Außenwelt *nicht* das Werk unsrer Organe –?

16.

Es gibt immer noch harmlose Selbst-Beobachter, welche glauben, daß es »unmittelbare Gewißheiten« gebe, zum Beispiel »ich denke«, oder, wie es der Aberglaube Schopenhauers war, »ich will«: gleichsam als ob hier das Erkennen rein und nackt seinen Gegenstand zu fassen bekäme, als »Ding an sich«, und weder von seiten des Subjekts, noch von seiten des Objekts eine Fälschung stattfände. Daß aber »unmittelbare Gewißheit«, ebenso wie »absolute Erkenntnis« und »Ding an sich«, eine *contradictio in adjecto* in sich schließt, werde ich hundertmal wiederholen: man sollte sich doch endlich von der Verführung der Worte losmachen! Mag das Volk glauben, daß Erkennen ein zu Ende-Kennen sei, der Philosoph muß sich sagen: »wenn ich den Vorgang zerlege, der in dem Satz »ich denke« ausgedrückt ist, so bekomme ich eine Reihe von verwegenen Behauptungen, deren Begründung schwer, vielleicht unmöglich ist, – zum Beispiel, daß *ich* es bin, der denkt, daß überhaupt ein Etwas es sein muß, das denkt, daß Denken eine Tätigkeit und Wirkung seitens eines Wesens ist, welches als Ursache gedacht wird, daß es ein »Ich« gibt, endlich, daß es bereits feststeht, was mit Denken zu bezeichnen ist, – daß ich *weiß,* was Denken ist. Denn wenn ich nicht darüber mich schon bei mir entschieden hätte, wonach sollte ich abmessen, daß, was eben geschieht, nicht vielleicht »Wollen« oder »Fühlen« sei? Genug, jenes »ich denke« setzt voraus, daß ich meinen augenblicklichen Zustand mit anderen Zuständen, die ich an mir kenne, *vergleiche,* um so festzusetzen, was er ist: wegen dieser Rückbeziehung auf anderweitiges »Wissen« hat er für mich jedenfalls keine »unmittelbare Gewißheit«. – Anstelle jener »unmittelbaren Gewißheit«, an welche das Volk im gegebenen Falle glauben mag, bekommt dergestalt der Philosoph eine Reihe von Fragen der Metaphysik in die Hand, recht eigentliche Gewissensfragen des Intellekts, welche heißen: »Woher nehme ich den Begriff Denken? Warum glaube ich an Ursache und Wirkung? Was gibt mir das Recht, von einem Ich, und gar von einem Ich als Ursache, und endlich noch von einem Ich als Gedanken-Ursache zu reden?« Wer sich mit der Berufung auf eine Art *Intuition* der Erkenntnis getraut, jene metaphysischen Fragen sofort zu beantworten, wie es Der tut, welcher sagt: »ich denke und weiß, daß dies wenigstens wahr, wirklich, gewiß ist« – der wird bei einem Philosophen heute ein Lächeln und zwei Fragezeichen bereitfinden. »Mein Herr, wird der Philosoph vielleicht ihm zu verstehen geben, es ist unwahrscheinlich, daß Sie sich nicht irren: aber warum auch durchaus Wahrheit?« –

17.

Was den Aberglauben der Logiker betrifft: so will ich nicht müde werden, eine kleine kurze Tatsache immer wieder zu unterstreichen, welche von diesen Abergläubischen ungern zugestanden wird, – nämlich, daß ein Gedanke kommt, wenn »er« will, und nicht wenn »ich« will; so daß es eine *Fälschung* des Tatbestandes ist zu sagen: das Subjekt »ich« ist die Bedingung des Prädikats »denke«. *Es* denkt: aber daß dies »es« gerade jenes alte berühmte »Ich« sei, ist, milde geredet, nur eine Annahme, eine Behauptung, vor Allem keine »unmittelbare Gewißheit«. Zuletzt ist schon mit diesem »es denkt« zuviel getan: schon dies »es« enthält eine *Auslegung* des Vorgangs und gehört nicht zum Vorgange selbst. Man schließt hier nach der grammatischen Gewohnheit »denken ist eine Tätigkeit, zu jeder Tätigkeit gehört Einer, der tätig ist, folglich –«. Ungefähr nach dem gleichen Schema suchte die ältere Atomistik zu der »Kraft«, die wirkt, noch jenes Klümpchen Materie, worin sie sitzt, aus der heraus sie wirkt, das Atom; strengere Köpfe lernten endlich ohne diesen »Erdenrest« auskommen, und vielleicht gewöhnt man sich eines Tages noch daran, auch seitens der Logiker ohne jenes kleine »es« (zu dem sich das ehrliche alte Ich verflüchtigt hat) auszukommen.

18.

An einer Theorie ist es wahrhaftig nicht ihr geringster Reiz, daß sie widerlegbar ist: gerade damit zieht sie feinere Köpfe an. Es scheint, daß die hundertfach widerlegte Theorie vom »freien Willen« ihre Fortdauer nur noch diesem Reize verdankt –: immer wieder kommt Jemand und fühlt sich stark genug, sie zu widerlegen.

19.

Die Philosophen pflegen vom Willen zu reden, wie als ob er die bekannteste Sache von der Welt sei; ja Schopenhauer gab zu verstehen, der Wille allein sei uns eigentlich bekannt, ganz und gar bekannt, ohne Abzug und Zutat bekannt. Aber es dünkt mich immer wieder, daß Schopenhauer auch in diesem Falle nur getan hat, was Philosophen eben zu tun pflegen: daß er ein *Volks-Vorurteil* übernommen und übertrieben hat. Wollen scheint mir vor Allem etwas Kompliziertes, Etwas, das nur als Wort eine Einheit ist, – und eben im Einen Worte steckt das Volks-Vorurteil, das über die allzeit nur geringe Vorsicht der Philosophen Herr geworden ist. Seien wir also einmal vorsichtiger, seien wir »unphilosophisch« –, sagen wir: in jedem Wollen ist erstens eine Mehrheit von Gefühlen, nämlich das Gefühl des Zustandes von dem *weg,* das Gefühl des Zustandes, zu dem *hin,* das Gefühl von diesem »weg« und »hin« selbst, dann noch ein begleitendes Muskelgefühl, welches, auch ohne daß wir »Arme und Beine« in Bewegung setzen, durch eine Art Gewohnheit, sobald wir »wollen«, sein Spiel beginnt. Wie also Fühlen und zwar vielerlei Fühlen als Ingredienz des Willens anzuerkennen ist, so zweitens auch noch Denken: in jedem Willensakte gibt es einen kommandierenden Gedanken; – und man soll ja nicht glauben, diesen Gedanken von dem »Wollen« abscheiden zu können, wie als ob dann noch Wille übrigbliebe! Drittens ist der Wille nicht nur ein Komplex von Fühlen und Denken, sondern vor Allem noch ein *Affekt:* und zwar jener Affekt des Kommandos. Das, was »Freiheit des Willens« genannt wird, ist wesentlich der Überlegensheits-Affekt in Hinsicht auf Den, der gehorchen muß: »ich bin frei, »er« muß gehorchen« – dies Bewußtsein steckt in jedem Willen, und ebenso jene Spannung der Aufmerksamkeit, jener gerade Blick, der ausschließlich Eins fixiert, jene unbedingte Wertschätzung Jetzt tut dies und nichts Anderes not«, jene innere Gewißheit darüber, daß gehorcht werden wird, und was Alles noch zum Zustande des Befehlenden gehört. Ein Mensch, der *will* –, befiehlt einem Etwas in sich, das gehorcht oder von dem er glaubt, daß es gehorcht. Nun aber beachte man, was das Wunderlichste am Willen ist, – an diesem so vielfachen Dinge, für welches das Volk nur Ein Wort hat: insofern wir im gegebnen Falle zugleich die Befehlenden *und* Gehorchenden sind, und als Gehorchende die Gefühle des Zwingens, Drängens, Drückens, Widerstehens, Bewegens kennen, welche sofort nach dem Akte des Willens zu beginnen pflegen; insofern wir andererseits die Gewohnheit haben, uns über diese Zweiheit vermöge des synthetischen Begriffs »ich« hinwegzusetzen, hinwegzutäuschen, hat sich an das Wollen noch eine ganze Kette von irrtümlichen Schlüssen und folglich von falschen Wertschätzungen des Willens selbst angehängt, – dergestalt, daß der Wollende mit gutem Glauben glaubt, wollen *genüge* zur Aktion. Weil in den allermeisten Fällen nur gewollt worden ist, wo auch die Wirkung des Befehls, also der Gehorsam, also die Aktion *erwartet* werden durfte, so hat sich der Anschein in das Gefühl übersetzt, als ob es da eine *Notwendigkeit von Wirkung* gäbe; genug, der Wollende glaubt, mit einem ziemlichen Grad von Sicherheit, daß Wille und Aktion irgendwie Eins seien –, er rechnet das Gelingen, die Ausführung des Wollens noch dem Willen selbst zu und genießt dabei einen Zuwachs jenes Machtgefühls, welches alles Gelingen mit sich bringt. »Freiheit des Willens« – das ist das Wort für jenen vielfachen Lust-Zustand des Wollenden, der befiehlt und sich zugleich mit dem Ausführenden als Eins setzt, – der als solcher den Triumph über Widerstände mit genießt, aber bei sich urteilt, sein Wille selbst sei es, der eigentlich die Widerstände überwinde. Der Wollende nimmt dergestalt die Lustgefühle der ausführenden, erfolgreichen Werkzeuge, der dienstbaren »Unterwillen« oder Unter-Seelen – unser Leib ist ja nur ein Gesellschaftsbau vieler Seelen – zu seinem Lustgefühle als Befehlender hinzu. *L'effet c'est moi:* es begibt sich hier, was sich in jedem gut gebauten und glücklichen Gemeinwesen begibt, daß die regierende Klasse sich mit den Erfolgen des Gemeinwesens identifiziert. Bei allem Wollen handelt es sich schlechterdings um Befehlen und Gehorchen, auf der Grundlage, wie gesagt, eines Gesellschaftsbaus vieler »Seelen«: weshalb ein Philosoph sich das Recht nehmen sollte, Wollen an sich schon unter den Gesichtskreis der Moral zu fassen: Moral nämlich als Lehre von den Herrschafts-Verhältnissen verstanden, unter denen das Phänomen »Leben« entsteht. –

20.

Daß die einzelnen philosophischen Begriffe nichts Beliebiges, nichts Für-Sich-Wachsendes sind, sondern in Beziehung und Verwandtschaft zueinander emporwachsen, daß sie, so plötzlich und willkürlich sie auch in der Geschichte des Denkens anscheinend heraustreten, doch eben so gut einem Systeme angehören, als die sämtlichen Glieder der Fauna eines Erdteils: das verrät sich zuletzt noch darin, wie sicher die verschiedensten Philosophen ein gewisses Grundschema von *möglichen* Philosophien immer wieder ausfüllen. Unter einem unsichtbaren Banne laufen sie immer von neuem noch einmal dieselbe Kreisbahn: sie mögen sich noch so unabhängig voneinander mit ihrem kritischen oder systematischen Willen fühlen: irgend Etwas in ihnen führt sie, irgend Etwas treibt sie in bestimmter Ordnung hintereinander her, eben jene eingeborne Systematik und Verwandtschaft der Begriffe. Ihr Denken ist in der Tat viel weniger ein Entdecken als ein Wiedererkennen, Wiedererinnern, eine Rück- und Heimkehr in einen fernen uralten Gesamt-Haushalt der Seele, aus dem jene Begriffe einstmals herausgewachsen sind: – Philosophieren ist insofern eine Art von Atavismus höchsten Ranges. Die wunderliche Familien-Ähnlichkeit alles indischen, griechischen, deutschen Philosophierens erklärt sich einfach genug. Gerade, wo Sprach-Verwandtschaft vorliegt, ist es gar nicht zu vermeiden, daß, dank der gemeinsamen Philosophie der Grammatik – ich meine dank der unbewußten Herrschaft und Führung durch gleiche grammatische Funktionen – von vornherein Alles für eine gleichartige Entwicklung und Reihenfolge der philosophischen Systeme vorbereitet liegt: ebenso wie zu gewissen andern Möglichkeiten der Welt-Ausdeutung der Weg wie abgesperrt erscheint. Philosophen des ural-altaischen Sprachbereichs (in dem der Subjekt-Begriff am schlechtesten entwickelt ist) werden mit großer Wahrscheinlichkeit anders »in die Welt« blicken und auf andern Pfaden zu finden sein als Indogermanen oder Muselmänner: der Bann bestimmter grammatischer Funktionen ist im letzten Grunde der Bann *physiologischer* Werturteile und Rasse-Bedingungen. – Soviel zur Zurückweisung von Lockes Oberflächlichkeit in bezug auf die Herkunft der Ideen.

21.

Die *causa sui* ist der beste Selbst-Widerspruch, der bisher ausgedacht worden ist, eine Art logischer Notzucht und Unnatur: aber der ausschweifende Stolz des Menschen hat es dahin gebracht, sich tief und schrecklich gerade mit diesem Unsinn zu verstricken. Das Verlangen nach »Freiheit des Willens«, in jenem metaphysischen Superlativ-Verstande, wie er leider noch immer in den Köpfen der Halb-Unterrichteten herrscht, das Verlangen, die ganze und letzte Verantwortlichkeit für seine Handlungen selbst zu tragen und Gott, Welt, Vorfahren, Zufall, Gesellschaft davon zu entlasten, ist nämlich nichts Geringeres, als eben jene *causa sui* zu sein und, mit einer mehr als Münchhausenschen Verwegenheit, sich selbst aus dem Sumpf des Nichts an den Haaren ins Dasein zu ziehn. Gesetzt, Jemand kommt dergestalt hinter die bäurische Einfalt dieses berühmten Begriffs »freier Wille« und streicht ihn aus seinem Kopfe, so bitte ich ihn nunmehr, seine »Auflklärung« noch um einen Schritt weiter zu treiben und auch die Umkehrung jenes Unbegriffs »freier Wille« aus seinem Kopfe zu streichen: ich meine den »unfreien Willen«, der auf einen Mißbrauch von Ursache und Wirkung hinausläuft. Man soll nicht »Ursache« und »Wirkung«

fehlerhaft *verdinglichen,* wie es die Naturforscher tun (und wer gleich ihnen heute im Denken naturalisiert –) gemäß der herrschenden mechanistischen Tölpelei, welche die Ursache drücken und stoßen läßt, bis sie »wirkt«; man soll sich der »Ursache«, der »Wirkung« eben nur als reiner *Begriffe* bedienen, das heißt als konventioneller Fiktionen zum Zwecke der Bezeichnung, der Verständigung, *nicht* der Erklärung. Im »An-sich« gibt es nichts von »Kausal-Verbänden«, von »Notwendigkeit«, von »psychologischer Unfreiheit«, da folgt *nicht* »die Wirkung auf die Ursache«, da regiert kein »Gesetz«. *Wir* sind es, die allein die Ursachen, das Nacheinander, das Füreinander, die Relativität, den Zwang, die Zahl, das Gesetz, die Freiheit, den Grund, den Zweck erdichtet haben; und wenn wir diese Zeichen-Welt als »an sich« in die Dinge hineindichten, hineinmischen, so treiben wir es noch einmal, wie wir es immer getrieben haben, nämlich *mythologisch.* Der »unfreie Wille« ist Mythologie: im wirklichen Leben handelt es sich nur um *starken* und *schwachen* Willen. – Es ist fast immer schon ein Symptom davon, wo es bei ihm selber mangelt, wenn ein Denker bereits in aller »Kausal-Verknüpfung« und »psychologischen Notwendigkeit« etwas von Zwang, Not, Folgen-Müssen, Druck, Unfreiheit herausfühlt: es ist verräterisch, gerade so zu fühlen, – die Person verrät sich. Und überhaupt wird, wenn ich recht beobachtet habe, von zwei ganz entgegengesetzten Seiten aus, aber immer auf eine tief *persönliche* Weise die »Unfreiheit des Willens« als Problem gefaßt: die Einen wollen um keinen Preis ihre »Verantwortlichkeit«, den Glauben an *sich,* das persönliche Anrecht auf *ihr* Verdienst fahrenlassen (die eitlen Rassen gehören dahin –); die Anderen wollen umgekehrt nichts verantworten, an nichts schuld sein und verlangen, aus einer innerlichen Selbst-Verachtung heraus, sich selbst irgendwohin *abwälzen* zu können. Diese Letzteren pflegen sich, wenn sie

Bücher schreiben, heute der Verbrecher anzunehmen; eine Art von sozialistischem Mitleiden ist ihre gefälligste Verkleidung. Und in der Tat, der Fatalismus der Willensschwachen verschönert sich erstaunlich, wenn er sich als *»la religion de la soufrance humaine«* einzuführen versteht: es ist *sein* »guter Geschmack«.

22.

Man vergebe es mir als einem alten Philologen, der von der Bosheit nicht lassen kann, auf schlechte Interpretations-Künste den Finger zu legen: aber jene »Gesetzmäßigkeit der Natur«, von der ihr Physiker so stolz redet, wie als ob – – besteht nur dank eurer Ausdeutung und schlechten »Philologie«, – sie ist kein Tatbestand, kein »Text«, vielmehr nur eine naiv-humanitäre Zurechtmachung und Sinnverdrehung, mit der ihr den demokratischen Instinkten der modernen Seele sattsam entgegenkommt! »Überall Gleichheit vor dem Gesetz, – die Natur hat es darin nicht anders und nicht besser als wir«: ein artiger Hintergedanke, in dem noch einmal die pöbelmannische Feindschaft gegen alles Bevorrechtete und Selbstherrliche, insgleichen ein zweiter und feinerer Atheismus verkleidet liegt *»Ni dieu, ni ma'itre«* – so wollt auch ihr's: und darum »hoch das Naturgesetz!« – nicht wahr? Aber, wie gesagt, das ist Interpretation, nicht Text; und es könnte Jemand kommen, der, mit der entgegengesetzten Absicht und Interpretationskunst, aus der gleichen Natur und im Hinblick auf die gleichen Erscheinungen, gerade die tyrannisch-rücksichtenlose und unerbittliche Durchsetzung von Machtansprüchen herauszulesen verstünde, – ein Interpret, der die Ausnahmslosigkeit und Unbedingtheit in allem »Willen zur Macht« dermaßen euch vor Augen stellte, daß fast jedes Wort und selbst das Wort »Tyrannei« schließlich unbrauchbar oder schon als schwächende und mildernde Metapher – als zu menschlich – erschiene: und der dennoch damit endete, das gleiche von dieser Welt zu behaupten, was ihr behauptet, nämlich daß sie einen »notwendigen« und »berechenbaren« Verlauf habe, aber *nicht*, weil Gesetze in ihr herrschen, sondern weil absolut die Gesetze *fehlen*, und jede Macht in jedem Augenblicke ihre letzte Konsequenz zieht. Gesetzt, daß auch dies nur Interpretation ist – und ihr werdet eifrig genug sein, dies einzuwenden? – nun, um so besser. –

23.

Die gesamte Psychologie ist bisher an moralischen Vorurteilen und Befürchtungen hängengeblieben: sie hat sich nicht in die Tiefe gewagt. Dieselbe als Morphologie und *Entwicklungslehre des Willens zur Macht* zu fassen, wie ich sie fasse, – daran hat noch Niemand in seinen Gedanken selbst gestreift: sofern es nämlich erlaubt ist, in Dem, was hier geschrieben wurde, ein Symptom von Dem, was bisher verschwiegen wurde, zu erkennen. Die Gewalt der moralischen Vorurteile ist tief in die geistigste, in die anscheinend kälteste und voraussetzungsloseste Welt gedrungen – und, wie es sich von selbst versteht, schädigend, hemmend, blendend, verdrehend. Eine eigentliche Physio-Psychologie hat mit unbewußten Widerständen im Herzen des Forschers zu kämpfen, sie hat »das Herz« gegen sich: schon eine Lehre von der gegenseitigen Bedingtheit der »guten« und der »schlimmen« Triebe macht, als feinere Immoralität? einem noch kräftigen und herzhaften Gewissen Not und Überdruß, – noch mehr eine Lehre von der Ableitbarkeit aller guten Triebe aus den schlimmen. Gesetzt aber, Jemand nimmt gar die Affekte Haß, Neid, Habsucht, Herrschsucht als lebenbedingende Affekte, als Etwas, das im Gesamt-Haushalte des Lebens grundsätzlich und grundwesentlich vorhanden sein muß, folglich noch gesteigert werden muß, falls das Leben noch gesteigert werden soll, – der leidet an einer solchen Richtung seines Urteils wie an einer Seekrankheit. Und doch ist auch diese Hypothese bei weitem nicht die peinlichste und fremdeste in diesem ungeheuren fast noch neuen Reiche gefährlicher Erkenntnisse: – und es gibt in der Tat hundert gute Gründe dafür, daß Jeder von ihm fernbleibt, der es – kann! Andrerseits: ist man einmal mit seinem Schiffe hierhin verschlagen, nun! Wohlan! jetzt tüchtig die Zähne zusammengebissen! die Augen aufgemacht! die Hand fest am Steuer! – wir fahren geradewegs über die Moral *weg,* wir erdrücken, wir zermalmen vielleicht dabei unsren eignen Rest Moralität, indem wir dorthin unsre Fahrt machen und wagen, – aber was liegt an *uns*! Niemals noch hat sich verwegenen Reisenden und Abenteurern eine *tiefere* Welt der Einsicht eröffnet: und der Psychologe, welcher dergestalt »Opfer bringt« – es ist *nicht* das *sacrifzio dell' intelletto,* im Gegenteil! – wird zum mindesten dafür verlangen dürfen, daß die Psychologie wieder als Herrin der Wissenschaften anerkannt werde, zu deren Dienste und Vorbereitung die übrigen Wissenschaften da sind. Denn Psychologie ist nunmehr wieder der Weg zu den Grundproblemen.

ZWEITES HAUPTSTÜCK

Der freie Geist

24.

O sancta simplicitas! In welcher seltsamen Vereinfachung und Fälschung lebt der Mensch! Man kann sich nicht zu Ende wundern, wenn man sich erst einmal die Augen für dies Wunder eingesetzt hat! Wie haben wir Alles um uns hell und frei, leicht und einfach gemacht! wie wußten wir unsern Sinnen einen Freipaß für alles Oberflächliche, unserm Denken eine göttliche Begierde nach mutwilligen Sprüngen und Fehlschlüssen zu geben! – wie haben wir es von Anfang an verstanden, uns unsre Unwissenheit zu erhalten, um eine kaum begreifliche Freiheit, Unbedenklichkeit, Unvorsichtigkeit, Herzhaftigkeit, Heiterkeit des Lebens, um das Leben zu genießen! Und erst auf diesem nunmehr festen und granitnen Grunde von Unwissenheit durfte sich bisher die Wissenschaft erheben, der Wille zum Wissen auf dem Grunde eines viel gewaltigeren Willens, des Willens zum Nicht-Wissen, zum Ungewissen, zum Unwahren! Nicht als sein Gegensatz, sondern – als seine Verfeinerung! Mag nämlich auch die *Sprache,* hier wie anderwärts, nicht über ihre Plumpheit hinauskönnen und fortfahren, von Gegensätzen zu reden, wo es nur Grade und mancherlei Feinheit der Stufen gibt; mag ebenfalls die eingefleischte Tartüfferie der Moral, welche jetzt zu unserm unüberwindlichen »Fleisch und Blut« gehört, uns Wissenden selbst die Worte im Munde umdrehen:

hier und da begreifen wir es und lachen darüber, wie gerade noch die beste Wissenschaft uns am besten in dieser *vereinfachten,* durch und durch künstlichen, zurechtgedichteten, zurechtgefälschten Welt festhalten will, wie sie unfreiwilligwillig den Irrtum liebt, weil sie, die Lebendige, das Leben liebt!

25.

Nach einem so fröhlichen Eingang möchte ein ernstes Wort nicht überhört werden: es wendet sich an die Ernstesten. Seht euch vor, ihr Philosophen und Freunde der Erkenntnis, und hütet euch vor dem Martyrium! Vor dem Leiden »um der Wahrheit willen!« Selbst vor der eigenen Verteidigung! Es verdirbt eurem Gewissen alle Unschuld und feine Neutralität, es macht euch halsstarrig gegen Einwände und rote Tücher, es verdummt, verliert und verstiert, wenn ihr im Kampfe mit Gefahr, Verlästerung, Verdächtigung, Ausstoßung und noch gröberen Folgen der Feindschaft, zuletzt euch gar als Verteidiger der Wahrheit auf Erden ausspielen müßt: – als ob »die Wahrheit« eine so harmlose und läppische Person wäre, daß sie Verteidiger nötig hätte! und gerade euch, ihr Ritter von der traurigsten Gestalt, meine Herrn Eckensteher und Spinneweber des Geistes! Zuletzt wißt ihr gut genug, daß Nichts daran liegen darf, ob gerade *ihr* recht behaltet, ebenfalls daß bisher noch kein Philosoph recht behalten hat, und daß eine preiswürdigere Wahrhaftigkeit in jedem kleinen Fragezeichen liegen dürfte, welches ihr hinter eure Leibworte und Lieblingslehren (und gelegentlich hinter euch selbst) setzt, als in allen feierlichen Gebärden und Trümpfen vor Anklägern und Gerichtshöfen! Geht lieber beiseite! Flieht ins Verborgene! Und habt eure Maske und Feinheit, daß man euch verwechsele! Oder ein Wenig fürchte! Und vergeßt mir den Garten nicht, den Garten mit goldenem Gitterwerk! Und habt Menschen um euch, die wie ein Garten sind, – oder wie Musik über Wassern, zur Zeit des Abends, wo der Tag schon zur Erinnerung wird: – wählt die *gute* Einsamkeit, die freie mutwillige leichte Einsamkeit, welche euch auch ein Recht gibt, selbst in irgendeinem Sinne noch gut zu bleiben! Wie giftig, wie listig, wie schlecht macht jeder lange Krieg, der sich nicht mit offener Gewalt führen läßt! Wie *persönlich* macht eine lange Furcht, ein langes Augenmerk auf Feinde, auf mögliche Feinde! Diese Ausgestoßenen der Gesellschaft, diese Lang-Verfolgten, Schlimm-Gehetzten, – auch die Zwangs-Einsiedler, die Spinozas oder Giordano Brunos – werden zuletzt immer, und sei es unter der geistigsten Maskerade, und vielleicht ohne daß sie selbst es wissen, zu raffinierten Rachsüchtigen und Giftmischern (man grabe doch einmal den Grund der Ethik und Theologie Spinozas auf!) – gar nicht zu reden von der Tölpelei der moralischen Entrüstung, welche an einem Philosophen das unfehlbare Zeichen dafür ist, daß ihm der philosophische Humor davonlief. Das Martyrium des Philosophen, seine »Aufopferung für die Wahrheit« zwingt ans Licht heraus, was vom Agitator und vom Schauspieler in ihm steckte; und gesetzt, daß man ihm nur mit einer artistischen Neugierde bisher zugeschaut hat, so kann in bezug auf manchen Philosophen der gefährliche Wunsch freilich begreiflich sein, ihn auch einmal in seiner Entartung zu sehn (entartet zum »Märtyrer«, zum Bühnen- und Tribünen-Schreihals). Nur daß man sich, mit einem solchen Wunsche, darüber klar sein muß, *was* man jedenfalls dabei zu sehn bekommen wird: – nur ein Satyrspiel, nur eine Nachspiel-Farce, nur den fortwährenden Beweis dafür, daß die lange eigentliche Tragödie *zu Ende ist:* vorausgesetzt, daß jede Philosophie im Entstehen eine lange Tragödie war. –

26.

Jeder auserlesene Mensch trachtet instinktiv nach seiner Burg und Heimlichkeit, wo er von der Menge, den Vielen, den Allermeisten *erlöst* ist, wo er die Regel »Mensch« vergessen darf, als deren Ausnahme: – den Einen Fall ausgenommen, daß er von einem noch stärkeren Instinkte geradewegs auf diese Regel gestoßen wird, als Erkennender im großen und ausnahmsweisen Sinne. Wer nicht im Verkehr mit Menschen gelegentlich in allen Farben der Not, grün und grau vor Ekel, Überdruß, Mitgefühl, Verdüsterung, Vereinsamung schillert, der ist gewiß kein Mensch höheren Geschmacks; gesetzt aber, er nimmt alle diese Last und Unlust nicht freiwillig auf sich, er weicht ihr immerdar aus und bleibt, wie gesagt, still und stolz auf seiner Burg versteckt, nun, so ist Eins gewiß: er ist zur Erkenntnis nicht gemacht, nicht vorherbestimmt. Denn als solcher würde er eines Tags sich sagen müssen »hole der Teufel meinen guten Geschmack! aber die Regel ist interessanter als die Ausnahme, – als ich, die Ausnahme!« – und würde sich *hinab* begeben, vor Allem »hinein«. Das Studium des *durchschnittlichen* Menschen, lang, ernsthaft, und zu diesem Zwecke viel Verkleidung, Selbstüberwindung, Vertraulichkeit, schlechter Umgang – jeder Umgang ist schlechter Umgang außer dem mit Seines-Gleichen –: das macht ein notwendiges Stück der Lebensgeschichte jedes Philosophen aus, vielleicht das unangenehmste, übelriechendste, an Enttäuschungen reichste Stück. Hat er aber Glück, wie es einem Glückskinde der Erkenntnis geziemt, so begegnet er eigentlichen Abkürzern und Erleichterern seiner Aufgabe, – ich meine sogenannten Zynikern, also Solchen, welche das Tier, die Gemeinheit, die »Regel« an sich einfach anerkennen und dabei noch jenen Grad von Geistigkeit und Kitzel haben, um über sich und ihres Gleiches *vor Zeugen* reden zu müssen: – mitunter wälzen sie sich sogar in Büchern wie auf ihrem eignen Miste. Zynismus ist die einzige Form, in der gemeine Seelen an Das streifen, was Redlichkeit ist; und der höhere Mensch hat bei jedem gröberen und feineren Zynismus die Ohren aufzumachen und sich jedesmal Glück zu wünschen, wenn gerade vor ihm der Possenreißer ohne Scham oder der wissenschaftliche Satyr laut werden. Es gibt sogar Fälle, wo zum Ekel sich die Bezauberung mischt: da nämlich, wo an einen solchen indiskreten Bock und Affen, durch eine Laune der Natur, das Genie gebunden ist, wie bei dem Abbé Galiani, dem tiefsten, scharfsichtigsten vielleicht auch schmutzigsten Menschen seines Jahrhunderts – er war viel tiefer als Voltaire und folglich auch ein gut Teil schweigsamer. Häufig schon geschieht es, daß, wie angedeutet, der wissenschaftliche Kopf auf einen Affenleib, ein feiner Ausnahme-Verstand auf eine gemeine Seele gesetzt ist, – unter Ärzten und Moral-Physiologen namentlich kein seltenes Vorkommnis. Und wo nur Einer ohne Erbitterung, vielmehr harmlos vom Menschen redet als von einem Bauche mit zweierlei Bedürfnissen und einem Kopfe mit Einem; überall wo Jemand immer nur Hunger, Geschlechts-Begierde und Eitelkeit sieht, sucht und sehn *will*, als seien es die eigentlichen und einzigen Triebfedern der menschlichen Handlungen; kurz, *wo* man »schlecht« vom Menschen redet – und nicht einmal *schlimm* –, da soll der Liebhaber der Erkenntnis fein und fleißig hinhorchen, er soll seine Ohren überhaupt dort haben, wo ohne Entrüstung geredet wird. Denn der entrüstete Mensch, und wer immer mit seinen eignen Zähnen sich selbst (oder, zum Ersatz dafür, die Welt, oder Gott, oder die Gesellschaft) zerreißt und zerfleischt, mag zwar, moralisch gerechnet, höher stehn als der lachende und selbstzufriedne Satyr, in jedem anderen Sinne aber ist er der gewöhnlichere, gleichgültigere, unbelehrendete Fall. Und Niemand *lügt* soviel als der Entrüstete. –

27.

Es ist schwer, verstanden zu werden: besonders wenn man *gangasrotogati* denkt und lebt, unter lauter Menschen, welche anders denken und leben, nämlich *kurmagati* oder besten Falles »nach der Gangart des Frosches« *mandeikagati* – ich tue eben Alles, um selbst »schwer verstanden zu werden«! – und man soll schon für den guten Willen zu einiger Feinheit der Interpretation von Herzen erkenntlich sein. Was aber »die guten Freunde« anbetrifft, welche immer zu bequem sind und gerade als Freunde ein Recht auf Bequemlichkeit zu haben glauben: so tut man gut, ihnen von vornherein einen Spielraum und Tummelplatz des Mißverständnisses zuzugestehn: – so hat man noch zu lachen; – oder sie ganz abzuschaffen, diese guten Freunde, – und auch zu lachen!

28.

Was sich am schlechtesten aus einer Sprache in die andere übersetzen läßt, ist das *tempo* ihres Stils: als welcher im Charakter der Rasse seinen Grund hat, physiologischer gesprochen, im Durchschnitts-*tempo* ihres »Stoffwechsels«. Es gibt ehrlich gemeinte Übersetzungen, die beinahe Fälschungen sind, als unfreiwillige Vergemeinerungen des Originals, bloß weil sein tapferes und lustiges *tempo* nicht mit übersetzt werden konnte, welches über alles Gefährliche in Dingen und Worten wegspringt, weghilft. Der Deutsche ist beinahe des Presto in seiner Sprache unfähig: also, wie man billig schließen darf, auch vieler der ergötzliebsten und verwegensten *nuances* des freien, freigeisterischen Gedankens. So gut ihm der Buffo und der Satyr fremd ist, in Leib und Gewissen, so gut ist ihm Aristophanes und Petronius unübersetzbar. Alles Gravitätische, Schwerflüssige, Feierlich-Plumpe, alle langwierigen und langweiligen Gattungen des Stils sind bei den Deutschen in überreicher Mannigfaltigkeit entwickelt, – man vergebe mir die Tatsache, daß selbst Goethes Prosa, in ihrer Mischung von Steifheit und Zierlichkeit, keine Ausnahme macht, als ein Spiegelbild der »alten guten Zeit«, zu der sie gehört, und als Ausdruck des deutschen Geschmacks, zur Zeit, wo es noch einen »deutschen Geschmack« gab: der ein Rokoko-Geschmack war, *in moribus et artibus.* Lessing macht eine Ausnahme, dank seiner Schauspieler-Natur, die Vieles verstand und sich auf Vieles verstand: er, der nicht umsonst der Übersetzer Bayles war und sich gerne in die Nähe Diderots und Voltaires, noch lieber unter die römischen Lustspieldichter flüchtete: – Lessing liebte auch im *tempo* die Freigeisterei, die Flucht aus Deutschland. Aber wie vermöchte die deutsche Sprache, und sei es selbst in der Prosa eines Lessing, das *tempo* Macchiavellis nachzuahmen, der, in seinem *Principe,* die trockne, feine Luft von Florenz atmen läßt und nicht umhinkann, die ernstere Angelegenheit in einem unbändigen Allegrissimo vorzutragen: vielleicht nicht ohne ein boshaftes Artisten-Gefühl davon, welchen Gegensatz er wagt, – Gedanken, lang, schwer, hart, gefährlich, und ein *tempo* des Galopps und der allerbesten mutwilligsten Laune. Wer endlich dürfte gar eine deutsche Übersetzung des Petronius wagen, der, mehr als irgendein großer Musiker bisher, der Meister des *presto* gewesen ist, in Erfindungen, Einfällen, Worten: – was liegt zuletzt an allen Sümpfen der kranken, schlimmen Welt, auch der »alten Welt«, wenn man, wie er, die Füße eines Windes hat, den Zug und Atem, den befreienden Hohn eines Windes, der Alles gesund macht, indem er Alles *laufen* macht! Und was Aristophanes angeht, jenen verklärenden, komplementären Geist, um dessentwillen man dem ganzen Griechentum *verzeiht,* daß es da war, gesetzt, daß man in aller Tiefe begriffen hat, *was* da Alles der Verzeihung, der Verklärung bedarf: – so wüßte ich nichts, was mich über *Platos* Verborgenheit und Sphinx-Natur mehr hat träumen lassen als jenes glücklich erhaltene *petit fait:* daß man unter dem Kopfkissen seines Sterbelagers keine »Bibel« vorfand, nichts Ägyptisches, Pythagoreisches, Platonisches – sondern den Aristophanes. Wie hätte auch ein Plato das Leben ausgehalten – ein griechisches Leben, zu dem er Nein sagte, – ohne einen Aristophanes! –

29.

Es ist die Sache der Wenigsten, unabhängig zu sein: – es ist ein Vorrecht der Starken. Und wer es versucht, auch mit dem besten Rechte dazu, aber ohne es zu *müssen,* beweist damit, daß er wahrscheinlich nicht nur stark, sondern bis zur Ausgelassenheit verwegen ist. Er begibt sich in ein Labyrinth, er vertausendfältigt die Gefahren, welche das Leben an sich schon mit sich bringt; von denen es nicht die kleinste ist, daß Keiner mit Augen sieht, wie und wo er sich verirrt, vereinsamt und stückweise von irgendeinem Höhlen-Minotaurus des Gewissens zerrissen wird. Gesetzt, ein Solcher geht zugrunde, so geschieht es so ferne vom Verständnis der Menschen, daß sie es nicht fühlen und mitfühlen: – und er kann nicht mehr zurück! er kann auch zum Mitleiden der Menschen nicht mehr zurück! – –

30.

Unsere höchsten Einsichten müssen – und sollen! – wie Torheiten, unter Umständen wie Verbrechen klingen, wenn sie unerlaubter Weise Denen zu Ohren kommen, welche nicht dafür geartet und vorbestimmt sind. Das Exoterische und das Esoterische, wie man ehedem unter Philosophen unterschied, bei Indern, wie bei Griechen, Persern und Muselmännern, kurz überall, wo man eine Rangordnung und *nicht* an Gleichheit und gleiche Rechte glaubte, – das hebt sich nicht sowohl dadurch voneinander ab, daß der Exoteriker draußen steht und von außen her, nicht von innen her, sieht, schätzt, mißt, urteilt: das Wesentlichere ist, daß er von Unten hinauf die Dinge sieht, – der Esoteriker aber *von Oben herab!* Es gibt Höhen der Seele, von wo aus gesehn selbst die Tragödie aufhört, tragisch zu wirken; und, alles Weh der Welt in Eins genommen, wer dürfte zu entscheiden wagen, ob sein Anblick *notwendig* gerade zum Mitleiden und dergestalt zur Verdoppelung des Wehs verführen und zwingen werde? ... Was der höheren Art von Menschen zur Nahrung oder zum Labsal dient, muß einer sehr unterschiedlichen und geringeren Art beinahe Gift sein. Die Tugenden des gemeinen Manns würden vielleicht an einem Philosophen Laster und Schwächen bedeuten; es wäre möglich, daß ein hochgearteter Mensch, gesetzt, daß er entartete und zugrunde ginge, erst dadurch in den Besitz von Eigenschaften käme, derentwegen man nötig hätte, ihn in der niederen Welt, in welche er hinabsank, nunmehr wie einen Heiligen zu verehren. Es gibt Bücher, welche für Seele und Gesundheit einen umgekehrten Wert haben, je nachdem die niedere Seele, die niedrigere Lebenskraft oder aber die höhere und gewaltigere sich ihrer bedienen: im ersten Falle sind es gefährliche, anbröckelnde, auflösende Bücher, im anderen Heroldsrufe, welche die Tapfersten zu *ihrer* Tapferkeit herausfordern. Allerwelts-Bücher sind immer übelriechende Bücher: der Kleine-Leute-Geruch klebt daran. Wo das Volk ißt und trinkt, selbst wo es verehrt, da pflegt es zu stinken. Man soll nicht in Kirchen gehn, wenn man *reine* Luft atmen will. – –

31.

Man verehrt und verachtet in jungen Jahren noch ohne jene Kunst der Nuance, welche den besten Gewinn des Lebens ausmacht, und muß es billigerweise hart büßen, solchergestalt Menschen und Dinge mit Ja und Nein überfallen zu haben. Es ist Alles darauf eingerichtet, daß der schlechteste aller Geschmäcker, der Geschmack für das Unbedingte, grausam genarrt und gemißbraucht werde, bis der Mensch lernt, etwas Kunst in seine Gefühle zu legen und lieber noch mit dem Künstlichen den Versuch zu wagen: wie es die rechten Artisten des Lebens tun. Das Zornige und Ehrfürchtige, das der Jugend eignet, scheint sich keine Ruhe zu geben, bevor es nicht Menschen und Dinge so zurechtgefälscht hat, daß es sich an ihnen auslassen kann: – Jugend ist an sich schon etwas Fälschendes und Betrügerisches. Später, wenn die junge

Seele, durch lauter Enttäuschungen gemartert, sich endlich argwöhnisch gegen sich selbst zurückwendet, immer noch heiß und wild, auch in ihrem Argwohne und Gewissensbisse: wie zürnt sie sich nunmehr, wie zerreißt sie sich ungeduldig, wie nimmt sie Rache für ihre lange Selbst-Verblendung, wie als ob sie eine willkürliche Blindheit gewesen sei! In diesem Übergange bestraft man sich selber, durch Mißtrauen gegen sein Gefühl; man foltert seine Begeisterung durch den Zweifel, ja man fühlt schon das gute Gewissen als eine Gefahr, gleichsam als Selbst-Verschleierung und Ermüdung der feineren Redlichkeit; und vor Allem, man nimmt Partei, grundsätzlich Partei *gegen* »die Jugend«. – Ein Jahrzehnt später: und man begreift, daß auch dies Alles noch – Jugend war!

32.

Die längste Zeit der menschlichen Geschichte hindurch – man nennt sie die prähistorische Zeit – wurde der Wert oder Unwert einer Handlung aus ihren Folgen abgeleitet: die Handlung an sich kam dabei ebensowenig als ihre Herkunft in Betracht, sondern ungefähr so, wie heute noch in China eine Auszeichnung oder Schande vom Kinde auf die Eltern zurückgreift, so war es die rückwirkende Kraft des Erfolgs oder Mißerfolgs, welche den Menschen anleitete, gut oder schlecht von einer Handlung zu denken. Nennen wir diese Periode die *vormoralische* Periode der Menschheit: der Imperativ »erkenne dich selbst!« war damals noch unbekannt. In den letzten Jahrtausenden ist man hingegen auf einigen großen Flächen der Erde Schritt für Schritt so weit gekommen, nicht mehr die Folgen, sondern die Herkunft der

Handlung über ihren Wert entscheiden zu lassen: ein großes Ereignis als Ganzes, eine erhebliche Verfeinerung des Blicks und Maßstabs, die unbewußte Nachwirkung von der Herrschaft aristokratischer Werte und des Glaubens an »Herkunft«, das Abzeichen einer Periode, welche man im engeren Sinne als die *moralische* bezeichnen darf: der erste Versuch zur Selbst-Erkenntnis ist damit gemacht. Statt der Folgen die Herkunft: welche Umkehrung der Perspektive! Und sicherlich eine erst nach langen Kämpfen und Schwankungen erreichte Umkehrung! Freilich: ein verhängnisvoller neuer Aberglaube, eine eigentümliche Engigkeit der Interpretation kam ebendamit zur Herrschaft: man interpretierte die Herkunft einer Handlung im allerbestimmtesten Sinne als Herkunft aus einer *Absicht,* man wurde Eins im Glauben daran, daß der Wert einer Handlung im Werte ihrer Absicht belegen sei. Die Absicht als die ganze Herkunft und Vorgeschichte einer Handlung: unter diesem Vorurteile ist fast bis auf die neueste Zeit auf Erden moralisch gelobt, getadelt, gerichtet, auch philosophiert worden. – Sollten wir aber heute nicht bei der Notwendigkeit angelangt sein, uns nochmals über eine Umkehrung und Grundverschiebung der Werte schlüssig zu machen, dank einer nochmaligen Selbstbesinnung und Vertiefung des Menschen, – sollten wir nicht an der Schwelle einer Periode stehn, welche, negativ, zunächst als die *außermoralische* zu bezeichnen wäre: heute, wo wenigstens unter uns Immoralisten der Verdacht sich regt, daß gerade in Dem, was *nicht-absichtlich* an einer Handlung ist, ihr entscheidender Wert belegen sei, und daß alle ihre Absichtlichkeit, Alles, was von ihr gesehn, gewußt, »bewußt« werden kann, noch zu ihrer Oberfläche und Haut gehöre, – welche, wie jede Haut, etwas verrät, aber noch mehr *verbirgt*? Kurz, wir glauben, daß die Absicht nur ein Zeichen und Symptom ist, das erst der Auslegung bedarf, dazu ein Zeichen, daß zu Vielerlei und folglich für sich allein fast nichts bedeutet, – daß Moral, im bisherigen Sinne, also Absichten-Moral, ein Vorurteil gewesen ist, eine Voreiligkeit, eine Vorläufigkeit vielleicht, ein Ding etwa vom Range der Astrologie und Alchimie, aber jedenfalls Etwas, das überwunden werden muß. Die Überwindung der Moral, in einem gewissen Verstande sogar die Selbstüberwindung der Moral: mag das der Name für jene lange geheime Arbeit sein, welche den feinsten und redlichsten, auch den boshaftesten Gewissen von heute, als lebendigen Probiersteinen der Seele, vorbehalten blieb. –

33.

Es hilft nichts: man muß die Gefühle der Hingebung, der Aufopferung für den Nächsten, die ganze Selbstentäußerungs-Moral erbarmungslos zur Rede stellen und vor Gericht führen: ebenso wie die Ästhetik der »interesselosen Anschauung«, unter welcher sich die Entmännlichung der Kunst verführerisch genug heute ein gutes Gewissen zu schaffen sucht. Es ist viel zuviel Zauber und Zucker in jenen Gefühlen des »für Andere«, des »*nicht* für mich«, als daß man nicht nötig hätte, hier doppelt mißtrauisch zu werden und zu fragen: »sind es nicht vielleicht – *Verführungen*?« – Daß sie *gefallen* – Dem, der sie hat, und Dem, der ihre Früchte genießt, auch dem bloßen Zuschauer, – dies gibt noch kein Argument für sie ab, sondern fordert gerade zur Vorsicht auf. Seien wir also vorsichtig!

34.

Auf welchen Standpunkt der Philosophie man sich heute auch stellen mag: von jeder Stelle aus gesehn ist die *Irrtümlichkeit* der Welt, in der wir zu leben glauben, das Sicherste und Festeste, dessen unser Auge noch habhaft werden kann: – wir finden Gründe über Gründe dafür, die uns zu Mutmaßungen über ein betrügerisches Prinzip im »Wesen der Dinge« verlocken möchten. Wer aber unser Denken selbst, also »den Geist« für die Falschheit der Welt verantwortlich macht – ein ehrenhafter Ausweg, den jeder bewußte oder unbewußte *advocatus dei* geht –: wer diese Welt, samt Raum, Zeit, Gestalt, Bewegung, als falsch *erschlossen* nimmt: ein Solcher hätte mindestens guten Anlaß, gegen alles Denken selbst endlich Mißtrauen zu lernen: hätte es uns nicht bisher den allergrößten Schabernack gespielt? und welche Bürgschaft dafür gäbe es, daß es nicht fortführe, zu tun, was es immer getan hat? In allem Ernste: die Unschuld der Denker hat etwas Rührendes und Ehrfurcht Einflößendes, welche ihnen erlaubt, sich auch heute noch vor das Bewußtsein hinzustellen, mit der Bitte, daß es ihnen *ehrliche* Antworten gebe: zum Beispiel ob es »real« sei, und warum es eigentlich die äußere Welt sich so entschlossen vom Halse halte, und was dergleichen Fragen mehr sind. Der Glaube an »unmittelbare Gewißheiten» ist eine *moralische* Naivität, welche uns Philosophen Ehre macht: aber – wir sollten nun einmal nicht »*nur* moralische« Menschen sein! Von der Moral abgesehn, ist jener Glaube eine Dummheit, die uns wenig Ehre macht! Mag im bürgerlichen Leben das allzeit bereite Mißtrauen als Zeichen des »schlechten Charakters« gelten und folglich unter die Unklugheiten gehören: hier unter uns, jenseits der bürgerlichen Welt und ihres Jas und Neins, – was sollte uns hindern, unklug zu sein und zu sagen: der Philosoph hat nachgerade ein *Recht* auf »schlechten Charakter«, als das Wesen, welches bisher auf Erden immer am besten genarrt worden ist, – er hat heute die *Pflicht* zum Mißtrauen, zum Loshaftesten Schielen aus jedem Abgrunde des Verdachts heraus. – Man vergebe mir den Scherz dieser düsteren Fratze und Wendung: denn ich selbst gerade habe längst über Betrügen und Betrogenwerden anders denken, anders schätzen gelernt und halte mindestens ein paar Rippenstöße für die blinde Wut bereit, mit der die Philosophen sich dagegen sträuben, betrogen zu werden. Warum *nicht*? Es ist nicht mehr als ein moralisches Vorurteil, daß Wahrheit mehr wert ist als Schein; es ist sogar die schlechtest bewiesene Annahme, die es in der Welt gibt. Man gestehe sich doch so viel ein: es bestünde gar kein Leben, wenn nicht auf dem Grunde perspektivischer Schätzungen und Scheinbarkeiten; und wollte man, mit der tugendhaften Begeisterung und Tölpelei mancher Philosophen, die »scheinbare Welt« ganz abschaffen, nun, gesetzt, *ihr* könntet das, – so bliebe mindestens dabei auch von eurer »Wahrheit« nichts mehr übrig! Ja, was zwingt uns überhaupt zur Annahme, daß es einen wesenhaften Gegensatz von »wahr« und »falsch« gibt? Genügt es nicht, Stufen der Scheinbarkeit anzunehmen und gleichsam hellere und dunklere Schatten und Gesamttöne des Scheins, – verschiedene *valeurs,* um die Sprache der Maler zu reden? Warum dürfte die Welt, *die uns etwas angeht,* – nicht eine Fiktion sein? Und wer da fragt: »aber zur Fiktion gehört ein Urheber?« – dürfte dem nicht rund geantwortet werden: *Warum?* Gehört dieses »Gehört« nicht vielleicht mit zur Fiktion? Ist es denn nicht erlaubt, gegen Subjekt, wie gegen Prädikat und Objekt, nachgerade ein wenig ironisch zu sein? Dürfte sich der Philosoph nicht über die Gläubigkeit an die Grammatik erheben? Alle Achtung vor den Gouvernanten: aber wäre es nicht an der Zeit, daß die Philosophie dem Gouvernanten-Glauben absagte? –

35.

Oh Voltaire! Oh Humanität! Oh Blödsinn! Mit der »Wahrheit«, mit dem *Suchen* der Wahrheit hat es etwas auf sich; und wenn der Mensch es dabei gar zu menschlich treibt – *»il ne cherche le vrai que pour faire le bien«* – ich wette, er findet nichts!

36.

Gesetzt, daß nichts Anderes als real »gegeben« ist als unsre Welt der Begierden und Leidenschaften, daß wir zu keiner anderen »Realität« hinab- oder hinaufkönnen als gerade zur Realität unsrer Triebe – denn Denken ist nur ein Verhalten dieser Triebe zueinander –: ist es nicht erlaubt, den Versuch zu machen und die Frage zu fragen, ob dies »Gegeben« nicht *ausreicht,* um aus Seines-Gleichen auch die sogenannte mechanistische (oder »materielle«) Welt zu verstehen? Ich meine nicht als eine Täuschung, einen »Schein«, eine »Vorstellung« (im Berkeleyschen und Schopenhauerischen Sinne), sondern als vom gleichen Realitäts-Range, welchen unser Affekt selbst hat, – als eine primitivere Form der Welt der Affekte, in der noch Alles in mächtiger Einheit beschlossen liegt, was sich dann im organischen Prozesse abzweigt und ausgestaltet (auch, wie billig, verzärtelt und abschwächt –), als eine Art von Triebleben, in dem noch sämtliche organische Funktionen, mit Selbst-Regulierung, Assimilation, Ernährung, Ausscheidung, Stoffwechsel, synthetisch gebunden ineinander sind, – als eine *Vorform* des Lebens? – Zuletzt ist es nicht nur erlaubt, diesen Versuch zu machen: es ist, vom Gewissen der *Methode* aus, geboten. Nicht mehrere Arten von Kausalität annehmen, solange nicht der Versuch, mit einer einzigen auszureichen, bis an seine äußerste Grenze getrieben ist (- bis zum Unsinn, mit Verlaub zu sagen): das ist eine Moral der Methode, der man sich heute nicht entziehen darf; – es folgt »aus ihrer Definition«, wie ein Mathematiker sagen würde. Die Frage ist zuletzt, ob wir den Willen wirklich als *wirkend* anerkennen, ob wir an die Kausalität des Willens glauben: tun wir das – und im Grunde ist der Glaube *daran* eben unser Glaube an Kausalität selbst –, so *müssen* wir den Versuch machen, die Willens-Kausalität hypothetisch als die einzige zu setzen. »Wille« kann natürlich nur auf »Wille« wirken – und nicht auf »Stoffe« (nicht auf »Nerven« zum Beispiel –): genug, man muß die Hypothese wagen, ob nicht überall, wo »Wirkungen« anerkannt werden, Wille auf Wille wirkt – und ob nicht alles mechanische Geschehen, insofern eine Kraft darin tätig wird, eben Willenskraft, Willens-Wirkung ist. – Gesetzt endlich, daß es gelänge, unser gesamtes Triebleben als die Ausgestaltung und Verzweigung Einer Grundform des Willens zu erklären – nämlich des Willens zur Macht, wie es *mein* Satz ist –: gesetzt, daß man alle organischen Funktionen auf diesen Willen zur Macht zurückführen könnte und in ihm auch die Lösung des Problems der Zeugung und Ernährung – es ist Ein Problem – fände, so hätte man damit sich das Recht verschafft, *alle* wirkende Kraft eindeutig zu bestimmen als: *Wille zur Macht.* Die Welt von innen gesehen, die Welt auf ihren »intelligiblen Charakter« hin bestimmt und bezeichnet – sie wäre eben »Wille zur Macht« und nichts außerdem. –

37.

»Wie? Heißt das nicht, populär geredet: Gott ist widerlegt, der Teufel aber nicht –?« Im Gegenteil! Im Gegenteil, meine Freunde! Und, zum Teufel auch, wer zwingt euch, populär zu reden! –

38.

Wie es zuletzt noch, in aller Helligkeit der neueren Zeiten, mit der französischen Revolution gegangen ist, jener schauerlichen und, aus der Nähe beurteilt, überflüssigen Posse, in welche aber die edlen und schwärmerischen Zuschauer von ganz Europa aus der Ferne her so lange und so leidenschaftlich ihre eignen Empörungen und Begeisterungen hineininterpretiert haben, *bis der Text unter der Interpretation verschwand:* so könnte eine edle Nachwelt noch einmal die ganze Vergangenheit mißverstehn und dadurch vielleicht erst ihren Anblick erträglich machen. – Oder vielmehr: ist dies nicht bereits geschehen? waren wir nicht selbst – diese »edle Nachwelt«? Und ist es nicht gerade jetzt, insofern wir dies begreifen, – damit vorbei?

39.

Niemand wird so leicht eine Lehre, bloß weil sie glücklich macht, oder tugendhaft macht, deshalb für wahr halten: die lieblichen »Idealisten« etwa ausgenommen, welche für das Gute, Wahre, Schöne schwärmen und in ihrem Teiche alle

Arten von bunten, plumpen und gutmütigen Wünschbarkeiten durcheinanderschwimmen lassen. Glück und Tugend sind keine Argumente. Man vergißt aber gerne, auch auf seiten besonnener Geister, daß Unglücklich-machen und Böse-machen ebensowenig Gegenargumente sind. Etwas dürfte wahr sein: ob es gleich im höchsten Grade schädlich und gefährlich wäre; ja es könnte selbst zur Grundbeschaffenheit des Daseins gehören, daß man an seiner völligen Erkenntnis zugrunde ginge, so daß sich die Stärke eines Geistes darnach bemesse, wieviel er von der »Wahrheit« gerade noch aushielte, deutlicher, bis zu welchem Grade er sie verdünnt, verhüllt, versüßt, verdampft, verfälscht *nötig hätte.* Aber keinem Zweifel unterliegt es, daß für die Entdeckung gewisser *Teile* der Wahrheit die Bösen und Unglücklichen begünstigter sind und eine größere Wahrscheinlichkeit des Gelingens haben; nicht zu reden von den Bösen, die glücklich sind, – eine Spezies, welche von den Moralisten verschwiegen wird. Vielleicht, daß Härte und List günstigere Bedingungen zur Entstehung des starken, unabhängigen Geistes und Philosophen abgeben, als jene sanfte feine nachgebende Gutartigkeit und Kunst des Leicht-nehmens, welche man an einem Gelehrten schätzt und mit Recht schätzt. Vorausgesetzt, was voransteht, daß man den Begriff »Philosoph« nicht auf den Philosophen einengt, der Bücher schreibt – oder gar *seine* Philosophie in Bücher bringt! Einen letzten Zug zum Bilde des Freigeisterischen Philosophen bringt Stendhal bei, den ich um des deutschen Geschmacks willen nicht unterlassen will zu unterstreichen: – denn er geht *wider* den deutschen Geschmack. *»Pour être bon philosophe«*, sagt dieser letzte große Psycholog, *»i faut être sec, clair, sans illusion. Un banquier, qui a fait fortune, a une partie du caractère requis pour faire des découvertes en philosophie, c'est-à-dire pour voir clair dans ce qui est.«*

40.

Alles, was tief ist, liebt die Maske; die allertiefsten Dinge haben sogar einen Haß auf Bild und Gleichnis. Sollte nicht erst der *Gegensatz* die rechte Verkleidung sein, in der die Scham eines Gottes einherginge? Eine fragwürdige Frage: es wäre wunderlich, wenn nicht irgendein Mystiker schon dergleichen bei sich gewagt hätte. Es gibt Vorgänge so zarter Art, daß man gut tut, sie durch eine Grobheit zu verschütten und unkenntlich zu machen; es gibt Handlungen der Liebe und einer ausschweifenden Großmut, hinter denen nichts rötlicher ist, als einen Stock zu nehmen und den Augenzeugen durchzuprügeln: damit trübt man dessen Gedächtnis. Mancher versteht sich darauf, das eigne Gedächtnis zu trüben und zu mißhandeln, um wenigstens an diesem einzigen Mitwisser seine Rache zu haben: – die Scham ist erfinderisch. Es sind nicht die schlimmsten Dinge, deren man sich am schlimmsten schämt: es ist nicht nur Arglist hinter einer Maske, – es gibt so viel Güte in der List. Ich könnte mir denken, daß ein Mensch, der etwas Kostbares und Verletzliches zu bergen hätte, grob und rund wie ein grünes altes schwerbeschlagenes Weinfaß durchs Leben rollte: die Feinheit seiner Scham will es so. Einem Menschen, der Tiefe in der Scham hat, begegnen auch seine Schicksale und zarten Entscheidungen auf Wegen, zu denen Wenige je gelangen, und um deren Vorhandensein seine Nächsten und Vertrautesten nicht wissen dürfen: seine Lebensgefahr verbirgt sich ihren Augen und ebenso seine wiedereroberte Lebens-Sicherheit. Ein solcher Verborgener, der aus Instinkt das Reden zum Schweigen und Verschweigen braucht und unerschöpflich ist in der Ausflucht vor Mitteilung, *will* es und fördert es, daß eine Maske von ihm an seiner Statt in den Herzen und Köpfen seiner Freunde herumwandelt; und gesetzt, er will es nicht, so werden ihm eines Tages die Augen darüber aufgehn, daß es trotzdem dort eine Maske von ihm gibt, – und daß es gut so ist. Jeder tiefe Geist braucht eine Maske: mehr noch, um jeden tiefen Geist wächst fortwährend eine Maske, dank der beständig falschen, nämlich *flachen* Auslegung jedes Wortes, jedes Schrittes, jedes Lebens-Zeichens, das er gibt. –

41.

Man muß sich selbst seine Proben geben, dafür daß man zur Unabhängigkeit und zum Befehlen bestimmt ist; und dies zur rechten Zeit. Man soll seinen Proben nicht aus dem Wege gehn, obgleich sie vielleicht das gefährlichste Spiel sind, das man spielen kann, und zuletzt nur Proben, die vor uns selber als Zeugen und vor keinem anderen Richter abgelegt werden. Nicht an einer Person hängenbleiben: und sei sie die beliebteste, – jede Person ist ein Gefängnis, auch ein Winkel. Nicht an einem Vaterlande hängenbleiben: und sei es das leidendete und hilfbedürftigste, – es ist schon weniger schwer, sein Herz von einem siegreichen Vaterlande loszubinden. Nicht an einem Mitleiden hängenbleiben: und gälte es höheren Menschen, in deren seltne Marter und Hilflosigkeit uns ein Zufall hat blicken lassen. Nicht an einer Wissenschaft hängenbleiben: und locke sie Einen mit den kostbarsten, anscheinend gerade *uns* aufgesparten Funden. Nicht an seiner eignen Loslösung hängenbleiben, an jener wollüstigen Ferne und Fremde des Vogels, der immer weiter in die Höhe flieht, um immer mehr unter sich zu sehn – die Gefahr des Fliegenden. Nicht an unsern eignen Tugenden hängenbleiben und als Ganzes das Opfer irgendeiner Einzelheit an uns werden, zum Beispiel unsrer »Gastfreundlichkeit«: wie es die Gefahr der Gefahren bei hochgearteten und reichen Seelen ist, welche verschwenderisch, fast gleichgültig mit sich selbst umgehn und die Tugend der Liberalität bis zum Laster treiben. Man muß wissen, *sich zu bewahren:* stärkste Probe der Unabhängigkeit.

42.

Eine neue Gattung von Philosophen kommt herauf: ich wage es, sie auf einen nicht ungefährlichen Namen zu taufen. So wie ich sie errate, so wie sie sich erraten lassen – denn es gehört zu ihrer Art, irgendworin Rätsel bleiben zu *wollen* –, möchten diese Philosophen der Zukunft ein Recht, vielleicht auch ein Unrecht darauf haben, als *Versucher* bezeichnet zu werden. Dieser Name selbst ist zuletzt nur ein Versuch, und, wenn man will, eine Versuchung.

43.

Sind es neue Freunde der »Wahrheit«, diese kommenden Philosophen? Wahrscheinlich genug: denn alle Philosophen liebten bisher ihre Wahrheiten. Sicherlich aber werden es keine Dogmatiker sein. Es muß ihnen wider den Stolz gehn, auch wider den Geschmack, wenn ihre Wahrheit gar noch eine Wahrheit für Jedermann sein soll: was bisher der geheime Wunsch und Hintersinn aller dogmatischen Bestrebungen war. »Mein Urteil ist *mein* Urteil: dazu hat nicht leicht auch ein Anderer das Recht« – sagt vielleicht solch ein Philosoph der Zukunft. »Man muß den schlechten Geschmack von sich abtun, mit Vielen übereinstimmen zu wollen. ›Gut‹ ist nicht mehr gut, wenn der Nachbar es in den Mund nimmt. Und wie könnte es gar ein ›Gemeingut‹ geben! Das Wort widerspricht sich selbst: was gemein sein kann, hat immer nur wenig Wert. Zuletzt muß es so stehn, wie es steht und immer stand: die großen Dinge bleiben für die Großen übrig, die Abgründe für die Tiefen, die Zartheiten und Schauder für die Feinen, und, im ganzen und kurzen, alles Seltene für die Seltenen.« –

44.

Brauche ich nach alledem noch eigens zu sagen, daß auch sie freie, *sehr* freie Geister sein werden, diese Philosophen der Zukunft, – so gewiß sie auch nicht bloß freie Geister sein werden, sondern etwas Mehreres, Höheres, Größeres und Gründlich-Anderes, das nicht verkannt und verwechselt werden will? Aber, indem ich dies sage, fühle ich fast ebensosehr gegen sie selbst, als gegen uns, die wir ihre Herolde und Vorläufer sind, wir freien Geister! – die *Schuldigkeit,* ein altes dummes Vorurteil und Mißverständnis von uns gemeinsam fortzublasen, welches allzulange wie ein Nebel den Begriff »freier Geist« undurchsichtig gemacht hat. In allen Ländern Europas und ebenso in Amerika gibt es jetzt Etwas, das Mißbrauch mit diesem Namen treibt, eine sehr enge, eingefangne, an Ketten gelegte Art von Geistern, welche ungefähr das Gegenteil von dem wollen, was in unsern Absichten und Instinkten liegt, – nicht zu reden davon, daß sie in Hinsicht auf jene heraufkommenden *neuen* Philosophen erst recht zugemachte Fenster und verriegelte Türen sein müssen. Sie gehören, kurz und schlimm, unter die *Nivellierer,* diese fälschlich genannten »freien Geister« – als beredte und schreibfingrige Sklaven des demokratischen Geschmacks und seiner »modernen Ideen«: allesamt Menschen ohne Einsamkeit, ohne eigne Einsamkeit, plumpe brave Burschen, welchen weder Mut noch achtbare Sitte abgesprochen werden soll, nur daß sie eben unfrei und zum Lachen oberflächlich sind, vor Allem mit ihrem Grundhange, in den Formen der bisherigen alten Gesellschaft ungefähr die Ursache für *alles* menschliche Elend und Mißraten zu sehn: wobei die Wahrheit glücklich auf den Kopf zu stehn kommt! Was sie mit allen Kräften erstreben möchten, ist das allgemeine Grüne-Weide-Glück der Herde, mit Sicherheit, Ungefährlichkeit, Behagen, Erleichterung des Lebens für Jedermann; ihre beiden am reichlichsten abgesungnen Lieder und Lehren heißen »Gleichheit der Rechte« und »Mitgefühl für alles Leidende«, – und das Leiden selbst wird von ihnen als Etwas genommen, das man *abschaffen* muß. Wir Umgekehrten, die wir uns ein Auge und ein Gewissen für die Frage aufgemacht haben, wo und wie bisher die Pflanze »Mensch« am kräftigsten in die Höhe gewachsen ist, vermeinen, daß dies jedesmal unter den umgekehrten Bedingungen geschehn ist, daß dazu die Gefährlichkeit seiner Lage erst ins Ungeheure wachsen, seine Erfindungs- und Verstellungskraft (sein »Geist« –) unter langem Druck und Zwang sich ins Feine und Verwegene entwickeln, sein Lebens-Wille bis zum unbedingten Macht-Willen gesteigert werden mußte: – wir vermeinen, daß Härte, Gewaltsamkeit, Sklaverei, Gefahr auf der Gasse und im Herzen, Verborgenheit, Stoizismus, Versucherkunst und Teufelei jeder Art, daß alles Böse, Furchtbare, Tyrannische, Raubtier- und Schlangenhafte am Menschen so gut zur Erhöhung der Spezies »Mensch« dient, als sein Gegensatz: – wir sagen sogar nicht einmal genug, wenn wir nur so viel sagen, und befinden uns jedenfalls, mit unserm Reden und Schweigen an dieser Stelle, am *andern* Ende aller modernen Ideologie und Herden-Wünschbarkeit: als deren Antipoden vielleicht? Was Wunder, daß wir »freien Geister« nicht gerade die mitteilsamsten Geister sind? daß wir nicht in jedem Betrachte zu verraten wünschen, *wovon* ein Geist sich freimachen kann und *wohin* er dann vielleicht getrieben wird? Und was es mit der gefährlichen Formel »jenseits von Gut und Böse« auf sich hat, mit der wir uns zum mindesten vor Verwechslung behüten: wir *sind* etwas Anderes als *»libres-penseurs«, »liberi pensatori«,* »Freidenker« und wie alle diese braven Fürsprecher der »modernen Ideen« sich zu benennen lieben. In vielen Ländern des Geistes zu Hause, mindestens zu Gaste gewesen; den dumpfen angenehmen Winkeln immer wieder entschlüpft, in die uns Vorliebe und Vorhaß, Jugend, Abkunft, der Zufall von Menschen und Büchern, oder selbst die Ermüdungen der Wanderschaft zu bannen schienen, voller Bosheit gegen die Lockmittel der Abhängigkeit, welche in Ehren, oder Geld, oder Ämtern, oder Begeisterungen der Sinne versteckt liegen; dankbar sogar gegen Not und wechselreiche Krankheit, weil sie uns immer von irgendeiner Regel und ihrem »Vorurteil« losmachte, dankbar gegen Gott, Teufel, Schaf und Wurm in uns, neugierig bis zum Laster, Forscher bis zur Grausamkeit mit unbedenklichen Fingern für Unfaßbares, mit Zähnen und Mägen für das Unverdaulichste, bereit zu jedem Handwerk, das Scharfsinn und scharfe Sinne verlangt, bereit zu jedem Wagnis, dank einem Überschusse, von »freiem Willen«, mit Vorder- und Hinterseelen, denen Keiner leicht in die letzten Absichten sieht, mit Vorder- und Hintergründen, welche kein Fuß zu Ende laufen dürfte, Verborgene unter den Mänteln des Lichts, Erobernde, ob wir gleich Erben und Verschwendern gleichsenn, Ordner und Sammler von früh bis abend, Geizhälse unsres Reichtums und unsrer vollgestopften Schubfächer, haushälterisch im Lernen und Vergessen, erfinderisch in Schematen, mitunter stolz auf Kategorien-Tafeln, mitunter Pedanten, mitunter Nachteulen der Arbeit auch am hellen Tage; ja wenn es not tut, selbst Vogelscheuchen – und heute tut es not: nämlich insofern wir die geborenen geschworenen eifersüchtigen Freunde der *Einsamkeit* sind, unsrer eignen tiefsten mitternächtlichsten, mittäglichsten Einsamkeit: – eine solche Art Menschen sind wir, wir freien Geister! und vielleicht seid auch *ihr* etwas davon, ihr Kommenden? ihr *neuen* Philosophen? –

DRITTES HAUPTSTÜCK

Das religiöse Wesen

45.

Die menschliche Seele und ihre Grenzen, der bisher überhaupt erreichte Umfang menschlicher innerer Erfahrungen, die Höhen, Tiefen und Fernen dieser Erfahrungen, die ganze *bisherige* Geschichte der Seele und ihre noch unausgetrunkenen Möglichkeiten: das ist für einen geborenen Psychologen und Freund der »großen Jagd« das vorbestimmte Jagdbereich. Aber wie oft muß er sich verzweifelt sagen: »ein Einzelner! ach, nur ein Einzelner! Und dieser große Wald und Urwald!« Und so wünscht er sich einige hundert Jagdgehilfen und feine gelehrte Spürhunde, welche er in die Geschichte der menschlichen Seele treiben könnte, um dort *sein* Wild zusammenzutreiben. Umsonst: er erprobt es immer wieder, gründlich und bitterlich, wie schlecht zu allen Dingen, die gerade seine Neugierde reizen, Gehilfen und Hunde zu finden sind. Der Übelstand, den es hat, Gelehrte auf neue und gefährliche Jagdbereiche auszuschicken, wo Mut, Klugheit, Feinheit in jedem Sinne not tun, liegt darin, daß sie gerade dort nicht mehr brauchbar sind, wo die »*große* Jagd«, aber auch die große Gefahr beginnt: – gerade dort verlieren sie ihr Spürauge und ihre Spürnase. Um zum Beispiel zu erraten und festzustellen, was für eine Geschichte bisher das Problem von *Wissen und Gewissen* in der Seele der *homines religiosi* gehabt hat, dazu müßte Einer vielleicht selbst so tief, so verwundet, so ungeheuer sein, wie es das intellektuelle Gewissen Pascals war: – und dann bedürfte es immer noch jenes ausgespannten Himmels von heller, boshafter Geistigkeit, welcher von Oben herab dies Gewimmel von gefährlichen und schmerzlichen Erlebnissen zu übersehn, zu ordnen, in Formeln zu zwingen vermöchte. – Aber wer täte mir diesen Dienst! Aber wer hätte Zeit, auf solche Diener zu warten! – Sie wachsen ersichtlich zu selten, sie sind zu allen Zeiten so unwahrscheinlich! Zuletzt muß man Alles *selber* tun, um selber Einiges zu wissen: das heißt, man hat *viel* zu tun! – Aber eine Neugierde meiner Art bleibt nun einmal das angenehmste aller Laster, – Verzeihung! Ich wollte sagen: die Liebe zur Wahrheit hat ihren Lohn im Himmel und schon auf Erden. –

46.

Der Glaube, wie ihn das erste Christentum verlangt und nicht selten erreicht hat, inmitten einer skeptischen und südlich-freigeisterischen Welt, die einen jahrhundertelangen Kampf von Philosophenschulen hinter sich und in sich hatte, hinzugerechnet die Erziehung zur Toleranz, welche das *imperium Romanum* gab, – dieser Glaube ist *nicht* jener treuherzige und bärbeißige Untertanen-Glaube, mit dem etwa ein Luther oder ein Cromwell oder sonst ein nordischer Barbar des Geistes an ihrem Gotte und Christentum gehangen haben; viel eher schon jener Glaube Pascals, der auf schreckliche Weise einem dauernden Selbstmorde der Vernunft ähnlich sieht, – einer zähen langlebigen wurmhaften Vernunft, die nicht mit Einem Male und Einem Streiche totzumachen ist. Der christliche Glaube ist von Anbeginn Opferung: Opferung aller Freiheit, alles Stolzes, aller Selbstgewißheit des

Geistes; zugleich Verknechtung und Selbst-Verhöhnung, Selbst-Verstümmelung. Es ist Grausamkeit und religiöser Phönizismus in diesem Glauben, der einem mürben, vielfachen und vielverwöhnten Gewissen zugemutet wird: seine Voraussetzung ist, daß die Unterwerfung des Geistes unbeschreiblich *wehe tut,* daß die ganze Vergangenheit und Gewohnheit eines solchen Geistes sich gegen das *absurdissimum* wehrt, als welches ihm der »Glaube« entgegentritt. Die modernen Menschen, mit ihrer Abstumpfung gegen alle christliche Nomenklatur, fühlen das Schauerlich-Superlativische nicht mehr nach, das für einen antiken Geschmack in der Paradoxie der Formel »Gott am Kreuze« lag. Es hat bisher noch niemals und nirgendwo eine gleiche Kühnheit im Umkehren, etwas gleich Furchtbares, Fragendes und Fragwürdiges gegeben wie diese Formel: sie verhieß eine Umwertung aller antiken Werte. – Es ist der Orient, der *tiefe* Orient, es ist der orientalische Sklave, der auf diese Weise an Rom und seiner vornehmen und frivolen Toleranz, am römischen »Katholizismus« des Glaubens Rache nahm: – und immer war es nicht der Glaube, sondern die Freiheit vom Glauben, jene halb stoische und lächelnde Unbekümmertheit um den Ernst des Glaubens, was die Sklaven an ihren Herrn, gegen ihre Herrn empört hat. Die »Aufklärung« empört: der Sklave nämlich will Unbedingtes, er versteht nur das Tyrannische, auch in der Moral, er liebt wie er haßt, ohne Nuance, bis in die Tiefe, bis zum Schmerz, bis zur Krankheit, – sein vieles *verborgenes* Leiden empört sich gegen den vornehmen Geschmack, der das Leiden zu *leugnen* scheint. Die Skepsis gegen das Leiden, im Grunde nur eine Attitüde der aristokratischen Moral, ist nicht am wenigsten auch an der Entstehung des letzten großen Sklaven-Aufstandes beteiligt, welcher mit der Französischen Revolution begonnen hat.

47.

Wo nur auf Erden bisher die religiöse Neurose aufgetreten ist, finden wir sie verknüpft mit drei gefährlichen Diät-Verordnungen: Einsamkeit, Fasten und geschlechtlicher Enthaltsamkeit, – doch ohne daß hier mit Sicherheit zu entscheiden wäre, was da Ursache, was Wirkung sei, und *ob* hier überhaupt ein Verhältnis von Ursache und Wirkung vorliege. Zum letzten Zweifel berechtigt, daß gerade zu ihren regelmäßigsten Symptomen, bei wilden wie bei zahmen Völkern, auch die plötzlichste ausschweifendste Wollüstigkeit gehört, welche dann, ebenso plötzlich, in Bußkrampf und Welt- und Willens-Verneinung umschlägt: beides vielleicht als maskierte Epilepsie deutbar? Aber nirgendswo sollte man sich der Deutungen mehr entschlagen: um keinen Typus herum ist bisher eine solche Fülle von Unsinn und Aberglauben aufgewachsen, keiner scheint bisher die Menschen, selbst die Philosophen, mehr interessiert zu haben – es wäre an der Zeit, hier gerade ein wenig kalt zu werden, Vorsicht zu lernen, besser noch: wegzusehen, *wegzugehen.* – Noch im Hintergrunde der letztgekommenen Philosophie, der Schopenhauerischen, steht, beinahe als das Problem an sich, dieses schauerliche Fragezeichen der religiösen Krisis und Erweckung. Wie ist Willensverneinung *möglich*? wie ist der Heilige möglich? – das scheint wirklich die Frage gewesen zu sein, bei der Schopenhauer zum Philosophen wurde und anfing. Und so war es eine ächt Schopenhauerische Konsequenz, daß sein Überzeugtester Anhänger (vielleicht auch sein letzter, was Deutschland betrifft –), nämlich Richard Wagner, das eigne Lebenswerk gerade hier zu Ende brachte und zuletzt noch jenen furchtbaren und ewigen Typus als Kundry auf der Bühne vorführte, *type vécu,* und wie er leibt und lebt; zu gleicher Zeit, wo die Irrenärzte fast aller Länder

Europas einen Anlaß hatten, ihn aus der Nähe zu studieren, überall, wo die religiöse Neurose – oder wie ich es nenne »das religiöse Wesen« – als »Heilsarmee« ihren letzten epidemischen Ausbruch und Aufzug gemacht hat. – Fragt man sich aber, was eigentlich am ganzen Phänomen des Heiligen den Menschen aller Art und Zeit, auch den Philosophen, so unbändig interessant gewesen ist: so ist es ohne allen Zweifel der ihm anhaftende Anschein des Wunders, nämlich der unmittelbaren *Aufeinanderfolge von Gegensätzen,* von moralisch entgegengesetzt gewerteten Zuständen der Seele: man glaubte hier mit Händen zu greifen, daß aus einem »schlechten Menschen« mit Einem Male ein »Heiliger«, ein guter Mensch werde. Die bisherige Psychologie litt an dieser Stelle Schiffbruch: sollte es nicht vornehmlich darum geschehn sein, weil sie sich unter die Herrschaft der Moral gestellt hatte, weil sie an die moralischen Wert-Gegensätze selbst *glaubte,* und diese Gegensätze in den Text und Tatbestand hineinsah, hineinlas, hinein*deutete*? – Wie? Das »Wunder« nur ein Fehler der Interpretation? Ein Mangel an Philologie? –

48.

Es scheint, daß den lateinischen Rassen ihr Katholizismus viel innerlicher zugehört, als uns Nordländern das ganze Christentum überhaupt: und daß folglich der Unglaube in katholischen Ländern etwas ganz Anderes zu bedeuten hat als in protestantischen – nämlich eine Art Empörung gegen den Geist der Rasse, während er bei uns eher eine Rückkehr zum Geist (oder Ungeist –) der Rasse ist. Wir Nordländer stammen unzweifelhaft aus Barbaren-Rassen, auch in Hinsicht auf unsere Begabung zur Religion: wir sind *schlecht* für sie begabt. Man darf die Kelten ausnehmen, welche deshalb auch den besten Boden für die Aufnahme der christlichen Infektion im Norden abgegeben haben: – in Frankreich kam das christliche Ideal, soweit es nur die blasse Sonne des Nordens erlaubt hat, zum Ausblühen. Wie fremdartig fromm sind unserm Geschmack selbst diese letzten französischen Skeptiker noch, sofern etwas keltisches Blut in ihrer Abkunft ist! Wie katholisch, wie undeutsch riecht uns Auguste Comtes Soziologie mit ihrer römischen Logik der Instinkte! Wie jesuitisch jener liebenswürdige und kluge Cicerone von Port-Royal, Sainte-Beuve, trotz all seiner Jesuiten-Feindschaft! Und gar Ernest Renan: wie unzugänglich klingt uns Nordländern die Sprache solch eines Renan, in dem alle Augenblicke irgendein Nichts von religiöser Spannung seine in feinerem Sinne wollüstige und bequem sich bettende Seele um ihr Gleichgewicht bringt! Man spreche ihm einmal diese schönen Sätze nach, – und was für Bosheit und Übermut regt sich sofort in unsrer wahrscheinlich weniger schönen und härteren, nämlich deutscheren Seele als Antwort! – *»disons donc hardiment que la religion est un produit de l'homme normal, que l'homme est le plus dans le vrai quand il est le plus religieux et le plus assuré d'une destinée infinie ... C'est quand il est bon qu'il veut que la vertu corresponde à un ordre éternel, c'est quand il contemple les choses d'une manière désintéressée qu'il trouve la mort révoltante et absurde. Comment ne pas supposer que c'est dans ces moments-là, que l'homme voit le mieux?...«* Diese Sätze sind meinen Ohren und Gewohnheiten so sehr *antipodisch*, daß, als ich sie fand, mein erster Ingrimm daneben schrieb *»La niaiserie religieuse par excellence!«* – bis mein letzter Ingrimm sie gar noch liebgewann, diese Sätze mit ihrer auf den Kopf gestellten Wahrheit! Es ist so artig, so auszeichnend, seine eignen Antipoden zu haben!

49.

Das, was an der Religiosität der alten Griechen staunen macht, ist die unbändige Fülle von Dankbarkeit, welche sie ausströmt: – es ist eine sehr vornehme Art Mensch, welche *so* vor der Natur und vor dem Leben steht! – Später, als der Pöbel in Griechenland zum Übergewicht kommt, überwuchert die *Furcht* auch in der Religion; und das Christentum bereitete sich vor. –

50.

Die Leidenschaft für Gott: es gibt bäurische, treuherzige und zudringliche Arten, wie die Luthers, – der ganze Protestantismus entbehrt der südlichen *delicatezza.* Es gibt ein orientalisches Außersichsein darin, wie bei einem unverdient begnadeten oder erhobenen Sklaven, zum Beispiel bei Augustin, der auf eine beleidigende Weise aller Vornehmheit der Gebärden und Begierden ermangelt. Es gibt frauenhafte Zärtlichkeit und Begehrlichkeit darin, welche schamhaft und unwissend nach einer *unio mystica et physica* drängt: wie bei Madame de Guyon. In vielen Fällen erscheint sie wunderlich genug als Verkleidung der Pubertät eines Mädchens oder Jünglings; hier und da selbst als Hysterie einer alten Jungfer, auch als deren letzter Ehrgeiz: – die Kirche hat das Weib schon mehrfach in einem solchen Falle heiliggesprochen.

51.

Bisher haben sich die mächtigsten Menschen immer noch verehrend vor dem Heiligen gebeugt, als dem Rätsel der Selbstbezwingung und absichtlichen letzten Entbehrung: warum beugten sie sich? Sie ahnten in ihm – und gleichsam hinter dem Fragezeichen seines gebrechlichen und kläglichen Anscheins – die überlegne Kraft, welche sich an einer solchen Bezwingung erproben wollte, die Stärke des Willens, in der sie die eigne Stärke und herrschaftliche Lust wieder erkannten und zu ehren wußten: sie ehrten etwas an sich, wenn sie den Heiligen ehrten. Es kam hinzu, daß der Anblick des Heiligen ihnen einen Argwohn eingab: ein solches Ungeheures von Verneinung, von Wider-Natur wird nicht umsonst begehrt worden sein, so sagten und fragten sie sich. Es gibt vielleicht einen Grund dazu, eine ganz große Gefahr, über welche der Asket, dank seinen geheimen Zusprechern und Besuchern, näher unterrichtet sein möchte? Genug, die Mächtigen der Welt lernten von ihm eine neue Furcht, sie ahnten eine neue Macht, einen fremden, noch unbezwungenen Feind: – der »Wille zur Macht« war es, der sie nötigte, vor dem Heiligen stehenzubleiben. Sie mußten ihn fragen – –

52.

Im jüdischen »alten Testament«, dem Buche von der göttlichen Gerechtigkeit, gibt es Menschen, Dinge und Reden in einem so großen Stile, daß das griechische und indische Schriftentum ihm nichts zur Seite zu stellen hat. Man steht mit Schrecken und Ehrfurcht vor diesen ungeheuren Überbleibseln dessen, was der Mensch einstmals war, und wird dabei über das alte Asien und sein vorgeschobnes Halbinselchen Europa, das durchaus gegen Asien den »Fortschritt des Menschen« bedeuten möchte, seine traurigen Gedanken haben. Freilich: wer selbst nur ein dünnes zahmes Haustier ist und nur Haustier-Bedürfnisse kennt (gleich unsren Gebildeten von heute, die Christen des »gebildeten« Christentums hinzugenommen –), der hat unter jenen Ruinen weder sich zu verwundern, noch gar sich zu betrüben – der Geschmack am Alten Testament ist ein Prüfstein in Hinsicht auf »Groß« und »Klein«: vielleicht, daß er das Neue Testament, das Buch von der Gnade, immer noch eher nach seinem Herzen findet (in ihm ist viel von dem rechten zärtlichen dumpfen Betbrüder- und Kleinen-Seelen-Geruch). Dieses Neue Testament, eine Art Rokoko des Geschmacks in jedem Betrachte, mit dem Alten Testament zu Einem Buche zusammengeleimt zu haben, als »Bibel«, als »das Buch an sich«: das ist vielleicht die gröfte Verwegenheit und »Sünde wider den Geist«, welche das literarische Europa auf dem Gewissen hat.

53.

Warum heute Atheismus? – »Der Vater« in Gott ist gründlich widerlegt; ebenso »der Richter«, »der Belohner«. Insgleichen sein »freier Wille«: er hört nicht, – und wenn er hörte, wüßte er trotzdem nicht zu helfen. Das Schlimmste ist: er scheint unfähig, sich deutlich mitzuteilen: ist er unklar? – Dies ist es, was ich, als Ursachen für den Niedergang des europäischen Theismus, aus vielerlei Gesprächen, fragend, hinhorchend, ausfindig gemacht habe; es scheint mir, daß zwar der religiöse Instinkt mächtig im Wachsen ist, – daß er aber gerade die theistische Befriedigung mit tiefem Mißtrauen ablehnt.

54.

Was tut denn im Grunde die ganze neuere Philosophie? Seit Descartes – und zwar mehr aus Trotz gegen ihn als auf Grund seines Vorgangs – macht man seitens aller Philosophen ein Attentat auf den alten Seelen-Begriff, unter dem Anschein einer Kritik des Subjekt- und Prädikat-Begriffs – das heißt: ein Attentat auf die Grundvoraussetzung der christlichen Lehre. Die neuere Philosophie, als eine erkenntnistheoretische Skepsis, ist, versteckt oder offen, *antichristlich:* obschon, für feinere Ohren gesagt, keineswegs antireligiös. Ehemals nämlich glaubte man an »die Seele«, wie man an die Grammatik und das grammatische Subjekt glaubte: man sagte, »Ich« ist Bedingung, »denke« ist Prädikat und bedingt – Denken ist eine Tätigkeit, zu der ein Subjekt als Ursache gedacht werden *muß.* Nun versuchte man, mit einer bewunderungswürdigen Zähigkeit und List, ob man nicht aus diesem Netze herauskönne, – ob nicht vielleicht das Umgekehrte wahr sei: »denke« Bedingung, »Ich« bedingt; »Ich« also erst eine Synthese, welche durch das Denken selbst *gemacht* wird. *Kant* wollte im Grunde beweisen, daß vom Subjekt aus das Subjekt nicht bewiesen werden könne, – das Objekt auch nicht: die Möglichkeit einer *Scheinexistenz* des Einzel-Subjekts, also »der Seele«, mag ihm nicht immer fremd gewesen sein, jener Gedanke, welcher als Vedanta-Philosophie schon einmal und in ungeheurer Macht auf Erden dagewesen ist.

55.

Es gibt eine große Leiter der religiösen Grausamkeit, mit vielen Sprossen; aber drei davon sind die wichtigsten. Einst opferte man seinem Gotte Menschen, vielleicht gerade solche, welche man am besten liebte, – dahin gehören die Erstlings-Opfer aller Vorzeit-Religionen, dahin auch das Opfer des Kaiser Tiberius in der Mithrasgrotte der Insel Capri, jener schauerliebste aller römischen Anachronismen. Dann, in der moralischen Epoche der Menschheit, opferte man seinem Gotte die stärksten Instinkte, die man besaß, seine »Natur«; *diese* Festfreude glänzt im grausamen Blicke des Asketen, des begeisterten »Wider-Natürlichen«. Endlich: was blieb noch übrig zu opfern? Mußte man nicht endlich einmal alles Tröstliche, Heilige, Heilende, alle Hoffnung, allen Glauben an verborgene Harmonie, an zukünftige Seligkeiten und Gerechtigkeiten opfern? mußte man nicht Gott selber opfern und, aus Grausamkeit gegen sich, den Stein, die Dummheit, die Schwere, das Schicksal, das Nichts anbeten? Für das Nichts Gott opfern – dieses paradoxe Mysterium der letzten Grausamkeit blieb dem Geschlechte, welches jetzt eben heraufkommt, aufgespart: wir Alle kennen schon etwas davon. –

56.

Wer, gleich mir, mit irgendeiner rätselhaften Begierde sich lange darum bemüht hat, den Pessimismus in die Tiefe zu denken und aus der halb christlichen, halb deutschen Enge und Einfalt zu erlösen, mit der er sich diesem Jahrhundert zuletzt dargestellt hat, nämlich in Gestalt der Schopenhauerischen Philosophie; wer wirklich einmal mit einem asiatischen und überasiatischen Auge in die weitverneinendste aller möglichen Denkweisen hinein- und hinuntergeblickt hat – jenseits von Gut und Böse, und nicht mehr, wie Buddha und Schopenhauer, im Bann und Wahne der Moral –, der hat vielleicht ebendamit, ohne daß er es eigentlich wollte, sich die Augen für das umgekehrte Ideal aufgemacht: für das Ideal des übermütigsten, lebendigsten und weltbejahendsten Menschen, der sich nicht nur mit dem, was war und ist, abgefunden und vertragen gelernt hat, sondern es, *so wie es war und ist,* wieder haben will, in alle Ewigkeit hinaus, unersättlich *da capo* rufend, nicht nur zu sich, sondern zum ganzen Stücke und Schauspiele, und nicht nur zu einem Schauspiele, sondern im Grunde zu Dem, der gerade dies Schauspiel nötig hat – und nötig macht: weil er immer wieder sich nötig hat – und nötig macht – – Wie? Und dies wäre nicht – *circulus vitioses deus*?

57.

Mit der Kraft seines geistigen Blicks und Einblicks wächst die Ferne und gleichsam der Raum um den Menschen: seine Welt wird tiefer, immer neue Sterne, immer neue Rätsel und Bilder kommen ihm in Sicht. Vielleicht war Alles, woran das Auge des Geistes seinen Scharfsinn und Tiefsinn geübt hat, eben nur ein Anlaß zu seiner Übung, eine Sache des Spiels, Etwas für Kinder und Kindsköpfe; vielleicht erscheinen uns einst die feierlichsten Begriffe, um die am meisten gekämpft und gelitten worden ist, die Begriffe »Gott« und »Sünde«, nicht wichtiger, als dem alten Manne ein Kinder-Spielzeug und Kinder-Schmerz erscheint, – und vielleicht hat dann

»der alte Mensch« wieder ein andres Spielzeug und einen andren Schmerz nötig, – immer noch Kinds genug, ein ewiges Kind!

58.

Hat man wohl beachtet, inwiefern zu einem eigentlich religiösen Leben (und sowohl zu seiner mikroskopischen Lieblings-Arbeit der Selbstprüfung als zu jener zarten Gelassenheit, welche sich »Gebet« nennt und eine beständige Bereitschaft für das »Kommen Gottes« ist) der äußere Müßiggang oder Halb-Müßiggang not tut, ich meine der Müßiggang mit gutem Gewissen, von alters her, von Geblüt, dem das Aristokraten-Gefühl nicht ganz fremd ist, daß Arbeit *schändet,* – nämlich Seele und Leib gemein macht? Und daß folglich die moderne, lärmende, Zeit-auskaufende, auf sich stolze, dumm-stolze Arbeitsamkeit, mehr als alles Übrige, gerade zum »Unglauben« erzieht und vorbereitet? Unter Denen, welche zum Beispiel jetzt in Deutschland abseits von der Religion leben, finde ich Menschen von vielerlei Art und Abkunft der »Freidenkerei«, vor Allem aber eine Mehrzahl Solcher, denen Arbeitsamkeit, von Geschlecht zu Geschlecht, die religiösen Instinkte aufgelöst hat: so daß sie gar nicht mehr wissen, wozu Religionen nütze sind, und nur mit einer Art stumpfen Erstaunens ihr Vorhandensein in der Welt gleichsam registrieren. Sie fühlen sich schon reichlich in Anspruch genommen, diese braven Leute, sei es von ihren Geschäften, sei es von ihren Vergnügungen, gar nicht zu reden vom »Vaterlande« und den Zeitungen und den »Pflichten der Familie«: es scheint, daß sie gar keine Zeit für die Religion übrig haben, zumal es ihnen unklar bleibt, ob es sich dabei um ein neues Geschäft oder ein neues Vergnügen handelt – denn unmöglich, sagen sie sich, geht man in die Kirche, rein um sich die gute Laune zu verderben. Sie sind keine Feinde der religiösen Gebräuche; verlangt man in gewissen Fällen, etwa von seiten des Staates, die Beteiligung an solchen Gebräuchen, so tun sie, was man verlangt, wie man so Vieles tut –, mit einem geduldigen und bescheidenen Ernste und ohne viel Neugierde und Unbehagen: – sie leben eben zu sehr abseits und außerhalb, um selbst nur ein Für und Wider in solchen Dingen bei sich nötig zu finden. Zu diesen Gleichgültigen gehört heute die Überzahl der deutschen Protestanten in den mittleren Ständen, sonderlich in den arbeitsamen großen Handels- und Verkehrszentren; ebenfalls die Überzahl der arbeitsamen Gelehrten und der ganze Universitäts-Zubehör (die Theologen ausgenommen, deren Dasein und Möglichkeit daselbst dem Psychologen immer mehr und immer feinere Rätsel zu raten gibt). Man macht sich selten von seiten frommer oder auch nur kirchlicher Menschen eine Vorstellung davon, *wie viel* guter Wille, man könnte sagen willkürlicher Wille jetzt dazu gehört, daß ein deutscher Gelehrter das Problem der Religion ernst nimmt; von seinem ganzen Handwerk her (und, wie gesagt, von der handwerkerhaften Arbeitsamkeit her, zu welcher ihn sein modernes Gewissen verpflichtet) neige er zu einer überlegenen, beinahe gütigen Heiterkeit gegen die Religion, zu der sich bisweilen eine leichte Geringschätzung mischt, gerichtet gegen die »Unsauberkeit« des Geistes, welche er überall dort voraussetzt, wo man sich noch zur Kirche bekennt. Es gelingt dem Gelehrten erst mit Hilfe der Geschichte (also *nicht* von seiner persönlichen Erfahrung aus), es gegenüber den Religionen zu einem ehrfurchtsvollen Ernste und zu einer gewissen scheuen Rücksicht zu bringen; aber wenn er sein Gefühl sogar bis zur Dankbarkeit gegen sie gehoben hat, so ist er mit seiner Person auch noch keinen Schritt weit Dem, was noch als Kirche oder Frömmigkeit besteht, nähergekommen: vielleicht umgekehrt. Die praktische Gleichgültigkeit gegen religiöse Dinge, in welche hinein er geboren und erzogen ist, pflegt sich bei ihm zur Behutsamkeit und Reinlichkeit zu sublimieren, welche die Berührung mit religiösen Menschen und Dingen scheut; und es kann gerade die Tiefe seiner Toleranz und Menschlichkeit sein, die ihn vor dem feinen Notstande ausweichen heißt, welchen das Tolerieren selbst mit sich bringt. – Jede Zeit hat ihre eigene göttliche Art von Naivität, um deren Erfindung sie andere Zeitalter beneiden dürfen: – und wie viel Naivität, verehrungswürdige, kindliche und unbegrenzt tölpelhafte Naivität liegt in diesem Überlegenheits-Glauben des Gelehrten, im guten Gewissen seiner Toleranz, in der ahnungslosen schlichten Sicherheit, mit der sein Instinkt den religiösen Menschen als einen minderwertigen und niedrigeren Typus behandelt, über den er selbst hinaus, hinweg, *hinauf* gewachsen ist, – er, der kleine anmaßliche und Pöbelmann, der fleißig-flinke Kopf- und Handarbeiter der »Ideen«, der »modernen Ideen«!

59.

Wer tief in die Welt gesehn hat, errät wohl, welche Weisheit darin liegt, daß die Menschen oberflächlich sind. Es ist ihr erhaltender Instinkt, der sie lehrt, flüchtig, leicht und falsch zu sein. Man findet hier und da eine leidenschaftliche und übertreibende Anbetung der »reinen Formen«, bei Philosophen wie bei Künstlern: möge Niemand zweifeln, daß wer dergestalt den Kultus der Oberfläche *nötig* hat, irgendwann einmal einen unglückseligen Griff *unter* sie getan hat. Vielleicht gibt es sogar hinsichtlich dieser verbrannten Kinder, der geborenen Künstler, welche den Genuß des Lebens nur noch in der Absicht finden, sein Bild zu *fälschen* (gleichsam in einer langwierigen Rache am Leben –), auch noch eine Ordnung des Ranges: man könnte den Grad, in dem ihnen das Leben verleidet ist, daraus abnehmen, bis wie weit sie sein Bild verfälscht, verdünnt, verjenseitigt, vergöttlicht zu sehn wünschen, – man könnte die *homines religiosi* mit unter die Künstler rechnen, als ihren *höchsten* Rang. Es ist die tiefe argwöhnische Furcht vor einem unheilbaren Pessimismus, der ganze Jahrtausende zwingt, sich mit den Zähnen in eine religiöse Interpretation des Daseins zu verbeißen: die Furcht jenes Instinktes, welcher ahnt, daß man der Wahrheit *zu früh* habhaft werden könnte, ehe der Mensch stark genug, hart genug, Künstler genug geworden ist ... Die Frömmigkeit, das »Leben in Gott«, mit diesem Blicke betrachtet, erschiene dabei als die feinste und letzte Ausgeburt der *Furcht* vor der Wahrheit, als Künstler-Anbetung und – Trunkenheit vor der konsequentesten aller Fälschungen, als der Wille zur Umkehrung der Wahrheit, zur Unwahrheit um jeden Preis. Vielleicht, daß es bis jetzt kein stärkeres Mittel gab, den Menschen selbst zu verschönern, als eben Frömmigkeit: durch sie kann der Mensch so sehr Kunst, Oberfläche, Farbenspiel, Güte werden, daß man an seinem Anblicke nicht mehr leidet. –

60.

Den Menschen zu lieben *um Gottes willen* – das war bis jetzt das vornehmste und entlegenste Gefühl, das unter Menschen erreicht worden ist. Daß die Liebe zum Menschen ohne irgendeine heiligende Hinterabsicht eine Dummheit und Tierheit *mehr* ist, daß der Hang zu dieser Menschenliebe erst von einem höheren Hange sein Maß, seine Feinheit, sein Körnchen Salz und Stäubchen Ambra zu bekommen hat: – welcher Mensch es auch war, der dies zuerst empfunden und »erlebt« hat, wie sehr auch seine Zunge gestolpert haben mag, als sie versuchte, solch eine Zartheit auszudrücken, er bleibe uns in alle Zeiten heilig und verehrenswert, als der Mensch, der am höchsten bisher geflogen und am schönsten sich verirrt hat!

61.

Der Philosoph, wie *wir* ihn verstehen, wir freien Geister –, als der Mensch der umfänglichsten Verantwortlichkeit, der das Gewissen für die Gesamt-Entwicklung des Menschen hat: dieser Philosoph wird sich der Religionen zu seinem Züchtungs- und Erziehungswerke bedienen, wie er sich der jeweiligen politischen und wirtschaftlichen Zustände bedienen wird. Der auslesende, züchtende, das heißt immer ebensowohl der zerstörende als der schöpferische und gestaltende Einfluß, welcher mit Hilfe der Religionen ausgeübt werden kann, ist je nach der Art Menschen, die unter ihren Bann und Schutz gestellt werden, ein vielfacher und verschiedener. Für die Starken, Unabhängigen, zum Befehlen Vorbereiteten und Vorbestimmten, in denen die Vernunft und Kunst einer regierenden Rasse leibhaft wird, ist Religion ein Mittel mehr, um Widerstände zu überwinden, um herrschen zu können: als ein Band, das Herrscher und Untertanen gemeinsam bindet und die Gewissen der Letzteren, ihr Verborgenes und Innerlichstes, das sich gerne dem Gehorsam entziehn möchte, den Ersteren verrät und überantwortet; und falls einzelne Naturen einer solchen vornehmen Herkunft, durch hohe Geistigkeit, einem abgezogeneren und beschaulicheren Leben sich zuneigen und nur die feinste Artung des Herrschens (über ausgesuchte Jünger oder Ordensbrüder) sich vorbehalten, so kann Religion selbst als Mittel benutzt werden, sich Ruhe vor dem Lärm und der Mühsal des *gröberen* Regierens und Reinheit vor dem *notwendigen* Schmutz alles Politik-Machens zu schaffen. So verstanden es zum Beispiel die Brahmanen: mit Hilfe einer religiösen Organisation gaben sie sich die Macht, dem Volke seine Könige zu ernennen, während sie sich selber abseits und außerhalb hielten und fühlten, als die Menschen höherer und überköniglicher Aufgaben. Inzwischen gibt die Religion auch einem Teile der Beherrschten Anleitung und Gelegenheit, sich auf einstmaliges Herrschen und Befehlen vorzubereiten, jenen langsam heraufkommenden stärkeren Klassen und Ständen nämlich, in denen, durch glückliche Ehesitten, die Kraft und Lust des Willens, der Wille zur Selbstbeherrschung, immer im Steigen ist: – ihnen bietet die Religion Anstöße und Versuchungen genug, die Wege zur höheren Geistigkeit zu gehen, die Gefühle der großen Selbstüberwindung, des Schweigens und der Einsamkeit zu erproben: – Asketismus und Puritanismus sind fast unentbehrliche Erziehungs- und Veredelungsmittel, wenn eine Rasse über ihre Herkunft aus dem Pöbel Herr werden will und sich zur einstmaligen Herrschaft emporarbeitet. Den gewöhnlichen Menschen endlich, den Allermeisten, welche zum Dienen und zum allgemeinen Nutzen da sind und nur insofern dasein *dürfen,* gibt die Religion eine unschätzbare Genügsamkeit mit ihrer Lage und Art, vielfachen Frieden des Herzens, eine Veredelung des Gehorsams, ein Glück und Leid mehr mit Ihres-Gleichen und etwas von Verklärung und Verschönerung, etwas von Rechtfertigung des ganzen Alltags, der ganzen Niedrigkeit, der ganzen Halbtier-Armut ihrer Seele. Religion und religiöse Bedeutsamkeit des Lebens legt Sonnenglanz auf solche immer geplagte Menschen und macht ihnen selbst den eigenen Anblick erträglich, sie wirkt, wie eine epikurische Philosophie auf Leidende höheren Ranges zu wirken pflegt, erquickend, verfeinernd, das Leiden gleichsam *ausnützend,* zuletzt gar heiligend und rechtfertigend. Vielleicht ist am Christentum und Buddhismus nichts so ehrwürdig als ihre Kunst, noch den Niedrigsten anzulehren, sich durch Frömmigkeit in eine höhere Schein-Ordnung der Dinge zu stellen und damit das Genügen an der wirklichen Ordnung, innerhalb deren sie hart genug leben – und gerade diese Härte tut not! –, bei sich festzuhalten.

62.

Zuletzt freilich, um solchen Religionen auch die schlimme Gegenrechnung zu machen und ihre unheimliche Gefährlichkeit ans Licht zu stellen: – es bezahlt sich immer teuer und fürchterlich, wenn Religionen *nicht* als Züchtungs- und Erziehungsmittel in der Hand des Philosophen, sondern von sich aus und *souverän* walten, wenn sie selber letzte Zwecke und nicht Mittel neben anderen Mitteln sein wollen. Es gibt bei dem Menschen wie bei jeder anderen Tierart einen Überschuß von Mißratenen, Kranken, Entartenden, Gebrechlichen, notwendig Leidenden; die gelungenen Fälle sind auch beim Menschen immer die Ausnahme und sogar in Hinsicht darauf, daß der Mensch das *noch nicht festgestellte Tier* ist, die spärliche Ausnahme. Aber noch schlimmer: je höher geartet der Typus eines Menschen ist, der durch ihn dargestellt wird, um so mehr steigt noch die Unwahrscheinlichkeit, daß er *gerät:* das Zufälle, das Gesetz des Unsinns im gesamten Haushalte der Menschheit zeigt sich am erschrecklichsten in seiner zerstörerischen Wirkung auf die höheren Menschen, deren Lebensbedingungen fein, vielfach und schwer auszurechnen sind. Wie verhalten sich nun die genannten beiden größten Religionen zu diesem *Überschuß* der mißlungenen Fälle? Sie suchen zu erhalten, im Leben festzuhalten, was sich nur irgend halten läßt, ja sie nehmen grundsätzlich für sie Partei, als Religionen *für Leidende,* sie geben allen Denen recht, welche am Leben wie an einer Krankheit leiden, und möchten es durchsetzen, daß jede andre Empfindung des Lebens als falsch gelte und unmöglich werde. Möchte man diese schonende und erhaltende Fürsorge, insofern sie neben allen anderen auch dem höchsten, bisher fast immer auch leidendsten Typus des Menschen gilt und galt, noch so hoch anschlagen: in der Gesamt-Abrechnung gehören die bisherigen, nämlich *souveränen* Religionen zu den Hauptursachen, welche den Typus »Mensch« auf einer niedrigeren Stufe festhielten, – sie erhielten zu viel von dem, *was zugrunde gehn sollte.* Man hat ihnen Unschätzbares zu danken; und wer ist reich genug an Dankbarkeit, um nicht vor alle dem arm zu werden, was zum Beispiel die »geistlichen Menschen« des Christentums bisher für Europa getan haben! Und doch, wenn sie den Leidenden Trost, den Unterdrückten und Verzweifelnden Mut, den Unselbständigen einen Stab und Halt gaben und die Innerlich-Zerstörten und Wild-Gewordenen von der Gesellschaft weg in Klöster und seelische Zuchthäuser lockten: was mußten sie außerdem tun, um mit gutem Gewissen dergestalt grundsätzlich an der Erhaltung alles Kranken und Leidenden, das heißt in Tat und Wahrheit an der *Verschlechterung der europäischen Rasse* zu arbeiten? Alle Wertschätzungen *auf den Kopf* stellen – *das* mußten sie!

Und die Starken zerbrechen, die großen Hoffnungen ankränkeln, das Glück in der Schönheit verdächtigen, alles Selbstherrliche, Männliche, Erobernde Herrschsüchtige, alle Instinkte, welche dem höchsten und wohlgeratensten Typus »Mensch« zu eigen sind, in Unsicherheit, Gewissens-Not, Selbstzerstörung umknicken, ja die ganze Liebe zum Irdischen und zur Herrschaft über die Erde in Haß gegen die Erde und das Irdische verkehren – *das* stellte sich die Kirche zur Aufgabe und mußte es sich stellen, bis für ihre Schätzung endlich »Entweltlichung«, »Entsinnlichung« und »höherer Mensch« in Ein Gefühl zusammenschmolzen. Gesetzt, daß man mit dem spöttischen und unbeteiligten Auge eines epikurischen Gottes die wunderlich schmerzliche und ebenso grobe wie feine Komödie des europäischen Christentums zu überschauen vermöchte, ich glaube, man fände kein Ende mehr zu staunen und zu lachen: scheint es denn nicht, daß Ein Wille über Europa durch achtzehn Jahrhunderte geherrscht hat, aus dem Menschen eine *sublime Mißgeburt* zu machen? Wer aber mit umgekehrten Bedürfnissen, nicht epikurisch mehr, sondern mit irgendeinem göttlichen Hammer in der Hand auf diese fast willkürliche Entartung und Verkümmerung des Menschen zuträte, wie sie der christliche Europäer ist (Pascal zum Beispiel), müßte er da nicht mit Grimm, mit Mitleid, mit Entsetzen schreien: »Oh ihr Tölpel, ihr anmaßenden mitleidigen Tölpel, was habt ihr da gemacht! War das eine Arbeit für eure Hände! Wie habt ihr mir meinen schönsten Stein verhauen und verhunzt! Was nahmt *ihr* euch heraus!« – Ich wollte sagen: das Christentum war bisher die verhängnisvollste Art von Selbst-Überhebung. Menschen, nicht hoch und hart genug, um *am Menschen* als Künstler gestalten zu dürfen; Menschen, nicht stark und fernsichtig genug, um, mit einer erhabenen Selbst-Bezwingung, das Vordergrund-Gesetz des tausendfältigen Mißratens und Zugrundegehens walten zu *lassen;* Menschen, nicht vornehm genug, um die abgründlich verschiedene Rangordnung und Rangkluft zwischen Mensch und Mensch zu sehen: – *solche* Menschen haben, mit ihrem »Gleich vor Gott«, bisher über dem Schicksale Europas gewaltet, bis endlich eine verkleinerte, fast lächerliche Art, ein Herdentier, etwas Gutwilliges, Kränkliches und Mittelmäßiges herangezüchtet ist, der heutige Europäer …

VIERTES HAUPTSTÜCK

Sprüche und Zwischenspiele

63.

Wer von Grund aus Lehrer ist, nimmt alle Dinge nur in bezug auf seine Schüler ernst – sogar sich selbst.

64.

»Die Erkenntnis um ihrer selbst willen« – das ist der letzte Fallstrick, den die Moral legt: damit verwickelt man sich noch einmal völlig in sie.

65.

Der Reiz der Erkenntnis wäre gering, wenn nicht auf dem Wege zu ihr so viel Scham zu überwinden wäre.

65 a.

Man ist am unehrlichsten gegen seinen Gott: er *darf* nicht sündigen!

66.

Die Neigung, sich herabzusetzen, sich bestehlen, belügen und ausbeuten zu lassen, könnte die Scham eines Gottes unter Menschen sein.

67.

Die Liebe zu Einem ist eine Barbarei: denn sie wird auf Unkosten aller Übrigen ausgeübt. Auch die Liebe zu Gott.

68.

»Das habe ich getan« sagt mein Gedächtnis. »Das kann ich nicht getan haben« – sagt mein Stolz und bleibt unerbittlich. Endlich – gibt das Gedächtnis nach.

69.

Man hat schlecht dem Leben zugeschaut, wenn man nicht auch die Hand gesehn hat, die auf eine schonende Weise – tötet.

70.

Hat man Charakter, so hat man auch sein typisches Erlebnis, das immer wiederkommt.

71.

Der Weise als Astronom. – Solange du noch die Sterne fühlst als ein »Über-dir«, fehlt dir noch der Blick des Erkennenden.

72.

Nicht die Stärke, sondern die Dauer der hohen Empfindung macht die hohen Menschen.

73.

Wer sein Ideal erreicht, kommt eben damit über dasselbe hinaus.

73a.

Mancher Pfau verdeckt vor Aller Augen seinen Pfauenschweif – und heißt es seinen Stolz.

74.

Ein Mensch mit Genie ist unausstehlich, wenn er nicht mindestens noch zweierlei dazu besitzt: Dankbarkeit und Reinlichkeit.

75.

Grad und Art der Geschlechtlichkeit eines Menschen reicht bis in den letzten Gipfel seines Geistes hinauf.

76.

Unter friedlichen Umständen fällt der kriegerische Mensch über sich selber her.

77.

Mit seinen Grundsätzen will man seine Gewohnheiten tyrannisieren oder rechtfertigen oder ehren oder beschimpfen oder verbergen: – zwei Menschen mit gleichen Grundsätzen wollen damit wahrscheinlich noch etwas Grund-Verschiedenes.

78.

Wer sich selbst verachtet, achtet sich doch immer noch dabei als Verächter.

79.

Eine Seele, die sich geliebt weiß, aber selbst nicht liebt, verrät ihren Bodensatz: – ihr Unterstes kommt herauf.

80.

Eine Sache, die sich aufklärt, hört auf, uns etwas anzugehn. – Was meinte jener Gott, welcher anriet: »erkenne dich selbst«? Hieß es vielleicht: »höre auf, dich etwas anzugehn! werde objektiv!« – Und Sokrates? – Und der »wissenschaftliche Mensch«? –

81.

Es ist furchtbar, im Meere vor Durst zu sterben. Müßt ihr denn gleich eure Wahrheit so salzen, daß sie nicht einmal mehr – den Durst löscht?

82.

»Mitleiden mit Allen« – wäre Härte und Tyrannei mit *dir*, mein Herr Nachbar! –

83.

Der Instinkt. – Wenn das Haus brennt, vergißt man sogar das Mittagessen. – Ja: aber man holt es auf der Asche nach.

84.

Das Weib lernt hassen, in dem Maße, in dem es zu bezaubern – verlernt.

85.

Die gleichen Affekte sind bei Mann und Weib doch im Tempo verschieden: deshalb hören Mann und Weib nicht auf, sich mißzuverstehn.

86.

Die Weiber selber haben im Hintergrunde aller persönlichen Eitelkeit immer noch ihre unpersönliche Verachtung – für »das Weib«. –

87.

Gebunden Herz, freier Geist. – Wenn man sein Herz hart bindet und gefangenlegt, kann man seinem Geist viele Freiheiten geben: ich sagte das schon Ein Mal. Aber man glaubt mir's nicht, gesetzt, daß man's nicht schon weiß – –

88.

Sehr klugen Personen fängt man an zu mißtrauen, wenn sie verlegen werden.

89.

Fürchterliche Erlebnisse geben zu raten, ob Der, welcher sie erlebt, nicht etwas Fürchterliches ist.

90.

Schwere, schwermütige Menschen werden gerade durch das, was Andre schwer macht, durch Haß und Liebe, leichter und kommen zeitweilig an ihre Oberfläche.

91.

So kalt, so eisig, daß man sich an ihm die Finger verbrennt! Jede Hand erschrickt, die ihn anfaßt! – Und gerade darum halten Manche ihn für glühend.

92.

Wer hat nicht für seinen guten Ruf schon einmal – sich selbst geopfert? –

93.

In der Leutseligkeit ist Nichts von Menschenhaß, aber eben darum allzuviel von Menschenverachtung.

94.

Reife des Mannes: das heißt den Ernst wiedergefunden haben, den man als Kind hatte, beim Spiel.

95.

Sich seiner Unmoralität schämen: das ist eine Stufe auf der Treppe, an deren Ende man sich auch seiner Moralität schämt.

96.

Man soll vom Leben scheiden wie Odysseus von Nausikaa schied, – mehr segnend als verliebt.

97.

Wie? Ein großer Mann? Ich sehe immer nur den Schauspieler seines eignen Ideals.

98.

Wenn man sein Gewissen dressiert, so küßt es uns zugleich, indem es beißt.

99.

Der Enttäuschte spricht. – »ich horchte auf Widerhall, und ich hörte nur Lob – «

100.

Vor uns selbst stellen wir uns Alle einfältiger als wir sind: wir ruhen uns so von unsern Mitmenschen aus.

101.

Heute möchte sich ein Erkennender leicht als Tierwerdung Gottes fühlen.

102.

Gegenliebe entdecken sollte eigentlich den Liebenden über das geliebte Wesen ernüchtern. »Wie? *es* ist bescheiden genug, sogar dich zu lieben? Oder dumm genug? Oder – oder –?

103.

Die Gefahr im Glücke. – »Nun gereicht mir Alles zum Besten, nunmehr liebe ich jedes Schicksal: – wer hat Lust, mein Schicksal zu sein?«

104.

Nicht ihre Menschenliebe, sondern die Ohnmacht ihrer Menschenliebe hindert die Christen von heute, uns – zu verbrennen.

105.

Dem freien Geiste, dem »Frommen der Erkenntnis« – geht die *pia fraus* noch mehr wider den Geschmack (wider seine »Frömmigkeit«) als die *impia fraus.* Daher sein tiefer Unverstand gegen die Kirche, wie er zum Typus »freier Geist« gehört, – als *seine* Unfreiheit.

106.

Vermöge der Musik genießen sich die Leidenschaften selbst.

107.

Wenn der Entschluß einmal gefaßt ist, das Ohr auch für den besten Gegengrund zu schließen: Zeichen des starken Charakters. Also ein gelegentlicher Wille zur Dummheit.

108.

Es gibt gar keine moralischen Phänomene, sondern nur eine moralische Ausdeutung von Phänomenen – –

109.

Der Verbrecher ist häufig genug seiner Tat nicht gewachsen: er verkleinert und verleumdet sie.

110.

Die Advokaten eines Verbrechers sind selten Artisten genug, um das schöne Schreckliche der Tat zugunsten ihres Täters zu wenden.

111.

Unsre Eitelkeit ist gerade dann am schwersten zu verletzen, wenn eben unser Stolz verletzt wurde.

112.

Wer sich zum Schauen und nicht zum Glauben vorherbestimmt fühlt, dem sind alle Gläubigen zu lärmend und zudringlich: er erwehrt sich ihrer.

113.

»Du willst ihn für dich einnehmen? So stelle dich vor ihm verlegen –«

114.

Die ungeheure Erwartung in betreff der Geschlechtsliebe, und die Scham in dieser Erwartung, verdirbt den Frauen von vornherein alle Perspektiven.

115.

Wo nicht Liebe oder Haß mitspielt, spielt das Weib mittelmäßig.

116.

Die großen Epochen unsres Lebens liegen dort, wo wir den Mut gewinnen, unser Böses als unser Bestes umzutaufen.

117.

Der Wille, einen Affekt zu überwinden, ist zuletzt doch nur der Wille eines anderen oder mehrerer anderer Affekte.

118.

Es gibt eine Unschuld der Bewunderung: Der hat sie, dem es noch nicht in den Sinn gekommen ist, auch er könne einmal bewundert werden.

119.

Der Ekel vor dem Schmutze kann so groß sein, daß er uns hindert, uns zu reinigen, – uns zu »rechtfertigen«.

120.

Die Sinnlichkeit übereilt oft das Wachstum der Liebe, so daß die Wurzel schwach bleibt und leicht auszureißen ist.

121.

Es ist eine Feinheit, daß Gott Griechisch lernte, als er Schriftsteller werden wollte, – und daß er es nicht besser lernte.

122.

Sich über ein Lob freuen ist bei Manchem nur eine Höflichkeit des Herzens – und gerade das Gegenstück einer Eitelkeit des Geistes.

123.

Auch das Konkubinat ist korrumpiert worden: – durch die Ehe.

124.

Wer auf dem Scheiterhaufen noch frohlockt, triumphiert nicht über den Schmerz, sondern darüber, keinen Schmerz zu fühlen, wo er ihn erwartete. Ein Gleichnis.

125.

Wenn wir über Jemanden umlernen müssen, so rechnen wir ihm die Unbequemlichkeit hart an, die er uns damit macht.

126.

Ein Volk ist der Umschweif der Natur, um zu sechs, sieben großen Männern zu kommen. – Ja: und um dann um sie herumzukommen.

127.

Allen rechten Frauen geht Wissenschaft wider die Scham. Es ist ihnen dabei zumute, als ob man damit ihnen unter die Haut, – schlimmer noch! unter Kleid und Putz gucken wolle.

128.

Je abstrakter die Wahrheit ist, die du lehren willst, um so mehr mußt du noch die Sinne zu ihr verführen.

129.

Der Teufel hat die weitesten Perspektiven für Gott, deshalb hält er sich von ihm so fern: – der Teufel nämlich als der älteste Freund der Erkenntnis.

130.

Was Jemand *ist*, fängt an, sich zu verraten, wenn sein Talent nachläßt, – wenn er aufhört, zu zeigen, was er *kann.* Das Talent ist auch ein Putz; ein Putz ist auch ein Versteck.

131.

Die Geschlechter täuschen sich übereinander: das macht, sie ehren und lieben im Grunde nur sich selbst (oder ihr eigenes Ideal, um es gefälliger auszudrücken –). So will der Mann das Weib friedlich, – aber gerade das Weib ist *wesentlich* unfriedlich, gleich der Katze, so gut es sich auch auf den Anschein des Friedens eingeübt hat.

132.

Man wird am besten für seine Tugenden bestraft.

133.

Wer den Weg zu *seinem* Ideale nicht zu finden weiß, lebt leichtsinniger und frecher als der Mensch ohne Ideal.

134.

Von den Sinnen her kommt erst alle Glaubwürdigkeit, alles gute Gewissen, aller Augenschein der Wahrheit.

135.

Der Pharisäismus ist nicht eine Entartung am guten Menschen: ein gutes Stück davon ist vielmehr die Bedingung von allem Gut-sein.

136.

Der Eine sucht einen Geburtshelfer für seine Gedanken, der Andre Einen, dem er helfen kann: so entsteht ein gutes Gespräch.

137.

Im Verkehre mit Gelehrten und Künstlern verrechnet man sich leicht in umgekehrter Richtung: man findet hinter einem merkwürdigen Gelehrten nicht selten einen mittelmäßigen Menschen, und hinter einem mittelmäßigen Künstler sogar oft – einen sehr merkwürdigen Menschen.

138.

Wir machen es auch im Wachen wie im Traume: wir erfinden und erdichten erst den Menschen, mit dem wir verkehren, – und vergessen es sofort.

139.

In der Rache und in der Liebe ist das Weib barbarischer als der Mann.

140.

Rat als Rätsel. – »Soll das Band nicht reißen – muß du erst drauf beißen.«

141.

Der Unterleib ist der Grund dafür, daß der Mensch sich nicht so leicht für einen Gott hält.

142.

Das züchtigste Wort, das ich gehört habe: *»Dans le véritable amour c'est l'âme, qui enveloppe le corps.«*

143.

Was wir am besten tun, von dem möchte unsre Eitelkeit, daß es gerade als Das gelte, was uns am schwersten werde. Zum Ursprung mancher Moral.

144.

Wenn ein Weib gelehrte Neigungen hat, so ist gewöhnlich Etwas an ihrer Geschlechtlichkeit nicht in Ordnung. Schon Unfruchtbarkeit disponiert zu einer gewissen Männlichkeit des Geschmacks; der Mann ist nämlich, mit Verlaub, »das unfruchtbare Tier«.

145.

Mann und Weib im ganzen verglichen, darf man sagen: das Weib hätte nicht das Genie des Putzes, wenn es nicht den Instinkt der *zweiten* Rolle hätte.

146.

Wer mit Ungeheuern kämpft, mag zusehn, daß er nicht dabei zum Ungeheuer wird. Und wenn du lange in einen Abgrund blickst, blickt der Abgrund auch in dich hinein.

147.

Aus alten florentinischen Novellen, überdies – aus dem Leben: *buona femmina e mala femmina vuol bastone.* Sacchetti Nov. 86.

148.

Den Nächsten zu einer guten Meinung verführen und hintendrein an diese Meinung des Nächsten gläubig glauben: wer tut es in diesem Kunststück den Weibern gleich? –

149.

Was eine Zeit als böse empfindet, ist gewöhnlich ein unzeitgemäßer Nachschlag dessen, was ehemals als gut empfunden wurde, – der Atavismus eines älteren Ideals.

150.

Um den Helden herum wird Alles zur Tragödie, um den Halbgott herum Alles zum Satyrspiel; und um Gott herum wird Alles – wie? vielleicht zur »Welt«? –

151.

Ein Talent haben ist nicht genug: man muß auch eure Erlaubnis dazu haben, – wie? meine Freunde?

152.

»*Wo* der Baum der Erkenntnis steht, ist immer das Paradies«: so reden die ältesten und die jüngsten Schlangen.

153.

Was aus Liebe getan wird, geschieht immer jenseits von Gut und Böse.

154.

Der Einwand, der Seitensprung, das fröhliche Mißtrauen, die Spottlust sind Anzeichen der Gesundheit: alles Unbedingte gehört in die Pathologie.

155.

Der Sinn für das Tragische nimmt mit der Sinnlichkeit ab und zu.

156.

Der Irrsinn ist bei Einzelnen etwas Seltenes, – aber bei Gruppen, Parteien, Völkern, Zeiten die Regel.

157.

Der Gedanke an Selbstmord ist ein starkes Trostmittel: mit ihm kommt man gut über manche böse Nacht hinweg.

158.

Unserm stärksten Triebe, dem Tyrannen in uns, unterwirft sich nicht nur unsre Vernunft, sondern auch unser Gewissen.

159.

Man *muß* vergelten, Gutes und Schlimmes: aber warum gerade an der Person, die uns Gutes oder Schlimmes tat?

160.

Man liebt seine Erkenntnis nicht genug mehr, sobald man sie mitteilt.

161.

Die Dichter sind gegen ihre Erlebnisse schamlos: sie beuten sie aus.

162.

»Unser Nächster ist nicht unser Nachbar, sondern dessen Nachbar« – so denkt jedes Volk.

163.

Die Liebe bringt die hohen und verborgenen Eigenschaften eines Liebenden ans Licht, – sein Seltenes, Ausnahmsweises: insofern täuscht sie leicht über Das, was Regel an ihm ist.

164.

Jesus sagte zu seinen Juden: »das Gesetz war für Knechte, – liebt Gott, wie ich ihn liebe, als sein Sohn! Was geht uns Söhne Gottes die Moral an!« –

165.

Angesichts jeder Partei. – Ein Hirt hat immer auch noch einen Leithammel nötig, – oder er muß selbst gelegentlich Hammel sein.

166.

Man lügt wohl mit dem Munde, aber mit dem Maule, das man dabei macht, sagt man doch noch die Wahrheit.

167.

Bei harten Menschen ist die Innigkeit eine Sache der Scham – und etwas Kostbares.

168.

Das Christentum gab dem Eros Gift zu trinken: – er starb zwar nicht daran, aber entartete, zum Laster.

169.

Viel von sich reden kann auch ein Mittel sein, sich zu verbergen.

170.

Im Lobe ist mehr Zudringlichkeit als im Tadel.

171.

Mitleiden wirkt an einem Menschen der Erkenntnis beinahe zum Lachen, wie zarte Hände an einem Zyklopen.

172.

Man umarmt aus Menschenliebe bisweilen einen Beliebigen (weil man nicht Alle umarmen kann): aber gerade Das darf man dem Beliebigen nicht verraten ...

173.

Man haßt nicht, solange man noch gering schätzt, sondern erst, wenn man gleich oder höher schätzt.

174.

Ihr Utilitarier, auch ihr liebt alles *utile* nur als ein *Fuhrwerk* eurer Neigungen, – auch ihr findet eigentlich den Lärm seiner Räder unausstehlich?

175.

Man liebt zuletzt seine Begierde, und nicht das Begehrte.

176.

Die Eitelkeit Anderer geht uns nur dann wider den Geschmack, wenn sie wider unsre Eitelkeit geht.

177.

Über Das, was »Wahrhaftigkeit« ist, war vielleicht noch Niemand wahrhaftig genug.

178.

Klugen Menschen glaubt man ihre Torheiten nicht: welche Einbuße an Menschenrechten!

179.

Die Folgen unsrer Handlungen fassen uns am Schopfe, sehr gleichgültig dagegen, daß wir uns inzwischen »gebessert« haben.

180.

Es gibt eine Unschuld in der Lüge, welche das Zeichen des guten Glaubens an eine Sache ist.

181.

Es ist unmenschlich, da zu segnen, wo Einem geflucht wird.

182.

Die Vertraulichkeit des Überlegenen erbittert, weil sie nicht zurückgegeben werden darf. –

183.

»Nicht daß du mich belogst, sondern daß ich dir nicht mehr glaube, hat mich erschüttert.« –

184.

Es gibt einen Übermut der Güte, welcher sich wie Bosheit ausnimmt.

185.

»Er mißfällt mir.« – Warum? – »Ich bin ihm nicht gewachsen.« – Hat je ein Mensch so geantwortet?

FÜNFTES HAUPTSTÜCK

Zur Naturgeschichte der Moral

186.

Die moralische Empfindung ist jetzt in Europa ebenso fein, spät, vielfach, reizbar, raffiniert, als die dazugehörige »Wissenschaft der Moral« noch jung, anfängerhaft, plump und grobfingrig ist: – ein anziehender Gegensatz, der bisweilen in der Person eines Moralisten selbst sichtbar und leibhaft wird. Schon das Wort »Wissenschaft der Moral« ist in Hinsicht auf Das, was damit bezeichnet wird, viel zu hochmütig und wider den *guten* Geschmack: welcher immer ein Vorgeschmack für die bescheideneren Worte zu sein pflegt. Man sollte, in aller Strenge, sich eingestehn, *was* hier auf lange hinaus noch not tut, *was* vorläufig allein recht hat: nämlich Sammlung des Materials, begriffliche Fassung und Zusammenordnung eines ungeheuren Reichs zarter Wertgefühle und Wertunterschiede, welche leben, wachsen, zeugen und zugrunde gehn, – und, vielleicht, Versuche, die wiederkehrenden und häufigeren Gestaltungen dieser lebenden Kristallisation anschaulich zu machen, – als Vorbereitung zu einer *Typenlehre* der Moral. Freilich: man war bisher nicht so bescheiden. Die Philosophen allesamt forderten, mit einem steifen Ernste, der lachen macht, von sich etwas sehr viel Höheres, Anspruchsvolleres, Feierlicheres, sobald sie sich mit der Moral als Wissenschaft befaßten: sie wollten die *Begründung* der Moral, – und jeder Philosoph hat bisher geglaubt, die Moral begründet zu haben; die Moral selbst aber galt als »gegeben«. Wie ferne lag ihrem plumpen Stolze jede unscheinbar dünkende und in Staub und Moder belassene Aufgabe einer Beschreibung, obwohl für sie kaum die feinsten Hände und Sinne fein genug sein könnten! Gerade dadurch, daß die Moral-Philosophen die moralischen *facta* nur gröblich, in einem willkürlichen Auszuge oder als zufällige Abkürzung kannten, etwa als Moralität ihrer Umgebung, ihres Standes, ihrer Kirche, ihres Zeitgeistes, ihres Klimas und Erdstriches, – gerade dadurch, daß sie in Hinsicht auf Völker, Zeiten, Vergangenheiten schlecht unterrichtet und selbst wenig wißbegierig waren, bekamen sie die eigentlichen Probleme der Moral gar nicht zu Gesichte: – als welche alle erst bei einer Vergleichung *vieler* Moralen auftauchen. In aller bisherigen »Wissenschaft der Moral« *fehlte*, so wunderlich es klingen mag, noch das Problem der Moral selbst: es fehlte der Argwohn dafür, daß es hier etwas Problematisches gebe. Was die Philosophen »Begründung der Moral« nannten und von sich forderten, war, im rechten Lichte gesehn, nur eine gelehrte Form des guten *Glaubens* an die herrschende Moral, ein neues Mittel ihres *Ausdrucks*, also ein Tatbestand selbst innerhalb einer bestimmten Moralität, ja sogar, im letzten Grunde, eine Art Leugnung, daß diese Moral als Problem gefaßt werden *dürfe*: – und jedenfalls das Gegenstück einer Prüfung, Zerlegung, Anzweiflung, Vivisektion eben dieses Glaubens! Man höre zum Beispiel, mit welcher beinahe verehrenswürdigen Unschuld noch Schopenhauer seine eigene Aufgabe hinstellt, und man mache seine Schlüsse über die Wissenschaftlichkeit einer »Wissenschaft«, deren letzte Meister noch wie die Kinder und die alten Weibchen reden: – »das Prinzip», sagt er (p. 137 der Grundprobleme der Ethik), »der Grundsatz, über dessen Inhalt alle Ethiker *eigentlich* einig sind: *neminem laede, immo omnes, quantum potes, juva* –

das ist *eigentlich* der Satz, welchen zu begründen alle Sittenlehrer sich abmühen ... das *eigentliche* Fundament der Ethik, welches man wie den Stein der Weisen seit Jahrtausenden sucht.« – Die Schwierigkeit, den angeführten Satz zu begründen, mag freilich groß sein – bekanntlich ist es auch Schopenhauer damit nicht geglückt –; und wer einmal gründlich nachgefühlt hat, wie abgeschmackt-falsch und sentimental dieser Satz ist, in einer Welt, deren Essenz Wille zur Macht ist –, der mag sich daran erinnern lassen, daß Schopenhauer, obschon Pessimist, *eigentlich* – die Flöte blies ... Täglich, nach Tisch: man lese hierüber seinen Biographen. Und beiläufig gefragt: ein Pessimist, ein Gott- und Welt-Verneiner, der vor der Moral *haltmacht,* – der zur Moral ja sagt und Flöte bläst, zur *laede-neminem*-Moral: wie? ist das eigentlich – ein Pessimist?

187.

Abgesehn noch vom Werte solcher Behauptungen wie »es gibt in uns einen kategorischen Imperativ«, kann man immer noch fragen: was sagt eine solche Behauptung von dem sie Behauptenden aus? Es gibt Moralen, welche ihren Urheber vor Anderen rechtfertigen sollen; andre Moralen sollen ihn beruhigen und mit sich zufrieden stimmen; mit andern will er sich selbst ans Kreuz schlagen und demütigen; mit andern will er Rache üben, mit andern sich verstecken, mit andern sich verklären und hinaus, in die Höhe und Ferne setzen; diese Moral dient ihrem Urheber, um zu vergessen, jene, um sich oder Etwas von sich vergessen zu machen; mancher Moralist möchte an der Menschheit Macht und schöpferische Laune ausüben; manch Anderer, vielleicht gerade auch Kant, gibt mit seiner Moral zu verstehen: »was an mir achtbar ist, das ist, daß ich gehorchen kann, – und bei euch *soll* es nicht anders stehn als bei mir!« – kurz, die Moralen sind auch nur eine *Zeichensprache der Affekte.*

188.

Jede Moral ist, im Gegensatz zum *laisser aller,* ein Stück Tyrannei gegen die »Natur«, auch gegen die »Vernunft«: das ist aber noch kein Einwand gegen sie, man müßte denn selbst schon wieder von irgendeiner Moral aus dekretieren, daß alle Art Tyrannei und Unvernunft unerlaubt sei. Das Wesentliche und Unschätzbare an jeder Moral ist, daß sie ein langer Zwang ist: um den Stoizismus oder Port-Royal oder das Puritanertum zu verstehn, mag man sich des Zwangs erinnern, unter dem bisher jede Sprache es zur Stärke und Freiheit gebracht, – des metrischen Zwangs, der Tyrannei von Reim und Rhythmus. Wie viel Not haben sich in jedem Volke die Dichter und die Redner gemacht! – einige Prosaschreiber von heute nicht ausgenommen, in deren Ohr ein unerbittliches Gewissen wohnt – »um einer Torheit willen«, wie utilitarische Tölpel sagen, welche sich damit klug dünken, – »aus Unterwürfigkeit gegen Willkür-Gesetze«, wie die Anarchisten sagen, die sich damit »frei«, selbst freigeistig wähnen. Der wunderliche Tatbestand ist aber, daß Alles, was es von Freiheit, Feinheit, Kühnheit, Tanz und meisterlicher Sicherheit auf Erden gibt oder gegeben hat, sei es nun in dem Denken selbst, oder im Regieren, oder im Reden und Überreden, in den Künsten ebenso wie in den Sittlichkeiten, sich erst vermöge der »Tyrannei solcher Willkür-Gesetze« entwickelt hat; und allen Ernstes, die Wahrscheinlichkeit dafür ist nicht gering, daß gerade dies »Natur« und »natürlich« sei – und *nicht* jenes *laisser aller!* Jeder Künstler weiß, wie fern vom Gefühl des Sich-gehen-Lassens sein »natürlichster« Zustand ist, das freie Ordnen, Setzen, Verfügen, Gestalten in den Augenblicken der »Inspiration«, – und wie streng und fein er gerade da tausendfältigen Gesetzen gehorcht, die aller Formulierung durch Begriffe gerade aufgrund ihrer Härte und Bestimmtheit spotten (auch der festeste Begriff hat, dagegen gehalten, etwas Schwimmendes, Vielfaches, Vieldeutiges –). Das Wesentliche, »im Himmel und auf Erden«, wie es scheint, ist, nochmals gesagt, daß lange und in Einer Richtung *gehorcht* werde: dabei kommt und kam auf die Dauer immer Etwas heraus, dessentwillen es sich lohnt, auf Erden zu leben, zum Beispiel Tugend, Kunst, Musik, Tanz, Vernunft, Geistigkeit, – irgend etwas Verklärendes, Raffiniertes, Tolles und Göttliches. Die lange Unfreiheit des Geistes, der mißtrauische Zwang in der Mitteilbarkeit der Gedanken, die Zucht, welche sich der Denker auferlegte, innerhalb einer kirchlichen und höfischen Richtschnur oder unter aristotelischen Voraussetzungen zu denken, der lange geistige Wille, Alles, was geschieht, nach einem christlichen Schema auszulegen und den christlichen Gott noch in jedem Zufalle wieder zu entdecken und zu rechtfertigen, – all dies Gewaltsame, Willkürliche, Harte, Schauerliche, Widervernünftige hat sich als das Mittel herausgestellt, durch welches dem europäischen Geiste seine Stärke, seine rücksichtslose Neugierde und feine Beweglichkeit ungezüchtet wurde: zugegeben, daß dabei ebenfalls unersetzbar Viel an Kraft und Geist erdrückt, erstickt und verdorben werden mußte (denn hier wie überall zeigt sich »die Natur« wie sie ist, in ihrer ganzen verschwenderischen und *gleichgültigen* Großartigkeit, welche empört, aber vornehm ist). Daß jahrtausendelang die europäischen Denker nur dachten, um Etwas zu beweisen –

heute ist uns umgekehrt jeder Denker verdächtig, der »Etwas beweisen will« –, daß ihnen bereits immer feststand, was als Resultat ihres strengsten Nachdenkens herauskommen *sollte,* etwa wie ehemals bei der asiatischen Astrologie oder wie heute noch bei der harmlosen christlich-moralischen Auslegung der nächsten persönlichen Ereignisse »zu Ehren Gottes« und »zum Heil der Seele«: – diese Tyrannei, diese Willkür, diese strenge und grandiose Dummheit hat den Geist *erzogen;* die Sklaverei ist, wie es scheint, im gröberen und feineren Verstande das unentbehrliche Mittel auch der geistigen Zucht und Züchtung. Man mag jede Moral daraufhin ansehn: die »Natur« in ihr ist es, welche das *laisser aller,* die allzu große Freiheit hassen lehrt und das Bedürfnis nach beschränkten Horizonten, nach nächsten Aufgaben pflanzt, – welche die *Verengerung der Perspektive,* und also in gewissem Sinne die Dummheit, als eine Lebens- und Wachstums-Bedingung lehrt. »Du sollst gehorchen, irgendwem, und auf lange: sonst gehst du zugrunde und verlierst die letzte Achtung vor dir selbst« – dies scheint mir der moralische Imperativ der Natur zu sein, welcher freilich weder »kategorisch« ist, wie es der alte Kant von ihm verlangte (daher das »sonst«–), noch an den Einzelnen sich wendet (was liegt ihr am Einzelnen!), wohl aber an Völker, Rassen, Zeitalter, Stände, vor Allem aber an das ganze Tier »Mensch«, an *den* Menschen.

189.

Die arbeitsamen Rassen finden eine große Beschwerde darin den Müßiggang zu ertragen: es war ein Meisterstück des *englischen* Instinktes, den Sonntag in dem Maße zu heiligen und zu langweiligen, daß der Engländer dabei wieder unvermerkt nach seinem Wochen- und Werktage lüstern wird – als eine Art klug erfundenen, klug eingeschalteten *Fastens*, wie dergleichen auch in der antiken Welt reichlich wahrzunehmen ist (wenn auch, wie billig bei südländischen Völkern, nicht gerade in Hinsicht auf Arbeit –). Es muß Fasten von vielerlei Art geben; und überall, wo mächtige Triebe und Gewohnheiten herrschen, haben die Gesetzgeber dafür zu sorgen, Schalttage einzuschieben, an denen solch ein Trieb in Ketten gelegt wird und wieder einmal hungern lernt. Von einem höheren Orte aus gesehn, erscheinen ganze Geschlechter und Zeitalter, wenn sie mit irgendeinem moralischen Fanatismus behaftet auftreten, als solche eingelegte Zwangs- und Fastenzeiten, während welchen ein Trieb sich ducken und niederwerfen, aber auch sich *reinigen* und *schärfen* lernt; auch einzelne philosophische Sekten (zum Beispiel die Stoa inmitten der hellenistischen Kultur und ihrer mit aphrodisischen Düften überladenen und geil gewordenen Luft) erlauben eine derartige Auslegung. – Hiermit ist auch ein Wink zur Erklärung jenes Paradoxons gegeben, warum gerade in der christlichen Periode Europas und überhaupt erst unter dem Druck christlicher Werturteile der Geschlechtstrieb sich bis zur Liebe *(amour-passion)* sublimiert hat.

190.

Es gibt Etwas in der Moral Platos, das nicht eigentlich zu Plato gehört, sondern sich nur an seiner Philosophie vorfindet, man könnte sagen trotz Plato: nämlich der Sokratismus, für den er eigentlich zu vornehm war. »Keiner will sich selbst Schaden tun, daher geschieht alles Schlechte unfreiwillig.

Denn der Schlechte fügt sich selbst Schaden zu: das würde er nicht tun, falls er wüßte, daß das Schlechte schlecht ist. Demgemäß ist der Schlechte nur aus einem Irrtum schlecht; nimmt man ihm seinen Irrtum, so macht man ihn notwendig – gut.« – Diese Art zu schließen riecht nach dem *Pöbel,* der am Schlechthandeln nur die leidigen Folgen ins Auge faßt und eigentlich urteilt »es ist *dumm,* schlecht zu handeln«; während er »gut« mit »nützlich und angenehm« ohne weiteres als identisch nimmt. Man darf bei jedem Utilitarismus der Moral von vornherein auf diesen gleichen Ursprung raten und seiner Nase folgen: man wird selten irre gehn. – Plato hat Alles getan, um etwas Feines und Vornehmes in den Satz seines Lehrers hineinzuinterpretieren, vor Allem sich selbst –, er, der verwegenste aller Interpreten, der den ganzen Sokrates nur wie ein populäres Thema und Volkslied von der Gasse nahm, um es ins Unendliche und Unmögliche zu variieren: nämlich in alle seine eignen Masken und Vielfältigkeiten. Im Scherz gesprochen, und noch dazu homerisch: was ist denn der platonische Sokrates, wenn nicht.

προσϑε Πλατων οπιϑεν Πλατων μεσση τε Χιμαιρα.

191.

Das alte theologische Problem von »Glauben« und »Wissen« – oder, deutlicher, von Instinkt und Vernunft – also die Frage, ob in Hinsicht auf Wertschätzung der Dinge der Instinkt mehr Autorität verdiene als die Vernünftigkeit, welche nach Gründen, nach einem »Warum?«, also nach Zweckmäßigkeit und Nützlichkeit geschätzt und gehandelt wissen will, – es ist immer noch jenes alte moralische Problem, wie es zuerst in der Person des Sokrates auftrat und lange vor dem Christentum schon die Geister gespaltet hat. Sokrates selbst hatte sich zwar mit dem Geschmack seines Talentes – dem eines überlegenen Dialektikers – zunächst auf seiten der Vernunft gestellt; und in Wahrheit, was hat er sein Leben lang getan, als über die linkische Unfähigkeit seiner vornehmen Athener zu lachen, welche Menschen des Instinktes waren gleich allen vornehmen Menschen und niemals genügend über die Gründe ihres Handelns Auskunft geben konnten? Zuletzt aber, im stillen und geheimen, lachte er auch über sich selbst: er fand bei sich, von seinem feineren Gewissen und Selbstverhör, die gleiche Schwierigkeit und Unfähigkeit. Wozu aber, redete er sich zu, sich *deshalb* von den Instinkten lösen! Man muß ihnen und *auch* der Vernunft zum Recht verhelfen, – man muß den Instinkten folgen, aber die Vernunft überreden, ihnen dabei mit guten Gründen nachzuhelfen. Dies war die eigentliche *Falschheit* jenes großen geheimnisreichen Ironikers; er brachte sein Gewissen dahin, sich mit einer Art Selbstüberlistung zufriedenzugeben: im Grunde hatte er das Irrationale im moralischen Urteile durchschaut. – Plato, in solchen Dingen ungeduldiger und ohne die Verschmitzheit des Plebejers, wollte mit Aufwand aller Kraft – der größten Kraft, die bisher ein Philosoph aufzuwenden hatte! – sich beweisen, daß Vernunft und Instinkt von selbst auf Ein Ziel zugehen, auf das Gute, auf »Gott«; und seit Plato sind alle Theologen und Philosophen auf der gleichen Bahn, – das heißt in Dingen der Moral hat bisher der Instinkt, oder wie die Christen es nennen »der Glaube«, oder wie ich es nenne »die Herde« gesiegt. Man müßte denn Descartes ausnehmen, den Vater des Rationalismus (und folglich Großvater der Revolution), welcher der Vernunft allein Autorität zuerkannte: aber die Vernunft ist nur ein Werkzeug, und Descartes war oberflächlich.

192.

Wer der Geschichte einer einzelnen Wissenschaft nachgegangen ist, der findet in ihrer Entwicklung einen Leitfaden zum Verständnis der ältesten und gemeinsten Vorgänge alles »Wissens und Erkennens«: dort wie hier sind die voreiligen Hypothesen, die Erdichtungen, der gute dumme Wille zum »Glauben«, der Mangel an Mißtrauen und Geduld zuerst entwickelt, – unsre Sinne lernen es spät, und lernen es nie ganz, feine treue vorsichtige Organe der Erkenntnis zu sein. Unserm Auge fällt es bequemer, auf einen gegebenen Anlaß hin ein schon öfter erzeugtes Bild wieder zu erzeugen, als das Abweichende und Neue eines Eindrucks bei sich festzuhalten: letzteres braucht mehr Kraft, mehr »Moralität«. Etwas Neues hören ist dem Ohre peinlich und schwierig; fremde Musik hören wir schlecht. Unwillkürlich versuchen wir, beim Hören einer andren Sprache, die gehörten Laute in Worte einzuformen, welche uns vertrauter und heimischer klingen: so machte sich zum Beispiel der Deutsche ehemals aus dem gehörten *arcubalista* das Wort Armbrust zurecht. Das Neue findet auch unsre Sinne feindlich und widerwillig; und überhaupt *herrschen* schon bei den »einfachsten« Vorgängen der Sinnlichkeit die Affekte, wie Furcht, Liebe, Haß, eingeschlossen die passiven Affekte der Faulheit. – Sowenig ein Leser heute die einzelnen Worte (oder gar Silben) einer Seite sämtlich abliest – er nimmt vielmehr aus zwanzig Worten ungefähr fünf nach Zufall heraus und »errät« den zu diesen fünf Worten mutmaßlich zugehörigen Sinn –, ebensowenig sehen wir einen Baum genau und vollständig, in Hinsicht auf Blätter, Zweige, Farbe, Gestalt; es fällt uns so sehr viel leichter, ein Ungefähr von Baum hin zu phantasieren. Selbst inmitten der seltsamsten Erlebnisse machen wir es noch ebenso: wir erdichten uns den größten Teil des Erlebnisses und sind kaum dazu zu zwingen, *nicht* als »Erfinder« irgendeinem Vorgange zuzuschauen. Dies Alles will sagen: wir sind von Grund aus, von alters her – *ans Lügen gewöhnt.* Oder, um es tugendhafter und heuchlerischer, kurz angenehmer auszudrücken: man ist viel mehr Künstler als man weiß. – In einem lebhaften Gespräch sehe ich oftmals das Gesicht der Person, mit der ich rede, je nach dem Gedanken, den sie äußert, oder den ich bei ihr hervorgerufen glaube, so deutlich und feinbestimmt vor mir, daß dieser Grad von Deutlichkeit weit über die *Kraft* meines Sehvermögens hinausgeht: – die Feinheit des Muskelspiels und des Augen-Ausdrucks *muß* also von mir hinzugedichtet sein. Wahrscheinlich machte die Person ein ganz anderes Gesicht oder gar keins.

193.

Quidquid luce fuit, tenebris agit: aber auch umgekehrt. Was wir im Traume erleben, vorausgesetzt, daß wir es oftmals erleben, gehört zuletzt so gut zum Gesamt-Haushalt unsrer Seele, wie irgend etwas »wirklich« Erlebtes: wir sind vermöge desselben reicher oder ärmer, haben ein Bedürfnis mehr oder weniger und werden schließlich am hellen lichten Tage, und selbst in den heitersten Augenblicken unsres wachen Geistes, ein Wenig von den Gewöhnungen unsrer Träume gegängelt. Gesetzt, daß Einer in seinen Träumen oftmals geflogen ist und endlich, sobald er träumt, sich einer Kraft und Kunst des Fliegens wie seines Vorrechtes bewußt wird, auch wie seines eigensten beneidenswerten Glücks: ein Solcher, der jede Art von Bogen und Winkeln mit dem leisesten Impulse verwirklichen zu können glaubt, der das Gefühl einer gewissen göttlichen Leichtfertigkeit kennt, ein »nach Oben«

ohne Spannung und Zwang, ein »nach Unten« ohne Herablassung und Erniedrigung – ohne *Schwere!* – wie sollte der Mensch solcher Traum-Erfahrungen nach Traum-Gewohnheiten nicht endlich auch für seinen wachen Tag das Wort »Glück« anders gefärbt und bestimmt finden! wie sollte er nicht *anders* nach Glück – verlangen? »Aufschwung«, so wie dies von Dichtern beschrieben wird, muß ihm, gegen jenes »Fliegen« gehalten, schon zu erdenhaft, muskelhaft, gewaltsam, schon zu »schwer« sein.

194.

Die Verschiedenheit der Menschen zeigt sich nicht nur in der Verschiedenheit ihrer Gütertafeln, also darin, daß sie verschiedene Güter für erstrebenswert halten und auch über das Mehr und Weniger des Wertes, über die Rangordnung der gemeinsam anerkannten Güter miteinander uneins sind: – sie zeigt sich noch mehr in Dem, was ihnen als wirkliches *Haben* und *Besitzen* eines Gutes gilt. In betreff eines Weibes zum Beispiel gilt dem Bescheideneren schon die Verfügung über den Leib und der Geschlechtsgenuß als ausreichendes und genugtuendes Anzeichen des Habens, des Besitzens; ein Anderer, mit seinem argwöhnischeren und anspruchsvolleren Durste nach Besitz, sieht das »Fragezeichen«, das nur Scheinbare eines solchen Habens, und will feinere Proben, vor Allem, um zu wissen, ob das Weib nicht nur ihm sich gibt, sondern auch für ihn läßt, was sie hat oder gerne hätte –: *so* erst gilt es ihm als »besessen«. Ein Dritter aber ist auch hier noch nicht am Ende seines Mißtrauens und Habenwollens, er fragt sich, ob das Weib, wenn es Alles für ihn läßt, dies nicht etwa für ein Phantom von ihm tut: er will erst gründlich, ja abgründlich gut gekannt sein, um überhaupt geliebt werden zu können, er wagt es, sich erraten zu lassen –. Erst dann fühlt er die Geliebte völlig in seinem Besitze, wenn sie sich nicht mehr über ihn betrügt, wenn sie ihn um seiner Teufelei und versteckten Unersättlichkeit willen ebensosehr liebt als um seiner Güte, Geduld und Geistigkeit willen. Jener möchte ein Volk besitzen: und alle höheren Cagliostro- und Catilina-Künste sind ihm zu diesem Zwecke recht. Ein Anderer, mit einem feineren Besitzdurste, sagt sich »man darf nicht betrügen, wo man besitzen will« –, er ist gereizt und ungeduldig bei der Vorstellung, daß eine Maske von ihm über das Herz des Volks gebietet: »also muß ich mich kennen *lassen* und, vorerst, mich selbst kennen!« Unter hilfreichen und wohltätigen Menschen findet man jene plumpe Arglist fast regelmäßig vor, welche sich Den, dem geholfen werden soll, erst zurechtmacht: als ob er zum Beispiel Hilfe »verdiene«, gerade nach *ihrer* Hilfe verlange, und für alle Hilfe sich ihnen tief dankbar, anhänglich, unterwürfig beweisen werde, – mit diesen Einbildungen verfügen sie über den Bedürftigen wie über ein Eigentum, wie sie aus einem Verlangen nach Eigentum überhaupt wohltätige und hilfreiche Menschen sind. Man findet sie eifersüchtig, wenn man sie beim Helfen kreuzt oder ihnen zuvorkommt. Die Eltern machen unwillkürlich aus dem Kinde etwas ihnen Ähnliches – sie nennen das »Erziehung« –, keine Mutter zweifelt im Grunde ihres Herzens daran, am Kinde sich ein Eigentum geboren zu haben, kein Vater bestreitet sich das Recht, es *seinen* Begriffen und Wertschätzungen unterwerfen zu dürfen. Ja, ehemals schien es den Vätern billig, über Leben und Tod des Neugebornen (wie unter den alten Deutschen) nach Gutdünken zu verfügen. Und wie der Vater, so sehen auch jetzt noch der Lehrer, der Stand, der Priester, der Fürst in jedem neuen Menschen eine unbedenkliche Gelegenheit zu neuem Besitze. Woraus folgt …

195.

Die Juden – ein Volk »geboren zur Sklaverei«, wie Tacitus und die ganze antike Welt sagt, »das auserwählte Volk unter den Völkern«, wie sie selbst sagen und glauben –, die Juden haben jenes Wunderstück von Umkehrung der Werte zustande gebracht, dank welchem das Leben auf der Erde für ein Paar Jahrtausende einen neuen und gefährlichen Reiz erhalten hat: – ihre Propheten haben »reich« »gottlos« »böse« »gewalttätig« »sinnlich« in Eins geschmolzen und zum ersten Male das Wort »Welt« zum Schandwort gemünzt. In dieser Umkehrung der Werte (zu der es gehört, das Wort für »Arm« als synonym mit »Heilig« und »Freund« zu brauchen) liegt die Bedeutung des jüdischen Volks: mit ihm beginnt der *Sklaven-Aufstand in der Moral.*

196.

Es gibt unzählige dunkle Körper neben der Sonne zu *erschließen,* – solche, die wir nie sehen werden. Das ist, unter uns gesagt, ein Gleichnis; und ein Moral-Psycholog liest die gesamte Sternenschrift nur als eine Gleichnis- und Zeichensprache, mit der sich Vieles verschweigen läßt.

197.

Man mißversteht das Raubtier und den Raubmenschen (zum Beispiele Cecare Borgia) gründlich, man mißversteht die »Natur«, solange man noch nach einer »Krankhaftigkeit« im

Grunde dieser gesündesten aller tropischen Untiere und Gewächse sucht, oder gar nach einer ihnen eingeborenen »Hölle« –: wie es bisher fast alle Moralisten getan haben. Es scheint, daß es bei den Moralisten einen Haß gegen den Urwald und gegen die Tropen gibt? Und daß der »tropische Mensch« um jeden Preis diskreditiert werden muß, sei es als Krankheit und Entartung des Menschen, sei es als eigne Hölle und Selbst-Marterung? Warum doch? Zugunsten der »gemäßigten Zonen«? Zugunsten der gemäßigten Menschen? Der »Moralischen«? Der Mittelmäßigen? – Dies zum Kapitel »Moral als Furchtsamkeit«. –

198.

Alle diese Moralen, die sich an die einzelne Person wenden, zum Zwecke ihres »Glückes«, wie es heißt, – was sind sie Anderes als Verhaltungs-Vorschläge im Verhältnis zum Grade der *Gefährlichkeit*, in welcher die einzelne Person mit sich selbst lebt; Rezepte gegen ihre Leidenschaften, ihre guten und schlimmen Hänge, sofern sie den Willen zur Macht haben und den Herrn spielen möchten; kleine und große Klugheiten und Künsteleien, behaftet mit dem Winkelgeruch alter Hausmittel und Altweiber-Weisheit; allesamt in der Form barock und unvernünftig – weil sie sich an »Alle« wenden, weil sie generalisieren, wo nicht generalisiert werden darf – allesamt unbedingt redend, sich unbedingt nehmend, allesamt nicht nur mit Einem Korne Salz gewürzt, vielmehr erst erträglich, und bisweilen sogar verführerisch, wenn sie überwürzt und gefährlich zu riechen lernen, vor Allem »nach der anderen Welt«: das ist Alles, intellektuell gemessen, wenig wert und noch lange nicht »Wissenschaft«, geschweige denn »Weisheit«, sondern, nochmals gesagt und dreimal gesagt, Klugheit, Klugheit, Klugheit, gemischt mit Dummheit, Dummheit, Dummheit, – sei es nun jene Gleichgültigkeit und Bildsäulenkälte gegen die hitzige Narrheit der Affekte, welche die Stoiker anrieten und unkurierten; oder auch jenes Nicht-mehr-Lachen und Nicht-mehr-Weinen des Spinoza, seine so naiv befürwortete Zerstörung der Affekte durch Analysis und Vivisektion derselben, oder jene Herabstimmung der Affekte auf ein unschädliches Mittelmaß, bei welchem sie befriedigt werden dürfen, der Aristotelismus der Moral; selbst Moral als Genuß der Affekte in einer absichtlichen Verdünnung und Vergeistigung durch die Symbolik der Kunst, etwa als Musik, oder als Liebe zu Gott und zum Menschen um Gottes willen – denn in der Religion haben die Leidenschaften wieder Bürgerrecht, vorausgesetzt daß – –; zuletzt selbst jene entgegenkommende und mutwillige Hingebung an die Affekte, wie sie Hafis und Goethe gelehrt haben, jenes kühne Fallen-lassen der Zügel, jene geistig-leibliche *licentia morum* in dem Ausnahmefalle alter weiser Käuze und Trunkenbolde, bei denen es »wenig Gefahr mehr hat«. Auch dies zum Kapitel »Moral als Furchtsamkeit«.

199.

Insofern es zu allen Zeiten, solange es Menschen gibt, auch Menschenherden gegeben hat (Geschlechts-Verbände, Gemeinden, Stämme, Völker, Staaten, Kirchen) und immer sehr viel Gehorchende im Verhältnis zu der kleinen Zahl Befehlender, – in Anbetracht also, daß Gehorsam bisher am besten und längsten unter Menschen geübt und gezüchtet worden ist, darf man billig voraussetzen, daß durchschnittlich jetzt einem Jeden das Bedürfnis darnach angeboren ist, als eine Art *formalen Gewissens,* welches gebietet: »du sollst irgend Etwas unbedingt tun, irgend Etwas unbedingt lassen«, kurz »du sollst«. Dies Bedürfnis sucht sich zu sättigen und seine Form mit einem Inhalte zu füllen; es greift dabei, gemäß seiner Stärke, Ungeduld und Spannung, wenig wählerisch, als ein grober Appetit, zu und nimmt an, was ihm nur von irgend welchen Befehlenden – Eltern, Lehrern, Gesetzen, Standesvorurteilen, öffentlichen Meinungen – ins Ohr gerufen wird. Die seltsame Beschränktheit der menschlichen Entwicklung, das Zögernde, Langwierige, oft Zurücklaufende und Sich-Drehende derselben beruht darauf, daß der Herden-Instinkt des Gehorsams am besten und auf Unkosten der Kunst des Befehlens vererbt wird. Denkt man sich diesen Instinkt einmal bis zu seinen letzten Ausschweifungen schreitend, so fehlen endlich geradezu die Befehlshaber und Unabhängigen; oder sie leiden innerlich am schlechten Gewissen und haben nötig, sich selbst erst eine Täuschung vorzumachen, um befehlen zu können: nämlich als ob auch sie nur gehorchten. Dieser Zustand besteht heute tatsächlich in Europa: ich nenne ihn die moralische Heuchelei der Befehlenden. Sie wissen sich nicht anders vor ihrem schlechten Gewissen zu schützen als dadurch, daß sie sich als Ausführer älterer oder höherer Befehle gebärden (der Vorfahren, der Verfassung, des Rechts, der Gesetze oder gar Gottes) oder selbst von der Herden-Denkweise her sich Herden-Maximen borgen, zum Beispiel als »erste Diener ihres Volks« oder als »Werkzeuge des gemeinen Wohls«. Auf der anderen Seite gibt sich heute der Herdenmensch in Europa das Ansehn, als sei er die einzig erlaubte Art Mensch, und verherrlicht seine Eigenschaften, vermöge deren er zahm, verträglich und der Herde nützlich ist, als die eigentlich menschlichen Tugenden:

also Gemeinsinn, Wohlwollen, Rücksicht, Fleiß, Mäßigkeit, Bescheidenheit, Nachsicht, Mitleiden. Für die Fälle aber, wo man der Führer und Leithammel nicht entraten zu können glaubt, macht man heute Versuche über Versuche, durch Zusammen-Addieren kluger Herdenmenschen die Befehlshaber zu ersetzen: dieses Ursprungs sind zum Beispiel alle repräsentativen Verfassungen. Welche Wohltat, welche Erlösung von einem unerträglich werdenden Druck trotz alledem das Erscheinen eines unbedingt Befehlenden für diese Herdentier-Europäer ist, dafür gab die Wirkung, welche das Erscheinen Napoleons machte, das letzte große Zeugnis: – die Geschichte der Wirkung Napoleons ist beinahe die Geschichte des höheren Glücks, zu dem es dieses ganze Jahrhundert in seinen wertvollsten Menschen und Augenblicken gebracht hat.

200.

Der Mensch aus einem Auflösungs-Zeitalter, welches die Rassen durcheinanderwirft, der als Solcher die Erbschaft einer vielfältigen Herkunft im Leibe hat, das heißt gegensätzliche und oft nicht einmal nur gegensätzliche Triebe und Wertmaße, welche miteinander kämpfen und sich selten Ruhe geben, – ein solcher Mensch der späten Kulturen und der gebrochnen Lichter wird durchschnittlich ein schwächerer Mensch sein: sein gründlichstes Verlangen geht darnach, daß der Krieg, der er *ist,* einmal ein Ende habe; das Glück erscheint ihm, in Übereinstimmung mit einer beruhigenden (zum Beispiel epikurischen oder christlichen) Medizin und Denkweise, vornehmlich als das Glück des Ausruhens, der Ungestörtheit, der Sattheit, der endlichen Einheit, als »Sabbat der Sabbate«, um mit dem heiligen Rhetor Augustin zu reden, der selbst ein solcher Mensch war. – Wirkt aber der Gegensatz und Krieg in einer solchen Natur wie ein Lebensreiz und -kitzel *mehr* –, und ist andererseits zu ihren mächtigen und unversöhnlichen Trieben auch die eigentliche Meisterschaft und Feinheit im Kriegführen mit sich, also Selbst-Beherrschung, Selbst-Überlistung hinzuvererbt und angezüchtet: so entstehen jene zauberhaften Unfaßbaren und Unausdenklichen, jene zum Siege und zur Verführung vorherbestimmten Rätselmenschen, deren schönster Ausdruck Alkibiades und Cäsar (– denen ich gerne jenen *ersten* Europäer nach meinem Geschmack, den Hohenstaufen Friedrich den Zweiten zugesellen möchte), unter Künstlern vielleicht Leonardo da Vinci ist. Sie erscheinen genau in denselben Zeiten, wo jener schwächere Typus, mit seinem Verlangen nach Ruhe, in den Vordergrund tritt: beide Typen gehören zueinander und entspringen den gleichen Ursachen.

201.

Solange die Nützlichkeit, die in den moralischen Werturteilen herrscht, allein die Herden-Nützlichkeit ist, solange der Blick einzig der Erhaltung der Gemeinde zugewendet ist, und das Unmoralische genau und ausschließlich in Dem gesucht wird, was dem Gemeinde-Bestand gefährlich scheint: so lange kann es noch keine »Moral der Nächstenliebe« geben. Gesetzt, es findet sich auch da bereits eine beständige kleine Übung von Rucksicht, Mitleiden, Billigkeit, Milde, Gegenseitigkeit der Hilfeleistung, gesetzt, es sind auch auf diesem Zustande der Gesellschaft schon alle jene Triebe tätig, welche später mit Ehrennamen, als »Tugenden« bezeichnet werden und schließlich fast mit dem Begriff »Moralität« in Eins zusammenfallen: in jener Zeit gehören sie noch gar nicht in das Reich der moralischen Wertschätzungen – sie sind noch *außermoralisch.* Eine mitleidige Handlung zum Beispiel heißt in der besten Römerzeit weder gut noch böse, weder moralisch noch unmoralisch und wird sie selbst gelobt, so verträgt sich mit diesem Lobe noch auf das Beste eine Art unwilliger Geringschätzung, sobald sie nämlich mit irgendeiner Handlung zusammengehalten wird, welche der Förderung des Ganzen, der *res publica* dient. Zuletzt ist die »Liebe zum Nächsten« immer etwas Nebensächliches, zum Teil Konventionelles und Willkürlich-Scheinbares im Verhältnis zur *Furcht vor dem Nächsten.* Nachdem das Gefüge der Gesellschaft im ganzen festgestellt und gegen äußere Gefahren gesichert erscheint, ist es diese Furcht vor dem Nächsten, welche wieder neue Perspektiven der moralischen Wertschätzung schafft. Gewisse starke und gefährliche Triebe, wie Unternehmungslust, Tollkühnheit, Rachsucht, Verschlagenheit, Raubgier, Herrschsucht, die bisher in einem gemeinnützigen Sinne nicht nur geehrt – unter anderen Namen, wie billig, als den eben gewählten –, sondern groß-gezogen, groß-gezüchtet werden mußten (weil man ihrer in der Gefahr des Ganzen gegen die Feinde des Ganzen beständig bedurfte), werden nunmehr in ihrer Gefährlichkeit doppelt stark empfunden – jetzt, wo die Abzugskanäle für sie fehlen – und schrittweise, als unmoralisch, gebrandmarkt und der Verleumdung preisgegeben. Jetzt kommen die gegensätzlichen Triebe und Neigungen zu moralischen Ehren; der Herden-Instinkt zieht, Schritt für Schritt, seine Folgerung. Wie viel oder wie wenig Gemein-Gefährliches, der Gleichheit Gefährliches in einer Meinung, in einem Zustand und Affekte, in einem Willen, in einer Begabung liegt, das ist jetzt die moralische Perspektive: die Furcht ist auch hier wieder die Mutter der Moral. An den höchsten und stärksten Trieben, wenn sie, leidenschaftlich ausbrechend, den Einzelnen weit über den Durchschnitt und die Niederung des Herdengewissens hinaus- und hinauftreiben, geht das Selbstgefühl der Gemeinde zugrunde, ihr Glaube an sich, ihr Rückgrat gleichsam, zerbricht: folglich wird man gerade diese Triebe am besten brandmarken und verleumden. Die hohe unabhängige Geistigkeit, der Wille zum Alleinstehn, die große Vernunft schon werden als Gefahr empfunden, Alles, was den Einzelnen über die Herde hinaushebt und dem Nächsten Furcht macht, heißt von nun an *böse;* die billige, bescheidene, sich einordnende, gleichsetzende Gesinnung, das *Mittelmaß* der Begierden kommt zu moralischen Namen und Ehren. Endlich, unter sehr friedfertigen Zuständen, fehlt die Gelegenheit und Nötigung immer mehr, sein Gefühl zur Strenge und Härte zu erziehn; und jetzt beginnt jede Strenge, selbst in der Gerechtigkeit, die Gewissen zu stören; eine hohe und harte Vornehmheit und Selbst-Verantwortlichkeit beleidigt beinahe und erweckt Mißtrauen, »das Lamm«, noch mehr »das Schaf« gewinnt an Achtung. Es gibt einen Punkt von krankhafter Vermürbung und Verzärtlichung in der Geschichte der Gesellschaft, wo sie selbst für ihren Schädiger, den *Verbrecher,* Partei nimmt, und zwar ernsthaft und ehrlich. Strafen: das scheint ihr irgendworin unbillig, – gewiß ist, daß die Vorstellung »Strafe« und »Strafen-Sollen« ihr wehe tut, ihr Furcht macht. »Genügt es nicht, ihn *ungefährlich* machen? Wozu noch strafen? Strafen selbst ist fürchterlich!« – mit dieser Frage zieht die Herden-Moral, die Moral der Furchtsamkeit, ihre letzte Konsequenz. Gesetzt, man könnte überhaupt die Gefahr, den Grund zum Fürchten abschaffen, so hätte man diese Moral mit abgeschafft: sie wäre nicht mehr nötig, sie *hielte sich selbst* nicht mehr für nötig! – Wer das Gewissen des heutigen Europäers prüft, wird aus tausend moralischen Falten und Verstecken immer den gleichen Imperativ herauszuziehen haben, den Imperativ der Herden-Furchtsamkeit: »wir wollen, daß es irgendwann einmal *Nichts mehr zu fürchten* gibt!« Irgendwann einmal – der Wille und Weg *dorthin* heißt heute in Europa überall der »Fortschritt«.

202.

Sagen wir es sofort noch einmal, was wir schon hundertmal gesagt haben: denn die Ohren sind für solche Wahrheiten – für *unsere* Wahrheiten – heute nicht gutwillig. Wir wissen es schon genug, wie beleidigend es klingt, wenn Einer überhaupt den Menschen ungeschminkt und ohne Gleichnis zu den Tieren rechnet; aber es wird beinahe als *Schuld* uns angerechnet werden, daß wir gerade in bezug auf die Menschen der »modernen Ideen« beständig die Ausdrücke »Herde«, »Herden-Instinkte« und dergleichen gebrauchen. Was hilft es! Wir können nicht anders: denn gerade hier liegt unsre neue Einsicht. Wir fanden, daß in allen moralischen Haupturteilen Europa einmütig geworden ist, die Länder noch hinzugerechnet, wo Europas Einfluß herrscht: man *weiß* ersichtlich in Europa, was Sokrates nicht zu wissen meinte, und was jene alte berühmte Schlange einst zu lehren verhieß, – man »weiß« heute, was Gut und Böse ist. Nur muß es hart klingen und schlecht zu Ohren gehn, wenn wir immer von neuem darauf bestehn: was hier zu wissen glaubt, was hier mit seinem Loben und Tadeln sich selbst verherrlicht, sich selbst gut heißt, ist der Instinkt des Herdentiers Mensch: als welcher zum Durchbruch, zum Übergewicht, zur Vorherrschaft über andre Instinkte gekommen ist und immer mehr kommt, gemäß der wachsenden physiologischen Annäherung und Anähnlichung, deren Symptom er ist. *Moral ist heute in Europa Herdentier-Moral:* – also nur, wie wir die Dinge verstehn, Eine Art von menschlicher Moral, neben der, vor der, nach der viele andere, vor Allem *höhere* Moralen möglich sind *oder sein sollten*. Gegen eine solche »Möglichkeit«, gegen ein solches »Sollte« wehrt sich aber diese Moral mit allen Kräften: sie sagt hartnäckig und unerbittlich »ich bin die Moral selbst, und Nichts außerdem ist Moral!« – ja mit Hilfe einer Religion, welche den sublimsten Herdentier-Begierden zu Willen war und schmeichelte, ist es dahin gekommen, daß wir selbst in den politischen und gesellschaftlichen Einrichtungen einen immer sichtbareren Ausdruck dieser Moral finden: die *demokratische* Bewegung macht die Erbschaft der christlichen. Daß aber deren Tempo für die Ungeduldigeren, für die Kranken und Süchtigen des genannten Instinktes noch viel zu langsam und schläfrig ist, dafür spricht das immer rasender werdende Geheul, das immer unverhülltere Zähnefletschen der Anarchisten-Hunde, welche jetzt durch die Gassen der europäischen Kultur schweifen: anscheinend im Gegensatz zu den friedlich-arbeitsamen Demokraten und Revolutions-Ideologen, noch mehr zu den tölpelhaften Philosophastern und Bruderschafts-Schwärmern, welche sich Sozialisten nennen und die »freie Gesellschaft« wollen, in Wahrheit aber Eins mit ihnen Allen in der gründlichen und instinktiven Feindseligkeit gegen jede andre Gesellschaftsform als die der *autonomen* Herde (bis hinauf zur Ablehnung selbst der Begriffe »Herr« und »Knecht« – *ni dieu ni maître* heißt eine sozialistische Formel –); Eins im zähen Widerstande gegen jeden Sonder-Anspruch, jedes Sonder-Recht und Vorrecht (das heißt im letzten Grunde gegen jedes Recht: denn dann, wenn Alle gleich sind, braucht Niemand mehr »Rechte« –); Eins im Mißtrauen gegen die strafende Gerechtigkeit (wie als ob sie eine Vergewaltigung am Schwächeren, ein Unrecht an der *notwendigen* Folge aller früheren Gesellschaft wäre –); aber ebenso Eins in der Religion des »Mitleidens, im Mitgefühl, soweit nur gefühlt, gelebt, gelitten wird (bis hinab zum Tier, bis hinauf zu »Gott«: – die Ausschweifung eines Mitleidens mit Gott« gehört in ein demokratisches Zeitalter –); Eins allesamt im Schrei und der Ungeduld des Mitleidens, im Todhaß gegen das Leiden überhaupt in der fast weiblichen Unfähigkeit, Zuschauer dabei bleiben zu können, leiden *lassen* zu können; Eins in der unfreiwilligen Verdüsterung und Verzärtlichung, unter deren Bann Europa von einem neuen Buddhismus bedroht scheint, Eins im Glauben an die Moral des *gemeinsamen* Mitleidens, wie als ob sie die Moral an sich sei, als die Höhe, die *erreichte* Höhe des Menschen, die alleinige Hoffnung der Zukunft, das Trostmittel der Gegenwärtigen, die große Ablösung aller Schuld von Ehedem; – Eins allesamt im Glauben an die Gemeinschaft als die *Erlöserin*, an die Herde also, an »sich« …

203.

Wir, die wir eines anderen Glaubens sind –, wir, denen die demokratische Bewegung nicht bloß als eine Verfalls-Form der politischen Organisation, sondern als Verfalls-, nämlich Verkleinerungs-Form des Menschen gilt, als seine Vermittelmäßigung und Wert-Erniedrigung: wohin müssen wir mit unsren Hoffnungen greifen? – Nach *neuen Philosophen*, es bleibt keine Wahl; nach Geistern, stark und ursprünglich genug, um die Anstöße zu entgegengesetzten Wertschätzungen zu geben und »ewige Werte« umzuwerfen, umzukehren;

nach Vorausgesandten, nach Menschen der Zukunft, welche in der Gegenwart den Zwang und Knoten anknüpfen, der den Willen von Jahrtausenden auf *neue* Bahnen zwingt. Dem Menschen die Zukunft des Menschen als seinen *Willen,* als abhängig von einem Menschen-Willen zu lehren und große Wagnisse und Gesamt-Versuche von Zucht und Züchtung vorzubereiten, um damit jener schauerlichen Herrschaft des Unsinns und Zufalls, die bisher »Geschichte« hieß, ein Ende zu machen – der Unsinn der »größten Zahl« ist nur seine letzte Form –: dazu wird irgendwann einmal eine neue Art von Philosophen und Befehlshabern nötig sein, an deren Bilde sich Alles, was auf Erden an verborgenen, furchtbaren und wohlwollenden Geistern dagewesen ist, blaß und verzwergt ausnehmen möchte. Das Bild solcher Führer ist es, das vor *unsern* Augen schwebt: – darf ich es laut sagen, ihr freien Geister? Die Umstände, welche man zu ihrer Entstehung teils schaffen, teils ausnützen müßte; die mutmaßlichen Wege und Proben, vermöge deren eine Seele zu einer solchen Höhe und Gewalt aufwüchse, um den *Zwang* zu diesen Aufgaben zu empfinden; eine Umwertung der Werte, unter deren neuem Druck und Hammer ein Gewissen gestählt, ein Herz in Erz verwandelt würde, daß es das Gewicht einer solchen Verantwortlichkeit ertrüge; andererseits die Notwendigkeit solcher Führer, die erschreckliche Gefahr, daß sie ausbleiben oder mißraten und entarten könnten – das sind *unsre* eigentlichen Sorgen und Verdüsterungen, ihr wißt es, ihr freien Geister? Das sind die schweren fernen Gedanken und Gewitter, welche über den Himmel *unseres* Lebens hingehn. Es gibt wenig so empfindliche Schmerzen, als einmal gesehn, erraten, mitgefühlt zu haben, wie ein außerordentlicher Mensch aus seiner Bahn geriet und entartete: wer aber das seltne Auge für die Gesamt-Gefahr hat, daß »der Mensch« selbst *entartet,* wer, gleich uns, die ungeheuerliche Zufälligkeit erkannt hat, welche bisher in Hinsicht auf die Zukunft des Menschen ihr Spiel spielte, – ein Spiel, an dem keine Hand und nicht einmal ein »Finger Gottes« mitspielte! – wer das Verhältnis errät, das in der blödsinnigen Arglosigkeit und Vertrauensseligkeit der »modernen Ideen«, noch mehr in der ganzen christlich-europäischen Moral verborgen liegt: der leidet an einer Beängstigung, mit der sich keine andere vergleichen läßt, – er faßt es ja mit Einem Blicke, was Alles noch, bei einer günstigen Ansammlung und Steigerung von Kräften und Aufgaben, *aus dem Menschen zu züchten* wäre, er weiß es mit allem Wissen seines Gewissens, wie der Mensch noch unausgeschöpft für die größten Möglichkeiten ist, und wie oft schon der Typus Mensch an geheimnisvollen Entscheidungen und neuen Wegen gestanden hat: – er weiß es noch besser, aus seiner schmerzlichsten Erinnerung, an was für erbärmlichen Dingen ein Werdendes höchsten Ranges bisher gewöhnlich zerbrach, abbrach, absank, erbärmlich ward. *Die Gesamt-Entartung des Menschen,* hinab bis zu Dem, was heute den sozialistischen Tölpeln und Flachköpfen als ihr »Mensch der Zukunft« erscheint, – als ihr Ideal! – diese Entartung und Verkleinerung des Menschen zum vollkommnen Herdentiere (oder, wie sie sagen, zum Menschen der »freien Gesellschaft«), diese Vertierung des Menschen zum Zwergtiere der gleichen Rechte und Ansprüche ist *möglich,* es ist kein Zweifel! Wer diese Möglichkeit einmal bis zu Ende gedacht hat, kennt einen Ekel mehr als die übrigen Menschen, – und vielleicht auch eine neue *Aufgabe*! – –

SECHSTES HAUPTSTÜCK

Wir Gelehrten

204.

Auf die Gefahr hin, daß Moralisieren sich auch hier als Das herausstellt, was es immer war – nämlich als ein unverzagtes *montrer ses plaies,* nach Balzac –, möchte ich wagen, einer ungebührlichen und schädlichen Rangverschiebung entgegenzutreten, welche sich heute, ganz unvermerkt und wie mit dem besten Gewissen, zwischen Wissenschaft und Philosophie herzustellen droht. Ich meine, man muß von seiner *Erfahrung* aus – Erfahrung bedeutet, wie mich dünkt, immer schlimme Erfahrung? – ein Recht haben, über eine solche höhere Frage des Rangs mitzureden: um nicht wie die Blinden von der Farbe oder wie Frauen und Künstler *gegen* die Wissenschaft zu reden (»ach, diese schlimme Wissenschaft!« seufzt deren Instinkt und Scham, »sie kommt immer *dahinter*!« –). Die Unabhängigkeits-Erklärung des wissenschaftlichen Menschen, seine Emanzipation von der Philosophie, ist eine der feineren Nachwirkungen des demokratischen Wesens und Unwesens: die Selbstverherrlichung und Selbstüberhebung des Gelehrten steht heute überall in voller Blüte und in ihrem besten Frühlinge, – womit noch nicht gesagt sein soll, daß in diesem Falle Eigenlob lieblich röche. »Los von allen Herren!« – so will es auch hier der pöbelmännische Instinkt; und nachdem sich die Wissenschaft mit glücklichstem Erfolge der Theologie erwehrt hat, deren »Magd« sie zu lange war, ist sie nun in vollem Übermute und Unverstande daraufhin aus, der Philosophie Gesetze zu machen und ihrerseits einmal den »Herrn« – was sage ich! den *Philosophen* zu spielen. Mein Gedächtnis – das Gedächtnis eines wissenschaftlichen Menschen, mit Verlaub! – strotzt von Naivitäten des Hochmuts, die ich seitens junger Naturforscher und alter Ärzte über Philosophie und Philosophen gehört habe (nicht zu reden von den gebildetsten und eingebildetsten aller Gelehrten, den Philologen und Schulmännern, welche Beides von Berufs wegen sind –). Bald war es der Spezialist und Eckensteher, der sich instinktiv überhaupt gegen alle synthetischen Aufgaben und Fähigkeiten zur Wehre setzte; bald der fleißige Arbeiter, der einen Geruch vom *otium* und der vornehmen Üppigkeit im Seelen-Haushalte des Philosophen bekommen hatte und sich dabei beeinträchtigt und verkleinert fühlte. Bald war es jene Farben-Blindheit des Nützlichkeits-Menschen, der in der Philosophie Nichts sieht als eine Reihe *widerlegter* Systeme und einen verschwenderischen Aufwand, der Niemandem »zugute kommt«. Bald sprang die Furcht vor verkappter Mystik und Grenzberichtigung des Erkennens hervor; bald die Mißachtung einzelner Philosophen, welche sich unwillkürlich zur Mißachtung der Philosophie verallgemeinert hatte. Am häufigsten endlich fand ich bei jungen Gelehrten hinter der hochmütigen Geringschätzung der Philosophie die schlimme Nachwirkung eines Philosophen selbst, dem man zwar im ganzen den Gehorsam gekündigt hatte, ohne doch aus dem Banne seiner wegwerfenden Wertschätzungen anderer Philosophen herausgetreten zu sein: – mit dem Ergebnis einer Gesamt-Verstimmung gegen alle Philosophie. (Dergestalt scheint mir zum Beispiel die Nachwirkung Schopenhauers auf das neueste Deutschland zu sein: – er hat es durch seine unintelligente Wut auf Hegel dahin gebracht, die ganze letzte Generation von Deutschen aus dem Zusammenhang mit der deutschen Kultur herauszubrechen, welche Kultur, Alles wohl erwogen, eine Höhe und divinatorische Feinheit des *historischen Sinns* gewesen ist: aber Schopenhauer selbst war gerade an dieser Stelle bis zur Genialität arm, unempfänglich, undeutsch.) Überhaupt, ins große gerechnet, mag es vor Allem das Menschliche, Allzumenschliche, kurz die Armseligkeit der neueren Philosophen selbst gewesen sein, was am gründlichsten der Ehrfurcht vor der Philosophie Abbruch getan und dem pöbelmännischen Instinkte die Tore aufgemacht hat. Man gestehe es sich doch ein, bis zu welchem Grade unsrer modernen Welt die ganze Art der Heraklite, Platos, Empedokles, und wie alle diese königlichen und prachtvollen Einsiedler des Geistes geheißen haben, abgeht; und mit wie gutem Rechte angesichts solcher Vertreter der Philosophie, die heute dank der Mode ebenso oben-auf als unten-durch sind – in Deutschland zum Beispiel die beiden Löwen von Berlin, der Anarchist Eugen Dühring und der Amalgamist Eduard von Hartmann –, ein braver Mensch der Wissenschaft sich besserer Art und Abkunft fühlen *darf.* Es ist insonderheit der Anblick jener Mischmasch-Philosophen, die sich »Wirklichkeits-Philosophen« oder »Positivisten« nennen, welcher ein gefährliches Mißtrauen in die Seele eines jungen, ehrgeizigen Gelehrten zu werfen imstande ist: das sind ja bestenfalls selbst Gelehrte und Spezialisten, man greift es mit Händen! – das sind ja allesamt Überwundene und unter die Botmäßigkeit der Wissenschaft *Zurückgebrachte,* welche irgendwann einmal *mehr* von sich gewollt haben, ohne ein Recht zu diesem »mehr« und seiner Verantwortlichkeit zu haben – und die jetzt, ehrsam, ingrimmig, rachsüchtig, den *Unglauben* an die Herren-Aufgabe und Herrschaftlichkeit der Philosophie mit Wort und Tat repräsentieren. Zuletzt: wie könnte es auch anders sein! Die Wissenschaft blüht heute und hat das gute Gewissen reichlich im Gesichte, während Das, wozu die ganze neuere Philosophie allmählich gesunken ist, dieser Rest Philosophie von heute, Mißtrauen und Mißmut, wenn nicht Spott und Mitleiden gegen sich rege macht. Philosophie auf »Erkenntnistheorie« reduziert, tatsächlich nicht mehr als eine schüchterne Epochistik und Enthaltsamkeitslehre: eine Philosophie, die gar nicht über die Schwelle hinwegkommt und sich peinlich das Recht zum Eintritt *verweigert* – das ist Philosophie in den letzten Zügen, ein Ende, eine Agonie, etwas, das Mitleiden macht. Wie könnte eine solche Philosophie – *herrschen!*

205.

Die Gefahren für die Entwicklung des Philosophen sind heute in Wahrheit so vielfach, daß man zweifeln möchte, ob diese Frucht überhaupt noch reif werden kann. Der Umfang und der Turmbau der Wissenschaften ist ins ungeheure gewachsen, und damit auch die Wahrscheinlichkeit, daß der Philosoph schon als Lernender müde wird oder sich irgendwo festhalten und »spezialisieren« läßt: so daß er gar nicht mehr auf seine Höhe, nämlich zum Überblick, Umblick, *Niederblick* kommt. Oder er gelangt zu spät hinauf, dann, wenn seine beste Zeit und Kraft schon vorüber ist; oder beschädigt, vergröbert, entartet, so daß sein Blick, sein Gesamt-Werturteil wenig mehr bedeutet. Gerade die Feinheit seines intellektuellen Gewissens läßt ihn vielleicht unterwegs zögern und sich verzögern; er fürchtet die Verführung zum Dilettanten, zum Tausendfuß und Tausend-Fühlhorn, er weiß es zu gut, daß Einer, der vor sich selbst die Ehrfurcht verloren hat, auch als Erkennender nicht mehr befiehlt, nicht mehr *führt:* er müßte denn schon zum großen Schauspieler werden wollen, zum philosophischen Cagliostro und Rattenfänger der Geister, kurz zum Verführer. Dies ist zuletzt eine Frage des Geschmacks: wenn es selbst nicht eine Frage des Gewissens wäre. Es kommt hinzu, um die Schwierigkeit des Philosophen noch einmal zu verdoppeln, daß er von sich ein Urteil, ein Ja oder Nein, nicht über die Wissenschaften, sondern über das Leben und den Wert des Lebens verlangt, – daß er ungern daran glauben lernt, ein Recht oder gar eine Pflicht zu diesem Urteile zu haben, und sich nur aus den umfänglichsten – vielleicht störendsten, zerstörendsten – Erlebnissen heraus und oft zögernd, zweifelnd, verstummend seinen Weg zu jenem Rechte und jenem Glauben suchen muß. In der Tat, die Menge hat den Philosophen lange Zeit verwechselt und verkannt, sei es mit dem wissenschaftlichen Menschen und idealen Gelehrten, sei es mit dem religiös-gehobenen entsinnlichten »entweltlichten« Schwärmer und Trunkenbold Gottes; und hört man gar heute Jemanden loben, dafür daß er »weise« lebe oder »als ein Philosoph«, so bedeutet es beinahe nicht mehr als »klug und abseits«. Weisheit: das scheint dem Pöbel eine Art Flucht zu sein, ein Mittel und Kunststück, sich gut aus einem schlimmen Spiele herauszuziehn; aber der rechte Philosoph – so scheint es *uns,* meine Freunde? – lebt »unphilosophisch« und »unweise«, vor Allem *unklug,* und fühlt die Last und Pflicht zu hundert Versuchen und Versuchungen des Lebens: – er riskiert *sich* beständig, er spielt *das* schlimme Spiel …

206.

Im Verhältnisse zu einem Genie, das heißt zu einem Wesen, welches entweder *zeugt* oder *gebiert,* beide Worte in ihrem höchsten Umfange genommen –, hat der Gelehrte, der wissenschaftliche Durchschnittsmensch, immer Etwas von der alten Jungfer: denn er versteht sich gleich dieser nicht auf die zwei wertvollsten Verrichtungen des Menschen. In der Tat, man gesteht ihnen Beiden, den Gelehrten und den alten Jungfern, gleichsam zur Entschädigung, die Achtbarkeit zu – man unterstreicht in diesen Fällen die Achtbarkeit – und hat noch an dem Zwange dieses Zugeständnisses den gleichen Beisatz von Verdruß. Sehen wir genauer zu: was ist der wissenschaftliche Mensch? Zunächst eine unvornehme Art Mensch, mit den Tugenden einer unvornehmen, das heißt nicht herrschenden, nicht autoritativen und auch nicht selbstgenügsamen Art Mensch: er hat Arbeitsamkeit, geduldige Einordnung in Reih und Glied, Gleichmäßigkeit und Maß im Können und Bedürfen, er hat den Instinkt für Seinesgleichen und für Das, was Seinesgleichen nötig hat, zum Beispiel jenes Stück Unabhängigkeit und grüner Weide, ohne welches es keine Ruhe der Arbeit gibt, jenen Anspruch auf Ehre und Anerkennung (die zuerst und zuoberst Erkennung, Erkennbarkeit voraussetzt –), jenen Sonnenschein des guten Namens, jene beständige Besiegelung seines Wertes und seiner Nützlichkeit, mit der das innerliche *Mißtrauen,* der Grund im Herzen aller abhängigen Menschen und Herdentiere, immer wieder überwunden werden muß. Der Gelehrte hat, wie billig, auch die Krankheiten und Unarten einer unvornehmen Art: er ist reich am kleinen Neide und hat ein Luchsauge für das Niedrige solcher Naturen, zu deren Höhen er nicht hinaufkann. Er ist zutraulich, doch nur wie Einer, der sich gehen, aber nicht *strömen* läßt; und gerade vor dem Menschen des großen Stroms steht er um so kälter und verschlossener da, – sein Auge ist dann wie ein glatter widerwilliger See, in dem sich kein Entzücken, kein Mitgefühl mehr kräuselt. Das Schlimmste und Gefährlichste, dessen ein Gelehrter fähig ist, kommt ihm vom Instinkte der Mittelmäßigkeit seiner Art: von jenem Jesuitismus der Mittelmäßigkeit, welcher an der Vernichtung des ungewöhnlichen Menschen instinktiv arbeitet und jeden gespannten Bogen zu brechen oder – noch lieber! – abzuspannen sucht. Abspannen nämlich, mit Rücksicht, mit schonender Hand natürlich –, mit zutraulichem Mitleiden *abspannen:* das ist die eigentliche Kunst des Jesuitismus, der es immer verstanden hat, sich als Religion des Mitleidens einzuführen. –

207.

Wie dankbar man auch immer dem *objektiven* Geiste entgegenkommen mag, – und wer wäre nicht schon einmal alles Subjektiven und seiner verfluchten Ipsissimosität bis zum Sterben satt gewesen! – zuletzt muß man aber auch gegen seine Dankbarkeit Vorsicht lernen und der Übertreibung Einhalt tun, mit der die Entselbstung und Entpersönlichung des Geistes gleichsam als Ziel an sich, als Erlösung und Verklärung neuerdings gefeiert wird: wie es namentlich innerhalb der Pessimisten-Schule zu geschehn pflegt, die auch gute Gründe hat, dem »interesselosen Erkennen« ihrerseits die höchsten Ehren zu geben. Der objektive Mensch, der nicht mehr flucht und schimpft, gleich dem Pessimisten, der *ideale* Gelehrte, in dem der wissenschaftliche Instinkt nach tausendfachem Ganz- und Halb-Mißraten einmal zum Auf- und Ausblühen kommt, ist sicherlich eins der kostbarsten

Werkzeuge, die es gibt: aber er gehört in die Hand eines Mächtigeren. Er ist nur ein Werkzeug, sagen wir: er ist ein *Spiegel,* – er ist kein »Selbstzweck«. Der objektive Mensch ist in der Tat ein Spiegel: vor Allem, was erkannt werden will, zur Unterwerfung gewohnt, ohne eine andre Lust, als wie sie das Erkennen, das »Abspiegeln« gibt, – er wartet, bis Etwas kommt, und breitet sich dann zart hin, daß auch leichte Fußtapfen und das Vorüberschlüpfen geisterhafter Wesen nicht auf seiner Fläche und Haut verlorengehn. Was von »Person« an ihm noch übrig ist, dünkt ihm zufällig, oft willkürlich, noch öfter störend: so sehr ist er sich selbst zum Durchgang und Wiederschein fremder Gestalten und Ereignisse geworden. Er besinnt sich auf »sich« zurück, mit Anstrengung, nicht selten falsch; er verwechselt sich leicht, er vergreift sich in bezug auf die eignen Notdürfte und ist hier allein unfein und nachlässig. Vielleicht quält ihn die Gesundheit oder die Kleinlichkeit und Stubenluft von Weib und Freund, oder der Mangel an Gesellen und Gesellschaft, – ja, er zwingt sich, über seine Qual nachzudenken: umsonst! Schon schweift sein Gedanke weg, zum *allgemeineren* Falle, und morgen weiß er so wenig als er es gestern wußte, wie ihm zu helfen ist. Er hat den Ernst für sich verloren, auch die Zeit: er ist heiter, *nicht* aus Mangel an Not, sondern aus Mangel an Fingern und Handhaben für *seine* Not. Das gewohnte Entgegenkommen gegen jedes Ding und Erlebnis, die sonnige und unbefangene Gastfreundschaft, mit der er Alles annimmt, was auf ihn stößt, seine Art von rücksichtslosem Wohlwollen, von gefährlicher Unbekümmertheit um Ja und Nein: ach, es gibt genug Fälle, wo er diese seine Tugenden büßen muß! – und als Mensch überhaupt wird er gar zu leicht das *caput mortuum* dieser Tugenden. Will man Liebe und Haß von ihm, ich meine Liebe und Haß, wie Gott, Weib und Tier sie verstehn –: er wird tun, was er kann, und geben, was er kann. Aber man soll sich nicht wundern, wenn es nicht viel ist, – wenn er da gerade sich unächt, zerbrechlich, fragwürdig und morsch zeigt. Seine Liebe ist gewollt, sein Haß künstlich und mehr *un tour de force,* eine kleine Eitelkeit und Übertreibung. Er ist eben nur ächt, soweit er objektiv sein darf: allein in seinem heitern Totalismus ist er noch »Natur« und »natürlich«. Seine spiegelnde und ewig sich glättende Seele weiß nicht mehr zu bejahen, nicht mehr zu verneinen; er befiehlt nicht; er zerstört auch nicht. *»Je ne méprise presque rien«* – sagt er mit Leibniz: man überhöre und unterschätze das *presque* nicht! Er ist auch kein Mustermensch; er geht Niemandem voran, noch nach; er stellt sich überhaupt zu ferne, als daß er Grund hätte, zwischen Gut und Böse Partei zu ergreifen. Wenn man ihn so lange mit dem *Philosophen* verwechselt hat, mit dem cäsarischen Züchter und Gewaltmenschen der Kultur: so hat man ihm viel zu hohe Ehren gegeben und das Wesentliche an ihm übersehn, – er ist ein Werkzeug, ein Stück Sklave, wenn gewiß auch die sublimste Art des Sklaven, an sich aber Nichts, – *presque rien!* Der objektive Mensch ist ein Werkzeug, ein kostbares, leicht verletzliches und getrübtes Meß-Werkzeug und Spiegel-Kunstwerk, das man schonen und ehren soll; aber er ist kein Ziel, kein Ausgang und Aufgang, kein komplementärer Mensch, in dem das *übrige* Dasein sich rechtfertigt, kein Schluß – und noch weniger ein Anfang, eine Zeugung und erste Ursache, nichts Derbes, Mächtiges, Auf-sich-Gestelltes, das Herr sein will: vielmehr nur ein zarter ausgeblasener feiner beweglicher Formen-Topf, der auf irgendeinen Inhalt und Gehalt erst warten muß, um sich nach ihm »zu gestalten«, – für gewöhnlich ein Mensch ohne Gehalt und Inhalt, ein »selbstloser« Mensch. Folglich auch Nichts für Weiber, *in parenthesi.* –

208.

Wenn heute ein Philosoph zu verstehen gibt, er sei kein Skeptiker, – ich hoffe, man hat das aus der eben gegebenen Abschilderung des objektiven Geistes herausgehört? – so hört alle Welt das ungern; man sieht ihn darauf an, mit einiger Scheu, man möchte so Vieles fragen, fragen ... ja, unter furchtsamen Horchern, wie es deren jetzt in Menge gibt, heißt er von da an gefährlich. Es ist ihnen, als ob sie, bei seiner Ablehnung der Skepsis, von Ferne her irgendein böses bedrohliches Geräusch hörten, als ob irgendwo ein neuer Sprengstoff versucht werde, ein Dynamit des Geistes, vielleicht ein neuentdecktes Russisches Nihilin, ein Pessimismus *bonae voluntatis,* der nicht bloß Nein sagt, Nein will, sondern – schrecklich zu denken! – Nein *tut.* Gegen diese Art von »gutem Willen« – einem Willen zur wirklichen tätlichen Verneinung des Lebens – gibt es anerkanntermaßen heute kein besseres Schlaf- und Beruhigungsmittel als Skepsis, den sanften holden einlallenden Mohn Skepsis; und Hamlet selbst wird heute von den Ärzten der Zeit gegen den »Geist« und sein Rumoren unter dem Boden verordnet. »Hat man denn nicht alle Ohren schon voll von schlimmen Geräuschen?« sagt der Skeptiker, als ein Freund der Ruhe und beinahe als eine Art von Sicherheits-Polizei: »Dies unterirdische Nein ist fürchterlich! Stille endlich, ihr pessimistischen Maulwürfe!« Der Skeptiker nämlich, dieses zärtliche Geschöpf, erschrickt allzuleicht; sein Gewissen ist darauf eingeschult, bei jedem Nein, ja schon bei einem entschlossenen harten Ja zu zucken und etwas wie einen Biß zu spüren. Ja! und Nein! – das geht ihm wider die Moral; umgekehrt liebt er es, seiner Tugend mit der edlen Enthaltung ein Fest zu machen, etwa indem er mit Montaigne spricht: »was weiß ich?« Oder mit Sokrates: »ich weiß, daß ich Nichts weiß.« Oder:

»hier traue ich mir nicht, hier steht mir keine Tür offen.« Oder: »gesetzt sie stünde offen, wozu gleich eintreten?« Oder: »wozu nützen alle vorschnellen Hypothesen? Gar keine Hypothesen machen könnte leicht zum guten Geschmack gehören. Müßt ihr denn durchaus etwas Krummes gleich geradebiegen? Durchaus jedes Loch mit irgendwelchem Werge ausstopfen? Hat das nicht Zeit? Hat die Zeit nicht Zeit? Oh ihr Teufelskerle, könnt ihr denn gar nicht *warten*? Auch das Ungewisse hat seine Reize, auch die Sphinx ist eine Circe, auch die Circe war eine Philosophin.« – Also tröstet sich ein Skeptiker; und es ist wahr, daß er einigen Trost nötig hat. Skepsis nämlich ist der geistigste Ausdruck einer gewissen vielfachen physiologischen Beschaffenheit, welche man in gemeiner Sprache Nervenschwäche und Kränklichkeit nennt; sie entsteht jedesmal, wenn sich in entscheidender und plötzlicher Weise lang voneinander abgetrennte Rassen oder Stände kreuzen. In dem neuen Geschlechte, das gleichsam verschiedene Maße und Werte ins Blut vererbt bekommt, ist Alles Unruhe, Störung, Zweifel, Versuch; die besten Kräfte wirken hemmend, die Tugenden selbst lassen einander nicht wachsen und stark werden, in Leib und Seele fehlt Gleichgewicht, Schwergewicht, perpendikuläre Sicherheit. Was aber in solchen Mischlingen am tiefsten krank wird und entartet, das ist der *Wille:* sie kennen das Unabhängige im Entschlusse, das tapfere Lustgefühl im Wollen gar nicht mehr, – sie zweifeln an der »Freiheit des Willens« auch noch in ihren Träumen. Unser Europa von heute, der Schauplatz eines unsinnig plötzlichen Versuchs von radikaler Stände- und *folglich* Rassenmischung, ist deshalb skeptisch in allen Höhen und Tiefen, bald mit jener beweglichen Skepsis, welche ungeduldig und lüstern von einem Ast zum andern springt, bald trübe wie eine mit Fragezeichen überladene Wolke, – und seines Willens oft bis zum

Sterben satt! Willenslähmung: wo findet man nicht heute diesen Krüppel sitzen! Und oft noch wie geputzt! Wie verführerisch herausgeputzt! Es gibt die schönsten Prunk- und Lügenkleider für diese Krankheit; und daß zum Beispiel das Meiste von dem, was sich heute als »Objektivität«, »Wissenschaftlichkeit«, *»l'art pour l'art«,* »reines willensfreies Erkennen« in die Schauläden stellt, nur aufgeputzte Skepsis und Willenslähmung ist, – für diese Diagnose der europäischen Krankheit will ich einstehn. – Die Krankheit des Willens ist ungleichmäßig über Europa verbreitet: sie zeigt sich dort am größten und vielfältigsten, wo die Kultur schon am längsten heimisch ist; sie verschwindet in dem Maße, als »der Barbar« noch – oder wieder – unter dem schlotterichten Gewande von westländischer Bildung sein Recht geltend macht. Im jetzigen Frankreich ist demnach, wie man es ebenso leicht erschließen als mit Händen greifen kann, der Wille am schlimmsten erkrankt; und Frankreich, welches immer eine meisterhafte Geschicklichkeit gehabt hat, auch die verhängnisvollen Wendungen seines Geistes ins Reizende und Verführerische umzukehren, zeigt heute recht eigentlich als Schule und Schaustellung aller Zauber der Skepsis sein Kultur-Übergewicht über Europa. Die Kraft zu wollen, und zwar einen Willen lang zu wollen, ist etwas stärker schon in Deutschland, und im deutschen Norden wiederum stärker als in der deutschen Mitte; erheblich stärker in England, Spanien und Korsika, dort an das Phlegma, hier an harte Schädel gebunden, – um nicht von Italien zu reden, welches zu jung ist, als daß es schon wüßte, was es wollte, und das erst beweisen muß, ob es wollen kann –, aber am allerstärksten und erstaunlichsten in jenem ungeheuren Zwischenreiche, wo Europa gleichsam nach Asien zurückfließt, in Rußland. Da ist die Kraft zu wollen seit langem zurückgelegt und aufgespeichert, da wartet der Wille – ungewiß, ob als Wille der Verneinung oder der Bejahung – in bedrohlicher Weise darauf, ausgelöst zu werden, um den Physikern von heute ihr Leibwort abzuborgen. Es dürften nicht nur indische Kriege und Verwicklungen in Asien dazu nötig sein, damit Europa von seiner größten Gefahr entlastet werde, sondern innere Umstürze, die Zersprengung des Reichs in kleine Körper und vor Allem die Einführung des parlamentarischen Blödsinns, hinzugerechnet die Verpflichtung für Jedermann, zum Frühstück seine Zeitung zu lesen. Ich sage dies nicht als Wünschender: mir würde das Entgegengesetzte eher nach dem Herzen sein, – ich meine eine solche Zunahme der Bedrohlichkeit Rußlands, daß Europa sich entschließen müßte, gleichermaßen bedrohlich zu werden, nämlich *Einen Willen zu bekommen,* durch das Mittel einer neuen über Europa herrschenden Kaste, einen langen, furchtbaren eigenen Willen, der sich über Jahrtausende hin Ziele setzen könnte: – damit endlich die langgesponnene Komödie seiner Kleinstaaterei und ebenso seine dynastische wie demokratische Vielwollerei zu einem Abschluß käme. Die Zeit für kleine Politik ist vorbei: schon das nächste Jahrhundert bringt den Kampf um die Erd-Herrschaft, – den *Zwang* zur großen Politik.

209.

Inwiefern das neue kriegerische Zeitalter, in welches wir Europäer ersichtlich eingetreten sind, vielleicht auch der Entwicklung einer anderen und stärkeren Art von Skepsis günstig sein mag, darüber möchte ich mich vorläufig nur durch ein Gleichnis ausdrücken, welches die Freunde der deutschen Geschichte schon verstehen werden. Jener unbedenkliche Enthusiast für schöne großgewachsene Grenadiere, welcher, als König von Preußen, einem militärischen und skeptischen Genie – und damit im Grunde jenem neuen, jetzt eben siegreich heraufgekommenen Typus des Deutschen – das Dasein gab, der fragwürdige tolle Vater Friedrich des Großen, hatte in Einem Punkte selbst den Griff und die Glücks-Kralle des Genies: er wußte, woran es damals in Deutschland fehlte, und welcher Mangel hundertmal ängstlicher und dringender war als etwa der Mangel an Bildung und gesellschaftlicher Form, – sein Widerwille gegen den jungen Friedrich kam aus der Angst eines tiefen Instinktes. *Männer fehlten;* und er argwöhnte zu seinem bittersten Verdrusse, daß sein eigner Sohn nicht Manns genug sei. Darin betrog er sich: aber wer hätte an seiner Stelle sich nicht betrogen? Er sah seinen Sohn dem Atheismus, dem *esprit,* der genüßlichen Leichtlebigkeit geistreicher Franzosen verfallen: – er sah im Hintergrunde die große Blutsaugerin, die Spinne Skepsis, er argwöhnte das unheilbare Elend eines Herzens, das zum Bösen wie zum Guten nicht mehr hart genug ist, eines zerbrochnen Willens, der nicht mehr befiehlt, nicht mehr befehlen *kann.* Aber inzwischen wuchs in seinem Sohne jene gefährlichere und härtere neue Art der Skepsis empor – wer weiß, *wie sehr* gerade durch den Haß des Vaters und durch die eisige Melancholie eines einsam gemachten Willens begünstigt? – die Skepsis der verwegenen Männlichkeit, welche dem Genie zum Kriege und zur Eroberung nächst verwandt ist und in der Gestalt des großen Friedrich ihren ersten Einzug in Deutschland hielt. Diese Skepsis verachtet und reißt trotzdem an sich; sie untergräbt und nimmt in Besitz; sie glaubt nicht, aber sie verliert sich nicht dabei; sie gibt dem Geiste gefährliche Freiheit, aber sie hält das Herz streng; es ist die *deutsche* Form der Skepsis, welche, als ein fortgesetzter und ins Geistigste gesteigerter Friderizianismus, Europa eine gute Zeit unter die Botmäßigkeit des deutschen Geistes und seines kritischen und historischen Mißtrauens gebracht hat. Dank dem unbezwinglich starken und zähen Manns-Charakter der großen deutschen Philologen und Geschichts-Kritiker (welche, richtig angesehen, allesamt auch Artisten der Zerstörung und Zersetzung waren) stellte sich allmählich und trotz aller Romantik in Musik und Philosophie ein *neuer* Begriff vom deutschen Geiste fest, in dem der Zug zur männlichen Skepsis entscheidend hervortrat: sei es zum Beispiel als Unerschrockenheit des Blicks, als Tapferkeit und Härte der zerlegenden Hand, als zäher Wille zu gefährlichen Entdeckungsreisen, zu vergeistigten Nordpol-Expeditionen unter öden und gefährlichen Himmeln. Es mag seine guten Gründe haben, wenn sich warmblütige und oberflächliche Menschlichkeits-Menschen gerade vor diesem Geiste bekreuzigen: *cet esprit fataliste, ironique, méphistophélique* nennt ihn, nicht ohne Schauder, Michelet. Aber will man nachfühlen wie auszeichnend diese Furcht vor dem »Mann« im deutschen Geiste ist, durch den Europa aus seinem »dogmatischen Schlummer« geweckt wurde, so möge man sich des ehemaligen Begriffs erinnern, der mit ihm überwunden werden mußte, – und wie es noch nicht zu lange her ist, daß ein vermännlichtes Weib es in zügelloser Anmaßung wagen durfte, die Deutschen als sanfte herzensgute willensschwache und dichterische Tölpel der Teilnahme Europas zu empfehlen. Man verstehe doch endlich das Erstaunen Napoleons tief genug, als er Goethe zu sehen bekam: es verrät, was man sich jahrhundertelang unter dem »deutschen Geiste« gedacht hatte. *»Voilà un homme!«* – das wollte sagen: »das ist ja ein *Mann!* Und ich hatte nur einen Deutschen erwartet!« –

210.

Gesetzt also, daß im Bilde der Philosophie der Zukunft irgendein Zug zu raten gibt, ob sie nicht vielleicht, in dem zuletzt angedeuteten Sinne, Skeptiker sein müssen, so wäre damit doch nur ein Etwas an ihnen bezeichnet – und *nicht* sie selbst. Mit dem gleichen Rechte dürften sie sich Kritiker nennen lassen; und sicherlich werden es Menschen der Experimente sein. Durch den Namen, auf welchen ich sie zu taufen wagte, habe ich das Versuchen und die Lust am Versuchen schon ausdrücklich unterstrichen: geschah dies deshalb, weil sie, als Kritiker an Leib und Seele, sich des Experiments in einem neuen, vielleicht weiteren, vielleicht gefährlicheren Sinne zu bedienen lieben? Müssen sie, in ihrer Leidenschaft der Erkenntnis, mit verwegenen und schmerzhaften Versuchen weiter gehn, als es der weichmütige und verzärtelte Geschmack eines demokratischen Jahrhunderts gutheißen kann? – Es ist kein Zweifel: diese Kommenden werden am wenigsten jener ernsten und nicht unbedenklichen Eigenschaften entraten dürfen, welche den Kritiker vom Skeptiker abheben, ich meine die Sicherheit der Wertmaße, die bewußte Handhabung einer Einheit von Methode, den gewitzten Mut, das Alleinstehn und Sich-verantworten-Können; ja, sie gestehen bei sich eine Lust am Nein-Sagen und Zergliedern und eine gewisse besonnene Grausamkeit zu, welche das Messer sicher und fein zu führen weiß, auch noch, wenn das Herz blutet. Sie werden *härter* sein (und vielleicht nicht immer nur gegen sich), als humane Menschen wünschen mögen, sie werden sich nicht mit der »Wahrheit« einlassen, damit sie ihnen »gefalle« oder sie »erhebe« und »begeistere«: – ihr Glaube wird vielmehr gering sein, daß gerade die *Wahrheit* solche Lustbarkeiten für das Gefühl mit sich bringe. Sie werden lächeln, diese strengen Geister, wenn Einer vor ihnen sagte: »jener Gedanke erhebt mich: wie sollte er nicht wahr sein?« Oder: »jenes Werk entzückt mich: wie sollte es nicht schön sein?« Oder: »jener Künstler vergrößert mich: wie sollte er nicht groß sein?« – sie haben vielleicht nicht nur ein Lächeln, sondern einen ächten Ekel vor allem derartig Schwärmerischen, Idealistischen, Femininischen, Hermaphroditischen bereit, und wer ihnen bis in ihre geheimen Herzkammern zu folgen wüßte, würde schwerlich dort die Absicht vorfinden, »christliche Gefühle« mit dem »antiken Geschmacke« und etwa gar noch mit dem »modernen Parlamentarismus« zu versöhnen (wie dergleichen Versöhnlichkeit in unserm sehr unsicheren, folglich sehr versöhnlichen Jahrhundert sogar bei Philosophen vorkommen soll). Kritische Zucht und jede Gewöhnung, welche zur Reinlichkeit und Strenge in Dingen des Geistes führt, werden diese Philosophen der Zukunft nicht nur von sich verlangen: sie dürfen sie wie ihre Art Schmuck selbst zur Schau tragen, – trotzdem wollen sie deshalb noch nicht Kritiker heißen. Es scheint ihnen keine kleine Schmach, die der Philosophie angetan wird, wenn man dekretiert, wie es heute so gern geschieht: »Philosophie selbst ist Kritik und kritische Wissenschaft – und gar nichts außerdem!« Mag diese Wertschätzung der Philosophie sich des Beifalls aller Positivsten Frankreichs und Deutschlands erfreuen (– und es wäre möglich, daß sie sogar dem Herzen und Geschmacke *Kants* geschmeichelt hätte: man erinnere sich der Titel seiner Hauptwerke –): unsre neuen Philosophen werden trotzdem sagen: Kritiker sind Werkzeuge des Philosophen und eben darum, als Werkzeuge, noch lange nicht selbst Philosophen! Auch der große Chinese von Königsberg war nur ein großer Kritiker. –

211.

Ich bestehe darauf, daß man endlich aufhöre, die philosophischen Arbeiter und überhaupt die wissenschaftlichen Menschen mit den Philosophen zu verwechseln, – daß man gerade hier mit Strenge »Jedem das Seine« und Jenen nicht viel zu Viel, Diesen nicht viel zu Wenig gebe. Es mag zur Erziehung des wirklichen Philosophen nötig sein, daß er selbst auch auf allen diesen Stufen einmal gestanden hat, auf welchen seine Diener, die wissenschaftlichen Arbeiter der Philosophie, stehenbleiben, – stehenbleiben *müssen;* er muß selbst vielleicht Kritiker und Skeptiker und Dogmatiker und Historiker und überdies Dichter und Sammler und Reisender und Rätselrater und Moralist und Seher und »freier Geist« und beinahe Alles gewesen sein, um den Umkreis menschlicher Werte und Wert-Gefühle zu durchlaufen und mit vielerlei Augen und Gewissen, von der Höhe in jede Ferne, von der Tiefe in jede Höhe, von der Ecke in jede Weite, blicken zu *können.* Aber dies Alles sind nur Vorbedingungen seiner Aufgabe: diese Aufgabe selbst will etwas Anderes, – sie verlangt, daß er *Werte schaffe.* Jene philosophischen Arbeiter nach dem edlen Muster Kants und Hegels haben irgendeinen großen Tatbestand von Wertschätzungen – das heißt ehemaliger Wert*setzungen*, Wertschöpfungen, welche herrschend geworden sind und eine Zeit lang »Wahrheiten« genannt werden – festzustellen und in Formeln zu drängen, sei es im Reiche des *Logischen* oder des *Politischen* (Moralischen) oder des *Künstlerischen.* Diesen Forschern liegt es ob, alles bisher Geschehene und Geschätzte übersichtlich, überdenkbar, faßlich, handlich zu machen, alles Lange, ja »die Zeit« selbst abzukürzen und die ganze Vergangenheit zu *überwältigen:* eine ungeheure und wundervolle Aufgabe, in deren Dienst sich sicherlich jeder feine Stolz, jeder zähe Wille befriedigen kann. *Die eigentlichen Philosophen aber sind Befehlende und Gesetzgeber:* sie sagen »so *soll* es sein!«, sie bestimmen erst das Wohin? und Wozu? des Menschen und verfügen dabei über die Vorarbeit aller philosophischen Arbeiter, aller Überwältiger der Vergangenheit, – sie greifen mit schöpferischer Hand nach der Zukunft, und Alles, was ist und war, wird ihnen dabei zum Mittel, zum Werkzeug, zum Hammer. Ihr »Erkennen« ist *Schaffen,* ihr Schaffen ist eine Gesetzgebung, ihr Wille zur Wahrheit ist – *Wille zur Macht.* – Gibt es heute solche Philosophen? Gab es schon solche Philosophen? *Muß* es nicht solche Philosophen geben? …

212.

Es will mir immer mehr so erscheinen, daß der Philosoph als ein *notwendiger* Mensch des Morgen und Übermorgen sich jederzeit mit seinem Heute in Widerspruch befunden hat und befinden *mußte:* sein Feind war jedesmal das Ideal von heute. Bisher haben alle diese außerordentlichen Förderer des Menschen, welche man Philosophen nennt, und die sich selbst selten als Freunde der Weisheit, sondern eher als unangenehme Narren und gefährliche Fragezeichen fühlten –, ihre Aufgabe, ihre harte, ungewollte, unabweisliche Aufgabe, endlich aber die Größe ihrer Aufgabe darin gefunden, das böse Gewissen ihrer Zeit zu sein. Indem sie gerade den *Tugenden der Zeit* das Messer vivisektorisch auf die Brust setzten, verrieten sie, was ihr eigenes Geheimnis war: um eine *neue* Größe des Menschen zu wissen, um einen neuen ungegangenen Weg zu seiner Vergrößerung. Jedesmal deckten sie auf, wieviel Heuchelei, Bequemlichkeit, Sich-gehen-Lassen und Sich-fallen-Lassen, wieviel Lüge unter dem bestgeehrten

Typus ihrer zeitgenössischen Moralität versteckt, wieviel Tugend *überlebt* sei; jedesmal sagten sie: »wir müssen dorthin, dorthinaus, wo *ihr* heute am wenigsten zu Hause seid.« Angesichts einer Welt der »modernen Ideen«, welche Jedermann in eine Ecke und »Spezialität« bannen möchte, würde ein Philosoph, falls es heute Philosophen geben könnte, gezwungen sein, die Größe des Menschen, den Begriff »Größe« gerade in seine Umfänglichkeit und Vielfältigkeit, in seine Ganzheit im Vielen zu setzen: er würde sogar den Wert und Rang darnach bestimmen, wieviel und vielerlei Einer tragen und auf sich nehmen, wie *weit* Einer seine Verantwortlichkeit spannen könnte. Heute schwächt und verdünnt der Zeitgeschmack und die Zeittugend den Willen, Nichts ist so sehr zeitgemäß als Willensschwäche: also muß, im Ideale des Philosophen, gerade Stärke des Willens, Härte und Fähigkeit zu langen Entschließungen in den Begriff »Größe« hineingehören; mit so gutem Rechte als die umgekehrte Lehre und das Ideal einer blöden entsagenden demütigen selbstlosen Menschlichkeit einem umgekehrten Zeitalter angemessen war, einem solchen das gleich dem sechzehnten Jahrhundert an seiner aufgestauten Energie des Willens und den wildesten Wassern und Sturmfluten der Selbstsucht litt. Zur Zeit des Sokrates, unter lauter Menschen des ermüdeten Instinktes, unter konservativen Altathenern, welche sich gehenließen – »zum Glück«, wie sie sagten, zum Vergnügen, wie sie taten – und die dabei immer noch die alten prunkvollen Worte in den Mund nahmen, auf die ihnen ihr Leben längst kein Recht mehr gab, war vielleicht *Ironie* zur Größe der Seele nötig, jene sokratische boshafte Sicherheit des alten Arztes und Pöbelmanns, welcher schonungslos ins eigne Fleisch schnitt, wie ins Fleisch und Herz des »Vornehmen«, mit einem Blick, welcher verständlich genug sprach: »verstellt euch vor mir nicht! hier – sind wir gleich!« Heute umgekehrt, wo in Europa das Herdentier allein zu Ehren kommt und Ehren verteilt, wo die »Gleichheit der Rechte« allzuleicht sich in die Gleichheit im Unrechte umwandeln könnte: ich will sagen in gemeinsame Bekriegung alles Seltenen, Fremden, Bevorrechtigten, des höheren Menschen, der höheren Seele, der höheren Pflicht, der höheren Verantwortlichkeit, der schöpferischen Machtfülle und Herrschaftlichkeit – heute gehört das Vornehm-Sein, das Für-sich-sein-Wollen, das Anders-sein-Können, das Allein-Stehn und Auf-eigne-Faustleben-Müssen zum Begriff »Größe«; und der Philosoph wird Etwas von seinem eignen Ideal verraten, wenn er aufstellt: »der soll der Größte sein, der der Einsamste sein kann, der Verborgenste, der Abweichendste, der Mensch jenseits von Gut und Böse, der Herr seiner Tugenden, der Überreiche des Willens; dies eben soll *Größe* heißen: ebenso vielfach als ganz, ebenso weit als voll sein können.« Und nochmals gefragt: ist heute – Größe *möglich*?

213.

Was ein Philosoph ist, das ist deshalb schlecht zu lernen, weil es nicht zu lehren ist: man muß es »wissen«, aus Erfahrung, – oder man soll den Stolz haben, es *nicht* zu wissen. Daß aber heutzutage alle Welt von Dingen redet, in bezug auf welche sie keine Erfahrung haben *kann,* gilt am meisten und schlimmsten vom Philosophen und den philosophischen Zuständen: – die Wenigsten kennen sie, dürfen sie kennen, und alle populären Meinungen über sie sind falsch. So ist zum Beispiel jenes ächt philosophische Beieinander einer kühnen ausgelassenen Geistigkeit, welche *presto* läuft, und einer dialektischen Strenge und Notwendigkeit, die keinen Fehltritt tut, den meisten Denkern und Gelehrten von ihrer Erfahrung her unbekannt und darum, falls Jemand davon vor ihnen reden wollte, unglaubwürdig. Sie stellen sich jede Notwendigkeit als Not, als peinliches Folgen-Müssen und Gezwungen-Werden vor; und das Denken selbst gilt ihnen als etwas Langsames, Zögerndes, beinahe als eine Mühsal und oft genug als »des *Schweißes* der Edlen wert«, – aber ganz und gar nicht als etwas Leichtes, Göttliches und dem Tanze, dem Übermute Nächst-Verwandtes! »Denken« und eine Sache »ernst nehmen«, »schwer nehmen« – das gehört bei ihnen zueinander: so allein haben sie es »erlebt«. Die Künstler mögen hier schon eine feinere Witterung haben: sie, die nur zu gut wissen, daß gerade dann, wo sie Nichts mehr »willkürlich« und Alles notwendig machen, ihr Gefühl von Freiheit, Feinheit, Vollmacht, von schöpferischem Setzen, Verfügen, Gestalten auf seine Höhe kommt, – kurz, daß Notwendigkeit und »Freiheit des Willens« dann bei ihnen Eins sind. Es gibt zuletzt eine Rangordnung seelischer Zustände, welcher die Rangordnung der Probleme gemäß ist; und die höchsten Probleme stoßen ohne Gnade Jeden zurück, der ihnen zu nahen wagt, ohne durch Höhe und Macht seiner Geistigkeit zu ihrer Lösung vorherbestimmt zu sein. Was hilft es, wenn gelenkige Allerwelts-Köpfe oder ungelenke brave Mechaniker und Empiriker sich, wie es heute so vielfach geschieht, mit ihrem Plebejer-Ehrgeize in ihre Nähe und gleichsam an diesen »Hof der Höfe« drängen! Aber auf solche Teppiche dürfen grobe Füße nimmermehr treten: dafür ist im Urgesetz der Dinge schon gesorgt; die Türen bleiben diesen Zudringlichen geschlossen, mögen sie sich auch die Köpfe daran stoßen und zerstoßen! Für jede hohe Welt muß man geboren sein; deutlicher gesagt, man muß für sie *gezüchtet* sein: ein Recht auf Philosophie – das Wort im großen Sinne genommen – hat man nur dank seiner Abkunft, die

Vorfahren, das »Geblüt« entscheidet auch hier. Viele Geschlechter müssen der Entstehung des Philosophen vorgearbeitet haben; jede seiner Tugenden muß einzeln erworben, gepflegt, fortgeerbt, einverleibt worden sein, und nicht nur der kühne leichte zarte Gang und Lauf seiner Gedanken, sondern vor Allem die Bereitwilligkeit zu großen Verantwortungen, die Hoheit herrschender Blicke und Niederblicke, das Sich-abgetrennt-Fühlen von der Menge und ihren Pflichten und Tugenden, das leutselige Beschützen und Verteidigen dessen, was mißverstanden und verleumdet wird, sei es Gott, sei es Teufel, die Lust und Übung in der großen Gerechtigkeit, die Kunst des Befehlens, die Weite des Willens, das langsame Auge, welches selten bewundert, selten hinaufblickt, selten liebt …

SIEBENTES HAUPTSTÜCK

Unsere Tugenden

214.

Unsere Tugenden? – Es ist wahrscheinlich, daß auch wir noch unsere Tugenden haben, ob es schon billigerweise nicht jene treuherzigen und vierschrötigen Tugenden sein werden, um derentwillen wir unsre Großväter in Ehren, aber auch ein wenig uns vom Leibe halten. Wir Europäer von übermorgen, wir Erstlinge des zwanzigsten Jahrhunderts, – mit aller unsrer gefährlichen Neugierde, unsrer Vielfältigkeit und Kunst der Verkleidung, unsrer mürben und gleichsam versüßten Grausamkeit in Geist und Sinnen, – wir werden vermutlich, *wenn* wir Tugenden haben sollten, nur solche haben, die sich mit unsren heimlichsten und herzlichsten Hängen, mit unsren heißesten Bedürfnissen am besten vertragen lernten: wohlan, suchen wir einmal nach ihnen in unseren Labyrinthen! – woselbst sich, wie man weiß, so mancherlei verliert, so mancherlei ganz verlorengeht. Und gibt es etwas Schöneres, als nach seinen eigenen Tugenden *suchen*? Heißt dies nicht beinahe schon: an seine eigne Tugend *glauben*? Dies aber »an seine Tugend glauben« – ist dies nicht im Grunde dasselbe, was man ehedem sein »gutes Gewissen« nannte, jener ehrwürdige langschwänzige Begriffs-Zopf, den sich unsre Großväter hinter ihren Kopf, oft genug auch hinter ihren Verstand hängten? Es scheint demnach, wie wenig wir uns auch sonst altmodisch und großväterhaft-ehrbar dünken mögen, in Einem sind wir dennoch die würdigen Enkel dieser Großväter, wir letzten Europäer mit gutem Gewissen: auch wir noch tragen ihren Zopf. – Ach! Wenn ihr wüßtet, wie es bald, so bald schon – anders kommt! –

215.

Wie es im Reich der Sterne mitunter zwei Sonnen sind, welche die Bahn Eines Planeten bestimmen, wie in gewissen Fällen Sonnen verschiedener Farbe um einen einzigen Planeten leuchten, bald mit rotem Lichte, bald mit grünem Lichte, und dann wieder gleichzeitig ihn treffend und bunt überflutend: so sind wir modernen Menschen, dank der komplizierten Mechanik unsres »Sternenhimmels« – durch *verschiedene* Moralen bestimmt; unsre Handlungen leuchten abwechselnd in verschiedenen Farben, sie sind selten eindeutig, – und es gibt genug Fälle, wo wir *bunte* Handlungen tun.

216.

Seine Feinde lieben? Ich glaube, das ist gut gelernt worden: es geschieht heute tausendfältig, im kleinen und im großen; ja es geschieht bisweilen schon das Höhere und Sublimere – wir lernen *verachten,* wenn wir lieben, und gerade wenn wir am besten lieben: – aber alles dies unbewußt, ohne Lärm, ohne Prunk, mit jener Scham und Verborgenheit der Güte, welche dem Munde das feierliche Wort und die Tugend-Formel verbietet. Moral als Attitüde – geht uns heute wider den Geschmack. Dies ist auch ein Fortschritt: wie es der Fortschritt unsrer Väter war, daß ihnen endlich Religion als Attitüde wider den Geschmack ging, eingerechnet die Feindschaft und Voltairische Bitterkeit gegen die Religion (und was Alles ehemals zur Freigeist-Gebärdensprache gehörte). Es ist die Musik in unserm Gewissen, der Tanz in unserm Geiste, zu dem alle Puritaner-Litanei, alle Moral-Predigt und Biedermännerei nicht klingen will.

217.

Sich vor Denen in acht nehmen, welche einen hohen Wert darauf legen, daß man ihnen moralischen Takt und Feinheit in der moralischen Unterscheidung zutraue: sie vergeben es uns nie, wenn sie sich einmal *vor* uns (oder gar *an* uns) vergriffen haben, – sie werden unvermeidlich zu unsern instinktiven Verleumdern und Beeinträchtigern, selbst wenn sie noch unsre »Freunde« bleiben. – Selig sind die Vergeßlichen: denn sie werden auch mit ihren Dummheiten »fertig«.

218.

Die Psychologen Frankreichs – und wo gibt es heute sonst noch Psychologen? – haben immer noch ihr bitteres und vielfältiges Vergnügen an der *bêtise bourgeoise* nicht ausgekostet, gleichsam als wenn – – genug, sie verraten etwas damit. Flaubert zum Beispiel, der brave Bürger von Rouen, sah, hörte und schmeckte zuletzt nichts Anderes mehr: – es war seine Art von Selbstquälerei und feinerer Grausamkeit. Nun empfehle ich, zur Abwechslung – denn es wird langweilig –, ein anderes Ding zum Entzücken: das ist die unbewußte Verschlagenheit, mit der sich alle guten dicken braven Geister des Mittelmaßes zu höheren Geistern und deren Aufgaben verhalten, jene feine verhäkelte jesuitische Verschlagenheit, welche tausendmal feiner ist, als der Verstand und Geschmack dieses Mittelstandes in seinen besten Augenblicken – sogar auch als der Verstand seiner Opfer –: zum abermaligen Beweise dafür, daß der »Instinkt« unter allen Arten von Intelligenz, welche bisher entdeckt wurden, die intelligenteste ist. Kurz, studiert, ihr Psychologen, die Philosophie der »Regel« im Kampfe mit der »Ausnahme«: da habt ihr ein Schauspiel, gut genug für Götter und göttliche Boshaftigkeit! Oder, noch deutlicher: treibt Vivi-Sektion am »guten Menschen«, am *»homo bonae voluntatis«* … an *euch!*

219.

Das moralische Urteilen und Verurteilen ist die Lieblings-Rache der Geistig-Beschränkten an Denen, die es weniger sind, auch eine Art Schadenersatz dafür, daß sie von der Natur schlecht bedacht wurden, endlich eine Gelegenheit, Geist zu bekommen und fein zu *werden:* – Bosheit vergeistigt. Es tut ihnen im Grunde ihres Herzens wohl, daß es einen Maßstab gibt, vor dem auch die mit Gütern und Vorrechten des Geistes Überhäuften ihnen gleichstehn: – sie kämpfen für die »Gleichheit Aller vor Gott« und *brauchen* beinahe dazu schon den Glauben an Gott. Unter ihnen sind die kräftigsten Gegner des Atheismus. Wer ihnen sagte »eine hohe Geistigkeit ist außer Vergleich mit irgendwelcher Bravheit und Achtbarkeit eines eben nur moralischen Menschen«, würde sie rasend machen: – ich werde mich hüten, es zu tun. Vielmehr möchte ich ihnen mit meinem Satze schmeicheln, daß eine hohe Geistigkeit selber nur als letzte Ausgeburt moralischer Qualitäten besteht; daß sie eine Synthesis aller jener Zustände ist, welche den »nur moralischen« Menschen nachgesagt werden, nachdem sie, einzeln, durch lange Zucht und Übung, vielleicht in ganzen Ketten von Geschlechtern erworben sind; daß die hohe Geistigkeit eben die Vergeistigung der Gerechtigkeit und jener gütigen Strenge ist, welche sich beauftragt weiß, die *Ordnung des Ranges* in der Welt aufrechtzuerhalten, unter den Dingen selbst – und nicht nur unter Menschen.

220.

Bei dem jetzt so volkstümlichen Lobe des »Uninteressierten« muß man sich, vielleicht nicht ohne einige Gefahr, zum Bewußtsein bringen, *woran* eigentlich das Volk Interesse nimmt, und was überhaupt die Dinge sind, um die sich der gemeine Mann gründlich und tief kümmert: die Gebildeten eingerechnet, sogar die Gelehrten, und wenn nicht Alles trügt, beinahe auch die Philosophen. Die Tatsache kommt dabei heraus, daß das Allermeiste von Dem, was feinere und verwöhntere Geschmäcker, was jede höhere Natur interessiert und reizt, dem durchschnittlichen Menschen gänzlich »uninteressant« scheint: – bemerkt er trotzdem eine Hingebung daran, so nennt er sie – *»désintéressé«* und wundert sich, wie es möglich ist, »uninteressiert« zu handeln. Es hat Philosophen gegeben, welche dieser Volks-Verwunderung noch einen verführerischen und mystisch-jenseitigen Ausdruck zu verleihen wußten (vielleicht weil sie die höhere Natur nicht aus Erfahrung kannten? –), statt die nackte und herzlich billige Wahrheit hinzustellen, daß die »uninteressierte« Handlung eine *sehr* interessante und »interessierte« Handlung ist, vorausgesetzt – – »Und die Liebe?« – Wie! Sogar eine Handlung aus Liebe soll »unegoistisch« sein? Aber ihr Tölpel –! »Und das Lob des Aufopfernden?« – Aber wer wirklich Opfer gebracht hat, weiß, daß er etwas dafür wollte und bekam – vielleicht etwas von sich für etwas von sich –, daß er hier hingab, um dort mehr zu haben, vielleicht um überhaupt mehr zu sein oder sich doch als »mehr« zu fühlen. Aber dies ist ein Reich von Fragen und Antworten, in dem ein verwöhnterer Geist sich ungern aufhält: so sehr hat hier bereits die Wahrheit nötig, das Gähnen zu unterdrücken, wenn sie antworten muß. Zuletzt ist sie ein Weib; man soll ihr nicht Gewalt antun.

221.

Es kommt vor, sagte ein moralistischer Pedant und Kleinigkeitskrämer, daß ich einen uneigennützigen Menschen ehre und auszeichne: nicht aber, weil er uneigennützig ist, sondern weil er mir ein Recht darauf zu haben scheint, einem anderen Menschen auf seine eignen Unkosten zu nützen. Genug, es fragt sich immer, wer *er* ist und wer *Jener* ist. An Einem zum Beispiele, der zum Befehlen bestimmt und gemacht wäre, würde Selbst-Verleugnung und bescheidenes Zurücktreten nicht eine Tugend, sondern die Vergeudung einer Tugend sein: so scheint es mir. Jede unegoistische Moral, welche sich unbedingt nimmt und an Jedermann wendet, sündigt nicht nur gegen den Geschmack: sie ist eine Aufreizung zu Unterlassungs-Sünden, eine Verführung *mehr* unter der Maske der Menschenfreundlichkeit – und gerade eine

Verführung und Schädigung der Höheren, Seltneren, Bevorrechteten. Man muß die Moralen zwingen, sich zuallererst vor der *Rangordnung* zu beugen, man muß ihnen ihre Anmaßung ins Gewissen schieben, – bis sie endlich miteinander darüber ins klare kommen, daß es *unmoralisch* ist zu sagen: »was dem einen recht ist, ist dem Andern billig«. – Also mein moralistischer Pedant und *bonhomme:* verdiente er es wohl, daß man ihn auslachte, als er die Moralen dergestalt zur Moralität ermahnte? Aber man soll nicht zu viel Recht haben, wenn man die Lacher auf *seiner* Seite haben will; ein Körnchen Unrecht gehört sogar zum guten Geschmack.

222.

Wo heute Mitleiden gepredigt wird – und, recht gehört, wird jetzt keine andre Religion mehr gepredigt –, möge der Psycholog seine Ohren aufmachen: durch alle Eitelkeit, durch allen Lärm hindurch, der diesen Predigern (wie allen Predigern) zu eigen ist, wird er einen heiseren, stöhnenden, ächten Laut von *Selbst-Verachtung* hören. Sie gehört zu jener Verdüsterung und Verhäßlichung Europas, welche jetzt ein Jahrhundert lang im Wachsen ist (und deren erste Symptome schon in einem nachdenklichen Briefe Galianis an Madame d'Epinay urkundlich verzeichnet sind): *wenn sie nicht deren Ursache ist!* Der Mensch der »modernen Ideen«, dieser stolze Affe, ist unbändig mit sich selbst unzufrieden: dies steht fest. Er leidet: und seine Eitelkeit will, daß er nur »mit leidet« – –

223.

Der europäische Mischmensch – ein leidlich häßlicher Plebejer Alles in Allem – braucht schlechterdings ein Kostüm: er hat die Historie nötig als die Vorratskammer der Kostüme. Freilich bemerkt er dabei, daß ihm keines recht auf dem Leib paßt, – er wechselt und wechselt. Man sehe sich das neunzehnte Jahrhundert auf diese schnellen Vorlieben und Wechsel der Stil-Maskeraden an; auch auf die Augenblicke der Verzweiflung darüber, daß uns »nichts steht« –. Unnütz, sich romantisch oder klassisch oder christlich oder florentinisch oder barokko oder »national« vorzuführen, *in moribus et artibus:* es »kleidet nicht«, Aber der »Geist«, insbesondere der »historische Geist«, ersieht sich auch noch an dieser Verzweiflung seinen Vorteil: immer wieder wird ein neues Stück Vorzeit und Ausland versucht, umgelegt, abgelegt, eingepackt, vor allem *studiert:* – wir sind das erste studierte Zeitalter *in puncto* der »Kostüme«, ich meine der Moralen, Glaubensartikel, Kunstgeschmäcker und Religionen, vorbereitet, wie noch keine Zeit es war, zum Karneval großen Stils, zum geistigsten Fasching-Gelächter und Übermut, zur transzendentalen Höhe des höchsten Blödsinns und der aristophanischen Welt-Verspottung. Vielleicht, daß wir hier gerade das Reich unsrer *Erfindung* noch entdecken, jenes Reich, wo auch wir noch original sein können, etwa als Parodisten der Weltgeschichte und Hanswürste Gottes, – vielleicht daß, wenn auch Nichts von heute sonst Zukunft hat, doch gerade unser *Lachen* noch Zukunft hat!

224.

Der *historische Sinn* (oder die Fähigkeit, die Rangordnung von Wertschätzungen schnell zu erraten, nach welchen ein Volk, eine Gesellschaft, ein Mensch gelebt hat, der »divinatorische Instinkt« für die Beziehungen dieser Wertschätzungen, für das Verhältnis der Autorität der Werte zur Autorität der wirkenden Kräfte): dieser historische Sinn, auf welchen wir Europäer als auf unsre Besonderheit Anspruch machen, ist uns im Gefolge der bezaubernden und tollen *Haltbarbarei* gekommen, in welche Europa durch die demokratische Vermengung der Stände und Rassen gestürzt worden ist, – erst das neunzehnte Jahrhundert kennt diesen Sinn, als seinen sechsten Sinn. Die Vergangenheit von jeder Form und Lebensweise, von Kulturen, die früher hart nebeneinander, übereinander lagen, strömt dank jener Mischung in uns »moderne Seelen« aus, unsre Instinkte laufen nunmehr überallhin zurück, wir selbst sind eine Art Chaos –: schließlich ersieht sich »der Geist«, wie gesagt, seinen Vorteil dabei. Durch unsre Halbbarbarei in Leib und Begierde haben wir geheime Zugänge überallhin, wie sie ein vornehmes Zeitalter nie besessen hat, vor Allem die Zugänge zum Labyrinthe der unvollendeten Kulturen und zu jeder Halbbarberei, die nur jemals auf Erden dagewesen ist; und insofern der beträchtlichste Teil der menschlichen Kultur bisher eben Halbbarbarei war, bedeutet »historischer Sinn« beinahe den Sinn und Instinkt für Alles, den Geschmack und die Zunge für Alles: womit er sich sofort als ein *unvornehmer* Sinn ausweist. Wir genießen zum Beispiel Homer wieder: vielleicht ist es unser glücklichster Vorsprung, daß wir Homer zu schmecken verstehen, welchen die Menschen einer vornehmen Kultur (etwa die Franzosen des siebzehnten Jahrhunderts, wie Saint-Evremond, der ihm den *esprit vaste* vorwirft, selbst noch ihr

Ausklang Voltaire) nicht so leicht sich anzueignen wissen und wußten, – welchen zu genießen sie sich kaum erlaubten. Das sehr bestimmte Ja und Nein ihres Gaumens, ihr leicht bereiter Ekel, ihre zögernde Zurückhaltung in bezug auf alles Fremdartige, ihre Scheu vor dem Ungeschmack selbst der lebhaften Neugierde, und überhaupt jener schlechte Wille jeder vornehmen und selbstgenügsamen Kultur, sich eine neue Begehrlichkeit, eine Unbefriedigung am Eignen, eine Bewunderung des Fremden einzugestehen: alles dies stellt und stimmt sie ungünstig selbst gegen die besten Dinge der Welt, welche nicht ihr Eigentum sind oder ihre Beute werden *könnten,* – und kein Sinn ist solchen Menschen unverständlicher, als gerade der historische Sinn und seine unterwürfige Plebejer-Neugierde. Nicht anders stehe es mit Shakespeare, dieser erstaunlichen spanisch-maurisch-sächsischen Geschmacks-Synthesis, über welchen sich ein Altathener aus der Freundschaft des Äschylus halb totgelacht oder – geärgert haben würde: aber wir – nehmen gerade diese wilde Buntheit, dies Durcheinander des Zartesten, Gröbsten und Künstlichsten, mit einer geheimen Vertraulichkeit und Herzlichkeit an, wir genießen ihn als das gerade uns aufgesparte Raffinement der Kunst und lassen uns dabei von den widrigen Dämpfen und der Nähe des englischen Pöbels, in welcher Shakespeares Kunst und Geschmack lebt, sowenig stören als etwa auf der Chiaja Neapels: wo wir mit allen unsren Sinnen, bezaubert und willig, unsres Weges gehn, wie sehr auch die Kloaken der Pöbel-Quartiere in der Luft sind. Wir Menschen des »historischen Sinns«: wir haben als solche unsre Tugenden, es ist nicht zu bestreiten, – wir sind anspruchslos, selbstlos, bescheiden, tapfer, voller Selbstüberwindung, voller Hingebung, sehr dankbar, sehr geduldig, sehr entgegenkommend: – wir sind mit alledem vielleicht nicht sehr »geschmackvoll«. Gestehen wir es uns schließlich zu: was uns Menschen des »historischen Sinns« am schwersten zu fassen, zu fühlen, nachzuschmecken, nachzulieben ist, was uns im Grunde voreingenommen und fast feindlich findet, das ist gerade das Vollkommne und Letzthin-Reife in jeder Kultur und Kunst, das eigentlich Vornehme an Werken und Menschen, ihr Augenblick glatten Meers und halkyonischer Selbstgenugsamkeit, das Goldene und Kalte, welches alle Dinge zeigen, die sich vollendet haben. Vielleicht steht unsre große Tugend des historischen Sinns in einem notwendigen Gegensatz zum *guten* Geschmacke, mindestens zum allerbesten Geschmacke, und wir vermögen gerade die kleinen kurzen und höchsten Glücksfälle und Verklärungen des menschlichen Lebens, wie sie hier und da einmal aufglänzen, nur schlecht, nur zögernd, nur mit Zwang in uns nachzubilden: jene Augenblicke und Wunder, wo eine große Kraft freiwillig vor dem Maßlosen und Unbegrenzten stehenblieb –, wo ein Überfluß von feiner Lust in der plötzlichen Bändigung und Versteinerung, im Feststehen und Sich-Fest-Stellen auf einem noch zitternden Boden genossen wurde. Das *Maß* ist uns fremd, gestehen wir es uns: unser Kitzel ist gerade der Kitzel des Unendlichen, Ungemessenen. Gleich dem Reiter auf vorwärtsschnaubendem Rosse lassen wir vor dem Unendlichen die Zügel fallen, wir modernen Menschen, wir Halbbarbaren, – und sind erst dort in *unsrer* Seligkeit, wo wir auch am meisten – *in Gefahr sind.*

225.

Ob Hedonismus, ob Pessimismus, ob Utilitarismus, ob Eudämonismus: alle diese Denkweisen, welche nach *Lust* und *Leid,* das heißt nach Begleitzuständen und Nebensachen den

Wert der Dinge messen, sind Vordergrunds-Denkweisen und Naivitäten, auf welche ein Jeder, der sich *gestaltender* Kräfte und eines Künstler-Gewissens bewußt ist, nicht ohne Spott, auch nicht ohne Mitleid herabblicken wird. Mitleiden mit *euch!* Das ist freilich nicht das Mitleiden, wie ihr es meint: das ist nicht Mitleiden mit der sozialen »Not«, mit der »Gesellschaft« und ihren Kranken und Verunglückten, mit Lasterhaften und Zerbrochnen von Anbeginn, wie sie rings um uns zu Boden liegen; das ist noch weniger Mitleiden mit murrenden, gedrückten, aufrührerischen Sklaven-Schichten, welche nach Herrschaft – sie nennen's »Freiheit« – trachten. *Unser* Mitleiden ist ein höheres fernrichtigeres Mitleiden: – wir sehen, wie *der Mensch* sich verkleinert, wie *ihr* ihn verkleinert! – und es gibt Augenblicke, wo wir gerade *eurem* Mitleiden mit einer unbeschreiblichen Beängstigung zusehn, wo wir uns gegen dies Mitleiden wehren, – wo wir euren Ernst gefährlicher als irgendwelche Leichtfertigkeit finden. Ihr wollt womöglich – und es gibt kein tolleres »womöglich« – *das Leiden abschaffen;* und wir? – es scheint gerade, wir wollen es lieber noch höher und schlimmer haben, als je es war! Wohlbefinden, wie ihr es versteht – das ist ja kein Ziel, das scheint uns ein *Ende!* Ein Zustand, welcher den Menschen alsbald lächerlich und verächtlich macht, – der seinen Untergang *wünschen* macht! Die Zucht des Leidens, des *großen* Leidens – wißt ihr nicht, daß nur *diese* Zucht alle Erhöhungen des Menschen bisher geschaffen hat? Jene Spannung der Seele im Unglück, welche ihr die Stärke anzüchtet, ihre Schauer im Anblick des großen Zugrundegehens, ihre Erfindsamkeit und Tapferkeit im Tragen, Ausharren, Ausdeuten, Ausnützen des Unglücks, und was ihr nur je von Tiefe, Geheimnis, Maske, Geist, List, Größe geschenkt worden ist: – ist es nicht ihr unter Leiden, unter der Zucht des großen Leidens geschenkt worden? Im Menschen ist *Ge-*

schöpf und *Schöpfer* vereint: im Menschen ist Stoff, Bruchstück, Überfluß, Lehm, Kot, Unsinn, Chaos; aber im Menschen ist auch Schöpfer, Bildner, Hammer-Härte, Zuschauer-Göttlichkeit und siebenter Tag: – versteht ihr diesen Gegensatz? Und daß *euer* Mitleid dem »Geschöpf im Menschen« gilt, dem, was geformt, gebrochen, geschmiedet, gerissen, gebrannt, geglüht, geläutert werden muß, – dem, was *notwendig* leiden muß und leiden soll? Und *unser* Mitleid – begreift ihr's nicht, wem unser *umgekehrtes* Mitleid gilt, wenn es sich gegen euer Mitleid wehrt, als gegen die schlimmste aller Verzärtelungen und Schwächen? – Mitleid also *gegen* Mitleid! – Aber, nochmals gesagt, es gibt höhere Probleme als alle Lust- und Leid- und Mitleid-Probleme; und jede Philosophie, die nur auf diese hinausläuft, ist eine Naivität. –

226.

Wir Immoralisten! – Diese Welt, die *uns* angeht, in der *wir* zu fürchten und zu lieben haben, diese beinahe unsichtbare unhörbare Welt feinen Befehlens, feinen Gehorchens, eine Welt des »Beinahe« in jedem Betrachte, häklig, verfänglich, spitzig, zärtlich: ja, sie ist gut verteidigt gegen plumpe Zuschauer und vertrauliche Neugierde! Wir sind in ein strenges Garn und Hemd von Pflichten eingesponnen und *können* da nicht heraus –, darin eben sind wir »Menschen der Pflicht«, auch wir! Bisweilen, es ist wahr, tanzen wir wohl in unsern »Ketten« und zwischen unsern »Schwertern«; öfter, es ist nicht minder wahr, knirschen wir darunter und sind ungeduldig über all die heimliche Härte unsres Geschicks. Aber wir mögen tun, was wir wollen: die Tölpel und der Augenschein sagen gegen uns »das sind Menschen *ohne* Pflicht« – wir haben immer die Tölpel und den Augenschein gegen uns!

227.

Redlichkeit, gesetzt, daß dies unsre Tugend ist, von der wir nicht loskönnen, wir freien Geister – nun, wir wollen mit aller Bosheit und Liebe an ihr arbeiten und nicht müde werden, uns in *unsrer* Tugend, die allein uns übrigblieb, zu »vervollkommnen«: mag ihr Glanz einmal wie ein vergoldetes blaues spöttisches Abendlicht über dieser alternden Kultur und ihrem dumpfen düsteren Ernste liegenbleiben! Und wenn dennoch unsre Redlichkeit eines Tages müde wird und seufzt und die Glieder streckt und uns zu hart findet und es besser, leichter, zärtlicher haben möchte, gleich einem angenehmen Laster: bleiben wir *hart,* wir letzten Stoiker! und schicken wir ihr zu Hilfe, was wir nur an Teufelei in uns haben, – unsern Ekel am Plumpen und Ungefähren, unser *»nitimur in vetitum«,* unsern Abenteurer-Mut, unsre gewitzte und verwöhnte Neugierde, unsern feinsten verkapptesten geistigsten Willen zur Macht und Welt-Überwindung, der begehrlich um alle Reiche der Zukunft schweift und schwärmt, – kommen wir unserm »Gotte« mit allen unsern »Teufeln« zu Hilfe! Es ist wahrscheinlich, daß man uns darob verkennt und verwechselt: was liegt daran! Man wird sagen: »ihre ›Redlichkeit‹ – das ist ihre Teufelei, und gar nichts mehr!« Was liegt daran! Und selbst wenn man recht hätte! Waren nicht alle Götter bisher dergleichen heilig gewordne umgetaufte Teufel? Und was wissen wir zuletzt von uns? Und wie der Geist *heißen* will, der uns führt (es ist eine Sache der Namen)? Und wie viele Geister wir bergen? Unsre Redlichkeit, wir freien Geister, – sorgen wir dafür, daß sie nicht unsre Eitelkeit, unser Putz und Prunk, unsre Grenze, unsre Dummheit werde! Jede Tugend neigt zur Dummheit, jede Dummheit zur Tugend; »dumm bis zur Heiligkeit« sagt man in Rußland, – sorgen wir dafür, daß wir nicht aus Redlichkeit zuletzt noch zu Heiligen und Langweiligen werden! Ist das Leben nicht hundertmal zu kurz, sich in ihm – zu langweilen? Man müßte schon ans ewige Leben glauben, um …

228.

Man vergebe mir die Entdeckung, daß alle Moral-Philosophie bisher langweilig war und zu den Schlafmitteln gehörte, – und daß »die Tugend« durch nichts mehr in meinen Augen beeinträchtigt worden ist als durch diese *Langweiligkeit* ihrer Fürsprecher; womit ich noch nicht deren allgemeine Nützlichkeit verkannt haben möchte. Es liegt viel daran, daß so wenig Menschen als möglich über Moral nachdenken, – es liegt folglich *sehr* viel daran, daß die Moral nicht etwa eines Tages interessant werde! Aber man sei unbesorgt! Es steht auch heute noch so, wie es immer stand: ich sehe Niemanden in Europa, der einen Begriff davon hätte (oder *gäbe*), daß das Nachdenken über Moral gefährlich, verfänglich, verführerisch getrieben werden könnte, – daß *Verhängnis* darin liegen könnte! Man sehe sich zum Beispiel die unermüdlichen unvermeidlichen englischen Utilitarier an, wie sie plump und ehrenwert in den Fußstapfen Benthams daherwandeln, dahinwandeln (ein homerisches Gleichnis sagt es deutlicher), so wie er selbst schon in den Fußstapfen des ehrenwerten Helvétius wandelte (nein, das war kein gefährlicher Mensch, dieser Helvétius, *ce sénateur Pococurante,* mit Galiani zu reden –). Kein neuer Gedanke, Nichts von feinerer Wendung und Faltung eines alten Gedankens, nicht einmal eine wirkliche Historie des früher Gedachten: eine *unmögliche* Literatur im ganzen, gesetzt, daß man sie nicht mit einiger Bosheit sich einzusäuern versteht. Es hat sich nämlich auch in diese Moralisten (welche man durchaus mit Nebengedanken lesen muß, falls man sie lesen *muß* –) jenes alte englische Laster eingeschlichen, das *cant* heißt und *moralische Tartüfferie* ist, diesmal unter die neue Form der Wissenschaftlichkeit versteckt; es fehlt auch nicht an geheimer Abwehr von Gewissensbissen, an denen billigerweise eine Rasse von ehemaligen Puritanern bei aller wissenschaftlichen Befassung mit Moral leiden wird. (Ist ein Moralist nicht das Gegenstück eines Puritaners? Nämlich als ein Denker, der die Moral als fragwürdig, fragezeichenwürdig, kurz als Problem nimmt? Sollte Moralisieren nicht – unmoralisch sein?) Zuletzt wollen sie Alle, daß die *englische* Moralität recht bekomme: insofern gerade damit der Menschheit, oder dem »allgemeinen Nutzen«, oder »dem Glück der Meisten«, nein! dem Glücke *Englands* am besten gedient wird; sie möchten mit allen Kräften sich beweisen, daß das Streben nach *englischem Glück*, ich meine nach *comfort* und *fashion* (und, an höchster Stelle, einem Sitz im Parlament) zugleich auch der rechte Pfad der Tugend sei, ja daß, so viel Tugend es bisher in der Welt gegeben hat, es eben in einem solchen Streben bestanden habe. Keins von allen diesen schwerfälligen, im Gewissen beunruhigten Herdentieren (die die Sache des Egoismus als Sache der allgemeinen Wohlfahrt zu führen unternehmen–) will etwas davon wissen und riechen, daß die »allgemeine Wohlfahrt« kein Ideal, kein Ziel, kein irgendwie faßbarer Begriff, sondern nur ein Brechmittel ist, – daß, was dem Einen billig ist, durchaus noch nicht dem Andern billig sein *kann*, daß die Forderung Einer Moral für Alle die Beeinträchtigung gerade der höheren Menschen ist, kurz, daß es eine *Rangordnung* zwischen Mensch und Mensch, folglich auch zwischen Moral und Moral gibt. Es ist eine bescheidene und gründlich mittelmäßige Art Mensch, diese utilitarischen Engländer, und, wie gesagt: insofern sie langweilig sind, kann man nicht hoch genug von ihrer Utilität denken. Man sollte sie noch *ermutigen:* wie es, zum Teil, mit nachfolgenden Reimen versucht worden ist.

Heil euch, brave Karrenschieber,
Stets »je länger, desto lieber«,
Steifer stets an Kopf und Knie,
Unbegeistert, ungespäßig,
Unverwüstlich-mittelmäßig,
Sans génie et sans esprit!

229.

Es bleibt in jenen späten Zeitaltern, die auf Menschlichkeit stolz sein dürfen, so viel Furcht, so viel *Aberglaube* der Furcht vor dem »wilden grausamen Tiere« zurück, über welches Herr geworden zu sein eben den Stolz jener menschlicheren Zeitalter ausmacht, daß selbst handgreifliche Wahrheiten wie auf Verabredung jahrhundertelang unausgesprochen bleiben, weil sie den Anschein haben, jenem wilden, endlich abgetöteten Tiere wieder zum Leben zu verhelfen. Ich wage vielleicht etwas, wenn ich eine solche Wahrheit mir entschlüpfen lasse: mögen Andre sie wieder einfangen und ihr so viel »Milch der frommen Denkungsart« zu trinken geben, bis sie still und vergessen in ihrer alten Ecke liegt. – Man soll über die Grausamkeit umlernen und die Augen aufmachen; man soll endlich Ungeduld lernen, damit nicht länger solche unbescheidne dicke Irrtümer tugendhaft und dreist herumwandeln, wie sie zum Beispiel in betreff der Tragödie von alten und neuen Philosophen aufgefüttert worden sind. Fast Alles, was wir »höhere Kultur« nennen, beruht auf der Vergeistigung und Vertiefung der *Grausamkeit* – dies ist mein Satz; jenes »wilde Tier« ist gar nicht abgetötet worden, es lebt, es blüht, es hat sich nur – vergöttlicht. Was die schmerzliche Wollust der Tragödie ausmacht, ist Grausamkeit; was im sogenannten tragischen Mitleiden, im Grunde sogar in allem Erhabenen, bis hinauf zu den höchsten und zartesten Schaudern der Metaphysik, angenehm wirkt, bekommt seine Süßigkeit allein von der eingemischten Ingredienz der Grausamkeit. Was der Römer in der Arena, der Christ in den Entzückungen des Kreuzes, der Spanier angesichts von Scheiterhaufen oder Stierkämpfen, der Japanese von heute, der sich zur Tragödie drängt, der Pariser Vorstadt-Arbeiter, der ein Heimweh nach blutigen Revolutionen hat, die Wagnerianerin, welche mit ausgehängtem Willen Tristan und Isolde über sich »ergehen läßt«, – was diese Alle genießen und mit geheimnisvoller Brust in sich hineinzutrinken trachten, das sind die Würztränke der großen Circe »Grausamkeit«. Dabei muß man freilich die tölpelhafte Psychologie von Ehedem davonjagen, welche von der Grausamkeit nur zu lehren wußte, daß sie beim Anblicke *fremden* Leides entstünde: es gibt einen reichlichen, überreichlichen Genuß auch am eignen Leiden, am eignen Sich-leiden-Machen, – und wo nur der Mensch zur Selbst-Verleugnung im *religiösen* Sinne oder zur Selbst-Verstümmelung, wie bei Phöniziern und Asketen, oder überhaupt zur Entsinnlichung, Entfleischung, Zerknirschung, zum puritanischen Bußkrampfe, zur Gewissens-Vivisektion und zum Pascalischen *sacrifizio dell'intelletto* sich überreden läßt, da wird er heimlich durch seine Grausamkeit gelockt und vorwärtsgedrängt, durch jene gefährlichen Schauder der *gegen sich selbst* gewendeten Grausamkeit. Zuletzt erwäge man, daß selbst der Erkennende, indem er seinen Geist zwingt, *wider* den Hang des Geistes und oft genug auch wider die Wünsche seines Herzens zu erkennen – nämlich Nein zu sagen, wo er bejahen, lieben, anbeten möchte –, als Künstler und Verklärer der Grausamkeit waltet; schon jedes Tief- und Gründlich-Nehmen ist eine Vergewaltigung, ein Wehe-tun-Wollen am Grundwillen des Geistes, welcher unablässig zum Scheine und zu den Oberflächen hin will, – schon in jedem Erkennen-Wollen ist ein Tropfen Grausamkeit.

230.

Vielleicht versteht man nicht ohne weiteres, was ich hier von einem »Grundwillen des Geistes« gesagt habe: man gestatte mir eine Erläuterung. – Das befehlerische Etwas, das vom Volke »der Geist« genannt wird, will in sich und um sich herum Herr sein und sich als Herrn fühlen: es hat den Willen aus der Vielheit zur Einfachheit, einen zusammenschnürenden, bändigenden, herrschsüchtigen und wirklich herrschaftlichen Willen. Seine Bedürfnisse und Vermögen sind hierin dieselben, wie sie die Physiologen für Alles, was lebt, wächst und sich vermehrt, aufstellen. Die Kraft des Geistes, Fremdes sich anzueignen, offenbart sich in einem starken Hange, das Neue dem Alten anzuähnlichen, das Mannigfaltige zu vereinfachen, das gänzlich Widersprechende zu übersehen oder wegzustoßen: ebenso wie er bestimmte Züge und Linien am Fremden, an jedem Stück »Außenwelt« willkürlich stärker unterstreicht, heraushebt, sich zurechtfälscht. Seine

Absicht geht dabei auf Einverleibung neuer »Erfahrungen«, auf Einreihung neuer Dinge unter alte Reihen, – auf Wachstum also; bestimmter noch, auf das *Gefühl* des Wachstums, auf das Gefühl der vermehrten Kraft. Diesem selben Willen dient ein scheinbar entgegengesetzter Trieb des Geistes, ein plötzlich herausbrechender Entschluß zur Unwissenheit, zur willkürlichen Abschließung, ein Zumachen seiner Fenster, ein inneres Neinsagen zu diesem oder jenem Dinge, ein Nicht-herankommen-Lassen, eine Art Verteidigungs-Zustand gegen vieles Wißbare, eine Zufriedenheit mit dem Dunkel, mit dem abschließenden Horizonte, ein Jasagen und Gutheißen der Unwissenheit: wie dies Alles nötig ist je nach dem Grade seiner aneignenden Kraft, seiner »Verdauungskraft«, im Bilde geredet, – und wirklich gleicht »der Geist« am meisten noch einem Magen. Insgleichen gehört hierher der gelegentliche Wille des Geistes, sich täuschen zu lassen, vielleicht mit einer mutwilligen Ahnung davon, daß es so und so *nicht* steht, daß man es so und so eben nur gelten läßt, eine Lust an aller Unsicherheit und Mehrdeutigkeit, ein frohlockender Selbstgenuß an der willkürlichen Enge und Heimlichkeit eines Winkels, am Allzunahen, am Vordergrunde, am Vergrößerten, Verkleinerten, Verschobenen, Verschönerten, ein Selbstgenuß an der Willkürlichkeit aller dieser Machtäußerungen. Endlich gehört hierher jene nicht unbedenkliche Bereitwilligkeit des Geistes, andre Geister zu täuschen und sich vor ihnen zu verstellen, jener beständige Druck und Drang einer schaffenden, bildenden, wandelfähigen Kraft: der Geist genießt darin seine Masken-Vielfältigkeit und Verschlagenheit, er genießt auch das Gefühl seiner Sicherheit darin, – gerade durch seine Proteuskünste ist er ja am besten verteidigt und versteckt! – *Diesem* Willen zum Schein, zur Vereinfachung, zur Maske, zum Mantel, kurz zur Oberfläche – denn jede Oberfläche ist ein Mantel – wirkt jener sublime Hang des Erkennenden *entgegen,* der die Dinge tief, vielfach, gründlich nimmt und nehmen *will:* als eine Art Grausamkeit des intellektuellen Gewissens und Geschmacks, welche jeder tapfere Denker bei sich anerkennen wird, gesetzt daß er, wie sich gebührt, sein Auge für sich selbst lange genug gehärtet und gespitzt hat und an strenge Zucht, auch an strenge Worte gewöhnt ist. Er wird sagen »es ist etwas Grausames im Hange meines Geistes«: – mögen die Tugendhaften und Liebenswürdigen es ihm auszureden suchen! In der Tat, es klänge artiger, wenn man uns, statt der Grausamkeit, etwa eine »ausschweifende Redlichkeit« nachsagte, nachraunte, nachrühmte, – uns freien, *sehr* freien Geistern: – und *so* klingt vielleicht wirklich einmal unser – Nachruhm? Einstweilen – denn es hat Zeit bis dahin – möchten wir selbst wohl am wenigsten geneigt sein, uns mit dergleichen moralischen Wort-Flittern und -Fransen aufzuputzen: unsre ganze bisherige Arbeit verleidet uns gerade diesen Geschmack und seine muntere Üppigkeit. Es sind schöne glitzernde klirrende festliche Worte: Redlichkeit, Liebe zur Wahrheit, Liebe zur Weisheit, Aufopferung für die Erkenntnis, Heroismus des Wahrhaftigen, – es ist Etwas daran, das Einem den Stolz schwellen macht. Aber wir Einsiedler und Murmeltiere, wir haben uns längst in aller Heimlichkeit eines Einsiedler-Gewissens überredet, daß auch dieser würdige Wort-Prunk zu dem alten Lügen-Putz, -Plunder und -Goldstaub der unbewußten menschlichen Eitelkeit gehört, und daß auch unter solcher schmeichlerischen Farbe und Übermalung der schreckliche Grundtext *homo natura* wieder herauserkannt werden muß. Den Menschen nämlich zurückübersetzen in die Natur; über die vielen eitlen und schwärmerischen Deutungen und Nebensinne Herr werden, welche bisher über jenen ewigen Grundtext *homo natura* gekritzelt und gemalt wurden; machen, daß der Mensch fürderhin vor dem Menschen steht, wie er heute schon, hart geworden in der Zucht der Wissenschaft, vor der *anderen* Natur steht, mit unerschrocknen Ödipus-Augen und verklebten Odysseus-Ohren, taub gegen die Lockweisen alter metaphysischer Vogelfänger, welche ihm allzulange zugeflötet haben: »du bist mehr! du bist höher! du bist anderer Herkunft!« – das mag eine seltsame und tolle Aufgabe sein, aber es ist eine *Aufgabe* – wer wollte das leugnen! Warum wir sie wählten, diese tolle Aufgabe? Oder anders gefragt: »warum überhaupt Erkenntnis?« – Jedermann wird uns darnach fragen. Und wir, solchermaßen gedrängt, wir, die wir uns hunderte Male selbst schon ebenso gefragt haben, wir fanden und finden keine bessere Antwort – –

231.

Das Lernen verwandelt uns, es tut Das, was alle Ernährung tut, die auch nicht bloß »erhält« –: wie der Physiologe weiß. Aber im Grunde von uns, ganz »da unten«, gibt es freilich etwas Unbelehrbares, einen Granit von geistigem Fatum, von vorherbestimmter Entscheidung und Antwort auf vorherbestimmte ausgelesene Fragen. Bei jedem kardinalen Probleme redet ein unwandelbares »das bin ich«; über Mann und Weib zum Beispiel kann ein Denker nicht umlernen, sondern nur auslernen, – nur zu Ende entdecken, was darüber bei ihm »feststeht«. Man findet beizeiten gewisse Lösungen von Problemen, die gerade *uns* starken Glauben machen; vielleicht nennt man sie fürderhin seine »Überzeugungen«. Später – sieht man in ihnen nur Fußstapfen zur Selbsterkenntnis, Wegweiser zum Probleme, das wir *sind*, – richtiger, zur großen Dummheit, die wir sind, zu unserem geistigen Fatum, zum *Unbelehrbaren* ganz »da unten«. – Auf diese reichliche Artigkeit hin, wie ich sie eben gegen mich selbst begangen habe, wird es mir vielleicht eher schon gestattet sein, über das »Weib an sich« einige Wahrheiten herauszusagen: gesetzt, daß man es von vornherein nunmehr weiß, wie sehr es eben nur – *meine* Wahrheiten sind. –

232.

Das Weib will selbständig werden: und dazu fängt es an, die Männer über das »Weib an sich« aufzuklären – *das* gehört zu den schlimmsten Fortschritten der allgemeinen *Verhäßlichung* Europas. Denn was müssen diese plumpen Versuche der weiblichen Wissenschaftlichkeit und Selbst-Entblößung Alles ans Licht bringen! Das Weib hat so viel Grund zur Scham: im Weib ist so viel Pedantisches, Oberflächliches, Schulmeisterliches, Kleinlich-Anmaßliches, Kleinlich-Zügelloses und – Unbescheidenes versteckt – man studiere nur seinen Verkehr mit Kindern! –, das im Grunde bisher durch die *Furcht* vor dem Manne am besten zurückgedrängt und gebändigt wurde. Wehe, wenn erst das »Ewig-Langweilige am Weibe« – es ist reich daran! – sich hervorwagen darf! Wenn es seine Klugheit und Kunst, die der Anmut, des Spielens, Sorgen-Wegscheuchens, Erleichterns und Leicht-Nehmens, wenn es seine feine Anstelligkeit zu angenehmen Begierden gründlich und grundsätzlich zu verlernen beginnt! Es werden schon jetzt weibliche Stimmen laut, welche, beim heiligen Aristophanes! Schrecken machen, es wird mit medizinischer Deutlichkeit gedroht, was zuerst und zuletzt das Weib vom Manne *will.* Ist es nicht vom schlechtesten Geschmacke, wenn das Weib sich dergestalt anschickt, wissenschaftlich zu werden? Bisher war glücklicherweise das Aufklären Männer-Sache, Männer-Gabe – man blieb damit »unter sich«; und man darf sich zuletzt, bei Allem, was Weiber über »das Weib« schreiben, ein gutes Mißtrauen vorbehalten, ob das Weib über sich selbst eigentlich Aufklärung *will* – und wollen *kann* ... Wenn ein Weib damit nicht einen neuen *Putz* für sich sucht – ich denke doch, das Sich-Putzen gehört zum Ewig-Weiblichen? – nun, so will es vor sich Furcht erregen: – es will damit vielleicht Herrschaft. Aber es *will* nicht Wahrheit: was liegt dem Weibe an Wahrheit! Nichts ist von Anbeginn an dem Weibe fremder, widriger, feindlicher als Wahrheit, – seine große Kunst ist die Lüge, seine höchste Angelegenheit ist der Schein und die Schönheit. Gestehen wir es, wir Männer: wir ehren und lieben gerade *diese* Kunst und *diesen* Instinkt am Weibe: wir, die wir es schwer haben und uns gerne zu unsrer Erleichterung zu Wesen gesellen, unter deren Händen, Blicken und zarten Torheiten uns unser Ernst, unsre Schwere und Tiefe beinahe wie eine Torheit erscheint. Zuletzt stelle ich die Frage: hat jemals ein Weib selber schon einem Weibskopfe Tiefe, einem Weibsherzen Gerechtigkeit zugestanden? Und ist es nicht wahr, daß, im großen gerechnet, »das Weib« bisher vom Weibe selbst am meisten mißachtet wurde – und ganz und gar nicht von uns? – Wir Männer wünschen, daß das Weib nicht fortfahre, sich durch Auflklärung zu kompromittieren: wie es Manns-Fürsorge und Schonung des Weibes war, als die Kirche dekretierte: *mulier taceat in ecclesia*! Es geschah zum Nutzen des Weibes, als Napoleon der allzuberedten Madame de Staël zu verstehen gab: *mulier taceat in politicis*! – und ich denke, daß es ein rechter Weiberfreund ist, der den Frauen heute zuruft: *mulier taceat de muliere*!

233.

Es verrät Korruption der Instinkte – noch abgesehen davon, daß es schlechten Geschmack verrät –, wenn ein Weib sich gerade auf Madame Roland oder Madame de Staël oder Monsieur George Sand beruft, wie als ob damit etwas *zugunsten* des »Weibs an sich« bewiesen wäre. Unter Männern sind die Genannten die drei *komischen* Weiber an sich – nichts mehr! – und gerade die besten unfreiwilligen *Gegen-Argumente* gegen Emanzipation und weibliche Selbstherrlichkeit.

234.

Die Dummheit in der Küche; das Weib als Köchin, die schauerliche Gedankenlosigkeit, mit der die Ernährung der Familie und des Hausherrn besorgt wird! Das Weib versteht nicht, was die Speise *bedeutet:* und will Köchin sein! Wenn das Weib ein denkendes Geschöpf wäre, so hätte es ja, als Köchin seit Jahrtausenden, die größten physiologischen Tatsachen finden, insgleichen die Heilkunst in seinen Besitz bringen müssen! Durch schlechte Köchinnen – durch den vollkommnen Mangel an Vernunft in der Küche ist die Entwicklung des Menschen am längsten aufgehalten, am schlimmsten beeinträchtigt worden: es steht heute selbst noch wenig besser. Eine Rede an höhere Töchter.

235.

Es gibt Wendungen und Würfe des Geistes, es gibt Sentenzen, eine kleine Handvoll Worte, in denen eine ganze Kultur, eine ganze Gesellschaft sich plötzlich kristallisiert. Dahin gehört jenes gelegentliche Wort der Madame de Lambert an ihren Sohn: *»mon ami, ne vous permettez jemais que de folies, qui vous feront grand plaisir«:* – beiläufig das mütterlichste und klügste Wort, das je an einen Sohn gerichtet worden ist.

236.

Das, was Dante und Goethe vom Weibe geglaubt haben – jener, indem er sang *»ella guardava suso, ed io in lei«*, dieser, indem er es übersetzte »das Ewig-Weibliche zieht uns *hinan*«–: ich zweifle nicht, daß jedes edlere Weib sich gegen diesen Glauben wehren wird, denn es glaubt eben *das* vom Ewig-Männlichen …

237.

Sieben Weibs-Sprüchlein

Wie die längste Weile fleucht, kommt ein Mann zu uns gekreucht!

Alter, ach! und Wissenschaft gibt auch schwacher Tugend Kraft.

Schwarz Gewand und Schweigsamkeit kleidet jeglich Weib – gescheit.

Wem im Glück ich dankbar bin? Gott! – und meiner Schneiderin.

Jung: geblümtes Höhlenhaus. Alt: ein Drache fährt heraus.

Edler Name, hübsches Bein, Mann dazu: oh wär *er* mein!

Kurze Rede, langer Sinn – Glatteis für die Eselin!

237.

Die Frauen sind von den Männern bisher wie Vögel behandelt worden, die von irgendwelcher Höhe sich hinab zu ihnen verirrt haben: als etwas Feineres, Verletzlicheres, Wilderes, Wunderliches, Süßeres, Seelenvolleres, – aber als Etwas, das man einsperren muß, damit es nicht davonfliegt.

238.

Sich im Grundprobleme »Mann und Weib« zu vergreifen, hier den abgründlichsten Antagonismus und die Notwendigkeit einer ewig-feindseligen Spannung zu leugnen, hier vielleicht von gleichen Rechten, gleicher Erziehung, gleichen Ansprüchen und Verpflichtungen zu träumen: das ist ein *typisches* Zeichen von Flachköpfigkeit, und ein Denker, der an dieser gefährlichen Stelle sich flach erwiesen hat – flach im Instinkte! –, darf überhaupt als verdächtig, mehr noch, als verraten, als aufgedeckt gelten: wahrscheinlich wird er für alle Grundfragen des Lebens, auch des zukünftigen Lebens, zu »kurz« sein und in *keine* Tiefe hinunterkönnen. Ein Mann hingegen, der Tiefe hat, in seinem Geiste wie in seinen Begierden, auch jene Tiefe des Wohlwollens, welche der Strenge und Härte fähig ist und leicht mit ihnen verwechselt wird, kann über das Weib immer nur *orientalisch* denken: – er muß das Weib als Besitz, als verschließbares Eigentum, als etwas zur Dienstbarkeit Vorbestimmtes und in ihr sich Vollendendes fassen, – er muß sich hierin auf die ungeheure Vernunft Asiens, auf Asiens Instinkt-Überlegenheit stellen, wie dies ehemals die Griechen getan haben, diese besten Erben und Schüler Asiens, – welche, wie bekannt, von Homer bis zu den Zeiten des Perikles, mit *zunehmender* Kultur und Umfänglichkeit an Kraft, Schritt für Schritt auch *strenger* gegen das Weib, kurz orientalischer geworden sind. Wie notwendig, wie logisch, wie selbst menschlich-wünschbar dies war: möge man darüber bei sich nachdenken!

239.

Das schwache Geschlecht ist in keinem Zeitalter mit solcher Achtung von seiten der Männer behandelt worden als in unserm Zeitalter – das gehört zum demokratischen Hang und Grundgeschmack, ebenso wie die Unehrerbietigkeit vor dem Alter –: was Wunder, daß sofort wieder mit dieser Achtung Mißbrauch getrieben wird? Man will mehr, man lernt fordern, man findet zuletzt jenen Achtungszoll beinahe schon kränkend, man würde den Wettbewerb um Rechte, ja ganz eigentlich den Kampf vorziehn: genug, das Weib verliert an Scham. Setzen wir sofort hinzu, daß es auch an Geschmack verliert. Es verlernt den Mann zu *fürchten:* aber das Weib, das »das Fürchten verlernt«, gibt seine weiblichsten Instinkte preis. Daß das Weib sich hervorwagt, wenn das Furcht-Einflößende am Manne, sagen wir bestimmter, wenn der *Mann* im Manne nicht mehr gewollt und großgezüchtet wird, ist billig genug, auch begreiflich genug; was sich schwerer begreift, ist, daß ebendamit – das Weib entartet. Dies geschieht heute: täuschen wir uns nicht darüber! Wo nur der industrielle Geist über den militärischen und aristokratischen Geist gesiegt hat, strebt jetzt das Weib nach der wirtschaftlichen und rechtlichen Selbständigkeit eines Kommiß: »das Weib als Kommiß« steht an der Pforte der sich bildenden modernen Gesellschaft. Indem es sich dergestalt neuer Rechte bemächtigt, »Herr« zu werden trachtet und den »Fortschritt« des Weibes auf seine Fahnen und Fähnchen schreibt, vollzieht sich mit schrecklicher Deutlichkeit das Umgekehrte: *das Weib geht zurück.* Seit der französischen Revolution ist in Europa der Einfluß des Weibes in dem Maße *geringer* geworden, als es an Rechten und Ansprüchen zugenommen hat; und die »Emanzipation des Weibes«, insofern sie von den Frauen selbst (und nicht nur von männlichen Flachköpfen) verlangt und gefördert wird, ergibt sich dergestalt als ein merkwürdiges Symptom von der zunehmenden Schwächung und Abstumpfung der allerweiblichsten Instinkte. Es ist *Dummheit* in dieser Bewegung, eine beinahe maskulinische Dummheit, deren sich ein wohlgeratenes Weib – das immer ein kluges Weib ist – von Grund aus zu schämen hätte. Die Witterung dafür verlieren, auf welchem Boden man am sichersten zum Siege kommt; die Übung in seiner eigentlichen Waffenkunst vernachlässigen; sich vor dem Manne gehenlassen, vielleicht sogar »bis zum Buche«, wo man sich früher in Zucht und feine listige Demut nahm; dem Glauben des Mannes an ein im Weibe *verhülltes* grundverschiedenes Ideal, an irgendein Ewig- und Notwendig-Weibliches mit tugendhafter Dreistigkeit entgegenarbeiten: dem Manne es nachdrücklich und geschwätzig ausreden, daß das Weib gleich einem zarteren, wunderlich wilden und oft angenehmen Haustiere erhalten, versorgt, geschützt, geschont werden müsse; das täppische und entrüstete Zusammensuchen all des Sklavenhaften und Leibeigenen, das die Stellung des Weibes in der bisherigen Ordnung der Gesellschaft an sich gehabt hat und noch hat (als ob Sklaverei ein Gegenargument und nicht vielmehr eine Bedingung jeder höheren Kultur, jeder Erhöhung der Kultur sei): – was bedeutet dies Alles, wenn nicht eine Anbröckelung der weiblichen Instinkte, eine Entweiblichung? Freilich, es gibt genug blödsinnige Frauen-Freunde und Weibs-Verderber unter den gelehrten Eseln männlichen Geschlechts, die dem Weibe anraten, sich dergestalt zu entweiblichen und alle die Dummheiten nachzumachen, an denen der »Mann« in Europa, die europäische »Mannhaftigkeit« krankt, – welche das Weib bis zur »allgemeinen Bildung«, wohl gar zum Zeitunglesen und Politisieren herunterbringen möchten. Man will hier und da selbst Freigeister und Literaten aus den Frauen machen: als ob ein Weib ohne Frömmigkeit für einen tiefen und gottlosen Mann nicht etwas vollkommen Widriges oder Lächerliches wäre –; man verdirbt fast überall ihre Nerven mit der krankhaftesten und gefährlichsten aller Arten Musik (unsrer deutschen neuesten Musik) und macht sie täglich hysterischer und zu ihrem ersten und letzten Berufe, kräftige Kinder zu gebären, unbefähigter. Man will sie überhaupt noch mehr »kultivieren« und, wie man sagt, das »schwache Geschlecht« durch Kultur *stark* machen: als ob nicht die Geschichte so eindringlich wie möglich lehrte, daß »Kultivierung« des Menschen und Schwächung – nämlich Schwächung, Zersplitterung, Ankränkelung der *Willenskraft* immer miteinander Schritt gegangen sind, und daß die mächtigsten und einflußreichsten Frauen der Welt (zuletzt noch die Mutter Napoleons) gerade ihrer Willenskraft – und nicht den Schulmeistern! – ihre Macht und ihr Übergewicht über die Männer verdankten. Das, was am Weibe Respekt und oft genug Furcht einflößt, ist seine *Natur,* die »natürlicher« ist als die des Mannes, seine ächte raubtierhafte listige Geschmeidigkeit, seine Tigerkralle unter dem Handschuh, seine Naivität im Egoismus, seine Unerziehbarkeit und innerliche Wildheit, das Unfaßliche, Weite, Schweifende seiner Begierden und Tugenden ... Was, bei aller Furcht, für diese gefährliche und schöne Katze »Weib« Mitleiden macht, ist, daß es leidender, verletzbarer, liebebedürftiger und zur Enttäuschung verurteilter erscheint als irgendein Tier. Furcht und Mitleiden: mit diesen Gefühlen stand bisher der Mann vor dem Weibe, immer mit einem Fuße schon in der Tragödie, welche zerreißt, indem sie entzückt –. Wie? Und damit soll es nun zu Ende sein? Und die *Entzauberung* des Weibes ist im Werke? Die Verlangweiligung des Weibes kommt langsam herauf? Oh Europa! Europa! Man kennt das Tier mit Hörnern, welches für dich immer am anziehendsten war, von dem dir immer wieder Gefahr droht! Deine alte Fabel könnte noch einmal zur »Geschichte« werden, – noch einmal könnte eine ungeheure Dummheit über dich Herr werden und dich davontragen! Und unter ihr kein Gott versteckt, nein! nur eine »Idee«, eine »moderne Idee«! – –

ACHTES HAUPTSTÜCK

Völker und Vaterländer

240.

Ich hörte, wieder einmal zum ersten Male – Richard Wagners Ouvertüre zu den *Meistersingern:* das ist eine prachtvolle, überladne, schwere und späte Kunst, welche den Stolz hat, zu ihrem Verständnisse zwei Jahrhunderte als noch lebendig vorauszusetzen: – es ehrt die Deutschen, daß sich ein solcher Stolz nicht verrechnete! Was für Säfte und Kräfte, was für Jahreszeiten und Himmelsstriche sind hier nicht gemischt! Das mutet uns bald altertümlich, bald fremd, herb und überjung an, das ist ebenso willkürlich als pomphaft-herkömmlich, das ist nicht selten schelmisch, noch öfter derb und grob, – das hat Feuer und Mut und zugleich die schlaffe falbe Haut von Früchten, welche zu spät reif werden. Das strömt breit und voll: und plötzlich ein Augenblick unerklärlichen Zögerns, gleichsam eine Lücke, die zwischen Ursache und Wirkung aufspringt, ein Druck, der uns träumen macht, beinahe ein Alpdruck –, aber schon breitet und weitet sich wieder der alte Strom von Behagen aus, von vielfältigstem Behagen, von altem und neuem Glück, *sehr* eingerechnet das Glück des Künstlers an sich selber, dessen er nicht Hehl haben will, sein erstauntes glückliches Mitwissen um die Meisterschaft seiner hier verwendeten Mittel, neuer neuerworbener unausgeprobter Kunstmittel, wie er uns zu verraten scheint. Alles in allem keine Schönheit, kein Süden.

Nichts von südlicher feiner Helligkeit des Himmels, Nichts von Grazie, kein Tanz, kaum ein Wille zur Logik; eine gewisse Plumpheit sogar, die noch unterstrichen wird, wie als ob der Künstler uns sagen wollte: »sie gehört zu meiner Absicht«; eine schwerfällige Gewandung, etwas Willkürlich-Barbarisches und Feierliches, ein Geflirr von gelehrten und ehrwürdigen Kostbarkeiten und Spitzen; etwas Deutsches, im besten und schlimmsten Sinn des Wortes, etwas auf deutsche Art Vielfaches, Unförmliches und Unausschöpfliches; eine gewisse deutsche Mächtigkeit und Überfülle der Seele, welche keine Furcht hat, sich unter die *raffinements* des Verfalls zu verstecken, – die sich dort vielleicht erst am wohlsten fühlt; ein rechtes ächtes Wahrzeichen der deutschen Seele, die zugleich jung und veraltet, übermürbe und überreich noch an Zukunft ist. Diese Art Musik drückt am besten aus, was ich von den Deutschen halte: sie sind von vorgestern und von übermorgen, – *sie haben noch kein Heute.*

241.

Wir »guten Europäer«: auch wir haben Stunden, wo wir uns eine herzhafte Vaterländerei, einen Plumps und Rückfall in alte Lieben und Engen gestatten – ich gab eben eine Probe davon – Stunden nationaler Wallungen, patriotischer Beklemmungen und allerhand anderer altertümlicher Gefühls-Überschwemmungen. Schwerfälligere Geister, als wir sind, mögen mit Dem, was sich bei uns auf Stunden beschränkt und in Stunden zu Ende spielt, erst in längeren Zeiträumen fertig werden, in halben Jahren die Einen, in halben Menschenleben die Anderen, je nach der Schnelligkeit und Kraft, mit der sie verdauen und ihre » Stoffe wechseln«. Ja, ich könnte mir dumpfe zögernde Rassen denken, welche auch in unserm geschwinden Europa halbe Jahrhunderte nötig hätten, um solche atavistische Anfälle von Vaterländerei und Schollenkleberei zu überwinden und wieder zur Vernunft, will sagen zum »guten Europäertum« zurückzukehren. Und indem ich über diese Möglichkeit ausschweife, begegnet mir's, daß ich Ohrenzeuge eines Gesprächs von zwei alten »Patrioten« werde: – sie hörten beide offenbar schlecht und sprachen darum um so lauter. »*Der* hält und weiß von Philosophie soviel als ein Bauer oder Korpsstudent« – sagte der Eine –: »der ist noch unschuldig. Aber was liegt heute daran! Es ist das Zeitalter der Massen: die liegen vor allem Massenhaften auf dem Bauche. Und so auch *in politicis.* Ein Staatsmann, der ihnen einen neuen Turm von Babel, irgendein Ungeheuer von Reich und Macht auftürmt, heißt ihnen ›groß‹ – was liegt daran, daß wir Vorsichtigeren und Zurückhaltenderen einstweilen noch nicht vom alten Glauben lassen, es sei allein der große Gedanke, der einer Tat und Sache Größe gibt. Gesetzt, ein Staatsmann brächte sein Volk in die Lage, fürderhin ›große Politik‹ treiben zu müssen, für welche es von Natur schlecht angelegt und vorbereitet ist: so daß es nötig hätte, einer neuen zweifelhaften Mittelmäßigkeit zuliebe seine alten und sicheren Tugenden zu opfern, – gesetzt, ein Staatsmann verurteilte sein Volk zum ›Politisieren‹ überhaupt, während dasselbe bisher Besseres zu tun und zu denken hatte und im Grunde seiner Seele einen vorsichtigen Ekel vor der Unruhe, Leere und lärmenden Zankteufelei der eigentlich politisierenden Völker nicht los wurde: – gesetzt, ein solcher Staatsmann stachle die eingeschlafnen Leidenschaften und Begehrlichkeiten seines Volkes auf, mache ihm aus seiner bisherigen Schüchternheit und Lust am Danebenstehn einen Flecken, aus seiner Ausländerei und heimlichen Unendlichkeit eine Verschuldung, entwerte ihm seine herzlichsten Hänge, drehe sein Gewissen um, mache seinen Geist eng, seinen Geschmack ›national‹, – wie! ein Staatsmann, der dies Alles täte, den sein Volk in alle Zukunft hinein, falls es Zukunft hat, abbüßen müßte, ein solcher Staatsmann wäre *groß*?« – »Unzweifelhaft!« antwortete ihm der andere alte Patriot heftig: »sonst hätte er es nicht *gekonnt!* Es war toll vielleicht, so etwas zu wollen? Aber vielleicht war alles Große im Anfang nur toll!« – »Mißbrauch der Worte!« schrie sein Unterredner dagegen: – »stark! stark! stark und toll! *Nicht* groß!« – Die alten Männer hatten sich ersichtlich erhitzt, als sie sich dergestalt ihre Wahrheiten ins Gesicht schrien; ich aber, in meinem Glück und Jenseits, erwog, wie bald über den Starken ein Stärkerer Herr werden wird; auch daß es für die geistige Verflachung eines Volkes eine Ausgleichung gibt, nämlich durch die Vertiefung eines anderen. –

242.

Nenne man es nun »Zivilisation« oder »Vermenschlichung« oder »Fortschritt«, worin jetzt die Auszeichnung der Europäer gesucht wird; nenne man es einfach, ohne zu loben und zu tadeln, mit einer politischen Formel die *demokratische* Bewegung Europas: hinter all den moralischen und politischen Vordergründen, auf welche mit solchen Formeln hingewiesen wird, vollzieht sich ein ungeheurer *physiologischer* Prozeß, der immer mehr in Fluß gerät, – der Prozeß einer Anähnlichung der Europäer, ihre wachsende Loslösung von den Bedingungen, unter denen klimatisch und ständisch gebundene Rassen entstehen, ihre zunehmende Unabhängigkeit von jedem *bestimmten milieu*, das jahrhundertelang sich mit gleichen Forderungen in Seele und Leib einschreiben möchte, – also die langsame Heraufkunft einer wesentlich übernationalen und nomadischen Art Mensch, welche, physiologisch geredet, ein Maximum von Anpassungskunst und -kraft als ihre typische Auszeichnung besitzt. Dieser Prozeß des *werdenden Europäers,* welcher durch große Rückfälle im Tempo verzögert werden kann, aber vielleicht gerade damit an Vehemenz und Tiefe gewinnt und wächst – der jetzt noch wütende Sturm und Drang des »National-Gefühls« gehört hierher, insgleichen der eben heraufkommende Anarchismus –: dieser Prozeß läuft wahrscheinlich auf Resultate hinaus, auf welche seine naiven Beförderer und Lobredner, die Apostel der »modernen Ideen«, am wenigsten rechnen möchten. Dieselben neuen Bedingungen, unter denen im Durchschnitt eine Ausgleichung und Vermittelmäßigung des Menschen sich herausbilden wird – ein nützliches, arbeitsames, vielfach brauchbares und anstelliges Herdentier Mensch –, sind im höchsten Grade dazu angetan, Ausnahme-Menschen der gefährlichsten und anziehendsten Qualität den Ursprung zu geben. Während nämlich jene Anpassungskraft, welche immer wechselnde Bedingungen durchprobiert und mit jedem Geschlecht, fast mit jedem Jahrzehnt, eine neue Arbeit beginnt, die *Mächtigkeit* des Typus gar nicht möglich macht; während der Gesamt-Eindruck solcher zukünftigen Europäer wahrscheinlich der von vielfachen geschwätzigen willensarmen und äußerst anstellbaren Arbeitern sein wird, die des Herrn, des Befehlenden *bedürfen* wie des täglichen Brotes; während also die Demokratisierung Europas auf die Erzeugung eines zur *Sklaverei* im feinsten Sinne vorbereiteten Typus hinausläuft: wird, im Einzel- und Ausnahmefall, der *starke* Mensch stärker und reicher geraten müssen, als er vielleicht jemals bisher geraten ist, – dank der Vorurteilslosigkeit seiner Schulung, dank der ungeheuren Vielfältigkeit von Übung, Kunst und Maske. Ich wollte sagen: die Demokratisierung Europas ist zugleich eine unfreiwillige Veranstaltung zur Züchtung von *Tyrannen,* – das Wort in jedem Sinne verstanden, auch im geistigsten.

243.

Ich höre mit Vergnügen, daß unsre Sonne in rascher Bewegung gegen das Sternbild des *Herkules* hin begriffen ist: und ich hoffe, daß der Mensch auf dieser Erde es darin der Sonne gleichtut? Und wir voran, wir guten Europäer! –

244.

Es gab eine Zeit, wo man gewohnt war, die Deutschen mit Auszeichnung »tief« zu nennen: jetzt, wo der erfolgreichste Typus des neuen Deutschtums nach ganz andren Ehren geizt und an Allem, was Tiefe hat, vielleicht die »Schneidigkeit« vermißt, ist der Zweifel beinahe zeitgemäß und patriotisch, ob man sich ehemals mit jenem Lobe nicht betrogen hat: genug, ob die deutsche Tiefe nicht im Grunde etwas Anderes und Schlimmeres ist – und Etwas, das man, Gott sei Dank, mit Erfolg loszuwerden im Begriff steht. Machen wir also den Versuch, über die deutsche Tiefe umzulernen: man hat Nichts dazu nötig als ein wenig Vivisektion der deutschen Seele. – Die deutsche Seele ist vor Allem vielfach, verschiedenen Ursprungs, mehr zusammen- und übereinandergesetzt als wirklich gebaut: das liegt an ihrer Herkunft. Ein Deutscher, der sich erdreisten wollte, zu behaupten »zwei Seelen wohnen, ach! in meiner Brust« würde sich an der Wahrheit arg vergreifen, richtiger, hinter der Wahrheit um viele Seelen zurückbleiben. Als ein Volk der ungeheuerlichsten Mischung und Zusammenrührung von Rassen, vielleicht sogar mit einem Übergewicht des vor-arischen Elementes, als »Volk der Mitte« in jedem Verstande, sind die Deutschen unfaßbarer, umfänglicher, widerspruchsvoller, unbekannter, unberechenbarer, überraschender, selbst urschrecklicher, als es andre Völker sich selber sind: – sie entschlüpfen der *Definition* und sind damit schon die Verzweiflung der Franzosen. Es kennzeichnet die Deutschen, daß bei ihnen die Frage »was ist deutsch?« niemals ausstirbt. Kotzebue kannte seine Deutschen gewiß gut genug: »wir sind erkannt« jubelten sie ihm zu, – aber auch *Sand* glaubte sie zu kennen. Jean Paul wußte, was er tat, als er sich ergrimmt gegen Fichtes verlogne, aber patriotische Schmeicheleien und Übertreibungen erklärte, – aber es ist wahrscheinlich, daß Goethe anders über die Deutschen dachte als Jean Paul, wenn er ihm auch in betreff Fichtens recht gab. Was Goethe eigentlich über die Deutschen gedacht hat? – Aber er hat über viele Dinge um sich herum nie deutlich geredet und verstand sich zeitlebens auf das feine Schweigen: – wahrscheinlich hatte er gute Gründe dazu. Gewiß ist, daß es nicht »die Freiheitskriege« waren, die ihn freudiger aufblicken ließen, sowenig als die französische Revolution, – das Ereignis, um dessentwillen er seinen Faust, ja das ganze Problem »Mensch« *umgedacht* hat, war das Erscheinen Napoleons. Es gibt Worte Goethes, in denen er, wie vom Auslande her, mit einer ungeduldigen Härte über Das abspricht, was die Deutschen sich zu ihrem Stolze rechnen: das berühmte deutsche Gemüt definiert er einmal als »Nachsicht mit fremden und eignen Schwächen«. Hat er damit unrecht? – es kennzeichnet die Deutschen, daß man über sie selten völlig unrecht hat. Die deutsche Seele hat Gänge und Zwischengänge in sich, es gibt in ihr Höhlen, Verstecke,

Burgverliese; ihre Unordnung hat viel vom Reize des Geheimnisvollen: der Deutsche versteht sich auf die Schleichwege zum Chaos. Und wie jeglich Ding sein Gleichnis liebt, so liebt der Deutsche die Wolken und Alles, was unklar, werdend, dämmernd, feucht und verhängt ist: das Ungewisse, Unausgestaltete, Sich-Verschiebende, Wachsende jeder Art fühlt er als »tief«. Der Deutsche selbst *ist* nicht, er *wird,* er »entwickelt sich«. »Entwicklung« ist deshalb der eigentlich deutsche Fund und Wurf im großen Reich philosophischer Formeln: – ein regierender Begriff, der, im Bunde mit deutschem Bier und deutscher Musik, daran arbeitet, ganz Europa zu verdeutschen. Die Ausländer stehen erstaunt und angezogen vor den Rätseln, die ihnen die Widerspruchs-Natur im Grunde der deutschen Seele aufgibt (welche Hegel in System gebracht, Richard Wagner zuletzt noch in Musik gesetzt hat). »Gutmütig und tückisch« – ein solches Nebeneinander, widersinnig in bezug auf jedes andre Volk, rechtfertigt sich leider zu oft in Deutschland: man lebe nur eine Zeit lang unter Schwaben! Die Schwerfälligkeit des deutschen Gelehrten, seine gesellschaftliche Abgeschmacktheit verträgt sich zum Erschrecken gut mit einer innewendigen Seiltänzerei und leichten Kühnheit, vor der bereits alle Götter das Fürchten gelernt haben. Will man die »deutsche Seele« *ad oculos* demonstriert, so sehe man nur in den deutschen Geschmack, in deutsche Künste und Sitten hinein: welche bäurische Gleichgültigkeit gegen »Geschmack«! Wie steht da das Edelste und Gemeinste nebeneinander! Wie unordentlich und reich ist dieser ganze Seelen-Haushalt! Der Deutsche *schleppt* an seiner Seele: er schleppt an Allem, was er erlebt. Er verdaut seine Ereignisse schlecht, er wird nie damit »fertig«; die deutsche Tiefe ist oft nur eine schwere zögernde »Verdauung«. Und wie alle Gewohnheits-Kranken, alle Dyspeptiker den Hang zum Bequemen haben, so liebt der Deutsche die

»Offenheit« und »Biederkeit«: wie *bequem* ist es, offen und bieder zu sein! – Es ist heute vielleicht die gefährlichste und glücklichste Verkleidung, auf die sich der Deutsche versteht, dies Zutrauliche, Entgegenkommende, die-Karten-Aufdekkende der deutschen *Redlichkeit:* sie ist seine eigentliche Mephistopheles-Kunst, mit ihr kann er es »noch weit bringen«! Der Deutsche läßt sich gehen, blickt dazu mit treuen blauen leeren deutschen Augen – und sofort verwechselt das Ausland ihn mit seinem Schlafrocke! – Ich wollte sagen: mag die »deutsche Tiefe« sein, was sie will, – ganz unter uns erlauben wir uns vielleicht über sie zu lachen? – wir tun gut, ihren Anschein und guten Namen auch fürderhin in Ehren zu halten und unsern alten Ruf, als Volk der Tiefe, nicht zu billig gegen preußische »Schneidigkeit« und Berliner Witz und Sand zu veräußern. Es ist für ein Volk klug, sich für tief, für ungeschickt, für gutmütig, für redlich, für unklug gelten zu machen, gelten zu *lassen:* es könnte sogar – tief sein! Zuletzt: man soll seinem Namen Ehre machen, – man heißt nicht umsonst das *»tiusche«* Volk, das Täusche-Volk. –

245.

Die »gute alte» Zeit ist dahin, in Mozart hat sie sich ausgesungen: – wie glücklich *wir,* daß zu uns sein Rokoko noch redet, daß seine »gute Gesellschaft«, sein zärtliches Schwärmen, seine Kinderlust am Chinesischen und Geschnörkelten, seine Höflichkeit des Herzens, sein Verlangen nach dem Zierlichen, Verliebten, Tanzenden, Tränenseligen, sein Glaube an den Süden noch an irgendeinen *Rest* in uns appellieren darf! Ach, irgendwann wird es einmal damit vorbei sein; – aber wer darf zweifeln, daß es noch früher mit dem Verstehen und Schmecken Beethovens vorbei sein wird! – der ja nur der Ausklang eines Stil-Übergangs und Stil-Bruchs war und *nicht,* wie Mozart, der Ausklang eines großen jahrhundertelangen europäischen Geschmacks. Beethoven ist das Zwischen-Begebnis einer alten mürben Seele, die beständig zerbricht, und einer zukünftigen überjungen Seele, welche beständig *kommt;* auf seiner Musik liegt jenes Zwielicht von ewigem Verlieren und ewigem ausschweifendem Hoffen, – dasselbe Licht, in welchem Europa gebadet lag, als es mit Rousseau geträumt, als es um den Freiheitsbaum der Revolution getanzt und endlich vor Napoleon beinahe angebetet hatte. Aber wie schnell verbleicht jetzt gerade *dies* Gefühl, wie schwer ist heute schon das *Wissen* um dies Gefühl, – wie fremd klingt die Sprache jener Rousseau, Schiller, Shelley, Byron an unser Ohr, in denen *zusammen* dasselbe Schicksal Europas den Weg zum Wort gefunden hat, das in Beethoven zu singen wußte! – Was von deutscher Musik nachher gekommen ist, gehört in die Romantik, das heißt in eine, historisch gerechnet, noch kürzere, noch flüchtigere, noch oberflächlichere Bewegung, als es jener große Zwischenakt, jener Übergang Europas von Rousseau zu Napoleon und zur Heraufkunft der Demokratie war. Weber: aber was ist *uns* heute Freischütz und Oberon! Oder Marschners Hans Heiling und Vampyr! Oder selbst noch Wagners Tannhäuser! Das ist verklungene, wenn auch noch nicht vergessene Musik. Diese ganze Musik der Romantik war überdies nicht vornehm genug, nicht Musik genug, um auch anderswo recht zu behalten, als im Theater und vor der Menge; sie war von vornherein Musik zweiten Ranges, die unter wirklichen Musikern wenig in Betracht kam. Anders stand es mit Felix Mendelssohn, jenem halkyonischen Meister, der um seiner leichteren reineren beglückteren Seele willen schnell verehrt und ebenso schnell vergessen wurde: als der schöne *Zwi-*

schenfall der deutschen Musik. Was aber Robert Schumann angeht, der es schwernahm und von Anfang an auch schwergenommen worden ist – es ist der letzte, der eine Schule gegründet hat –: gilt es heute unter uns nicht als ein Glück, als ein Aufatmen, als eine Befreiung, daß gerade diese Schumannsche Romantik überwunden ist? Schumann, in die »sächsische Schweiz« seiner Seele flüchtend, halb Wertherisch, halb Jean-Paulisch geartet, gewiß nicht Beethovenisch! gewiß nicht Byronisch! – seine Manfred-Musik ist ein Mißgriff und Mißverständnis bis zum Unrechte –, Schumann mit seinem Geschmack, der im Grunde ein *kleiner* Geschmack war (nämlich ein gefährlicher, unter Deutschen doppelt gefährlicher Hang zur stillen Lyrik und Trunkenboldigkeit des Gefühls), beständig beiseite gehend, sich scheu verziehend und zurückziehend, ein edler Zärtling, der in lauter anonymem Glück und Weh schwelgte, eine Art Mädchen und *noli me tangere* von Anbeginn: dieser Schumann war bereits nur noch ein *deutsches* Ereignis in der Musik, kein europäisches mehr, wie Beethoven es war, wie, in noch umfänglicherem Maße, Mozart es gewesen ist, – mit ihm drohte der deutschen Musik ihre größte Gefahr, *die Stimme für die Seele Europas* zu verlieren und zu einer bloßen Vaterländerei herabzusinken. –

246.

– Welche Marter sind deutsch geschriebene Bücher für Den, der das *dritte* Ohr hat! Wie unwillig steht er neben dem langsam sich drehenden Sumpfe von Klängen ohne Klang, von Rhythmen ohne Tanz, welcher bei Deutschen ein »Buch« genannt wird! Und gar der Deutsche, der Bücher *liest!* Wie faul, wie widerwillig, wie schlecht liest er! Wie viele Deutsche wissen es und fordern es von sich zu wissen, daß *Kunst* in jedem guten Satze steckt, – Kunst, die erraten sein will, sofern der Satz verstanden sein will! Ein Mißverständnis über sein Tempo zum Beispiel: und der Satz selbst ist mißverstanden! Daß man über die rhythmisch entscheidenden Silben nicht im Zweifel sein darf, daß man die Brechung der allzu strengen Symmetrie als gewollt und als Reiz fühlt, daß man jedem *staccato,* jedem *rubato* ein feines geduldiges Ohr hinhält, daß man den Sinn in der Folge der Vokale und Diphthongen rät, und wie zart und reich sie in ihrem Hintereinander sich färben und umfärben können: wer unter bücherlesenden Deutschen ist gutwillig genug, solchergestalt Pflichten und Forderungen anzuerkennen und auf so viel Kunst und Absicht in der Sprache hinzuhorchen? Man hat zuletzt eben »das Ohr nicht dafür«: und so werden die stärksten Gegensätze des Stils nicht gehört, und die fernste Künstlerlandschaft ist wie vor Tauben *verschwendet.* – Dies waren meine Gedanken, als ich merkte, wie man plump und ahnungslos zwei Meister in der Kunst der Prosa miteinander verwechselte, Einen, dem die Worte zögernd und kalt herabtropfen, wie von der Decke einer feuchten Höhle – er rechnet auf ihren dumpfen Klang und Wiederklang – und einen Anderen, der seine Sprache wie einen biegsamen Degen handhabt und vom Arme bis zur Zehe hinab das gefährliche Glück der zitternden überscharfen Klinge fühlt, welche beißen, zischen, schneiden will. –

247.

Wie wenig der deutsche Stil mit dem Klange und mit den Ohren zu tun hat, zeigt die Tatsache, daß gerade unsre guten Musiker schlecht schreiben. Der Deutsche liest nicht laut, nicht fürs Ohr, sondern bloß mit den Augen: er hat seine Ohren dabei ins Schuhfach gelegt. Der antike Mensch las, wenn er las – es geschah selten genug –, sich selbst etwas vor, und zwar mit lauter Stimme; man wunderte sich, wenn Jemand leise las und fragte sich insgeheim nach Gründen. Mit lauter Stimme: das will sagen, mit all den Schwellungen, Biegungen, Umschlägen des Tons und Wechseln des Tempos, an denen die antike *öffentliche* Welt ihre Freude hatte. Damals waren die Gesetze des Schrift-Stils dieselben, wie die des Rede-Stils; und dessen Gesetze hingen zum Teil von der erstaunlichen Ausbildung, den raffinierten Bedürfnissen des Ohrs und Kehlkopfs ab, zum andern Teil von der Stärke, Dauer und Macht der antiken Lunge. Eine Periode ist, im Sinne der Alten, vor Allem ein physiologisches Ganzes, insofern sie von Einem Atem zusammengefaßt wird. Solche Perioden, wie sie bei Demosthenes, bei Cicero vorkommen, zweimal schwellend und zweimal absinkend und Alles innerhalb Eines Atemzugs: das sind Genüsse für *antike* Menschen, welche die Tugend daran, das Seltene und Schwierige im Vortrag einer solchen Periode, aus ihrer eignen Schulung zu schätzen wußten: – *wir* haben eigentlich kein Recht auf die *große* Periode, wir Modernen, wir Kurzatmigen in jedem Sinne! Diese Alten waren ja insgesamt in der Rede selbst Dilettanten, folglich Kenner, folglich Kritiker, – damit trieben sie ihre Redner zum Äußersten; in gleicher Weise, wie im vorigen Jahrhundert, als alle Italiener und Italienerinnen zu singen verstanden, bei ihnen das Gesangs-Virtuosentum (und damit auch die Kunst der Melodik –) auf die Höhe kam. In

Deutschland aber gab es (bis auf die jüngste Zeit, wo eine Art Tribünen-Beredsamkeit schüchtern und plump genug ihre jungen Schwingen regt) eigentlich nur Eine Gattung öffentlicher und *ungefähr* kunstmäßiger Rede: das ist die von der Kanzel herab. Der Prediger allein wußte in Deutschland, was eine Silbe, was ein Wort wiegt, inwiefern ein Satz schlägt, springt, stürzt, läuft, ausläuft, er allein hatte Gewissen in seinen Ohren, oft genug ein böses Gewissen: denn es fehlt nicht an Gründen dafür, daß gerade von einem Deutschen Tüchtigkeit in der Rede selten, fast immer zu spät erreicht wird. Das Meisterstück der deutschen Prosa ist deshalb billigerweise das Meisterstück ihres größten Predigers: die *Bibel* war bisher das beste deutsche Buch. Gegen Luthers Bibel gehalten ist fast alles übrige nur »Literatur« – ein Ding, das nicht in Deutschland gewachsen ist und darum auch nicht in deutsche Herzen hineinwuchs und -wächst: wie es die Bibel getan hat.

248.

Es gibt zwei Arten des Genies: eins, welches vor allem zeugt und zeugen will, und ein andres, welches sich gern befruchten läßt und gebiert. Und ebenso gibt es unter den genialen Völkern solche, denen das Weibsproblem der Schwangerschaft und die geheime Aufgabe des Gestaltens, Ausreifens, Vollendens zugefallen ist – die Griechen zum Beispiel waren ein Volk dieser Art, insgleichen die Franzosen –; und andre, welche befruchten müssen und die Ursache neuer Ordnungen des Lebens werden – gleich den Juden, den Römern und, in aller Bescheidenheit gefragt, den Deutschen? –, Völker gequält und entzückt von unbekannten Fiebern und unwiderstehlich aus sich herausgedrängt, verliebt und lüstern nach fremden Rassen (nach solchen, welche sich »befruchten lassen« –) und dabei herrschsüchtig wie Alles, was sich voller Zeugekräfte und folglich »von Gottes Gnaden« weiß. Diese zwei Arten des Genies suchen sich, wie Mann und Weib; aber sie mißverstehen auch einander, – wie Mann und Weib.

249.

Jedes Volk hat seine eigne Tartüfferie, und heißt sie seine Tugenden. – Das Beste, was man ist, kennt man nicht, – kann man nicht kennen.

250.

Was Europa den Juden verdankt? – Vielerlei, Gutes und Schlimmes, und vor allem Eins, das vom Besten und Schlimmsten zugleich ist: den großen Stil in der Moral, die Furchtbarkeit und Majestät unendlicher Forderungen, unendlicher Bedeutungen, die ganze Romantik und Erhabenheit der moralischen Fragwürdigkeiten – und folglich gerade den anziehendsten, verfänglichsten und aufgesuchtesten Teil jener Farbenspiele und Verführungen zum Leben, in deren Nachschimmer heute der Himmel unsrer europäischen Kultur, ihr Abend-Himmel, glüht, – vielleicht verglüht. Wir Artisten unter den Zuschauern und Philosophen sind dafür den Juden – dankbar. –

251.

Man muß es in Kauf nehmen, wenn einem Volke, das am nationalen Nervenfieber und politischen Ehrgeize leidet, leiden *will* –, mancherlei Wolken und Störungen über den Geist ziehn, kurz, kleine Anfälle von Verdummung: zum Beispiel bei den Deutschen von heute bald die antifranzösische Dummheit, bald die antijüdische, bald die antipolnische, bald die christlich-romantische, bald die Wagnerianische, bald die teutonische, bald die preußische (man sehe sich doch diese armen Historiker, diese Sybel und Treitschke und ihre dick verbundenen Köpfe an –), und wie sie alle heißen mögen, diese kleinen Benebelungen des deutschen Geistes und Gewissens. Möge man mir verzeihn, daß auch ich, bei einem kurzen gewagten Aufenthalt auf sehr infiziertem Gebiete, nicht völlig von der Krankheit verschont blieb und mir, wie alle Welt, bereits Gedanken über Dinge zu machen anfing, die mich nichts angehn: erstes Zeichen der politischen Infektion. Zum Beispiel über die Juden: man höre. – Ich bin noch keinem Deutschen begegnet, der den Juden gewogen gewesen wäre; und so unbedingt auch die Ablehnung der eigentlichen Antisemiterei von seiten aller Vorsichtigen und Politischen sein mag, so richtet sich doch auch diese Vorsicht und Politik nicht etwa gegen die Gattung des Gefühls selber, sondern nur gegen seine gefährliche Unmäßigkeit, insbesondere gegen den abgeschmackten und schandbaren Ausdruck dieses unmäßigen Gefühls, – darüber darf man sich nicht täuschen. Daß Deutschland reichlich *genug* Juden hat, daß der deutsche Magen, das deutsche Blut Not hat (und noch auf lange Not haben wird), um auch nur mit diesem Quantum »Jude« fertig zu werden – so wie der Italiener, der Franzose, der Engländer fertig geworden sind, in Folge einer kräftigeren Verdauung –: das ist die deutliche Aussage und Sprache eines allgemeinen Instinktes, auf welchen man hören, nach welchem man handeln muß. »Keine neue Juden mehr hineinlassen! Und namentlich nach dem Osten (auch nach Österreich) zu die Tore zusperren!« also gebietet der Instinkt eines Volkes, dessen Art noch schwach und unbestimmt ist, so daß sie leicht verwischt, leicht durch eine stärkere Rasse ausgelöscht werden könnte. Die Juden sind aber ohne allen Zweifel die stärkste, zäheste und reinste Rasse, die jetzt in Europa lebt; sie verstehen es, selbst noch unter den schlimmsten Bedingungen sich durchzusetzen (besser sogar als unter günstigen), vermöge irgendwelcher Tugenden, die man heute gern zu Lastern stempeln möchte, – dank, vor Allem, einem resoluten Glauben, der sich vor den »modernen Ideen« nicht zu schämen braucht; sie verändern sich, *wenn* sie sich verändern, immer nur so, wie das russische Reich seine Eroberungen macht, – als ein Reich, das Zeit hat und nicht von Gestern ist –: nämlich nach dem Grundsatze »so langsam als möglich!« Ein Denker, der die Zukunft Europas auf seinem Gewissen hat, wird, bei allen Entwürfen, welche er bei sich über diese Zukunft macht, mit den Juden rechnen wie mit den Russen, als den zunächst sichersten und wahrscheinlichsten Faktoren im großen Spiel und Kampf der Kräfte. Das, was heute in Europa »Nation« genannt wird und eigentlich mehr eine *res facta* als *nata* ist (ja mitunter einer *res facta et picta* zum Verwechseln ähnlich sieht –), ist in jedem Falle etwas Werdendes, Junges, Leicht-Verschiebbares, noch keine Rasse, geschweige denn ein solches *aere perennius,* wie es die Juden-Art ist: diese »Nationen« sollten sich doch vor jeder hitzköpfigen Konkurrenz und Feindseligkeit sorgfältig in acht nehmen! Daß die Juden, wenn sie wollten – oder, wenn man sie dazu zwänge, wie es die Antisemiten zu wollen scheinen –, jetzt schon das Übergewicht, ja ganz wörtlich die Herrschaft über Europa haben *könnten,* steht fest; daß sie *nicht* darauf hinarbeiten und Pläne machen, ebenfalls. Einstweilen wollen und wünschen sie vielmehr, sogar mit einiger Zudringlichkeit, in Europa, von Europa ein- und aufgesaugt zu werden, sie dürsten darnach, endlich irgendwo fest, erlaubt, geachtet zu sein und dem Nomadenleben, dem »ewigen Juden« ein Ziel zu setzen; und man sollte diesen Zug und Drang (der vielleicht selbst schon eine Milderung der jüdischen Instinkte ausdrückt) wohl beachten und ihm *entgegenkommen:* wozu es vielleicht nützlich und billig wäre, die antisemitischen Schreihälse des Landes zu verweisen. Mit aller Vorsicht entgegenkommen, mit Auswahl; ungefähr so wie der englische Adel es tut. Es liegt auf der Hand, daß am unbedenklichsten noch sich die stärkeren und bereits fester geprägten Typen des neuen Deutschtums mit ihnen einlassen könnten, zum Beispiel der adelige Offizier aus der Mark: es wäre von vielfachem Interesse, zu sehen, ob sich nicht zu der erblichen Kunst des Befehlens und Gehorchens – in Beidem ist das bezeichnete Land heute klassisch – das Genie des Geldes und der Geduld (und vor allem etwas Geistigkeit, woran es reichlich an der bezeichneten Stelle fehlt –) hinzutun, hinzuzüchten ließe. Doch hier ziemt es sich, meine heitere Deutschtümelei und Festrede abzubrechen: denn ich rühre bereits an meinen *Ernst,* an das »europäische Problem«, wie ich es verstehe, an die Züchtung einer neuen über Europa regierenden Kaste. –

252.

Das ist keine philosophische Rasse – diese Engländer: Bacon bedeutet einen *Angriff* auf den philosophischen Geist überhaupt, Hobbes, Hume und Locke eine Erniedrigung und

Wert-Minderung des Begriffs »Philosoph« für mehr als ein Jahrhundert. Gegen Hume erhob und hob sich Kant; Locke war es, von dem Schelling sagen *durfte: »je méprise Locke«;* im Kampfe mit der englisch-mechanistischen Welt-Vertölpelung waren Hegel und Schopenhauer (mit Goethe) einmütig, jene beiden feindlichen Brüder-Genies in der Philosophie, welche nach den entgegengesetzten Polen des deutschen Geistes auseinanderstrebten und sich dabei unrecht taten, wie sich eben nur Brüder unrecht tun. – Woran es in England fehlt und immer gefehlt hat, das wußte jener Halb-Schauspieler und Rhetor gut genug, der abgeschmackte Wirrkopf Carlyle, welcher es unter leidenschaftlichen Fratzen zu verbergen suchte, was er von sich selbst wußte: nämlich woran es in Carlyle *fehlte* – an eigentlicher *Macht* der Geistigkeit, an eigentlicher *Tiefe* des geistigen Blicks, kurz an Philosophie. – Es kennzeichnet eine solche unphilosophische Rasse, daß sie streng zum Christentume hält: sie *braucht* seine Zucht zur »Moralisierung« und Vermenschlichung. Der Engländer, düsterer, sinnlicher, willensstärker und brutaler als der Deutsche, – ist eben deshalb, als der Gemeinere von Beiden, auch frömmer als der Deutsche: er hat das Christentum eben noch *nötiger.* Für feinere Nüstern hat selbst dieses englische Christentum noch einen ächt englischen Nebengeruch von *spleen* und alkoholischer Ausschweifung, gegen welche es aus guten Gründen als Heilmittel gebraucht wird, – das feinere Gift nämlich gegen das gröbere: eine feinere Vergiftung ist in der Tat bei plumpen Völkern schon ein Fortschritt, eine Stufe zur Vergeistigung. Die englische Plumpheit und Bauern-Ernsthaftigkeit wird durch die christliche Gebärdensprache und durch Beten und Psalmensingen noch am erträglichsten verkleidet, richtiger: ausgelegt und umgedeutet; und für jenes Vieh von Trunkenbolden und Ausschweifenden, welches ehemals unter der Gewalt des

Methodismus und neuerdings wieder als »Heilsarmee« moralisch grunzen lernt, mag wirklich ein Bußkrampf die verhältnismäßig höchste Leistung von »Humanität« sein, zu der es gesteigert werden kann: soviel darf man billig zugestehn. Was aber auch noch am humansten Engländer beleidigt, das ist sein Mangel an Musik, im Gleichnis (und ohne Gleichnis –) zu reden: er hat in den Bewegungen seiner Seele und seines Leibes keinen Takt und Tanz, ja noch nicht einmal die Begierde nach Takt und Tanz, nach »Musik«. Man höre ihn sprechen; man sehe die schönsten Engländerinnen *gehn* – es gibt in keinem Lande der Erde schönere Tauben und Schwäne, – endlich: man höre sie singen! Aber ich verlange zu viel – –

253.

Es gibt Wahrheiten, die am besten von mittelmäßigen Köpfen erkannt werden, weil sie ihnen am gemäßesten sind, es gibt Wahrheiten, die nur für mittelmäßige Geister Reize und Verführungskräfte besitzen: – auf diesen vielleicht unangenehmen Satz wird man gerade jetzt hingestoßen, seitdem der Geist achtbarer, aber mittelmäßiger Engländer – ich nenne Darwin, John Stuart Mill und Herbert Spencer – in der mittleren Region des europäischen Geschmacks zum Übergewicht zu gelangen anhebt. In der Tat, wer möchte die Nützlichkeit davon anzweifeln, daß zeitweilig *solche* Geister herrschen? Es wäre ein Irrtum, gerade die hochgearteten und abseits fliegenden Geister für besonders geschickt zu halten, viele kleine gemeine Tatsachen festzustellen, zu sammeln und in Schlüsse zu drängen: – sie sind vielmehr, als Ausnahmen, von vornherein in keiner günstigen Stellung zu den »Regeln«. Zuletzt haben sie mehr zu tun als nur zu erkennen – nämlich etwas Neues zu *sein,* etwas Neues zu *bedeuten,* neue Werte *darzustellen!* Die Kluft zwischen Wissen und Können ist vielleicht größer, auch unheimlicher als man denkt: der Könnende im großen Stil, der Schaffende wird möglicherweise ein Unwissender sein müssen, – während andererseits zu wissenschaftlichen Entdeckungen nach der Art Darwins eine gewisse Enge, Dürre und fleißige Sorglichkeit, kurz etwas Englisches nicht übel disponieren mag. – Vergesse man es zuletzt den Engländern nicht, daß sie schon einmal mit ihrer tiefen Durchschnittlichkeit eine Gesamt-Depression des europäischen Geistes verursacht haben: Das, was man »die modernen Ideen« oder »die Ideen des achtzehnten Jahrhunderts« oder auch »die französischen Ideen« nennt, – Das also, wogegen sich der *deutsche* Geist mit tiefem Ekel erhoben hat, – war englischen Ursprungs, daran ist nicht zu zweifeln. Die Franzosen sind nur die Affen und Schauspieler dieser Ideen gewesen, auch ihre besten Soldaten, insgleichen leider ihre ersten und gründlichsten *Opfer:* denn an der verdammlichen Anglomanie der »modernen Ideen« ist zuletzt die *âme française* so dünn geworden und abgemagert, daß man sich ihres sechzehnten und siebzehnten Jahrhunderts, ihrer tiefen leidenschaftlichen Kraft, ihrer erfinderischen Vornehmheit heute fast mit Unglauben erinnert. Man muß aber diesen Satz historischer Billigkeit mit den Zähnen festhalten und gegen den Augenblick und Augenschein verteidigen: die europäische *noblesse* des Gefühls, des Geschmacks, der Sitte, kurz das Wort in jedem hohen Sinne genommen – ist *Frankreichs* Werk und Erfindung, die europäische Gemeinheit, der Plebejismus der modernen Ideen – *Englands.* –

254.

Auch jetzt noch ist Frankreich der Sitz der geistigsten und raffiniertesten Kultur Europas und die hohe Schule des Geschmacks: aber man muß dies »Frankreich des Geschmacks« zu finden wissen. Wer zu ihm gehört, hält sich gut verborgen: – es mag eine kleine Zahl sein, in denen es leibt und lebt, dazu vielleicht Menschen, welche nicht auf den kräftigsten Beinen stehn, zum Teil Fatalisten, Verdüsterte, Kranke, zum Teil Verzärtelte und Verkünstelte, solche, welche den *Ehrgeiz* haben, sich zu verbergen. Etwas ist Allen gemein; sie halten sich die Ohren zu vor der rasenden Dummheit und dem lärmenden Maulwerk des demokratischen *bourgeois.* In der Tat wälzt sich heute im Vordergrunde ein verdummtes und vergröbertes Frankreich, – es hat neuerdings, bei dem Leichenbegängnis Victor Hugos, eine wahre Orgie des Ungeschmacks und zugleich der Selbstbewunderung gefeiert. Auch etwas Anderes ist ihnen gemeinsam: ein guter Wille, sich der geistigen Germanisierung zu erwehren – und ein noch besseres Unvermögen dazu! Vielleicht ist jetzt schon Schopenhauer in diesem Frankreich des Geistes, welches auch ein Frankreich des Pessimismus ist, mehr zu Hause und heimischer geworden, als er es je in Deutschland war; nicht zu reden von Heinrich Heine, der den feineren und anspruchsvolleren Lyrikern von Paris lange schon in Fleisch und Blut übergegangen ist, oder von Hegel, der heute in Gestalt Taines – das heißt des *ersten* lebenden Historikers – einen beinahe tyrannischen Einfluß ausübt. Was aber Richard Wagner betrifft: je mehr sich die französische Musik nach den wirklichen Bedürfnissen der *âme moderne* gestalten lernt, um so mehr wird sie »wagnerisieren«, das darf man vorhersagen, – sie tut es jetzt schon genug! Es ist dennoch dreierlei, was auch heute noch die Franzosen mit Stolz als ihr

Erb und Eigen und als unverlornes Merkmal einer alten Kultur-Überlegenheit über Europa aufweisen können, trotz aller freiwilligen oder unfreiwilligen Germanisierung und Verpöbelung des Geschmacks: einmal die Fähigkeit zu artistischen Leidenschaften, zu Hingebungen an die »Form«, für welche das Wort *l'art pour l'art,* neben tausend anderen, erfunden ist: – dergleichen hat in Frankreich seit drei Jahrhunderten nicht gefehlt und immer wieder, dank der Ehrfurcht vor der »kleinen Zahl«, eine Art Kammermusik der Literatur ermöglicht, welche im übrigen Europa sich suchen läßt –. Das zweite, worauf die Franzosen eine Überlegenheit über Europa begründen können, ist ihre alte vielfache *moralistische* Kultur, welche macht, daß man im Durchschnitt selbst bei kleinen *romanciers* der Zeitungen und zufälligen *boulevardiers de Paris* eine psychologische Reizbarkeit und Neugierde findet, von der man zum Beispiel in Deutschland keinen Begriff (geschweige denn die Sache!) hat. Den Deutschen fehlen dazu ein paar Jahrhunderte moralistischer Arbeit, welche, wie gesagt, Frankreich sich nicht erspart hat; wer die Deutschen darum »naiv« nennt, macht ihnen aus einem Mangel ein Lob zurecht. (Als Gegensatz zu der deutschen Unerfahrenheit und Unschuld in *volluptate psychologica,* die mit der Langweiligkeit des deutschen Verkehrs nicht gar zu fern verwandt ist, – und als gelungenster Ausdruck einer ächt französischen Neugierde und Erfindungsgabe für dieses Reich zarter Schauder mag Henry Beyle gelten, jener merkwürdige vorwegnehmende und vorauslaufende Mensch, der mit einem Napoleonischen Tempo durch *sein* Europa, durch mehrere Jahrhunderte der europäischen Seele lief, als ein Ausspürer und Entdecker dieser Seele: – es hat zweier Geschlechter bedürft, um ihn irgendwie *einzuholen,* um einige der Rätsel nachzuraten, die ihn quälten und entzückten, diesen wunderlichen Epikureer und Fragezeichen-Menschen, der Frankreichs letzter großer Psycholog war –). Es gibt noch einen dritten Anspruch auf Überlegenheit: im Wesen der Franzosen ist eine halbwegs gelungene Synthesis des Nordens und Südens gegeben, welche sie viele Dinge begreifen macht und andre Dinge tun heißt, die ein Engländer nie begreifen wird; ihr dem Süden periodisch zugewandtes und abgewandtes Temperament, in dem von Zeit zu Zeit das provençalische und ligurische Blut überschäumt, bewahrt sie vor dem schauerlichen nordischen Grau in Grau und der sonnenlosen Begriffs-Gespensterei und Blutarmut, – unsrer *deutschen* Krankheit des Geschmacks gegen deren Übermaß man sich augenblicklich mit großer Entschlossenheit Blut und Eisen, will sagen: die »große Politik« verordnet hat (gemäß einer gefährlichen Heilkunst, welche mich warten und warten, aber bis jetzt noch nicht hoffen lehrt –). Auch jetzt noch gibt es in Frankreich ein Vorverständnis und ein Entgegenkommen für jene seltneren und selten befriedigten Menschen, welche zu umfänglich sind, um in irgendeiner Vaterländerei ihr Genüge zu finden, und im Norden den Süden, im Süden den Norden zu lieben wissen, – für die geborenen Mittelländler, die »guten Europäer«. – Für sie hat *Bizet* Musik gemacht, dieses letzte Genie, welches eine neue Schönheit und Verführung gesehn, – der ein Stück *Süden der Musik* entdeckt hat.

255.

Gegen die deutsche Musik halte ich mancherlei Vorsicht für geboten. Gesetzt, daß Einer den Süden liebt, wie ich ihn liebe, als eine große Schule der Genesung, im Geistigsten und Sinnlichsten, als eine unbändige Sonnenfülle und Sonnen-

Verklärung, welche sich über ein selbstherrliches, an sich glaubendes Dasein breitet: nun, ein Solcher wird sich etwas vor der deutschen Musik in acht nehmen lernen, weil sie, indem sie seinen Geschmack zurückverdirbt, ihm die Gesundheit mit zurückverdirbt. Ein solcher Südländer, nicht der Abkunft, sondern dem *Glauben* nach, muß, falls er von der Zukunft der Musik träumt, auch von einer Erlösung der Musik vom Norden träumen und das Vorspiel einer tieferen, mächtigeren, vielleicht böseren und geheimnisvolleren Musik in seinen Ohren haben, einer überdeutschen Musik, welche vor dem Anblick des blauen wollüstigen Meers und der mittelländischen Himmels-Helle nicht verklingt, vergilbt, verblaßt, wie es alle deutsche Musik tut, einer übereuropäischen Musik, die noch vor den braunen Sonnen-Untergängen der Wüste recht behält, deren Seele mit der Palme verwandt ist und unter großen schönen einsamen Raubtieren heimisch zu sein und zu schweifen versteht – – Ich könnte mir eine Musik denken, deren seltenster Zauber darin bestünde, daß sie von Gut und Böse nichts mehr wüßte, nur daß vielleicht irgendein Schiffer-Heimweh, irgendwelche goldne Schatten und zärtliche Schwächen hier und da über sie hinwegliefen: eine Kunst, welche von großer Ferne her die Farben einer untergehenden, fast unverständlich gewordenen *moralischen* Welt zu sich flüchten sähe, und die gastfreundlich und tief genug zum Empfang solcher späten Flüchtlinge wäre. –

256.

Dank der krankhaften Entfremdung, welche der Nationalitäts-Wahnsinn zwischen die Völker Europas gelegt hat und noch legt, dank ebenfalls den Politikern des kurzen Blicks und der raschen Hand, die heute mit seiner Hilfe obenauf sind und gar nicht ahnen, wie sehr die auseinanderlösende Politik, welche sie treiben, notwendig nur Zwischenakts-Politik sein kann, – dank alledem und manchem heute ganz Unaussprechbaren werden jetzt die unzweideutigsten Anzeichen übersehn oder willkürlich und lügenhaft umgedeutet, in denen sich ausspricht, daß *Europa Eins werden will.* Bei allen tieferen und umfänglicheren Menschen dieses Jahrhunderts war es die eigentliche Gesamt-Richtung in der geheimnisvollen Arbeit ihrer Seele, den Weg zu jener neuen *Synthesis* vorzubereiten und versuchsweise den Europäer der Zukunft vorwegzunehmen: nur mit ihren Vordergründen, oder in schwächeren Stunden, etwa im Alter, gehörten sie zu den »Vaterländern«, – sie ruhten sich nur von sich selber aus, wenn sie »Patrioten« wurden. Ich denke an Menschen wie Napoleon, Goethe, Beethoven, Stendhal, Heinrich Heine, Schopenhauer: man verarge mir es nicht, wenn ich auch Richard Wagner zu ihnen rechne, über den man sich nicht durch seine eignen Mißverständnisse verführen lassen darf, – Genies seiner Art haben selten das Recht, sich selbst zu verstehen. Noch weniger freilich durch den ungesitteten Lärm, mit dem man sich jetzt in Frankreich gegen Richard Wagner sperrt und wehrt: – die Tatsache bleibt nichtsdestoweniger bestehen, daß die *französische Spät-Romantik* der vierziger Jahre und Richard Wagner auf das engste und innigste zueinander gehören. Sie sind sich in allen Höhen und Tiefen ihrer Bedürfnisse verwandt, grundverwandt: Europa ist es, das Eine Europa, dessen Seele sich durch ihre vielfältige und ungestüme Kunst hinaus-, hinaufdrängt und -sehnt – wohin? in ein neues Licht? nach einer neuen Sonne? Aber wer möchte genau aussprechen, was alle diese Meister neuer Sprachmittel nicht deutlich auszusprechen wußten? Gewiß ist, daß der gleiche Sturm und Drang sie quälte, daß sie auf gleiche Weise *suchten,* diese letzten großen Suchenden! Allesamt beherrscht von der Literatur bis in ihre Augen und Ohren – die ersten Künstler von weltliterarischer Bildung –, meistens sogar selbst Schreibende, Dichtende, Vermittler und Vermischer der Künste und der Sinne (Wagner gehört als Musiker unter die Maler, als Dichter unter die Musiker, als Künstler überhaupt unter die Schauspieler); allesamt Fanatiker des *Ausdrucks* »um jeden Preis« – ich hebe Delacroix hervor, den Nächstverwandten Wagners –, allesamt große Entdecker im Reiche des Erhabenen, auch des Häßlichen und Gräßlichen, noch größere Entdecker im Effekte, in der Schaustellung, in der Kunst der Schauläden, allesamt Talente weit über ihr Genie hinaus –, Virtuosen durch und durch, mit unheimlichen Zugängen zu Allem, was verführt, lockt, zwingt, umwirft, geborene Feinde der Logik und der geraden Linien, begehrlich nach dem Fremden, dem Exotischen, dem Ungeheuren, dem Krummen, dem Sich-Widersprechenden; als Menschen Tantalusse des Willens, heraufgekommene Plebejer, welche sich im Leben und Schaffen eines vornehmen *tempo,* eines *lento* unfähig wußten – man denke zum Beispiel an Balzac –, zügellose Arbeiter, beinahe Selbst-Zerstörer durch Arbeit; Antinomisten und Aufrührer in den Sitten, Ehrgeizige und Unersättliche ohne Gleichgewicht und Genuß; allesamt zuletzt an dem christlichen Kreuze zerbrechend und niedersinkend (und das mit Fug und Recht: denn wer von ihnen wäre tief und ursprünglich genug zu einer Philosophie des *Antichrist* gewesen? –) im ganzen eine verwegen-wagende, prachtvoll-gewaltsame, hochfliegende und hochemporreißende Art höherer Menschen, welche ihrem Jahrhundert – und es ist das Jahrhundert der *Menge!* – den Begriff »höherer Mensch« erst zu lehren hatte ... Mögen die deutschen Freunde Richard Wagners darüber mit sich zu Rate gehn, ob es in der Wagnerischen Kunst etwas schlechthin Deutsches gibt, oder ob nicht gerade deren Auszeichnung ist, aus *überdeutschen* Quellen und Antrieben zu kommen: wobei nicht unterschätzt werden mag, wie zur Ausbildung seines Typus gerade Paris unentbehrlich war, nach dem ihn in der entscheidendsten Zeit die Tiefe seiner Instinkte verlangen hieß, und wie die ganze Art seines Auftretens, seines Selbst-Apostolats erst angesichts des französischen Sozialisten-Vorbilds sich vollenden konnte. Vielleicht wird man, bei einer feineren Vergleichung, zu Ehren der deutschen Natur Richard Wagners finden, daß er es in Allem stärker, verwegener, härter, höher getrieben hat, als es ein Franzose des neunzehnten Jahrhunderts treiben könnte, – dank dem Umstande, daß wir Deutschen der Barbarei noch näherstehen als die Franzosen –; vielleicht ist sogar das Merkwürdigste, was Richard Wagner geschaffen hat, der ganzen so späten lateinischen Rasse für immer und nicht nur für heute unzugänglich, unnachfühlbar, unnachahmbar: die Gestalt des Siegfried, jenes *sehr freien* Menschen, der in der Tat bei weitem zu frei, zu hart, zu wohlgemut, zu gesund, zu *antikatholisch* für den Geschmack alter und mürber Kulturvölker sein mag. Er mag sogar eine Sünde wider die Romantik gewesen sein, dieser antiromanische Siegfried: nun, Wagner hat diese Sünde reichlich quittgemacht, in seinen alten trüben Tagen, als er – einen Geschmack vorwegnehmend, der inzwischen Politik geworden ist – – mit der ihm eignen religiösen Vehemenz *den Weg nach Rom,* wenn nicht zu gehn, so doch zu predigen anfing. – Damit man mich, mit diesen letzten Worten, nicht mißverstehe, will ich einige kräftige Reime zu Hilfe nehmen, welche auch weniger feinen Ohren es verraten werden, was ich will, – was ich *gegen* den »letzten Wagner« und seine Parsifal-Musik will:

– Ist Das noch deutsch? –
Aus deutschen Herzen kam dies schwüle Kreischen?
Und deutschen Leibs ist dies Sich-selbst-Entfleischen?
Deutsch ist dies Priester-Händespreitzen,
Dies weihrauch-düftelnde Sinne-Reizen?
Und deutsch dies Stocken, Stürzen, Taumeln,
Dies ungewisse Bimbambaumeln?
Dies Nonnen-Äuglein, Ave-Glocken-Bimmeln,
Dies ganz falsch verzückte Himmel-Überhimmeln?
– Ist Das noch deutsch? –
Erwägt! Noch steht ihr an der Pforte: –
Denn, was ihr hört, ist *Rom, – Roms Glaube ohne Worte!*

NEUNTES HAUPTSTÜCK

Was ist vornehm?

257.

Jede Erhöhung des Typus »Mensch« war bisher das Werk einer aristokratischen Gesellschaft, – und so wird es immer wieder sein: als einer Gesellschaft, welche an eine lange Leiter der Rangordnung und Wertverschiedenheit von Mensch und Mensch glaubt und Sklaverei in irgendeinem Sinne nötig hat. Ohne das *Pathos der Distanz,* wie es aus dem eingefleischten Unterschied der Stände, aus dem beständigen Ausblick und Herabblick der herrschenden Kaste auf Untertänige und Werkzeuge und aus ihrer ebenso beständigen Übung im Gehorchen und Befehlen, Nieder- und Fernhalten erwächst, könnte auch jenes andre geheimnisvollere Pathos gar nicht erwachsen, jenes Verlangen nach immer neuer Distanz-Erweiterung innerhalb der Seele selbst, die Herausbildung immer höherer, seltenerer, fernerer, weitgespannterer, umfänglicherer Zustände, kurz eben die Erhöhung des Typus »Mensch«, die fortgesetzte »Selbst-Überwindung des Menschen«, um eine moralische Formel in einem übermoralischen Sinne zu nehmen. Freilich: man darf sich über die Entstehungsgeschichte einer aristokratischen Gesellschaft (also der Voraussetzung jener Erhöhung des Typus »Mensch« –) keinen humanitären Täuschungen hingeben: die Wahrheit ist hart. Sagen wir es uns ohne Schonung, wie bisher jede höhere Kultur auf Erden *angefangen* hat! Menschen mit einer noch natürlichen Natur, Barbaren in jedem furchtbaren Verstande des Wortes, Raubmenschen, noch im Besitz ungebrochner Willenskräfte und Macht-Begierden, warfen sich auf schwächere, gesittetere, friedlichere, vielleicht handeltreibende oder viehzüchtende Rassen, oder auf alte mürbe Kulturen, in denen eben die letzte Lebenskraft in glänzenden Feuerwerken von Geist und Verderbnis verflackerte. Die vornehme Kaste war im Anfang immer die Barbaren-Kaste: ihr Übergewicht lag nicht vorerst in der physischen Kraft, sondern in der seelischen – es waren die *ganzeren* Menschen (was auf jeder Stufe auch so viel mit bedeutet als »die ganzeren Bestien« –).

258.

Korruption, als der Ausdruck davon, daß innerhalb der Instinkte Anarchie droht, und daß der Grundbau der Affekte, der »Leben« heißt, erschüttert ist: Korruption ist, je nach dem Lebensgebilde, an dem sie sich zeigt, etwas Grundverschiedenes. Wenn zum Beispiel eine Aristokratie, wie die Frankreichs am Anfange der Revolution, mit einem sublimen Ekel ihre Privilegien wegwirft und sich selbst einer Ausschweifung ihres moralischen Gefühls zum Opfer bringt, so ist dies Korruption: – es war eigentlich nur der Abschlußakt jener Jahrhunderte dauernden Korruption, vermöge deren sie Schritt für Schritt ihre herrschaftlichen Befugnisse abgegeben und sich zur *Funktion* des Königtums (zuletzt gar zu dessen Putz und Prunkstück) herabgesetzt hatte. Das Wesentliche an einer guten und gesunden Aristokratie ist aber, daß sie sich *nicht* als Funktion (sei es des Königtums, sei es des Gemeinwesens), sondern als dessen *Sinn* und höchste Rechtfertigung fühlt, – daß sie deshalb mit gutem Gewissen das Opfer einer Unzahl Menschen hinnimmt, welche um *ihretwillen* zu unvollständigen Menschen, zu Sklaven, zu Werkzeugen herabgedrückt und vermindert werden müssen. Ihr Grundglaube muß eben sein, daß die Gesellschaft *nicht* um der Gesellschaft willen dasein dürfe, sondern nur als Unterbau und Gerüst, an dem sich eine ausgesuchte Art Wesen zu ihrer höheren Aufgabe und überhaupt zu einem höheren *Sein* emporzuheben vermag: vergleichbar jenen sonnensüchtigen Kletterpflanzen auf Java – man nennt sie *Sipo Matador* –, welche mit ihren Armen einen Eichbaum so lange und oft umklammern, bis sie endlich, hoch über ihm, aber auf ihn gestützt, in freiem Lichte ihre Krone entfalten und ihr Glück zur Schau tragen können. –

259.

Sich gegenseitig der Verletzung, der Gewalt, der Ausbeutung enthalten, seinen Willen dem des Andern gleichsetzen: dies kann in einem gewissen groben Sinne zwischen Individuen zur guten Sitte werden, wenn die Bedingungen dazu gegeben sind (nämlich deren tatsächliche Ähnlichkeit in Kraftmengen und Wertmaßen und ihre Zusammengehörigkeit innerhalb Eines Körpers). Sobald man aber dies Prinzip weiter nehmen wollte und womöglich gar als *Grundprinzip der Gesellschaft,* so würde es sich sofort erweisen als Das, was es ist: als Wille zur *Verneinung* des Lebens, als Auflösungs- und Verfalls-Prinzip. Hier muß man gründlich auf den Grund denken und sich aller empfindsamen Schwächlichkeit erwehren: Leben selbst ist *wesentlich* Aneignung, Verletzung, Überwältigung des Fremden und Schwächeren, Unterdrückung, Härte, Aufzwängung eigner Formen, Einverleibung und mindestens, mildestens Ausbeutung, – aber wozu sollte man immer gerade solche Worte gebrauchen, denen von alters her eine verleumderische Absicht eingeprägt ist? Auch jener Körper, innerhalb dessen, wie vorher angenommen wurde, die Einzelnen sich als gleich behandeln – es geschieht in jeder gesunden Aristokratie –, muß selber, falls er ein lebendiger und nicht ein absterbender Körper ist, alles Das gegen andre Körper tun, wessen sich die Einzelnen in ihm gegeneinander enthalten: er wird der leibhafte Wille zur Macht sein müssen, er wird wachsen, um sich greifen, an sich ziehn, Übergewicht gewinnen wollen, – nicht aus irgendeiner Moralität oder Immoralität heraus, sondern weil er *lebt,* und weil Leben eben Wille zur Macht ist. In keinem Punkte ist aber das gemeine Bewußtsein der Europäer widerwilliger gegen Belehrung als hier; man schwärmt jetzt überall, unter wissenschaftlichen Verkleidungen sogar, von kommenden Zuständen der Gesellschaft, denen »der ausbeuterische Charakter« abgehn soll: – das klingt in meinen Ohren, als ob man ein Leben zu erfinden verspräche, welches sich aller organischen Funktionen enthielte. Die »Ausbeutung« gehört nicht einer verderbten oder unvollkommnen und primitiven Gesellschaft an: sie gehört ins *Wesen* des Lebendigen, als organische Grundfunktion, sie ist eine Folge des eigentlichen Willens zur Macht, der eben der Wille des Lebens ist. – Gesetzt, dies ist als Theorie eine Neuerung, – als Realität ist es das *Ur-Faktum* aller Geschichte: man sei doch soweit gegen sich ehrlich! –

260.

Bei einer Wanderung durch die vielen feineren und gröberen Moralen, welche bisher auf Erden geherrscht haben oder noch herrschen, fand ich gewisse Züge regelmäßig miteinander wiederkehrend und aneinandergeknüpft: bis sich mir endlich zwei Grundtypen verrieten, und ein Grundunterschied heraussprang. Es gibt *Herren-Moral* und *Sklaven-Moral;* – ich füge sofort hinzu, daß in allen höheren und gemischteren Kulturen auch Versuche der Vermittlung beider Moralen zum Vorschein kommen, noch öfter das Durcheinander derselben und gegenseitige Mißverstehen, ja bisweilen ihr hartes Nebeneinander – sogar im selben Menschen, innerhalb Einer Seele. Die moralischen Wertunterscheidungen sind entweder unter einer herrschenden Art entstanden, welche sich ihres Unterschieds gegen die beherrschte mit Wohlgefühl bewußt wurde, – oder unter den Beherrschten, den Sklaven und Abhängigen jeden Grades. Im ersten Falle, wenn die Herrschenden es sind, die den Begriff »gut« bestimmen, sind es die erhobenen stolzen Zustände der Seele, welche als das Auszeichnende und die Rangordnung Bestimmende empfunden werden. Der vornehme Mensch trennt die Wesen von sich ab, an denen das Gegenteil solcher gehobener stolzer Zustände zum Ausdruck kommt: er verachtet sie. Man bemerke sofort, daß in dieser ersten Art Moral der Gegensatz »gut« und *»schlecht«* soviel bedeutet wie »vornehm« und »verächtlich«: – der Gegensatz »gut« und *»böse«* ist anderer Herkunft. Verachtet wird der Feige, der Ängstliche, der Kleinliche, der an die enge Nützlichkeit Denkende; ebenso der Mißtrauische mit seinem unfreien Blicke, der Sich-Erniedrigende, die Hunde-Art von Mensch, welche sich mißhandeln läßt, der bettelnde Schmeichler, vor Allem der Lügner: – es ist ein Grundglaube aller Aristokraten, daß das gemeine Volk lügnerisch ist. »Wir Wahrhaftigen« – so nannten sich im alten Griechenland die Adeligen. Es liegt auf der Hand, daß die moralischen Wertbezeichnungen überall zuerst auf *Menschen* und erst abgeleitet und spät auf *Handlungen* gelegt worden sind: weshalb es ein arger Fehlgriff ist, wenn Moral-Historiker von Fragen den Ausgang nehmen wie »warum ist die mitleidige Handlung gelobt worden?« Die vornehme Art Mensch fühlt sich als wertbestimmend, sie hat nicht nötig, sich gutheißen zu lassen, sie urteilt »was mir schädlich ist, das ist an sich schädlich«, sie weiß sich als Das, was überhaupt erst Ehre den Dingen verleiht, sie ist *werteschaffend.* Alles, was sie an sich kennt, ehrt sie: eine solche Moral ist Selbstverherrlichung. Im Vordergrunde steht das Gefühl der Fülle, der Macht, die überströmen will, das Glück der hohen Spannung, das Bewußtsein eines Reichtums, der schenken und abgeben möchte: – auch der vornehme Mensch hilft dem Unglücklichen, aber nicht oder fast nicht aus Mitleid, sondern mehr aus einem Drang, den der Überfluß von Macht erzeugt. Der vornehme Mensch ehrt in sich den Mächtigen, auch Den, welcher Macht über sich selbst hat, der zu reden und zu schweigen versteht, der mit Lust Strenge und Härte gegen sich übt und Ehrerbietung vor allem Strengen und Harten hat. »Ein hartes Herz legte Wotan mir in die Brust« heißt es in einer alten skandinavischen Saga: so ist es aus der Seele eines stolzen Wikingers heraus mit Recht gedichtet. Eine solche Art Mensch ist eben stolz darauf, *nicht* zum Mitleiden gemacht zu sein: weshalb der Held der Sage warnend hinzufügt »wer jung schon kein hartes Herz hat, dem wird es niemals hart«. Vornehme und Tapfere, welche so denken, sind am entferntesten von jener Moral, welche gerade im Mitleiden oder im Handeln für Andere oder im *désintéressement* das Abzeichen des Moralischen sieht; der Glaube an sich selbst, der Stolz auf sich selbst, eine

Grundfeindschaft und Ironie gegen »Selbstlosigkeit« gehört ebenso bestimmt zur vornehmen Moral wie eine leichte Geringschätzung und Vorsicht vor den Mitgefühlen und dem »warmen Herzen«. – Die Mächtigen sind es, welche zu ehren *verstehen,* es ist ihre Kunst, ihr Reich der Erfindung. Die tiefe Ehrfurcht vor dem Alter und vor dem Herkommen – das ganze Recht steht auf dieser doppelten Ehrfurcht –, der Glaube und das Vorurteil zugunsten der Vorfahren und zuungunsten der Kommenden ist typisch in der Moral der Mächtigen; und wenn umgekehrt die Menschen der »modernen Ideen« beinahe instinktiv an den »Fortschritt« und die »Zukunft« glauben und der Achtung vor dem Alter immer mehr ermangeln, so verrät sich damit genugsam schon die unvornehme Herkunft dieser »Ideen«. Am meisten ist aber eine Moral der Herrschenden dem gegenwärtigen Geschmacke fremd und peinlich in der Strenge ihres Grundsatzes, daß man nur gegen Seinesgleichen Pflichten habe; daß man gegen die Wesen niedrigeren Ranges, gegen alles Fremde nach Gutdünken oder »wie es das Herz will« handeln dürfe und jedenfalls »jenseits von Gut und Böse« – hierin mag Mitleiden und dergleichen gehören. Die Fähigkeit und Pflicht zu langer Dankbarkeit und langer Rache – beides nur innerhalb seines Gleichen –, die Feinheit in der Wiedervergeltung, das Begriffs-Raffinement in der Freundschaft, eine gewisse Notwendigkeit, Feinde zu haben (gleichsam als Abzugsgräben für die Affekte Neid, Streitsucht, Übermut, – im Grunde, um gut *freund* sein zu können): Alles das sind typische Merkmale der vornehmen Moral, welche, wie angedeutet, nicht die Moral der »modernen Ideen« ist und deshalb heute schwer nachzufühlen, auch schwer auszugraben und aufzudecken ist. – Es steht anders mit dem zweiten Typus der Moral, der *Sklaven-Moral.* Gesetzt, daß die Vergewaltigten, Gedrückten, Leidenden, Unfreien, Ihrer-selbst-Ungewissen und Müden moralisieren: was wird das Gleichartige ihrer moralischen Wertschätzungen sein? Wahrscheinlich wird ein pessimistischer Argwohn gegen die ganze Lage des Menschen zum Ausdruck kommen, vielleicht eine Verurteilung des Menschen mitsamt seiner Lage. Der Blick des Sklaven ist abgünstig für die Tugenden des Mächtigen: er hat Skepsis und Mißtrauen, er hat *Feinheit* des Mißtrauens gegen alles »Gute«, was dort geehrt wird –, er möchte sich überreden, daß das Glück selbst dort nicht acht sei. Umgekehrt werden die Eigenschaften hervorgezogen und mit Licht übergossen, welche dazu dienen, Leidenden das Dasein zu erleichtern: hier kommt das Mitleiden, die gefällige hilfsbereite Hand, das warme Herz, die Geduld, der Fleiß, die Demut, die Freundlichkeit zu Ehren –, denn das sind hier die nützlichsten Eigenschaften und beinahe die einzigen Mittel, den Druck des Daseins auszuhalten. Die Sklaven-Moral ist wesentlich Nützlichkeits-Moral. Hier ist der Herd für die Entstehung jenes berühmten Gegensatzes »gut« und *»böse«:* – ins Böse wird die Macht und Gefährlichkeit hineinempfunden, eine gewisse Furchtbarkeit, Feinheit und Stärke, welche die Verachtung nicht aufkommen läßt. Nach der Sklaven-Moral erregt also der »Böse« Furcht; nach der Herren-Moral ist es gerade der »Gute«, der Furcht erregt und erregen will, während der »schlechte« Mensch als der verächtliche empfunden wird. Der Gegensatz kommt auf seine Spitze, wenn sich, gemäß der Sklavenmoral-Konsequenz, zuletzt nun auch an den »Guten« dieser Moral ein Hauch von Geringschätzung hängt – sie mag leicht und wohlwollend sein –, weil der Gute innerhalb der Sklaven-Denkweise jedenfalls der *ungefährliche* Mensch sein muß: er ist gutmütig, leicht zu betrügen, ein bißchen dumm vielleicht, *un bonhomme.* Überall, wo die Sklaven-Moral zum Übergewicht kommt, zeigt die Sprache eine Neigung, die Worte »gut« und »dumm« einander anzunähern. – Ein letzter Grundunterschied: das Verlangen nach *Freiheit,* der Instinkt für das Glück und die Feinheiten des Freiheits-Gefühls gehört ebenso notwendig zur Sklaven-Moral und -Moralität, als die Kunst und Schwärmerei in der Ehrfurcht, in der Hingebung das regelmäßige Symptom einer aristokratischen Denk- und Wertungsweise ist. – Hieraus läßt sich ohne weiteres verstehn, warum die Liebe *als Passion* – es ist unsre europäische Spezialität – schlechterdings vornehmer Abkunft sein muß: bekanntlich gehört ihre Erfindung den provençalischen Ritter-Dichtern zu, jenen prachtvollen erfinderischen Menschen des *»gai saber«,* denen Europa so Vieles und beinahe sich selbst verdankt. –

261.

Zu den Dingen, welche einem vornehmen Menschen vielleicht am schwersten zu begreifen sind, gehört die Eitelkeit: er wird versucht sein, sie noch dort zu leugnen, wo eine andre Art Mensch sie mit beiden Händen zu fassen meint. Das Problem ist für ihn, sich Wesen vorzustellen, die eine gute Meinung über sich zu erwecken suchen, welche sie selbst von sich nicht haben – und also auch nicht »verdienen« –, und die doch hinterdrein an diese gute Meinung selber *glauben.* Das erscheint ihm zur Hälfte so geschmacklos und unehrerbietig vor sich selbst, zur andren Hälfte so barock-unvernünftig, daß er die Eitelkeit gern als Ausnahme fassen möchte und sie in den meisten Fällen, wo man von ihr redet, anzweifelt. Er wird zum Beispiel sagen: »ich kann mich über meinen Wert irren und andererseits doch verlangen, daß mein Wert gerade so, wie ich ihn ansetze, auch von Andern anerkannt werde, – aber das ist keine Eitelkeit (sondern Dünkel oder, in den häufigeren Fällen, das, was »Demut«, auch »Bescheidenheit« genannt wird).« Oder auch: »ich kann mich aus vielen Gründen über die gute Meinung Anderer freuen, vielleicht weil ich sie ehre und liebe und mich an jeder ihrer Freuden erfreue, vielleicht auch weil ihre gute Meinung den Glauben an meine eigne gute Meinung bei mir unterschreibt und kräftigt, vielleicht weil die gute Meinung Anderer, selbst in Fällen, wo ich sie nicht teile, mir doch nützt oder Nutzen verspricht, – aber das ist Alles nicht Eitelkeit.« Der vornehme Mensch muß es sich erst mit Zwang, namentlich mit Hilfe der Historie, vorstellig machen, daß, seit unvordenklichen Zeiten, in allen irgendwie abhängigen Volksschichten der gemeine Mensch nur Das *war,* was er *galt:* – gar nicht daran gewöhnt, Werte selbst anzusetzen, maß er auch sich keinen andern Wert bei, als seine Herren ihm beimaßen (es ist das eigentliche *Herrenrecht,* Werte zu schaffen). Mag man es als die Folge eines ungeheuren Atavismus begreifen, daß der gewöhnliche Mensch auch jetzt noch immer erst auf eine Meinung über sich *wartet* und sich dann derselben instinktiv unterwirft: aber durchaus nicht bloß einer »guten« Meinung, sondern auch einer schlechten und unbilligen (man denke zum Beispiel an den größten Teil der Selbstschätzungen und Selbstunterschätzungen, welche gläubige Frauen ihren Beichtvätern ablernen, und überhaupt der gläubige Christ seiner Kirche ablernt). Tatsächlich wird nun, gemäß dem langsamen Heraufkommen der demokratischen Ordnung der Dinge (und seiner Ursache, der Blutvermischung von Herren und Sklaven), der ursprünglich vornehme und seltne Drang, sich selbst von sich aus einen Wert zuzuschreiben und von sich »gut zu denken«, mehr und mehr ermutigt und ausgebreitet werden: aber er hat jeder Zeit einen älteren, breiteren und gründlicher einverleibten Hang gegen sich, – und im Phänomene der »Eitelkeit« wird dieser ältere Hang Herr über den jüngeren. Der Eitle freut sich über *jede* gute Meinung, die er über sich hört (ganz abseits von allen Gesichtspunkten ihrer Nützlichkeit, und ebenso abgesehn von wahr und falsch), ebenso wie er an jeder schlechten Meinung leidet: denn er unterwirft sich beiden, er *fühlt* sich ihnen unterworfen, aus jenem ältesten Instinkte der Unterwerfung, der an ihm ausbricht. – Es ist »der Sklave« im Blute des Eitlen, ein Rest von der Verschmitztheit des Sklaven – und wieviel »Sklave« ist zum Beispiel jetzt noch im Weibe rückständig! –, welcher zu guten Meinungen über sich zu *verführen* sucht; es ist ebenfalls der Sklave, der von diesen Meinungen nachher sofort selbst niederfällt, wie als ob er sie nicht hervorgerufen hätte. – Und nochmals gesagt: Eitelkeit ist ein Atavismus.

262.

Eine *Art* entsteht, ein Typus wird fest und stark unter dem langen Kampfe mit wesentlich gleichen *ungünstigen* Bedingungen. Umgekehrt weiß man aus den Erfahrungen der Züchter, daß Arten, denen eine überreichliche Ernährung und überhaupt ein Mehr von Schutz und Sorgfalt zuteil wird, alsbald in der stärksten Weise zur Variation des Typus neigen und reich an Wunden und Monstrositäten (auch an monströsen Lastern) sind. Nun sehe man einmal ein aristokratisches Gemeinwesen, etwa eine alte griechische Polis oder Venedig, als eine, sei es freiwillige, sei es unfreiwillige Veranstaltung zum Zweck der *Züchtung* an: es sind da Menschen beieinander und auf sich angewiesen, welche ihre Art durchsetzen wollen, meistens, weil sie sich durchsetzen *müs-*

sen oder in furchtbarer Weise Gefahr laufen, ausgerottet zu werden. Hier fehlt jene Gunst, jenes Übermaß, jener Schutz, unter denen die Variation begünstigt ist; die Art hat sich als Art nötig, als Etwas, das sich gerade vermöge seiner Härte, Gleichförmigkeit, Einfachheit der Form überhaupt durchsetzen und dauerhaft machen kann, im beständigen Kampfe mit den Nachbarn oder mit den aufständischen oder Aufstand drohenden Unterdrückten. Die mannigfaltigste Erfahrung lehrt sie, welchen Eigenschaften vornehmlich sie es verdankt, daß sie, allen Göttern und Menschen zum Trotz, noch da ist, daß sie noch immer obgesiegt hat: diese Eigenschaften nennt sie Tugenden, diese Tugenden allein züchtet sie groß. Sie tut es mit Härte, ja sie will die Härte; jede aristokratische Moral ist unduldsam, in der Erziehung der Jugend, in der Verfügung über die Weiber, in den Ehesitten, im Verhältnisse von alt und jung, in den Strafgesetzen (welche allein die Abartenden ins Auge fassen): – sie rechnet die Unduldsamkeit selbst unter die Tugenden, unter dem Namen »Gerechtigkeit«. Ein Typus mit wenigen, aber sehr starken Zügen, eine Art strenger kriegerischer klug-schweigsamer, geschlossener und verschlossener Menschen (und als solche vom feinsten Gefühle für die Zauber und *nuances* der Sozietät) wird auf diese Weise über den Wechsel der Geschlechter hinaus festgestellt; der beständige Kampf mit immer gleichen *ungünstigen* Bedingungen ist, wie gesagt, die Ursache davon, daß ein Typus fest und hart wird. Endlich aber entsteht einmal eine Glückslage, die ungeheure Spannung läßt nach; es gibt vielleicht keine Feinde mehr unter den Nachbarn und die Mittel zum Leben, selbst zum Genusse des Lebens, sind überreichlich da. Mit Einem Schlage reißt das Band und der Zwang der alten Zucht: sie fühlt sich nicht mehr als notwendig, als Dasein-bedingend, – wollte sie fortbestehn, so könnte sie es nur als eine Form des *Luxus,* als archaisierender *Ge-*

schmack. Die Variation, sei es als Abartung (ins Höhere, Feinere, Seltnere), sei es als Entartung und Monstrosität, ist plötzlich in der größten Fülle und Pracht auf dem Schauplatze, der Einzelne wagt einzeln zu sein und sich abzuheben. An diesen Wendepunkten der Geschichte zeigt sich nebeneinander und oft ineinander verwickelt und verstrickt ein herrliches vielfaches urwaldhartes Heraufwachsen und Emporstreben, eine Art *tropisches* Tempo im Wetteifer des Wachstums und ein ungeheures Zugrundegehen und Sichzugrunde-Richten, dank den wild gegeneinander gewendeten, gleichsam explodierenden Egoismen, welche um »Sonne und Licht« miteinander ringen und keine Grenze, keine Zügelung, keine Schonung mehr aus der bisherigen Moral zu entnehmen wissen. Diese Moral selbst war es, welche die Kraft ins Ungeheure aufgehäuft, die den Bogen auf so bedrohliche Weise gespannt hat: – jetzt ist, jetzt wird sie »überlebt«. Der gefährliche und unheimliche Punkt ist erreicht, wo das größere, vielfachere, umfänglichere Leben über die alte Moral *hinweg lebt;* das »Individuum« steht da, genötigt zu einer eigenen Gesetzgebung, zu eigenen Künsten und Listen der Selbst-Erhaltung, Selbst-Erhöhung, Selbst-Erlösung. Lauter neue Wozus, lauter neue Womits, keine gemeinsamen Formeln mehr, Mißverständnis und Mißachtung miteinander im Bunde, der Verfall, Verderb und die höchsten Begierden schauerlich verknotet, das Genie der Rasse aus allen Füllhörnern des Guten und Schlimmen überquellend, ein verhängnisvolles Zugleich von Frühling und Herbst, voll neuer Reize und Schleier, die der jungen, noch unausgeschöpften, noch unermüdeten Verderbnis zu eigen sind. Wieder ist die Gefahr da, die Mutter der Moral, die große Gefahr, diesmal ins Individuum verlegt, in den Nächsten und Freund, auf die Gasse, ins eigne Kind, ins eigne Herz, in alles Eigenste und Geheimste von Wunsch und Wille: was werden jetzt die Moral-Philosophen zu predigen haben, die um diese Zeit heraufkommen? Sie entdecken, diese scharfen Beobachter und Eckensteher, daß es schnell zum Ende geht, daß Alles um sie verdirbt und verderben macht, daß nichts bis übermorgen steht, Eine Art Mensch ausgenommen, die unheilbar Mittelmäßigen. Die *Mittelmäßigen* allein haben die Aussicht, sich fortzusetzen, sich fortzupflanzen, – sie sind die Menschen der Zukunft, die einzig Überlebenden; »seid wie sie! werdet mittelmäßig!« heißt nunmehr die alleinige Moral, die noch Sinn hat, die noch Ohren findet. – Aber sie ist schwer zu predigen, diese Moral der Mittelmäßigkeit! – sie darf es ja niemals eingestehn, was sie ist und was sie will! sie muß von Maß und Würde und Pflicht und Nächstenliebe reden, – sie wird Not haben, *die Ironie zu verbergen!* –

263.

Es gibt einen *Instinkt für den Rang,* welcher, mehr als Alles, schon das Anzeichen eines *hohen* Ranges ist; es gibt eine *Lust* an den Nuancen der Ehrfurcht, die auf vornehme Abkunft und Gewohnheiten raten läßt. Die Feinheit, Güte und Höhe einer Seele wird gefährlich auf die Probe gestellt, wenn Etwas an ihr vorübergeht, das ersten Ranges ist, aber noch nicht von den Schaudern der Autorität vor zudringlichen Griffen und Plumpheiten gehütet wird: Etwas, das unabgezeichnet, unentdeckt, versuchend, vielleicht willkürlich verhüllt und verkleidet, wie ein lebendiger Prüfstein seines Weges geht. Zu wessen Aufgabe und Übung es gehört, Seelen auszuforschen, der wird sich in mancherlei Formen gerade dieser Kunst bedienen, um den letzten Wert einer Seele, die unverrückbare eingeborne Rangordnung, zu der sie gehört, festzustellen: er wird sie auf ihren *Instinkt der Ehrfurcht* hin auf die Probe stellen. *Différence engendre haine:* die Gemeinheit mancher Natur spritzt plötzlich wie schmutziges Wasser hervor, wenn irgendein heiliges Gefäß, irgendeine Kostbarkeit aus verschlossenen Schreinen, irgendein Buch mit den Zeichen des großen Schicksals vorübergetragen wird; und andrerseits gibt es ein unwillkürliches Verstummen, ein Zögern des Auges, ein Stillewerden aller Gebärden, worin sich ausspricht, daß eine Seele die Nähe des Verehrungswürdigsten *fühlt.* Die Art, mit der im ganzen bisher die Ehrfurcht vor der *Bibel* in Europa aufrechterhalten wird, ist vielleicht das beste Stück Zucht und Verfeinerung der Sitte, das Europa dem Christentume verdankt: solche Bücher der Tiefe und der letzten Bedeutsamkeit brauchen zu ihrem Schutz eine von Außen kommende Tyrannei von Autorität, um jene Jahrtausende von *Dauer* zu gewinnen, welche nötig sind, sie auszuschöpfen und auszuraten. Es ist Viel erreicht, wenn der großen Menge (den Flachen und Geschwind-Därmen aller Art) jenes Gefühl endlich engezüchtet ist, daß sie nicht an Alles rühren dürfe; daß es heilige Erlebnisse gibt, vor denen sie die Schuhe auszuziehn und die unsaubere Hand fernzuhalten hat, – es ist beinahe ihre höchste Steigerung zur Menschlichkeit. Umgekehrt wirkt an den sogenannten Gebildeten, den Gläubigen der »modernen Ideen«, vielleicht Nichts so ekelerregend, als ihr Mangel an Scham, ihre bequeme Frechheit des Auges und der Hand, mit der von ihnen an Alles gerührt, geleckt, getastet wird; und es ist möglich, daß sich heut im Volke, im niedern Volke, namentlich unter Bauern, immer noch mehr *relative* Vornehmheit des Geschmacks und Takt der Ehrfurcht vorfindet als bei der zeitunglesenden Halbwelt des Geistes, den Gebildeten.

264.

Es ist aus der Seele eines Menschen nicht wegzuwischen, was seine Vorfahren am liebsten und beständigsten getan haben: ob sie etwa emsige Sparer waren und Zubehör eines Schreibtisches und Geldkastens, bescheiden und bürgerlich in ihren Begierden, bescheiden auch in ihren Tugenden; oder ob sie ans Befehlen von früh bis spät gewöhnt lebten, rauhen Vergnügungen hold und daneben vielleicht noch rauheren Pflichten und Verantwortungen; oder ob sie endlich alte Vorrechte der Geburt und des Besitzes irgendwann einmal geopfert haben, um ganz ihrem Glauben – ihrem »Gotte« – zu leben, als die Menschen eines unerbittlichen und zarten Gewissens, welches vor jeder Vermittlung errötet. Es ist gar nicht möglich, daß ein Mensch *nicht* die Eigenschaften und Vorlieben seiner Eltern und Altvordern im Leibe habe: was auch der Augenschein dagegen sagen mag. Dies ist das Problem der Rasse. Gesetzt, man kennt einiges von den Eltern, so ist ein Schluß auf das Kind erlaubt: irgendeine widrige Unenthaltsamkeit, irgendein Winkel-Neid, eine plumpe Sich-Rechtgeberei – wie diese Drei zusammen zu allen Zeiten den eigentlichen Pöbel-Typus ausgemacht haben –, dergleichen muß auf das Kind so sicher übergehn, wie verderbtes Blut; und mit Hilfe der besten Erziehung und Bildung wird man eben nur erreichen, über eine solche Vererbung zu *täuschen.* – Und was will heute Erziehung und Bildung Anderes! In unsrem sehr volkstümlichen, will sagen pöbelhaften Zeitalter *muß* »Erziehung« und »Bildung« wesentlich die Kunst zu täuschen sein, – über die Herkunft, den vererbten Pöbel in Leib und Seele hinwegzutäuschen. Ein Erzieher, der heute vor Allem Wahrhaftigkeit predigte und seinen Züchtlingen beständig zuriefe »seid wahr! seid natürlich! gebt euch, wie ihr seid!« – selbst ein solcher tugendhafter und treuherziger

Esel würde nach einiger Zeit zu jener *furca* des Horaz greifen lernen, um *naturam expellere:* mit welchem Erfolge? »Pöbel« *usque recurret.* –

265.

Auf die Gefahr hin, unschuldige Ohren mißvergnügt zu machen, stelle ich hin: der Egoismus gehört zum Wesen der vornehmen Seele, ich meine jenen unverrückbaren Glauben, daß einem Wesen, wie »wir sind«, andre Wesen von Natur untertan sein müssen und sich ihm zu opfern haben. Die vornehme Seele nimmt diesen Tatbestand ihres Egoismus ohne jedes Fragezeichen hin, auch ohne ein Gefühl von Härte, Zwang, Willkür darin, vielmehr wie Etwas, das im Urgesetz der Dinge begründet sein mag: – suchte sie nach einem Namen dafür, so würde sie sagen »es ist die Gerechtigkeit selbst«. Sie gesteht sich, unter Umständen, die sie anfangs zögern lassen, zu, daß es mit ihr Gleichberechtigte gibt; sobald sie über diese Frage des Rangs im reinen ist, bewegt sie sich unter diesen Gleichen und Gleichberechtigten mit der gleichen Sicherheit in Scham und zarter Ehrfurcht, welche sie im Verkehre mit sich selbst hat, – gemäß einer eingebornen himmlischen Mechanik, auf welche sich alle Sterne verstehn. Es ist ein Stück ihres Egoismus *mehr,* diese Feinheit und Selbstbeschränkung im Verkehre mit ihres Gleichen – jeder Stern ist ein solcher Egoist –: sie ehrt *sich* in ihnen und in den Rechten, welche sie an dieselben abgibt, sie zweifelt nicht, daß der Austausch von Ehren und Rechten als *Wesen* alles Verkehrs ebenfalls zum naturgemäßen Zustand der Dinge gehört. Die vornehme Seele gibt, wie sie nimmt, aus dem leidenschaftlichen und reizbaren Instinkte der Vergeltung heraus, welcher auf ihrem

Grunde liegt. Der Begriff »Gnade« hat *inter pares* keinen Sinn und Wohlgeruch; es mag eine sublime Art geben, Geschenke von Oben her gleichsam über sich ergehen zu lassen und wie Tropfen durstig aufzutrinken: aber für diese Kunst und Gebärde hat die vornehme Seele kein Geschick. Ihr Egoismus hindert sie hier: sie blickt ungern überhaupt nach »Oben«, – sondern entweder *vor* sich, horizontal und langsam, oder hinab: – *sie weiß sich in der Höhe.* –

266.

»Wahrhaft hochachten kann man nur, wer sich nicht selbst *sucht.*« – Goethe an Rat Schlosser.

267.

Es gibt ein Sprichwort bei den Chinesen, das die Mütter schon ihre Kinder lehren: *siao-sin* »mache dein Herz *klein*!« Dies ist der eigentliche Grundhang in späten Zivilisationen: ich zweifle nicht, daß ein antiker Grieche auch an uns Europäern von heute zuerst die Selbstverkleinerung herauserkennen würde, – damit allein schon gingen wir ihm »wider den Geschmack«. –

268.

Was ist zuletzt die Gemeinheit? – Worte sind Tonzeichen für Begriffe; Begriffe aber sind mehr oder weniger bestimmte Bildzeichen für oft wiederkehrende und zusammenkommende Empfindungen, für Empfindungs-Gruppen. Es genügt noch nicht, um sich einander zu verstehen, daß man dieselben Worte gebraucht: man muß dieselben Worte auch für dieselbe Gattung innerer Erlebnisse gebrauchen, man muß zuletzt seine Erfahrung miteinander *gemein* haben. Deshalb verstehen sich die Menschen Eines Volkes besser untereinander als Zugehörige verschiedener Völker, selbst wenn sie sich der gleichen Sprache bedienen; oder vielmehr, wenn Menschen lange unter ähnlichen Bedingungen (des Klimas, des Bodens, der Gefahr, der Bedürfnisse, der Arbeit) zusammengelebt haben, so *entsteht* daraus Etwas, das »sich versteht«, ein Volk. In allen Seelen hat eine gleiche Anzahl oft wiederkehrender Erlebnisse die Oberhand gewonnen über seltner kommende: auf sie hin versteht man sich, schnell und immer schneller – die Geschichte der Sprache ist die Geschichte eines Abkürzungs-Prozesses –; auf dies schnelle Verstehen hin verbindet man sich, enger und immer enger. Je größer die Gefährlichkeit, um so größer ist das Bedürfnis, schnell und leicht über Das, was not tut, übereinzukommen, sich in der Gefahr nicht mißzuverstehn, das ist es, was die Menschen zum Verkehre schlechterdings nicht entbehren können. Noch bei jeder Freundschaft oder Liebschaft macht man diese Probe: Nichts derart hat Dauer, sobald man dahinterkommt, daß Einer von Beiden bei gleichen Worten anders fühlt, meint, wittert, wünscht, fürchtet als der Andere. (Die Furcht vor dem »ewigen Mißverständnis«: das ist jener wohlwollende Genius, der Personen verschiedenen Geschlechts so oft von übereilten Verbindungen abhält, zu denen Sinne und Herz raten – und *nicht* irgendein Schopenhauerischer »Genius der Gattung« –!) Welche Gruppen von Empfindungen innerhalb einer Seele am schnellsten wach werden, das Wort ergreifen, den Befehl geben, das entscheidet über die gesamte Rangordnung ihrer Werte, das bestimmt zuletzt ihre Gütertafel. Die Wertschätzungen eines Menschen verraten etwas vom *Aufbau* seiner Seele, und worin sie ihre Lebensbedingungen, ihre eigentliche Not sieht. Gesetzt nun, daß die Not von jeher nur solche Menschen einander angenähert hat, welche mit ähnlichen Zeichen ähnliche Bedürfnisse, ähnliche Erlebnisse andeuten konnten, so ergibt sich im ganzen, daß die leichte Mitteilbarkeit der Not, daß heißt im letzten Grunde das Erleben von nur durchschnittlichen und *gemeinen* Erlebnissen, unter allen Gewalten, welche über den Menschen bisher verfügt haben, die gewaltigste gewesen sein muß. Die ähnlicheren, die gewöhnlicheren Menschen waren und sind immer im Vorteile, die Ausgesuchteren, Feineren, Seltsameren, schwerer Verständlichen bleiben leicht allein, unterliegen bei ihrer Vereinzelung den Unfällen und pflanzen sich selten fort. Man muß ungeheure Gegenkräfte anrufen, um diesen natürlichen, allzunatürlichen *progressus in simile,* die Fortbildung des Menschen ins Ähnliche, Gewöhnliche, Durchschnittliche, Herdenhafte – ins *Gemeine!* – zu kreuzen.

269.

Je mehr ein Psycholog – ein geborener, ein unvermeidlicher Psycholog und Seelen-Errater – sich den ausgesuchteren Fällen und Menschen zukehrt, um so größer wird seine Gefahr, am Mitleiden zu ersticken: er hat Härte und Heiterkeit *nötig,* mehr als ein andrer Mensch. Die Verderbnis, das Zugrundegehen der höheren Menschen, der fremder gearteten Seelen ist nämlich die Regel: es ist schrecklich, eine solche Regel immer vor Augen zu haben. Die vielfache Marter des Psychologen, der dieses Zugrundegehen entdeckt hat, der diese gesamte innere »Heillosigkeit« des höheren Menschen, dieses ewige »Zu spät!« in jedem Sinne, erst einmal und dann *fast* immer wieder entdeckt, durch die ganze Geschichte hindurch, – kann vielleicht eines Tags zur Ursache davon werden, daß er mit Erbitterung sich gegen sein eignes Los wendet und einen Versuch der Selbst-Zerstörung macht, – daß er selbst »verdirbt«. Man wird fast bei jedem Psychologen eine verräterische Vorneigung und Lust am Umgange mit alltäglichen und wohlgeordneten Menschen wahrnehmen: daran verrät sich, daß er immer einer Heilung bedarf, daß er eine Art Flucht und Vergessen braucht, weg von dem, was ihm seine Einblicke und Einschnitte, was ihm sein »Handwerk« aufs Gewissen gelegt hat. Die Furcht vor seinem Gedächtnis ist ihm eigen. Er kommt vor dem Urteile Anderer leicht zum Verstummen: er hört mit einem unbewegten Gesichte zu, wie dort verehrt, bewundert, geliebt, verklärt wird wo er *gesehen* hat, – oder er verbirgt noch sein Verstummen, indem er irgendeiner Vordergrunds-Meinung ausdrücklich zustimmt. Vielleicht geht die Paradoxie seiner Lage so weit ins Schauerliche, daß die Menge, die Gebildeten, die Schwärmer gerade dort, wo er das große Mitleiden neben der großen Verachtung gelernt hat, ihrerseits die große Verehrung lernen, – die Verehrung für »große Männer« und Wundertiere, um derentwillen man das Vaterland, die Erde, die Würde der Menschheit, sich selber segnet und in Ehren hält, auf welche man die Jugend hinweist, hinerzieht ... Und wer weiß, ob sich nicht bisher in allen großen Fällen eben das gleiche begab: daß die Menge einen Gott anbetete, – und daß der

»Gott« nur ein armes Opfertier war! Der Erfolg war immer der größte Lügner, – und das »Werk« selbst ist ein Erfolg; der große Staatsmann, der Eroberer, der Entdecker ist in seine Schöpfungen verkleidet, bis ins Unerkennbare; das »Werk«, das des Künstlers, des Philosophen, erfindet erst Den, welcher es geschaffen hat, geschaffen haben soll; die »großen Männer«, wie sie verehrt werden, sind kleine schlechte Dichtungen hinterdrein, in der Welt der geschichtlichen Werte *herrscht* die Falschmünzerei. Diese großen Dichter zum Beispiel, diese Byron, Musset, Poe, Leopardi, Kleist, Gogol (ich wage es nicht, größere Namen zu nennen, aber ich meine sie), – so wie sie nun einmal sind, vielleicht sein müssen: Menschen des Augenblicks, begeistert, sinnlich, kindsköpfisch, im Mißtrauen und Vertrauen leichtfertig und plötzlich; mit Seelen, an denen gewöhnlich irgendein Bruch verhehlt werden soll; oft mit ihren Werken Rache nehmend für eine innere Besudelung, oft mit ihren Aufflügen Vergessenheit suchend vor einem allzutreuen Gedächtnis, oft in den Schlamm verirrt und beinahe verliebt, bis sie den Irrlichtern um die Sümpfe herum gleich werden und sich zu Sternen *verstellen* – das Volk nennt sie dann wohl Idealisten –, oft mit einem langen Ekel kämpfend, mit einem wiederkehrenden Gespenst von Unglauben, der kalt macht und sie zwingt, nach *gloria* zu schmachten und den »Glauben an sich« aus den Händen berauschter Schmeichler zu fressen: – welche *Marter* sind diese großen Künstler und überhaupt die höheren Menschen für Den, der sie einmal erraten hat! Es ist so begreiflich, daß sie gerade vom Weibe – welches hellseherisch ist in der Welt des Leidens und leider auch weit über seine Kräfte hinaus hilf- und rettungssüchtig – so leicht jene Ausbrüche unbegrenzten hingebendsten *Mitleids* erfahren, welche die Menge, vor Allem die verehrende Menge nicht versteht und mit neugierigen und selbstgefälligen Deutungen überhäuft. Dieses Mitleiden täuscht sich regelmäßig über seine Kraft: das Weib möchte glauben, daß Liebe *Alles* vermag, – es ist sein eigentlicher *Aberglaube.* Ach, der Wissende des Herzens errät, wie arm, hilflos, anmaßlich, fehlgreifend, leichter zerstörend als rettend auch die beste, tiefste Liebe ist! – Es ist möglich, daß unter der heiligen Fabel und Verkleidung von Jesu Leben einer der schmerzlichsten Fälle vom Martyrium des *Wissens um die Liebe* verborgen liegt: das Martyrium des unschuldigsten und begehrendsten Herzens, das an keiner Menschen-Liebe je genug hatte, das Liebe, Geliebt-Werden und Nichts außerdem *verlangte,* mit Härte, mit Wahnsinn, mit furchtbaren Ausbrüchen gegen Die, welche ihm Liebe verweigerten; die Geschichte eines armen Ungesättigten und Unersättlichen in der Liebe, der die Hölle erfinden mußte, um Die dorthin zu schicken, welche ihn nicht lieben *wollten,* – und der endlich, wissend geworden über menschliche Liebe, einen Gott erfinden mußte, der ganz Liebe, ganz Lieben-*Können* ist, – der sich der Menschen-Liebe erbarmt, weil sie gar so armselig, so unwissend ist! Wer so fühlt, wer dergestalt um die Liebe *weiß* –, *sucht* den Tod. – Aber warum solchen schmerzlichen Dingen nachhängen? Gesetzt, daß man es nicht muß. –

270.

Der geistige Hochmut und Ekel jedes Menschen, der tief gelitten hat – es bestimmt beinahe die Rangordnung, *wie* tief Menschen leiden können –, seine schaudernde Gewißheit, von der er ganz durchtränkt und gefärbt ist, vermöge seines Leidens *mehr zu wissen,* als die Klügsten und Weisesten wissen können, in vielen fernen entsetzlichen Welten bekannt und einmal »zu Hause« gewesen zu sein, von denen »*ihr* nichts wißt!« – – dieser geistige schweigende Hochmut des Leidenden, dieser Stolz des Auserwählten der Erkenntnis, des »Eingeweihten«, des beinahe Geopferten findet alle Formen von Verkleidung nötig, um sich vor der Berührung mit zudringlichen und mitleidigen Händen und überhaupt vor Allem, was nicht Seines-Gleichen im Schmerz ist, zu schützen. Das tiefe Leiden macht vornehm; es trennt. Eine der feinsten Verkleidungs-Formen ist der Epikureismus und eine gewisse fürderhin zur Schau getragene Tapferkeit des Geschmacks, welche das Leiden leichtfertig nimmt und sich gegen alles Traurige und Tiefe zur Wehre setzt. Es gibt »heitere Menschen«, welche sich der Heiterkeit bedienen, weil sie um ihretwillen mißverstanden werden: – sie *wollen* mißverstanden sein. Es gibt »wissenschaftliche Menschen«, welche sich der Wissenschaft bedienen, weil dieselbe einen heiteren Anschein gibt, und weil Wissenschaftlichkeit darauf schließen läßt, daß der Mensch oberflächlich ist: – sie *wollen* zu einem falschen Schlusse verführen. Es gibt freie freche Geister, welche verbergen und verleugnen möchten, daß sie zerbrochene stolze unheilbare Herzen sind (der Zynismus Hamlets – der Fall Galiani); und bisweilen ist die Narrheit selbst die Maske für ein unseliges allzugewisses Wissen. – Woraus sich ergibt, daß es zur feineren Menschlichkeit gehört, Ehrfurcht »vor der Maske« zu haben und nicht an falscher Stelle Psychologie und Neugierde zu treiben.

271.

Was am tiefsten zwei Menschen trennt, das ist ein verschiedener Sinn und Grad der Reinlichkeit. Was hilft alle Bravheit und gegenseitige Nützlichkeit, was hilft aller guter Wille füreinander: zuletzt bleibt es dabei – sie »können sich nicht riechen!« Der höchste Instinkt der Reinlichkeit stellt den mit ihm Behafteten in die wunderlichste und gefährlichste Vereinsamung, als einen Heiligen: denn eben das ist Heiligkeit – die höchste Vergeistigung des genannten Instinktes. Irgendein Mitwissen um eine unbeschreibliche Fülle im Glück des Bades, irgendeine Brunst und Durstigkeit, welche die Seele beständig aus der Nacht in den Morgen und aus dem Trüben, der »Trübsal«, ins Helle, Glänzende, Tiefe, Feine treibt –: ebensosehr als ein solcher Hang *auszeichnet* – es ist ein vornehmer Hang –, *trennt* er auch. – Das Mitleiden des Heiligen ist das Mitleiden mit dem *Schmutz* des Menschlichen, Allzumenschlichen. Und es gibt Grade und Höhen, wo das Mitleiden selbst von ihm als Verunreinigung, als Schmutz gefühlt wird …

272.

Zeichen der Vornehmheit: nie daran denken, unsre Pflichten zu Pflichten für Jedermann herabzusetzen; die eigene Verantwortlichkeit nicht abgeben wollen, nicht teilen wollen; seine Vorrechte und deren Ausübung unter seine *Pflichten* rechnen.

273.

Ein Mensch, der nach Großem strebt, betrachtet Jedermann, dem er auf seiner Bahn begegnet, entweder als Mittel oder als Verzögerung und Hemmnis – oder als zeitweiliges Ruhebett. Seine ihm eigentümliche hochgeartete *Güte* gegen Mitmenschen ist erst möglich, wenn er auf seiner Höhe ist und herrscht. Die Ungeduld und sein Bewußtsein, bis dahin immer zur Komödie verurteilt zu sein – denn selbst der Krieg ist eine Komödie und verbirgt, wie jedes Mittel den Zweck verbirgt –, verdirbt ihm jeden Umgang: diese Art Mensch kennt die Einsamkeit und was sie vom Giftigsten an sich hat.

274.

Das Problem des Wartenden. – Es sind Glücksfälle dazu nötig und vielerlei Unberechenbares, daß ein höherer Mensch, in dem die Lösung eines Problems schläft, noch zur rechten Zeit zum Handeln kommt – »zum Ausbruch«, wie man sagen könnte. Es geschieht durchschnittlich *nicht,* und in allen Winkeln der Erde sitzen Wartende, die es kaum wissen, inwiefern sie warten, noch weniger aber, daß sie umsonst warten. Mitunter auch kommt der Weckruf zu spät, jener Zufall, der die »Erlaubnis« zum Handeln gibt, – dann, wenn bereits die beste Jugend und Kraft zum Handeln durch Stillsitzen verbraucht ist und wie Mancher fand, eben als er »aufsprang«, mit Schrecken seine Glieder eingeschlafen und seinen Geist schon zu schwer! »Es ist zu spät« – sagte er sich, ungläubig über sich geworden und nunmehr für immer unnütz. – Sollte, im Reiche des Genies, der »Raffael ohne Hände«, das Wort im weitesten Sinn verstanden, vielleicht nicht die Ausnahme, sondern die Regel sein? – Das Genie ist vielleicht gar nicht so selten: aber die fünfhundert *Hände*, die es nötig hat, um den καιροφ, »die rechte Zeit« – zu tyrannisieren, um den Zufall am Schopf zu fassen!

275.

Wer das Hohe eines Menschen nicht sehen *will*, blickt um so schärfer nach dem, was niedrig und Vordergrund an ihm ist, – und verrät sich selbst damit.

276.

Bei aller Art von Verletzung und Verlust ist die niedere und gröbere Seele besser daran als die vornehmere: die Gefahren der letzteren müssen größer sein, ihre Wahrscheinlichkeit, daß sie verunglückt und zugrunde geht, ist sogar, bei der Vielfachheit ihrer Lebensbedingungen, ungeheuer. – Bei einer Eidechse wächst ein Finger nach, der ihr verlorenging: nicht so beim Menschen. –

277.

– Schlimm genug! Wieder die alte Geschichte! Wenn man sich sein Haus fertiggebaut hat, merkt man unversehens Etwas dabei gelernt zu haben, das man schlechterdings hätte wissen *müssen,* bevor man zu bauen – anfing. Das ewige leidige »Zu spät!« – Die Melancholie alles *Fertigen!* –

278.

– Wanderer, wer bist du? Ich sehe dich deines Weges gehn, ohne Hohn, ohne Liebe, mit unerratbaren Augen; feucht und traurig wie ein Senkblei, das ungesättigt aus jeder Tiefe wieder ans Licht gekommen – was suchte es da unten? – mit einer Brust, die nicht seufzt, mit einer Lippe, die ihren Ekel verbirgt, mit einer Hand, die nur noch langsam greift: wer bist du? was tatest du? Ruhe dich hier aus: diese Stelle ist gastfreundlich für Jedermann, – erhole dich! Und wer du auch sein magst: was gefällt dir jetzt? Was dient dir zur Erholung? Nenne es nur: alles, was ich habe, biete ich dir an! – »Zur Erholung? Zur Erholung? Oh du Neugieriger, was sprichst du da! Aber gib mir, ich bitte – –« Was? Was? sprich es aus! – »Eine Maske mehr! Eine zweite Maske!« –

279.

Die Menschen der tiefen Traurigkeit verraten sich, wenn sie glücklich sind: sie haben eine Art, das Glück zu fassen, wie als ob sie es erdrücken und ersticken möchten, aus Eifersucht, – ach, sie wissen zu gut, daß es ihnen davonläuft!

280.

»Schlimm! Schlimm! Wie? Geht er nicht – zurück?« – Ja! Aber ihr versteht ihn schlecht, wenn ihr darüber klagt. Er geht zurück, wie Jeder, der einen großen Sprung tun will. – –

281.

– »Wird man es mir glauben? aber ich verlange, daß man es mir glaubt: ich habe immer nur schlecht an mich, über mich gedacht, nur in ganz seltnen Fällen, nur gezwungen, immer ohne Lust ›zur Sache‹, bereit, von ›mir‹ abzuschweifen, immer ohne Glauben an das Ergebnis, dank einem unbezwinglichen Mißtrauen gegen die *Möglichkeit* der Selbst-Erkenntnis, das mich so weit geführt hat, selbst am Begriff ›unmittelbare Erkenntnis‹, welchen sich die Theoretiker erlauben, eine *contradictio in adjecto* zu empfinden: – diese ganze Tatsache ist beinahe das Sicherste, was ich über mich weiß. Es muß eine Art Widerwillen in mir geben, etwas Bestimmtes über mich zu *glauben.* – Steckt darin vielleicht ein Rätsel? Wahrscheinlich; aber glücklicherweise keins für meine eigenen Zähne. – Vielleicht verrät es die *species,* zu der ich gehöre? – Aber nicht mir: wie es mir selbst erwünscht genug ist. – «

282.

– »Aber was ist dir begegnet?« – »Ich weiß es nicht«, sagte er zögernd; »vielleicht sind mir die Harpyien über den Tisch geflogen.« – Es kommt heute bisweilen vor, daß ein milder mäßiger zurückhaltender Mensch plötzlich rasend wird, die Teller zerschlägt, den Tisch umwirft, schreit, tobt, alle Welt beleidigt – und endlich beiseite geht, beschämt, wütend über sich, – wohin? wozu? Um abseits zu verhungern? Um an seiner Erinnerung zu ersticken? – Wer die Begierden einer hohen wählerischen Seele hat und nur selten seinen Tisch gedeckt, seine Nahrung bereit findet, dessen Gefahr wird zu allen Zeiten groß sein: heute aber ist sie außerordentlich. In ein lärmendes und pöbelhaftes Zeitalter hineingeworfen, mit dem er nicht aus Einer Schüssel essen mag, kann er leicht vor Hunger und Durst, oder, falls er endlich dennoch »zugreift« – vor plötzlichem Ekel zugrunde gehn. – Wir haben wahrscheinlich Alle schon an Tischen gesessen, wo wir nicht hingehörten; und gerade die Geistigsten von uns, die am schwersten zu ernähren sind, kennen jene gefährliche *dyspepsia,* welche aus einer plötzlichen Einsicht und Enttäuschung über unsre Kost und Tischnachbarschaft entsteht, – den *Nachtisch-Ekel.*

283.

Es ist eine feine und zugleich vornehme Selbstbeherrschung, gesetzt, daß man überhaupt loben will, immer nur da zu loben wo man *nicht* übereinstimmt: – im andern Falle würde man ja sich selbst loben, was wider den guten Geschmack geht, – freilich eine Selbstbeherrschung, die einen artigen Anlaß und Anstoß bietet, um beständig *mißverstanden* zu werden. Man muß, um sich diesen wirklichen Luxus von Geschmack und Moralität gestatten zu dürfen, nicht unter Tölpeln des Geistes leben, vielmehr unter Menschen, bei denen Mißverständnisse und Fehlgriffe noch durch ihre Feinheit belustigen, – oder man wird es teuer büßen müssen! – »Er lobt mich: *also* gibt er mir recht« – diese Eselei von Schlußfolgerung verdirbt uns Einsiedlern das halbe Leben, denn es bringt die Esel in unsre Nachbarschaft und Freundschaft.

284.

Mit einer ungeheuren und stolzen Gelassenheit leben; immer jenseits –. Seine Affekte, sein Für und Wider willkürlich haben und nicht haben, sich auf sie herablassen, für Stunden; sich auf sie *setzen,* wie auf Pferde, oft wie auf Esel: – man muß nämlich ihre Dummheit so gut wie ihr Feuer zu nützen wissen. Seine dreihundert Vordergründe sich bewahren; auch die schwarze Brille; denn es gibt Fälle, wo uns Niemand in die Augen, noch weniger in unsre »Gründe« sehn darf. Und jenes spitzbübische und heitre Laster sich zur Gesellschaft wählen, die Höflichkeit. Und Herr seiner vier Tugenden bleiben, des Mutes, der Einsicht, des Mitgefühls, der Einsamkeit. Denn die Einsamkeit ist bei uns eine Tugend, als ein sublimer Hang und Drang der Reinlichkeit, welcher errät, wie es bei Berührung von Mensch und Mensch – »in Gesellschaft« – unvermeidlich-unreinlich zugehn muß. Jede Gemeinschaft macht, irgendwie, irgendwo, irgendwann- »gemein«.

285.

Die größten Ereignisse und Gedanken – aber die größten Gedanken sind die größten Ereignisse – werden am spätesten begriffen: die Geschlechter, welche mit ihnen gleichzeitig sind, *erleben* solche Ereignisse nicht, – sie leben daran vorbei. Es geschieht da Etwas, wie im Reich der Sterne. Das Licht der fernsten Sterne kommt am spätesten zu den Menschen; und bevor es nicht angekommen ist, *leugnet* der Mensch, daß es dort – Sterne gibt. »Wieviel Jahrhunderte braucht ein Geist, um begriffen zu werden?« – das ist auch ein Maßstab, damit schafft man auch eine Rangordnung und Etikette, wie sie not tut: für Geist und Stern. –

286.

»Hier ist die Aussicht frei, der Geist erhoben.« – Es gibt aber eine umgekehrte Art von Menschen, welche auch auf der Höhe ist und auch die Aussicht frei hat – aber *hinab*blickt.

287.

– Was ist vornehm? Was bedeutet uns heute noch das Wort »vornehm«? Woran verrät sich, woran erkennt man, unter diesem schweren verhängten Himmel der beginnenden Pöbelherrschaft, durch den Alles undurchsichtig und bleiern wird, den vornehmen Menschen? – Es sind nicht die Handlungen, die ihn beweisen, – Handlungen sind immer vieldeutig, immer unergründlich –; es sind auch die »Werke« nicht.

Man findet heute unter Künstlern und Gelehrten genug von Solchen, welche durch ihre Werke verraten, wie eine tiefe Begierde nach dem Vornehmen hin sie treibt: aber gerade dies Bedürfnis nach *dem* Vornehmen ist von Grund aus verschieden von den Bedürfnissen der vornehmen Seele selbst, und geradezu das beredte und gefährliche Merkmal ihres Mangels. Es sind nicht die Werke, es ist der *Glaube,* der hier entscheidet, der hier die Rangordnung feststellt, um eine alte religiöse Formel in einem neuen und tieferen Verstande wieder aufzunehmen: irgendeine Grundgewißheit, welche eine vornehme Seele über sich selbst hat, Etwas, das sich nicht suchen, nicht finden und vielleicht auch nicht verlieren läßt. – *Die vornehme Seele hat Ehrfurcht vor sich.* –

288.

Es gibt Menschen, welche auf eine unvermeidliche Weise Geist haben, sie mögen sich drehen und wenden, wie sie wollen, und die Hände vor die verräterischen Augen halten (– als ob die Hand kein Verräter wäre! –): schließlich kommt es immer heraus, daß sie Etwas haben, das sie verbergen, nämlich Geist. Eins der feinsten Mittel, um wenigstens so lange als möglich zu täuschen und sich mit Erfolg dümmer zu stellen, als man ist – was im gemeinen Leben oft so wünschenswert ist wie ein Regenschirm –, heißt *Begeisterung:* hinzugerechnet, was hinzu gehört, zum Beispiel Tugend. Denn, wie Galiani sagt, der es wissen mußte –: *vertu est enthousiasme.*

289.

Man hört den Schriften eines Einsiedlers immer auch Etwas von dem Widerhall der Öde, Etwas von dem Flüstertone und dem scheuen Umsichblicken der Einsamkeit an; aus seinen stärksten Worten, aus seinem Schrei selbst klingt noch eine neue und gefährlichere Art des Schweigens, Verschweigens heraus. Wer jahraus, jahrein und tags und nachts allein mit seiner Seele im vertraulichen Zwiste und Zwiegespräche zusammengesessen hat, wer in seiner Höhle – sie kann ein Labyrinth, aber auch ein Goldschacht sein – zum Höhlenbär oder Schatzgräber oder Schatzwächter und Drachen wurde: dessen Begriffe selber erhalten zuletzt eine eigne Zwielicht-Farbe, einen Geruch ebensosehr der Tiefe als des Moders, etwas Unmitteilsames und Widerwilliges, das jeden Vorübergehenden kalt anbläst. Der Einsiedler glaubt nicht daran, daß jemals ein Philosoph – gesetzt, daß ein Philosoph immer vorerst ein Einsiedler war – seine eigentlichen und letzten Meinungen in Büchern ausgedrückt habe: schreibt man nicht gerade Bücher, um zu verbergen, was man bei sich birgt? – ja er wird zweifeln, ob ein Philosoph »letzte und eigentliche« Meinungen überhaupt haben *könne*, ob bei ihm nicht hinter jeder Höhle noch eine tiefere Höhle liege, liegen müsse – eine umfänglichere fremdere reichere Welt über einer Oberfläche, ein Abgrund hinter jedem Grunde, unter jeder »Begründung«. Jede Philosophie ist eine Vordergrunds-Philosophie – das ist ein Einsiedler-Urteil: »es ist etwas Willkürliches daran, daß er *hier* stehenblieb, zurückblickte, sich umblickte, daß er *hier* nicht mehr tiefer grub und den Spaten weglegte, – es ist auch etwas Mißtrauisches daran.« Jede Philosophie *verbirgt* auch eine Philosophie; jede Meinung ist auch ein Versteck, jedes Wort auch eine Maske.

290.

Jeder tiefe Denker fürchtet mehr das Verstanden-Werden als das Mißverstanden-Werden. Am Letzteren leidet vielleicht seine Eitelkeit; am Ersteren aber sein Herz, sein Mitgefühl, welches immer spricht: »ach, warum wollt *ihr* es auch so schwer haben wie ich?«

291.

Der Mensch, ein vielfaches, verlogenes, künstliches und undurchsichtiges Tier, den andern Tieren weniger durch Kraft als durch List und Klugheit unheimlich, hat das gute Gewissen erfunden, um seine Seele einmal als *einfach* zu genießen; und die ganze Moral ist eine beherzte lange Fälschung, vermöge deren überhaupt ein Genuß im Anblick der Seele möglich wird. Unter diesem Gesichtspunkte gehört vielleicht viel mehr in den Begriff »Kunst« hinein, als man gemeinhin glaubt.

292.

Ein Philosoph: das ist ein Mensch, der beständig außerordentliche Dinge erlebt, sieht, hört, argwöhnt, hofft, träumt; der von seinen eignen Gedanken wie von Außen her, wie von Oben und Unten her, als von *seiner* Art Ereignissen und Blitzschlägen getroffen wird; der selbst vielleicht ein Gewitter ist, welches mit neuen Blitzen schwanger geht; ein verhängnisvoller Mensch, um den herum es immer grollt und brummt und klafft und unheimlich zugeht. Ein Philosoph: ach, ein Wesen, das oft von sich davonläuft, oft vor sich Furcht hat, – aber zu neugierig ist, um nicht immer wieder »zu sich zu kommen«. –

293.

Ein Mann, der sagt: »das gefällt mir, das nehme ich zu eigen und will es schützen und gegen Jedermann verteidigen«; ein Mann, der eine Sache führen, einen Entschluß durchführen, einem Gedanken Treue wahren, ein Weib festhalten, einen Verwegenen strafen und niederwerfen kann; ein Mann, der seinen Zorn und sein Schwert hat, und dem die Schwachen, Leidenden, Bedrängten, auch die Tiere, gern zufallen und von Natur zugehören, kurz ein Mann, der von Natur *Herr* ist, – wenn ein solcher Mann Mitleiden hat, nun! *dies* Mitleiden hat Wert! Aber was liegt am Mitleiden Derer, welche leiden! Oder Derer, welche gar Mitleiden *predigen!* Es gibt heute fast überall in Europa eine krankhafte Empfindlichkeit und Reizbarkeit für Schmerz, insgleichen eine widrige Unenthaltsamkeit in der Klage, eine Verzärtlichung, welche sich mit Religion und philosophischem Krimskrams zu etwas Höherem aufputzen möchte, – es gibt einen förmlichen Kultus des Leidens. Die *Unmännlichkeit* dessen, was in solchen Schwärmerkreisen »Mitleid« getauft wird, springt, wie ich meine, immer zuerst in die Augen. – Man muß diese neueste Art des schlechten Geschmacks kräftig und gründlich in den Bann tun; und ich wünsche endlich, daß man das gute Amulett *»gai saber«* sich dagegen um Herz und Hals lege, – »fröhliche Wissenschaft«, um es den Deutschen zu verdeutlichen.

294.

Das olympische Laster. – Jenem Philosophen zum Trotz, der als ächter Engländer dem Lachen bei allen denkenden Köpfen eine üble Nachrede zu schaffen suchte – »das Lachen ist ein arges Gebreste der menschlichen Natur, welches jeder denkende Kopf zu überwinden bestrebt sein wird« (Hobbes) – würde ich mir sogar eine Rangordnung der Philosophen erlauben, je nach dem Range ihres Lachens – bis hinauf zu denen, die des *goldnen* Gelächters fähig sind. Und gesetzt, daß auch Götter philosophieren, wozu mich mancher Schluß schon gedrängt hat –, so zweifle ich nicht, daß sie dabei auch auf eine übermenschliche und neue Weise zu lachen wissen – und auf Unkosten aller ernsten Dinge! Götter sind spottlustig: es scheint, sie können selbst bei heiligen Handlungen das Lachen nicht lassen.

295.

Das Genie des Herzens, wie es jener große Verborgene hat, der Versucher-Gott und geborene Rattenfänger der Gewissen, dessen Stimme bis in die Unterwelt jeder Seele hinabzusteigen weiß, welcher nicht ein Wort sagt, nicht einen Blick blickt, in dem nicht eine Rücksicht und Falte der Lockung läge, zu dessen Meisterschaft es gehört, daß er zu scheinen versteht – und nicht Das, was er ist, sondern was Denen, die ihm folgen, ein Zwang *mehr* ist, um sich immer näher an ihn zu drängen, um ihm immer innerlicher und gründlicher zu folgen: – das Genie des Herzens, das alles Laute und Selbstgefällige verstummen macht und horchen lehrt, das die rauhen Seelen glättet und ihnen ein neues Verlangen zu kosten gibt, – still zu liegen wie ein Spiegel, daß sich der tiefe Himmel auf ihnen spiegele; das Genie des Herzens, das die tölpische und überraschte Hand zögern und zierlicher greifen lehrt; das den verborgenen und vergessenen Schatz, den Tropfen Güte und süßer Geistigkeit unter trübem dickem Eise errät und eine Wünschelrute für jedes Korn Goldes ist, welches lange im Kerker vielen Schlamms und Sandes begraben lag; das Genie des Herzens, von dessen Berührung Jeder reicher fortgeht, nicht begnadet und überrascht, nicht wie von fremdem Gute beglückt und bedrückt, sondern reicher an sich selber, sich neuer als zuvor, aufgebrochen, von einem Tauwinde angeweht und ausgehorcht, unsicherer vielleicht, zärtlicher zerbrechlicher zerbrochener, aber voll Hoffnungen, die noch keinen Namen haben, voll neuen Willens und Strömens, voll neuen Unwillens und Zurückströmens – – aber was tue ich, meine Freunde? Vom wem rede ich zu euch? Vergaß ich mich so weit, daß ich euch nicht einmal seinen Namen nannte? Es sei denn, daß ihr nicht schon von selbst errietet, wer dieser fragwürdige Geist und Gott ist, der in solcher Weise *gelobt* sein will. Wie es nämlich einem Jeden ergeht, der von Kindesbeinen an immer unterwegs und in der Fremde war, so sind auch mir manche seltsame und nicht ungefährliche Geister über den Weg gelaufen, vor Allem aber der, von dem ich eben sprach, und dieser immer wieder, kein Geringerer nämlich, als der Gott *Dionysos,* jener große Zweideutige und Versucher-Gott, dem ich einstmals, wie ihr wißt, in aller Heimlichkeit und Ehrfurcht meine Erstlinge dargebracht habe – (als der Letzte, wie mir scheint, der ihm ein *Opfer* dargebracht hat: denn ich fand Keinen, der es verstanden hätte, was ich damals tat). Inzwischen lernte ich Vieles, allzu Vieles über die Philosophie dieses Gottes hinzu, und, wie gesagt, von Mund zu Mund, – ich, der letzte Jünger und Eingeweihte des Gottes Dionysos: und ich dürfte wohl endlich einmal damit anfangen, euch, meinen Freunden, ein Wenig, soweit es mir erlaubt ist, von dieser Philosophie zu kosten zu geben? Mit halber Stimme, wie billig: denn es handelt sich dabei um mancherlei Heimliches, Neues, Fremdes, Wunderliches, Unheimliches. Schon daß Dionysos ein Philosoph ist, und daß also auch Götter philosophieren, scheint mir eine Neuigkeit, welche nicht unverfänglich ist und die vielleicht gerade unter Philosophen Mißtrauen erregen möchte, – unter euch, meine Freunde, hat sie schon weniger gegen sich, es sei denn, daß sie zu spät und nicht zur rechten Stunde kommt: denn ihr glaubt heute ungern, wie man mir verraten hat, an Gott und Götter. Vielleicht auch, daß ich in der Freimütigkeit meiner Erzählung weitergehn muß, als den strengen Gewohnheiten eurer Ohren immer liebsam ist? Gewißlich ging der genannte Gott bei dergleichen Zwiegesprächen weiter, sehr viel weiter, und war immer um viele Schritte mir voraus ... Ja ich würde, falls es erlaubt wäre, ihm nach Menschenbrauch schöne feierliche Prunk- und Tugendnamen beizulegen, viel Rühmens von seinem Forscher- und Entdecker-Mute, von seiner gewagten Redlichkeit, Wahrhaftigkeit und Liebe zur Weisheit zu machen haben. Aber mit all diesem ehrwürdigen Plunder und Prunk weiß ein solcher Gott nichts anzufangen. »Behalte dies«, würde er sagen, »für dich und deines Gleichen und wer sonst es nötig hat! Ich – habe keinen Grund, meine Blöße zu decken!« – Man errät: es fehlt dieser Art von Gottheit und Philosophen vielleicht an Scham? – So sagte er einmal: »unter Umständen liebe ich den Menschen« – und dabei spielte er auf Ariadne an, die zugegen war –: »der Mensch ist mir ein angenehmes tapferes erfinderisches Tier, das auf Erden nicht seines Gleichen hat, es findet sich in allen Labyrinthen noch zurecht. Ich bin ihm gut: ich denke oft darüber nach, wie ich ihn noch vorwärtsbringe und ihn stärker, böser und tiefer mache, als er ist.« –

»Stärker, böser und tiefer?« fragte ich erschreckt. »Ja«, sagte er noch Ein Mal, »stärker, böser und tiefer; auch schöner« – und dazu lächelte der Versucher-Gott mit seinem halkyonischen Lächeln, wie als ob er eben eine bezaubernde Artigkeit gesagt habe. Man sieht hier zugleich: es fehlt dieser Gottheit nicht nur an Scham – und es gibt überhaupt gute Gründe dafür, zu mutmaßen, daß in einigen Stücken die Götter insgesamt bei uns Menschen in die Schule gehn könnten. Wir Menschen sind – menschlicher. –

296.

Ach, was seid ihr doch, ihr meine geschriebenen und gemalten Gedanken! Es ist nicht lange her, da wart ihr noch so bunt, jung und boshaft, voller Stacheln und geheimer Würzen, daß ihr mich niesen und lachen machtet – und jetzt? Schon habt ihr eure Neuheit ausgezogen, und einige von euch sind, ich fürchte es, bereit, zu Wahrheiten zu werden: so unsterblich sehn sie bereits aus, so herzbrechend rechtschaffen, so langweilig! Und war es jemals anders? Welche Sachen schreiben und malen wir denn ab, wir Mandarinen mit chinesischem Pinsel, wir Verewiger der Dinge, welche sich schreiben *lassen,* was vermögen wir denn allein abzumalen? Ach, immer nur Das, was eben welk werden will und anfängt, sich zu verriechen! Ach, immer nur abziehende und erschöpfte Gewitter und gelbe späte Gefühle! Ach, immer nur Vögel, die sich müde flogen und verflogen und sich nun mit der Hand haschen lassen, – mit *unserer* Hand! Wir verewigen, was nicht mehr lange leben und fliegen kann, müde und mürbe Dinge allein! Und nur euer *Nachmittag* ist es, ihr meine geschriebenen und gemalten Gedanken, für den allein ich Farben habe, viel Farben vielleicht, viel bunte Zärtlichkeiten und fünfzig Gelbs und Brauns und Grüns und Rots: – aber Niemand errät mir daraus, wie ihr in eurem Morgen aussahet, ihr plötzlichen Funken und Wunder meiner Einsamkeit, ihr meine alten geliebten – – *schlimmen* Gedanken!

Aus hohen Bergen

Nachgesang

Oh Lebens Mittag! Feierliche Zeit!
    Oh Sommergarten!
Unruhig Glück im Stehn und Spähn und Warten: –
Der Freunde harr' ich, Tag und Nacht bereit,
Wo bleibt ihr Freunde? Kommt! 's ist Zeit! 's ist Zeit!

War's nicht für euch, daß sich des Gletschers Grau
    Heut schmückt mit Rosen?
Euch sucht der Bach, sehnsüchtig drängen, stoßen
Sich Wind und Wolke höher heut ins Blau,
Nach euch zu spähn aus fernster Vogel-Schau.

Im Höchsten ward für euch mein Tisch gedeckt: –
    Wer wohnt den Sternen
So nahe, wer des Abgrunds grausten Fernen?
Mein Reich – welch Reich hat weiter sich gereckt?
Und meinen Honig – wer hat ihn geschmeckt? ...

– Da *seid* ihr, Freunde! – Weh, doch *ich* bin's nicht,
    Zu dem ihr wolltet?
Ihr zögert, staunt – ach, daß ihr lieber grolltet!
Ich – bin's nicht mehr? Vertauscht Hand, Schritt, Gesicht?
Und *was* ich bin, euch Freunden – bin ich's nicht?

Ein Andrer ward ich? Und mir selber fremd?
    Mir selbst entsprungen?
Ein Ringer, der zu oft sich selbst bezwungen?
Zu oft sich gegen eigne Kraft gestemmt,
Durch eignen Sieg verwundet und gehemmt?

Ich suchte, wo der Wind am schärfsten weht?
    Ich lernte wohnen,
Wo Niemand wohnt, in öden Eisbär-Zonen,
Verlernte Menschen und Gott, Fluch und Gebet?
Ward zum Gespenst, das über Gletscher geht?

– Ihr alten Freunde! Seht! Nun blickt ihr bleich,
    Voll Lieb und Grausen!
Nein, geht! Zürnt nicht! Hier – könntet *ihr* nicht hausen
Hier zwischen fernstem Eis- und Felsenreich –
Hier muß man Jäger sein und gemsengleich.

Ein *schlimmer* Jäger ward ich! – Seht, wie steil
    Gespannt mein Bogen!
Der Stärkste war's, der solchen Zug gezogen – –:
Doch wehe nun! Gefährlich ist *der* Pfeil,
Wie *kein* Pfeil, – fort von hier! Zu eurem Heil! …

Ihr wendet euch? – Oh Herz, du trugst genug,
    Stark blieb dein Hoffen:
Halt *neuen* Freunden deine Türen offen!
Die alten laß! Laß die Erinnerung!
Warst einst du jung, jetzt – bist du besser jung!

Was je uns knüpfte, Einer Hoffnung Band, –
    Wer liest die Zeichen,
Die Liebe einst hineinschrieb, noch, die bleichen?
Dem Pergament vergleich ich's, das die Hand
Zu fassen *scheut*, – ihm gleich verbräunt, verbrannt.

Nicht Freunde mehr, das sind – wie nenn' ich's doch? –
    Nur Freunds-Gespenster!
Das klopft mir wohl noch nachts an Herz und Fenster,

Das sieht mich an und spricht: »wir *waren's* doch?« –
– Oh welkes Wort, das einst wie Rosen roch!

Oh Jugend-Sehnen, das sich mißverstand!
Die *ich* ersehnte,
Die ich mir selbst verwandt-verwandelt wähnte,
Daß *alt* sie wurden, hat sie weggebannt:
Nur wer sich wandelt, bleibt mit mir verwandt.
Oh Lebens Mittag! Zweite Jugendzeit!
Oh Sommergarten!
Unruhig Glück im Stehn und Spähn und Warten!
Der Freunde harr' ich, Tag und Nacht bereit,
Der *neuen* Freunde! Kommt! 's ist Zeit! 's ist Zeit!

Dies Lied ist aus, – der Sehnsucht süßer Schrei
Erstarb im Munde:
Ein Zaubrer tat's, der Freund zur rechten Stunde,
Der Mittags-Freund – nein! fragt nicht, wer es sei –
Um Mittag war's, da wurde Eins zu Zwei …

Nun feiern wir, vereinten Siegs gewiß,
Das Fest der Feste:
Freund *Zarathustra* kam, der Gast der Gäste!
Nun lacht die Welt, der grause Vorhang riß,
Die Hochzeit kam für Licht und Finsternis …

Die für die vorliegende Werkausgabe ausgewählten Schriften Nietzsches folgen dem Text der Großoktavausgabe von 1894ff. Die Rechtschreibung wurde den heute gültigen Regeln angepaßt, wo dies unbedenklich erschien. Nietzsches sprachliche Eigentümlichkeiten, insbesondere seine variierende Groß- und Kleinschreibung als Verfahren der Hervorhebung, wurden jedoch weitgehend beibehalten.

Inhalt

Jenseits von Gut und Böse